普通高等教育"十一五"国家级规划教材

北京大学经济学教材系列 | 核心课程系列

2nd Edition
THE HISTORY OF
ECONOMICS

西方经济学说史教程

（第二版）

晏智杰 主 编
王志伟 杜丽群 副主编

北京大学出版社
PEKING UNIVERSITY PRESS

图书在版编目（CIP）数据

西方经济学说史教程/晏智杰主编. —2 版. —北京：北京大学出版社，2013.10
（北京大学经济学教材系列）
ISBN 978 - 7 - 301 - 22849 - 4

Ⅰ.①西…　Ⅱ.①晏…　Ⅲ.①西方经济学 - 经济思想史 - 高等学校 - 教材
Ⅳ.①F091.3

中国版本图书馆 CIP 数据核字（2013）第 158107 号

书　　　名	西方经济学说史教程（第二版）
	XIFANG JINGJI XUESHUOSHI JIAOCHENG（DI-ER BAN）
著作责任者	晏智杰　主编　王志伟　杜丽群　副主编
责 任 编 辑	周　玮
标 准 书 号	ISBN 978 - 7 - 301 - 22849 - 4
出 版 发 行	北京大学出版社
地　　　址	北京市海淀区成府路 205 号　100871
网　　　址	http://www.pup.cn
微信公众号	北京大学经管书苑（pupembook）
电 子 邮 箱	编辑部 em@pup.cn　总编室 zpup@pup.cn
电　　　话	邮购部 010 - 62752015　发行部 010 - 62750672　编辑部 010 - 62752926
印 刷 者	北京圣夫亚美印刷有限公司
经 销 者	新华书店
	787 毫米×1092 毫米　16 开本　26 印张　617 千字
	2002 年 10 月第 1 版
	2013 年 10 月第 2 版　2024 年 8 月第 6 次印刷
印　　　数	14001—15000 册
定　　　价	49.00 元

未经许可，不得以任何方式复制或抄袭本书之部分或全部内容。
版权所有，侵权必究
举报电话：010 - 62752024　电子邮箱：fd@pup.cn
图书如有印装质量问题，请与出版部联系，电话：010 - 62756370

总　序

当今世界正经历百年未有之大变局，新一轮科技革命和产业变革深入发展，国际力量对比深刻调整，各种经济活动和经济现象不是趋于简单化，而是变得越来越复杂，越来越具有嬗变性和多样性。面对党的二十大擘画的新时代新征程宏伟蓝图使命，如何对更纷繁、更复杂、更多彩的经济现象在理论上进行更透彻的理解和把握，科学地解释、有效地解决经济活动过程中已经存在的和即将面对的一系列问题，不断回答中国之问、世界之问、人民之问、时代之问，是现在和未来的各类经济工作者需要高度关注的重要课题。

北京大学经济学院作为教育部确定的"国家经济学基础人才培养基地""全国人才培养模式创新实验区""基础学科拔尖学生培养计划 2.0 基地"以及北京大学经济学"教材研究与建设基地"，一直致力于不断全面提升教学和科研水平，不断吸引和培养世界一流的学生，不断地推出具有重大学术价值的科研成果，以创建世界一流的经济学院。而创建世界一流经济学院，一个必要条件就是培养世界一流的经济学人才。我们的目标是让学生能够得到系统的、科学的、严格的专业训练，深入地掌握经济学学习和研究的基本方法、基本原理和最新动态，为他们能够科学地解释和有效地解决他们即将面对的现实经济问题奠定基础。

基于这种认识，北京大学经济学院在近年来深入总结了人才培养各个方面的经验教训，在全面考察和深入研究国内外著名经济院系本科生、硕士研究生、博士研究生的培养方案以及学科建设和课程设置经验的基础上，对本院学生的培养方案和课程设置等进行了全方位改革，并组织编撰了"北京大学经济学教材系列"。

编撰本系列教材的基本宗旨是：

第一，学科发展的国际经验与中国实际的有机结合。在教学的实践中我们深刻地认识到，任何一本国际顶尖的教材，都存在一个与中国经济实践有机结合的问题。某些基本原理和方法可能具有国际普适性，但对原理和方法的把握则必须与本土的经济活动相联系，必须把抽象的原理与本土鲜活的、丰富多彩的经济现象相联系。我们力争在该系列教材中，充分吸收国际范围内同类教材所承载的理论体系和方法论体系，在此基础上，切实运用中国案例进行解读，使其成为能够解释和解决学生遇到的经济现象和经济问题的知识。

第二，"成熟"的理论、方法与最新研究成果的有机结合。教科书的内容必须是"成熟"或"相对成熟"的理论和方法，即具有一定"公认度"的理论和方法，不能是"一家之言"，否则就不是教材，而是"专著"。从一定意义上说，教材是"成熟"或"相对成熟"的理论和方法的"汇编"，所以，相对"滞后"于经济发展实际和理论研究的现状是教材的一个特点。然而，经济活动过程及其相关现象是不断变化的，经济理论的研究也在时刻发生着变化，我们要告诉学生的不仅是那些已经成熟的东西，而且要培养学生把握学术发展最新动态的能力。因此，在系统介绍已有的理论体系和方法论基础的同时，本系列教材还向学生介绍了相关理论及其方法的创新点。

第三,"国际规范"与"中国特点"在写作范式上的有机结合。经济学在中国发展的"规范化""国际化""现代化"与"本土化"关系的处理,是多年来学术界讨论学科发展的一个焦点问题。本系列教材不可能对这一问题做出确定性的回答,但是在写作范式上,却争取做好这种结合。基本理论和方法的阐述坚持"规范化""国际化""现代化",而语言的表述则坚守"本土化",以适应本土师生的阅读习惯和文本解读方式。

为深入贯彻落实习近平总书记关于教育的重要论述、全国教育大会精神以及中共中央办公厅、国务院办公厅《关于深化新时代学校思想政治理论课改革创新的若干意见》,发挥好教材育人工作,我们按照国家教材委员会《全国大中小学教材建设规划(2019—2022 年)》和教育部《普通高等学校教材管理办法》《高等学校课程思政建设指导纲要》等文件精神,将课程思政内容融入教材,以坚持正确导向,强化价值引领,落实立德树人根本任务。

本系列教材的作者均是我院主讲同门课程的教师,各教材也是他们在多年教案的基础上修订而成的。自 2004 年本系列教材推出以来至本次全面改版之前,共出版教材 22本,其中有 6 本教材入选国家级规划教材("九五"至"十二五"),9 本教材获选北京市精品教材及立项,多部教材成为该领域的经典,取得了良好的教学与学术影响,成为本科教材中的力作。

为了更好地适应新时期的教学需要以及教材发展要求,我们持续对本系列教材进行改版更新,并吸收近年来的优秀教材进入系列,以飨读者。当然,我们也深刻地认识到,教材建设是一个长期的动态过程,已出版教材总是会存在不够成熟的地方,总是会存在这样那样的缺陷。本系列教材出版以来,已有超过三分之一的教材至少改版一次。我们也真诚地期待能继续听到专家和读者的意见,以期使其不断地得到充实和完善。

十分感谢北京大学出版社的真诚合作和相关人员付出的艰辛劳动。感谢经济学院历届的学生们,你们为经济学院的教学工作做出了特有的贡献。

将本系列教材真诚地献给使用它们的老师和学生们!

北京大学经济学院教材编委会

前　言

　　本书是为大学高年级学生编写的教材,内容涵盖了古希腊罗马时代—中世纪封建时代—近代自由竞争资本主义时代西方经济学发展的历史。了解这段漫长的历史进程中各阶段主要经济思想和政策主张的演变和更替,对加深认识现代西方经济学说及其发展趋势,洞察西方国家社会经济发展的历史、现状和未来,具有直接的现实意义,对我们认识和研究中国经济改革和发展的规律,探索建立中国特色社会主义经济理论也具有重要的借鉴意义。

　　西方经济学发展的历史表明,各个时期的经济学说,无一不是当时社会经济发展现实的某种反映,也都带有时代的烙印和特征。古希腊罗马时代的经济思想,反映的是奴隶社会的经济关系和社会问题;中世纪经济思想的核心问题是对封建社会关系的思考和研究;近代初期的重商主义学说是资本原始积累时期的学说,而古典经济学和新古典经济学则是对自由竞争资本主义时代经济生活的研究。

　　由于自从奴隶社会以来的人类社会都是阶级社会,因而经济思想和学说必然地发生阶级的、阶层的或利益集团的分野。一般来说,反映当时统治阶级利益和要求的经济学说和政策主张,总是那个时代的主流和支配思想,它们通常是为解决统治阶级面临的重大经济和社会问题而作的理论分析和政策建议,是为巩固本阶级的经济和政治统治服务的;而代表被压迫和被剥削阶级的经济思想或学说,通常是那个时代的支流思想,甚至是异端邪说,它们通常总是专注于揭露和批判当时社会的弊端和矛盾,提出各种不同的改革或革命的主张。但这种主流和支流、正宗和异端的地位,又会随着社会革命的进行和时代的演变而变化,主流变成支流,支流变成主流。例如,国家干预主义,在重商主义时代是盛行的主流,到了古典经济学时代成了异端,再到了凯恩斯主义时代又回归为主流。当然这不会是简单的重复,而是在不同历史条件下更高的层次和内涵的重复。又如,进入资本主义时代后,反映资产阶级和无产阶级两大对立阶级的经济学说总是同时并存、相互斗争的,一刻也未停息。同资产阶级古典经济学先驱学说相对立的是早期的空想社会主义,同古典经济学相对立的则是成熟和发展的空想社会主义,当然还有反映无产阶级利益和愿望的崭新的马克思主义经济学。另一方面,德国历史主义经济学,虽然也是资产阶级学说,但是它更多地反映的是后进资本主义国家的利益,而同先进英法资本主义国家的利益相对立。

　　西方主流经济学迄今的发展,大体可以分为四个大的阶段。第一阶段是前古典经济学,包括古代希腊和罗马的经济思想,中世纪封建社会的经济思想,以及原始积累时期的重商主义。第二阶段是古典经济学,包括从18世纪下半期亚当·斯密的经济学,经过19世纪初期李嘉图和萨伊等人的经济学,直到19世纪中期约翰·穆勒的经济学,他们代表了产业革命前夕到第一次产业革命完成和初期发展阶段的自由竞争资本主义经济学说。第三阶段是新古典经济学,包括始于19世纪70年代初期的边际革命,到该世纪90年代出现的马歇尔经济学,这种经济学的支配地位一直延续到 20 世纪 30 年代末期。凯恩斯主义经济学的出现,标志着第四阶段即当代经济学阶段的开始。本教科书涵盖了前三个阶段,第四阶段以后的发展,按照我们的计划,将在当代西方经济学流派课程中加以论述。

本教科书的论述以主流经济学的发展为主线,同时对支流或"异端"学说加以叙述,力求比较全面地反映各个时期西方经济学发展的面貌。每章开头有一个内容提要,然后是对时代背景、人物生平和著作的说明,接着是对各个学派或人物学说的论述,这是每章的重点和主要内容,每章末尾提出了一些基本的思考题,提示了本章的一些重点问题或知识点,但并不表示对该章内容的掌握仅限于此。附于书末的主要研究文献,按年代列出了各个时期最具代表性和影响力的著作;基本参考书目是为学生进一步阅读提供一个线索,不要求学生必读。

1983—1985 年,陈岱孙教授曾主编《经济学说史》(两卷),在当时的教学和研究中发挥了重要作用。随着形势发展和科学研究成果的积累,陈岱孙先生屡次表示需要加以修订,但一直未能着手进行,今天我们终于可以以这本新的教材了却他的遗愿了。我们在编写过程中注意继承和吸收了上述教材的成果,特别是陈岱孙先生当年亲自执笔撰写的某些章节(重农主义、亚当·斯密、空想社会主义等)。当然,这部新教材,无论是整体设计、篇章划分,史实和学说的取舍,以及对各个主要学派、学说或经济学家的评论,都经过了重新的考虑,作了诸多基本的、重要的改变,并且着重吸取了我们自己和国内外学者新近的研究成果。

本书首版曾入选教育部"九五"和"十一五"国家级规划教材项目,晏智杰教授担任主编,负责全书规划和统稿,并撰写第二篇。王志伟教授负责撰写第三篇和第四篇,杜丽群教授负责撰写第一篇。

本书于 2002 年初版以来,受到众多高校师生的欢迎和好评。此次再版,我和王志伟教授、杜丽群教授分别对各自执笔的章节都作了适当增补和修订,以反映国内外学术界对西方经济学说史的最新研究成果;主要研究文献和参考书目也有所增加,以方便读者查阅。感谢高校师生和广大读者对本书的关注和使用,欢迎大家对新版提出宝贵意见和建议。

晏智杰

2012 年 10 月 8 日

于北京大学

目　　录

第一篇　前古典经济学时代

第一章　古希腊、古罗马的经济思想 ·················· （3）

　第一节　公元前6世纪及前期的古希腊经济思想 ·················· （3）

　第二节　公元前5世纪到公元前3世纪苏格拉底学派的经济思想 ·················· （7）

　第三节　古罗马经济思想 ·················· （12）

　思考题 ·················· （16）

第二章　欧洲中世纪的经济思想 ·················· （17）

　第一节　中世纪前期的经济思想 ·················· （18）

　第二节　托马斯·阿奎那对公平价格论的贡献 ·················· （20）

　第三节　经院学者对货币资本分析的实证化倾向 ·················· （24）

　思考题 ·················· （29）

第三章　重商主义的经济学说 ·················· （30）

　第一节　重商主义产生和发展的历史条件 ·················· （30）

　第二节　重商主义的性质及其经济思想的发展 ·················· （33）

　第三节　重商主义国家干预经济的政策主张 ·················· （46）

　思考题 ·················· （49）

第二篇　古典经济学时代

第四章　英国古典经济学的先驱者 ·················· （53）

　第一节　威廉·配第 ·················· （53）

　第二节　伯纳德·曼德维尔 ·················· （57）

　第三节　大卫·休谟 ·················· （60）

　第四节　理查德·康替龙 ·················· （66）

　第五节　其他先驱者 ·················· （68）

　思考题 ·················· （69）

第五章　法国重农主义 ·················· （70）

　第一节　布阿吉尔贝尔 ·················· （70）

　第二节　法国大革命前的社会状况 ·················· （72）

第三节 重农学派的形成	………………………	(73)
第四节 历史定位和研究主题	……………………	(74)
第五节 重农主义体系的特点	……………………	(77)
第六节 "纯产品"学说	…………………………………	(79)
第七节 《经济表》的版本和模式	…………………	(83)
第八节 社会再生产分析:《经济表》	……………	(86)
思考题	………………………………………………………	(89)

第六章 亚当·斯密——古典政治经济学体系的创建者 …………… (90)

第一节 18 世纪中叶英国的社会状况	…………………	(90)
第二节 亚当·斯密的生平和著作	……………………	(92)
第三节 分工学说与货币学说	……………………………	(94)
第四节 价值论和价格论	…………………………………	(96)
第五节 分配理论	…………………………………………	(98)
第六节 资本积累学说	……………………………………	(99)
第七节 经济自由主义	……………………………………	(101)
第八节 对所谓"亚当·斯密问题"的辨析	…………	(103)
思考题	………………………………………………………	(110)

第七章 李嘉图——古典政治经济学的杰出代表 …………………… (112)

第一节 19 世纪初期英国社会的经济和政治状况	……	(112)
第二节 李嘉图的生平和著作	……………………………	(115)
第三节 劳动价值学说	……………………………………	(117)
第四节 收入分配理论	……………………………………	(121)
第五节 货币学说	…………………………………………	(126)
第六节 国际自由贸易学说	………………………………	(128)
思考题	………………………………………………………	(131)

第八章 萨伊——经济自由主义经济学家 …………………………… (132)

第一节 时代、生平和著作	………………………………	(132)
第二节 政治经济学的研究对象与方法	………………	(133)
第三节 财富的生产理论	…………………………………	(135)
第四节 财富的分配理论	…………………………………	(138)
思考题	………………………………………………………	(139)

第九章 马尔萨斯——特殊的古典政治经济学家 …………………… (140)

第一节 时代、生平与著作	………………………………	(140)
第二节 马尔萨斯的《人口论》	…………………………	(141)
第三节 马尔萨斯的经济学说	……………………………	(145)
第四节 简评马尔萨斯和李嘉图的争论	………………	(149)
思考题	………………………………………………………	(150)

第十章 李嘉图学派的解体 …………………………………………………… (151)
第一节 李嘉图体系的矛盾 ……………………………………………… (151)
第二节 批判与辩解 ……………………………………………………… (152)
思考题 …………………………………………………………………… (156)

第十一章 李嘉图学派解体后主流经济学的动向 ……………………… (157)
第一节 西尼尔的时髦学说 ……………………………………………… (157)
第二节 巴师夏的经济和谐论 …………………………………………… (160)
思考题 …………………………………………………………………… (164)

第十二章 约翰·穆勒的综合体系 ……………………………………… (165)
第一节 时代、生平和著作 ……………………………………………… (165)
第二节 政治经济学的对象 ……………………………………………… (167)
第三节 生产理论 ………………………………………………………… (168)
第四节 收入分配理论 …………………………………………………… (171)
第五节 交换理论 ………………………………………………………… (174)
第六节 动态理论和改良主义 …………………………………………… (178)
思考题 …………………………………………………………………… (181)

第十三章 西斯蒙第的经济浪漫主义 …………………………………… (182)
第一节 时代、生平和著作 ……………………………………………… (182)
第二节 资本主义批判 …………………………………………………… (183)
第三节 消费不足经济危机学说 ………………………………………… (186)
第四节 经济浪漫主义的改良纲领 ……………………………………… (189)
思考题 …………………………………………………………………… (190)

第十四章 德国历史学派 ………………………………………………… (191)
第一节 历史学派的兴起 ………………………………………………… (191)
第二节 历史学派的先驱者 ……………………………………………… (192)
第三节 历史学派的主要代表 …………………………………………… (193)
思考题 …………………………………………………………………… (196)

第十五章 19 世纪上半期英国空想社会主义的演变 ………………… (197)
第一节 欧文的空想社会主义学说 ……………………………………… (197)
第二节 李嘉图派社会主义者 …………………………………………… (203)
思考题 …………………………………………………………………… (213)

第十六章 19 世纪上半期法国空想社会主义的演变 ………………… (214)
第一节 圣西门的空想社会主义学说 …………………………………… (214)
第二节 傅立叶的空想社会主义学说 …………………………………… (219)
第三节 法国空想社会主义的蜕变 ……………………………………… (224)
思考题 …………………………………………………………………… (229)

西方经济学说史教程　The History of Economics

第十七章　19 世纪 40 年代法国小资产阶级社会主义	(230)
第一节　勃朗的经济学说	(230)
第二节　蒲鲁东的经济学说	(233)
思考题	(238)

第三篇　新古典经济学时代

第十八章　边际主义经济思想概述	(241)
第一节　边际主义概况	(241)
第二节　边际效用论的思想萌芽	(245)
第三节　边际主义的早期代表人物	(248)
思考题	(255)

第十九章　奥地利学派的经济思想	(256)
第一节　概述	(256)
第二节　门格尔的边际效用价值论	(259)
第三节　维塞尔对边际效用理论的发展	(263)
第四节　庞巴维克对边际效用理论的发展	(266)
思考题	(269)

第二十章　数理学派的经济思想	(270)
第一节　杰文斯的经济理论	(270)
第二节　瓦尔拉斯的经济理论	(279)
思考题	(284)

第四篇　19 世纪末至 20 世纪 30 年代的经济思想

第二十一章　边际分配论的经济思想	(287)
第一节　威克斯蒂德的分配理论	(287)
第二节　克拉克的分配理论	(288)
思考题	(294)

第二十二章　马歇尔的经济思想	(295)
第一节　马歇尔经济理论产生的背景及特点	(295)
第二节　均衡价格论	(299)
第三节　收入分配论	(307)
思考题	(312)

第二十三章　市场竞争与垄断的理论	(313)
第一节　理论背景	(313)
第二节　马歇尔的垄断观点	(315)
第三节　斯拉法的竞争思想	(317)

第四节	张伯伦的垄断竞争思想	(319)
第五节	琼·罗宾逊的不完全竞争思想	(322)
思考题		(327)

第二十四章　新古典的货币与经济周期理论 (328)

第一节	概述	(328)
第二节	威克赛尔的理论	(329)
第三节	费雪的货币利息理论	(338)
第四节	霍特里的货币理论	(340)
思考题		(342)

第二十五章　福利经济学思想 (343)

第一节	庇古的福利经济学理论	(343)
第二节	帕累托的福利经济学理论	(347)
第三节	米塞斯的社会福利观点	(351)
第四节	兰格的社会福利观点	(353)
第五节	阿罗的公共选择学说	(355)
第六节	霍布森的消费不足理论	(357)
第七节	新古典福利经济学概述	(360)
思考题		(362)

第二十六章　德国新历史学派的经济思想 (363)

第一节	新历史学派概述	(363)
第二节	新历史学派的经济思想	(365)
第三节	新历史学派的解体	(368)
第四节	新、旧历史学派的异同	(370)
思考题		(372)

第二十七章　美国制度学派的经济思想 (373)

第一节	美国制度学派概述	(373)
第二节	美国制度学派的经济思想	(377)
第三节	美国制度学派的发展及其影响	(397)
思考题		(397)

主要研究文献 (399)

基本参考书目 (401)

第一篇　前古典经济学时代

第一章　　古希腊、古罗马的经济思想

▍内容提要▍

　　古希腊是西方文明的发源地,也是西方经济思想的源头。希腊人在公元前 6 世纪就开始探讨商品、货币、贸易和生息资本等问题,他们的一些观点成为西方经济学的出发点。罗马人关于经济社会法制化和契约的观念、与公平价格相关的经济伦理以及农场管理思想,对西方经济思想的发展做出了重要贡献。古希腊学者大多为思想家,古罗马学者则擅长军事和政治,他们将希腊人的思想发展成为一些制度,对后世产生了很大的影响。

　　在古希腊社会,存在着大量小生产者、农民和手工业者。古希腊的奴隶制经济基本上是自然经济,但商品货币经济已相当发达,商业资本和高利贷资本都已出现。与古希腊一样,古罗马也是典型的奴隶制社会。古希腊和古罗马关于商品、货币关系和市场的思想萌芽可以归纳为以下四个方面。

　　第一,维护奴隶制自然经济,发展奴隶主庄园,以保证奴隶主的财富不断增长。他们从使用价值的角度看待财富,并认为经济管理的任务就是使奴隶主获得更多的有用物品。

　　第二,重视农业,轻视工商业和手工业,并从奴隶主立场出发论证社会分工。他们对分工的分析主要包括三个方面:① 从使用价值角度来考察社会分工, 认为分工可以增加财富的数量, 提高产品质量;② 认为分工是社会阶级划分的自然基础;③ 有的思想家(如色诺芬)已经看到了社会分工与市场的关系,也已认识到分工发展程度依赖于市场范围。

　　第三,对商品货币经济作了初步分析,提出了一些有价值的见解。他们分析了商品的某些属性,提出商品二重性的一些思想萌芽。他们开始注意到市场供求变化对价格的影响,同时还分析了货币的某些职能,如价值尺度、流通手段、贮藏手段等。

　　第四,承认小商业存在的必要性,反对大商业和放贷取息,严厉谴责高利贷,认为用货币增殖货币的行为是不自然的。

第一节　公元前 6 世纪及前期的古希腊经济思想

一、公元前 6 世纪及以前时期的古希腊社会

　　古希腊的经济思想可以划分为两个时期:一是公元前 6 世纪及以前;二是公元前 5 世纪到公元前 3 世纪。公元前 6 世纪以前的经济思想又可分为三个阶段来论述:荷马时代、赫西俄德时代和梭伦时代。

　　希腊在公元前 11 世纪至公元前 9 世纪是荷马时代,这个时期是原始社会向奴隶社会

的过渡时期。公元前8世纪至公元前6世纪,私有制已经完全确立(农具、耕畜、土地等都归各家庭长期使用)。在私有制下,由于土地的兼并、生产资料占有的差别,必然产生财产不平等和贫富的鸿沟。希腊社会逐步分化为剥削者和被剥削者,奴隶主和奴隶。在奴隶制度下,部落之间战争中的大量俘虏和受债务困扰的穷人不断沦为奴隶,为了镇压奴隶的反抗和保护奴隶主的占有制,国家便由此产生。在这个时期,希腊由几十个互相对立的国家组成,其中最主要的,也是最强盛的两个国家就是雅典和斯巴达。

雅典是希腊文化比较发达的国家。以雅典为代表所产生的经济、政治制度和文化,对后来整个西方社会的发展影响极大。当时的雅典基本上属于自然经济,但商品货币经济正在缓慢地发展。构成市场经济一般前提的社会分工已经出现,商业和手工业相当发达;货币信用、银钱兑换业的流行,标志着货币市场已经出现;商业资本在流通领域中起着重要的作用,高利贷资本也很活跃,由此出现了一大批非贵族出身的富庶商人。这批新兴商人对奴隶主贵族的专制强烈不满,因为特权贵族的专制妨碍了工商业的发展。例如,限制工商业主使用奴隶的数量,战争费用中工商业主承担着很大的份额,从事贸易的税捐苛重,工商业主的社会地位低下,等等。于是,工商业主和平民联合起来同奴隶主贵族展开了政治上的夺权斗争,结果产生了一个比较民主的雅典城市共和国。尽管政权的行使在名义上由全民会议所选出的执政官掌握,但实际上体现着工商业主利益集团的意志。奴隶仍然只是会说话的工具,农民和手工业者并不是这个民主政治中的主体。由少数工商贵族掌握政权的国家机器竭力鼓励和发展商品货币经济,在畸形的市场机制作用下,大量的小工商业者和自由民变为贫民,甚至沦为债务奴隶,这不仅加剧了奴隶主和奴隶之间的矛盾,而且也加剧了自由民之间的争斗,导致了贫民和奴隶联合起来的起义,由此削弱了奴隶制国家的力量,招致外部的威胁。

斯巴达是一个寡头贵族专政的奴隶制国家,国家的政权掌握在代表贵族利益的大奴隶主手中,形式上的选举制度,只是徒有其名。斯巴达的商业和手工业均不发达,文化落后,长期保留着原始社会的残余,但崇尚武力,经常保持着强大的军事组织,以备对外战争需要,它极为惧怕雅典的国力强大起来,因为这两个国家都怀有统治整个希腊的雄心。

雅典和斯巴达各拥有若干国家为其同盟,并形成了两个互相对立的集团。以雅典为首的是提洛斯联盟,以斯巴达为首的是伯罗奔尼撒联盟。为了争夺霸主的地位,这两个联盟终于在公元前431—前404年展开了伯罗奔尼撒战争,战争以斯巴达取得胜利而告终,不仅雅典的民主制度及其文明随之崩溃,而且渐进发展起来的市场经济制度也遭到破坏。整个社会进入了历久不息的动荡时期。

二、物物交换的荷马时期

如果说市场经济的发展经历了物物交换、商品货币交换和现代市场经济阶段的演变,那么,荷马时代则处在这个初始阶段的源头。在荷马时代反映市场经济思想萌芽的代表作品是荷马史诗,这部史诗粗略地记载了市场经济萌芽状态的现象。荷马史诗有《伊利亚特》(*Iliad*)和《奥德赛》(*Odyssey*)两部,据传为盲诗人荷马所作,主要叙述关于远征小亚细亚的特洛伊战争的故事,这些诗歌原来是口头流传的民间诗歌,约在公元前8世纪初才逐渐形成两部叙事诗,但直到公元前6世纪才有文字传本。

荷马史诗中所反映的经济思想主要表现在两个方面:财富占有的观念和市场与交换

价格。荷马时代所谓的财富主要以家畜的多寡来表现,农产品、黄金、青铜等物也属于财富。在这个时期,氏族制已经瓦解和分裂,财产私有化的观念随之滋生蔓延,房屋和土地的私有最早发生在逐渐形成的城市之中。然而,私有权观念远远还没有达到十分发达的程度,家族共有制的观念仍以各种形式残留下来。古希腊"市场"一词的原意是指氏族和家族政治集会的场所,在荷马时代已经转变为集会场所的意义,后来才具有财货交换的市场的意义。虽然这个时代仍然以物物交换为主,但交换过程已经出现了一般等价物,家畜是交换时的主要价格标准,黄金、青铜等财富也可以充当交换的媒介。例如,黄金制成的全套甲胄的价格可以高达一百头牛,而青铜制成的甲胄则仅仅值四头牛。

三、赫西俄德的市场经济观念

赫西俄德(Hesiod)的《工作与时日》(*Works and Days*)体现了古希腊市场经济思想的萌芽。在赫西俄德时代,制度允许生产资料(土地)的自由买卖,土地的自由转让和分割使得大多数土地所有者仅仅拥有少量的土地。在《工作与时日》中,赫西俄德朦胧地蕴涵着劳动是财富之母的观念。他把现实的苦难归结为人的自然属性,从而引申出他的经济伦理,即以劳动的方式获得,而不是掠夺,整个社会才会繁荣昌盛。这不仅蕴含着劳动是一切价值源泉的思想萌芽,而且正是市场经济运行中必须遵守的基本伦理准则有利于市场制度的良性发育。赫西俄德的经济伦理观念成为以后希腊经济伦理的思想渊源。另一方面,在赫西俄德的《工作与时日》中还有了资源稀缺和有效配置的思想萌芽。他指出,尽管人们整日苦心劳作,但仍不能满足其全部欲望,之所以如此,是因为"人们在经济生活中存在着缺少性、选择和资源配置等三个问题。解决这些问题对达成人类幸福生活是至关重要的"[①]。

自然资源是稀缺的,人类必须有选择地进行活动,因此赫西俄德区分了两类选择:一类是采取不正义的手段巧取豪夺,但这只能把人类引向灾难的深渊;另一类就是假如你心中想望财富,就得工作再工作。对于资源配置的问题,他首先分析了诱致人们选择工作的三个重要因素:第一个因素是基本的物质需要;第二个因素是社会不允许的活动;第三个因素是结合的诱力(即个人与其所处的社会集团的消费习惯相攀比的强烈愿望),正是相互攀比的强烈愿望导致了工作中的竞争精神,他把这种竞争称为"善良的冲突",而这种"善良的冲突"对人们是有益的。在这一基础上,他还研究了一个封闭的小农场在既定的技术条件下,如何实现有效生产的问题,以及怎样使现有的财货在长期得到最好运用的问题。尽管赫西俄德在对资源稀缺原因的探讨上是典型的泛神论者,并不正确,但他最早注意到了稀缺、选择和效率这几个当代西方经济学中最重要的概念,故值得珍视。此外,关于"善良的竞争"的观念也正是现代市场经济机制的关键,而他对劳动和闲暇的见解则说明他朦胧地意识到了替代的问题。

四、梭伦改革——经济运行法制化的先声

梭伦(Solon,公元前638—前559年)出身于雅典没落的贵族家庭。年轻时一边经商,一边漫游名胜古迹,考察社会风情。梭伦是古代雅典的诗人、商人、立法者、政治改革

---

① 胡寄窗:《政治经济学前史》,辽宁人民出版社1988年版,第47页。

家,是古希腊七贤之一。他在公元前594年出任雅典城邦的第一任执政官,制定法律,进行改革,史称"梭伦改革"。

到了梭伦时代,交换经济已经超越了原始物物交换的阶段,货币经济开始出现。梭伦在公元前594年指导的那场意义重大的制度改革,通过法律确立了私有财产制度,为市场制度奠定了产权基础。梭伦还进行了债务和币制改革,发行了新的含银量较以往通货本位低30%的通货,降低以往的债务利息。从经济思想的层面来说,梭伦已经意识到了货币与利息在经济运行中的作用。

第一,他推动了有利于市场制度发育的社会分工。在究竟以何种手段获得财富才是正当的问题上,梭伦认为,人们从事的社会职业固然有所不同,但职业之间没有贵贱的区别,劳动对任何人来说均非不体面的事,在良好的法制氛围中,人们可以慎重地处理一切事务。但是,他认为,人们所从事的活动应该以获得知识和经验为目的,而不是牟利。可是,任何从事劳动的人们都是以追求财富为目的的。由于诸神赋予人们的命运吉凶难测,结局则无法在事前预测。命运常常是利得之后必遭天罚,以不正当的手段猎取财富更是如此。市场经济制度的发育不仅必须有私有财产这个环境,而且还需要基础广泛的社会分工。他列举出六种值得重视的职业:海外贸易、农业、制造业、教育、僧侣和医药。尤其值得一提的是他对海外贸易和应用技术的高度重视,他将海外贸易列为六业之首,主张运用国家的力量拓展海外市场;在应用技术方面,他主张对本国的工匠进行有组织的技术培训,同时,采取措施鼓励国外有工商技术的人移居雅典。显然,梭伦认识到了技术对一国财富增长的贡献。

第二,他进行了债务和币制改革。梭伦时代,由于贵族地主的重租盘剥,承租小农因无力偿还债务大多沦为奴隶,另外,一些小土地所有者也常常在债务的链条中丧身为奴。因此,雅典奴隶制度形成初期的奴隶主要源于这根债务链条,故梭伦的解除债务令确实改善了劳动者的生存条件。尽管雅典的奴隶制并没有因此被根本废除,甚至有蔓延之势,因为解除债务令仅仅限于自由民,不适用于外籍人,外籍奴隶仍可以被继续使用。重要的是在私人占有制度下,随着工商诸业的发展,反而有更多的奴隶被使用,奴隶的集约使用反过来提高了劳动生产率,推动了新的工业组织的发展。这一趋势不仅促进了大规模纺织工业的出现,也使家庭自然经济逐渐瓦解。在雅典奴隶制的市场环境中,解除债务令具有周期性地解除农民重负、解放劳动生产力的作用。

第三,他推行了按财产划分等级的制度。梭伦根据财产的多少将全体公民划分为四个等级,不同等级的公民享有不同的政治权利。谁的财产多,谁的等级就高,谁就享有更高的政治权利。第一、二等级公民可以担任包括执政官在内的最高官职,第三等级只能担任低级官职,第四等级不能担任任何官职。这一制度并未实现公民之间的真正平等,但它意味着身为贵族,如果财产少,也享受不到过去那么多政治权利了,而新兴的工商奴隶主可凭借自己的私有财产,跻身于城邦政权。这就打破了贵族依据世袭特权垄断官职的局面,为非贵族出身的奴隶主开辟了取得政治权利的途径。

毫无疑问,梭伦改革是雅典城邦历史发展中的一个重要里程碑,它奠定了雅典民主政治的基础,调整了公民集体内不同阶层之间的利益关系,使自身从事劳动的中、小土地所有者在经济、政治和社会上的地位得以保证。可以说,梭伦改革是雅典城邦乃至整个古希腊历史上最重要的社会政治改革之一,它为雅典城邦的振兴与富强开辟了道路。梭伦改革不仅大大促进了农业和工商业的发展,而且使雅典迅速成为古希腊最繁荣的工商业城市。此外,梭伦把海外经济扩张和殖民政策融为一体,为10年之后的雅典海上霸权奠定了基础。如果我们要为公元16世纪以后的重商主义国策寻找历史渊源的话,梭伦改革就是它的源头。

第二节　公元前5世纪到公元前3世纪苏格拉底学派的经济思想

一、色诺芬的财富观、社会分工论、供求价格论及国家财政职能观

色诺芬(Xenophone,约公元前430—前354年)出身于雅典土地贵族家庭,是苏格拉底的学生。色诺芬的著述很多,经济方面的著作有《经济论》和《雅典的收入》。《经济论》以对话的方式讨论了土地和房产的管理规则,它是古希腊流传下来的一部专门论述经济问题的著作,"经济"一词首见于该书,现在英文中的"economy"一词就是由此演变而来的。《经济论》大体分为两部分:一部分主要论述与奴隶经济制度有关的问题,如奴隶主的经济任务、财产的经营与管理、奴隶的管理与训练、管家的挑选和培养等;另一部分主要涉及生产力问题,如农业的重要性、农业耕作技术问题。《雅典的收入》讨论雅典的国家财政问题,是一部最早的财政学著作,其中包含了对货币的深刻见解;该书针对当时财政不足的状况,主要讨论如何增加国家岁入的问题。色诺芬的思想主要体现在财富观、社会分工、市场交换的价格形成和国家财政四个方面。

1. 关于财富的观念

在色诺芬看来,财富是指人们所拥有的一切有用的事物,也就是事物对人的使用价值,而对人不利的事物就不能算作是财富,甚至可以说它是对所有者的累赘。同一事物对于能知其用途的所有者是财富,对不懂得其用途者便不是财富。他举例说,"一支笛子,对于会吹它的人是财富,而对于不会吹它的人,则无异于毫无用处的石头"①,但是不会吹笛子的人如果将它出卖给会吹笛子的人,那么笛子对它新的所有者便构成了财富。因此,色诺芬认为,财富是一种由因它而可取得他人利益的事物所构成的。

在说明货币是否是财富的问题上,色诺芬也是从使用价值的角度来分析的。他认为,一个人即使卖掉对自己没有使用价值的东西而取得货币,如果他不会使用货币,那么货币也不是他的财富。"即使是钱,对于不会使用它的人也不是财富。"②因此,他指出,如果货币所有者不知道使用货币的方法,就应把它从自己的财富中排除出去。货币只有对深知其用途并由此得到利益的人,才是财富。从色诺芬的货币财富观念,我们可以看出,作为一个使用奴隶耕种的土地贵族,他更关心实物产品的使用价值,他只看到了货币能交换到另一种使用价值的功能;又由于他是一个苏格拉底学派的主观唯心主义的目的论者,因此他从使用者本人的主观判断上去理解事物客观存在的有用性,并将其作为是否成为财富的标准。

此外,还应注意的是,色诺芬将财富区分为精神的与经济的两类,但排斥经济的财富,他主张以主观的满足来表示贫富的差异,而不应以财富的多寡表示贫富的差别,也就

---

① 色诺芬:《经济论·雅典的收入》,张伯健等译,商务印书馆1961年版,第1页。
② 同上书,第3页。

是说,贫富不是取决于财富的多寡,而是取决于自己内心是否感到满足。由此我们可以这样认为,色诺芬关于财富的观点为后来的效用理论提供了主观心理分析的基础。

2. 社会分工论

色诺芬强调社会分工的必要性,他在《经济论》中指出,没有人能够变成一个万事通。他说,波斯王餐桌上的食品之所以无比精美,来源于手艺的精湛,而只有广泛的社会分工才能产生这样的结果。一个人从事多种职业又要把一切做好,几乎是不可能的。相反,一个人只要从事一种职业,就足以谋生而且会无条件地把工作干得更好,制作出来的产品也更加精美,这是必然的,烹调工作也是一样。用现代的语言说就是,社会的丰裕和生活质量的改善,大多得益于社会分工。

在这个基础上,色诺芬提出了重视农业、轻视工商业的基本主张。他在《经济论》中反复论证了农业的好处和重要性。他认为农业是希腊自由民最重要的职业。色诺芬将农业和战争相提并论,认为它们属于至尊的事业。就农业而言,他认为,农业的昌盛会导致一切事业的勃勃生机;但倘若土地荒废,则其他诸业均可能陷于停滞,故农业为百业之母。实际上,色诺芬揭示了农业是国民经济发展的基础。他指出,对于一个高尚的人来说,最好的职业和最好的学问就是人们从中取得生活必需品的农业。农业能够给人以最多的休闲与肉体的发达,农业又是提高武术和竞技的最恰当的锻炼,它有利于养就人的爱国心、同情心、对神的信仰和正义感。

3. 关于市场价格的形成

色诺芬在一定程度上认识到了市场供求关系对商品价格的影响,而价格变动又会影响到社会劳动的分配。他指出,如果商品供给的数量过多,价格就变得低廉;反之,商品价格低廉,商品的供给则减少。以农产品为例,农产品价格低廉到一定程度,农民就会放弃农业而从事商业、旅店业或借贷业;工业也是如此,铜生产过多,铜价格就趋于低廉。劳动力市场的价格也是如此。

色诺芬生活的时代,商品和货币经济已经有了一定的发展,通过对实际生活的观察和研究,色诺芬对商品和货币的问题提出了独到的见解。他认为,在货币经济中,货币的职能首先是充当购买手段,有了货币,可以随时买到必需的物品。货币还具有贮藏手段的职能。别的物品多了,有时不想要得更多。货币则不同,谁也不会有多得不希望再多的白银。如果人们拥有太多的白银,他们可以将其贮藏起来。这种思想在当时的社会条件下是难能可贵的,也是其他思想家没有认识到的。

4. 国家财政职能观

色诺芬在《雅典的收入》中所论述的核心问题是国家财政的配置职能,即国家如何取得赋税以致力于国家的繁荣。由于公元前5世纪30年代以来希腊诸城市连年发生内战,雅典失去了盟主的地位,同盟国原来的贡赋也因此中断,色诺芬建议制定一个商业发展规划。

色诺芬的政策主张是,首先,鼓励外侨和其家属留居雅典以增加人口,但须缴纳人头税,这样不仅可以增加雅典的收入,而且可以使外国人更加心甘情愿地处于雅典的统治之下;其次,提高商人的社会地位;再次,强调用国家投资以改善商业的基础结构;最后,主张财政开支应大力投资于那些具有规模报酬递增的产业。

色诺芬不但论述了市场经济的分工基础,而且最早探讨了市场价格形成的供求原理,从这个意义上说,他发现了市场经济的内在机制,并从国家收支的角度探讨了财政支出对于指导产业结构调整、带动经济增长的作用,在这个基础上,粗略地分析了国家投资选择的效率问题。但是,他重视农业、轻视工商诸业的观点是不正确的。

二、柏拉图的社会分工、货币与利息思想和"理想国"

柏拉图(Plato,公元前427—前347年)出身于雅典贵族家庭,与色诺芬同为大思想家苏格拉底的学生。公元前399年,苏格拉底由于政治原因被处以死刑后,柏拉图因害怕受牵连而逃离雅典。公元前388年,柏拉图回到雅典,创办了"阿卡德弥亚"哲学学院(现在英文中的"academy"一词即由"阿卡德弥亚"一词演变而来)。柏拉图的经济思想主要反映在《理想国》和《法律论》两本著作中。柏拉图主要从市场发育与社会分工、货币与利息和"理想国"等三个方面来阐述他的经济观点。

1. 市场发育与社会分工

柏拉图以前的分工思想不仅简陋,而且分工与市场制度出现之间也并无逻辑联系。柏拉图的贡献在于把生产交换与货币流通作为分工的直接原因,他认为,引起社会分工的首要原因是人生而具有的天然禀赋。"人之本性各不相同,不同的人适宜于做不同的事务。因此,要一切事物生产得更丰富、更方便和有更好的质量,须使每个人专做一种与他性情相近之事和在适当的时候去做,并要放弃别的事务。"①既然分工就是为了满足人们的需要,而人们的基本需要是食物、衣服和住所,为此至少要有农民、织工、鞋工和建筑工四类职业,他们互相创造供给和需求。当事人之间相互交换的货物必须以买卖的方式进行,于是市场以及作为一定交换符号的通货也不得不产生了,因此,市场交换也是产生分工的原因。柏拉图强调,倘若社会不按照人的天然禀赋使其各行其是,则整个社会将陷入混乱以致自取灭亡。

所以,一个按照正义原则组成的社会应当根据人的不同禀性令其从事力所能及的工作。他认为自然赋予人以三个等级:哲学家、武士和自由民。哲学家兼备智慧、美德和知识,能够洞察真理,理应管理国家,属于统治阶层;精选并加以严格训练的武士担负着守土抗敌的重责,这个阶层平时从事体育活动、锻炼体魄,不应该从事任何经济活动;自由民由农民、手工业者、商人等一切从事经济活动的人构成,他们是一些没有思考能力的人,只能为以上两个等级的人提供生活资料,为此必须从事生产活动。至于奴隶,只是"会说话的工具",根本不在等级之内。

柏拉图在《理想国》中对商业进行了肯定的论述。他指出,进入通货交易阶段后,交换的媒介便可以代替生产当事人之间的物物交换方式,作为中间人的商人的存在也就成为可能,它可以节省劳动时间,商人因承担起此项劳务应有获得报酬的资格。但是他在晚年所著的《法律论》中,却主张禁止为获利而进行的小商业,认为工商业只能由外邦人去做,农业则由奴隶去做,公民只能对农业发挥监督的作用,以防止公民受到货币的诱惑和盈利念头的毒害。

2. 货币与利息

柏拉图意识到在商品交换中必须有货币充当流通手段,但他反对把货币作为贮藏手

---

① 胡寄窗:《政治经济学前史》,辽宁人民出版社1988年版,第90页。

段,更反对放款和抵押放债。他肯定货币在交换经济中的作用,但主张对货币的使用加以限制。柏拉图的货币思想是非金属主义①的。他在《法律论》中指出:"基于这些理由,我们说我们的人民须持有铸币,这在他们中间是法偿货币,但在别处就毫无价值。"因为,货币仅就交换而言,有一定符号即可以足用,不必考虑它的金属内容,故货币的物质内容无足轻重。这是流行于古代世界的货币具有价值尺度职能的观点。小商人的作用是在市场上以货币交换那些愿意购进商品的货币所有者的货币。全国一切小商人的活动足以使不等一的财货的价值成为等一的。但是,柏拉图不承认货币具有价值贮藏的职能。因为货币本身并不是财富,而且专事货币的积累是有害的,这一见解与他反对商业资本、高利贷资本有关。柏拉图反对个人拥有金银货币和外国货币,主张对个人拥有的外国货币予以没收,对知情不报者处以等额罚金。

在利息问题上,希腊各城邦历来由借贷双方自由协定利率,尽管梭伦改革曾经降低过已存债务的利息,但对新的债务关系以何种利率约定仍然是允许的,所以,对放贷取息的行为还没有什么责难之处。大约自公元前 5 世纪起,工商诸业迅猛发展,利率也随之提高,以往一分六厘的利息提高到三分六厘以上;高利贷者又常常抢夺债务人的房屋和财产以偿还其本息,引起全社会对高利贷的不满。

柏拉图强烈谴责放贷取息的行为,认为偿付利息现象的存在构成了对整个社会安定的重大威胁。在《理想国》中,柏拉图把高利贷者比喻为蜜蜂,谴责他们将蜂针(货币)刺入借款人的身体为取得增值的利息而损害他们,从而使因借债而沦为奴隶的人和因放贷取息而变得懒惰的人遍布全国,他禁止以放贷取息为职业。至于双方自愿的一般信用交易应由契约人自担风险,法律不作强制偿还的规定。但也有例外,如果供给者适当地满足了顾主的订货要求,而顾主没有及时偿付货款,供给者可以要求除偿还本金外,再支付延误期间的利息。

3. "理想国"

柏拉图提出理想国的设想,试图消除财产私有制,实行一种以其所推崇的正义伦理为基础的哲学家专制的政治体制。理想国由执政者(即哲学家)、保卫者和生活资料供应者(即农民和手工业者)三个阶层的公民组成,其特征是共产共妻。他认为,国家如果要履行正义的职能,须使三个阶层的人都能够全心全意地完成各自的任务,不至于转向自私自利的目的,两个高级阶层就必须彻底地脱离私有财产这个环境,实行财产共有。取消财产的私人占有,才能够使他们结合一致,这就是很大的改善,否则,如果让他们拥有个人的财产并掌握武装,他们就可能成为暴君、阴谋的策划者或者内部的敌人,所以人人一致的基础就是取消私人财产。只有以盈利为目的的第三等级,才能拥有私人财产。柏拉图提出农业应成为理想国的基础,在理想国中商业是必要的。但他又认为雅典人只应从事农业,而不应该从事唯利是图的商业。

柏拉图的贡献在于,他最早注意到了市场制度与社会分工之间的联系,尤其注重国家对经济生活的调节职能,而国家所理应关注的是总揽全社会如何实现公平的分配。

三、亚里士多德关于家庭经济、公平交易之道和货币利息的思想

亚里士多德(Aristotle,公元前384—前322 年),雅典人,柏拉图的学生,但后来他的

---

① 金属主义认为货币是一种商品,它必须具有金属内容和实质价值,其价值由金属的价值决定。

思想和柏拉图的思想发生了分歧。柏拉图死后,他离开了雅典。他曾经当过马其顿王子的教师,后来离开马其顿返回雅典,从事讲学。亚里士多德是古希腊"最博学的人物"和集大成的思想家,著述十分丰富,在许多学科领域都给后世留下了开创性的著作,他的经济思想主要体现在《政治学》和《伦理学》两本书中。西方古代经济思想在亚里士多德的著作中得到最高发展。

1. 关于家庭经济

亚里士多德把经济(家庭管理)包括在政治学中,比色诺芬前进了一步,明确地规定了经济学的研究对象和任务:① 研究家庭成员之间的关系,即主奴、夫妇和父子之间关系,其中奴隶主和奴隶关系被视为首要关系;② 研究致富之术,即探讨奴隶制生产力发展问题。亚里士多德从家庭经济入手开始他的经济分析,认为获取财富之术是家庭经济的组成部分。

亚里士多德认为,人类活动的目的在于幸福,而幸福的全部意义在于正义、健康和最愉快的成功。实现幸福有赖于若干外部的手段,财富就是达到幸福目的的手段的集合。财富作为手段可以区分为两类:一是为善良生活所需要的、有限的财富,人们取得这些具有使用价值的财富是为了满足消费,它是合乎自然的;二是为积蓄并以货币形式累积的财产,它是没有限制的,也是违反自然的。而获取财富之术也有自然的和不自然的两种,自然的获取财富之术包括农、牧、渔、猎,他指出这是真正的、正规的生财之道;不自然的获取财富之术包括商业和借贷业。他指出借贷业更加可恶,因为它不是对金钱的自然使用,而是从金钱本身获取利益,这是违反自然的。亚里士多德分析的重点不在于家庭如何致富,而在于对经济行为做出价值判断。

2. 公平交易之道

亚里士多德探讨了公平交易的公约——价值基础问题,指出:"一切财货必须由某一事物来度量。"在《伦理学》中,亚里士多德分析了交换过程中的价值等一性问题,在讨论公平这一范畴时对商品交换和商品价值形式发表了天才的见解。他区分了使用价值与交换价值,指出每种物品都有两种用途,两种用途都与物品本身有关,但关联的方式不同:一种用途是物品本身所固有的,另一种则不然,例如鞋,既可作为鞋子用于穿,又可作为商品用于交换。他比色诺芬更加确切地论述了物品具有使用和交换两种属性,并从交换发展过程阐述了物物交换、简单商品交换同"货殖"的区别,认为以使用价值为目的的商品交换是合乎自然的,而无限度地追求货币的"货殖"是违反自然和不合理的,应加以反对。

在《政治学》中,亚里士多德区分了"经济"和"货殖"两个概念。他认为,财富是对家庭和国家有用的东西。为了获得这种具有使用价值的财富而从事的活动属于"经济"(或称"家庭管理")的范围。他用自然的和不自然的方法来说明,"经济"是在于获取自然供给人类有用的东西,而"自然的"是指合乎人类和事物本性的,否则就是违反自然的。在说明"货殖"的产生和它的性质时,他认为,交换是由物物交换开始,然后过渡到以货币为媒介的交换(零售商业),最后过渡到以赚取货币为目的的交换(大商业)。他指出,在小商业中,交换的目的是获取使用价值,而货币只起媒介作用,因此它属于"经济"的范围;大商业的目的在于无限制地追求货币,它属于"货殖"的范围,因而是违反自然的。他反对大商业,尤其反对高利贷,认为"货殖"在高利贷上表现最为突出,因此对属于"货殖"

的商业资本和高利贷资本采取否定的态度。

在谈到交易产生的原因时,亚里士多德指出,当社会处于最初状态——家庭时,交换这个技术显然是不需要的,因为财产是共有的,共同使用的,但由于所用之物日渐增多,遂通过交换取得所需之物。原始的交换只是为了满足生活需要的物物交换,它并不是赚取钱财的一个部分。另一种复杂的交换是以货币为媒介物,纯粹是为了"避免权衡重量和标明价值的麻烦",但由此赚取钱财的另一技术——买进卖出,导致"人生的整个意义就在于无休无止地集聚钱财,至少是已有的钱财不可丧失。……由于人的欲望是无止境的,于是认为满足其欲望的手段也是无限度的"。因此,他们会无止境地试用任何可以敛财的技术、新的计划、新的方式,既然赚取钱财成为活动的目的本身,那么,一切就服从于这个目的。①

3. 货币与利息理论

关于货币与利息,亚里士多德将货币视为交换的中介,并给货币增加了价值尺度和积累手段的职能;他反对放贷取息;他还意识到了币值可能变动的问题。

在货币理论方面,亚里士多德提出了一些观点。首先,他沿着柏拉图货币名目主义的观点,将货币视为执行交换的中介,因为货币不是自然的,而是法律的产物。他说如果现在不需要以货币交换其他物品,而把它留作将来交换之用,则将来需要某种物品时,货币即可作为取得某物之保证。这还可以从他强烈谴责积累货币的观点中折射出来。从他的货币理论中,首先可以看出,他实际上区分了货币和资本,在简单商品流通中,货币执行单纯交换手段的职能,而在增殖的过程中,货币执行资本的职能。其次,他意识到货币的价值也可能变动。因为它不是自然形成的东西,人们可以使用自己的力量将其变成无用之物。货币仅仅是一个符号,其价值是由法律赋予的。

关于利息的议论,亚里士多德从货币职能的角度出发反对放贷取息,由于他把放贷取息视为不自然获取财富的方式,因此他谴责贷放业是各种商业中极为发达的货殖行业,也是最可憎恶的行业。他指出,商业已经脱离了物物交换的原意,货币贷放更是脱离了商业的原意,这种远离自然的情况自应受到指责。在他看来,人们是为了交换的方便才使用货币,而贷放业者却强行使货币做父亲以进行生殖,像父亲生子一样由货币产生利息(希腊一向称利息为"子息"),这是"以货币产生货币"②,是对货币职能的歪曲,是最不自然的事情。货币有它确定的和自然的职能,其目的就是便利交换,如果把它用于其他的目的,既不自然,也不道德。商品可用于消费也可用于交换,但商品的这两重性在货币上不能出现。获取利息是对货币的非自然的使用,歪曲了它的社会性质。他始终认为货币是"不会生育的金属",因为金属不能培育和饲养,任何超过贷出资本的货币报酬,均与其本金毫无关系。

第三节 古罗马经济思想

公元前 2 世纪到公元 4 世纪属于罗马共和时代后期和帝国时代。古罗马是通过武

---

① A. E. 门罗:《早期经济思想——亚当·斯密以前的经济文献选集》,蔡受百等译,商务印书馆 1985 年版,第 17—18 页。

② 亚里士多德:《政治学》第 1 卷,吴寿彭译,商务印书馆 1977 年版,第 10 章。

力侵略发展程度较高的古希腊等国家而形成的奴隶制帝国,其统治阶级力图用法律和政治来证明罗马帝国的合法性,并用以维护自己的统治地位,因而古罗马人在政治和法律的研究方面做出了重要贡献。他们在法律中包含的经济观点对后来经济思想的发展产生了一定的影响,但在经济思想上并没有什么直接的建树。古罗马的经济思想散见于法学家、哲学家和农学家的著作中。古罗马的思想家对经济思想的发展所做的贡献在于他们关于经济社会法制化和契约的观念、与公平价格相关的经济伦理,以及农学家的农场管理思想。

一、法学家的经济法制观

在罗马奴隶制兴盛时期,商品货币关系已相当发达。罗马法学家研究了商品生产者的各种关系,诸如买卖、借贷、债务、契约和其他义务,承认个人地位,保障签订契约的自由,确认债权者有役使债务者的权利。罗马法学家确认个人地位、保障契约自由等思想对后来的西方经济学家产生了重要影响。罗马法学家认为,货币是为便利交换而产生的,货币产生后,货币本身也成为具有价值的交换物品。古罗马初期法律禁止借贷取利。《十二铜表法》产生后才有利率的规定,但仍禁止重利。随着借贷资本的发展,法律上规定的利率成为空文,利率完全取决于市场上借贷资本的供求情况。

1. 关于私有财产及自由契约的观点

法学家有关经济方面的零散见解主要反映在各种成文法典中。正是罗马法律中关于所有制的观念以及对契约的推崇对以后的经济思想产生了重大影响。法学家们论证了私有财产拥有不可侵犯的权利,明确规定个人的权利代替已存在的任何社会财产形式,允许财产权属于个人,并规定了财产的个人转让权,由此发展出自由制定契约的制度。罗马经济法思想的重要特征是将法律中的非属人的要素从属人的要素中分离出来并对前者加以强调,这样就切断了法律与宗教的联系。将法律置于一个非属人的基础之上,为法制走向客观性奠定了基础。

2. 关于货币和价格的见解

法学家关于价格形成的观点始见于公元 2—3 世纪法学界对买卖契约的争论中。在法学界看来,货币价格的形成是买卖双方讨价还价的过程。公元 2—3 世纪的法学家鲍鲁斯(Julius Pails)指出,在买和卖的过程中,自然法允许一方以低于物品应有之价值购买,另一方以高于物品应有之价值出售。在出租和雇佣等行为上也是如此。随着交易的发展,人们产生了对公平的或真实价格的要求。大约在公元 3 世纪末,法律明文规定,如果卖价低于物品真实价值的一半,卖者可以收回其货物。在公元 301 年法令规定,公平价格以习惯的生产成本为基础。

在罗马法学家以及罗马法中,也提出过"公平价格"的概念。根据罗马法学家的解释,所谓"公平价格"或"真正价格"是指某个时期不受市场变动影响的价格。大多数从事交换的人就是按照这个价格买卖,因而这个价格也被称为"通行的价格"。罗马法和罗马法学家所说的"公平价格"或"真正价格",实际上是平均价格,也就是与价值相符的价格。但是由于这些法学家都是奴隶主阶级的思想家,极端鄙视体力劳动,当然也就不可能理解价值的本质。

3. 关于利率的规定

在利息问题上,罗马的早期法律是不支持收取利息的,特别是反对高利贷。但随着市场经济行为的增多,借贷活动变得极为普遍,法律对利率的限定只不过是一纸空文,实际利率是随市场供求关系变动的。此外,法学家认为借贷需支付利息是基于利得和损失补偿的原则。

罗马法学家认为,借贷需支付利息的原因取决于四种类型契约(消费借贷契约、经营贷款契约、代存财物契约和抵押契约)中的两种:第一种,经营借贷须支付利息;第二种,不按规定代保存财物须支付利息。这一条款系指代存者如不能按商定期限归还而有所拖延,则存物人不必有另外的契约即有权要求代存者支付利息。由此可见,法学家是把利息作为对损失的补偿来考虑的。这就是关于利息问题的补偿原则。

另外一种观点是利得原则。稍晚于鲍鲁斯的法学家乌迫努斯(Domituis Ulpainus)以买者没有按期交付货款的交易为例,主张卖者有权要求买者在交付货款之外,再交付一笔从发货之日起的货款利息,因为买者既享受了已得的货物就应按照价格支付利息。这一观点表明,卖者要求支付利息不是基于他受到的损害而是基于他的利得。他的另一表述就是:"如果买者迟延支付价款,他必得向卖者交付利息。"①

市场经济制度的本质是法制基础上的自由契约经济,在这一点上,罗马法学家抓住了问题的关键,他们对财产的私有制、契约、价格形成、货币和利息等问题都有相对独立的见解。自由契约基础上的价格形成反映了蕴藏在其背后的市场供求关系的力量,而关于利息的利得和补偿原则已经超越了古希腊时期的认识程度。但是,所谓自由契约的认识是有局限的,并没有当代这样一种普遍的意义。

古罗马法学家及法典的经济思想内容丰富,影响深远。自然法观点、关于私有财产及自由秩序的观点对近代经济学产生了一定影响。关于利率、货币及价格的见解反映了前资本主义社会商品经济的发展。罗马法学家的经济思想反映了古罗马发达的奴隶社会中经济及商品货币关系发达的现实,其影响不仅在于它曾服务于罗马奴隶制社会,而且还通过各种形式间接地促进了新的资本主义经济的形成,推动了资本主义和商品货币关系的发展,为欧洲文艺复兴及资本主义的繁荣提供了思想资源。②

二、哲学家的社会分工论

古罗马哲学家大多生活在罗马奴隶制走向衰落的时期,他们的经济思想反映了这一历史时期罗马社会的特点。虽然罗马时期哲学家相当活跃,但对经济思想的发展却没有什么建树。唯有西塞罗的思想值得一提。西塞罗对后世影响较大的经济思想是他的分工观点。

西塞罗(Marcus Tulips Cicero,公元前 106—前 43 年)出身于古罗马奴隶主骑士家庭,从事过律师工作,后进入政界。西塞罗是古罗马著名的演说家、政治家、哲学家和作家,还是一位西方历史上早期杰出的法学家。西塞罗以善于雄辩而成为罗马政治舞台的显要人物。开始时倾向平民派,后来成为贵族派。他的政治法律思想主要集中体现在他所

---

① J. Paulus, *Digesta*, Book 18, Tit 6, Lege 20.

② "古罗马法学家及法典的经济思想浅析",价值中国网,http://www.chinavalue.net/Finance/Article/2009-11-24/189238_2.html。

著的《论共和国》和《论法律》中。

在西塞罗时代,高利贷和商业已非常盛行,成为当时罗马统治阶级的致富源泉。因此,西塞罗虽然也颂扬大土地所有制,但他并不否定大商业,甚至认为大商业优于小商业。

西塞罗明确地把经济社会视为一个以分工为基础互相联系着的整体,分工体系中的每一部分,对于社会的生存与发展来说,都是不可缺少的必经环节。在对不同行业进行价值判断时,西塞罗明显地表示出单纯重视农业而轻视工商诸业的倾向。他指出,一些招人厌恶的谋生方式如收税人和高利贷者,应该唾弃;零售商贩这类行当是令人讨厌的;一切技工也是卑贱的。他认为,具有较高价值的行业包括需要高超技艺而对社会有较大利益的行业,如医生、建筑师和幼儿教师,他们应受到尊重;能从事大宗进出口业务的商人而又不搞欺诈行为者,应受到社会的尊重。但在所有行业中,他认为没有比从事农业更应受到尊重的了。

关于价格的形成,西塞罗已注意到价格和欲望与效用的关系。他似乎还意识到,在商品的交换过程中,效用对交换价值的作用和效用的判断又取决于一般人的欲望的强度。关于债务和利息,西塞罗反对"债务解除"运动,他的理由是,为了迎合民意而允许债务人拒不支付债款,践踏了财产占有权利,这是在颠覆国家的基础。西塞罗虽然反对免除贷款还本,但也厌恶高利贷剥削。他在原则上不反对放贷取息,却反对过高的利率。最后,西塞罗不主张对经济生活放任自流,而主张国家对经济生活的适当干预。

此外,罗马唯物论哲学家提图斯·卢克莱修·卡鲁斯(Titus Lucretius Carus,公元前99—前55年)继承古代原子学说,特别是阐述并发展了伊壁鸠鲁的哲学观点。他认为物质的存在是永恒的,提出了"无物能由无中生,无物能归于无"的唯物主义观点。他反对神创论,认为宇宙是无限的,有其自然发展的过程,人们只要懂得了自然现象发生的真正原因,宗教偏见便可消失。他把社会发展看成是连续不断的自然过程,认为人类的黄金时代不在过去,而在未来。随着新的生产工具的创造,人类才能取得对自然的控制,从而出现人类的黄金时代。

三、农学家的剩余产品市场价值观

古罗马出现了一些农学家的著作,这些著作类似古希腊思想家的《家庭管理》。其中最著名的农学家有加图、瓦罗和科卢梅拉。

加图(Marcus Porches Cato,公元前234—前149年)出身于农民家庭,是罗马政治家、演说家,第一位重要的拉丁散文作家。先后担任过财务官、营造官和撒丁行政长官。他流传至今的唯一著作是公元前160年左右所写的《论农业》。

瓦罗(M. Terentius Varro,公元前116—前27年)是罗马时代的政治家,著名学者,出生于萨宾地区的一个小乡村,曾任大法官(执政官)。他是罗马最博学的人之一,精通语言学、历史学、诗歌、农学、数学等,78岁时已写出了四百九十多篇论文和专著。他力图掌握全部希腊文化并用罗马的精神加以改造。著作现存极少,《论农业》是他的代表作。

科卢梅拉(Columella,约23—79年)是农业、天文学家。他在公元60年左右所写的《论农作物》一书中论述了谷物、各种植物和动物的培养改良等方法,描述了嫁接技术,还记载了几个小麦品种。

加图和瓦罗着重论述了大规模使用奴隶劳动力的农场管理以及农业技术问题。随着市场经济的出现,农学家的思想表现出对剩余农产品市场价值的重视,尽管他们还相当强调自给自足的自然经济。加图的《论农业》就反映了当时的奴隶主力图巩固和扩大农奴经济,争取榨取更多的农产品剩余这样一种经济要求。

罗马农学家也把奴隶看做只会说话的工具。但由于罗马农学家生活的年代不同,对奴隶所持的态度也有所不同。加图生活在罗马鼎盛时代,因此主张采取严厉的办法来管理奴隶,尽可能加强对奴隶的剥削,以榨取更多的剩余产品。瓦罗生活的年代,罗马各地相继爆发了奴隶起义,瓦罗劝导奴隶主对待奴隶要宽厚些,并建议不要购买属于同一民族的奴隶,以防止他们联合起来进行反抗。公元 1 世纪,罗马奴隶制已走向没落。科卢梅拉看到大土地所有制和奴隶劳动已不可能提高劳动生产率,创造更多的剩余产品,因此他一方面规劝奴隶主要改变对奴隶的态度;另一方面则提出用隶农代替奴隶来从事农业生产。

加图等都把农业放在社会经济生活中的首要地位。他们认为农业是罗马人最重要的职业,劝导罗马奴隶主要亲自管理自己的农庄。在瓦罗时代,罗马的大土地占有者通常住在大城市,而把农庄交给管家去经营。瓦罗则规劝他们要回到乡村,亲自料理自己的农庄。罗马农学家都注意保持农庄的自给自足的自然经济,减少对市场的依赖,但有的农学家如加图也趋向于发展农庄的商品生产。

加图认为市场盈利来自有效的管理。他提出的第一条经营管理原则是少买多卖。他指出任何多余的东西都应出卖,而且还要善于掌握市场高价这个有利的时机;在生产上只购买最必需的生产资料,以尽量减少开支。为了实现获得更多剩余产品的目的,加图强调农场主必须亲临现场巡视,进行有序的农业管理。他主张根据奴隶的工作业绩和日常的禀性分配衣食,以给他们提供一个良好的工作刺激,同时还主张把奴隶维持生存的生活资料降到最低限度。

瓦罗和科卢梅拉已经意识到,奴隶劳动生产率低下,奴隶劳动制不能使土地资源得到较好的利用,同时还认识到了提高劳动生产率的重要性。为此,他们主张确立小农经济,把土地交付给小农经营。瓦罗主张发展将农业与畜牧业合二为一的农业,并主张同时经营渔业和家畜业以达到更大程度上的自给自足。不仅奴隶的必需用品要在自己的农场生产,农场主的各项需要也应尽可能在自己的农场生产。只有那些农场不能生产的东西才可以去购买。此外,瓦罗和科卢梅拉关于农业的著作还记载了葡萄、橄榄的栽培以及牲畜饲养和油、酒的制作等多种农牧业生产技术,提供了农业经营管理方面的材料,对于研究当时的社会结构具有重大价值。

思考题 》》

1. 简述色诺芬的主要经济思想。
2. 柏拉图在社会分工、货币和利息方面提出了哪些观点?
3. 亚里士多德是如何区分"经济"和"货殖"的? 这种区分有何意义?
4. 试析古罗马思想家经济学说的基本特点与内容。
5. 试论古希腊、古罗马关于商品货币经济关系的基本思想。

第二章 欧洲中世纪的经济思想

▌内容提要▐

从公元 5 世纪罗马帝国灭亡到 17—18 世纪英法资产阶级大革命,欧洲历经了漫长的封建主义时代,其中,史称"中世纪"的千年封建王国(5—15 世纪)是欧洲历史上最典型的封建统治时代。这个时代经济思想的核心是维护封建土地私有制度,并力求对逐渐出现的商品货币关系加以规范。16 世纪欧洲封建制度开始逐渐解体,与封建王朝相结合的大垄断商业资本发展起来,出现了支配欧洲经济思想和政策长达两个多世纪之久的重商主义。

欧洲封建制度是在罗马奴隶制崩溃的基础上产生的,这个封建化过程完成于 9—10 世纪。封建领主垄断了大部分土地和其他生产资料,他们把土地分成份地,租给农民耕种,农民则变成依附地主的农奴,封建领主庄园经济由此形成。在这种土地制度的基础上,凌驾以国王为首的世俗统治集团和以教皇为首的僧侣势力。这时,教会已经变成事实上的封建组织,僧侣成为大土地所有者,在一些国家,僧侣拥有的土地竟占全国耕地面积的三分之一,在这些土地上同样有大批依附的农奴。尽管这两个统治集团存在着激烈的权力争夺,但他们赖以生存的共同基础是数目众多的农奴。

在中世纪,存在着森严的等级制度,主要表现在两个方面:世俗等级制度和宗教等级制度。世俗等级是:王、公、侯、伯、子、男;宗教等级是:教皇、大僧王、主教、牧师、传教士。上述等级制度也渗透到了经济生活方面,行会制度(师傅、长工、学徒)就是等级制度的体现。

生产资料的高度垄断成为这个时期特有的现象。封建领主除了垄断重要的生产资料——土地之外,还垄断了大量的其他生产资料,如牧场、磨坊、烤炉等。在城市,手工业行会基本上是一个垄断组织,商人行会不但垄断一个城市或地区的贸易,而且还组织联盟独占国际贸易航线。

教会的势力竟然强大到这种程度,它不但是政治、宗教、经济上的统治者,而且更成为意识形态方面的独裁者。这个独裁者的组织结构是寺院制,寺院制作为经济组织,它不但征收捐税、赎罪费、地租,从事农业、手工业、商贸,而且发放高利贷,甚至铸造货币;作为政治组织,它拥有司法、监狱和武装。僧侣几乎是社会唯一受过教育的社会阶层,这使得中世纪经济思想只有在基督教的思想体系中才能体现出来。

中世纪的学术思想也为教会所垄断,形成所谓"经院学派"。经院学派主要以哲学形式为宗教的神学作论证,但包含了某些经济思想,用来论证某些经济关系或行为是否合法或是否公平。后来由于商品经济的发展和城市的兴起,教会不得不回答当时社会上出现的两个重要问题:一是贷款利息的正当性问题;二是交换价格的公正性问题。贷款取息与教义相抵触,教会曾一再明令禁止。但后来迫于贷款取息大量流行的现实,经院学派不得不采取调和态度。如 13 世纪的神学家托马斯·阿奎那,原则上反对贷款取息,但认为在贷者因出贷蒙受损失，或借主逾期未还，或以入伙方式贷款等情况下，可以收取利息。关于公平价格的概念，在古罗马法学家著作中提出过。在中世纪神学家中较早论述公平价格的是大阿尔伯特①（全名为阿尔伯图斯·马格努斯），他认为公平价格是与成本相等的价格，市场价格不能长期低于成本。托马斯·阿奎那基本上接受这个看法，但加上了许多主观因素。然而，有关这两个问题，在中世纪并未形成有说服力的观点，但为以后的经济学家提出了进一步研究的方向。

第一节　中世纪前期的经济思想

一、教会法关于价格形成及债息的规范

这个时期的经济思想表现在教会法（Canon Law，或 Church Law）和其他神学家的议论中，涉及对若干市场行为的规范分析，其中包括公平价格、利息等方面。

1. 教会法中对公平价格的规范

从公元 4 世纪起，有学问的牧师们就开始着手编写能够为主教和牧师们提供参考的法规汇编。正式的教会法是由意大利僧侣格雷希安（Johannes Gratian）编订，他将各种教会中的法规按照统一的经院哲学（Scholasticism）的标准加以综合，此法编成后很快取得支配地位。教会法在公平价格和高利贷方面的议论折射出他们对市场经济规则的若干认识。

公元 8—9 世纪的教会法规定：交易活动如果不是由于诈伪和暴力而达成，则卖者就没有理由撤销其交易，因为达成的交易不能因价格太低而撤销；同样，买者也不能以价格太高为由而违约。在自由议价的情况下，买者和卖者之间的相互同意是价格决定的基础。在这个基础上确定的价格就是公平价格。在这个时期，以往对公平价格的抽象议论，在教会法中已采取了它的具体形式，即公平价格应该等于当地的市场价格。这表明，对市场价格的形成已经开始从经济的角度而不是单纯从伦理的角度去界定。公元 9 世纪的法规写道："教区的僧侣们应该对他们的教徒宣讲，不要向过路行人索取高于当地市场价格的价格，否则，过路行人就有权向负责按'人道'确定价格的僧侣提出控告。"②

法规还强调市场价格必须在竞争中形成。其中写道："那些运用不诚实的办法集聚各种财货以图赚取钱财的人，是在追求不正当的利得……任何人在谷物收获时或在收葡萄的时候，购买他所不需要的谷物和酒，仅为贪婪的动机，如以两个第尼尔购进一桶储存以便价格涨到六个或更多个第尼尔时再出卖，便构成我们所谓的不诚实利得的罪行。另一方面，假如他的购买是为着自己的需要而把他们保存起来，或送给别人使用，这即为正当的买卖行为。"③这一重视自由竞争对形成公平价格作用的观点，在正式的教会法中业已被强调并有所扩展。公元 12 世纪的一位学者抨击在酿酒、纺织和建筑业中组成操纵价格的集团，并把工业行会视为阻碍自由贸易活动的垄断组织而加以斥责。

在格雷希安以后的一个世纪，教会法学者在价格方面又有所进展，他们不再接受初

---

① 中世纪经院哲学家、神学家。出身于德意志劳因根城贵族家庭，在意大利帕多瓦求学。1245 年任巴黎大学神学教授。

② R. de Roover, "The Concept of Just Price", *Journal of Economic History*, Vol. 18, Dec. 1958, p. 421.

③ 胡寄窗：《政治经济学前史》，辽宁人民出版社 1988 年版，第 308 页。

期法规关于已经议定的价格不能再变动的规定,而主张个人的物品可以以高于从前议定的价格出售。但这样做是有条件的:商品的质量和形式有所改进,商品所需的成本或劳动支出发生了变动。同时,他们视诚实的商人的利得为合法的收入形式,甚至认为神职人员出于良好动机并按照公平价格交易所获得的利润也是合法的。他们对公平价格的另一解释是第三者裁定的原则,一物所值它出卖的价格就是公平价格,但所值不仅仅出于个人的感情,而须从全社会考虑。

2. 债息认识的转变

最初,教会法学者对高利贷谴责甚烈。公元325年的尼卡亚全欧宗教会议就指出:"许多牧师以贪欲和追求利得为动机,忘记了经典中'不能以货币进行高利贷'的训示,而对他们所放的贷款索取百分之一的月利率。因此,这次神圣的会议决定:将来任何人获取利息,或以任何方式从事高利贷和获取超过五十分之一的利润或以其他类似方式获利,即可开除或调动其圣职。"[1]这项决议显然与罗马法的利率规定(月利1%或年利12%为合法)相抵触。公元789年查理曼大帝时期,明令禁止放贷取息,指出:"贷放指提供某种东西;当你要求收回的东西不多于你提供的东西时,这就是公正的价格。"[2]这个时期的宗教法也采用了上述观点。教会法学者的利息观点在12世纪的重要进展是,在谴责高利贷的框架中,提出了贷放取息的例外原则,有人列出了12种贷放可以取得超过本金的支付,例如,债款的担保人,因其承受了担保的风险,就可以要求一定的利息。到13世纪后半期,教会法学者开始肯定放贷取息的合法性。

教会法学者关于市场价格形成和债息的规范在对问题的分析方法上缺少严格的对称性。既然价格取决于自由议价的市场供求关系,真实的价格不是双方自由意志的结果,推而广之,债务市场的价格既然出于自由议价,那么也是合法的,但他们的分析没有沿着这个思路推导下去。基本的原因是物物交换经济仍然束缚着他们的思想。债息观念的转变也是市场经济发展的结果。

二、关于财产权

罗马法的主旨在于强调财产私有权的神圣不可侵犯。这个时期的神学家们一直坚持基督教的早期观点,认为一切来自上帝,只有共同占有财产才是最理想的财产占有形式。财产的私人占有制是社会不平等的结果。这不仅与罗马法直接冲突,而且也与逐渐发展起来的市场经济现实不相符。大约在1200年,教会法学者开始修正这一戒律。在教义上,私有财产被看做一种个人的神圣权利,因为它直接导源于自然法。这也就强化了全社会成员扩大其财富、增殖其产业的愿望。不过,在财产权的问题上他们在更倾向于认可世俗社会个人拥有私人财产的同时,认为至善的结果是富者应该将财富赠予穷人,以缓解社会分配的巨大不公。

在法律上承认财产私有的神圣不可侵犯,如果没有意识形态方面的转变是不行的。神学家对私人财产权的伦理认可标志着为市场经济发展所要求的财产占有形式在这个时期已经确立。

---

[1] Barry Gordon, *Economic Analysis Before Adam Smith:Hesiod to Lessius*, Macmillan, 1975, p. 140.
[2] 同上书,第145页。

三、马格努斯对公平价格的新认识

阿尔伯图斯·马格努斯(Albertus Magnus,1206—1280年)是托马斯·阿奎那的老师,他将公平价格视为同生产上的劳动耗费相等的价格。马格努斯在回应亚里士多德公式时指出:"同一劳动和费用的集合不能不相互交换。因为制造床的人如不能收到大约相当于他制造床所耗费的相等数量的劳动和费用,他将来就不可能再制造一张床,制床业也将因此而消失。其他行业也是如此。"①在这个原则的基础上,他更强调报酬的比例问题,他写道:"市民是依靠比例的报偿生活下去的,而比例更是报偿的基础。物品的'等价值'常常不是报偿的基础。……如西塞罗所说的是由三种原则来裁断,亦即公平的报偿常不是决定于同一原理;它或者取决于均等,或取决于缔结的契约,或服从于统治者考虑到公共福利而制定的市场交易法律。……当交换时其本体之价值往往也不相等,也不适用于同一欲望的人。如房屋对卧床或谷物对短靴,这一件与那一件是不能直接交换的。倘若相交换的是均等的同一物品,即不会有交换方式之发生。故交换是基于一物之价值与另一物之价值的比例而发生。而此等比例又确实是发生于形成交换动机的欲望关系。……但人类的欲望是要有各种各样而且差异很大的物品。这些物品不可能由一个人来制造,大多数的物品不能不是由很多人来分别制造。……此时,一种劳动之所产,与其他劳动相对比可能会有较大的价值,而在劳动的量和费用上也常是很不相同的。然而交换却只是依存于比例均等才可实行。因此各种不同的物品就不得不基于某种比例使其成为均等的。……从各种不同的作业来看,只有彼此不均等的,才可以相互形成比例关系,……唯一的办法是把欲望的强度比例于价值,并以某种方法使其可以相对比,各种物品只有在这样的对比之后才是可以相互交换的。"②

在此,马格努斯提出了三个问题:第一,因社会分工而使交换成为必然,这似乎暗示着分工构成商品交换制度的一般基础;第二,交换能够发生的准则,这个准则就是成本支出的数量——成本价格,成本价格蕴含着劳动价值论的萌芽,并可以推论出市场供求关系决定论的观念;第三,试图在欲望的强度和价格高低之间建立某种关系。其问题的核心是,商品就其自然属性而言,不存在固定的比例关系,但如果通过人们对它们的欲望或效用的评价,就可以把它们结合在一起,如通过货币的媒介作用就可以使它们的交换比例相等。

第二节 托马斯·阿奎那对公平价格论的贡献

托马斯·阿奎那(Thomas Aquinas, 1225—1274年)出生于意大利罗卡色卡的一个伯爵家庭,就学于那不勒斯大学,参加多米尼克教团("黑袍教团"),后入巴黎大学,于1257年获博士学位,著有《神学大全》,在学界享有很高的声望。1265年,他拒绝充任那不勒斯大主教,终身从事教学研究。与以往的思想家不同,他在较高抽象的水平上,研究了私有财产、分工、交换等经济问题,由此涉及市场经济制度的理解,而他对经济思想发展最重要的贡献是他对公平价格的整体分析。重要的是,他不再像以往的神学家那样仅仅凭

---

① 胡寄窗:《政治经济学前史》,辽宁人民出版社1988年版,第316页。
② 同上书,第316—317页。

借空洞的神的意志辩驳论点，而是运用哲学思维和新的事实来充实自己的论据，显然，他对分工、交换、公平价格等经济问题的分析在方法论上比以往的思想家们更进了一步。

一、"正义"在经济分析中的运用

以往的神学家大多把拯救人类的方策诉诸要求他们苟且于贫穷而求来世的永生上，阿奎那则更加现实地对待这个问题，即肯定物质财富对人的意义。他认为，善的生活均须用某种增加物质的"外部财货"的办法才能实现；人们在谋求生存所必需的物品时，有义务从事慈善活动，为此，他们必须创造出一个剩余才能从事此类活动；一部分人必须拥有超过其生活水平的财货，以便完成社会需要他们所履行的职能。基于上述理由，需要某种健全的社会气氛以实行一种足以维持人们生活的生产和交换制度。依照阿奎那的观点，这个制度的基本框架是，以财产私有制为基础，实行普遍的交换制度，考虑到私人机构惯常不太可能给社会各个方面以必要的福利水平和未来良好生活的条件，国家应该在财货的分配方面有所作为，由此可见，尽管阿奎那的经济思想存在着内在的冲突，但他实质性地勾画了一个今天我们所称谓的市场经济制度。

更为重要的是，这个框架建立在法制的基础上。他引申出自然法的概念，自然法的"永恒"意味着某种恒久不变和不证自明的基本原则，因为它体现了自然物生存的内在趋势。它们的次要方面逐渐演变为国家的法律，而经济活动的通则即包括在内。在这样的社会里，"正义"表现为三种形式：个人须对社会遵守的一般正义，支配人与人之间交换关系的正义，社会应对个人履行的属于分配方面的正义。阿奎那关于正义的设定涉及生产、交换、消费和分配的各个方面，在某种意义上，它属于市场经济制度规范学。"正义"这个核心观念及其制度层次的引申，表明阿奎那的制度理想正在合乎逻辑地向市场经济演绎。

二、"正义"在交换中的体现——公平价格

阿奎那关于公平价格的论述深受亚里士多德和马格努斯的影响，但结论更为灵活。在阿奎那所处的时代，"公平的价格交易究竟是什么"常常和"什么是商业欺诈"的界定联系在一起。有争议的问题是，生产者以高于价值的价格出售商品是否属于欺诈？贩卖有缺陷的商品是否合法？出售者有责任告诉买者产品有缺欠吗？商人对出售的商品没有进行加工而以高价出售是合法的吗？关于这些问题，阿奎那提出如下主张。

第一，如果不是使用诈术，在价格上，除非价格高低失之过甚，否则低进高出就是合法的。因为公正的价格不宜精确计算，稍有增减无损于正义，交易上的正义只需以现实的均等为基础。[①]

第二，他认为，卖出有缺欠的商品是不合法的。商品的度量单位可以随处而异，应以各地的习惯和法律为依据，商品的质量以物对人的有用性为原则。这是买卖双方都能够看得到的。

第三，关于产品出卖者是否把有缺欠的商品告知对方，阿奎那认为，在某些情况下有责任告知买者，但在另一些情况下就没有必要。

---

① A. E. 门罗：《早期经济思想——亚当·斯密以前的经济文献选集》，蔡受百等译，商务印书馆 1985 年版，第43—71 页。

第四,至于商人出售没有再加工的商品,阿奎那指出,如果他进行了加工并将其按照超过原价的价格出售,这种情况下所获利得应视为劳动的报酬而不构成罪恶。

在上述辩驳的过程中,阿奎那着重分析了公平价格的问题。他认为,实现公平价格的制度条件是,市场上不存在商业欺诈和垄断行为,交易完全出于自愿的原则和共同的愿望。他在《神学大全》中,关于公平价格有两类意见:其一是效用的原则。"购买和出卖是来自当事双方的共同效用,因为一方需要另一方的财物。……但是共同的好处,不能使一方的负担多于另一方;因此双方的契约必须均等才能成立。"①其中还蕴含着"真正所值"时才能实现。"真正所值"涉及的是商品的效用问题。他对效用的理解是物的有用性。"事物之价值在人们使用时是以其给予的价格来衡量。……因此,不论价格超过事物之价值,或者相反,事物之价值超过价格,均不会有正义均等。"他进一步指出:"可售卖之事物的价格不依存它们的自然本性的品级,……而依存于它们对人们的有用性。"其二是成本费用的原则。阿奎那指出,公平价格是保证生产持续所必需的一种报酬,它必须足以补偿生产的劳动成本,此外,还必须足以补偿运输、储存以及可能的风险。效用和成本的双重原则构成阿奎那公平价格的一般基础。

在这个基础上,阿奎那也意识到了市场供求关系对价格的影响。他以小麦为例来说明这个原理。当一个卖者将小麦运到市场出售时,如果他发现供给即将大幅度增加,即使买者此时还不知道行情,他也会降低价格以求尽快脱手。尽管阿奎那的认识还处于感性阶段,但是,他已经意识到了竞争性的市场机制的存在。

三、财产私有制与商业制度

早期基督教教父们因沿袭《圣经》的训诫对财产私有持否定的态度。中世纪中期出现了新的富裕阶层,而寺院本身也拥有大量的财产,于是神学界的观念也发生了转变。

阿奎那并没有从自然法的角度来论证私有财产的合理性,他认为私有财产制并不是依照自然法而建立起来的,而是来自人的理性,理性则发端于上帝的意志。因为这种制度可以使多数人维持可能达到的生存的最好形式,所以私有财产制度给一个和平安定的社会以最好的保证。"各种私有权都不是大自然规定的,而是人类的理性为他们生活而采取的办法。"②它并不违反自然法,实属人类不可缺少的制度。第一,"每个人对于获取只与他自己有关的事物,比所有的人或许多人对共同事物的关心要大得多";第二,"当各个人均有自己的业务需要照管时,全社会的事务就会变得更有条理";第三,"如果各人均安于自己的处境,则人类就处于一种比较和平的状况",而"在那些共同占有某种事物的人们中间却很容易发生不睦和争执"。③

阿奎那最早提出关于生产资料(资源)的占有权和使用权。他认为,资源是可以占有的,但应将其与资源的使用权区别开来,"在这方面,人拥有外部事物不应作为他自己的而应作为公共的,因此他才可即时转给其他需要这些事物的人们"④。他发挥亚里士多德关于"最好是财产私有,但把它作公共的使用"的观点,指出:"上帝赐予我们的世俗财货,

---

① 阿奎那:《神学大全》(*Summa Theologiae*),Image Books,1969,第七章,第一节(二)。
② 胡寄窗:《政治经济学前史》,辽宁人民出版社 1988 年版,第 342 页。
③ 同上注。
④ 同上注。

作为所有权是属于我们的,但对他们的使用,它们就不仅是属于我们,也属于在我们的需要满足后还能救助的其他人们。"①由此可见,阿奎那对财产制度的设定出于双重标准:一方面,他从效率的角度认定财产的私人占有制是一种更为有效率的体制;另一方面他基于社会伦理的原则,指出:"对饥饿得要死的人要给他吃,如你不这样做,他的死亡就是你的罪过。"②关于获得私有财产权利的条件,他提出两个条件:一是绝对条件,二是相对条件。他以土地为例,一块土地如从绝对意义上考虑,没有理由说它必须属于某个人而不属于另一个人;但如果一个人有机会开采和使用它,就能够说这块土地是属于他而不是属于别人的。换言之,开垦一块土地的劳动支出或对它的占有,就能形成对它的所有权的正当要求,由此可见,劳动是决定所有权的一个重要因素。

阿奎那对私人财产权的辩护有两点值得一提,维护财产的私人占有制度就否定了氏族公有这样一种落后的产权形式,同时也是对原始军事共产主义所有制的否定;他在论及获得财产权的自然方式中,强调了劳动是获得财产权的方式或条件。这个观点由经院学派加以发挥和改造,后由洛克(John Locke)确立的劳动是财产权基础的学说,深刻地影响了后世经济思想的发展。

但是阿奎那对商品交换仍然持矛盾的态度,他认为:"商业活动是有罪的活动,当商人仍继续其行业时即使向神父忏悔也不能接收他为忏悔者。"稍后,他又根据马格努斯的观点,认为商人从事他们的职业可能不必陷于罪恶。他在《神学大全》中对商业的同情变得越加鲜明。如果以物品交换物品,为了满足生活的需要,这是值得称赞的事情;如果以货币交换物品,为了牟利就一定是可耻的。由此,他对贱买贵卖提出两类规范:倘若所得用于生活和接济穷困,就是正当的;如果对物品做出了改进、运输或者承担了风险,高于成本的价格就是合法的。阿奎那对商业更为积极的态度是他赞同从事国际贸易的商人的活动,因为诸如此类的商业活动能够为国家提供更多的物质财富。

四、货币和利息

自公元 11 世纪起,由于城市经济的兴起,以货币为交换媒介的商品经济正在代替自然经济,货币自然是制度分析家应当关心的大事。尤其是公元 12 世纪货币贬损的矛盾更为突出,甚至成为议论的中心。

阿奎那的货币观点表现在对货币交换职能的分析上。他指出,按照亚里士多德的观点,货币为了交换的目的而发生,同时,货币作为计量单位提供了一个共同的价值标准,货币的效用就是它成为度量衡的本身。依此之见,货币和商品的区别是,商品本身有效用,而货币本身没有效用。货币要能够有效地执行它的社会职能,就必须由法律建立和维持,不能像其他商品的市场价格那样由不时变动的公共意见来维持。为此,需由合法的权力机构来规定货币的面值,货币是法律的创造物,是一种符号或计算器,因此它的公平价格只能由法律来确定和改变。阿奎那虽然生活在金属货币盛行的时代,却把金属货币的内在价值视为次要的因素,而单纯强调法币的公平价格的一致性问题,是不正确的,但对于抑制王权滥用铸币权是有积极意义的。由于阿奎那否定货币的本身价值,也就忽略了货币的贮藏职能,货币的经济意义仅仅是作为计算单位,而且货币一经法律规定下

---

① 胡寄窗:《政治经济学前史》,辽宁人民出版社 1988 年版,第 342 页。
② 同上书,第 343 页。

来就具有恒久的稳定性,尽管它也会发生变动。这个观点也是不正确的。货币的计量单位价值可以由法律固定,但交换中货币相对于各种商品而言可能不时发生变化,从而引起货币本身的价值变化。在这一点上,他忽视了商品市场供求关系的力量。

阿奎那的货币分析还有如下一些特点:第一,他将从事工商经营的投资与专事货币贷放加以区别,并认定前者直接用于商品的生产和交换,故产生利润;后者仅仅属于纯粹的货币转移,故无权要求利息。这一区分的意义是把自古希腊以来否定贷放取息的传统观念压缩到专指对货币贷入的谴责方面。第二,尽管利润成为承担风险的报酬的观点并非阿奎那首创,但经过他的发挥,深刻地影响了近代以来的利润和利息理论,至今风险分析已经成为一个普遍的概念和方便的市场分析工具。第三,他将货币的转移分为两类:一类是自愿的货币转移,如约定期限的债务契约,此类出于友好的救助行为是不能要求补偿的;另一类是非自愿的货币转移,如债款的逾期和货币的被盗,基于补偿的理由均有权要求利息。"补偿"和"风险"这两个概念是他对市场经济行为分析所做出的最重要的贡献之一。

第三节　经院学者对货币资本分析的实证化倾向

从公元 13 世纪起,以市场经济制度变革陈腐的封建经济关系已经成为普遍的趋势。随着人口增加带来的压力,新的城市不断出现,工业和金融业也在迅速地发展,市场经济的管理方式如合资经营、股份制度、银行、复式簿记、汇票、信用凭证等得以发展。但市场制度的演进在 14 世纪前叶,因黑死病蔓延导致的人口锐减而有所倒退。此外,佛罗伦萨三家充当国际货币中心组织的大银行相继破产,这对幼稚的市场经济而言也是沉重的打击。

在这个不景气的时期,尽管经院哲学学者的经济思想不够活跃,但却体现出实证化的倾向。奥雷斯姆的货币贬值观点、经院学者的价格思想和中世纪宗教异端思想相继出现。他们的主要贡献是在对市场现象的分析中提出了对后世影响重大的稀缺性、效用和劳动决定价值的观点,诸如,奥雷斯姆等人反对货币贬值的论据原则上提出了市场经济运行的货币条件。

一、奥雷斯姆的货币理论

尼科尔·奥雷斯姆(Nicole Oresme,1320—1382 年)出生于法国卡昂,早年到巴黎求学,1356 年成为纳瓦尔大学硕士,六年后任鲁昂学院院长,1377—1382 年任里滋区的主教。奥雷斯姆是中世纪晚期最知名、最具影响力的哲学家之一,被列为当时经院哲学唯名论的三大代表人物之一,亦为近代科学主要奠基者之一。奥雷斯姆任巴黎大学教授,被后世誉为"14 世纪最伟大的法国经济学家"。他兴趣广泛,在神学与文学等各个方面都有很大的成就,他对数学和物理的研究也相当精深。在经济学方面,他的代表作有《货币起源与改铸论》。他大约在 1360 年前后写作的《论货币的最初发明》,被认为是经济思想史上第一本系统论述货币的著作。他的货币理论独具一格,着重论述了货币的起源、性质及其规律,货币铸造材料的多样性,货币的铸造权,以及降低币值的危害。

1. 货币的起源与性质

交易起源于生产的剩余,而货币是交易发生后的自然产物。这是奥雷斯姆分析货币问题的出发点。奥雷斯姆认为,在上帝进行了初始分配之后,于是发生了这样的情况,某人拥有的逐渐多于其所需的,而他人则产生了对此的需求,加之一地区有所丰裕,而另一地区则极稀缺。由于这些原因,买卖和交换随之发生。但物物交换引起许多的困难和争执,结果才华出众的人设计出便利交换的方式——货币,凭借这个手段人们可以获得其必需品的供应,显然这就是货币经济。那么,如何解释这个社会发生的种种罪恶呢?他指出:"是由于恶人的贪财好利,而不是货币本身所造成,货币自身对人类生活大有助益而且是必不可少的,货币的使用是件好事。"他接着又说:"货币的发明,特别是对公共福利来说,是必不可少的。"[①]

2. 关于货币的铸造材料

货币作为便利交换的手段,就应当便于接受,便于携带。那么用贵金属,例如黄金铸造货币是符合要求的。因为黄金的供给不会过多,也不会过少。这说明他已经意识到了用市场价值稳定的商品充当交换媒介的重要性。倘若黄金不足,可用白银或贵金属和贱金属的合金。考虑到稀缺的情况,他更赞成采用合金铸币。

3. 关于货币的铸造权和所有权

奥雷斯姆认为,国王为全社会行使铸币权以维护货币的信用是最为妥当的。国王既然承担了铸币的费用,他就有权收回这笔铸币费,如果货币可以用较低的代价铸造,增加的余额便可以作为一种特项收入,当然余额也应适可而止。但铸币权必须与货币的所有人相区别。货币作为人与人交换自然财富的合法手段,它应属于拥有这些财富的个人,并随他之意而处置这类财富。唯独货币不能成为国王个人的财产。他认为,金或银币须以法定的价格为依据进行交换,而不能仅仅凭借它的稀缺性或某些人的垄断地位按照垄断价格出售。如果"这种买卖方式相习成风以后,会使这一国的贵金属被抽走,把它运到价格较高的那一国。这样,黄金的价格就失去标准,会使国家逐渐陷于穷困,使国王和社会团体遭受严重损失。为害更大的是,不顾国王颁发的硬币已磨损,与分量十足的、完好的硬币以同样价格通用。这样的情况势必引起混乱,是不能持久的。"[②]现在看来,他的分析很有见地。在短缺的条件下,铸造不足值货币如饮鸩止渴,在劣币驱逐良币机制的作用下,原本稀缺的资本会大量外流,资本的短缺会使一国经济逐渐陷入贫困的深渊。

4. 反对货币贬值的观点

基于以上认识,奥雷斯姆分析了货币改动的各种情况:货币比率、重量和材料变动的得失。他列举了当时通货贬值的几种方式:一是变更货币的成色或重量但仍然维持其原来的面值,这等于把不到一镑的钱称为一镑;二是不变更货币的名称和价格而变更其重量,这也是一种重大的骗术;三是成色的变更,即在货币的金属内容中添加杂质,以代替其主要的金属内容。他认为成色降低比重量减少更难于辨识,对经济的危害更大。

奥雷斯姆指出,依靠货币贬值而获得的财富是最不合乎自然的,它比放贷取息更为不正当。而君主从事这一类的活动,夺去国民的良币而给予劣币,简直是不可原谅的错

---

① A. E. 门罗:《早期经济思想——亚当·斯密以前的经济文献选集》,蔡受百等译,商务印书馆 1985 年版,第73 页。

② 同上书,第78 页。

误。至于贬值货币的后果,他认为有四种情况:首先,不利于君主本身,在经济方面,如果货币的价值不加确定,金银所有者将不按照法定价格出卖其金银,需要的人反而得不到金银,从而使交换缺乏必要的手段,与当初采用货币的目的相违背。其次,货币减少将使国内流通的金银数量减少,因为它们将被价格较高的地方吸引过去,同时,境外人也将纷纷铸造假币运入境内流通,加重了国内货币的紊乱。再次,在贬损货币的过程中,金属的不断熔化加重了自身的耗损,结果是金银越来越少。金属币材原本就是稀缺的。这样一来币材就会更加不足。最后,货币混乱将使工商业者无所适从,无法进行交易,甚至君主和贵族的公俸也不能以确定的方式支付。他的结论就是,君主以货币贬损的方式猎取所得,只能是作茧自缚。

奥雷斯姆的分析尽管不够完善,但他的一个显著特征是对货币的分析已经从伦理道德的规范层面转向货币对整个市场经济制度的功能性影响方面——也就是注重对货币功能的实证分析。

二、货币商品论

在论辩货币贬损的过程中,货币理论方面的进展是论证货币究竟是商品还是纯粹的手段。14世纪的欧洲经济虽然普遍处于萧条状态,但意大利北部的伦巴德地区却因其有长期从事金融业务的传统而保持着繁荣。在这个地区,通货买卖被视为合法的活动,神父们还创立了公共典当机构以低利率放款于贫民的理论并加以实行。他们坚持从事货币买卖的经纪人对商业信用放贷要求比放款额多的偿还是合法的行为,其理由是货币的需求随着长期中货币价值的变动也会变动。这实质上是将以往只适用于商品信用买卖的原则应用到货币经营方面。14世纪之初的这个原则确定,时间的推移会对商品的价值产生影响,以信用方式购买的商品的现存价值可能较将来到期付款时为高,因此以信用方式销售商品可以要求比现金交易为高的价格。到15世纪初,人们已经认识到货币的价值不仅因时间的推移而有所变动,因地区的不同也同样有所变动,产生这些变化的原因可能来自铸币金属内容的变化,黄金价格变动和货币需求相对于其供给的波动。所以货币经纪人有理由要求较原来交易额为多的货币。

维也纳大学的神学教授尼德尔(Johannes Nider,1380—1438年)认为,在商人职业和银行家职业之间不存在根本的道德差别,二者的获利活动均是道德上允许的形式。通货的交换是一种买卖,应有货币市场,货币的价值同商品的价值一样可以因"公共的估价"而有所变化,故银行家与商人一样可能获利也可能蒙受损失。[1]

稍后,德国人柏尔(Gabriel Biel, 1430—1495年)对银行家用汇票方式获利的行为亦予以肯定,他认定,货币同一般商品一样需要运输,银行制度的建立就是便利特种商品的运输,这表明货币也需要有其市场。

卡耶坦(Cardinal Cajetan,1469—1534年)把商品交换的分析应用于对货币现象的分析,指出:"既然经验表明,如果没有商人则许多国家均将缺乏不少必需品,而商人在没有货币信用业的情况下又将难于从事经营活动,故各国货币信用业之存在是必要和正确的。……因此货币经纪人不仅是保卫了他们自己免于蒙受损失,并能获得利润,从他们

---

[1]　J. Nider, *On the Contracts of Merchants*, Classical Bulletin, 1966, p. 50.

的勤劳领取他们的收益。因为他们做的是有利于国家的正当的营业。"①他认为，货币的使用可以分为消费性的与非消费性的两个方面。消费性的货币有它法定的价值作为衡量其他财货价格的尺度，此货币价值不能由个别人随意变动其价格；非消费性的货币不是一个法定的尺度，而是一种商品。作为商品，它须按照支配商品价格的规律行事，由市场的供求关系决定它的价格，而且还要考虑战争、饥馑，甚至未来的货币供给情况。由于货币价格在地区和地区间以及不同的时间均有变化，因此只有货币交换才得以实现其合法的盈利。

卡耶坦的分析意味着，货币作为交换媒介和货币作为具有内在价值的商品具有完全不同的职能，因此货币自然存在着两类活动市场，货币市场和资本市场。尽管他的表述还不是如此明确，但基本的思路已经存在。从他对货币不同用途的划分，不难看出他已经初步认识到了作为非消费的货币在增值过程中执行着货币资本的职能。这为后来货币资本理论的发展提供了思想基础。

三、货币资本

15 世纪后的意大利北部商业和金融业发展的扩散效应在整体上带动了市场经济的升华和拓展，金融业的发展意味着资本市场已经成熟到相当的程度。这表明传统意义上的市场经济已经由单一的商品流通市场的扩展导致了货币资本市场的出现，这就要求对此类市场现象做出新的解释。经院学者在提出货币属于特种商品这个概念的同时，也把货币理解为资本并从现实经济生活中发现了放贷取息的理论依据。在利息支付方面，他们试图将人们保存货币的动机与保有货币存量的不同类型加以区别。在 14 世纪时，威尼斯、佛罗伦萨等城市曾经运用强制性的投资形式筹集公共基金作为低利放贷之用，股票持有人则有权获取利息，这种举措一度遭到一些教团神父们的批评，他们认为这与从事高利贷活动没有什么区别。唯有当地的法兰斯柯教团予以支持。特别是一位兼任债务诉讼裁判官的神父，对此做出了独具一格的贡献。他指出，货币所有者的确定目标是要得到可能的利润，不能仅仅把货币视为一种单纯的事物，而是在此之外还要将其视为某种有获得利润可能的事物——资本。作为资本不仅要收回原来的价值，还得有一个超额的价值。这就是说，货币所有者自放贷之日起，他已经失去其可能以货币获取利润的条件，故有权从放款之日起要求利息。沿着这个思路，另一位神学家指出，那些以备投机之用而保持的货币，即使不是保存在生意人手中，也可以要求报偿，因为如果他是商人的话即可以此货币获得利润，故一个人如有把他的货币从事合法的商业投资的意向，也应要求得到利息。这便将获得利息的范围扩大到适用于一切货币贷放活动。②

但是，上述资本与利息的观点在 15 世纪是充满争议的话题，托马斯主义者卡耶坦对此持有异议。他认为，用纯粹消费性的货币放贷，借款人未将借来的货币从事商业经营，无从获得利润，因而也就无力支付利息。虽然他没有对经营性贷款深入分析，但他显然注意到了利息来源于利润，这是一个深刻的见解。他对利息支付标准的看法是，货币固然有潜在的获利能力，但还不是实际的获利能力，而且放款者所要求的利息必然较借款实际获得的利息为低。二者都要有一个事前估价的标准。在既定的利润条件下，可能支

---

① C. Cajetan, *De Cambiis*, 1499, c, 5.

② C. J. O. Niel, *Atienne Gilson Tribute*, 1959, pp. 96—98.

付的利息应有差异,这要取决于放款人估计的可能的损失。

经院学者在对利息合法性的论述中,已经发现了两个重要的理论:机会成本和理性预期。他们为获取利息的合理性寻找的第一个依据近似于当代所谓的机会成本概念。另外,他们似乎已发现利率的高低与人们基于现实对未来的预期有关,这也就是我们现在常说的对未来情况的预期。

四、市场价格与价值

1. 市场价格与社会公正

在这个时期,价格分析多半围绕着公平价格的争论而展开,这种状况有其特殊的制度环境。14—15 世纪农产品的价格变动较为频繁,时而上升时而下降,市场价格的不稳定,对少数大富户和经营货币贷放的人来说并没有构成多大的冲击,但对大多数人而言则是不堪忍受的,因此,价格怎样才算公平就变得休戚相关。重要的是,价格的讨论不再像以往那样出于贵贱尊卑的考虑,而是注重如何发现并且运用公平价格机制熨平市场价格的波动,以寻求一个稳定的经济环境。

面对不稳定的价格状况,有的经院学者赞成地方政府对粮食等商品规定最高价格,取消工商基尔特为了各自成员的利益而规定的最低价格。同时确立城乡之间公正的贸易条件,采取反垄断的措施,以实现商品自由流转,所以政府在改善贸易条件、规范价格方面应当有所作为。然而,他们主张打破垄断最圣明的举措是自由竞争的市场价格。那么,公平价格的确切含义是什么呢? 有人主张:价格 = 购买费用 + 运输费用 + 贮藏价格 + 劳动价格 + 风险报酬,此外,还须加上使商人得以维持其家庭的适当生活费用才是公平价格。

后来又有人认为,公平价格是财货的质量接近于其市场的或习惯的价值之价格,亦即从人们的主观欲望需要来考虑的价格。由于人类的需要不易确定,政府应当确定价格。公平价格究竟是由国家还是市场确定,尽管一时没有形成统一的意见,但市场决定的意见逐渐占据上风。这个基本的过程是这样的:公元 1 世纪以前多取决于"共同估计"这个不明确的观念,此后发展为所谓自由交互作用之说,到 16 世纪初才明确地认为应取决于供求条件。

在这两个世纪的价格分析中,关于价格的形成尤其是公平价格如何确定的问题大体有这样几种意见:由法律规定,由社会状况决定,取决于生产成本,形成于市场竞争机制。

2. 市场价格的价值基础

14—15 世纪的经院学者对价格基础的分析涉及三个重要的概念:稀缺性、效用和劳动。

在 13 世纪后期,一位叫琼·奥利维(Jean Olivi, 1248—1298 年)的德国经院学者指出,价值是三个要素起作用的结果。这些因素是有用性、稀少性和使购买者喜悦的能力。所谓稀少性,是指稀少的物品可能由于它的稀少而被估计有更高的价值。15 世纪初学者们在强调主观效用决定价值的同时又说财货的稀少性也可以影响它的价值。而在财货丰裕时法定价格是不必要的。

法国经院学者波利丹(Polidan)对前人的"人类需要"的思想进行了深入的分析,从而为效用研究提出了一个新的方向。他说:"虽然那些可以正当交换的事物的性质和绝对形态不属于同一类型,但它们一经人类的使用就成为同样形态;因为它们是有用的或者是能满足人类的一种需要。"他意识到相对于需求而言的财货供给的变动会影响消费者的效用程度的变化从而影响商品的价格。"因此,人类需要之满足是衡量可交换事物的真正尺度。但满足一种较大的需要其价值也较大,……当酒甚缺乏时,由于我们需要的酒较多,酒价会变得昂贵。同样,不产酒的地区其酒价就较产酒的地区贵一些,因为那里对酒的需要更大。"①

维也纳大学神学教授尼德尔主张,效用有主观和客观两种。客观效用是指对人们有用的财货的内在实质,主观效用则是人们对其有用状况的估价或心理感觉。而后者对市场公平价格的形成起着重大的作用。当"需要和愿意拥有某种商品的人数较多,而此商品的供给又较少时,对它总会以较高的价格估价和出售。现在按照人们共同估计以出售货物是一种必要和安全的行为。这是事实上的必要,即使财货的性质及其制造的技术认为它的所值更多,也须如此出售。……正因为这样,故法律认定一件事物之所以能以此价格出售是显示了它所值之多少。也就是说,假定在购买者不是愚人,未被要挟或欺骗条件下,则可随意地通过自由选择来从事购买活动。"②对尼德尔来说,较高的决定是以主观效用为依据的。"一件事物的正当价值依存于买者们或卖者们对其价格的考虑方式。"③这实际上意味着,商品的价格在很大的程度上取决于买卖双方对商品的主观评价。

从劳动的角度来考虑价格的价值基础是基督教的传统思维方式,圣·保罗曾说过,不劳动不得食,整个中世纪的经院学者们一直在坚持这个传统,只是对劳动的强调程度和理解有所不同。尼德尔在分析财产所有权时,强调并引证圣·保罗"个人应按他的劳动得到收入"的圣训来为劳动的应有所得辩护。西班牙神学家皮特罗(Pedrode Valencia)的劳动价值观念最为明确。他认为,谷物的价格依靠货币条件规定是徒劳的,因此应该设定用一定单位时间内的劳动支出来解决这个问题。他写道:"上帝和一切理由均要求人们用他们的辛劳来挣得他们面包,这也许足以维持他们的生活,而那些不劳动的人也不得吃。……我们只考虑应该用多少工作日作为衡量谷物的尺度才算公正。这样,劳动者不论多么贫穷亦可维持其粗糙的生活;可以有自己的食物、饮料和衣服,结婚和生育子女以及维持子女的幼年生活;并不必每天劳动,因为有时会无工可做,又因为有些日子会有风暴、疾病和庆祝活动。大致说来,……一个人须挣得一'凡尼加'的谷物才能生活,生产一'凡尼加'谷物不会超过 5 或 6 个工作日,大约与本省现有的 14 或 15 个'锐尔土'(货币单位)等值。"④

思考题 》》

1. 欧洲中世纪经济思想的主要特点是什么?
2. 教会法学者关于价格、债息和财产权有些什么看法?
3. 评述托马斯·阿奎那经济思想的主要内容和特点。
4. 简述奥雷斯姆关于货币的基本观点。
5. 评述中世纪经院学者货币、资本和价值思想。

---

① Barry Gordon, *Economic Analysis Before Adam Smith*;*Hesiod to Lessius*, Macmillan, 1975, pp. 224—226.
② J. Nider, *On the Contracts of Merchants*, Classical Bulletin, 1966, pp. 25—26.
③ 同上书,第 37 页。
④ 胡寄窗:《政治经济学前史》,辽宁人民出版社 1988 年版,第 362 页。

第三章　　重商主义的经济学说

▌内容提要▌

　　重商主义(Mercantilism)或称重商制度(Mercantile System),产生于 15 世纪西欧封建制度解体和资本主义生产方式产生时期。适应这一时期商业资产阶级的经济利益,开始出现作为封建国家经济政策的重商主义,并逐渐发展为重商主义政策体系和经济学说。这种主张国家干预经济生活的重商主义学说在 16、17 世纪大为盛行,到 18 世纪下半叶因工业革命的发展才逐渐消沉、瓦解,并被新的经济思想所代替。

　　在长达两百多年的重商主义时代,居于统治地位的是原始国家干预主义学说和政策,它是资本原始积累时期商业资产阶级的意识形态,也是对资本主义生产方式所作的最早的理论探讨。

　　15 世纪末,西欧社会进入封建社会的瓦解时期,资本主义生产关系开始萌芽和成长;地理大发现扩大了世界市场,给商业、航海业、工业以极大刺激;商业资本发挥着突出的作用,促进了各国国内市场的统一和世界市场的形成,推动了对外贸易的发展;在商业资本加强的同时,西欧一些国家建立起封建专制的中央集权的民族国家,运用国家力量支持商业资本的发展。随着商业资本的发展和国家支持商业资本的政策的实施,产生了从理论上阐述这些经济政策的要求,逐渐形成了重商主义思想。

　　重商主义流行于 16—18 世纪的欧洲,后来为古典经济学所取代。重商主义者认为,贵金属(货币)是衡量财富的唯一标准。一切经济活动的目的就是获取金银。除了开采金银矿以外,对外贸易是货币财富的真正来源。因此,要使国家变得富强,就应尽量使出口大于进口,因为贸易出超才会导致贵金属的净流入。一国拥有的贵金属越多,就会越富有、越强大。因此,政府应该竭力鼓励出口,不主张甚至限制商品(尤其是奢侈品)进口,通过高关税率及其他贸易限制来保护国内市场,并利用殖民地为母国的制造业提供原料和市场。重商主义是封建主义解体之后西欧资本原始积累时期的一种经济理论或政策体系,反映了资本原始积累时期商业资产阶级的利益。

第一节　重商主义产生和发展的历史条件

　　随着商品经济的发展,需要更多的货币投入流通领域,从而引起货币需求的强烈增长。与此同时,封建中央集权制的民族国家逐步形成,为了弥补庞大的财政开支,需要依靠商业资本的发展来获取大量的货币。因此,重商主义既是新兴的民族国家为了积累金银货币而采取的经济政策,也是这一时期的思想家为这个政策进行归纳总结和论证的经济学说。重商主义的产生与当时经济、政治、社会、文化等方面的巨大变化密切相关。

一、封建制度的瓦解和资本原始积累的产生

早在 12、13 世纪,西欧的手工业和商业已在封建社会内部开始发展,资本主义生产也在封建制度内部开始萌芽,而商业资本为这种萌芽的迅速成长提供了条件。到了 15 世纪末期,商品生产日益发展,城市手工业日渐扩大,小农经济也随之卷入交换关系之中,这就进一步促使手工业生产和农业生产的增长,商品生产正朝着资本主义方向发展。但无论是在城市,还是在农村,新的资本主义生产关系都受到了封建制度的束缚。随着商品货币关系的发展,当时的封建主对金银的需求也不断增加。他们不再满足于自己庄园里所生产出来的产品,而渴望购买从遥远的外国输入的奢侈品和手工艺品。为此,封建主们把他们农奴的劳役地租和实物地租改为货币地租,这就使得手工业者和农民为了缴纳赋税,必须卖掉自己的产品,以换取货币。实际上,封建主们对商品货币经济的发展自然而然地起着推进作用。商品交换和商业资本的发展加速了封建自然经济的瓦解和小商品生产者的两极分化,促进了资本主义的产生和发展,促进了国内统一市场的形成。

商品货币经济的发展使金银的重要性显著提高。由于商人在商品交换中起着中介作用,于是商人阶层的社会地位为人们所重视,商业资本成为社会资本的支配形态。虽然商业资本本身并不能创造新的生产方式,但它却引起了社会分工和市场的扩大,加速了商品生产的发展。对外贸易作为加快资本原始积累的一个重要手段,在资本主义生产方式的形成过程中发挥了巨大的作用。在 15 世纪末至 16 世纪初,地理大发现和世界市场的形成,大大地促进了西欧各国对外贸易的发展;对外贸易为各国商人积累了大量资本,从而推动了工场手工业的发展。值得注意的是,当时西欧各国的对外贸易是同暴力掠夺、海盗行径、绑架奴隶、征服殖民地等暴力行为直接结合在一起的。正是这些暴力活动使西欧各国的商人积累了大量的货币财富,这就为资本主义企业的发展奠定了物质基础。总之,资本的原始积累,一方面使得生产者和生产资料相分离;另一方面,促使组织大规模工场手工业生产所需要的资本迅速地积累起来。

二、商人合作组织的形成和商业革命的兴起

商品生产的发展,农民和手工业者的阶级分化,是封建社会解体和资本主义产生的基础。从 15 世纪开始,由于生产技术的进步,农业耕作的改良,社会分工的扩大,商品货币关系逐渐发展起来。商品经济的发展,国内外市场的扩大,使手工业者和商人的队伍日益壮大,一部分富裕起来的商人和手工业者成为最初的资产阶级分子,资本主义的生产关系也就在封建制度内部成长起来。随着从事商业活动的人数不断增多,各种自发的商人合作组织出现,商人在国家经济生活中的作用也日益加强。

商业资本的革命,是促使资本主义产生和发展的一个重要因素。第一,商业的发展对旧的生产方式有一种自发的"分解作用"。在任何一种生产方式的基础上,商业都能使自给自足的生产逐步转化为以交换为目的的生产,从而使产品的生产日益从属于交换价值,具有为交换价值而生产的性质。第二,商业的发展促进社会分工和市场的扩大。资本主义生产方式的产生,要以发达的商业为前提,它要求大批的购买和大批的销售。而这种买卖行为本身是不与自己的直接需要相结合的。这时,商品的流通 W—G—W,必然转化为资本的流通 G—W—G′。因此,各个生产部门就由商人这个媒介而互相联结起来。

这样,商业的发展不仅引起社会分工的扩大和市场的发展,而且使商人可以控制买卖双方,把自己与生产者的关系逐步变成雇主与雇工之间的隶属关系。第三,商业资本的革命加速了资本的原始积累。贱买贵卖是商业的法则。在商业支配产业的时代,不仅商业利润表现为欺诈,而且商业资本的统治,也代表了一种掠夺制度。但是,在资本原始积累时期,商业资本的革命为资本主义生产创造了一系列不可缺少的前提。随着商业资本的发展,为商业资本家进行辩护的重商主义学说也就应运而生。

三、封建中央集权的民族国家的建立

在商业资本发展的同时,西欧一些地区的封建国王同商业资本家结成联盟,封建专制的中央集权的民族国家逐步建立起来。对封建国王来说,为了维持庞大的军队费用和宫廷豪华生活的开支,需要依靠商业资本的发展,以获取大量的金银货币。因此,他们十分注意加强商业资本的力量。对商业资本家来说,为了消除封建割据对商业资本活动的限制,保证商业交通特别是海上贸易的安全,维护商人在国内市场上的利益,需要强有力的封建国家,甚至需要政府武装力量的支持。因为封建割据不仅妨碍了国内市场的统一,而且阻碍了商业资本的发展,而统一的国家政权是符合那些要求建立国内统一市场的商业资本家的利益的。在这种情况下,封建国王和商业资本家建立起联盟关系,从而使中央集权国家的利益同发展对外贸易的商业资本家的利益紧密联系起来。

中央集权的民族国家的建立是重商主义成长和壮大的极为重要的因素。重商主义者要求有一个强大的国家保护,并废除阻挡商业扩张的种种中世纪的羁绊。一方面,民族国家可以为国内商业资本的发展清除前进道路上的障碍和阻力。以往的封建庄园领主可以任意规定货物的入境税和通过税,这给商业发展带来了很多困难,而民族国家的建立可以为新兴的城市资产阶级消除阻碍商业发展的封建壁垒。另一方面,封建国王凭借这些新兴城市和一些地位不显赫的贵族地主阶层,给封建贵族们以决定性的打击,从而成为中央集权的大民族国家的真正统治者。为了使国内市场适应商品经济的发展,国王撤销了各种关税壁垒。它们还实行征服殖民地或别国的外交政策,以对外侵略扩张或防御外敌入侵。无论是军事征服,还是维持庞大军队和宫廷豪华生活的开支,都需要积累大量货币。日益增长的货币需要,使民族国家与商业资本结成的这种联盟关系,对双方都有利无害。这种情况表现在国家政策上就是强调商业垄断,即政府推行一种有利于国内商品或劳务出口的政策,目的是鼓励输出,扶持手工制造业尤其是生产出口商品的工场手工业。

由此可见,民族国家的形成及其必须实施的重商政策,是重商主义产生和发展的重要前提。

总的来说,15世纪末至16世纪初,封建制度瓦解,代表新兴政治力量的民族国家产生,西欧各国中央政权权力逐步扩大,为了满足政府聚敛财富以及资本原始积累的需要,缓和国内货币供求矛盾,中央集权国家开始运用各种干预手段推行贸易保护主义政策,支持商业资本的发展。伴随着国际贸易的显著发展,形成了早期的贸易保护制度,而与之相对应的理论基础——重商主义也就应运而生。

第二节 重商主义的性质及其经济思想的发展

一、重商主义的性质和发展的两个阶段

1. 重商主义的性质

重商主义是西欧封建社会瓦解和向资本主义社会过渡时期(即资本原始积累时期)社会经济、政治和思想文化领域一系列深刻变化的产物,是这一特定历史时期商业资本的意识形态。

重商主义是一种反映商业资产阶级的利益和要求的经济理论和政策体系,它体现了封建社会内部产生的这个新兴阶级力图积累金银货币,并要求国家对他们所重视的工商业活动予以协助和保护。历史上最早出现的重商主义是作为封建国家的经济政策而产生的。重商主义的主要思想是通过行政措施,吸收国外货币,以满足国王开支增加和商业资本积累金银财富的要求。随着这些行政措施的采用,人们逐渐开始从理论上阐述这些经济政策的必要性,于是出现了重商主义的思想家,他们对这些问题给予理论论证,从而使重商主义形成一种理论体系。这个体系包含两方面的含义:第一,它是资本原始积累时期欧洲各封建国家为促进资本积累而采取的一种政策;第二,它是反映商业资本家的经济利益,论证国家重商政策的经济学说。

作为一种经济学说,重商主义最早从理论上考察了资本主义生产方式,提出关于国家财富、关于财富形式和增加财富的方法等问题。重商主义代表人物在研究以上问题时,由于受到文艺复兴时期人文主义运动的很大影响,开始从中世纪封建社会传统观念的束缚中摆脱出来。他们逐渐抛弃了封建社会神学家的那种用宗教信条来解释经济现象的方法,并根据世俗的精神而不是根据神学的精神来寻找经济现象之间的联系。但是,他们把研究对象仅仅停留在流通领域,并仅从商业资本运动出发来观察经济现象、分析经济问题。也就是说,他们从商品流通领域来研究货币—商品—货币(G—W—G′)的运动,并认为一切活动都只是为了攫取金银货币,这充分反映了资本积累时期新兴的资产阶级对金银财富、对货币资本的强烈渴望。正因为他们把研究问题的视野局限于市场交换,他们寻找的这种联系也只能是流通领域内的联系。

2. 重商主义的发展阶段

重商主义经历了两个发展阶段,即早期重商主义阶段和晚期重商主义阶段。

(1) 大约从15世纪到16世纪中叶是早期重商主义阶段,这一时期的重商主义又被称为"货币主义"(Monetarism),或"重金主义"(Bullionism)。早期重商主义以货币差额论为中心,强调少买。早期重商主义者主张采取行政手段,禁止货币输出,反对商品输入,以贮藏尽量多的货币。一些国家还要求外国人来本国进行交易时,必须将其销售货物的全部款项用于购买本国货物或在本国花费掉。

(2) 大约从16世纪下半叶到17世纪中叶是晚期重商主义阶段,或称之为"重工主义"(Industrialism)。晚期重商主义的中心思想是贸易差额论,强调多卖。其主要代表人物为英国的托马斯·孟。他认为对外贸易必须做到商品的输出总值大于输入总值(即卖给外国人的商品总值应大于购买他们商品的总值),以增加货币流入量。16世纪下半叶,西欧各国力图通过实施奖励出口,限制进口,即奖出限入的政策措施,保证对外贸易出

超,以达到金银流入的目的。

重商主义两个阶段的基本思想是一致的,它们都把货币作为衡量一国富裕程度的标准。但是,在如何增加货币财富的问题上,它们有不同的看法和主张,各自采取的措施和办法也不尽相同。早、晚期重商主义的差别反映了商业资本不同历史阶段的不同要求。总之,重商主义促进了商品货币关系和资本主义工场手工业的发展,为资本主义生产方式的成长与确立创造了必要的条件。

二、重商主义的基本经济观点

重商主义者从现实生活去研究问题,把观察到的经济现象加以综合、整理、分析和归纳,然后得出一系列结论,这些结论便构成他们的经济观点。实际上,重商主义者并没有把他们的观点和见解作为一个完整的经济学体系加以阐述,只是一些政论家、企业家、商人甚至包括小册子作家的共同经济思想,虽因时间、地点不同,互有差别,但是他们的观点、见解是互相联系的,而且基本思想是一致的。

(1) 社会财富观。重商主义认为,货币、金银等贵金属是社会财富的主要形态,只有能真正实现为货币的东西,才可以算做财富,因此,财富就是货币,货币就是财富。由于商业资本的财富与封建主的自然财富不同,商业资本采取的是货币形式,而当时的货币材料就是金银,于是重商主义者又把财富与货币、与金银混为一谈,认为财富不是别的,就是金银。他们坚持一切经济活动的目的都是获取货币或金银的观点,并把货币的多寡视为衡量富裕程度的标准。

(2) 财富源泉观。重商主义认为,财富的源泉,除了开采金银矿藏之外,就是对外贸易。商人手中的货币,只有通过流通才能增加。因此,重商主义的着眼点只局限于流通领域,认为流通领域是财富的直接源泉,只有依靠流通领域才能使社会财富不断增加;也只有在流通领域中产品价值的追加即贱买贵卖才能获得利润,才能获得更多的金银货币。他们还认为,外贸不仅能使本国的产品通过出口转化为金银流回本国,而且也是利润的源泉。但是,在国内贸易中,一部分人得到的是另一部分人所失去的,这种贸易不能给一国带来利润,从而不能增加货币财富总量。只有对外贸易才能使财富增加,使资本增殖,使国家富足。而在对外贸易中,又必须遵循多卖少买、多收少支的原则,力图做到出口大于进口,保证贸易顺差,使金银源源不断地流入本国。

(3) 国家干预经济的主张。在重商主义者看来,国家干预经济活动,是保障财富增长的重要手段,也是国家致富的可靠保证。为了使外国货币大量流入国内,就必须发展对外贸易,必须由国家来控制国民经济的活动。因此,重商主义者提出巩固和增强中央集权国家的实力,并极力主张国家采取各种立法手段和行政措施,制定保护工商业的政策,以保证整个国民经济活动符合扩大出口和货币输入的要求。由此可见,重商主义者已有了国家干预主义的思想。

(4) 奖励增加人口和管制食物价格。重商主义者认为,人口是国家劳动力的重要来源,也是进行武力掠夺、殖民扩张的兵源。他们把人口众多视为促进一国经济增长和财富增加的重要因素,并把法律严明和高工资说成是人口繁殖的原因。因此,他们主张增加人口,限制人口外流;同时鼓励外国人口,特别是有熟练手艺和有科学技术的人才移入本国。为了维持众多的人口,重商主义者认为必须有足够而便宜的食物,这是因为便宜的食物会使劳动力价格降低,成本下降,有利于本国商品在国外市场上的竞争。所以,他们主张开垦荒地,利用自然资源,多生产粮食;同时,由国家管制食物的进口贸易,当食物价格低时,禁止输出,当价格高时,鼓励输入。

(5) 强调生产劳动的重要性。重商主义者认为,生产是创造物质财富的不可缺少的条件。他们是从保证和促进商业、贸易的立场来看待生产的,认为后者是必要条件。他们清楚地看到,一国的广大人口只有依赖各种物质财富才能得以生存和发展。因此,他们一方面鼓励发展生产,增加出口;另一方面对出口贸易实行减税和奖励,并加强关税,限制外国货物的输入。特别是晚期的重商主义者,非常强调发展工业,加强对外竞争。但他们认为只是在剩余产品能实现为货币的限度内,扩大生产才会促使国民财富增长。

(6) 民穷国富论。在重商主义者看来,所谓国富,不是一国私人财富的总和,而是指国王和商业资产阶级拥有的货币财富。他们指出,私人财富特别是下层劳动人民的财富不仅不构成国富,而且有害于国富的增长。他们认为,为了给出口提供尽可能多的资源,必须使劳动群众经常处于贫穷的状况,这样可以使国内消费保持在最低的水平上;同时,由于国内工资水平的降低,也就降低了产品的成本,从而提高了本国产品在国际市场上的竞争能力。

从上述基本观点中,不难看出重商主义最突出的思想是重金、贸易和国家干预,它反映了当时西欧流行的追求金银的狂热,反映了新兴资产阶级对积累货币资本的强烈渴望。可以概括地说,重商主义既是封建社会晚期国家用来促进资本积累和资本主义生产方式而准备的经济政策,又是反映商业资本利益和论证国家重商政策的经济学说。

重商主义的这些观点,反映了资本主义刚刚产生时期的情况:商业资本占有重要而且是支配的地位,真正的经济领域是商品流通领域。在当时,商业资本的力量还比较薄弱,为保证获取大量的货币财富还需借助封建集权国家的力量;而封建统治阶级开支巨大,也把商业资本作为他们经济来源的强大后盾。这是重商主义者强调国家在经济方面积极干预的思想基础。

三、重商主义的主要代表人物及其思想

重商主义最早出现在意大利。随着商业资本的发展,在 16 世纪末以后,法国、奥地利和德国等相继出现了有影响的重商主义代表人物及其著作。到 17 世纪初,英国的重商主义著作占据显著的地位。这些国家的重商主义由于历史条件不同,因而有着各自的特点。

(一) 意大利的重商主义

意大利是海运及通商贸易很早就很发达的国家。在美洲大陆发现以前,欧洲的贸易集中在地中海。早在 14 世纪末,意大利北部的佛罗伦萨、威尼斯、热那亚等城市已经出现了资本主义生产关系的萌芽。但由于 15 世纪末至 16 世纪初地理上的大发现改变了通商航线,意大利的对外贸易受到沉重打击,使它不再是欧洲的贸易中心。资本开始从工商业转移到金融业,于是,意大利的重商主义者也开始把关注的焦点集中在货币和信贷问题上。

伽斯巴罗·斯卡卢菲(Scaruffi, 1519—1584 年)和贝纳多·达旺扎蒂(Davanzati,

1529—1604 年）是早期的重商主义者和银行家,他们分别从货币就是财富的观点以及保证本国货币稳定与增加的必要性出发,提出调整货币流通及改革货币制度的方案,要求发行欧洲统一的货币,以及规定金银固定比价、币值和货币含金量等。他们赞成实行金银复本位制以及国际间的货币流通,认为物品交换是各国之间分工和民族内部分工的必然结果,而物品交换必须用具有易于分割和储存性质的货币作为媒介。由此看来,意大利早期重商主义者是从本国具体实际出发,以积累货币财富为目的,强调银行的作用和意义,积极主张取消各国为货币流通及信贷所设置的障碍。

安东尼奥·塞拉(Antonio Serra,1580—? 年)是意大利晚期重商主义者,他于 1613 年发表的《略论无矿藏的国家能使金银充裕的成因》一书,第一次较系统地论述了晚期重商主义理论。在该书中,他反对外汇管制的计划,认为规定一个固定的外汇比率会影响利率。他还抨击早期重商主义的货币差额论,极力主张现金出口自由,以扩大对外贸易。他指出,如果禁止输出现金,商人将因资金匮乏,无法应付贸易的需要,最终将导致商业活动裹足不前。正如他所说:"出口自由是扩大贸易的起因,禁止出口将使贸易萎缩。"[1] 他反复强调禁止现金出口是不恰当的,而且对金银的充裕有害无益。在他看来,通过对外贸易获得利润是增加本国金银的一种方式。

塞拉认为,除了那些"天然"有金银矿藏的国家以外,贵金属的获得基于一些间接的原因,诸如"行业的多样化、人民的素质、商业活动的广泛程度和主政者的管理方式"[2]。他指出,这四种"共有因素"是一般的国家获得金银的原因,只要将四个因素适当地配合,就可以从国外取得想要的一切,即使没有金银矿藏,也会使自己在这方面的存量迅速增加。根据这一思路,金银的获得是整个经济活动运行的结果,而不是它的原因。一个国家的经济繁荣取决于它的商品是否丰裕,只要商品丰裕,所需要的金银自然就会丰富起来。

与其他的晚期重商主义者一样,塞拉也很重视工场手工业的发展。他认为,制造业比农业更有利于积累货币。其原因是,工业获利比农业更有保证,而且工业的报酬能逐渐增多,利润也比农产品多。因此,他主张,要使国家广辟财源,就必须使行业多样化,并生产供出口的各种制造品。他看到了制造业和商业之间相互促进的关系,认为金银是否充裕取决于商业和制造业能否发展。此外,塞拉还很重视政府的作用,认为政府如能制定有效率的法令规定也能使一国的金银丰富。他指出,最重要的是,主政者(即政府)应能从实际出发,制定正确政策,并加以贯彻执行,"这将是促使金银丰足的最有力的成因,我们把它叫做在一切成因中最重要、最有效的成因"[3]。由此可见,塞拉的政府干预经济活动的观点与其他重商主义者是相同的,但不同的是他强调政策的正确性和干预的有效性,以及如何处理好"主政者的管理方式"与其他"共有因素"的关系。

塞拉的上述观点在当时虽未引起人们的注意,对实践也未产生多大影响,但这些观点表明,在资本主义已较前期发达的阶段,重商主义者的理论已有进一步的发展,国家干预经济活动的政策主张得到进一步的重视。

---

[1] A. E. 门罗:《早期经济思想——亚当·斯密以前的经济文献选集》,蔡受百等译,商务印书馆 1985 年版,第 140 页。

[2] 同上书,第 127 页。

[3] 同上书,第 133 页。

(二) 英国的重商主义

英国是欧洲各国中资本原始积累以及资本主义生产方式孕育和发展最为典型的国家。15 世纪末,英国进行了"圈地运动",剥夺了农民的土地,获得了廉价的自由劳动力。从 16 世纪中叶起,英国手工业、国内外贸易得到迅速和广泛的发展。17 世纪中叶,英国取得了资产阶级革命的胜利,并通过对外扩张和殖民地掠夺,逐渐取得海上贸易的优势。在同荷兰为争夺殖民地和通商霸权而进行的一系列战争中获胜以后,在相当长的时期内一直居于垄断世界工商业的地位,成为当时最强大的海上贸易国家。因此,晚期重商主义在英国得到了广泛和典型的发展。

(1) 托马斯·史密斯(Thomas Smith,1513—1577 年) 于 1549 年写作的《关于近来我国同胞常有的一些抱怨的简单考察》的对话体小册子,后来经过他的侄子编辑后于 1581 年以署名为"W. S."的绅士在伦敦出版[①],该书一直被誉为是对"英格兰都铎王朝经济思想的最先进的陈述"[②],同时还被公认为英国(也是西欧各国)早期重商主义的最早代表作品。

这本著作贯穿早期重商主义的一个基本思想,即少输入,多输出,尽量把金银铸币保存在国内。这本书写成的时期是在英国"圈地运动"的高潮和大批贵金属从美洲流入欧洲的时代。疯狂的"圈地运动"使大批农民丧失了土地,大片耕地变成牧羊场。这个运动产生的直接结果是毛纺织业的发展和羊毛价格的高涨。另一方面,贵金属的大量流入和国内货币的不断贬损,导致商品价格普遍昂贵,而名义工资也随之上涨。这本书以对话形式描述了由此引起的社会经济剧烈变动对社会各阶层的影响。

托马斯·史密斯的基本观点是:第一,反对不足值的货币投入流通。他把当时经济恶化和物价昂贵的原因归咎于国王贬损铸币,他认为铸币贬损造成两种后果:一是物价上涨,使收入固定的人们蒙受损害;二是足色足量的铸币退出市场并流向国外。这是很有见地的看法,说明他正确地看到了货币的价值与商品价值之间的联系;同时也说明了他很早就有了劣币驱逐良币思想的萌芽。他也和其他早期重商主义者一样,反对货币外流。但他并未认识到贵金属的输入足以促使物价普遍上涨,只是一味强调禁止货币输出产生的问题。第二,他反对从外国输入商品,尤其是输入本国能够制造的商品,原因是外国商品的输入,必然引起本国货币的输出,而且会影响国内贫民的生计。他反对输入用英国出口的原料制成的商品,主张英国建立立足于本国原料的工业。他认为,这样既可解决本国部分人口的就业,又可避免外商高价卖出那种用低价收进英国的原料加工而制成的商品,从而赚取英国货币的情况。从这一点可以看出,他已有了贸易保护思想的雏形,他竭力主张实行贸易保护政策,以高额关税和限制进口来保护本国工业,使货币不致外流。在这本书中,作者还表达了在对外贸易中应防止逆差、力求出超的思想。同时,我们也不难看出,托马斯·史密斯的观点在某些方面已接近贸易差额论,但在总体上仍属于以货币主义为特征的早期重商主义的代表。

(2) 马林斯(Gerard de Malynes,1586—1641 年)是英国早期重商主义最重要的代表

---

① G. Unwin,转引自 Mary Dewar,"The Authorship of the Discourse of the Common Weal", *Economic History Review*, 1966. Vol. XIX, p. 388. 本文引自晏智杰:《W. S. 究竟是谁?》,《经济科学》,1990 年第 3 期。

② 晏智杰:《亚当·斯密以前的经济学》,北京大学出版社 1996 年版,第 17 页。

人物,他在英国重商主义发展史上占有一定地位。他既当过官吏,又是一个成功的商人。从马林斯到托马斯·孟的思想发展,反映了英国经济情况的变化和对这些变化意义的估计。马林斯认为,国家应该禁止金银出口,对货币应该严格管制,加强对对外贸易和外汇交易的管理。他指出,只有管理得法的国家才能保障公共财富的可靠性和协调性,因此他强调,除高利贷以外,在对外贸易和外汇交易方面,国家干预是最重要的。在他看来,国外汇兑是主要的经济问题,政府必须对汇兑加以管制,才能保证公共福利。他分析了在自由贸易条件下,物价水平的变动与金银的流动对贸易收支所起的自动调节作用,并指出一国的通货如跌落到铸造平价以下,会引起金银枯竭、硬币外流,从而导致本国物价的下跌和别国物价的上涨。因此,他主张用外汇管制方式来改变这种情况,即汇兑交易应该仅限于皇家汇兑官或国王授权的一些人,一切汇兑交易不得高于或低于汇兑平衡率,这种情况下的汇兑是合法的,汇兑将趋于稳定,金银财富才能保留在国内。

马林斯的主要贡献在于:他综述了当时流行的确定汇兑平衡率的论点,揭示了偏离平衡率与国际硬币转移之间的关系;他比较清楚地了解到外汇的国际机制是通过价格水准与金银的移动发生作用的,但关于国外汇兑的根本原因,他没有进行深入的分析,对外贸的真正性质也缺乏理解。

(3) 米塞尔顿(Edward Misselden, 1608—1654 年)是贸易差额论的代表人物,在与马林斯的争论①中,由于他首先采用"贸易平衡"这一名词而著称。米塞尔顿是商人冒险者公司的著名成员,英国商界的领袖人物之一。这家公司从事向欧洲大陆输出布匹的业务,在 17 世纪 20 年代初期景况萧条,引起了国内贸易的衰退。该公司的垄断措施受到了批评。米塞尔顿为了进行辩护,撰写了《自由贸易或贸易繁荣的途径》(1622)、《商业循环或贸易差额》(1623)等著作。他著书立说:"从事理论分析的直接动机在于为政策提供背景,以便增进他所代表的阶级的利益。"②

米塞尔顿在《自由贸易或贸易繁荣的途径》一书中,从私利出发,企图使贸易局限在基督教地区内,并把贸易萧条大部分归罪于他的贸易对手——东印度公司。他认为东方贸易使国内的硬币外流,有往无来,有枯竭之虞。他甚至对东印度公司进行直言不讳的指责。而在《商业循环或贸易差额》中,他不再强调狭隘的私利,并把讨论的焦点集中在贸易差额问题上。他改变了对东印度公司以往的偏见,并和该公司联合经营业务;他开始接受东印度公司的这种输出是需要的意见,所持的理由是用输出银子来支付的进口货物,可以再输出来换进更多的银子。他指出,贸易在下列意义上是可以"自由的",即私商可以随意经营业务,甚至输出金银货币,只要输出的货物超过输入的货物,使出入两抵以后还有金银硬币输入。

在国外汇兑问题上,米塞尔顿虽然强烈反对马林斯的思想和做法,但并不否认硬币数量与国外汇兑率之间的联系,问题在于硬币流动和国外汇兑的波动都取决于商品贸易的平衡。他认为,确定国外汇兑率的方式与确定其他货物的价格一样,因为每一种货物都有它的"长处",正是这种"长处"决定了它的价格;但是任何时间的通行价格,可能有

---

① 17 世纪前半期,汇率理论史上发生了第一次重要的争论,主要在马林斯、米塞尔顿以及托马斯·孟之间展开,史称"三 M 争论"。他们都认为汇兑平衡率是由汇兑的铸币平价决定的,也就是按货币金银含量的相应的价值比率决定的,但在汇率变动的原因等一些问题上产生了分歧。

② 埃里克·罗尔:《经济思想史》,陆元诚译,商务印书馆 1981 年版,第 73 页。

高有低,这要依买卖双方的判断而变化。同样,汇兑的价格是由不得货币的"长处"所决定的,这就是硬币铸造平价。但是,根据供求的特殊情况,汇兑率可能围绕这个平衡点而波动,即随供求关系的变化而变化。在米塞尔顿看来,汇兑并不像马林斯所主张的那样,是金银流动的原因,因为汇兑本身取决于对外贸易的数量。

米塞尔顿反对马林斯的匡正方法。他论证说,为了明确贸易是否有利,首先必须了解进口货与出口货的关系,计算出盈利后列入"贸易结算表",这个表将显示出一个国家和另一个国家之间商业数量上的差额。在完成这一步之后,国家的政策便应该是设法做到出超并防止入超。当有了出口的盈余,国家就会收进财宝而致富。他认为,要鼓励出口,可以雇用穷人制造出口货物;与此同时,他主张限制进口特别是奢侈品的进口。由此可见,米塞尔顿和马林斯虽然在对外贸易政策上争吵不休,但是在财富的重要性问题上认识却是一致的。此外,他还提出了用通货膨胀来解决商业萧条的主张。

最后,值得一提的是,米塞尔顿反对贸易垄断,他认为最有害于公众福利的,是不加管制的贸易。为此,他赞成一种现在可能称作"寡头垄断"的制度。在这个方面,他的看法和当时重商主义者中普遍流行的见解是相同的。

(4) 英国晚期重商主义最杰出的代表人物是托马斯·孟(Thomas Mun,1571—1641年)。他是一个从事对意大利和地中海东岸国家贸易的大商人,英国东印度公司的较有影响力的董事,也是贸易差额论的创始人。他在 1621 年发表了为东印度公司贸易辩解的《论英国与东印度公司的贸易》,批驳了一些人关于该公司贸易使英国国内金银枯竭的见解。1630 年他改写了这本书,并易名为《英国得自对外贸易的财富》,这本被称为"重商主义一部具有划时代的著作"[1]的书使贸易差额论获得了较为系统的理论形态。

托马斯·孟在他的书中建议金银可以输出,并提出了三点理由:① 金银引致贸易,贸易可以增进金银,如输出金银以购买外国的便宜原料,经过本国制造后再输出,则所获得的金银一定会远远超过所输出的数额,因为制造品比原料价格高;② 能入者才能出,输入意味着更多的输出;③ 金银数量过多引起物价上涨,涨价的货物将不利于竞争,从而导致输出下降。从这些理由来看,他的思想已经远远超出了早期重商主义的范围。

托马斯·孟在为东印度公司活动的辩护中,阐述了重商主义的一些基本思想。他也同样认为金银就是财富,并把流通领域,即对外贸易,看做使国家富裕的手段。但他的财富观以及关于致富的途径和见解,与早期重商主义者大相径庭,他在一定程度上贬低了货币财富的重要性。他虽然将财富和货币等同,但是他关于自然财富(农产品)和人为财富(工业品)的划分使财富的概念扩大了。在他看来,物质财富与货币财富同等重要。他反对货币差额论,认为把金银储藏于国内是有害的,货币的重要性不在于储藏,而在于把它投入到有利可图的对外贸易中去。他认为,贸易出超是增加货币财富并使国家富裕的通常手段,而对于无金银矿藏的英国来说,又是唯一的手段。他主张通过调节对外贸易的商品运动以达到货币增殖的目的。在他看来,"货币产生贸易,贸易增多货币"[2],他反对早期重商主义禁止货币输出的政策,提出应该准许货币输出的主张。输出货币是增加货币财富的一种手段。投入外贸商品流通的货币越多,货币增殖就越多;否则,把货币储

---

① 马克思、恩格斯:《马克思恩格斯选集》第 3 卷,中共中央马克思恩格斯列宁斯大林著作编译局译,人民出版社 1972 年版,第 271 页。

② 托马斯·孟:《英国得自对外贸易的财富》,袁南宁译,商务印书馆 1965 年版,第 14 页。

藏起来,不仅不会使货币增多,而且,在国内保存过多的货币还会引起物价上涨。可见,他是用真正的商业资本家的眼光来看待致富手段的,实际上他已将货币与货币资本区分开来。

托马斯·孟在他的书中详尽地论述了贸易差额理论。在他以前,英国对外贸易体制追求的目标是每个个别的贸易出超,也就是英国从每个国家的进口都需要以向该国出口来平衡,甚至力求每个英国商人平衡其进出口贸易。而托马斯·孟则把个别的贸易差额和普遍的贸易差额区别开来,并力图把重点从贸易的个别平衡转向普遍的贸易平衡。他强调,必须从贸易全局来考虑贸易平衡问题,而不应拘泥于每一笔个别贸易项目上的顺差或逆差,但最终的目的是使一国年出口商品总值大于进口商品总值,也就是在一年的贸易总额中必须争取出超。

为此,托马斯·孟十分重视发展对外贸易。他认为,国内贸易不能使一个国家致富或致贫,因为贸易中双方买卖的结果,不会使国家的货币财富增加;而对外贸易的好坏,才是检验一个国家贫与富的标准。为发展对外贸易使国家致富,他提出在对外贸易中必须做到出超。托马斯·孟提出和论证了为保证外贸顺差应采取的措施和手段,如:发展国内的工场手工业,尽可能多地制造对外贸易中需要的商品;发展航运业,利用殖民地商品作转口贸易;利用财政和关税来保护本国经济的发展,鼓励本国产品出口,缩减外国货物的进口,尽量多地使用本国产品;出口的商品要用自己的船只运输,以减少支出,增加收入;利用原料或进口原料来发展出口加工业;扩大经济作物的耕种,发展渔业,努力做到自给自足;重视提高劳动者的技艺;等等。此外,他还提出了英国经济扩张和殖民扩张的纲领,企图通过贸易对欧洲农业国进行剥削,对殖民地进行掠夺和侵略。

他从发展对外贸易、鼓励商品输出出发,强调人口和技艺对于财富增加和经济增长的重要性,从而初步触及了致富的源泉问题。他认为商品的输出状况取决于生产者的人数和技艺。为此,他主张增加本国人口数量,认为人口愈多,生产的商品也愈多。他指出,创造物质财富尤其是创造人为财富的制造业生产者,是使商业昌盛和国家富足的源泉。财富源于"在我们的大自然上加以技艺,在我们的自然资源上施加劳动"[1]。托马斯·孟这种重工主义和鼓励人口繁殖的理论反映了资本主义工场手工业发展的需要,表明他已注意到了工场手工业、工艺和劳动对增加财富的重要意义。

从上述内容我们可以看出,托马斯·孟已经开始把生产看成创造财富的前提和流通的条件,这是一个进步,但他仍然没有改变财富的根本源泉是流通领域的看法。值得一提的是,托马斯·孟也曾对对外贸易和货币财富存在一些疑问,这表明晚期重商主义体系"对于自己原来体系的自觉的自我脱离"[2]。作为晚期重商主义体系的完成者,托马斯·孟提出了许多有价值的观点,并且在一定程度上为古典经济学体系的建立提供了思想基础。

(三) 法国的重商主义

法国从 16 世纪开始,商品经济有了发展,工场手工业也随之产生。但是,由于封建制度的束缚,这种发展是相当缓慢的;又由于法国的经济发展远远落后于英国,重商主义

---

[1] 托马斯·孟:《英国得自对外贸易的财富》,袁南宁译,商务印书馆 1965 年版,第 73 页。

[2] 恩格斯:《反杜林论》,中共中央马克思恩格斯列宁斯大林著作编译局译,人民出版社 1970 年版,第 240 页。

的产生也晚于英国。16世纪以后，封建专制政府为了充实因奢侈无度和连年战争而日益枯竭的国库，加强自己的经济实力，鼓励和扶植了工商业的发展，并开始推行重商主义政策。法国重商主义的特点是密切与国家政权相结合，以国家的经济政策和法令的面貌出现，虽然起步较晚，又缺乏英国重商主义的理论色彩，但在实践上却较为彻底。

（1）让·博丹（Jean Bodin，1530—1596年），法国政治思想家，法学家，近代资产阶级主权学说的创始人，近代西方最著名的宪政专家。让·博丹出生于法国，年轻时在大学攻读法律，毕业留校任讲师，后在巴黎任律师，16世纪70年代任王室检察官，被聘为亨利三世的宫廷法律顾问。他一生除致力于政治学和法学的研究外，对古希腊哲学、占星学、地理学及物理、医学均有较深造诣。让·博丹是法国早期重商主义的代表人物，他由于在16世纪价格革命的讨论中提出了自己的货币理论而闻名。他针对物价问题，提出法国当时物价上涨的主要原因是金银的数量过多，而不是钱币含金量的减少。进而他列举了物价上涨的五种原因：① 金银数量的增多；② 垄断；③ 物资稀缺；④ 国王和权贵们的寻欢作乐；⑤ 货币质量的降低。其中主要的或几乎是唯一的原因是"黄金和白银的充裕"。

让·博丹认为金银数量之所以增多，是因为贸易的扩展，特别是同黄金矿藏丰富的南美洲各国贸易的扩展。宫廷贵族生活的奢侈，必然会引起开支的膨胀性后果。如果把大量黄金储存起来，价格就不会上涨那么快。他承认降低成色会造成价格上涨，但是，他看到物价上涨的程度大于钱币所含金属量降低的程度，并把由一般货币原因引起的价格上涨同那些性质较特殊的价格上涨加以区别。此外，在一般人认为对商业应该严格限制时，他却提出了贸易应该自由的主张。在这一点上，他的思想是超前的。由于让·博丹对16世纪的价格革命做出了详尽的解释，一般认为他是货币数量论的创始人。

（2）安东尼·德·蒙克莱田（Antonie de Montchrétien，约1575—1621年），法国经济学家和剧作家，金属器具制造业主，17世纪初法国重商主义的重要代表人物。他在1615年出版了《献给国王和王太后的政治经济学》一书，讨论了商业、工场手工业、航海业和国王的政策等社会经济问题，并第一次在社会经济文献中使用"政治经济学"这一术语。他在这本书里主要研究法国的工商业问题，以及建议国王如何加以改进。

蒙克莱田与其他重商主义者一样十分重视金银货币，也把货币与财富混为一谈。他认为应尽量多地积累金银，而把获取金银的对外贸易看成是积累财富的唯一手段，因此政府应扶持本国的对外贸易。他提出了这样一些思想：国家的财富是工业的产物，而不是金银硬币的储藏。他主张用政府的权力来发展工业，设立新型工场手工业，增加工业产品的数量和改善工业产品的质量，把外国商品从法国市场上排挤出去。他认为法国应当供应自己所需的一切商品，禁止外国工业品的输入，对原料的输出课以重税；他很重视国内贸易，并主张出口的商品只限于法国特别丰富的产品，限制奢侈品从外国进口。

蒙克莱田极力强调商人的重要性，认为商业是国家活动的基础，并积极维护第三等级的利益，力图说服政府从各方面鼓励法国的企业家和商人。他指出，在第三等级中商人是最重要的，也是最有用的，他们最值得重视和尊敬；农民是国家的双足，他们支撑和负担着国家这一整体的全部重担；工业则是为商业服务的。在他看来，商业在某种程度上是各种手工业的主要目的。他还为商人利益尤其是商业利润辩护，认为商业利润是正常的，是甘当风险的报酬。他指出，商人如果不是为了追求利润，谁也不会东奔西跑、出生入死,去冒海上、陆上的种种风险。因此,他主张国家应该保护商人的利益,反对外国商人在法国进行商业活动,认为这将侵犯法国商人的利益。此外,他虽然重视金银,但他又认为国家富足不是金银、珍珠、钻石数量的丰富,而是生活必需品的便利供应。从上述这些观点来看,蒙克莱田的思想并不属于典型的早期重商主义,而是处在从早期重商主义向晚期重商主义转化的过渡时期。他的观点为半个世纪后典型的法国重商主义的产生奠定了基础。

(3) 让·巴蒂斯特·柯尔培尔(Jean Baptiste Colbert,1619—1683 年)出生于法国兰斯,是法国晚期重商主义的典型代表。他是 17 世纪末法国重要的政治活动家,曾做过法国国王路易十四幼年时期执政官马札里尼(Jules Mazarin)的助手,在 1662—1683 年间担任财政大臣,1669 年任海军国务大臣,实际上是当时法国经济生活的决策者。他虽然没有留下值得人们研究的重商主义著作,但是,他在执政期间制定和实施了一套完整的重商主义政策,给法国经济生活以重大的影响。与英国的托马斯·孟不同,柯尔培尔是重商主义的实践家。

柯尔培尔认为金银货币是衡量国家富裕或贫困的标准,一国所拥有的货币数量决定着该国的军事和政治实力。他认为,欧洲流通的货币总额是一定的,缺乏金银矿藏的法国要想致富就必须通过贸易顺差从其他国家取得货币,甚至可以采取必要的手段掠夺其他国家的货币财富。

鼓励发展工业是柯尔培尔经济政策的重要方面。为了发展工业,国家采取了各种措施,颁布了许多政策法令。柯尔培尔主张大力扶植和发展资本主义工场手工业,尤其是官办手工工场,以便为出口贸易奠定坚实的基础。为了扶植工场手工业,他一方面鼓励出口的工业部门引进技术和人才,如聘请外国工匠,鼓励外国技术工人移居法国,同时给资本家以各种特权(如生产专利权、贵族称号、补助金等);另一方面,主张采取管制办法,以提高产品质量,重视工艺技术和管理问题,增强产品在海外的竞争能力。据统计,在他执政的二十多年中,由于强调官办手工工场的重要性,创办了许多大型的“王家手工工场”(从 68 个增加到 113 个),并把它们作为私人企业的榜样。因此,法国的重商主义在这一时期具有与商业资本和封建王朝关系极其密切的特点。

柯尔培尔十分重视发展对外贸易,他积极发展航运业并扩大海军力量。在他看来,国际市场有限,而且必须靠武力去夺取,贸易就是常年的战争,一个国家的海军永远同该国的贸易量成正比。为此,法国建立了庞大的舰队和大型商船队,成立了许多特许的海外贸易公司,着力改善法国港口的设施。此外,他还推行殖民扩张的政策,并主张通过发动商业战争来扩大殖民地和海外市场。在对外贸易中,他同样主张必须坚持贸易差额的原则,要求尽可能减少进口,增加本国工业品的出口,力图使进口商品价格的总额小于出口商品价格的总额,从而实现顺差,达到使外国的货币不断地流入本国的目的。柯尔培尔由此使法国走上了扩大远洋贸易和殖民扩张的道路。

柯尔培尔当政期间,十分重视国家在经济发展中的作用。他对国内关税实行改革,下令取消了国内林立的关卡和名目繁多的地方关税,扩大了税区,统一了税率。他从国库拨出大量经费用来改良公路和开凿运河,这对改善国内市场状况、发展本国工业起到了积极作用。他还实施了保护关税政策,利用关税税率的杠杆,一方面鼓励本国商品出口,另一方面限制外国工业品的进口,同时又鼓励工业原料的进口。这些措施和政策的推行,促进了法国工商业的发展,增强了工业、商业资本家在国际上的竞争能力。

柯尔培尔在客观上促进了法国工商业的发展,但是他的政策措施带有极大的片面性,完全忽视了农业和农民的利益。柯尔培尔认为,要想使法国工业品有竞争力,必须降低成本,也就是通过降低农产品价格来降低出口商品的成本。因此,为了降低农产品价格,他推行对粮食进口免税、出口收税的政策。又如,当时法国的商品货币关系很不发达,柯尔培尔则强制把实物税改为货币税,因此,农民要把他们的产品换成货币就产生了困难。这种"重商抑农"的政策,使农民深受痛苦,并使农业濒于破产的边缘。

柯尔培尔按照重商主义的经济理论,鼓励发展本国工商业,并且通过提高关税予以保护,因此法国重商主义也被称为"柯尔培尔主义"(Colbertism)。柯尔培尔主义实行的重商主义政策,在一定程度上促进了法国工商业和资本主义生产关系的发展。但是,由于法国资本主义经济比英国、荷兰等国落后,加之实行了以牺牲农业发展工商业的措施,这种发展又破坏了封建专制制度赖以生存的农业这一基础,从而使法国农业凋敝,农民破产,国内矛盾激化,最终使法国的经济和财政陷入深刻的危机之中。这一危机宣告了以牺牲农业和农民利益为代价来片面发展工商业的柯尔培尔主义是行之无效的。

总之,柯尔培尔重商主义政策的实践比较彻底,但他并没有把这种实践加以理论化。

(四) 西欧大陆其他国家的重商主义

重商主义思想最早起源于意大利,后来逐步蔓延到法国、英国等国家,并在这些国家得到比较典型的发展。随着商品货币经济的进一步发展和市场经济制度的逐步完善,西欧大陆的其他国家,如西班牙、奥地利、德国,也开始盛行重商主义经济思想。由16世纪西欧历史变革所决定的重商主义思想的一般特征,对这些国家的经济思想家来说同样是适用的,不过,不同国家由于具体历史条件不同而具有不同的特点。下面简单地介绍这三个国家中几个有影响的代表人物的思想及其特点。

1. 西班牙的重商主义

西班牙很早(约15世纪后半叶)就出现了重商主义的经济政策。最早期的先驱性文献是路易斯·奥尔蒂斯(Louis Oldys)的《为了制止西班牙王国的货币流失而给国王的备忘录》。它反映了西班牙经济衰退的时代,苦于金银和货币的流失,以及如何找到阻止流失的方法,提出制造业的重要性和禁止奢侈品输入等现实的改良方案。奥尔蒂斯把重点放在政策的分析上,而把重点放在理论上的先驱者则是萨拉曼卡学派的成员和玛丽亚娜等。他们对价值、价格、货币、汇兑和贸易等问题进行了广泛的讨论。继玛丽亚娜之后17世纪的重商主义著作家中,有桑乔·德·蒙卡达(Sancho de Moncado)、马丁内斯·德·拉·马达(Francisco Mortinez de la Mata)、赫罗尼莫·德·乌兹塔利兹(Geronimo de Uztariz,1670—1732年)。

(1) 蒙卡达的贸易保护主义思想。蒙卡达的主要著作是《论考集》,这本书由八篇论文组成。该书以对外贸易带来毁灭性结果的论点为中心,展示了建立在保护主义基础上的民族主义立场。为了改善对外贸易,蒙卡达主张用法令强行禁止外国商品的进口和把从西印度流入的金银保留在王国内部。他在书中分析了西班牙衰败的原因,论述了人口、货币、财政等问题。他认为,人口增加意味着国家强大,而传染病、战争、饥饿和向西印度的移民造成人口减少,从而导致西班牙衰退。关于西班牙货币匮乏问题,他认为西印度是西班牙贫困的原因。他指出,西印度的金银虽使西班牙貌似富裕,但是,这一巨大财富又是造成贫困的种子。因为,大量的贵金属成为物价暴涨的原因,使得西班牙败给其他所有竞争对手;而各产业部门的衰退又造成出口贸易的崩溃,不得不以支付贵金属来维持贸易平衡。因此,为了防止金银流失,他主张将金银与其他商品同等对待,也就是货币与其他商品交易一样,也必须支付6%—8%的交易税,这样就可以阻止货币的流失。他还论述了西班牙的税收制度,描述了西班牙所处的悲惨境遇,指出国内消费税引起人口减少,并且认为交易税阻碍了商业的发展,税收人员曾经超过15万人,从而影响财政收入。但是,他对奢侈的性质有自己的见解,他认为奢侈本身将促进需求,刺激工商业的发展。

(2) 马达禁止外国商品进口的主张。马达在1656年出版了《关于解决西班牙人口减少、贫困和灾害的理论的备忘录或论证》一书。马达在该书中主要是强调禁止外国商品的进口。他指出,法国、荷兰、英国以及意大利各城市热那亚、威尼斯等西班牙的竞争对手,虽然没有丰富的矿山,但是,因为制造业发达,从而存有大量的贵金属。他把西班牙人口减少和制造业衰败的根源归结为外国商品的进口。马达认识到了制造业比拥有丰富的矿山更加重要,从这点来看,他已经不是单纯的重金主义者了。

马达认为,某一部分人的必需品,在另一部分人看来是奢侈品,如果不对比国民生存所必需部分提供更多的支出,那么商业和技术就会停滞,每一个人都只能处于懒惰和贫困的状态。因此,他认为,对西班牙制成品所提供的多余的支出并不是有害的,真正有害的是购买外国商品这一消费行为。他指出,如果不购买外国商品,则所支付的货币就可以投入到为西班牙人提供职位的制造业;而购买外国商品就会使货币外流,为外国和外国国王增加财富。

值得注意的是,马达把货币理论作为商业和贸易的关联部分展开研究,认为货币是给国民带来活力的灵魂。在他的货币理论中,最为突出的是他对货币流通速度的见解。在论述了王室的财政以后,他提倡为了农、工、商业的发展,必须建立国民银行制度(即现在所说的中央银行),认为这有助于解决王室的财政问题。

从马达的经济思想来看,他已经从把金银与财富和权力等同的重金主义中解放出来,并把理论的重点放在对国内产业的保护方面。他和蒙卡达的理论构成了西班牙重商主义的原型。

(3) 乌兹塔利兹维持贸易顺差、促进国民财富增长的观点。乌兹塔利兹是西班牙重商主义经济理论和政策的集大成者。他的理论大体是上述两位重商主义者所主张的保护国内产业理论的延伸,并通过对各个经济领域的广泛分析,对各种经济问题作了彻底的理论探索。他的著作不仅探讨了海运和贸易问题,还包括货币问题、国内制造业、农业及其他部门、劳动和人口、财政理论和改革(租税、金融改革)、垄断、关税等,几乎涉及当时经济问题的各个领域。

乌兹塔利兹理论的最基本问题是,维持"广泛而有利的贸易",最终实现出口超过进口,带来国民财富的增长。他指出,为了实现顺差的有利贸易,必须促进各个部门(特别是织布工业)的发展,解决人口问题和与贸易有关的货币问题,改革海运及船舶业,改革财政。他认为,为了增加西班牙的财富,必须实现商业贸易顺差,而贸易顺差如果没有优良的制造业的支撑是无法实现的。但是,如果没有国家主动允许免除各种税收,优良的制造业也是无法实现的。他通过对英国、法国和荷兰等国的各种政策进行广泛的研究并做出评价,逐步建立了自己的理论。他对英国的贸易、海运政策给予了高度评价;他还特别研究了法国的关税政策,称赞柯尔培尔改善了法国的贸易。他分析了荷兰获得贸易顺差的原因,认为荷兰是从外国商品的买卖中得到利润的,海运商人从运输外国商品中赚取了运输费。与为保护和奖励国内产业而征收高进口税和低出口税的英、法不同,荷兰采取了独特的关税政策。为此,他重视发展与殖民地的贸易,提出学习荷兰的关税政策,在西班牙与西印度殖民地的贸易上,应降低进出口关税。与马达一样,他也认为国内制造业比世界上最富的金山、银山都重要,而且是收获最多的财富。他认为制造业的建立不仅仅依赖于丰富的原料资源,还依赖于人口数量和劳动者的熟练程度。

由此可见,乌兹塔利兹的理论不仅受到西班牙传统理论和政策的影响,同时还受到当时非常活跃的英、法重商主义经济理论的影响。因此,从17世纪到18世纪,在重商主义经济政策中,乌兹塔利兹的政策论被认为是最为杰出的。

2. 德国和奥地利的重商主义

重商主义在德国和奥地利被称为"官房学派"(Cameralism),15世纪至17世纪的德奥经济思想大多包含在官房学中。官房学主要研究官产尤其是王室私产的管理,也涉及国家的经济政策,所以它的研究最为周密的部分为财政思想,这是它与英法等国重商主义不同的地方。官房学集经济政策、立法、行政管理、公共财政为一体,针对德奥当时面临的社会问题,企图为德奥指明民富国强的道路。该学派的著作均为具有特殊理论的巨著,而不是零乱无体系的小册子。官房学对后来的德国经济产生了极大的影响,而且为德国后来财政、经济、统计和政治科学的发展奠定了基础。就在18世纪前期其他西欧国家的重商主义消沉以后,德国到19世纪还有不少有关官房学的著作出现。

作为在德、奥特定历史条件下出现的经济思潮,官房学派以维护和加强君主诸侯的统治为目标:强调在国家直接干预下强化政治、行政和经济管理;推行有利于商、农、工各业的政策,以兴商为中心;强调增加人口;主张贸易差额论和保护关税政策;取消国内贸易发展的障碍;等等。官房学与一般重商主义学说的相同之处是:两者均主张国家干涉,相信法律的效力,尤其注重关税问题;特别重视贵金属;对外贸易力求顺差;崇尚节俭和繁殖人口;等等。从某种意义上讲,官房学更接近于法国的柯尔培尔主义。但它最大的特点在于,以研究如何管理包括国王财产在内的财政问题为主题。它并不专门研究商业问题,农业、畜牧、采矿以及其他工业问题也属于它探讨的范围。

德国最早的官房学者或重商主义者可以追溯到路德(Luther)和奥萨(D. Melchior von Osse,1506—1557年)。而比较著名且影响较大的官房学者为塞肯道夫(Veit Ludwig von Seckendorff, 1626—1629年),后人称他为官房学之父,他著有《论诸侯国》(1655)和《基督教国家》(1685)。

早期的官房学者大多强调货币的重要性,主张增殖人口、国家干预经济生活。塞肯道夫和其他官房学者一样,提倡人口密集,限制金银输出,但在国家干预经济生活方面的主张比较温和。他倾向于将经济思想同政治和财政问题分开,这一观点对后来的学者产生相当大的影响。

德、奥的官房学者除了以上提到的早期代表人物以外,还有很多,由于篇幅所限,在这里只分析重商主义色彩最为浓厚的官房学者奥地利人霍尼克(Philipp W. Von Hornick，1638—1712 年）的思想。在分析霍尼克的学说观点之前，有必要简单提一下贝切尔（Johann Jachim Becher，1635—1682 年）的思想。贝切尔的主要著作为 1667 年出版的《政治教程》。他在该书中将商人誉为生产者，并从商人的立场出发，主张消除国内通行税，减少进口。他认为，一国有三个生产阶级：商人、手工业者和农民。一国经济发展的最大障碍，莫过于关卡林立、到处征收通行税。国内税收泛滥势必使商人成本增加，商品价格上涨，并致使国内消费萎缩和外国商品乘虚而入。在贝切尔看来，一国最必需、最昂贵的物品是货币。因此，货币无论如何都应保持在国内。他提出，为了实现这一目的，应对货币的出口征收 5% 的关税。他认为，货币的成色要足，但重量可以不足。在一国边境应建立一个兑换银行，以有效地制止货币外流。

霍尼克是奥地利人，出生于德国莱茵省，曾在维也纳大学学习法律，1661 年获得博士学位，后来当任重要公务员。他在 1684 年出版了《使一国自给自足的法则》一书，该书是德国官房学派中一本比较著名的著作。他在这本著作中指出，国土的强大和优越取决于金银和生活必需品的丰富以及对它们的保管和使用。一国拥有足够的金银是富有的，但仍不能达到自给自足的目的，因为人们不能只靠金银生存。但是，如果一国只有消费品而无金银，虽能维持生活却难以独立。金银为大部分人所必需，无金银的国家依赖于有金银的国家，必须使外国人用金银来交换本国的物品。

霍尼克期望建立一个一切均能自给的国家，其办法是系统地开发本国资源，崇尚节俭，阻止外国产品输入，这样可以使国家的富强超过邻邦。除自给的国家这一基本点外，他还研究了奥地利的贸易差额，认为可以通过增加本国盐、鱼等自然资源的生产获得有利的贸易差额。但他所谓的贸易顺差并非专指金银，而兼指其他商品的贸易差额。

霍尼克也同托马斯·孟一样列举了 9 条关于国民经济的基本原则，这些原则实质上是官房学与重商主义的典型混合物。他认为，进口一旦被限制，国内市场就可以完全由本国产品所占领。当货币不再流向国外时，它们就会转为经营资本。这样，市场和利润将会得到保证，货币数量将稳步增长。为此，他建议首先必须禁止丝、毛、亚麻和法国瓷器等四大类外国商品的进口。他认为，只要采取了这一措施，其他的原则就会自动地实现。他以人口为例，如禁止这几大类外货的进口将使许多外国工人失去工作，工匠们为了谋生只好来到奥地利，于是人口稀少的问题便得以解决。

客观地说，霍尼克作为一个专门研究王家财务总管职能的学者，能把兴趣放在通过对外贸易以获取金银方面并提出一套原则，这已比一般官房学者仅致力于探讨王家的财政和农工问题远胜一筹。

第三节　重商主义国家干预经济的政策主张

早期重商主义和晚期重商主义都认为金银货币是唯一真实财富，都从流通领域去寻找财富或利润的源泉，但他们认为国内的流通（指商业）是不能产生利润的，因为这只能使财富发生转移，而整个国家的财富并不会增加。在他们看来，财富和利润只能从国与国之间的经济交往中产生出来。因此，他们要求国家政权积极干预经济生活，以便使金银尽可能多地流入国内，尽可能少地流到国外。不过，随着时代的发展，早期重商主义和晚期重商主义在如何控制对外贸易从而增加国内货币数量的问题上，持有不同的观点，提出了不同的措施和政策主张。

一、早期的"货币差额论"和扩大货币财富的政策

大约15世纪到16世纪中叶是早期重商主义阶段。这一阶段重商主义者思想的特点是认为所有购买都会使货币减少,所有的销售都能使货币增加。他们非常重视贵金属(特别是金银),主张政府用严格管制金银的办法防止货币外流,以保持国内贵金属的存量。因此,早期重商主义又被称为"重金主义"。

在早期重商主义时期,商品生产和商品交换还很不发达,特别是对外贸易尚未充分地发展,因此早期重商主义者主张用行政手段,而不是用经济手段来禁止货币输出,以及坚持在对外贸易中多卖少买或者不买,并通过调节货币的运动来达到积累货币的目的。他们主张国家应当绝对地禁止本国货币和金银的输出,并对商品的进口,特别是奢侈品的进口,实行严格的管制,专门设立汇兑管理机构,由国家规定外汇率和管制外汇交易,甚至强迫外国进口商在本国出售商品所得货款必须购买本国商品,以避免货币外流。

在早期,重商主义者对进口商品征收很高的税,并建立贸易中心城市,即把对外贸易集中在指定地区,以便于国家进行管制。因此,贸易中心制度与外汇管制制度是早期重商主义的重要措施。这些措施对于管理对外贸易和外汇交易起到过很大的作用。

早期重商主义者强调增加国家财富的必要条件是每次贸易中金银收支的入超,即金银的输入必须超过输出,以出口多于进口来获取较多的金银和外国货币为唯一目标。这种政策积极鼓励出口商人在外国出售货物后,除运回一些必需品外,尽量运回贵金属和外国货币,从而不断积累本国货币财富。总之,早期的重商主义是用超经济的强制手段来控制货币的国际流动,达到积累货币财富的目标,这种政策和主张又被称为"货币差额论"或"货币平衡论"。

早期重商主义者把商业资本流通的统一过程当做互不相连的两个阶段:货币—商品(G—W),商品—货币(W—G′),而把商品单纯看做增殖货币的手段,把流通看做财富和利润的唯一源泉。因此,他们认为扩大货币财富的手段是少支出货币,而在国内以贮藏货币的形式把货币积累起来,力图通过调节货币的运动达到积累货币财富的目的。

如英国,在"货币差额论"这个思想的支配下,扩大货币财富的政策可以归纳为两个方面:一方面,对本国商人的管制。首先,严格禁止货币输出。爱德华四世在位时(1461—1483年),就规定了输出金银为大罪的法令;其次,规定输出到国外的一切商品应直接换回货币,而且出口商品只能在指定的地点经营,即在贸易中心城市进行,以便进行统一的管理。另一方面,对外国商人的管制。英国政府为此颁布了两条法令,一是消费法,规定外商在英国收到的货款,必须全都用于购买英国商品;二是侦查法,指定专人记录外商的每笔交易,以审核和监督外商是否把货币带到国外。

总体来说,在早期重商主义阶段,国家迫切需要增加货币财富,以弥补各种财政支出。因此,早期重商主义者积极主张政府干预经济生活,极力提倡不断把国外货币吸收到国内来,严格禁止货币输出国外。国家力图通过各种行政手段调节货币的运动,以便达到国家贮藏尽量多的货币、积累更多的货币财富的目的。

二、晚期的"贸易差额论"和保护关税的政策

大约从16世纪下半叶到17世纪中叶为晚期重商主义阶段。到了17世纪,商业资本

已经高度发展,信贷比较发达,工场手工业大量出现,国外市场不断扩大,转口贸易日益盛行,各国都想在对外竞争中获胜。与早期重商主义不同,在晚期重商主义时期商品生产和流通有了进一步的发展,因此,在增加货币财富的方式和采取的措施上有了不小的进步。晚期重商主义者开始明白静静地放在钱柜里的资本是死的,他们开始认识到必须把货币不断地投入流通,并采取扩大对外贸易的办法,才能使国内的货币财富不断增加。他们也同意早期重商主义者所提出的"多卖"的原则,但不同意早期重商主义者所提出的"少买"的主张。在他们看来,不仅应当多卖,而且也可以多买,甚至大量地购买。因此,他们反对禁止货币输出,认为国家应该允许把货币输出国外,用以扩大对外国商品的购买,然后再把这些商品销售出去。但是,他们强调用于购买外国商品的货币总额,必须小于出售给外国的商品,力图在对外贸易中保持顺差,获取更多的利润,以期换回更多的货币。这些观点说明了他们已经开始用资本家的眼光来看待货币,并初步意识到了货币的资本职能,而且已经把它看成是增加财富的手段,认为货币只有在不断的流通中才能不断地增多。由此可见,晚期重商主义的特点是,力图通过调节商品的运动,达到积累货币财富的目的。因此,晚期重商主义被称做"贸易差额论",由于他们还主张发展为对外贸易服务的工场手工业,它又被称做"重工主义"。

与早期重商主义不同,晚期重商主义强调贸易差额或贸易平衡,他们反对限制金银出口的禁令,允许货币输出,只要输出货币能有助于贸易的出超。为了达到对外贸易出超的目的,他们除了主张提高进口税以限制商品的进口外,还主张采取各种措施以鼓励生产出口商品的工场手工业的发展,为工业革命开辟道路。他们主张加强货币流通,反对在国内储存货币,而要使货币周转以带回更多的货币。因此,从理论上看,晚期重商主义是与商业资本的思想体系最相符的,可以说是名副其实的重商主义;从历史作用来看,晚期重商主义为了扩大出口,采取保护关税、压低工资等各种办法,发展工场手工业,这种"重工主义"更是直接地推进了资本主义生产关系的发展。

为了促进对外贸易的平衡,晚期重商主义者都主张采取各种保护主义的政策措施。其主要的措施有:规定高额的进口税率以限制外国商品的进口,保证本国工商业的发展;通过鼓励外国原料输入,同时严禁本国原料输出的方式,促进国内工业的发展;通过退还税款方式鼓励商品输出;对能生产出在外国市场上有竞争力产品的厂商发放奖金,以鼓励扩大再生产;给某些商人颁发特许权;政府同外国订立有关的通商条约,保证在这些国家享有垄断贸易或免税贸易等特权;推行殖民扩张政策,以垄断殖民地贸易;鼓励增殖人口,颁发延长工作日和压低工资的法令,为新兴的工场手工业提供足够而廉价的劳动力;等等。

由此看来,晚期重商主义者不再单纯地谈论财富,而是把着眼点放在辨析以货币形态出现的、作为资本使用的财富上;他们的对策也不再放在对货币的管制上,而是放在贸易的管理上;他们不再通过调节货币的运动来积累货币财富,而是通过调节对外贸易的商品运动来达到积累货币财富的目的。他们主张商人可以大量地卖,也可以大量地买,只要出口总额大于进口总额,保持贸易顺差,就可以使更多的货币流回本国。因此,在晚期重商主义时期,奖励输出、限制输入成为两项重要任务。晚期重商主义者还明确提出,国家必须实施保护关税的政策,以保护本国工业、商业和航运业的顺利发展,保护本国工商业能抵制国外的竞争对手。并且他们认为人口是一个国家的真正能力,所以提出了增加人口、限制人口外流和采取鼓励有熟练手艺技巧的工人移入本国的政策。

总体来说,晚期重商主义者要求国家必须积极干预经济生活,实行贸易保护政策,以促进本国工商业的发展,从而为新兴资本主义的发展开辟道路。

三、重商主义国家干预经济的政策

作为原始干预主义的重商主义体系,强调国家对国内外经济生活实行积极的、全面的、严格的干预是它的一个重要特征。在国际贸易政策方面,重商主义实行贸易保护主义和严格的外汇管制,他们通过关税、限额、补贴和税收等办法限制外国商品,特别是生活奢侈品的进口和国内廉价原料的出口,以实现外贸顺差,获取和积累金银货币,使国家致富。

在国内经济生活中,重商主义者主张实行以下政策。

(1)重出口的产业政策。重商主义者主张大力发展生产出口制成品的工场手工业,奖励那些能生产出在国外市场上有竞争力产品的厂商,保护和扶植本国工商业的发展,并对为国内市场服务的部门加以限制。

(2)低消费政策。重商主义者采取措施征收消费税,特别是对奢侈品的进口课以高额进口税,限制国内消费,目的是为了积累更多的金银货币,为资本积累创造条件。

(3)低工资政策。重商主义者主张将工人工资维持在工人生存的最低水平上,他们通过压低工资和延长工作日的办法,为发展新兴的资本主义工商业提供足够而廉价的劳动力。

(4)垄断政策。在重商主义时期,封建王权政府以法律形式赋予大商业资本以建立垄断公司的权力,这些公司在国内外经济生活中享有种种排他性特权。商业资本通过封建王权的支持大大扩充自己的经济实力,从而加速了资本主义的发展。

重商主义者主张依靠国家的力量扶持制造业的发展,发展本国的工业,增加产品的出口,这对于资本主义早期发展阶段有着至关重要的作用。重商主义者通过禁止奢侈品输入的法令、严禁贵金属外流的法令、限制进口的保护关税法令以及鼓励出口的措施等具体的保护制度对英、法等西欧国家的政治与经济产生了显著的影响。

思考题 》》

1. 重商主义经济思想的性质和基本特征是什么?
2. 论述重商主义经济思想的主要内容。
3. 早期重商主义和晚期重商主义有何不同?
4. 重商主义者托马斯·孟为将金银输出国外的政策进行辩护的基础是什么?
5. 试析托马斯·孟的经济思想和政策建议。
6. 评述柯尔培尔的重商主义政策及其影响。
7. 比较英、法重商主义与德、奥重商主义的异同。
8. 如何理解重商主义国家干预经济的政策主张?
9. 评价重商主义的历史地位和影响。

第二篇 古典经济学时代

第四章　　英国古典经济学的先驱者

║内容提要║

　　中世纪末期欧洲各国先后走上资本主义发展道路。漫长而充满血腥历史的资本原始积累,以及1640—1688年英国资产阶级革命和1789年法国大革命,为资本主义大发展准备了社会政治和经济等条件,为社会生产力发展开辟了广阔前景。欧洲各国的经济思想也开始发生深刻变化,一个代表新兴资产阶级利益、反映资本主义生产方式规律的新经济思想逐渐成长起来,这就是欧洲古典政治经济学。这种政治经济学的发展与资本主义社会的发展是同步的,它从萌发到成熟大约经历了一个半世纪之久。古典经济学的奠基者是英国古典政治经济学家和伦理学家亚当·斯密,在他之前英国和法国先后出现了一大批有影响的学者,他们是古典经济学的先驱者,其中最著名的是英国的威廉·配第、孟德维尔、休谟和康替龙,法国的布阿吉尔贝尔和重农主义学派。

第一节　威廉·配第

　　马克思称威廉·配第(William Petty,1623—1687年)是英国古典经济学的创始人,又称他是"政治经济学之父,在某种程度上也可以说是统计学的创始人"[①]。著名经济学史家熊彼特指出:"配第是个靠个人奋斗而成功的人……他是那种精力充沛、几乎任何事都能做成功,甚至能转败为胜的人。虽然他因为多才多艺而有所失,但他在经济学史上仍不失为伟大的人物之一。"[②]

一、时代、生平和著作

　　威廉·配第生活在英国封建经济关系逐渐瓦解、资本主义经济关系迅速发展并且爆发了资产阶级革命的年代。17世纪中叶,英国虽然还是农业国,但资本主义性质的工场手工业已经在毛纺织业、采煤、冶金、制盐、造纸和造船等行业中发展起来。这时英国纺织品已畅销欧洲市场,煤产量已占欧洲五分之四。农村圈地运动的发展加速了小农经济的破产,出现了少数富农;同时封建贵族内部也发生了分化,其中一部分人转向雇用劳动者经营农场,成了资产阶级化的贵族。一部分商业资本转向农业,也加速了农业资本主义关系的发展。商业资本在对外贸易领域也有了长足进展,各种垄断贸易公司力图进一步扩大在海外的势力范围,东印度公司就是其中名声显赫的主角之一。

---

　　① 马克思、恩格斯:《马克思恩格斯全集》第23卷,中共中央马克思恩格斯列宁斯大林著作编译局译,人民出版社1972年版,第302页。

　　② 熊彼特:《经济分析史》第一卷,商务印书馆1991年版,第317页注①。

17 世纪上半期的英国依然维持着封建统治,但各种迹象表明这种制度已经成了社会生产力和生产关系发展的严重障碍。繁重的苛捐杂税给人民群众造成了沉重负担;专卖制度的强制推行妨碍了自由贸易,招致了民众的不满;封建行会制度直接阻碍了资本主义手工工场的发展。农民暴动此起彼伏。新兴资产阶级和新贵族借机向封建特权发起猛攻,终于酿成了始于 1642 年的资产阶级革命,这场革命前后历经半个世纪的曲折和反复较量,于 1688 年以资产阶级和封建贵族的妥协告终。资产阶级夺取了部分权力,国王的权力受到议会的限制,从而为资本主义的发展开辟了道路。

配第正是这个动荡不定时代的产儿。他 1623 年生于英国汉普郡罗姆塞一个布商之家,13 岁当水手,不料在一次航行中意外受伤骨折,不得不在法国北部一小镇养伤,其间他进了当地一家耶稣会中学,学习希腊语、拉丁语和算术几何等,一定程度上弥补了少年时学习的不足。回英国后,曾在海军服务过一段时间,于 1643 年(20 岁)时又赴荷兰和法国学医。23 岁回国继承父业,不久又到牛津研习医学,1649 年(26 岁)获牛津大学物理学博士,次年被聘为解剖学教授。1652 年被委任为爱尔兰英军总司令克伦威尔的侍从医生,配第的人生道路从此发生了从学术转向政治的重要转折。他被委任负责将被镇压的爱尔兰教徒及人民的土地分配给英国"征服者",他也从中捞取了不少好处,他用这笔不义之财购进大量土地,不消几年功夫配第就成了拥有大约 5 万英亩土地的大地主;他接着大肆进行土地投机,又聚敛了巨额财富。1660 年查理二世复辟后,配第转而效忠王朝,博得信任,1661 年获得骑士称号。此后,配第一边经营和管理他在爱尔兰的地产,一边开始从事著述。

围绕英国当时面临的各种社会经济问题,包括如何治理被征服的爱尔兰的问题,配第撰写了一系列专论和小册子,都是他要献给国王和英国公众的建议和方案,以及他对这些建议和方案的解说,其中包含许多富有创见的经济思想和观点。这些思想和观点对后世经济思想的发展具有明显的影响,也铸就了他作为古典经济学派先驱者之一的地位。1687 年 12 月 26 日配第去世,时年 62 岁。

配第的主要经济著述,在他生前出版的,只有《赋税论》(1662),其余都是作者身后陆续出版的:《献给英明人士》(1664 年写成,1691 年出版)、《政治算术》(1671—1676 年间写成,1690 年出版)、《爱尔兰的政治解剖》(1672 年前后写成,1691 年出版)、《货币略论》(1682 年写成,1695 年出版)。[①]

配第对西方经济学的影响主要体现在三个方面:一是方法论,二是对一系列经济概念的新界定和经济规律的新探索,三是对各种相关的经济量的确定。

二、配第的方法论

配第对古典经济学的贡献首先是他的方法论——"政治算术"。他在说明这种方法的基本精神和内容时指出:"我进行这项工作所使用的方法,在目前还不是常见的。因为和只使用比较级和最高级的词语以及单纯作思维的论证相反,我却采用了这样的方法(作为我很久以来就想建立的政治算术的一个范例),即用数字、重量和尺度的词汇来表达我自己想说的问题,只进行能诉诸人们的感官的论证和考察在性质上有可见的根据的

---

① 配第经济著作的中译单行本由商务印书馆(北京)分别出版:《政治算术》(1960)、《赋税论 献给英明人士 货币略论》(1962)、《爱尔兰的政治解剖》(1964)。1997 年合编为《配第经济著作选集》(页码仍按单行本)。

原因。至于那些以某些人的容易变动的思想、意见、胃口和情绪为依据的原因,则留待别人去研究。这里我敢明白地说,老实说,以这些因素(容易变动的思想等)为依据(即使这些因素可以叫做依据)的原因是不可能谈得透彻的……用数字、重量和尺度(它们构成我下面立论的基础)来表示的展望和论旨,都是真实的,即使不真实,也不会有明显的错误。即使这些展望和论旨不是真实的、可靠的和明显的,但是如果运用国家的权力,也就能够使它们变得真实、可靠和明显。"①

配第的方法是对客观事实进行观察、分析和研究并从中找出规律性的方法,这在神学经典和形而上学方法仍然有强大影响的背景下,如配第所说,的确还是不多见的,这是配第研究方法独创精神的表现。依据这种方法,配第分析和研究了英国及爱尔兰社会生活的各个方面,涉及人口、土地、劳动、产业、贸易、交通、农业、手工业等,并提出了相应的对策。他批评封建国家凭主观想象和当权者个人意志决定经济政策,指责当时国家不顾实情、盲目决定税收政策,加剧了财富分配的不合理。他还指出了国家不考虑货币流通的实际情况和货币的性质,滥造货币和毁损铸币等措施所带来的严重后果,等等。

配第在方法论上深受 17 世纪英国著名唯物主义哲学家弗朗西斯·培根(Francis Bacan,1561—1626 年)和托马斯·霍布斯(Thomas Hobbes,1588—1679 年)的影响。培根作为现代实验科学的创始人,明确指出真正的哲学应当具有实践性质,应以经验材料为依据,建立在对自然现象的观察和分析的基础上;他坚决批判了违背科学精神的中世纪经院哲学,认为它阻碍了科学的进步。培根指出,感觉是知识的源泉,而自然界是研究的对象。他在人类认识论上首次制定了完备的认识的归纳法,坚持认为依据因果联系、依据大量的现象和事实,可以得出可靠的一般结论。霍布斯继培根之后,坚决反对封建思想,完全否定非物质实体的存在,否定唯心主义。他认为,人之外的物体是唯一实在的东西,观念只是物体在人的意识中的反映。可以说,配第的方法就是培根和霍布斯唯物主义方法的具体运用和发展。

三、经济概念的转变

配第的经济概念带有重商主义和反重商主义的两重性,并且经历了从带有重商主义痕迹到完全摆脱这种痕迹的转变。例如,关于财富,配第仍视货币为财富的标志,认为外贸是幸福的源泉;同时又指出土地等自然力、人口及其素质、工具等是财富的要素,"土地为财富之母,而劳动则是财富之父和能动的要素"②。关于货币,他有时还把货币看做经济活动(尤其是对外贸易)的最终成果,但是他已经认识到货币不过是一种商品,一种价值尺度,其数量不能太多也不能太少,这又超出了重商主义的货币概念。

更可贵的是,配第力图发现各种经济现象和要素之间的等价关系,也就是经济生活的一般规律,从而使他的思想远离重商主义并提升到了一个新阶段。配第企图建立以下各种要素之间的等价关系:商品与货币,土地与劳动,技术(即复杂)劳动与简单劳动等。

在探索商品与货币之间的等价关系时,配第提出了包含劳动价值论萌芽的观点,他说:"我认为它(按指谷物或地租)值多少货币,就看另一个在同一时间内专门从事货币生产与铸造的人,除去自己费用以外还能剩下多少货币。也就是说,假定这个人前往生产

---

① 配第:《政治算术》,陈冬野译,商务印书馆 1960 年版,第 8—9 页。
② 配第:《赋税论》,陈冬野译,商务印书馆 1962 年版,第 66 页。

白银的地方,在那里采掘和提炼白银,然后把它运到另一个栽培谷物的地方铸成货币,并假定这一个人在从事这些工作的同时,也能得到生活所必需的食物和衣服。我认为这个人的白银和另一个人的谷物,价值一定相等……黄金和白银的价值之间的正当比率也是依据这种方法来规定的……我认为这是各种价值相等和权衡的基础。"①然而,配第接着又说,所有物品都由土地和劳动两种单位来评定价值,这实际上又是生产要素价值论了。这两种观点在配第的著作中是并行不悖的。因为在第一种情况下,土地已经是一个不变的前提,所以他没有提及,但不意味着不存在土地的作用;而在第二种情况下就必须提出了,因为土地也是价值尺度之一。实际上在配第看来这两者也不会出现矛盾,既然土地和劳动都是财富的源泉,所以也就没有理由将土地排除在价值尺度之外。

依据同样的思路,配第将土地和劳动之间的等价关系的尺度归结为一个成年人每天平均的口粮。他说:"一个成年人平均一天的食物,而不是一天的劳动,乃是衡量价值的共同尺度;它似乎是和纯银价值一样的稳定而不变的……对于爱尔兰的小房子,我是根据修建它们时所花费的食物的日数来评估它们的价值的。"②既然土地和劳动是价值的尺度,所以它们不能作为本身的价值尺度,必须要一个第三者,这个第三者还必须既能显示土地价值,又能显示劳动价值,这便是成人在土地上劳动一天所需要的口粮。配第的分析显得很肤浅,但是不能否认其中包含合理的成分。

配第关于"技术"和劳动的等价关系分析表明,他实际上把"技术"看做简单劳动的倍加。

配第将社会经济关系理解为像人体一样具有"组织和比例关系"的有机体,认为可以对之进行"政治解剖"。这种思想的实质是承认社会客观规律的存在,承认对它们可以理解和认识,他运用数量和尺度对这种关系的解剖就是一种尝试。这在当时的经济思想发展中是一种创见,何况上述见解至今仍保有一定的科学价值。

四、各种经济量的确定

在为解决当时英国面临的土地、贸易以及货币等社会经济问题而向国王提出的一系列建议和分析中,配第为一些基本经济量的决定确立了法则,这是他经济分析的另一重要成果。

配第认为地租的价值应当是土地全部货币收入减去费用之后的余额;他进一步指出,出售土地实际上就是将收取地租的权力让出,也就是出售一定年限的地租,问题在于确定这个年限的长短。配第认为这个年限应当是三代人同时生存的期间,根据他对英国人口和生存状况的分析,认为此期间是21年,于是他说土地价值是21年的地租。这个论断有一定的科学意义。

从地租进而分析资本利息,配第认为利息是对贷出货币者所受到的不方便而支付的补偿,其大小要受地租的制约。这说明配第认为地租是收入的基本形式和最初形式,利息则要以地租为依据来说明。配第指出利息至少要等于用借到的货币所能买到的土地所收的地租。至于土地价格,配第认为会受土地供给和需求关系变动的影响,他指出,在这些影响土地供求的因素中,最重要的是土地质量和位置远近。这实际上接触到了级差

---

① 配第:《赋税论》,陈冬野译,商务印书馆 1962 年版,第 41—42 页。
② 配第:《爱尔兰的政治解剖》,周锦如译,商务印书馆 1964 年版,第 58 页。

地租的问题。

配第对货币价值及价格问题也提出了独到见解,他指出货币数量及其价值同生产货币的劳动量相关。配第说:"假如一个人在能够生产一蒲式耳谷物的时间内,将一盎司从秘鲁的银矿采出来的白银运到伦敦来,那么,后者便是前者的自然价格。如果发现了新的更丰富的银矿,因而获得二盎司白银和以前获得一盎司白银同样容易,那么,在其他条件相同的条件下,现在谷物一蒲式耳售价十先令,和以前一蒲式耳售价五先令,同样低廉。"①

配第还提出,"生产必需品所需要的人手"决定商品的"自然价格";而实际花费的劳动决定"政治上的廉价",依照实际花费的劳动所决定的价格是"政治价格";用银币衡量的价格就是"实际的市场价格"。所有这些概念和分析当然还是不成熟、不定型的,但是配第试图把握和理解商品生产和市场交换的各种基本价值和价格现象,并且得出了一些富于创见的见解,毕竟是难能可贵的,这些见解对后世学者产生了直接影响。

第二节 伯纳德·曼德维尔

伯纳德·曼德维尔(Bernard Mandervill, 1670—1733 年)生于鹿特丹,1691 年获得莱顿大学医学博士学位,后到英国,并于 1699 年在英国结婚,从此一直生活在英国,直至 1733 年在伦敦去世。他于 1705 年发表题为《怨声载道的蜂房,或骗子变成君子》的一首寓言诗,1714 年他在这首诗作之外又加上了"关于道德美行起源探究",以及对上述诗作中若干句子的注释,以人们熟知的《蜜蜂的寓言,或个人劣行即公共利益》再版,这些作品均未引起公众关注,但 1723 年该书再版(包含对注释的增补,以及"关于社会的本质"和"论慈善和慈善学校")却引起了轰动,在人们对该书的一片讨伐声中,1729 年作者又发表了由六个对话组成的该书第二卷。曼德维尔在 1720 年还发表了《关于宗教、教会和天然的福利的畅想》,同样风行西欧。就是这篇《蜜蜂的寓言》对 18 世纪西方经济思想发展的方向产生了明显影响。

一、自由放任与分工

这首先是因为该书提出了自由竞争主张,曼德维尔说:"经营不需要的商业是愚蠢之举,将其数量扩大得超过所需的数量也不明智。将酿酒工安排得同面包师一样多,或让布商同制鞋工一样多,也是荒谬之极。每种贸易的数量之比是它自行发现的。要保持这种比例,最好是任何人都不要加以干预或干涉。"②

曼德维尔又提出了劳动分工可以提高生产率的思想,他认为分工是增加社会财富的最有效办法。他说:"人生来爱模仿别人,原始人都干同样的事情,理由就在这里,这妨碍他们改善自己的条件……不过,假定一个人全力以赴只制造弓箭,另一个人提供食物,第三个人搭盖棚舍,第四个人缝制衣服,第五个人制作器具,那么他们不仅会变得对别人有用处,而且各种职业行业本身,与过去每个人干所有的事情相比,在同一年份也会有更大的改进。"③这里说的是社会内部各种职业和行业的分工。在谈到工场手工业内部的分工

---

① 配第:《赋税论》,陈冬野译,商务印书馆 1962 年版,第 48 页。
② 曼德维尔:《蜜蜂的寓言》第一卷,第 299—300 页。
③ 曼德维尔:《蜜蜂的寓言》第二卷,第 284 页。

时,曼德维尔说:"制作钟表是一个更好的例证。无论是钟表这样多,还是它们这样准确和精美,我敢说主要得益于将该技艺搞成许多分支的分工。"[1]

二、个人劣行即公共福利

曼德维尔在其《蜜蜂的寓言》中提出了个人劣行即公共福利的思想,这种思想使他在此后以节俭和积累为信条的两百多年中备受谴责和鞭挞,被宣布为伤风败俗和邪恶之道而声名狼藉,直到 20 世纪 30 年代,当有效需求不足成为资本主义社会发展的现实的巨大障碍,倡导国家干预和需求管理的凯恩斯主义应运而生时,才重新得到新主流经济思想的肯定。

曼德维尔在这首寓言诗中首先描绘了一个因为厉行储蓄而使一个本来富裕的社会所面临的困境:

> 现在不能再认为是光荣,
> 那种花费掉全部收入的生活类型;
> 车商的招牌搁置一旁,
> 人们放弃车马只是为了一次歌唱;
> 同时出售掉成批的骏马,
> 并且为了偿债而卖掉高楼大厦。
> 为了虚荣的费用要被看作诈骗而加以避开,
> 他们不驻扎军队在海外;
> 不在乎外国人是否尊敬,
> 以及战争带来的光荣;
> 人们进行战争只是为了国家,
> 如果正义与自由是必须支付代价。

那个高贵的克洛艾:

> 缩小她的昂贵的购物清单,
> 并且整年穿着她的那套耐用的衣衫。

于是,结果如何?

> 现在看看那个光荣的蜂房,并且注意
> 诚实和贸易如何结合在一起:
> 奢侈浪费的表现已经走开,它迅速变为稀少;
> 并且看起来有着非常不同的面貌;
> 因为走开的不仅是奢侈浪费,
> 而且还有它每年的大量花费;
> 然而,依之为生的大量人群,
> 每天被迫做着相同的事情,
> 在绝望时转移到其他行业干活,

---

[1] 曼德维尔:《蜜蜂的寓言》第二卷,第 284 页。

所有行业同样有过多的存货。

土地和住宅的价格下降，

奇迹般的官殿的墙，

像底比斯城的墙那样，只有在戏剧中才能树起

听任这种情况继续下去……

建筑业受到很大的毁损；

工匠们不被雇用，

画师不因其作品而闻名，

石匠和雕工也没有他们的名声。

因此，"寓意"是：

单凭德行不能使国家生活之路

处于昌盛状态。能够恢复

到黄金时代的，唯有自由，

对待诚实和对待橡子都应使用这个同一范畴。

紧接着寓言之后的两段文字可以表明，上述观点并不是没有理论根据的：

由于被某些人称之为储蓄的这种谨慎节约的行为是私人增加财富的最肯定的办法，所以有些人就设想，不论一国生产能力是小还是大，如果普遍使用(这些人认为是现实可行的)相同的方法，那么，整个国家会得到相同的结果。例如，如果英国人像某某些邻国的人那样节约，那么，他们可以比现在远为富有。我认为，这一点是错误的。

恰恰相反，曼德维尔的结论是：

使一国处于我们称之为繁荣的康乐状态之道就是向每一个人提供就业机会。为了实现这一目的，政府应该：第一，促进尽可能多的不同类型的制造业、技术业和手工艺业，多到人类的智慧可以发明的程度。第二，奖励农业和渔业以及其各种分支行业，从而迫使整个地球和人各尽其力。正是这种政策，而不是微不足道的对奢侈和挥霍的限制，才能使国家达到伟大和幸福的目标。因为，不论金和银的价值是上升还是下降，一切社会所享受之物总是取决于土地的果实和人的劳动；二者结合在一起，相对于秘鲁的金和玻利维亚的银而言，是一种更加肯定、更加难于枯竭和更加真实的财富。①

总之，曼德维尔认为，勤俭节约对个人而言虽是美德，但对社会来说未必是好事，因为它会带来失业增加、商业衰落和经济崩溃的后果；相反，奢侈贪婪对个人来说可能是劣行，但对整体来说却是好事，因为这会引起对各种职业的需求，激发人民热爱劳作，提供服务，从事发明和投机钻营，从而促进社会的繁荣。这种奢侈有益论虽在一个长时期内不能得到认同，但他关于劳动分工和自由放任的思想却被后来的古典经济学家采纳。

---

① 凯恩斯：《就业、利息和货币通论》，高鸿业译，商务印书馆1999年版，第370—374页。

第三节 大卫·休谟

大卫·休谟(David Hume，1711—1776 年)是 18 世纪英国著名哲学家、历史学家和经济学家。他在哲学上以提出人性论和不可知论而闻名；在历史学上以其《英格兰历史》著称；在经济学上他以对市场机制某些问题的深入研究和反重商主义的明确立场，而在英国古典经济学的初期发展阶段占有一席之地。他是古典经济学大师亚当·斯密的密友，他的某些经济观点对斯密学说发生了明显影响。

休谟出生于苏格兰的一个小地主家庭，曾就读于爱丁堡大学，1734 年起隐居法国达三年之久，专心著述，写成《人性论》，该书在他回到英国后于 1739—1740 年在英国出版，但没有引起多大反响。他随后转向政治和经济问题研究，于 1741—1742 年出版《道德与政治论文集》，颇受好评。后来又将《人性论》基本思想加以改写，出版了《人类理性研究》(1748)和《道德原则研究》(1751)。在此期间休谟还参与了社会经济问题的讨论，出版《政治论丛》(1752)。上述《道德与政治论文集》和《政治论丛》后来增补为《道德、政治和文学论文集》(1758)。休谟的其他哲学著作还有：《宗教的自然历史》(1757)，《自然宗教对话录》(1779)。休谟还发表了《英格兰历史》(1754—1762)，赢得历史学家的名声。1763 年后，休谟先后任英国驻法国大使馆秘书和代理公使(1763—1762 年)，以及英国副国务大臣(1767—1769 年)。休谟于 1776 年 8 月去世。

一、经济哲学

休谟经济思想的哲学基础是人性论，他认为"关于人的科学是其他科学的唯一牢固的基础"[1]，建立这种科学的唯一可靠基础是经验和观察。他说一切科学在某种程度上都同人性有关，总会通过这样那样的途径回到人性。数学、自然科学、自然宗教是这样，逻辑学、道德学、政治学也不例外，在休谟所说的政治学和道德学中就包含着经济学。休谟将人性分为感情和认知两方面，他分别深入系统地考察了这两个方面，其中与他的经济分析直接相关的是人性的"自私"、"贪欲"，以及社会满足这些要求的条件的稀缺。他指出在人的自然性情中，"自私"是最重大的一种，指的是人们总要追求三种福利："一是我们内心的满意；二是我们身体外表的优点；三是对我们凭勤劳和幸运而获得的所有物的享用。"[2]他指出这当然不是说人没有利他的感情(例如人的亲情和爱情)，而是说利己总是首要的和最重要的。另一方面，休谟认为自然界为人们满足幸福所提供的条件却过于稀少，如果财物能够像空气和水一样丰富，也就没有必要占有了。稀少引起了"占有"，"占有"引起了财产的私有制，要使私有制得以稳定，就需要人们之间达成协议，即得出对共同利益的共识，只要追求私利不威胁"公益"就不必加以限制。他强调指出："没有人能够怀疑，划定财产、稳定财物占有的协议，是确立人类社会的一切条件中最必要的条件。"[3]休谟的这种经济哲学显然反映了当时新兴资产阶级的呼声和要求，具有历史的进步意义，而且其中已经蕴含了日后得到充分论证的关于经济学研究的对象是个人欲望及

---

[1] 休谟：《人性论》上卷，关文运译，商务印书馆 1983 年版，第 8 页。
[2] 同上书，第 528 页。
[3] 休谟：《人性论》下卷，关文运译，商务印书馆 1983 年版，第 532 页。

其满足,以及自由竞争是经济发展基本条件的种子。

二、商业和制造业的地位

休谟研究经济问题的目的在于就当时各项基本经济政策提出意见,以纠正流行的弊端。他论述的经济问题主要集中在三个方面:第一是对商业及制造业发展历史和前景的总体考察,第二是对货币、利息、贸易等问题的研究,第三是对赋税、信用等公共财政以及人口问题的思考。

在《论商业》和《论技艺的日新月异》中,休谟热烈赞扬发展商业和制造业的积极意义,强调指出它们是国富民强之道。这类论旨虽已不属新意,但由于休谟依据广阔的历史背景和心理感受加以阐述,从而使这些论述具有新的光彩。休谟指出:"一般公认,国家的昌盛,黎民百姓的幸福,都同商业有着密切难分的关系,尽管就某些方面而言,也可以认为彼此之间并无制约互赖的关系。而且,只要私人经商和私有财产得到社会权力机构的较大保障,社会本身就会随着私人商业的繁荣发达而相应强盛起来。"[1]除了依据历史经验说明以外,他还着重从工商业与农业的相互关系上来论证商业和制造业的意义。他认为:"世界上的每一样东西都要靠劳动来购买,人们的欲望则是劳动的唯一动机。"[2]如果工商业缺乏,没有什么产品可供农民享用,则农民情绪低落,农业生产衰落,反之,把制造品和商品提供给农民,他们就会自觉自愿地苦干,以求生产出更多的剩余产品供社会之需。休谟还指出,工商业发展会促进海外贸易,海外贸易发展能增加国家产品储备,为国内制造业发展提供原料和销售市场,从而使国富民强。

随之而来的就是分配问题。休谟说:"公民之间贫富过于悬殊,会使国家受到削弱。人人,如果可能,都应当能享受自己劳动的成果……正是这种平等十分适合于人类的天性,它增进穷人的幸福,却丝毫无损于富人的幸福。"[3]休谟对平等的呼唤实际上是对当时已经出现的新的不平等的反对。休谟还指出,老百姓的富裕,除去自由,还应有某种思潮的兴起。显然这是新兴资产阶级的向往和要求。

休谟在《论技艺的日新月异》一文中着重阐述了"技艺"即工业和机械技术进步对国家或个人精神生活以至于社会的其他"上层建筑"领域的影响。这个问题在当时的英国又同如何看待享受和奢侈一类道德问题扭在一起,因而休谟对技艺日新月异的论述实际上体现了他的道德观,构成他道德哲学的一部分。

休谟的基本立场是,不应将享受看做绝对的过错,也不应看做绝对的无害,而应依据享受对私人及社会生活的福利或效用予以判断。休谟提出,享受随着时代的进步而日益精致,是人心所向的正当趋势;如果享受不再是无害的,也就不会是有益的;沉湎无度是有害的,不过这种害处对社会政治生活也许还不至于成为什么弥天大罪。

休谟着重对享受的内涵和发展作了说明。他指出,活动、消遣和悠闲是人类幸福的三个方面。第一,教育、风俗和先例在促进人类幸福方面起着巨大作用,然而只有在工业发达、技术进步的时代才能使这三方面都得到满足[4];第二,技艺发展往往促使文化艺术

---

① 休谟:《休谟经济论文选》,陈玮译,商务印书馆 1984 年版,第 5 页。
② 同上书,第 10 页。
③ 同上书,第 14 页。
④ 同上书,第 19 页。

进步,后者反过来又促进了技艺与科学的进步;第三,各种门类的技艺越是发达,人们就越爱好交际。他把这三点概括为勤劳、知识和仁爱,并且指出技艺进步将这三者牢不可破地联结在一起,他认为这三者是辉煌年代即通常所谓崇尚享受的盛世的特征。

休谟还指出:"勤劳、知识和仁爱,非但在私生活方面显示出其益处,而且也在社会生活中扩散其有利的影响:它们既使个人富庶幸福,又使国家繁荣昌盛。"[1]不仅如此,它们还使"人类理性"日臻完善,因为技艺发展了,才能为法律、秩序、治安和纪律的改进和完善提供条件;最后,技艺进步对自由是相当有利的,它具有一种维护(如果不是产生的话)自由政府的天然趋势。这是指那些靠工商业而发展起来的手艺人和商人,休谟称他们是"自由社会最优秀最坚实的基础"。

总之,在休谟看来,由于技艺日新月异,使人类追求享受成为对社会有利之事;同样,只要享受不再是无害的,那么它也就不会是有利的,这个看似同义反复的论断包含着一个深刻的含义,即在判断享受的善与恶时,应当将它对个人的影响同对社会的影响统一起来,例如"堕落的享受"即是如此。它对个人无疑"不再是无害的",而对社会"也不会是有利的",诚然,"有人说,没有堕落的享受,杂役就会找不到雇主⋯⋯然而,善⋯⋯总是要比毒药为好"[2]。他又说,除了一部分疾病,一切祸患皆产生于某种罪恶,只有铲除这些罪恶才能消除祸患,但必须注意除恶务尽,否则反而会使情况变得更糟。例如,只排斥堕落的享受而不矫正懒散、冷漠一类恶习就是如此。总之,罪恶就是罪恶,绝不能说罪恶本身是有利的。休谟的这一番议论是针对孟德维尔所谓个人劣行即公共善行的论点而发的,旨在强调道德标准对个人和对社会的统一性。应当说,休谟的论证充分体现了新兴资产阶级的要求和观念。

三、货币与利息

休谟比前人更集中、更明确地阐述了货币数量论,如马克思所说:"休谟是十八世纪这一理论的最重要的代表人物。"[3]

休谟根据货币数量论反驳了认为货币多寡对一国来说至关重要的错误观点。他的主要理由是:① "货币⋯⋯只是人们约定用以便利商品交换的一种工具⋯⋯货币只是一种代表劳动和商品的象征,一种评价和估计劳动和商品的方法。"[4]它与一国贫富无关。一国君主的强大在于拥有众多臣民,而臣民的富裕在于拥有大量的商品。② "一切东西的价格取决于商品与货币之间的比例,任何一方的重大变化都能引起同样的效果——价格的起伏。看来这是不言自明的原理。商品增加,价钱就便宜;货币增加,商品就涨价。"[5]休谟的结论是:"货币数量之多寡,对于一个国家内部的幸福安乐,是无关紧要的。"[6]

休谟上述论点的提出有其历史背景,即美洲金矿发现以后在欧洲引起的价格的普遍

---

　　① 休谟:《休谟经济论文选》,陈玮译,商务印书馆1984年版,第21页。
　　② 同上书,第27页。
　　③ 马克思:《政治经济学批判》,中共中央马克思恩格斯列宁斯大林著作编译局译,人民出版社1976年版,第139页。
　　④ 休谟:《休谟经济论文选》,陈玮译,商务印书馆1984年版,第29—32页。
　　⑤ 同上书,第36页。
　　⑥ 同上书,第34页。

上涨。休谟的错误在于抓住这一表面现象而未深究其内在原因,即没有看到货币量的激增是新矿发现和劳动生产率提高从而金银价值降低的结果。他只把货币看做交换工具而看不到它本身也是具有内在价值的商品,所以也不可能从货币本身价值的变动去寻求价格涨落的原因。此外,不能明确地区分贵金属和纸币流通的不同特点,也使他从对银行和纸币信用(约翰·罗制度)的疑虑而导致对贵金属货币的疑虑。

休谟的上述论点并未超出前人,他对这一理论所增添的新东西在于他提出的两点看法。

第一,休谟指出,"货币多寡与一国贫富无关"这种说法虽然合乎情理,不过有一点是肯定的,即自从美洲发现了金银矿,不光矿主,连欧洲各国的生产情绪都普遍高涨;这种劲头的形成,除了别的原因,把它归之于金银的增加,是不过分的。怎样解释这个现象呢?又怎样把它同上述原理统一起来呢?休谟"发现",虽然商品价格的腾贵是金银增加的必然结果,可是这种腾贵并不紧跟着这种增加而来,而是需要一些时间,直到货币流通到全国并使各界人民都感觉到它的影响的时候。正是在人们获得货币但物价尚未上涨的这个间隙,金银量的增加刺激了人们的勤勉心。据此,休谟提出,行政当局的上策是尽量保持金银货币增长的势头,即尽量保持和延长这种间隙从而刺激人们的生产积极性。于是他得出结论,认为一个货币在减少的国家确实要比当时货币虽不多却在上升的国家贫弱。看来,休谟从前门赶走的重商主义观念又被他从后门(在一定意义上)引了进来。这也算是休谟对货币数量论的一种补充和具体运用吧。

第二,休谟指出,一般公认缺少货币会给一国经济生活以至于一国实力带来不利影响,这又怎样同他树立的那条原则相协调呢?因为按照这条原则,一国贫富同其货币量无关。休谟说,对于这些困惑,我的答复是:这里所认为的来自货币稀少的影响,实际上却是来自人们的风俗习惯;我们把附带的结果(指货币稀少)误认为原因了。在解释这一点时,休谟首先回顾了人类生活从最初的实物交换、无须货币发展到货币交换的历史,说明货币随交换的产生而产生,随其扩大而增多,说明这是一个风俗习惯和生活方式的问题;如果人们以简朴的古代方式过自给自足的生活,君主就无法征课货币税,地主也难以收取货币租,但表面上看来这是货币稀少的结果。他的结论是,其实,缺乏钱币本身绝不会对任何国家造成损害,因为只有人和物才是任何社会真正力量之所在。倒是简朴的生活方式才给社会造成损害,把金钱禁锢在少数人手里,妨碍了金银的普遍扩散和流通。休谟由此又重申了先前的主张:应当鼓励人们过考究而不是简朴的生活。总之,休谟认为,说到底,不是社会上的货币稀少给经济生活造成不便,而是不合时宜的风俗习惯或生活方式妨碍了货币流通,何况欧洲的硬币量确实是增加了。

休谟的第二点看法的新颖之处在于将论证货币数量论同主张扩大货币和商品流通结合起来。不论这种解释多么勉强,也不论货币数量论本身有多少缺陷,贯穿其中的一种基本精神即主张扩大商品交换和货币流通总是进步与可取的。

休谟在《论利息》中驳斥了自洛克以来不时出现的一种看法,即认为利息的高低取决于货币量的多寡,或如休谟所说,低利息是说明一个国家繁荣状态的最可靠的标志,这是完全正当的意见;不过,在他看来,其原因却与一般人所理解的有些不同。低利息一般都归因于货币量的增多。对此,休谟先引述历史事实证明利息率并不取决于贵金属数量之多寡,然后依据货币数量论证明,货币量增多只会使价格上涨,使借贷额增加,而不会使货币的真实价值或利息产生任何改变,所以,想从一国所有的金银量的多寡中寻找利息率涨落的原因,实在是徒劳的。

休谟明确指出:"高利息有三方面的原因:一、借贷需求大;二、满足这种需求的财富少;三、经商的利润高。这三个方面,正是商业和工业不够发达、而不是缺乏金银的充分证明。"①休谟明确地将利息率高低归于借贷资本的供给与需求的关系,他深谙这种关系的形成与起伏的社会经济含义,即所谓"流行的生活习惯和风尚"如何使一些人告贷,又如何使一些人支配了财产。他还明确地将利息同利润相联系,指出利息取决于利润,将利润看做利息的基础,利息看做利润的派生形式。休谟继约塞夫·马西之后重申(或发现)了这些观点,具有巨大的理论意义,它表明自威廉·配第以来历经近一个世纪的探索——随着资本主义生产方式的发展,人们终于认识到利息已不再是地租的派生形式,也不是独立存在的,而是从属于利润的派生形式,尽管休谟这里着重的是"经商的利润"。弄清利息与利润的关系为休谟提出低利息的主张提供了理论依据。他还注意到,随着经济发展,由于资本竞争压低利润率从而导致利息率的下降。这些观点同亚当·斯密不久后提出的看法是一致的。

四、提倡自由贸易

休谟批判重商主义、提倡自由贸易。他针对当时流行的对贸易逆差的忧虑或对贸易平衡的戒惧——唯恐金银外流这种思想倾向,休谟直截了当地指出:"我以为,这种担心在任何情况下根本都是毫无根据的杞忧……只要我们谨慎地爱护人力和工业,就永远不愁会失去钱币。"②

休谟坚信货币(始终指金属币或硬币)同其所代表的商品、劳动、工业和技巧之间总有一种保持相应均衡的趋势,这种趋势之必然,犹如"江河百川,不管流向何处,总是保持相同的水平"。他不否认会出现不均衡,但他坚信,"要是这些过分的不均衡现象出人意外地发生,那么,使这些现象得以矫正的因素必然同样地会按事物的正常趋势来防止其发生,必然会在所有毗邻国家里,使货币与每个国家的技艺与工业始终大体相称",就像暂时失衡的水位最终还要恢复平衡一样。

休谟解释说,道理还是在于货币数量论。"假设英国全部货币的五分之四在一夜之间消失了……那么结果又会怎么样呢? 一切劳动和商品的价格不见得不会相应下降吧?……那时候还有哪个国家能在国外市场上同我们争夺呢? 或者胆敢以同样的价格(这种价格会给我们提供足够的利润)来从事海运和销售工业品呢? 在这种情况下,弥补我们已失去的那些货币量并赶上所有毗邻国家的水平,准是用不了多久吧?……假设英国的全部货币一夜之间增加四倍,难道没有相反的结果接踵而至吗?"③由此可见,休谟这里所说的"矫正因素"不是别的,就是他依据货币数量论所分析的国际市场价格机制。

依据这种论证,休谟轻而易举地排除了对贸易不均衡的种种疑虑,斥责甚至嘲笑了禁运商品或货币的徒劳尝试,评论了"可以使国家的货币超出其自然均衡状态而增减"的两种权宜措施即发行纸币和囤积大量现款不准流通的利弊。前者使金属货币减少到均

---

① 休谟:《休谟经济论文选》,陈玮译,商务印书馆 1984 年版,第 42—43 页。
② 同上书,第 53 页。
③ 同上书,第 54 页。

衡水平之下,依据上述理论,"我们就必须立即从所有的邻国吸收货币,直到充分饱和"。关于纸币,休谟认为只要纸币代表金属币并能保证兑现,使用纸币就是可取的。

休谟指出,在发行到引起价格上涨的过渡期间,纸币也能像金属币一样刺激生产;"不过,率尔操觚,滥发纸币是危险的,有信用失败而丧失一切的风险"①。

休谟批判了在贸易方面竞相设置障碍和关税的做法。他分析说,那是出于一种大量积聚货币的无底欲望,因为货币一流通,就绝不能超出它的均衡水准而大量积聚;或者出于一种杞忧,唯恐丧失自己的货币,其实,它绝不会低于均衡水准。他认为这种倒行逆施造成的普遍恶果,使得邻国之间丧失了自由往来和交换之利,实在有违造物主的本意。

休谟大力强调各国在经济贸易利益上的和谐,批评了认为国际贸易必然损人利己或至少无利可图的重商主义观念。他一开头就明确指出:"与这种充满敌意的狭隘观点相反,我敢断言,一般地说,任何一个国家的商业发展和财富增长,非但无损于,而且有助于所有邻国的商业发展和财富增长;再说,要是所有的邻邦都处于愚昧、懒惰和原始状态,那么一个国家的工商业也就行而不远,无从发展了。"②休谟宣称:"我直言不讳地承认,不但作为人类的一员,我要为德国、西班牙、意大利甚至法国的商业繁荣而祈祷,而且作为一个英国国民,我也要为它们祈祷。"③这句话成为歌颂自由贸易的一句名言,它生动地体现了英国新兴资产阶级在初登世界经济舞台时期的自信、乐观和胸怀。

五、赋税论

休谟在赋税问题上针对流行观念作了一番议论,然后扼要地评论了各种赋税的利弊,最后对重农主义的赋税观表示了异议。

流行的观念认为,每增添一种捐税就会使国民产生一种新的能力来承担,随着社会负担的每一次增加,人民的吃苦耐劳精神也会相应增长。休谟认为这条准则容易被滥用,而且因其有一定的真实性而具有危险性,不过他认为它在一定范围内是有根据的。休谟指出:"如果对黎民百姓的消费品征收捐税,其必然后果看来不外乎两条。穷人不是节衣缩食,便是(要求)提高工资,以使课税负担完全转嫁到富豪头上。但是,紧随着赋税而来的往往还有第三种后果,即穷人提高其生产积极性,完成更多的工作,以保持原先的生活水平,别无奢求。"④休谟相信,赋税适中,负担均衡,不影响生活必需品,就会出现这种后果。

休谟本着这种精神评说了消费品税、财产税以及人头税的利害,也是本着这种精神,他不赞成将赋税完全加到地主身上:"诚然,人人都想把捐税负担转嫁到别人身上;可是由于人人都有这种意图,各自提防,就不能设想有哪一群人可以在这场竞争中完全取胜。既然如此,为什么地主就该成为这全部竞争的牺牲品,而不能像其他人那样有效地自卫呢?"⑤另一方面,他也承认:"如果工匠不能以更加勤勉和节俭而又不提高劳动价格的方法,来交纳消费税,那么它们实际上应该说是很重的,是很不合理的。"⑥可以看到,在涉及

---

① 休谟:《休谟经济论文选》,陈玮译,商务印书馆1984年版,第59页。
② 同上书,第69页。
③ 同上书,第72页。
④ 同上书,第73页。
⑤ 同上书,第76页。
⑥ 同上注。

黎民百姓和富豪、工匠和雇主时,休谟明确站在富豪和雇主一边,要求赋税应以刺激劳动者的生产积极性为最好,节衣缩食次之,认为转嫁负担到富豪与雇主头上最不可取,事实上也不可能。在涉及地主与其他人时,他以工匠和雇主竞相转嫁负担而不可得为由,替地主说话,主张"普遍征税",从而显示出他对封建势力的一定程度的妥协,这同英国当时的现状即新兴资产阶级与贵族的联合统治是有关的。

休谟还论证了社会(公共)信用的利弊得失。他承认,发行公债在一定限度内会产生良好作用:商人以公债经商,或者拥有证券和收入的人(他们多半还是继续经商),因为可以在商业利润之外得到稳定的收益,所以会促进他们经商时采取薄利方针,"这种薄利方针使商品售价低廉,消费增加,刺激老百姓的劳动热情,有助于把工业和技艺传播到全社会"①。然而,休谟更着重强调国家"恣意举债"会带来巨大的损害和危险,并批判了国家举债无害论。

总体来看,休谟这位资产阶级大哲学家在经济学方面也代表着新兴资产阶级利益和愿望,他的思想同他的那位鼎鼎有名的密友亚当·斯密是一致的,实际上斯密从休谟那里也的确吸收了不少有益的东西。

第四节　理查德·康替龙

理查德·康替龙(Ricard Cantillon,1697—1734年),爱尔兰人,有法国血统,1716—1720年在巴黎从事银行业,正值"约翰·罗体系"甚嚣尘上并随之破产之时,但康替龙却精明地避开了风险,获得了暴利。1720—1729年他游历欧洲各国和英国,1729—1732年重返巴黎,1734年回到伦敦。不料同年5月14日他的住宅遭到一场大火,康替龙被夺去了生命,据信在火灾前他已遭到抢劫和谋杀。他的手稿也毁于一旦,留下来的只有一部题为《商业性质概论》的粗糙的法文翻译稿(据说是作者本人为送友人而翻译成法文的),该书稿写于1730—1734年,但直到1755年才以完整的版本出版(法文版),1931年出版英文译本,而英文原稿始终没有找到。

然而这部《商业性质概论》却奠定了康替龙作为古典经济学先驱者的地位:该书几乎囊括了当时经济生活和经济思想家所涉及的所有问题,只有税收问题除外;作者还有意识地排除掉各种可能使问题复杂化的偶然因素和条件,着力揭示经济现象的一般性质,从而体现了一种初步的抽象分析方法;作者的理论倾向和政策主张同后来古典经济学是大体一致的:反对重商主义,特别是作为重商主义特殊表现的约翰·罗体系,明确倡导经济自由主义。这就使康替龙成为古典经济学的又一位重要先驱者。

一、财富及其源泉

继配第之后,康替龙也视物质产品为财富,并指出土地和劳动是财富的源泉。他说:"土地是所有财富由以产生的源泉或资料。人的劳动是生产它的形式;财富自身不是别的,只是维持生活,方便生活和使生活富裕的资料。"②这种概念比起重商主义和约翰·罗体系的概念是一大进步。

---

① 休谟:《休谟经济论文选》,陈玮译,商务印书馆1984年版,第81页。
② 康替龙:《商业性质概论》,余永定等译,商务印书馆1986年版,第3页。

康替龙强调土地私有权的极端重要性,他认为不论人类社会以什么方式组成,土地所有权都只能属于少数人,没有土地私有权的社会是不可想象的。在康替龙的观念中,这种私有权应当也只能掌握在土地所有者和贵族手中,并认为这是社会进步的一个基本前提条件。亦可说这是对当时英国特别是法国初步发展起来的资本主义社会现实的认可。

关于劳动,康替龙注意到不同劳动者之间劳动报酬的差别,他指出,手工业工人的报酬之所以高出农夫的报酬,是因为前者必须"同他们在学艺期间所丧失的时间以及为精通技艺所需支付的费用和承担的风险成比例"[①]。他还指出即使在手工业者之间,他们的报酬也会因为供求关系、经营方式和服务态度等差别而不同。康替龙的这些思想在后来亚当·斯密的著作中得到了充分发挥。

二、价值与价格理论

与配第一样,康替龙不仅以土地和劳动两者说明财富及其源泉,而且同样以它们说明商品价值的性质及其尺度。他提出了"商品内在价值或价格"和"市场价格"两个概念,他说:"任何东西的内在价值都可以用在它的生产中所使用的土地的数量以及劳动的数量来度量……我一直用内在价值这个词表示生产中所使用的土地和劳动的数量。"[②]这其实就是生产要素价值论的雏形。

康替龙明确指出市场价格会不断发生变动,而造成这种变动的原因包括供求关系的变动、人们的想象和兴致的变动等。他指出:"待售商品或商品的数量同买者的数量或需求量之间的比例是(或通常假定是)确定市场实际价格的基础。"[③]这是后来市场价格理论的雏形。

康替龙也像配第一样力求找出土地和劳动之间的平价关系,以便以其中之一作为价值的尺度。他认为可以用一定量土地产品作为各种劳动的报酬的尺度。例如将一个自由劳动者的日常劳动,在价值上等同于维持其生活所需的土地产品的两倍,而监工的劳动的价值则要高一些。这种等价关系可以用货币明确和准确地表现出来。康替龙的上述思想是对当时已经初步发展的商品生产和交换关系的反映。

三、社会阶级

康替龙对社会阶级构成及其相互关系提出了自己的分析,这是他经济思想的重要部分。他认为除包括君主在内的土地所有者阶级之外,其余居民可以被划分为业主和受雇用者。

康替龙认为土地所有者阶级,首先是其中的君主,是社会的主宰,他们的开支决定着其余各个阶级人们的生存;他们的爱好和生活方式影响着市场价格的变化;他们的灵感决定着不同职业的兴衰和取舍;甚至于一个国家的人口,说到底也是由这个阶级决定的。康替龙说的这个阶级当然已经不是封建社会的地主阶级,而是资本主义关系下新兴的资产阶级化的贵族和其他土地所有者了。

---

① 康替龙:《商业性质概论》,余永定等译,商务印书馆 1986 年版,第 10 页。
② 同上书,第 21、51 页。
③ 同上书,第 57 页。

康替龙注意到了"业主"特别是农业经营者的作用。他指出欧洲的商品交换和生产已大半由这个阶级来进行,其中,租地农场主是农业生产的经营者,他们雇用工人生产并向他们支付工资,向地主交租,自己则获得利润。康替龙强调他们的经营活动充满了风险和不确定性,与土地所有者相比,他们不是独立的。不具备独立性的还有其他各种业主,例如经营矿山的业主,经营剧院的业主,律师、画家和医生等。康替龙的阶级分析大体上是当时法国社会关系的反映,他的上述观点后来为重农主义所发挥。

四、货币论

康替龙对货币流通也提出了有价值的分析。他指出一个国家货币流通的动力和源泉来自农业的生产品而不是货币,这包括租地农场主交纳给土地所有者的地租、租地农场主的利润和农业工人的工资。这种认识固然表明作者的视野没有超出农业的范围,但是同重商主义将流通置于首位相比,却是一大进步。

康替龙还指出,货币流通的过程和方式也是以农产品在各个阶级之间的流通的形式出现的。在这种流通中,租地农场主出售农产品是整个流通过程的起点,然后是他们将其中的一部分数额作为地租交给土地所有者;然后是土地所有者支出这些地租,即向业主、屠夫、面包师等人购买所需的消费品;后面这些人最终又用他们得到的货币向农场主购买小牛、小麦等物品。这个分析是不久后法国重农主义者魁奈提出《经济表》的先声。

康替龙还大体上正确地指出了决定货币流通量的两方面因素:商品数量(对现金的需求量)和货币的流通速度,同前者成正比,同后者成反比。

第五节　其他先驱者

詹姆斯·斯图亚特(James Steuart,1712—1780年)从另一方面发展了劳动价值论。斯图亚特的经济学说虽然以重商主义为基础,但在某些问题上提出了重要见解。他比他的前辈和后辈杰出的地方,在于他清楚地划分了表现在交换价值中的特殊社会劳动和获取使用价值的实在劳动之间的区别。他把创造一般等价物的劳动叫做"产业",并认为作为"产业"的劳动和创造使用价值的劳动不同。配第把生产金银的劳动作为创造价值的劳动,没有把生产价值的劳动从生产使用价值的劳动中区别开来。斯图亚特的论述是将创造价值的劳动和生产使用价值的劳动加以区分的最初尝试。

约塞夫·马西(Joseph Mussie,?—1780年)比较详细地论述了利润和利息的关系,明确指出利息是利润的一部分,自然利息率是由工商业的利润决定的。马西说,有钱的人不是自己使用自己的货币,而是把自己的货币借给别人去营利,让别人把这样得来的利润拿出一部分交给货币所有者。他又说,借债人为所借货币支付的利息,是所借货币能够带来的利润的一部分,那么,这个利息总是要由这个利润决定。马西的观点是对资本主义利润和借贷利息关系的正确概括。

约翰·洛克(John Locke,1632—1704年)接受配第的观点,从地租引出利息,对利息作了进一步说明。他认为每个人的劳动果实理应归自己所有。一旦社会上产生了对货币占有的不均等,拥有货币的人就能凭出借货币,从他的债务人的劳动收入中获得一定的利息。他说,货币是不结果实的,它不会生产任何东西,但是,它通过相互协议,把作为一个人的劳动报酬的利润转入另一个人的口袋。这实际上是把利息看做一种剥削收入。

达德利·诺斯(Dudley North，1641—1691 年)第一次使用了资本的概念，并区分了货币和货币资本。他指出利息率的升高，不是由于缺乏货币，而是由于缺乏资本。他说，正如土地所有者出租他的土地一样，这些人(他们有资本可用于商业，可是由于没有必要的才干或由于怕辛苦而没有用于商业)就出借他们的资本。他们从中得到的东西叫做利息，但是利息不过是资本的租金。配第和洛克都认为利息率的变动取决于流通中的货币量，而诺斯明确地把利息与货币资本相联系。马克思认为诺斯是第一个正确理解利息的人。

思考题 》》

1. 威廉·配第对经济学的主要贡献是什么？
2. 试评孟德维尔《蜜蜂的寓言》的是与非。
3. 大卫·休谟是怎样批判重商主义的？
4. 康替龙《商业性质概论》的主旨是什么？

第五章　　法国重农主义

▌内容提要▌

　　法国重农主义是出现于法国大革命准备时期、反映新兴资产阶级要求的经济学说。法国特殊的经济和政治条件又使它披上了拥护封建王朝的外衣。法国重农主义就是企图在封建社会的框架下为新兴资本主义开辟道路,这使它成为法国大革命直接先导的一个组成部分,他的创始人和最主要代表者是魁奈。重农主义出现之前,不少法国思想家已经在不同程度上批判了法国重商主义,有的还提出了重视农业的要求,他们是重农主义的先驱者,其中最著名的是布阿吉尔贝尔。

第一节　布阿吉尔贝尔

　　比埃尔·庇逊·布阿吉尔贝尔(Pierre le Pesant sieur de Boisguillebert, 1646—1714年)生于法国卢昂一个律师家庭,他本人后来也成为律师,1678 年谋得子爵称号,1689 年他又捐了卢昂地方法院裁判长和陆军中将职位。

　　布阿吉尔贝尔身为路易十四的法官,却热情和勇敢地为被压迫阶级声辩,他的思想成为法国古典经济学的先声。他的主要著作有:《法国详情》(1695(有 1697 年一说))、《法国详情补篇》(1707)、《法国的辩护书》(1707)、《谷物论》、《货币缺乏的原因》、《论财富、货币和赋税的性质》(以上三本书出版年代不详,约在 1697 年到 1707 年之间)。

　　布阿吉尔贝尔生活在封建王朝路易十四统治时期(1661—1715 年),这时英国资产阶级革命已经爆发,而法国资产阶级革命是在布阿吉尔贝尔死后半个多世纪才发生的。

　　17 世纪末至 18 世纪初,封建生产关系在法国仍占统治地位,资本主义生产关系还比较微弱。在社会生产中占优势的是封建主义农业,封建主占有绝大部分土地。法国封建制度的特点是地主不直接经营土地,采用纳赋地和租地的形式。农民租种土地一般要交出三分之一甚至一半的收获物作为地租,并必须承担种种封建义务,例如要无代价地为地主修路、建房、逢年过节侍奉送礼等。农民还要向国家交纳苛重的捐税,向教会交纳什一税。层层封建剥削使农民极端贫困。大多数农民缺少牲畜、农具简陋,无力改进农业技术,生产力极低。路易十四的财政大臣柯尔培尔继续推行重商主义政策,靠牺牲农业大力扶植工商业的发展,进一步加剧了农民的破产和农业的破坏。

　　在国家的扶植下,法国工商业有了一定发展,但是封建性质的行会制度对于产品的数量、质量、劳动者人数都有严格的规定,又束缚着生产的进一步发展。封建割据使地区间关卡林立,度量衡、货币、税收制度都不统一,特别是农业的严重衰败,使国内市场十分狭窄,严重影响了新兴工商业的发展。封建王朝推行重商主义政策,加剧了农业的破坏和农民的破产,使法国国民经济面临崩溃危险,这一切使法国的政治和经济矛盾日益尖锐化。面对这种情况,一些具有进步思想的代表人物,对封建王朝的统治及其政策,展开了激烈地抨击,他们将批评的矛头集中指向重商主义,同时大力宣传发展农业的重要性。这一点也就成为法国古典政治经济学的特点。布阿吉尔贝尔就是著名的代表者之一。

布阿吉尔贝尔面对经济凋敝、人民破产的悲惨情景,力图寻找导致法国经济衰败的原因和救治方法。他的经济著作都是针对当时存在的问题而写的。例如,他在《法国详情》一书中着重论述了三方面问题:法国国民财富减少的情况,国民财富减少的原因,复兴国民财富的方案。他在说明这些经济问题时论述了政治经济学中的一些重要问题,对资本主义经济关系的内在联系作了初步探讨,从而成为法国古典政治经济学的创始人。

一、农业繁荣是社会繁荣的基础

布阿吉尔贝尔认为,当时法国经济凋敝和人民生活极端贫困的主要原因是赋税太重,致使农业遭到严重破坏。他自称农业辩护人,呼吁减轻赋税,重视农业生产。他说,如果我们看到,一块以前耕种得很好的土地,现在却全部荒废了,这就是因为土地的产品不足以支付某些新的赋税,只得放弃耕种;这就破坏了一切靠它为生的人们的生活,而在全国却没有一个行业不是靠土地的产品来维持生存的。因此,他认为农业的繁荣是一切其他部门繁荣的基础。要使国家富足,首先要保证土地能生产出人民生活所需的丰富的物品。任何国家必须是农产品增加了,才能使衣着、家具、装饰品等手工业发展起来。相反,农业衰落,各行各业也就会随之衰落,他说,要是土地变成像非洲沙漠那样的不毛之地,那么,这 200 种职业中(布阿吉尔贝尔估计当时法国有 200 种以上的职业)就会有170 种以上散伙或者消失掉。可见,在布阿吉尔贝尔关于农业重要性的论述中,已经蕴含着农业是国民经济的基础的思想。他揭露,封建国家以过重的税收和压低谷物价格来损害农业,从而造成了国民经济的破坏。这些观点反映了法国新兴资产阶级和广大民众的要求。

二、价值论

布阿吉尔贝尔比英国的威廉·配第稍晚一些,从另一个角度论述了劳动决定价值的原理。他力图从经常变动的市场价格背后寻找"真正的价值",实际就是交换价值。他用个人劳动时间在各个特殊产业部门间分配时所依据的正确比例来决定"真正的价值",并且把自由竞争说成是造成这种正确比例的社会过程。这就是说,他认为社会上的劳动应当依据正确的比例分配于各生产部门,使社会生产和需求保持平衡。如果某一部门分配的劳动过多,这一部门生产出来的商品就多,商品在市场上的价格就会降低,过多的劳动就会从这一部门转移出去;另一部门如果分配的劳动少,生产的商品就少,商品在市场上的价格就会上升,就会吸引一部分劳动到这一部门来;通过自由竞争,各部门就能达到按比例地分配劳动。从而商品的交换价值由生产商品时所花费的劳动时间决定。这样,布阿吉尔贝尔在配第之后,虽然不是有意识地,但是事实上把商品的交换价值归结为劳动时间,提出了他的劳动价值论。

三、货币论

布阿吉尔贝尔对货币的论述和英国古典政治经济学的先驱者有很大的不同,这是由英、法两国不同的社会经济条件决定的。配第受重商主义理论的影响,夸大货币的作用,他认为只有生产金银的劳动才是直接创造价值的劳动。他把求金欲当做鼓舞一个民族去发展生产、征服世界的强大动力,鼓吹努力获取金银,增加货币积累。布阿吉尔贝尔则相反,由于他的理论是在批判重商主义中形成的,他反对把货币等同于财富的观点,却又片面地否认货币本身也是财富。

他说,货币本身并非财富,货币只是手段和方法,而对于生活有用的各种货物才是目的。他又说,货币是"消费的奴仆"。这里布阿吉尔贝尔实际上只承认货币作为流通手段的职能。重商主义把货币看成唯一的财富是错误的,但布阿吉尔贝尔不承认货币是劳动和生产资料创造的财富的一部分,也是不对的。这是由于他不懂得只有货币本身是具有价值的物质财富,它才能在交换中起到流通手段的职能,如果货币不是财富,它也就不能起到流通手段的作用。

布阿吉尔贝尔否认货币是财富,甚至主张保存商品交换的同时废除货币。他说,如果各种商品价格符合于各部门分配的劳动,而且相当稳定或者变动很少,并到处都可以按比例交换,那就可以不用贵金属做货币,直接进行物物交换。这说明他对商品生产和商品交换的社会性质缺乏认识,也不知道商品交换的发展必然会产生货币是客观规律。这个观点也是由于布阿吉尔贝尔把以供给社会消费为目的的商品生产与自给自足的小生产混同了。布阿吉尔贝尔理论上的这个特点也是法国社会上资本主义经济关系还不够发达,小生产仍占重要地位的反映。

第二节　法国大革命前的社会状况

法国大革命以前,法国的社会经济发展远远落后于同期的英国。17 世纪中叶,英国已经发生了资产阶级革命,封建末期的社会经济情况已随之起了深刻变化。到了 18 世纪下半叶,英国已经从农业国变成了工业国。但是在法国,在 17 世纪之后,王室政权反而巩固起来,而且演变为封建专制制度。直至大革命前夕,法国的农业仍然基本上是封建性的农业,只在法国北部沿海某些地区才有资本主义农业经营的初步发展。封建实物地租虽然已经发展为货币地租,但绝大多数农业仍处于半农奴的封建依赖状态。封建的压迫和剥削,加上靠牺牲农民而发展起来的工商业,严重破坏了农村经济,使农民陷于深重的灾难。

在工业方面,到了 18 世纪中叶,法国资本主义经济成分有了较大发展。工场手工业已有一定规模,工业资本已广泛扩展到毛、棉纺织业,冶金业和煤矿等生产部门。

但是法国资本主义生产方式的初期发展又有一定的特殊情况。英国和法国从封建主义过渡到资本主义经济,都经历了代表商业资本统治的重商主义阶段。商业资本为资本主义生产方式准备了许多前提条件,而且,在资本主义发展初期,资本主义生产本身也是在商业资本的旗帜和领导下进行的。但是英国的重商主义是由商业资本家策动而要求政府协助的,而以柯尔培尔为代表的法国重商主义是由官方策动并在官方领导下发展的。柯尔培尔主义促进了法国工商业的发展。然而,一方面,法国工商业的发展建立在牺牲农业的基础之上;另一方面,工商业又紧密地依附于封建专制政权,造成了法国重商主义与封建专制王朝的千丝万缕的联系。这种情况从 18 世纪初期到 18 世纪中叶,一直没有太大的改变。但是到了大革命的准备时期,法国过去的工商业政策和为其服务的侵略政策已完全破产,封建制度已达到极端腐朽的地步,生产关系和生产力的矛盾加剧激化。实践证明资本主义在封建制度压榨下是不可能得到顺利发展的。

在这种情况下,专制政治和封建制度的破产,同时也就是重商主义的破产。从阶级关系来说,法国资产阶级和封建土地贵族的矛盾是时代的基本矛盾,但在资产阶级内部,产业资产阶级又和商业资产阶级相对立。反对封建主义就得反对重商主义,反之,反对重商主义也就是反对封建制度。

至于当时的法国无产阶级,他们既遭受着资本家又遭受着封建贵族的残酷剥削和压迫,生活特别痛苦。但他们还只是一个自在阶级而不是一个自为阶级,只构成以资产阶级为领导的第三等级的革命左翼。

到了 18 世纪的 50—60 年代,法国的封建制度日暮途穷。革命的爆发和资本主义制度的兴起已不可避免。重农主义正是为适应这种情况而出现的。在本质上,重农主义学派的经济理论和政策代表着当时新兴资产阶级的利益和要求,虽然这个左翼对他们自己来说是不自觉的。

第三节　重农学派的形成

重农主义学派的创始人是弗朗斯瓦·魁奈(Francois Quesnay,1694—1774 年)。他的父亲是地主,但不是贵族。魁奈以行医为生。他发表过若干医学和生理学方面的论文,并成为一位名医。1749 年,他被任命为宫廷御医,得到了路易十五的情妇庞巴多尔侯爵夫人的庇护。1752 年,他被封为贵族。

魁奈研究经济问题,大约是在 1753 年到 1756 年之间,即在他 60 岁左右的时候。当时法国舆论关心国内经济问题,尤其是促使法国经济财政状况濒于破产的谷物价格和赋税问题。1757 年,魁奈为著名的《百科全书》写了题为《租地农场主论》和《谷物论》的两篇文章。在这两篇文章中,他企图论证法国农村凋敝的原因在于不胜负担的赋税和禁止谷物出口的政策所造成的低廉的谷物价格。魁奈的第三篇经济论文是《人口论》。与重商主义认为人口构成一国财富源泉的观点相对立,他企图论证一国的财富是由农业生产的。只有农业发展,财富增长了,人口才能增长,财富引起了人口的增殖。他的第四篇经济论文是《赋税论》,其内容为主张实行单一的地租税。后两篇论文,由于《百科全书》在1757 年被政府所查禁,在魁奈生前一直没有公开发表。1758 年,魁奈总结并发展了他过去论文中的基本论点,发表了著名的《经济表》。

在魁奈周围逐渐出现了一批门徒和追随者,他们自称为"经济学家",形成一个学派。这一学派较著名的代表有维克多·米拉波(Mirabeau, Victor Riqueti, Marquisde, 1715—1789 年),杜邦·德·奈穆尔(Dupont de Nemours, Pierre-Samuel, 1739—1817 年),麦尔西埃·德·拉·利维埃(Mercier de La Rivière, Paul-Pierre, 1720—1793 年),波多曾正(1730—1792 年)和勒·特朗(1718—1780 年)等人。他们不但是一个具有较为完整理论体系和共同认识的派别,而且是一个有明确纲领和组织的政治和学术团体。从 1767 年到 1776 年,他们每周定期在维克多·米拉波家中集会,讨论他们即将发表的论文和主张。他们自办刊物或发行小册子,力图扩大他们的影响。

安·罗伯特·雅克·杜尔哥(Anne Robert Jacques Turgot, 1727—1781 年)是重农主

义学派中另一个主要的代表人物。他不是魁奈的门徒,也几乎没参加过所谓"经济学家"的派系活动。杜尔哥出身于法国旧贵族家庭,学过神学并担任过神职。他后来放弃神职改而从政。1761 年,他被任命为利莫日州州长。1774 年,路易十六即位后,他被任命为海军大臣,一个月后被调任为财政大臣。在这将近两年的财政大臣任期内,他企图将重农主义的理论付诸实施。他建立了谷物在国内的自由贸易,实行以赋税代替徭役,规定特权等级也得缴纳税款,实现酒类贸易自由,废除行会组织等。杜尔哥这些触动特权阶级利益的措施引起了宫廷贵族的反对,而他在财政上的失败又为路易十六所不满。当权两年后,杜尔哥下台了。下台以后,他逐渐脱离政治生活,集中精力研究自然科学。

杜尔哥最重要的著作,是 1766 年写成的《关于财富的形成和分配的考察》。他还曾为《百科全书》写过《市集与市场》《基金》等论文。此外,在他从政期间内所拟订的方案与命令中,他常常冠以详细的说明与解释,指出为什么要这样做的理由。这些说明与解释实际上也是阐述他们重农主义的经济观点的文献。

作为一个重农主义者,杜尔哥对于重农主义的基本理论和主张,如自然秩序、自由放任、纯产品、农业的优先地位、单一税等,与魁奈是一致的。但他并不致力于阐释魁奈的理论,而是着意于进一步发展和修正魁奈的论点。在这些发展和修正中,重农主义作为资产阶级思想体系的特征有了更加鲜明的表现。马克思认为:"在杜尔哥那里,重农主义体系发展到最高峰。"①

第四节　历史定位和研究主题

关于重农主义的历史定位,人们通常总是满足于指出,它是法国古典经济学的伟大成就和主要发展阶段。这当然是对的,但这很不充分,还应当从更广泛的角度来考察其历史地位。马克思曾经指出,杜尔哥是"法国革命的直接先导之一"②。杜尔哥是魁奈学说的追随者和实践者,是重农主义后期的伟大代表。

马克思对杜尔哥的这个评语对魁奈适用吗?回答应当是肯定的,而以往我们对魁奈的学说及思想,首先是对其政治和哲学思想的地位缺乏应有的重视,甚至有不当的判断。例如,在论及魁奈和重农主义的"自然秩序观"时,人们指出了其中强调经济生活存在客观规律的合理因素,可是不太重视这种思想的锋芒所向,其实是对君权神授之类封建传统观念的挑战;人们还注意到了魁奈注重以世俗生活经验作为思想的依归和根据,但对他处处强调"理性之光"却未加理会,甚至担心后者会冲淡前者的唯物主义意义。但魁奈的这些思想在一系列论述中都有明显的体现,特别是在《自然权利》和《农业国经济统治的一般准则》中反复强调过,成为他的自然哲学的一个鲜明特色。

又如,在论及魁奈的政治思想时,人们往往注意到他的政治学说的"封建外衣",指出这特别表现在对包括国王、土地所有者和什一税获得者在内的"所有者阶级"的肯定上;人们还认为魁奈的这种态度,对他这位国王路易十五的御医和国王宠姬庞巴多尔侯爵夫人的侍医来说,似乎也完全可以理解;可是,读过他的一系列文章,特别是《中国的专制制

---

①　马克思、恩格斯:《马克思恩格斯全集》第 26 卷,第 1 分册,中共中央马克思恩格斯列宁斯大林著作编译局译,人民出版社 1972 年版,第 28 页。

②　同上书,第 366 页。

度》这篇典型的政治学论文后,就会发现魁奈所推崇的并不是传统的封建专制,更不是不懂救国和治国之道的昏庸专制暴君,而是一种开明的君主专制制度。这种开明君主专制制度的典范,在魁奈心目中就是当时中国的封建制度,因而魁奈成为当时风靡法国朝野的崇尚中国热潮的代表者之一,是一点也不奇怪的。魁奈对当时中国政治制度的判断是否经得起推敲(如果这样做不算苛刻的话),这倒在其次,甚至无关紧要,重要的是这生动地具体地体现了魁奈的政治倾向。当然,当时正值中国清朝乾隆年间,即所谓"康乾盛世"后期,无疑会增添魁奈论点在当时的影响力。此外,魁奈对法国历史上以重农著称的大臣苏利的大力赞扬,对重商主义大臣柯尔培尔的严厉批评,都是他的政治态度的鲜明表现。

还应当注意到,魁奈的学术和政治活动同当时的启蒙思想家狄德罗等人密切相关,他的几部著名长篇论文《农场主论》、《谷物论》、《人口论》和《赋税论》,无一不是为狄德罗的著名《百科全书》撰写的,并曾为此承担了若干风险。

凡此种种,无不证明魁奈的政治和哲学思想确是法国大革命前启蒙思想家的同道,即使撇开他的经济思想不说,魁奈也应当跻身于法国大革命的直接先驱者之列,尽管他不属其中激进的一翼,也应归入温和保守的阵营。至于他的经济学说,更是直接为新生的农业资本主义鸣锣开道了。

关于魁奈经济学说的主题和基本线索,多少年来我国经济学界已经习惯于从价值论、分配论、资本论和再生产论等方面去理解和评价魁奈的经济学说,以致给人一种印象,似乎这些问题就是魁奈经济学的主题和基本线索,并应当循此主题和基本线索对魁奈经济学说作出一系列具体的评价。然而,这样看待魁奈经济学的主题和基本线索,与魁奈著作的实情并不相符。

不是说魁奈没有研究这些理论问题,更不是说他在这些方面没有值得肯定的建树,但是,不能说魁奈经济学的主题就是这些理论问题,因而也不能说解决这些理论问题是其基本线索。其实,认清重商主义对法国社会经济生活,尤其是对农业造成的极其严重的危害,并力主实行重农主义方针政策,特别是主张推广"大农经营"即新生的资本主义农业经营方式,以便恢复和发展农业生产,增加财富,增加人口,促使法国重新走上繁荣富强之路,才是贯穿魁奈经济著作的主题和中心线索。

魁奈经济学具有如此强烈的现实性主题,是由18世纪法国悲惨的社会经济状况决定的。由于路易十四对外连年征战和大肆挥霍,到他1715年死去时,法国已负债34.6亿法郎。战乱使法国人口急剧下降,加上对异教徒的迫害,致使法国人口自1660年到1715年减少了400万(也有人说600万)。农产品产量自路易十四以来减少了三分之一,人民的负担加重了。路易十四的继任者摄政王奥尔良公爵和路易十五继承了祸国殃民的重商主义的政策,社会经济状况每况愈下。出于无奈,也为救急,"病急乱投医",主政者竟企图借"苏格兰狂人"约翰·罗制度挽救危局,梦想以金融证券投机致富,结果更加重了经济的混乱和困难,约翰·罗制度也以惨败告终。人们看到的情景是,皇宫富丽堂皇而乡村荒芜萧条,大批青壮年为谋生而逃离乡村,流入城市,社会财富愈益集中在少数人手中,而沉重的赋税却落到广大民众尤其是农民头上。加上谷物价格低落,对外贸易被禁止,使农民收入的80%以上被剥夺。魁奈活动时期的法国确已到了国家贫穷、民不聊生的地步。这就是促使魁奈在其著作中不惜花费大量笔墨痛砭时弊的背景和动力。

在魁奈之前,这一主题已经反复出现在一系列忧国忧民的有识之士的著述之中了,魁奈则是他们思想的继承者和发挥者。[1] 魁奈之所以能成为其中的佼佼者,则与其独特的经历和显赫的身份有关。弗朗斯瓦·魁奈出身律师之家,成年后行医,且以外科手术方面的论文《放血效果观察》受到当时法国医学界重视,不久被聘为巴黎外科医学会常务秘书。最关键的经历是他在55岁时进入凡尔赛宫,先做庞巴多尔侯爵夫人的侍医,由于医术精湛,继而成为路易十五本人的御医。从此魁奈逐渐与朝廷内外众多人士有了密切的接触,有机会对国情做深入细致的观察和分析。魁奈绝非单纯的医生,他对国运民情极为关注,学问遍及哲学、政治、法律和经济等。不仅好学,而且富有独立思考精神,每每发表自己不同于世俗的见解,他所倡导的“重农”观点尤其引人注目。魁奈同当时许多名人时有过从,热衷议论时政,又得到庞巴多尔夫人的庇护,遂在魁奈周围逐渐聚拢起一批志同道合者。所有这些都为魁奈著作形成上述主题提供了条件和环境。

在魁奈看来,他的经济理论和分析工具,犹如他行医的解剖刀,他要以之诊治已经病入膏肓的法国社会经济。这就是说,魁奈的经济理论是为现实服务的工具,而不是目的本身;他所追求的目标不是要在理论上标新立异,或者有意地批判某种理论,发展某种理论,或者为此后的某种理论作准备。至于他的经济理论在客观上构成了某种学派,并在经济学发展史上占有某种特定的地位,那是客观历史发展使然,也是后人对他的一种认识和评价。不消说,如果这种认识和评价是客观的符合历史发展实际的,它当然会具有真理性,但即使如此,也不能说这种客观历史地位就是当初魁奈追求的目的。他没有怀抱这种目的,他的目的就是力求解决当时的问题,但结果他却创造了(理论的)历史。没有打算创造历史,结果却创造了历史。这种情况的发生,如同有人自以为创造了历史,结果却被历史所湮没一样,都不是不可理解的事情。

理解了魁奈学说的历史背景和主题,也就掌握了理解魁奈经济学说的钥匙。因为魁奈提出的各种社会经济问题及其观点,都是围绕上述主题展开的,而他的各种观点与主张的合理性或局限性,在上述历史背景下也都显得不是不可理解的了。他重新解释了财富和货币的本质及作用:他认为只有能满足人们的生活需要,同时又具有交换价值的物品才是商品,也才是财富;他指出货币只是一种交换的工具和流通媒介,而不是财富本身。这种观点在批判重商主义的背景下具有历史的合理性和进步性,但他显然走过了头,从一个极端走上另一个极端,犯了轻视和低估货币作用的毛病。他强调农业是财富的源泉,而且是唯一的源泉,因为据他说农业实现了财富的“增加”;同时他否认手工业和商业的生产性,因为据他说这里发生的只是财富的“相加”。这种看法的不合情理似乎不言而喻,但是这种看法在当时的法国居然是一种创意,因为重商主义连农业的生产性也是否认的。纯产品学说是魁奈经济理论的核心,因为在他看来国富民强的关键在于能否在农业中创造出更多的纯产品。所谓纯产品,是指每年收获的农产品中,除去种子、肥料、人力、农具等各项支出之后的余额。纯产品的多少显示了农业生产率的高低,也决定着社会经济生活的兴衰,因为在魁奈看来,作为纯产品的获得者的“所有者阶级”如何支出(花费)这种纯产品,是“生产地”使用还是“不生产地”使用,直接左右着社会经济的规模。

---

[1] 晏智杰:《亚当·斯密以前的经济学》,北京大学出版社1996年版,第339—342页。

魁奈把农业视为财富的唯一源泉的观点具有明显的局限性,但他将纯产品的源泉仅仅归结为上述余额却具有经济合理性和科学性。他还根据英国农业资本主义经营的实践,以及法国北部几个先进省份的经验,大力肯定"大农经营"的优越性,这集中体现了魁奈追求崭新农业资本主义经营方式的深远目光和创新精神。所谓"大农经营"是指由农场主使用马拉犁所进行的资本主义经营,这种经营的"原预付"和"年预付"(大体相当于农业中的固定资本和流动资本)充足,"纯产品率"(农业生产率)高;与其相对的是所谓"小农经营",其特征是资金不足,通常只能使用牛拉犁,纯产品率较低。针对法国当时社会经济政策的弊端,魁奈强调,自由放任的对外贸易、国内谷物的高价格,以及减轻对农场主的赋税(只应当对纯产品收税),是发展农业生产的三个必要条件。如果离开上述国富民强的主题,离开法国社会当时的背景,转而强制地以今人的某种理论和方法去品评它,就不可能理解它应有的历史内涵和科学光辉,也不可能对魁奈经济学说真正的缺陷和不足作出切合实际的判断。

第五节　重农主义体系的特点

一、封建外观

前面说过,在本质上,重农主义者的理论和政策代表着资产阶级的利益。但是他们(尤其是魁奈)的学说却带着浓厚的封建外观。重农主义者自己并没有意识到在当时资产阶级和土地贵族的阶级斗争中,他们是站在资产阶级一边的。资本主义社会的真正形态,对于重农主义者来说,还是模糊的和陌生的。他们有一种幻觉,仿佛他们所鼓吹的不是一个与现存的封建社会相对立,并且也只有消灭现存社会才能建立起来的新的资本主义制度。他们误认为自己所要求的只是对旧制度的一种改良。所以他们的体系宁可说是封建制度即土地所有权统治的资产阶级式的再现。封建主义是从资产阶级生产的角度来加以表述和说明的,而农业则被解释成唯一进行资本主义生产即剩余价值的生产部门。这样,封建主义就具有了资产阶级的性质,资产阶级社会获得了封建主义的外观。这个封建外观掩盖了重农主义的阶级实质,欺骗了同时代的人们。重农学派的理论和主张甚至能够为封建贵族的代表人物所接受,同时又引起了革命的启蒙思想家们的反感。这个外观甚至还欺骗了他们自己。正如马克思所说:"一种理论体系的标记不同于其他商品的标记的地方,也在于它不仅欺骗买者,而且也往往欺骗卖者。魁奈本人和他的最亲近的门生,都相信他们的封建招牌。"[1]

二、自然秩序

自然秩序是重农主义的整个经济思想体系的基础。重农主义一词的原文就是由希腊文"自然"和"统治"两词构成的。魁奈的门徒麦尔西埃·德·拉·利维埃曾写过一本名为《政治社会的自然和本质的秩序》的书,而杜邦·德·奈穆尔在给他们的理论体系下定义时,更加明确地称它为"自然秩序的科学"。重农主义者的自然秩序的思想是在当时

---

① 马克思、恩格斯:《马克思恩格斯全集》第 24 卷,中共中央马克思恩格斯列宁斯大林著作编译局译,人民出版社 1972 年版,第 399 页。

法国启蒙思想家的影响下形成的。

与启蒙学者一样,重农主义者把自然秩序和人为秩序对立起来。但重农主义却给予自然秩序一个独特的具体解释。他们认为,与物理世界的现象一样,在人类社会中,同样存在着不以人们意志为转移的客观规律,这就是自然秩序。自然秩序是超越社会现象而永恒存在的,又是理想的、至善至美的。但不同于支配物理现象的自然秩序,社会的自然秩序没有绝对的约束力。人们是否遵守它,由他们的意志来决定。而由人们的意志所决定的就是人为秩序。人为秩序具体表现为不同时代、不同国家的各种政治经济制度和法令规章。重农主义者认为,如果人们认识到自然秩序并按其准则来制定人为秩序,这个社会便处于健康状态;反之,如果人为秩序违反自然秩序,社会便处于疾病状态。

重农主义者的自然秩序,实质上是被理想化了的资本主义社会。他们认为,人类社会组织本身证明社会是人们为了共同利益而组成的;人们在社会生活中必须享有一些基本的自然权利,同时也必须承担一定的义务。人身自由和私有财产是自然秩序所规定的人类的基本自然权利,是天赋的人权。为了达到这一基本自然权利的享有,政府对于人民的经济活动不应该加以任何干涉和限制。因此,自由放任又是实现给予人类以最大幸福的自然秩序的主要条件。天赋人权和自由放任是 18 世纪资产阶级反对封建制度的响亮的政治、经济战斗口号。重农主义者的自然秩序观实质上承袭了资产阶级这一口号,代表着资产阶级的利益和要求,以之在经济领域内反对法国当时已经腐朽的封建制度和依附于专制封建王朝的以柯尔培尔主义为代表的法国重商主义。这就充分地说明了重农主义的阶级本质。

但是,重农主义者的自然秩序观也具有封建的外观。首先,他们的自然秩序是披着宗教外衣的。他们认为自然秩序是上帝为了人类幸福而安排的秩序,是神的意志的体现。其次,他们把认识自然秩序和根据自然秩序来制定人为秩序的责任寄托在封建的"开明君主"身上。他们都是"开明"的封建专制制度的拥护者。魁奈认为,"开明君主"是社会的教师和医生,最能体现自然秩序。当社会处于健康状态时,他把自然秩序的概念灌输到人民意识中去,而当社会处于疾病状态时,他就进行医治,使社会回到自然秩序中来。针对当时法国大革命准备时期的"山雨欲来风满楼"的形势,他们还想以自上而下的改革来预防革命。魁奈最初寄希望于路易十五,后来又想去感化路易十五的继承者。而弗利特里大帝和叶卡杰琳娜等专制君主也成为"开明君主"的候选人。甚至如杜尔哥(其理论体系似乎消除了封建外观)也未能完全摆脱掉一般重农主义者的幻想,他把理想化的中国皇帝作为体现自然秩序的典型化身。

杜尔哥的《关于财富的形成和分配的考察》一书本来是他在 1766 年年底为行将回国的两个在法国留学的中国学生写的。当时的一般重农主义者都认为中国是开明统治的故乡,中国的皇帝是开明君主的典型。这两个学生被委托于回国后,将中国国内情况向法国的旧师友提出报告,以资印证。杜尔哥草拟了一系列的问题,让他们在报告中作答。为了使他们了解这些问题的目的和意义,杜尔哥在所提问题前面写了一篇分析性的引言,作为指导。①

重农主义者的自然秩序学说认定人类社会存在着不以人们意志为转移的客观规律,

---

① 1769 年,杜邦·德·奈穆尔劝说杜尔哥将这文章投稿于由奈穆尔主编的重农学派的刊物《公民历书》,分期登载于 1769 年 11 月号、12 月号和 1770 年 4 月号,于 1770 年的 1 月、2 月、4 月发行。

从而给政治经济学提出了认识客观规律的任务。这是他们的科学功绩。虽然他们的自然秩序的概念带着浓厚的封建外观，但它的内容却体现了当时资产阶级的要求，把资本主义生产方式看成符合自然秩序的生产方式，而把批判的矛头指向他们自己也认为是违反自然秩序的、处于疾病状态的当时法国封建的人为秩序。这样，他们就在当时剧烈的阶级斗争中，为资产阶级反对封建制度的经济理论提供了哲学基础。

重农主义者的自然秩序学说具有历史的进步意义，但他们把人类社会的客观规律看做永恒不变的规律，又把资本主义生产方式看成是自然的永恒的生产方式，却是其阶级局限性的表现。

三、重农观点

重视农业是法国古典经济学的传统。布阿吉尔贝尔自称为农业的辩护人，并认为一个国家富强的基础是农村的居民。重农主义者继承了这一传统。他们以重农反对重商，强烈地批判以牺牲农业来发展工商业的柯尔培尔主义。但他们却把这一传统观点加以系统化和理论化，其理论支柱就是下面将要论及的"纯产品"学说。他们重视农业的主张，在表面上似乎只是为了巩固封建制度而发出的改良农业、提高农业在国民经济中的地位的呼吁。但在这外观之下，不难看到他们所谓农业，并不是当时还基本上存在于法国各地区的封建农业，而是只在法国北部某些地区刚刚露出苗头的、与封建农业相对立的资本主义农业。新兴的资本主义农业对于推动生产力的新势头给"经济学家"们以一种新的幻觉，似乎能够以这种新农业来改造、复苏封建制度。但实际上，这个新途径是通过发展新农业来发展资本主义，以资本主义农业来概括资本主义生产。所以，重农主义体系实际上是对资本主义生产的第一个系统理解。在他们的这个理解中，产业资本的代表——租地农场主阶级——指导着全部经济运动。农业按资本主义方式经营，就是说，作为大规模的资本主义租地农场主的企业经营；土地的直接耕作者是雇佣工人。生产不仅创造使用物品，而且也创造价值；而生产的动机是获得利润。

第六节　"纯产品"学说

"纯产品"学说是重农主义理论体系的核心，重农主义的其他经济学说都围绕着这个学说而展开。他们的经济政策又以之为理论基础。

一、财富和"纯产品"

财富是"纯产品"学说的出发点。在重农主义者心目中，财富是物质，是可以实际使用的物品。虽然魁奈曾经说过必须把有用的物品和财富区别开来，而这个区别意味着前者是单纯具有使用价值的物品，后者则是同时具有使用价值和交换价值的物品。但他和其他重农主义者都没有把二者严格加以区别，而把交换价值实际上还原为使用价值。他们以为交换价值和物质是分不开的，因此交换价值和使用价值也是分不开的。所以他们在分析经济问题时，总是把一种商品的一个定量（如一石小麦）的交换价值作为已知数，把它忽略掉。这样，在他们手里，财富就不表现为交换价值，而表现为使用价值。

财富既然是物质，它的来源就只存在于生产领域。重农主义者又进一步论证，在一切经济部门中,只有农业才生产新的财富,因此它是真正的生产部门。"纯产品"的概念就是在这个基础上提出的。

魁奈区别了财富的"扩大"和财富的"相加":前者发生在农业中,后者发生在其他经济部门。在农业中,生产出的产品,除了补偿生产过程中所耗费的生产资料,如种子以及劳动者和农业资本家的生活资料外,还有剩余,所以农业可以引起财富的"扩大"。至于其他经济部门,它们只不过把已有的物质资料,变更其形态,结合起来,使之成为一种新的使用价值。这后一过程并没使已有的物质总量有所增多,其产品只能补偿已经使用掉的生产资料和劳动者及资本家的生活资料,没有创造出新的财富。所以这些经济部门只引起财富的"相加"。

重农主义者称生产出的财富超过在生产过程中所耗费的财富的余额为"纯产品"。只有农业才能生产"纯产品",其他经济部门都不能生产"纯产品"。农业和其他经济部门之所以有这种区别,是因为在农业生产中,"自然"参加了工作,而在其他经济部门中,"自然"不参加工作。在农业中,"自然"虽然参加工作但不要求任何报偿。所以重农主义者认为"纯产品"是"自然赐予"。

重农主义的"纯产品"学说是和重商主义针锋相对的。在法国大革命准备时期的剧烈阶级斗争中,这一学说是产业资本反对商业资本的锐利理论武器。

重商主义者认为货币就是财富,货币的多寡是一国富强的唯一标志。在西欧各国金银矿产极不丰富的条件下,他们都认为增加一国货币(也就是增加一国财富)的渠道在流通领域,即顺差的对外贸易。重农主义者先以交换等价性的理论来批驳重商主义者的观点,即指出在自然秩序之下,在充分体现自由竞争之下,交换是等价的,流通绝不可能是一国致富的源泉。重农主义者以交换等价性理论为基础提出"纯产品"学说作为财富源泉的新论证,就把经济学的研究对象从流通领域转移到了生产领域。这是重农主义的重大科学功绩。

重农主义者的"纯产品"学说实质上就是他们的剩余价值学说。虽然他们在论证"纯产品"的产生时,是以有否新的物质财富的增长来决定,但在计算"纯产品"时,他们就不能只从生产物的自然形态,即从物质的形态来理解、确定。因为收割起来的谷子可以比种下去的种子加上从事农业的劳动者和租地农业家所消耗的口粮为多。但是在农业生产中,除了这类消耗外,还有其他的物质消耗,如肥料、农具等。这些物质消耗怎样能够从收获中直接扣除呢? 当然可以把肥料、农具等其他物质消耗都折合为谷子。但是把收获量和农业开支都折合为一个共同单位就已经是从价值上,而不是从物质上来理解"纯产品"了。魁奈等人没有提出这个问题,但实际上,在他们的"纯产品"学说中,新创造出的产物和生产它的费用在一开始就以价值的形式出现,而"纯产品"也在一开始就以价值的形式出现。因此,重农主义者所谓"纯产品"不外乎是生产出来的商品的价值超过生产中消耗的价值的余额。况且,重农主义所称之为国民经济基础的农业是依照资本主义生产方法经营的;农业是大规模租地农业家的企业,直接的土地耕作者是农业雇佣劳动者。而他们都认为,只有在大规模的租地农业经营中,才有"纯产品"。可见,"纯产品"只是农业工人与生产资料相结合所创造的剩余价值,"纯产品"学说就是重农主义的剩余价值学说。

在"纯产品"问题上,杜尔哥比其同辈的重农主义者前进了一步。杜尔哥承认"纯产品"是自然的赐予。但他认为,"纯产品"本来是自然对于农业阶级的劳动的赐予。只是在土地私有制建立之后、在土地所有权和耕种劳动分离之后,它才成为土地所有者借以不必劳动而生活的收入。他的这个分析就明显地意味着土地所有者占有"纯产品"不过是一个阶级占有另一个阶级的劳动成果而已。

总之,重农学派的功绩在于,他们纠正了重商主义者所说的利润是在流通中产生的,交换是致富的唯一源泉的观点;认定以"纯产品"形式出现的剩余价值是在生产过程中产生的,从而为分析资本主义奠定了基础。

但是重农主义的"纯产品"学说包含着下列错误:第一,他们把农业劳动看做唯一生产的劳动,只有这种劳动创造剩余价值;而且"纯产品"还不是农业工人所创造的全部剩余价值,而仅限于它当中构成地租的那一部分;农业资本家的利润却被看做农业资本家的熟练劳动的工资。第二,虽然"纯产品"一开始不能不以价值形式来表现,但它的存在却被理解为一定量的使用价值、一定量的物质,于是"纯产品"或剩余价值也就错误地被认为是"自然赐予";地租作为他们所认识的唯一剩余价值形态也就和剥削无关了。

作为法国产业资产阶级利益代表者的重农学派,在当时的阶级斗争中,以"纯产品"学说来反对重商主义。如上面所说,在大革命前夕的特殊条件下,反对重商主义也就是反对封建制度。但是,他们却在他们自己也受了迷惑的封建外观下,反而用肯定地主的收入(地租)的方式来肯定剩余价值。

二、阶级结构分析

重农主义者以"纯产品"学说为基础,把社会成员分为三个阶级:第一,生产阶级,即从事农业的阶级,包括租地农业家和农业工人。这个阶级是社会经济运动的指导阶级。既然只有农业才生产"纯产品",这个阶级就自然而然地成为唯一的生产阶级。第二,土地所有者阶级,包括地主及其从属人员、国王、官吏、教会等。这个阶级以地租和赋税的形态,从农业阶级取得"纯产品"。第三,不生产阶级,即从事工商业的阶级,包括工商业资本家和工人。

重农主义者是最早把社会分为阶级并企图以之分析社会现象的经济学家。这是值得重视的。他们在其阶级结构理论中,以能否创造"纯产品"为标准来区分生产阶级和不生产阶级,也有其正确的一面。因为在资本主义社会里,生产的动机是剩余价值,所以,显然只有能生产剩余价值(即他们所谓"纯产品")的劳动,才是生产劳动,只有能创造剩余价值的阶级才是生产阶级。

但是重农主义者的阶级结构分析有明显的错误。

首先,他们不以生产资料的占有和使用的情况来划分阶级。这就使他们的阶级结构理论不能科学地反映出资本主义的生产关系。他们把农业资本家和农业雇佣劳动者混在一起,都算做生产阶级;把工商资本家和工商业中的雇佣劳动者混在一起,都算做不生产者阶级。这就抹杀了工人和资本家间的本质区别。应该指出,在这个问题上,杜尔哥和他同辈的重农主义者有所不同。和他们一样,杜尔哥也接受上述三个阶级结构的观点,但他进一步把农业阶级和工业阶级各自划分为资本家和雇佣劳动者。前者包括拥有大量动产,并把它垫付出来驱使工人以谋取利润的企业家、制造主和雇主;后者则指那些除了双手外无任何财产的人,他们能垫支的只是他们每天的劳动,所得的只是仅能维持其最低生活的工资,这是把雇佣劳动者确认为一个独立的阶级的起点。但是由于杜尔哥把土地看做财富唯一源泉的重农主义观点,他的雇佣劳动概念存在着混乱和缺点。他把不占有土地的整个生产阶级和不生产阶级,都看成是受雇于地主阶级的雇佣阶级。这样,农业资本家和工业资本家也变为地主阶级的雇佣劳动者了。

其次,虽然他们似乎认识到只有创造剩余价值的阶级才是生产阶级,但他们的"纯产品"学说把剩余价值的生产只局限于农业部门,从而断绝了认识剩余价值同样可以在工业部门产生的道路。同时,他们把农业资本家、农业工人同样看做提供"纯产品"的生产阶级的观点又掩盖了资本家与劳动者之间的剥削与被剥削的关系。

再次,既然重农主义者以"纯产品"作为财富生产的关键,作为生产阶级的表征,那么从理论上说,在社会三个阶级中,生产阶级应该处于中枢地位。实际上,他们似乎也是这样做的。依据他们以"纯产品"作标准来划分阶级的分析,他们必然把生产阶级作为社会全部经济运动的指导者,虽然由于他们重农观点的局限性,他们只能以农业资本主义来概括资本主义生产。

但是,在形式上,重农主义者却把土地所有者划为一个单独的阶级,给它以在生产和不生产两阶级之上的一个超然地位。对于土地所有者阶级这种特殊地位的确认,从而对地租收入的确认,重农主义者并没有提出详细的、有力的辩解。除了他们从一般的拥护私有者的立场出发,认为土地所有者不是本人,即荒地的开拓者,就是其后代,从而应该享受其果实外,唯一从他们"纯产品"学说出发的辩解就是他们认为土地所有者在支配由"纯产品"构成的地租收入时,会通过他们对生产支出和非生产支出间增减比例的抉择引起生产扩大或缩小的结果,从而对社会财富的增减起了作用。魁奈就曾说过,不难看到非生产性支出和生产性支出相比较的多或少,会对年度的收入再生产产生什么样的影响。这就是说,如果非生产性支出(即对工业的支出)增加了六分之一,则收入的再生产(指"纯产品")将减少六分之一;如果生产性支出(即对农产品的支出)增加了六分之一,则收入的再生产(指"纯产品")将扩大六分之一。固然,在讲到非生产性和生产性支出的增减时,他是涉及了三个阶级的,但是,在他看来,由于土地所有者占有了全部"纯产品",他们在非生产性和生产性支出的抉择中就起了决定性作用。因此,在重农主义者心目中,没有土地所有者阶级,农业不可能得到发展,国家的财富也就不可能增加。这显然又是他们理论所带有的"封建外观"的表现。

三、单一地租税

但"封建外观"终究是个外观,骨子里反映的却是资产阶级的要求。他们基于"纯产品"学说所提出的单一地租税论就是如此。所谓单一地租税,指的就是只对地租征收的赋税制。他们认为这是最好的赋税制度。

重农主义者认为赋税的来源只能是社会生产剩余的那一部分新财富,而生产剩余的那一部分新财富就是"纯产品",也就是地租。

如果对农业课税,其结果必然是侵蚀农业的再生产基金,使农业投资减少,从而引起社会财富("纯产品")的减少,也引起地租的减少,这意味着地主是这种赋税的承担者。

如果对工商业课税,由于他们不能创造出超过它们投入资本以上的任何新财富,赋税的负担将会提高商品的价格。商品价格提高的结果,一方面是当地主购买这些商品时,赋税负担转嫁到他们身上;另一方面,当生产阶级购买这些商品时,商品高价又会侵蚀农业的再生产基金,与对农业直接课税产生同样的引起地租减少的结果,这意味着赋税负担间接地转嫁到地主身上。

由此,重农主义者认为,既然在现行赋税制度下,赋税的负担终究是直接地或间接地归于地主,倒不如简化税制,取消一切其他赋税,征收单一的、直接的地租税。而且由于单一税消除了转嫁过程,而简化税制又降低了征收费用,地主的负担反而少了。可见,重农学派所主张的单一地租税,实际上是为了产业资本家的利益,即为了免除产业资本家的税负,但在表面上却似乎都是为土地所有者打算。重农主义者对土地所有权的表面上的推崇,也就变成了对土地所有权的经济上的否定和对资本主义生产的肯定。

单一地租税在理论上是不正确的,因为它是根据不正确的"纯产品"学说。但它却不自觉地暴露了在封建外观下重农主义的阶级本质,并在当时的资本主义反对封建制度的阶级斗争中,为产业资产阶级锻造了一个反封建的武器。实际上,杜尔哥在他担任财政大臣时,所推行的部分赋税改革就是以这一理论为依据的。而在法国大革命后,革命政府的土地税政策更进一步展示了这一武器在当时资产阶级反地主的斗争中所起的作用。

第七节 《经济表》的版本和模式

重农主义在经济学上的一个重要贡献就是在分析社会总资本的再生产和流通过程的问题上,作了初步的尝试,这集中表现在魁奈所作的《经济表》中。

然而,如何解读《经济表》,却是一个历史性难题。诚如马克思所说:"大家知道,重农学派在魁奈的《经济表》中给我们留下了一个谜,对于这个谜,以前的政治经济学批评家和历史学家绞尽脑汁而毫无结果。这个表本来应该清楚地说明重农学派对一国总财富的生产和流通的观念,可是它对后代经济学者仍然是不可了解的。"[1]魁奈的大弟子米拉波侯爵就是极好的例子。虽然他对《经济表》赞美有加,甚至过了头[2],但他实际上并不真正理解《经济表》。正是为了给米拉波释疑解惑,才有了魁奈就《经济表》给米拉波的相关信件,也才有了《经济表》初版的一个又一个"版本"(迄今发现的《经济表》初版共有三"版")。鼎鼎大名的亚当·斯密则因自身理论的缺陷,既不能对一国总财富的再生产和流通作出分析,又不可能对魁奈《经济表》的意义作出恰当评价。

最先解开《经济表》之谜的是马克思。他在创建无产阶级政治经济学的过程中,尤其在研究社会总资本的再生产和流通问题时,对《经济表》作了反复和透彻的研究,深入揭示了《经济表》的丰富内涵,充分肯定了它的成就和地位,同时也明确指出了其中的缺陷和不足。虽然马克思的评论仅是对众多《经济表》版本和模式中的一种而发的,然而对我们今天研究《经济表》的各种版本和模式仍具指导意义。

马克思对《经济表》的集中评述主要见于1861—1863年手稿《剩余价值理论》(第六

---

[1] 恩格斯:《反杜林论》,中共中央马克思恩格斯列宁斯大林著作编译局译,人民出版社1976年版,第241页。

[2] 米拉波甚至说:"有史以来,世界上有三个伟大发明,为政治社会带来了稳定性,它们与其他使社会繁荣进步的很多发明各有千秋。第一种是文字的发明,它给予人类以如实地传播其法规、公约、历史和各种发现的能力。第二种是货币的发明,它使文明社会之间的一切关系结合起来。第三种是《经济表》,它是上述两种发明的结果,它完成了两者的目的,而使其达到完善,这是我们时代的伟大发现,我们的子孙后代将从中获得裨益。"转引自夏尔·季德等:《经济学说史》上册,徐卓英等译,商务印书馆1986年版,第58—59页。

章）。马克思在这里依据魁奈《经济表》的"算学范式"分别详尽地分析了租地农场主和土地所有者之间的流通，资本家和工人之间的流通，租地农场主和工业家之间的流通，以及《经济表》上的商品流通和货币流通的关系及表现等。马克思总结说："实际上，这是一种尝试：把资本的整个生产过程表现为再生产过程，把流通过程表现为仅仅是这个再生产过程的形式；把货币流通表现为仅仅是资本流通的一个要素；同时，把收入的来源、资本和收入之间的交换、再生产消费对最终消费的关系都包括到这个再生产过程中，把生产者和消费者之间（实际上是资本和收入之间）的流通包括到资本流通中；最后，把生产劳动的两大部门——原料生产和工业——之间的流通表现为这个再生产过程的要素，而且把这一切总结在一张表上，这张表实际上只有五条线，连接着六个出发点或归宿点。这个尝试是在十八世纪三十至六十年代政治经济学幼年时期做出的，这是一个极有天才的思想，毫无疑问是政治经济学至今所提出的一切思想中最有天才的思想。"[1]马克思在为《反杜林论》所撰写的《批判史论述》中对《经济表》的阐释也是很著名和极为重要的。他以不多篇幅对《经济表》的目的、前提、出发点以及流通开始以前社会各阶级的状况，还有几次大的流通行为作了扼要评述，并驳斥了杜林对《经济表》以及对一般重农学派学说的错误认识。[2]

马克思对《经济表》的研究是经典性的，但也留下了一些疑问和未决问题。马克思当时未能见到《经济表》的其他各种版本，他的分析仅限于1766年的算术图式，而这个图式及其假定条件具有一定的局限性，例如：假定没有对外贸易；只分析简单再生产；除了说明社会总财富的流通以外，没有涉及其他内容，如赋税和价格变动的影响等。经过一百多年来西方经济（史）学家坚持不懈地努力，时至今日，人们对《经济表》的版本、分析模式和内涵，终于有了新的发现和认识。

魁奈《经济表》作于1758年，但其最初各种版本的分析模式及其内含的真实情况，经过国外学者们多年坚持不懈地追踪研究才最终得以澄清。我国经济学界老前辈陈岱孙教授，依据国外最新发现的史料，对此曾有如下精到的论述和说明。

"《经济表》作于1758年末。但其初版的经过，在其后的二百多年中，一直为迷雾所笼罩。魁奈的门徒杜邦·德·奈穆尔，在其发表于《公民日志》（1769）的叙述重农学派运动早期历史的一文中说，在十八世纪七十年代末，魁奈曾以四开本的形式，在凡尔赛宫内印刷，发表了《经济表》的初版，并以之分赠给有限的少数人；这个版本包括一个《表》，一篇《解释》，一篇《苏利〈王家经济准则〉选录》。这就是当时和在这以后的长期内被认为《经济表》的第一版。虽然当时一般学者都知道这一版本的存在，但都没见到这版本，而只是从米拉波的著作和魁奈以后的著作中见到原《表》的征引和其发展的形式的。甚至到了十九世纪的八十年代，翁肯还认为这一版本早已失传。人们更不会意识到杜邦所指的这一版，实际上并非第一版；在这版本前尚有两个版本。

"十九世纪八十年代末，在法国巴黎国家档案馆中发现了一批米拉波的文件，其中有关于初版《经济表》的文献。文献中有两封魁奈致米拉波的信。第一封信说他曾试作一

---

[1] 马克思、恩格斯：《马克思恩格斯全集》第26卷，第1分册，中共中央马克思恩格斯列宁斯大林著作编译局译，人民出版社1972年版，第366页。

[2] 恩格斯：《反杜林论》，中共中央马克思恩格斯列宁斯大林著作编译局译，人民出版社1976年版，第241—250页。

说明经济秩序的基本《表》;附寄给米拉波查阅。第二封信说,他附寄经过扩大和修改的《经济表》的第二版;在这一版中,原《表》的 400 利弗尔的收入基数已改为 600 利弗尔,这版只印成三份。

"以此为线索,在对米拉波文件进行探索中,发现了和第一封信描述相符的一份以 400 利弗尔为收入基数的魁奈《经济表》手稿。这一手稿是否曾经付印,没有得到证实。但由于魁奈的第二封信说到附寄的以 600 利弗尔为收入基数的《表》是原以 400 利弗尔为基数的《表》的第二版,这份手稿从此便被认为是魁奈自己所说的写成于 1758 年末的《经济表》的真正的第一版的原稿。

"1894 年,不列颠经济协会发表了一批从法国国家档案中新发现的有关《经济表》的文献,其中包括(a)一张以 600 利弗尔为收入基数的镌版印的《表》,(b)一篇经魁奈手写校订的《〈经济表〉解释》,(c)一张以 600 利弗尔为收入基数的印刷的《表》,(d)一份印刷的《经济准则》。不列颠经济协会的报告认为这份文献构成了上面所说的魁奈给米拉波第二封信中所指的第二版。但学术界的意见并不完全一致。有人认为文献中的(c)和(d)合在一起构成了真正的第二版,而(a)和(b)可能是较为后期印成的。

"1905 年,舍勒在《政治经济学评论》期刊的一篇文章中,声称他发现了一本杜邦称之为原《表》的四开本的版本。他把它说为第三版。舍勒对这一版的内容作了描述,但表述得不详细,没有把它和不列颠经济协会报告中的(a)和(b)资料联系起来。更重要的是,他没有说明他如何找到这个版本和这个版本的收藏地方。他的发现缺乏实物的旁证。

"根据舍勒所提供的线索,库钦茨基夫人,通过和杜邦在美国后代的联系,终于在 1965 年,在美国的伊吕特里安·米尔斯历史图书馆收藏的资料中,发现舍勒所描述的,也就是杜邦所说的四开本的《经济表》第三版版本。这一发现证明了不列颠经济协会所发现的文献中的(c)和(d)是魁奈给米拉波第二封信中所说的'第二版'(法国国家图书馆收藏的这'第二版'的另一本可作旁证),而文献中的(a)和(b)确实是这个第三版的印刷底稿。1971 年,贝卡格利在意大利佛罗伦萨旧书店中发现了和伊吕特里安·米尔斯历史图书馆收藏的第三版完全相同的版本,为库钦茨基夫人的发现提供了旁证。第二版和第三版都被认为发表于 1759 年。

"以上是到现在为止,我们所知道的关于 1758 年至 1759 年《经济表》各初版经过的情况。

"以后《经济表》发表的经过较为明确。它以各种的模式见于米拉波的《人类之友》(1760);见于魁奈和米拉波合著的《农村哲学》(1763);见于魁奈的《经济表的分析》(先发表于 1766 年 6 月的《农业、商业、金融杂志》,复以修正、扩大形式收入于杜邦于 1767 年编辑出版的魁奈文集《重农主义》));见于魁奈的《第一经济问题》(先以《经济问题》为题发表于 1766 年 8 月的《农业、商业、金融杂志》,复以补充和修正形式收入于杜邦的《重农主义》));见于魁奈的《第二经济问题》(第一次于 1767 年发表于杜邦的《重农主义》)。

"魁奈《经济表》的模式不是单一的或一成不变的;它经历了一个发展的过程。在形式上,《经济表》的第一、二、三版(1758—1759)和《人类之友》(1760)所采取的是曲折连接线(或称 Z 字形)的复杂图式。在《农村哲学》(1763)中,复杂的图式开始让位于一个简单化的提要图式。在《经济表的分析》中(1766),简化的提要图式最后发展成为一个新的'算学范式'。在《第一经济问题》(1766)和《第二经济问题》(1767)中,各表都是在这个'算学范式表'的基础上构成的。在内容上,《经济表》的第一、二、三版和《经济表的分析》中的各表所描绘的是一个处于简单再生产均衡状态的情况。而《人类之友》、《农村哲学》、《第一经济问题》和《第二经济问题》中的各表则着意于说明从这个简单再生产的均衡转化为均衡各变态的运动的原因。后者实际上意味着魁奈已经从简单再生产转向扩大和缩小再生产的考察。"[1]

第八节　社会再生产分析:《经济表》

魁奈的《经济表》是对社会总资本的再生产和流通的分析,要了解《经济表》有必要先了解魁奈的资本学说。魁奈认为,农业是"纯产品"的唯一源泉,所以只有投在农业上的资本才是生产的资本,而工业资本则是不生产的资本。至于商业资本则更是不生产的;商业利润是在贱买贵卖的欺骗行为中产生的。

一、资本学说

魁奈把农业资本分为两部分:① "年预付",即每年要支付的投资,如种子、原料、工资等;② "原预付",即开办时或其后几年才支付一次的基本投资,如房屋、仓库、农具、耕畜等。为了使生产继续不断,"年预付"的全部价值必须从每年生产物价值中取得补偿,由同类的新的物质来更替;"原预付"的价值每年只部分地从生产物的价值中取得补偿,必须经过相当长的时期,才能完全取得补偿。

我们知道,从产业资本的周转过程看,资本要不断地顺次经历三个阶段,采取三种形态,即货币资本、生产资本和商品资本。生产资本属于生产过程中的资本形态,而货币资本和商品资本则属于流通过程中的资本形态,后二者可概括为流通资本。魁奈从再生产的角度考察资本,所以他所指的只是生产资本而并不涉及流通资本。

把资本理解为用于生产的物质资料,在当时有其进步意义,因为它把资本和生产联系起来了,它不在流通的领域而在生产的领域去寻找资本的意义和作用。

但是,从理论上说,这种观点本身是片面的,因为资本在其运动过程中也会采取货币资本和商品资本的形态,生产资本的形态只是资本在运动中的一种形态而不是其唯一的形态。同时,这种观点也是错误的,因为资本不单是物质,而是一定生产关系下特有的产物,是敌对阶级间剥削关系的反映。在这个问题上,重农主义者和一切资产阶级学者一样,把一定生产关系的特有产物看做是自然的、永恒的东西。这是和他们的资产阶级局限性分不开的。

然而,把资本只理解为生产资本是符合当时阶级斗争的要求的。重农主义者以他们的对于生产资本的确认,为产业资产阶级提供依据,反对代表商业资产阶级利益的重商主义。重商主义者把货币与财富混为一谈,所以把资本在流通领域中所采取的一种形态(货币资本)看做唯一的资本形态,把资本等同于货币。重农主义者认为货币只是便利商

---

[1]　陈岱孙:《从古典经济学派到马克思》,上海人民出版社 1981 年版,第 150—151、153 页。参见库钦斯基、米克编译著:《魁奈的〈经济表〉》(*Quesnay's Tableau Economique*, edited by M. Kuczynski and R. Meek, London, NewYork, 1972)。

品周转和资本运动所必要的一种流通工具。因此,只是获得资本的手段,而不是资本。商业资本的利润只是贱买贵卖的产物,并不能产生"纯产品",从而不能产生社会财富。"纯产品"(剩余价值)的生产,社会财富的增加只能来自生产资本。因此,产业资本的发展是致富的唯一途径。这个论点是当时法国新兴产业资产阶级在反对柯尔培尔主义斗争中所需要的理论。

二、社会总资本的再生产和流通:《经济表》

在资本分析的基础上,魁奈在其《经济表》中对社会总资本的简单再生产和流通作了最初的说明。它说明:第一,全部农产品在三个阶级中,亦即在整个社会中,如何分配以便再生产能够进行;第二,在分配中,社会各阶级所代表的各经济部门如何产生相互的联系,又如何构成一个整体;第三,农业作为唯一的"纯产品"的生产部门如何成为一切基础的基础。

《经济表》的分析有几个假定前提:① 社会上普遍实行的是大规模的租地农业经济,小农经济被舍象掉,从而把研究的对象确定在资本主义生产范围内。② 社会上存在着三个主要阶级。③ 价格不变。④ 简单再生产。⑤ 商品和货币流通只在三个阶级间进行,各阶级内部的流通被舍象掉。⑥ 在生产年度内,阶级间所进行的交易都合算为一个总数。⑦ 流通只限于国内,对外贸易被舍象掉。

《经济表》的出发点是总收成,是农业在上一年所生产的总产品。在流通开始前,三个阶级的情况如下:

(1) 生产阶级在生产过程中,最初投下价值 100 亿利弗尔的"原预付",每年投下价值 20 亿利弗尔的"年预付"。魁奈假定"原预付"的资本可用十年,每年损耗 10 亿利弗尔;假定生产阶级投下这些资本后,每年创造出价值 50 亿利弗尔的年总产品。这就是生产阶级在流通开始前所掌握的产品的情况。从价值构成来说,这 50 亿利弗尔的总产品包括:① 以利息的形式补偿"原预付"的耗损或折旧的价值,10 亿利弗尔;② 补偿"年预付"的价值,20 亿利弗尔;③ "纯产物",即剩余产品的价值,20 亿利弗尔。从实物的构成来说,在 50 亿利弗尔的总产品中,40 亿利弗尔为粮食,10 亿利弗尔为工业原料。在这 50 亿利弗尔的总产品中,有价值 30 亿利弗尔的产品准备进入阶级之间的流通,另外 20 亿利弗尔则不进入这种流通。此外,在流通前,生产阶级会将从上年度流通中收回的 20 亿利弗尔货币,交给地主作为地租。

(2) 不生产阶级拥有价值 20 亿利弗尔的工业品。这是该阶级上一年度用 20 亿利弗尔的投资(一半为工业原料,一半为生活资料)生产出来的。这 20 亿利弗尔的工业品准备全部进入流通领域,以一半换取工业原料,一半换取维持本阶级生活的生活资料。另外,不生产阶级手中还有 10 亿货币。

(3) 土地所有者,以地租的形式,从生产阶级手中取得了 20 亿利弗尔的货币。这 20 亿利弗尔货币,在即将开始的流通中,起着杠杆的作用。

在"算学范式表"中,全部流通,包括商品和货币流通被归纳为五个行为,如图 5-1 所示:

(1) 土地所有者以 20 亿货币地租的一半向生产阶级买生活资料。这样,10 亿货币流回生产阶级手中,而价值 10 亿的农产品流入土地所有者手中。

(2) 土地所有者以地租的另一半向不生产阶级买工业品。这样,10 亿货币流入不生产阶级手中,而价值10亿的工业品流入土地所有者手中。

（3）不生产阶级用从土地所有者得来的10亿利弗尔货币向生产阶级买生活资料。这样,10亿货币流入生产阶级手中,而10亿农业品(生活资料)流入不生产阶级手中。

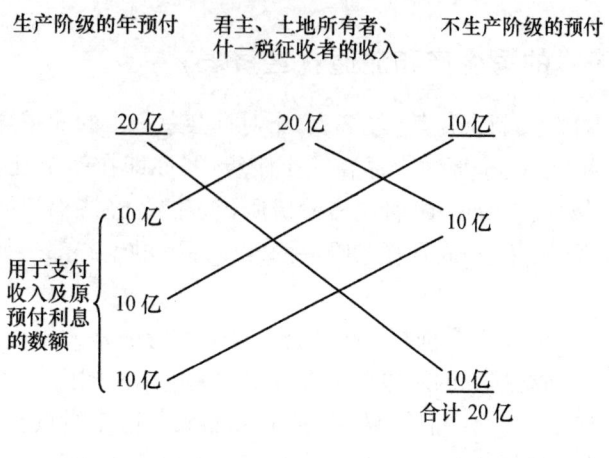

图5-1 经济表的图式①

（4）生产阶级以10亿利弗尔货币向不生产阶级买生产资料。这样,10亿货币又流入不生产阶级手中,而价值10亿的工业品(生产资料)流入生产阶级手中。

（5）不生产阶级以其原有的10亿利弗尔货币向生产阶级购买工业原料。这样,10亿货币流回生产阶级手中,而价值10亿的农产品(工业原料)则流入不生产阶级手中。

这五项流通的总结果是:第一,土地所有者用他们在流通开始前取得的20亿利弗尔货币地租,换取了10亿的生活资料和10亿的工业品,得到了他们所"应得"的"纯产品"。第二,不生产阶级用它上一年制造的价值20亿的工业品换得了价值10亿的生活资料和价值10亿的工业原料。第三,生产阶级以上一年度生产中的价值30亿的农产品(20亿的生活资料,10亿的工业原料)换得价值10亿的生产资料和20亿的货币。除了这30亿进入流通外,生产阶级还有价值20亿利弗尔的农产品保留在他们手中,作为种子和本阶级的生活资料,不参加阶级之间的流通。

整个运动使本年度的简单再生产和流通得以完成,并为下年度的生产和流通准备了条件。

《经济表》是分析社会总资本再生产和流通的第一次卓越尝试,它提出了一些创见。

首先,《经济表》的出发点是总收成,以一年收获的终结为循环的开始。魁奈实际上已正确地分析了再生产的基础。马克思指出:"W……W′是魁奈《经济表》的基础。他选用这个形式,而不选用P……P′形式,来和G……G′(重商主义体系孤立地坚持的形式)相对立,这就显示出他的伟大的正确的见识。"②

① 魁奈:《魁奈经济著作选集》,吴斐丹等译,商务印书馆1979年版,第319页。
② 马克思、恩格斯:《马克思恩格斯全集》第24卷,中共中央马克思恩格斯列宁斯大林著作编译局译,人民出版社1972年版,第115页。

其次,魁奈把资本的全部生产过程,表现为再生产过程,把流通过程仅表现为这种再生产过程的形式,货币流通仅表现为资本流通的要素。同时,他又把各阶级收入的来源、资本和所得的交换、再生产消费对最终消费的关系包括在这个再生产过程中,把资本和收入间的流通包括在资本流通中,最后把农业与工业两大部门间的流通表现作为这个再生产过程的要素。这是分析社会总资本再生产和流通过程的一个初步尝试,具有极大的科学意义。

但是重农主义理论的错误不能不反映到《经济表》上来,而《经济表》本身也还有自身的缺点。

第一,《经济表》片面地把农业视为唯一的生产部门,把地租作为剩余价值的唯一形态。封建外观掩盖了资本主义生产的实质。

第二,《经济表》把农业资本划分为"原预付"(固定资本)和"年预付"(流动资本),没有从价值增殖的观点把资本区分为不变资本和可变资本。因此,它不能对社会产物,在 $c+v+m$ 的价值构成的形式上展开分析,从而不能正确地论证"纯产品"的真正来源,堵塞了科学地分析剩余价值的道路。

第三,《经济表》把社会生产分为农业和工业,而没有正确地把它分为生产生产资料和生产消费资料两大部类。这样划分是不能完善地分析再生产过程的。因为在《经济表》内的农业部门产品和工业部门产品都把生产资料和消费资料混杂在一起,而再生产过程的科学分析恰是要通过生产资料部类和消费资料部类间的交换来完成的。

第四,《经济表》强调了资本生产的均衡而抹杀了其矛盾。魁奈根本认识不到资本主义存在着基本矛盾,从而也没看出基本矛盾会如何具体地表现为生产与消费的矛盾;看不到资本主义生产的无政府状态又如何使资本主义得以正常进行的条件转变为同样多的造成过程失常的条件,转变为同样多的危机的可能性。因为在这种生产的自发形式中,平衡本身就是一种偶然现象。

最后,就《经济表》本身来说,在工业生产中,有"年预付"而没有"原预付";社会的产品总额仅限于农产品的 50 亿利弗尔,没有把不生产阶级的 20 亿利弗尔产品一并计算在内;把"原预付"的折旧基金和利息混淆起来;假定工业部门自己完全不消费工业品等,都是错误的。此外,假定不生产阶级手中事先握有 10 亿货币也是多余的。

思考题 》》

1. 布阿吉尔贝尔的主要思想是什么?
2. 重农主义学说的封建外观表现在哪里?
3. 分析魁奈"纯产品"学说的内容及意义。
4. 评述魁奈的《经济表》。
5. 评析重农主义的主要经济政策。

第六章 亚当·斯密——古典政治经济学体系的创建者

▌内容提要▌

亚当·斯密是英国古典政治经济学的创建者,他继承和发展了其前辈和同时代许多优秀经济思想家的观点,创立了比较完备的英国古典政治经济学的理论体系与框架,这在政治经济学发展史上还是第一次。《国民财富的性质和原因的研究》(简称《国富论》,第一版出版于1776年),是他留存于世的仅有的一部政治经济学巨著,历来被视为影响人类历史进程的划时代著作之一。他留存于世的另一部著作是《道德情操论》(第一版出版于1759年),该书在伦理学发展史上也占有重要地位,同样具有强烈的现实意义。

第一节 18世纪中叶英国的社会状况

亚当·斯密(Adam Smith,1723—1790年)是18世纪西方文明的产儿,而他又以自己卓越的思想深刻地影响了此后西方文明发展的进程。

一、社会经济状况

17世纪中叶,英国爆发了资产阶级革命,经过反复和波折,终于终结了封建君主专制统治,实行了君主立宪制,资产阶级实际掌握了政权,从而为资本主义顺利发展开辟了道路。一个世纪之后,到18世纪中叶,英国资本主义经济已经有了很大发展,城市人口迅速增加,工业在国民经济中的地位显著提高。

在工业中,带有封建性质的行会手工业逐渐分化解体,资本主义的工场手工业得到了广泛普及,成为社会生产的主要形式。英国从16世纪中叶以后,资本家就开始创办手工工场,到18世纪时,拥有几百工人的手工工场已相当普遍,并已有了包括几百台织机的呢绒工场。据估计,这时英国大约有五分之一的人口靠毛纺织手工工场生活。此外,制盐、冶金、棉织、啤酒、丝绸等部门的手工工场也有相当发展。

在农业中,到18世纪,圈地运动由于在议会法案中取得了合法的形式而达到了高潮。1700—1760年,被圈占的土地有34万英亩;1760—1790年,被圈占的土地竟达到398万英亩。17世纪最后数十年间,小农在农村人口中还占多数,但到18世纪中叶,英国的小农就基本消失了。圈占的土地不仅经营大规模的牧羊业,而且谷物生产也转向了资本主义经营。

英国资本主义的发展,自始就与对外扩张联系在一起。这个时期,英国同殖民地进行的掠夺式贸易给资产阶级带来了空前的高额利润,为资本主义发展提供了大量资本。

17世纪中叶以后,英国发动了一系列争夺殖民地的战争——1650年同葡萄牙的战争,1655年同西班牙的战争,1652—1674年同荷兰的三次战争。通过这些战争,英国夺得了大量殖民地,建立了海上霸权。到18世纪,又取得了1757—1763年同法国的七年战争的胜利,英国成了世界上头号的对外贸易和殖民强国。

随着社会生产力和生产关系的发展,到18世纪中叶,英国进行产业革命的条件逐渐形成。手工工场分工日益发展,技术不断革新,已经为机器的发明和采用创造了前提条件。圈地运动和资本主义大农场的发展,使农民大量破产,提供了大批廉价的劳动力。殖民地贸易为英国资本主义发展积累了巨额资本。总之,这时英国已经处于产业革命的前夕。

二、阶级结构的变化和阶级斗争

英国资产阶级革命后一百年来,经济关系的发展带来了阶级关系的巨大变化。封建贵族和农民急剧地分化,资产阶级迅速兴起,到18世纪中叶,社会上已日益显著地形成了地主阶级、资产阶级和无产阶级三个基本的阶级。

在这一时期中,资产阶级和封建贵族之间的斗争仍占主导地位。由于英国资产阶级革命是以资产阶级和封建贵族妥协结束的,这就决定了革命的暴风雨基本结束后,封建大地主和金融贵族的代表仍然在议会里占有重要地位。因此,在新的政权中,新兴资产阶级势力和没落封建势力仍在进行激烈的斗争。

斗争的主要问题,在政治方面是选举法问题。17世纪制定的选举法,分配给各地区代表的名额已经与工业区的发展不相适应。一些因圈地运动已经人口很少的农村仍继续享有代表权,人口日益增多的新兴工业区则不能享有适当的代表名额,这就使得国会中资产阶级代表的名额与资本主义经济的发展不相适应。因此,要求改革选举法,成为资产阶级继续向封建势力争夺政治权力的一个重要问题。

在经济方面,一些旧的政策法令,例如税收制度、行会制度、货币制度以及对外贸易中重商主义的保护关税政策等,仍继续存在。这些旧的政策法令,严重地阻碍了资本主义经济的进一步发展。因此,在国会中对这些问题也展开了激烈的辩论。

这一切都说明在社会的政治斗争中,资产阶级和封建势力的斗争仍处于主导地位。资产阶级是把斗争的主要矛头对着封建势力,要求为资本主义进一步发展扫清道路。

当然,随着资本主义的发展,资产阶级和无产阶级的对立和斗争也在产生和发展,资产阶级对无产阶级的残酷压迫和剥削,不能不激起工人阶级的激烈反抗。但由于工人阶级作为一个阶级刚从贫苦劳动群众中逐渐形成起来,工人运动还处于自发的阶段,工人的斗争往往因争取提高工资、改善劳动条件、反对失业等而引起,还没有从经济斗争发展为政治斗争。因此,工人阶级和资产阶级的斗争,在政治生活中还未占主导地位,还处在幕后。

以上的经济、政治状况,决定了这个时期形成的资产阶级古典政治经济学的主要任务是同封建势力作斗争,为资本主义的进一步发展开辟道路。

第二节　亚当·斯密的生平和著作

一、生平和著作

亚当·斯密于 1723 年出生在英国苏格兰的寇克卡迪,父亲是一个海关职员。斯密在当地读完中学,14 岁入格拉斯哥大学,成绩优秀,后被推选到牛津大学。大学毕业后他长期在大学教书,担任的主要课程有修辞学、文学、逻辑学和道德哲学等。当时,政治经济学还没有成为一门独立的学科,而是包含在斯密所讲的道德哲学中。在此期间(1759年),斯密出版了《道德情操论》一书,跻身苏格兰一流学者之列。

1764 年,斯密辞去大学教授职务,担任年轻的贝克莱公爵的私人教师,于 1764—1766年间陪同他的这位学生到法国和瑞士旅游。在旅行中,他有机会实地考察当时欧洲大陆最先进的国家——法国的社会、政治、经济情况,与法国的一些著名人士结识并交流学术见解。例如,他去拜访过重农学派的创始人魁奈和杜尔哥,这对后来他的理论的形成有一定的影响。旅行后期他已开始着手写作他的政治经济学著作。

1767 年,在结束了对贝克莱的教学后,他立即回到家乡,专心进行研究和著述。由于斯密曾长期居住在英国最发达的工业区之一的格拉斯哥,他有机会比较细心地观察了当地工业的发展情况,并在工作之余参加格拉斯哥一个经济学会的活动。这些都为他的研究和著作准备了良好的条件。斯密在家乡经过几年的刻苦创作,1773 年写成了《国富论》一书的原稿。他立即送到伦敦去出版,到伦敦后又发现了许多新材料,他便决心重新修订和补充,又用了三年时间,《国富论》终于在 1776 年正式出版。

《国富论》出版后,立刻受到了社会上的重视,不久就被译成几国文字,斯密本人也因此负有盛名。1778 年,他被任命为苏格兰爱丁堡海关税务司司长。工作之余,他继续从事研究和著作活动。除了研究新的课题外,还为他的两本重要著作的再版作了认真的修订。经他自己修订的《道德情操论》共出了六版,《国富论》出了五版。

斯密在 1787 年被推选为母校格拉斯哥大学校长。1790 年 7 月 17 日,斯密逝世。

二、《国富论》的基本思想和研究方法

《国富论》的全名为《国民财富的性质和原因的研究》。斯密在这本书中继承和发展了以前经济学研究的成果,第一次创立了比较系统的古典政治经济学理论体系。

从书名可以看出,该书的基本思想是研究国民财富的性质和国民财富增加的原因。什么是国民财富呢? 斯密认为国民财富就是一个国家所生产的商品总量。他强调劳动是财富的源泉。

斯密在《国富论》中着重论述的是影响国民财富增长的原因,因为他认为政治经济学的目的就在于促进国民财富的增长。他说:"政治经济学,提出两个不同的目标:第一,给人民提供充足的收入或生计……第二,给国家或社会提供充分的收入,使公务得以进行。总之,其目的在于富国裕民。"①如何才能增加国民财富呢? 他认为增加国民财富主要靠两种方法:第一是提高工人的劳动生产力,这主要靠发展分工;第二是增加从事生产劳动

---

① 亚当·斯密:《国民财富的性质和原因的研究》下卷,郭大力等译,商务印书馆 1974 年版,第 1 页。

的人数,这主要靠增加资本。

《国富论》共分五篇。第一篇"论劳动生产力增进的原因并论劳动生产物自然而然地分配给各阶级人民的顺序",这一篇从分工开始,进而研究货币、交换价值,及工资、利润、地租三种收入。第二篇"论资财的性质及其蓄积和用途",着重分析资本的构成、资本积累的条件和资本的用途。以上两篇基本上包括了他的政治经济学理论的全部内容。第三篇"论不同国家中财富的不同发展",这一篇是从经济史的角度来考察促进或阻碍国民财富发展的因素。第四篇"论政治经济学体系",这一篇是研究经济思想史,对重商主义和重农主义作了分析批判。第五篇"论国君或国家的收入",论述国家的财政收支对国民财富增长的影响。总之,斯密力图从各方面分析影响国民财富增长的原因,并以此思想为中心,创立了一个完整的政治经济学理论体系,这个体系几乎囊括了当时经济研究的全部内容。

亚当·斯密在《国富论》中运用了抽象演绎和经验归纳相结合的方法。从全书来看,前两篇集中阐述基本理论,接着的两篇是从经济史和经济思想史的角度对前述理论的证明,最后一篇是对一个比较具体的领域即公共财政问题的研究。而在各篇之内,尤其是前两篇中,他也是先研究一般理论,后研究一般理论的运用和具体化。例如第一篇,从人性引出交换,从交换引出价值和价格,然后研究价值的分配等。第二篇先研究资本积累的一般原理,然后研究资本积累的运用和各项实际问题。另一方面,在建立理论的过程中,斯密总是根据大量的经验资料,对之加以描述和分析,然后得出相关的结论。

斯密这种注重实际、力求探明事物客观规律方法的精神,使他获得了一系列科学的认识和结论,但是另一方面,他也往往满足于描述现象,哪怕这种现象同他的结论相悖。于是有时对同一个问题,斯密也可能提出几种不同的看法和结论,它们同时存在于他的理论中,相安无事地并存着,而斯密似乎不以为然。正如马克思所说:"斯密本人非常天真地活动于不断的矛盾之中。一方面,他探索各种经济范畴的内在联系,或者说,资产阶级经济制度的隐蔽结构。另一方面,他同时又按照联系在竞争现象中表面上所表现的那个样子,也就是按照它在非科学的观察者眼中,同样在那些被实际卷入资产阶级生产过程并同这一过程有实际利害关系的人们眼中所表现的那个样子,把联系提出来。这是两种理解方法,一种是深入研究资产阶级制度的内在联系,可以说是深入研究资产阶级制度的生理学,另一种则只是把生活过程中外部表现出来的东西,按照它表现出来的样子加以描写、分类、叙述并归入简单概括的概念规定之中。这两种理解方法在斯密的著作中不仅安然并存,而且相互交错,不断自相矛盾。"①

这种理论上的多元化或至少是不一致的情况,使斯密本人的理论成为后来不同倾向经济学家观点的来源,成为后来理论争论的根源之一。然而无论如何,斯密这种探讨本质和描述现象并存的方法及其成果都是具有积极意义的,而且这在经济学初创时期也是不可避免的。

斯密关于国民财富决定要素的基本思路("→"表示"决定于"),如图 6-1 所示:

———————————

① 马克思、恩格斯:《马克思恩格斯全集》第 26 卷,第 2 分册,中共中央马克思恩格斯列宁斯大林著作编译局译,人民出版社 1974 年版,第 181—182 页。

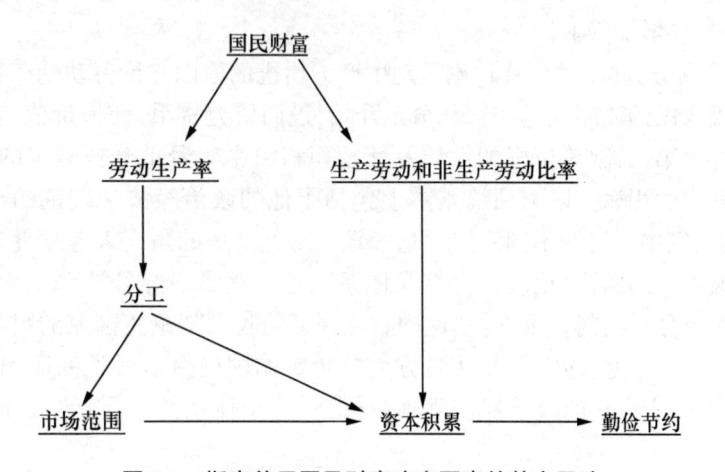

图 6-1　斯密关于国民财富决定要素的基本思路

第三节　分工学说与货币学说

一、分工学说

斯密的《国富论》是从分工开始论述的。为什么从分工讲起呢？这是由于他认为增加国民财富的主要原因是靠提高劳动生产率，而要提高劳动生产率，首先又要靠分工的发展。他说："劳动生产力上最大的增进，以及运用劳动时所表现的更大的熟练、技巧和判断力，似乎都是分工的结果。"①斯密这样重视分工对发展生产力和增进国民财富的作用，反映了他所处的工场手工业时代的特点，因为在手工生产的基础上，分工是技术进步的最基本的形式。

斯密根据他对手工工场的实际观察，用制扣针的手工工场为例进行说明。他指出，当时制扣针的手工工场里，一人抽铁线，一人拉直，一人切截，一人削尖铁线的一端，一人磨另一端，以便装上圆头，做圆头又需有两三种操作，装回头、涂色以及包装，都是专门的工作。这样，扣针的制造分为十八个工序。如有十个工人，每人分担一至二项，一天能做成扣针 48 000 枚，每人平均 4 800 枚。如只由一个工人连续完成十八道工序，有的人甚至做一枚都不容易。因此，他认为由于分工，劳动生产力增加到 4 800 倍。

分工为什么能提高劳动生产率呢？他总结出三方面的原因："第一，劳动者的技巧因业专而日进；第二，由一种工作转到另一种工作，通常须损失不少时间，有了分工，就可以免除这种损失；第三，许多简化劳动和缩减劳动的机械的发明，使一个人能够做许多人的工作。"②

斯密对手工工场分工的论述，比较客观地说明了分工对提高劳动生产率的作用。尽管他举的例子可能有些夸张，但他的分析确实指出了分工的基本优点。不过斯密对分工的论述，只重视它对技术进步和发展生产力的作用，而没有分析分工的社会性质。因此，他在论述中又往往把不同性质的分工混在一起，例如，他把手工工场内部的分工和社会

---

① 亚当·斯密：《国民财富的性质和原因的研究》上卷，郭大力等译，商务印书馆 1972 年版，第 5 页。
② 同上书，第 8 页。

分工看成是同样的。

斯密也论述了分工是怎样产生的。他认为,分工不是由人们头脑中发明出来的,它是由"一种人类倾向所缓慢而逐渐造成的结果,这种倾向就是互通有无、物物交换、互相交易"①。斯密认为,交换不是由人们主观想出来的,分工的产生具有客观性质,这当然是对的,但他把交换看做是人类本性中的一种倾向则是错误的,因为交换是一定社会经济条件的产物。至于他认为交换的倾向引起分工,更是弄颠倒了。从历史上看,原始公社内部很早就产生了自然的分工,交换则是在原始社会末期才出现的,分工的产生先于交换,而不是相反。从理论上看,如果没有分工,没有对不同产品的占有,也就不可能发生交换。

斯密从交换引出分工,并进一步引申出分工的发展受交换范围限制的观点。他说:"分工起因于交换能力,分工的程度,因此总要受交换能力大小的限制,换言之,要受市场广狭的限制。"②由此出发,和他主张自由贸易的思想联系在一起,他认为一切限制贸易自由的措施都会影响分工的发展,妨碍社会福利的增长。他以此为依据批判了重商主义的限制主义政策,强调自由贸易的重要性。

二、货币学说

斯密在论述了分工之后接着论述货币,在阐述了货币学说以后才提出价值学说,这说明他对货币本质的认识尚不清楚。他着重说明了货币在历史上是怎样产生的和货币在流通中的作用,但未能以价值论为基础来揭示货币的本质和起源。

斯密认为,货币是为了克服实物直接交换的困难而产生的。他认为,在分工发达的社会里,各个人所需要的物品,大多数要通过交换得到满足,他说:"一切人都要依赖交换而生活,或者说,在一定程度上,一切人都成为商人,而社会本身,严格地说,也成为商业社会。"③他看到在交换中存在许多困难,例如屠夫需要卖出肉,酿酒人和做面包的人需要买入肉,但他们只能拿自己的产品去交换,而屠夫已有了足够的酒和面包,而希望交换别的东西,于是交换就发生了困难。为了克服这种困难,有的人就使自己手上除了自己生产的商品外,还保存一些许多人都愿意购买的商品,这种商品逐渐从普通商品中分离出来,于是就逐渐发展成了货币。他还说明了在历史上在不同国家或地区许多种商品都起过货币的作用,例如古希腊曾用牛作货币、印度一些地方用贝壳作货币、苏格兰用铁钉作货币等,后来才逐渐集中到用贵金属作货币。最初,交换是用原始形状的金属,交换时称重量和验质量,以后为了交换方便,逐渐制成了铸币。斯密的这些论述在一定程度上正确地说明了货币的起源,对后来货币理论的发展有很大影响。

斯密还力图说明货币在社会商品流通中的作用。由于他对货币的本质认识不够,他着重赞扬了货币作为流通手段的作用。他说:"货币是商业上的大工具,有了它,社会上的生活必需品、便利品、娱乐品,才得以适当的比例,经常地分配给社会上各个人。……货币只是货物借以流通的轮毂。"④斯密看到货币对商品流通的作用是对的,但是他不知

---

① 亚当·斯密:《国民财富的性质和原因的研究》上卷,郭大力等译,商务印书馆1972年版,第12页。
② 同上书,第16页。
③ 同上书,第20页。
④ 同上书,第265页。

道货币所以能够作为流通工具,它本身必须首先是具有价值的社会财富,是价值尺度。他甚至错误地认为:"社会的全部收入,虽赖货币能经常分配给社会各成员,但货币不是社会收入的一部分。"①看来,在反对重商主义时,斯密不能客观地理解金属流通的现象,他从一个极端走上了另一个极端。

从强调货币在流通中的作用出发,他极力赞扬用纸币代替金属货币流通。他说:"以纸代金银币,可以说是以低廉很多的一种商业工具,代替另一种极其昂贵的商业工具,但其便利,却有时几乎相等。有了纸币,流通界无异使用了一个新轮,它的建立费和维持费,比较旧轮,都轻微得多。"②因此,他认为设立银行,发行钞票代替金银币流通,可以大大促进工商业的发展。他也看到纸币只能在国内流通,在国际上是不适用的。并指出,虽然纸币代替金银货币,能促进国内经济的发展,但"和足踏金银铺成的实地相比,这样由纸币的飞翼飘然吊在半空,是危险得多的。管理纸币,若不甚熟练,不用说了,即使熟练慎重,恐仍会发生无法制止的灾祸"③。他看到了纸币有能代替金银币的作用的一面,也看到了纸币如不按需要慎重发行,也会给经济带来混乱的一面。

第四节　价值论和价格论

在货币论之后,斯密提出了他的价值论和价格论,他在这里论证了商品交换的基本原理和市场机制的作用。

一、区分交换价值和使用价值

为了论证交换价值的法则,斯密首先借助于"钻石和水"对比的例子来说明使用价值和交换价值的区分。他说:"应当注意,价值一词有两个不同的意义,它有时表示特定物品的效用,有时又表示由于占有某物而取得的对他种货物的购买力。前者可叫做使用价值,后者可叫做交换价值。"④众所周知,钻石的使用价值很小,但交换价值很大;反之,水的使用价值很大,但交换价值很小,斯密以它们为例来证明商品使用价值和交换价值的不同是有道理的。钻石和水的反论是前人早已知晓的例证,斯密的独到之处在于第一次由此明确引出和区分了交换价值和使用价值两个不同的概念。当然,他对这两者的关系的认识有点过分,因为他说:"使用价值很大的东西,往往具有极小的交换价值,甚或没有;反之,交换价值很大的东西,往往具有极小的使用价值,甚或没有。"⑤两个"甚或没有"言过其实了,但无论如何,做出这种区分都是必要的。

二、交换价值的真实尺度和商品的真实价格

斯密分析了"交换价值的真实尺度",即他所谓"原始未开化状态下"交换价值的决定因素;他又分析了"商品的真实价格",即他所谓"有了资本积累和土地私有之后"的交换价值决定法则。

---

① 亚当·斯密:《国民财富的性质和原因的研究》上卷,郭大力等译,商务印书馆1972年版,第265页。
② 同上书,第268页。
③ 同上书,第295页。
④ 同上书,第25页。
⑤ 同上注。

斯密的根本出发点是，在分工社会中，一个人是贫是富，取决于他能支配、交换或购买多少劳动。这是他谈论价值问题的一个总纲领。但问题是：这个所能支配、交换或购买的劳动，又取决于什么呢？斯密对这个问题提出了两重答案：一个答案是说，它取得物品时所付出的辛苦和麻烦，即所花费的劳动；另一个答案是三种收入，即工资、利润和地租。这就是他的两种价值论。

关于"交换价值的真实尺度"，斯密的观点是："在资本积累和土地私有尚未发生以前的初期野蛮社会，获取各种物品所需要的劳动量之间的比例，似乎是各种物品相互交换的唯一标准。"①当然这要考虑到劳动的艰苦，以及智巧和熟练程度。为什么这种劳动量是唯一的标准呢？斯密解释说："在这种社会状态下，劳动的全部生产物都属于劳动者自己。一种物品通常应可购换或支配的劳动量，只由取得或生产这物品一般所需要的劳动量来决定。"②为什么称劳动是真实尺度呢？这是出于同另一种尺度即货币或名义尺度的比较。劳动是财富的来源，货币仅是一种交换媒介，而且生产某种物品所花费的劳动量在一个长时期中比较稳定不变，而货币的价值时有变动，在这个意义上，"只有劳动才是价值的普遍尺度和正确尺度，换言之，只有用劳动作标准，才能在一切时代和一切地方比较各种商品的价值"③。这是斯密的第一种价值论，即劳动价值论。

关于"商品的真实价格"，即在不同历史条件下的价值决定，斯密得出结论说："工资、利润和地租，是一切收入和一切可交换价值的三个根本源泉。"④这就是所谓三种收入价值论。斯密得出这种理论的思路是：一旦有了资本积累和土地私有，劳动生产物就不能完全归劳动者所有，而必须从中分出一部分给资本作为利润，还要分出一部分给土地作为地租；在这种情况下，一般用于生产或取得任何一种商品的劳动量，就不能单独决定这种商品所应交换、支配或购买的劳动量了，在工资之外，还应加上利润和地租，于是商品价格就有了工资、利润和地租这三个部分，这三者也就成为新条件下商品价值的三个源泉。斯密价值论的基本思路可以概括如图 6-2 所示：

不同社会发展阶段	斯密的价值论
"原始未开化社会"	耗费或支配劳动
"现代文明社会"	工资 + 利润 + 地租

图 6-2　斯密价值论的基本思路

斯密指出资本积累和土地私有会使分配关系发生变化，这是对的，他甚至还觉察到交换价值的基础也会发生变化，这也是很难得的，说明他有一定的历史感，但他以分配关系的变化来论证价值源泉的变化，显然犯了倒果为因的错误，因为工资、利润和地租是对已经生产出来的既定的价值量的分配，如果没有价值存在，也就不会有这些分配份额的出现和存在，所以价值决定在前，价值的分配在后，不能用价值的分配来说明价值的决定。此外，斯密认为劳动价值论应当让位给收入价值论，这还基于对商品价格组成问题的一个误解，即认为商品的价格归根结底都要分解为三种收入。这就是有名的"斯密教条"。该教条的实质在于把商品价格全部地归结为各种收入，从而否定或忽略掉了生产

---

① 亚当·斯密：《国民财富的性质和原因的研究》上卷，郭大力等译，商务印书馆 1972 年版，第 42 页。
② 同上注。
③ 同上书，第 32 页。
④ 同上书，第 47 页。

资料的客观存在。这是他后来不能提出一个再生产理论的重要原因。

三、自然价格和市场价格

斯密对商品自然价格和市场价格的关系的分析,实际上就是对市场机制的分析。他所处理的市场关系是一个自由竞争充分发挥作用的环境,已经存在一般工资率、一般利润率和一般地租率,斯密称之为"普通率或平均率或自然率"。斯密认为,所谓商品的自然价格就是依照自然报酬率所出卖的价格,也就是恰好可以依照自然报酬率支付工资、利润和地租的价格。这个价格也就是价值。要注意,如前所述,在这个价格或价值中,没有不变资本存在的余地,只有由各种收入所组成的新创造的价值。斯密指出,所谓市场价格就是商品通常出卖的实际价格。他指出,市场价格会偏离自然价格,偏离的原因在于供给和需求的对比关系,供给大于需求时,竞争在售卖者中发生,使价格下降;需求大于供给时,竞争在购买者中出现,使价格上升;供给和需求相等时,则市场价格与自然价格相等。斯密强调指出:"自然价格可以说是中心价格,一切商品价格都不断受其吸引。各种意外的事件,固然有时会把商品价格抬高到这中心价格之上,有时会把商品价格强抑到这中心价格以下,可是,尽管有各种障碍使得商品价格不能固定在这恒固的中心,但商品价格时时刻刻都向着这个中心。"[①]

斯密的第一个价值论是对"原始未开化状态下"交换关系的正确解释,而他的第二个价值论则是对资本主义条件下交换法则的一种曲解,事实上,在后面这种情况下,商品的交换价值既不是仅仅由劳动决定,也不是由各种收入决定,而是由包括劳动、资本和土地等在内的各种生产要素的贡献共同决定的。斯密的这种二重的价值论成为后来不同价值论产生的重要源头。不过他对市场机制的分析还是正确的,为后世所继承。

第五节 分配理论

一、工资和利润

斯密认为:"劳动生产物构成劳动的自然报酬或自然工资。"[②]依照先前的思路,斯密指出,"在土地尚未私有而资本尚未积累的原始社会状态下",劳动的全部生产物属于劳动者,没有别人分享;但这种原始状态,"一到有了土地私有和资本积累,就宣告终结了……地主的地租,便成为要从用在土地上的劳动的生产物中扣除的第一个项目……利润成为要从用在土地上的劳动的生产物中扣除的第二个项目"[③],利润的扣除,对农业生产物来说是这样,对工业生产物也如此,利润是雇主分享"劳动对原料所增加的价值"的份额。工资水平由劳资双方的契约决定(资方常占有利地位),但仍然有一个最低限度,即足够维持其生活的费用。使工资超过这个最低水平的因素有:劳动供不应求;"工资基金"的增加,该基金来自各种有钱人超过维持其生活的收入,以及雇主的超过自己使用的资材。因此,对工资的需求的增加,是一国资本和收入或国民财富增加的结果,所以一国

---

① 亚当·斯密:《国民财富的性质和原因的研究》上卷,郭大力等译,商务印书馆1972年版,第52页。
② 同上书,第58页。
③ 同上书,第58—59页。

第六章 亚当·斯密——古典政治经济学体系的创建者　99

财富增加的快慢即资本积累的速度,决定工资的水平。繁荣之国(如北美)比富裕之国
(如英格兰)的工资水平要高而且增加得快;富裕而停滞之国(如中国)工资低而且增长
缓慢;倒退的国家(如印度)工资低而且在减少。"所以,劳动报酬优厚,是国民财富增进
的必然结果,同时又是国民财富增进的自然征候。反之,贫穷劳动者生活维持费不足,是
社会停滞不进的征候,而劳动者处于饥饿状态,乃是社会急速退步的征候。"①

二、影响利润的因素

斯密指出:"资本的增加,提高了工资,因而倾向于减低利润。在同一行业中,如有许
多富商投下了资本,他们的相互竞争,自然倾向于减低这一行业的利润;同一社会各种行
业的资本,如果全部同样增加了,那么同样的竞争必对所有行业产生同样的结果。"②总
之,利润是倾向于下跌的。斯密指出,利润率难以确定,因为它要受许多因素影响,时刻
变动;不过可以由利息率的变动推知利润的变动,因为国内资本一般利润会随利息率的
升降而增减。

斯密主张由市场供求关系调节资本利润和利息,反对人为垄断和干预。他指出,在
自由竞争条件下,除了起因于职业本身性质的不平等难以避免之外,工资率和利润率在
不同行业可以大体实现平均化,但这要具备若干条件③;同时,欧洲各国政策造成了不平
等,例如限制竞争人数、城乡的人为差别、限制资本和劳动自由转移等。

三、地租

斯密认为:"作为使用土地的代价的地租,自然是租地人按照土地实际状况所支给的
最高价格。"④前已指出,斯密认为地租是对劳动生产物价值的第一个扣除,他现在进一步
强调了地租的不劳而获的性质:"对于未经改良的土地,地主也要求地租……有时,地主
对于完全不能由人力改良的自然物,也要求地租……这样看来,作为使用土地的代价的
地租,当然是一种垄断价格。"⑤他明确指出,地租是土地生产物的售价中,除了工资和利
润以外的部分,这个部分的多少,依照土地生产物的价格而定,而这个价格又要看对于土
地生产物的需求如何。斯密由此指出,工资和利润是价格高低的原因,而地租是价格高
低的结果,换句话说,地租不一定必须是商品价格的必然组成部分,价格高低决定地租的
高低,而工资和利润的高低却决定价格的高低。

第六节　资本积累学说

一、资本的性质和分类

斯密认为,资本积累是分工之外发展生产的另一个基本条件。他认为资本是指人们
希望从中取得收入的资财。他从"对投资者提供收入或利润的资本,有两种使用方法"的

---

① 亚当·斯密:《国民财富的性质和原因的研究》上卷,郭大力等译,商务印书馆1972年版,第67页。
② 同上书,第80—81页。
③ 同上书,第107—111页。
④ 同上书,第136—137页。
⑤ 同上书,第137—138页。

角度,把资本划分为流动资本和固定资本两部分:"流动资本"是指必须通过交换和流动才能为投资者带来利润或收入的资本,包括货币,作为生产者或商人的售卖品的食品、原材料以及制成品;"固定资本"是指不必经过流动,不必更换主人即可提供收入或利润的资本,主要包括机器工具、营业用的不动产(如商店、工场、农舍等)、土地改良费用以及人的才能和本领。斯密认为,固定资本都是由流动资本变成的,而且要不断地由流动资本来补充,因为如果没有流动资本,也就没有必要的生产条件(不包括机器工具)。至于固定资本和流动资本的目的,斯密认为是共同的,而且只有一个,即提供并不断增加供目前消费的资财。

相对于重农主义者对资本的划分仅限于农业部门,而且把农业资本划分为"年预付"和"原预付"两部分的做法,斯密的划分最大的特点是将其普遍化了,因为他不再限于农业;而且他提出的固定资本和流动资本这两个概念和名词也被后人采纳。但他对这两种资本的划分标准是不大科学和准确的,所以难免带来一些混乱,例如,货币作为资本的存在形式,可以是固定资本,也可以是流动资本,本不该只归于某一类;再如,待售制成品已经是商品资本了,其中已经包含着当初生产它时所花费的资本,它此时既不是固定资本也不是流动资本,就是商品资本,而固定资本和流动资本只是在生产资本之内的划分。此外,机器工具、厂房设备之类固然是固定资本,但其理由并不在于斯密所说的"不经换手即可获利",而是因为其价值的转移是多次进行而不是一次完成的。至于两种资本的关系,也并不是斯密所说的那样,似乎流动资本显得比固定资本更重要,实际上两者共同构成生产的物质条件,缺一不可,而且随着生产的发展,固定资本的比重是愈益增加了。不过,斯密的观点在一定程度上反映了当时英国工场手工业的现实,即与固定资本的作用相比,斯密所说的流动资本似乎起着更突出的作用。

二、生产性劳动和非生产性劳动学说

这是斯密资本积累论中另一个具有重大意义的学说,也是后来引起巨大反响和争议的学说。这一学说旨在促进资本积累,发展资本主义生产。斯密对生产性劳动和非生产性劳动所下的定义是:"有一种劳动,加在物上,能增加物的价值;另一种劳动,却不能够。前者因可生产价值,可称为生产性劳动,后者可称为非生产性劳动。"[1]在以制造业工人和家仆为例进一步说明两种劳动的区别时,斯密又说,前者的劳动可以固定并实现在特殊商品或可卖商品上,可以经历一些时间,不会随生随灭,反之,家仆的劳动却不是固定在特殊商品或可卖商品上,并随生随灭。可见,斯密为生产性和非生产性劳动所作的区分,关键在于是否增加价值,而且增加到实际的特殊的商品体上。在这里,增加价值和生产出商品体是一致的。这反映了当时生产发展的实际阶段,即生产性劳动还限于物质的有形的产品领域,因此不能说斯密在此提出了两种互不相同的生产性劳动的定义。

斯密指出,资本用于生产性劳动和非生产性劳动的比例,决定了次年的生产量,因为这两部分资本直接决定了用于生产性和非生产性劳动的劳动者人数,从而也决定了资本和收入的比例。斯密主张节俭以积累资本,还主张减少非生产性开支以增加生产性劳动的支出,以增加国民财富。斯密总结说:"增加一国土地和劳动的年产物的价值,只有两

---

① 亚当·斯密:《国民财富的性质和原因的研究》上卷,郭大力等译,商务印书馆1972年版,第303页。

个方法,一为增加生产性劳动者的数目,一为增进受雇劳动者的生产力。很明显,要增加生产性劳动者的数目,必先增加资本,增加维持生产性劳动者的基金。要增加同数受雇佣劳动者的生产力,唯有增加那便利劳动、缩减劳动的机械和工具,或者把它们改良。不然,就是使工作的分配,更为适当。但无论怎样,都有增加资本的必要。"①

斯密还研究了资本的各种用途,这是对生产性劳动的进一步分类。他认为按照生产性的大小,资本的使用应按照农业(包括矿业和渔业)、制造业、批发商业和零售商业的顺序加以安排。在说明农业生产率最高的原因时,斯密说那是因为在农业中,不仅有人在劳动,而且他的牲畜也是生产劳动者,此外,自然也和人一起劳动。② 对劳动的这种理解显然是浅薄和谬误的。

第七节 经济自由主义

亚当·斯密提出了他的经济政策主张,其基本要求和基本精神就是基于其经济理论的经济自由主义。他认为社会经济活动存在着自然的、客观的规律性,顺应这些规律让其自发地起作用,才最有利于国民财富的增长。因此,一个国家最好的经济政策就是经济自由主义,也就是对私人的经济活动,不加任何干涉,采取自由放任的态度。他说:"各个人都不断地努力为他自己所能支配的资本找到最有利的用途。固然,他所考虑的不是社会的利益,而是他自身的利益,但他对自身利益的研究自然会或者毋宁说必然会引导他选定最有利于社会的用途。"③又说:"在这场合,像在其他许多场合一样,他受着一只看不见的手的指导,去尽力达到一个并非他本意想要达到的目的。"④

斯密赞扬经济自由主义,反对国家干涉政策。他指出:"关于可以把资本用在什么种类的国内产业上面,其生产物能有最大价值这一问题,每一个人处在他当时的地位,显然能判断得比政治家或立法家好得多。如果政治家企图指导私人应如何运用他们的资本,那不仅是自寻烦恼地去注意最不需要注意的问题,而且是僭取一种不能放心地委托给任何一个人,也不能放心地委之于任何委员会或参议院的权力。"⑤他认为国家干涉私人经济活动是不必要的,也是极为有害的。

一、自由贸易

根据经济自由主义思想,斯密积极主张对外贸易自由,反对重商主义的垄断和限制政策。他认为国家制定限制对外贸易的政策,不利于增加国民财富。国家如用限制国外某种商品进口的办法,以保护本国某部门的生产,这样表面上看来保护了本国的工业,实际上则会使国内资本从有利的生产部门转到不利的生产部门,造成生产力的下降。因为需要国家用限制进口保护的部门,必定是生产条件不利的部门,没有竞争能力的部门。这种限制的结果,实际上促进了把资本投向不利的生产部门。他认为只有充分的自由贸易,才能使资本投到最有利的地方和最有利的部门,才能使各国都充分利用本国的土地、

---

① 亚当·斯密:《国民财富的性质和原因的研究》上卷,郭大力等译,商务印书馆1972年版,第315—316页。
② 同上书,第333页。
③ 亚当·斯密:《国民财富的性质和原因的研究》下卷,郭大力等译,商务印书馆1974年版,第25页。
④ 同上书,第27页。
⑤ 同上书,第27—28页。

气候、资源等最有利的条件,生产与别国相比成本最低、生产力最高的产品。这样就会形成一个合理的国际地域分工。各国都生产最有利的产品,进行国际贸易,互通有无,结果各国都能发挥出最大的生产力,得到更为丰富的产品。斯密的"地域分工论"符合节约资源和发展生产力的客观要求,当然也反映了英国作为先进资本主义国家扩张经济的要求。

二、国家的作用和赋税原则

斯密从他的经济自由主义出发,极力主张限制国家的作用。他说:"按照自然自由的制度,君主只有三个应尽的义务……第一,保护社会,使不受其他独立社会的侵犯。第二,尽可能保护社会上各个人,使不受社会上任何其他人的侵害或压迫,这就是说,要设立严正的司法机关。第三,建设并维持某些公共事业及某些公共设施。"[1] 斯密这里讲的君主的作用,实际上就是他所主张的国家的作用。他还指出:"一切特惠或限制的制度,一经完全废除,最明白最单纯的自然自由制度就会树立起来。每一个人,在他不违反正义的法律时,都应听其完全自由,让他采用自己的方法,追求自己的利益,以其劳动及资本和任何其他人或其他阶级相竞争。这样,君主们就被完全解除了监督私人产业、指导私人产业、使之最适合于社会利益的义务。要履行这种义务,君主们极易陷于错误;要行之得当,恐不是人间智慧或知识所能做到的。"[2]显然,斯密主张国家的作用应仅限于维护国家安全和个人安全,以及举办一些资本家私人经营无利可图的工程。这样用国家政权的力量保证资产阶级有一个和平地、安全地进行经济活动的环境,也就是起一个资产阶级的"守夜人"的作用。至于资本家进行的经济活动本身,国家不必也不应进行干涉,应该听任他们为了追求自己的利益而进行自由竞争,斯密的主张带有强烈的反封建专制和反重商主义限制政策的特点。

斯密虽认为政府的作用应受到限制,但是政府还是必要的。要维持国家平稳运行,就必须有一定的费用,因此,斯密在国富论第五篇比较详细地考察了国家财政的各项收支,并提出了赋税的四种原则。第一,一国国民都必须按照各自收入的比例纳税,即要贯彻"公平"的原则。第二,纳税数额、日期、方法都必须明确,不得随意变更。第三,纳税方法和日期都要给纳税者以最大的便利。第四,使人民交纳的税收尽可能都确实成为国家的收入,尽量减少征税工作的费用和对人民的烦扰。他认为这是国家征税应当十分注意的问题。

斯密进一步考察了税收的来源。他从三种收入决定价值理论出发,认为:"个人的私收入,最终总是出于三个不同的源泉,即地租、利润与工资。每种赋税,归根结底,必定是由这三种收入源泉的这一种或那一种或无区别地由这三种收入源泉共同支付的。"[3]他并对这三种收入是否宜于作为征税的对象分别作了考察。他认为对利润征税是不合适的。他说:"利润,分明是不能直接课税的对象。那是投资危险及困难的报酬,并且,在大多数场合,这报酬是非常轻微的。资本使用者,必得有这项报酬,他才肯继续使用,否则,从其

---

[1] 亚当·斯密:《国民财富的性质和原因的研究》上卷,郭大力等译,商务印书馆 1972 年版,第 252—253 页。
[2] 同上书,第 252 页。
[3] 亚当·斯密:《国民财富的性质和原因的研究》下卷,郭大力等译,商务印书馆 1974 年版,第 384 页。

本身利益打算,他是不会再做下去的。"①斯密还指出,如果对利润加税,资本家就会或者把税收转嫁到货币利息上去,或者提高产品价格,转嫁到消费者身上。他还认为,对资本的利息也不宜征税,因为货币资本不像土地那样有固定的形式,它很容易隐藏,很难查清其确实数量。同时货币资本流动性很大,如对它课税,它就会流到国外去,这对于国家是不利的。

斯密也不赞成对劳动工资课税。他根据工资的自然价格等于工人必要的生活资料的价格的理论,认为对工资课税,只会引起工资上涨。他说:"当劳动需要及食物价格没有变动时,对劳动工资直接课税的唯一结果,就是把工资数目提高到稍稍超过这税额以上。"②这就是说,如对工资课税,不仅税收本身成为工资的一部分,还会稍有增加。并且,工资税表面上看来是直接对劳动工资征税,实际上是由雇用他的资本家支出。如果雇用工人的是制造业主,那他就会由于多支付了工资,提高产品的价格,把税收转移给消费者。如果雇用工人的是农业资本家,他就会因为多支付工人工资,而少交地租,把税转嫁到土地所有者身上。

斯密认为三种收入中只有地租是最合适的纳税对象。他说:"在许多场合,地皮租及其他普通土地地租,同为所有者不用亲自劳神费力,便可享得的收入。因此,把他这种收入,提出一部分充国家费用,对于任何产业,都不会有何等妨害……这样看来,地皮租及其他普通土地地租,就恐怕是最宜于负担特定税收的收入了。"③斯密虽然认为地租是最宜于征税的对象,但他并不像重农学派那样主张单一地租税。他认为在适合四项原则的条件下,也可以向工资、利润以及其他收入征税,但税收的主要负担最终要落在地主身上。斯密对税收的论述显然是反对地主阶级、维护资产阶级利益的。不过这种税收主张在当时代表了发展资本主义生产的要求,是有进步作用的。

第八节　对所谓"亚当·斯密问题"的辨析

如何认识斯密的两部著作的关系,尤其是它们所体现的人性论和社会倾向是否一致的问题,长期以来在国内外学术界存在争议。在一些人看来,《道德情操论》倡导的是利他主义道德观,而《国富论》倡导的则是利己主义经济观,因此它们的人性论基础和社会倾向是相互矛盾的,此即所谓"亚当·斯密问题"。其实,这是一个基于对斯密学说的误解而提出的一个虚假判断和伪问题。

一、"亚当·斯密问题"的由来和发展

所谓"亚当·斯密问题",最早是由德国历史学派学者提出来的。布鲁诺·希尔德布兰德(Bruno Hildebrand)早在 1848 年的《国民经济学的现状和未来》(法兰克福版)中指出,亚当·斯密在《国富论》中论述的是"唯物主义",即人性自私论。接着,1853 年,卡尔·克尼斯(Carl G. A. Knies)在《历史方法论的政治经济学》(不伦瑞克版)中第一次提出,斯密 1766 年去了法国之后,受到法国重农主义首领魁奈的自然秩序观的影响,才在

---

① 亚当·斯密:《国民财富的性质和原因的研究》下卷,郭大力等译,商务印书馆 1974 年版,第 406—407 页。
② 同上书,第 425 页。
③ 同上书,第 403 页。

写作《国富论》时改变了观点,从《道德情操论》注重精神追求的利他主义转变为注重个人物质利益的利己主义。

斯卡尔茨基(Witold von Skarzynski)充分发挥了这一观点,1878年,他在《亚当·斯密作为道德哲学家与国民经济学的创始人》(柏林版)中郑重其事地提出了斯密的"理论转变"(Umschwungstheorie)。从此,"斯密问题"这一说法俨然成型,逐渐流传于各国学术界。

苏联一些学者就认同这一观点。著名学者卢森贝在《政治经济学史》(该书20世纪50—60年代在我国很有影响)中说:"亚当·斯密在《道德情操论》中研究的是道德世界,在《国富论》中研究的是经济世界。他没有能够把这两个世界联系起来。他研究道德世界的出发点是同情心……他研究经济世界的出发点是利己主义……斯密不能把经济看做是基础,而把观念形态看做是上层建筑。他的二元论是自然的,因为这是受资产阶级的自然的本性所决定的。"这就进一步坐实了所谓"亚当·斯密问题"。长期以来我国经济学界持此观点者也不乏其人。

二、对"亚当·斯密问题"这个说法的基本估计

斯密两部书论述的起点确实不同,然而,就此断定它们的人性论基础相互排斥和彼此对立,则是对斯密学说的最大误解,因此所谓"亚当·斯密问题"是一个伪问题。

斯密两部书论述的起点确有不同。《道德情操论》分析的起点是个人的同情心。他说:"无论人们会认为某人会怎样自私,这个人的天赋中总是明显地存在着这样一些本性,这些本性使他关心别人的命运,把别人的幸福看成是自己的事情,虽然他除了看到别人幸福而感到高兴以外,一无所得。这种本性就是怜悯或同情,就是当我们看到或逼真地想象到他人的不幸遭遇时所产生的感情。"[1]斯密说,这是一种人人皆有的"原始的感情"[2]。

《国富论》论述的起点则是利己主义。他指出:劳动分工是提高生产率的基本途径,而分工则来源于人类本性中的一种倾向,即互通有无,物物交易,互相交换。这种倾向为人类所共有,也为人类所特有。为什么会有这种倾向呢?因为个人不能完全自立,随时随地都需要同胞的协助,仅仅依赖他人的恩惠是不行的,怎样才能得到自己所需要的东西呢?"他如果能够刺激他们的利己心,使有利于他,并告诉他们,给他做事,是对他自己有利的,他要达到目的就容易得多了。不论是谁,如果他要与旁人做买卖,他首先就要这样提议。请给我以我想要的东西吧,同时,你也可以获得你所要的东西。这句话是交易的通义……我们每天所需要的食料和饮料,不是出自屠户、酿酒家或烙面师的恩惠,而是出于他们自利的打算。"[3]

斯密又说:"把资本用来支持产业的人,既以谋取利润为唯一目的,他自然总会努力使他用其资本所支持的产业的生产物能具有最大价值,换言之,能交换最大数量的货币或其他货物。"[4]

---

① 亚当·斯密:《道德情操论》,蒋自强等译,商务印书馆1997年版,第5页。
② 同上注。
③ 亚当·斯密:《国民财富的性质和原因的研究》上卷,郭大力等译,商务印书馆1972年版,第13—14页。
④ 亚当·斯密:《国民财富的性质和原因的研究》下卷,郭大力等译,商务印书馆1974年版,第27页。

三、为什么说"亚当·斯密问题"是一个伪问题?

为什么说所谓"亚当·斯密"问题是一个虚假判断和伪问题呢?这至少可以从四个方面加以说明。

首先,曲解了斯密所谓"利己"和"利他"的含义。

"亚当·斯密问题"这个说法暗含着一种理解,即斯密所谓利己主义是指自私自利,甚至损人利己,而其所谓利他主义则是指单纯的利他。

这种理解肯定是不对的。《道德情操论》中所谓"人的利己的本性",并非自私自利,更不是损人利己,而是指合理的个人利益。具体来说,他是指人总是首先关心自己,关心自己的职业和收入、名誉和地位,关心自己的生存和发展、前途和命运。斯密说,这是人的原始感情,是人的天性,是与生俱来的感情,也是一种不可侵犯的权利,其矛头直指封建君权论。所谓利他,则体现为有利于自己又有利于别人和社会的一系列美德,即所谓"合宜性"。这同基督教历来的单纯的"仁慈即美德"的说教截然不同,同极端利己主义观点更是格格不入。

《国富论》中所谓利己,即自爱(self-love),指的也并非损人利己,更不是极端个人主义,而是指与生俱来的个人利益和要求,包括生存权和发展权,或者说合法财产所有权、合法经营权和收益分配权等,那是对封建特权或其他垄断特权的否定,是新兴社会阶层的心声和呼声。而所谓利他,则是指在分工和商品经济条件下,商品生产者通过商品交换为别人和社会提供所需要的商品或服务。

可以看出,两部书对利己和利他的理解是一致的,而且有其特定的时代内涵,不过伦理学的意义要比经济学的意义来得更广泛,后者比前者更具体。它们所体现的都是在推翻和改造了封建社会基础上逐渐成长起来的新兴资产阶级新的道德伦理观和经济道德观。

其次,没有看到斯密两部书的人性论基础是一致的。

以为《国富论》的人性论基础是利己主义,而《道德情操论》则是利他主义,这是误解。其实,斯密两部著作的人性论基础既不是单纯的利他主义,也不是极端利己主义,而是合理的利己主义和高尚的利他主义的结合。这种结合,在《国富论》中表现为公私利益协调论,在《道德情操论》中体现为合宜道德论。

在《道德情操论》中,除了将同情心作为分析起点之外,在往后的论述中,但凡涉及人的本性的地方,他都毫不含糊地指出了人的本性中利己的一面。

他说:"人生的伟大目标"是改善自身的条件,谋求自己的利益,包括引人注目,被人关心,得到同情,自满自得和博得赞许。[1] 他又说:"毫无疑问,每个人生来首先和主要关心自己;而且,因为他比任何其他人都更适合关心自己,所以他如果这样做的话是恰当的和正确的。"[2]他称利己的动机和感情是"人性中的那些自私而又原始的激情"[3]。他认为,最完美德行的人应该是既能控制自己自私的原始感情,又富于同情心的原始感情

---

① 亚当·斯密:《道德情操论》,蒋自强等译,商务印书馆1997年版,第61页。
② 同上书,第101—102页。
③ 同上书,第164页。

的人。①

他进一步指出:"每个人首先和主要关心的是他自己。无论在哪一方面,每个人当然比他人更适宜和更能关心自己。每个人对自己快乐和痛苦的感受比对他人快乐和痛苦的感受更为灵敏。前者是原始的感觉,后者是对那些感觉的反射的或同情的想象。前者可以说是实体,后者可以说是影子。"②这不就是说利己和利他都是人的本性吗?不过前者是本源,后者是其表现罢了。

《国富论》则结合经济生活的实践对人的本性作了明确的表述:人的经济活动的动机是利己的,而人又有交换的倾向或本性(动物没有),因为在分工和市场经济条件下,若想满足自己的需要,就得交换;要实现交换,只有利他,即为别人或社会提供商品或服务;只有做到这一步,即实现了利他,才能利己。可见,利己动机和交换倾向都是人的本性,人的本性就是利己和利他的结合,两者相辅相成,不可或缺。这就是斯密的公私利益协调论,斯密据此发展出一整套经济自由主义学说和政策。

再次,无视和曲解了《国富论》所体现的经济道德观的实质。

《国富论》是对经济自由主义的经济论证,这样说没有错,但人们往往没有看到它同时也是对与之相适应的经济道德观的论证,这两种论证是紧密结合在一起的,而且这种论证所体现的经济道德观同样既非极端利己主义也非单纯利他主义,而是指两者的结合。这主要体现在以下五个方面。

(1) 自由主义精神。自由经营、自由竞争和自由贸易,是斯密经济自由主义的精粹。奉行这种经济活动原则在斯密看来是正当的,有益的。因为只有这样才能促进生产率的提高,增进社会财富。为此,他反对国家对经济生活的过分干预,批判重商主义时期国家对社会经济生活所施加的种种控制和限制,大力提倡也深信市场机制这只"看不见的手",能够将生产资源做最佳的配置。显然,他倡导的是一种具有崭新历史内涵的自由主义经济发展观和经济道德观,它不仅同中世纪的封建道德观相对立,同重商主义的体现垄断精神的道德观也是格格不入的。

(2) 分工协作原则。生产过程中的分工协作,在斯密看来,既是发展生产、提高劳动生产率的基本途径,也是一种应于倡导的道德规范,也就是说,冲破分散的孤立的小生产方式,投身将劳动和资本集中到工场手工业的生产之中,发扬分工协作精神,是非常必要的,也是道德的。

(3) 商品交换等价原理。这在斯密看来既是一个重要的经济原则,也是一种重要的经济道德规范。他将这种等价关系分解为两个阶段。"原始未开化"时代依照"辛苦和麻烦或劳动"相交换的法则,"现代文明时代"即出现了土地私有和资本积累以后的"三种收入"(劳动工资、土地地租和资本利润)交换法则。在他看来,这里体现的是一种自由平等原则。这是对传统道德标准的突破。在基督教的道德习俗中,一味地提倡"仁慈"、"爱人如己",要求人们具有同情、仁爱、献身的品质和精神,把无酬服务或赠送视为道德和高尚,而将有偿服务或交换视为是不道德而受到鄙视。斯密认为,这种道德观不适合商业社会的现实和需要。在商业社会中,人们需要的满足大部分是通过交换和买卖取得,不可能无偿赠送,人们的生活不能仅仅求助于他人的仁慈,必须依靠平等的互利互惠原则,

---

① 亚当·斯密:《道德情操论》,蒋自强等译,商务印书馆 1997 年版,第 184 页。
② 同上书,第 282 页。

所以,无私奉献固然是道德的,平等的等价的交换也是道德的。

（4）公平合理的分配原则。通过分工协作生产出的产品,又通过等价交换,换回自己所需要的产品或服务,在斯密看来,这是一个"自然而然的"收入分配过程;至于这种分配是否体现了公平合理的精神和道德原则,斯密则给出了两种相互抵触的回答。依据他从原始未开化状态所得出的劳动价值论,他断定这里存在着不平等,因为土地地租和资本利润都是对劳动成果的扣除;然而,当他转向土地私有和资本积累的新条件和新环境条件下的交换法则时,他又肯定了资本利润和土地地租的合理合法性,声称这时价值应由包括土地地租和资本利润在内的三种收入决定。换句话说,得到劳动工资固然是正当和道德的,得到资本利润和土地地租同样是正当和道德的。这表现了斯密对土地贵族势力的妥协和让步。

（5）消费领域中倡导勤俭节约,他认为这是资本积累的需要,而资本积累及其生产性地使用,又是发展生产的另一个基本途径。

这就是斯密的经济自由主义道德观的主要内容,同重商主义的国家干预主义道德观相比,斯密的这些道德观显然是进步的,甚至具有革命性意义。当然,他所反映的是新兴资产者的利益和要求,必然具有其历史的局限性。例如在其分配论中对土地所有者利益的妥协,在其财政论中对君主利益的强调和尊重,等等。

最后,曲解了斯密所提倡的"合宜美德论"的本质。

"亚当·斯密问题"的提出者和赞同者以为,斯密的《道德情操论》所倡导的就是利他主义,其实并不尽然。不错,斯密猛烈批判了孟德维尔的极端利己主义（"私人恶行即是公众利益"是其典型的信条）,斥之为"放荡不羁的体系"。斯密指出,这种学说的实际作用在于,唆使那种因为别的什么原因而产生的罪恶,并且抱着过去闻所未闻的肆无忌惮的态度公开承认它那动机的腐坏,所以这种学说显得更加厚颜无耻。斯密深信孟德维尔的诡辩和欺骗终会被识破。

然而,斯密并不赞成所有的利他主义学说,对单纯的"仁慈即美德"这种利他主义学说他就秉持明确的批判态度。这种利他主义学说是晚期柏拉图主义信条,也为古代基督教和近代神学家所推崇。斯密认为,不应把仁慈看做行为的唯一准则,事实上,对我们自己个人幸福和利益的关心在许多场合也表现为一种非常值得称赞的行为准则,需要的是两者的结合与平衡。因为人的本性既非单纯利己,也非单纯利他,而是两者的结合。

认为人的本性是利己和利他的结合,这是斯密批判其他道德哲学的立足点,也是他所阐述的新道德观的出发点和基本精神。在斯密看来,美德在于"合宜"或"适宜"。所谓合宜（propriety）,是指在有旁观者与当事者的场合,当事人的感情或感受应当同旁观者的相一致;或者在没有旁观者时,当事者的感情和感受应当同有旁观者时的感情和感受相一致。通俗地说,无非就是指主客体或者主客观的和谐与统一。

斯密认为,这种道德观合乎分工和市场经济社会发展的需要,因而是唯一正确的道德观,应该而且能够成为社会道德观的牢固基础和主流。这是因为,个人生活在社会之中,同整个社会相比,个人不过是沧海之一粟;离开了社会,个人难以生存,因此个人应该服务于社会,贡献于社会,而社会也应为个人提供必要的保护和生存发展的条件。人是个体性和社会性的结合,这就是他的"合宜美德论"的基础。

那么,合宜的美德表现在哪些方面呢？不妨将斯密详尽的分析和论述作如下概括。

第一,对别人,应该表现得温柔、有礼、和蔼可亲;公正、谦让和宽宏大量;爱憎分明,坚持正义。第二,对自己,合宜美德又是什么呢?这有两种场合,一种是有旁观者,另一种是没有旁观者。有旁观者时,当事人应当确立的美德是崇高、庄重、令人尊敬,以及善于自我克制各种激情。没有旁观者时,应当如何评判自己的思想和行为呢?应当确立怎样的美德呢?斯密强调说,在这种场合,当事者自己应该"换位思考"。以别人的眼光来看待自己,设身处地想想别人会怎样看待自己,结果就会根据自己想象中的那个"公正的法官"的态度来决定自己的言行。斯密强调说,在这种场合,应当确立怎样的美德是良心和责任感。

斯密所谓良心,就是指"心中那个公正的法官"或别人可能的看法和感受。他非常强调"良心"的权威和作用,认为它在很多场合可以支配人们的行为举止,甚至能够使高尚的人在一切场合,使平常的人在许多场合,做到为了他人更大的利益而牺牲自己的利益。

斯密认为,良心对人的要求是:① 不应太看重自己而轻视别人,否则就会把自己变成别人蔑视和愤慨的对象;② 不应为了私利而伤害别人,穷人也绝不应当诈骗和偷窃富人的东西;③ 对别人的幸福或不幸都应有适当合宜的反应;④ 父母对子女的亲情和子女对父母的孝敬也都应有适当的合宜的表现。

关于责任感,即对一般行为准则的尊重,斯密认为这是人类生活中最重要的一条原则。这种责任感应当体现在个人生活的各个方面,包括夫妻之间,父母与子女之间,朋友之间,以及个人与社会和国家之间等。

此外,斯密还论证了个人的成功和处世之道,其中同样洋溢着对作为一个成功人士所应当追求的道德规范的刻画和重视。包括:第一,勤奋好学,谦虚进取。第二,真诚,不讲假话。第三,广交和善交朋友。第四,谈吐得当,拒绝无礼和粗鲁;从不傲慢,恪守礼仪。第五,量入为出,谨慎择业。第六,少管闲事,凡事比较超脱。第七,谨慎,又分为两种:一般的谨慎,即关心个人的健康、财富、地位和名誉;高级的谨慎,包括伟大将军的谨慎,伟大政治家的谨慎,上层议员的谨慎。他们的谨慎同更为远大和高尚的目标相联系,同英勇、广泛而又热心的善行,同对于正义准则的尊重结合在一起,而所有这一切都是由恰如其分的自我控制所维持的。

最后,让我们再做几点补充,进一步说明斯密《道德情操论》和《国富论》的一致性。

第一,两书都源自斯密在格拉斯哥大学任教期间(1750—1762 年)所讲授的道德哲学(含自然神学、伦理学、道德学、法学及政治学,政治学中包含着后来的政治经济学),是其庞大的道德哲学整体写作计划的不同部分,其主题相互配合、相辅相成。《道德情操论》论证了新历史条件下即市民社会或市场经济条件下应该遵行的基本道德规范和行为标准,论证了提升人类美德的必要性和可能性。《国富论》则论证了自由竞争资本主义生产方式的历史必然性和优越性,指出了发展社会生产力的基本途径和条件,以及相关的基本政策。亚当·斯密是伟大的伦理学家,也是伟大的政治经济学家。

第二,两书的写作和修订是交替进行的。《道德情操论》1759 年初版,1761 年二版,1767 年三版,1774 年四版;《国富论》1776 年初版,1778 年二版;《道德情操论》1781 年五版;《国富论》1784 年三版,1786 年四版,1789 年五版(最终版);《道德情操论》1790 年六版(最终版)。

第三,斯密认为,一般道德情操和市场经济道德的标准和形成机制是类似的。一般的道德标准在于合宜性,在于旁观者与当事人感情的吻合与一致,在于个人的良心与自己心中那个公正法官或旁观者的判断的一致,通过感情的比较来实现这种合宜性。市场经济条件下的经济道德在于通过交换实现各自的利益,在交换中比较各自所花费的劳动(原始未开化时期)和其他要素(资本积累和土地私有时期)来实现。这些标准的实现都要通过利他的途径,通过利他才能实现利己。一个是同情别人以及对得起自己的良心,另一个则是提供别人需要的商品,以满足别人的需要。

第四,斯密认为,一般美德和经济美德的内涵是一致的,两者相辅相成。《道德情操论》论证了一般美德:温柔、有礼、和蔼可亲;公正、谦让、仁慈、正义、自我控制;还有良心和责任感。斯密赞美这些美德,相信这些美德会带来令人愉快的后果,还会促进个人幸福和社会和谐与经济和谐,其中一些更直接涉及经济生活中的为人处世之道,如谨慎美德之中的勤俭、节约、真诚和礼貌等。《国富论》论证了经济美德:自由竞争、平等交换、协作生产,以及勤俭节约、诚实自控。斯密同样赞美这些美德,相信它们会促进经济发展和繁荣,也有利于个人培育良好的道德情操。

第五,斯密对"看不见的手"的论述是统一的。人们对《国富论》中的相关论述是熟悉的,它出现过一次,旨在说明人们追求私利的同时,始料未及的是增进了人类的共同福利:个人从事生产经营活动,努力使其生产物的价值达到最高程度。"确实,他通常既不打算促进公共的利益,也不知道他自己是在什么程度上促进那种利益。他宁愿投资支持国内产业而不支持国外产业,他只是盘算他自己的安全;他管理产业的方式目的在于使其生产物的价值能达到最大程度,他所盘算的也只是他自己的利益。在这场合,像在其他许多场合一样,他受着一只看不见的手的指导,去尽力达到一个并非他本意要达到的目的。也并不因为事非出于本意,就对社会有害。他追求自己的利益,往往使他能比真正出于本意的情况下更有效地促进社会的利益。"[1]

斯密早在《道德情操论》中已经提出了这一论证,也出现过一次,其宗旨同样在于说明人们追求私利的同时,始料未及的是增进了人类的共同福利。他说:"骄傲而冷酷的地主眺望自己的大片土地,却并不想到自己同胞的需要,而只想独自消费从土地上得到的一切收获物,是徒劳的。"他接着说,地主的消费总是有限的,他们不得不把自己所消费不了的东西分给那些为他烹调的人,为他盖宫殿的人,为他提供生活奢侈品的人,"就这样,所有这些人由于他生活奢华和具有怪癖而分得生活必需品,如果他们期待他的友善和公平待人,是不可能得到这些东西的……富人只是从这大量的产品中选用了最贵重和最中意的东西。他们的消费比穷人少;尽管他们的天性是自私的和贪婪的,虽然他们只图自己方便,虽然他们雇用千百人来为自己劳动的唯一目的是满足自己无聊而又贪得无厌的欲望,但是他们还是同穷人一样地分享他们所做的一切改良的成果。一只看不见的手引导他们对生活必需品作出几乎同土地在平均分配给全体居民的情况下所能做的一样的分配,从而不知不觉地增进了社会利益,并为不断增多的人口提供生活资料。"[2]

显然,在斯密笔下,"看不见的手"指的是一种不以个人意志为转移的客观存在的规律性或必然性,它既存在于一般道德伦理领域,也存在于经济生活领域。

顺便说明一点,"看不见的手"(invisible hand)这个术语,斯密早先在《天文学》Ⅲ2中

---

[1] 亚当·斯密:《国民财富的性质和原因的研究》下卷,郭大力等译,商务印书馆1974年版,第27页。
[2] 亚当·斯密:《道德情操论》,蒋自强等译,商务印书馆1997年版,第229—230页。

已经使用过：在写到早期罗马宗教思想时，他提到只有非常规的偶然事件是神奇力量引起的。火燃烧起来，水得以补充，重的物体下降，轻的物体上升，皆是其自身的性质使然；也不是朱庇特（Jupiter，古罗马和意大利的主神，相当于希腊的宙斯，是天空的主宰）的这只看不见的手曾觉察到而作用于这些物体。

四、几点启示

时过境迁，国情又不同，然而在市场经济论和道德观及其关系问题上，斯密学说还是包含着许多很值得借鉴的东西，仍能给我们以深刻的启示。

第一，市场经济和道德情操能否统一，斯密给予了肯定的回答。不过在他看来这是有条件的：它们都要合乎人性，这种人性既不是单纯的利己，也不是单纯的利他，而是两者的结合。在斯密看来，只有合乎人性的经济制度和道德规范才有生命力，只有基于利己和利他相结合的经济制度和道德观才能相辅相成，实现统一。市场经济制度以及合宜美德论之所以值得肯定和赞美，最深刻的缘由就在这里。据此他排斥任何离开这种共同的人性基础去观察和处理市场经济和道德情操及其相互关系的观点或做法。斯密认为，无论是鼓吹极端利己主义，还是高唱单纯利他主义，都是有害的。这一点非常值得我们深思。

第二，如何评价和取舍某种经济制度和道德伦理，斯密的学说也能给人以深刻的启示。在斯密看来，这种评价和取舍的标准，应该是正在发展中的社会实践，是新兴先进阶级和社会力量的愿望和要求。他不屑于随波逐流、沉沦世俗，也极端排斥固守传统、故步自封。在经济理论上，斯密批判了封建主义，又批判了与皇权相勾结并为其服务的重商主义，他大力倡导经济自由主义，这反映和适应了先进生产力发展的要求。在道德情操理论中，他批判了孟德维尔放荡不羁的极端利己主义，也批判地看待"仁慈美德论"的利他主义学说，他大力倡导体现了和谐理念（利己与利他，个人与社会，自己与别人，个人自身等）的"合宜美德论"，无不贯穿着科学和进步的精神。用现在的话来讲，斯密是与时俱进的伟大思想家，甚至可以说，他的思想属于他那个时代的"三个代表"（生产力，文化，人民利益）的范畴。

第三，斯密所界定的各种美德具有普世价值和现实意义。例如谨慎，宽容，大度，仁慈和正义，自我控制等，尤其是诚信、良心和责任感。这些道德规范之所以具有普世价值，是因为它们合乎人性，而人性则无论在哪种社会制度下都是共同的，社会主义社会也不应该例外。同时，这些道德规范看似平平常常，没有那么高调，其实真要落到实处，并且变成一种社会普遍尊崇的风尚和规范，还要我们付出极大的努力，需要经历一个长时期。别的不必说了，如果人人都能凭良心办事，则诚信缺失和道德滑坡局面就会大为改观。

思考题 》》

1. 怎样评估亚当·斯密在经济学说史上的地位？
2. 比较斯密和重商主义关于国民财富的性质和源泉的观点。
3. 斯密为何相信市场机制能实现个人利益与公共利益的结合？
4. 斯密认为提高劳动生产率的基本途径是什么？

5. 简述斯密的分工学说的基本内容及意义。

6. 简述斯密的资本积累学说的基本内容及意义。

7. 斯密提出了哪两种价值论？

8. 斯密怎样看待工资、利润和地租的性质及相互关系？

9. 简述斯密的生产劳动学说的内容及意义。

10. 评述斯密的"看不见的手"学说。

11. 如何看待所谓"亚当·斯密问题"？

12. 为什么说《道德情操论》同《国富论》一样精彩？

第七章　李嘉图——古典政治经济学的杰出代表

▌内容提要▌

大卫·李嘉图(David Ricardo,1772—1823 年)是 19 世纪初英国资产阶级古典政治经济学的主要代表者,他在反对封建势力、维护英国工业资产阶级利益的理论斗争和政治斗争中,继承和发展了前人,主要是亚当·斯密经济学的成果,将英国古典政治经济学推进到了一个新的高峰,并且对西方经济学后来的发展产生了深远影响。马克思称李嘉图是英国古典政治经济学的完成者。

第一节　19 世纪初期英国社会的经济和政治状况

从亚当·斯密的历史性巨著《国富论》(1776)到李嘉图的主要著作《政治经济学及赋税原理》(1817)的四十多年间,发生了许多重大事件,其中,对英国资本主义和古典政治经济学发展产生最重大影响的是产业革命。

一、产业革命

产业革命是指从 18 世纪下半期开始于英国的用机械代替手工劳动的生产技术改革。产业革命从 18 世纪 70 年代英国棉织业采用机器操作开始,迅速扩展到其他工业部门,而以 19 世纪上半期机器制造业工厂的建立告一段落。产业革命促进了资本主义从工场手工业阶段向机器大工业阶段的过渡。在简单协作和工场手工业阶段,资本主义生产的技术基础是手工劳动;而机器的发明和应用成为提高劳动生产率的有力手段,并且将资本主义的生产技术逐渐置于新的基础之上。第一,由于机器的应用,生产过程摆脱了人的器官的局限性所造成的迟缓的生产操作过程。第二,由于机器的应用,第一次有可能在生产过程中利用新的巨大能源——蒸气、煤气、电力等。第三,由于机器的应用,资本更能利用科学扩大人对自然的控制,为不断提高劳动生产率提供新的条件。资本主义在大机器工业中得到了适合于自己的物质技术基础,现代资本主义生产方式的统治是在以产业革命为开端的机器大工业基础上确立起来的。

产业革命使资本有可能掌握全部社会生产。在工场手工业时期,城市中的手工小生产和农村中的家庭工业仍然是社会中工业生产的主要形态。工场手工业只是高踞在这些分散的手工业的顶层。它的优越性还没有大到可以大规模地、完全地排挤掉小生产的程度,而机器大工业就完全具备了这种条件。在产业革命后的英国,资本不仅在城市而且在农村,不仅在工业而且在农业都逐渐地排挤旧式的小生产,从而占领了各个生产部门。

产业革命又完成了商业资本从属于工业资本的过程。商业资本在资本主义初期曾发生过压倒一切的影响,但随着资本主义生产的发展,商业资本逐渐让位而从属于工业资本,而产业革命所引起的机器大工业的发展对这一转变起到了促进作用。

二、社会阶级结构和阶级斗争

产业革命在极大促进资本主义社会生产力发展的同时,也彻底改变了社会经济关系,激化了阶级矛盾。当然,在产业革命之前,资本主义社会的阶级结构已经形成,但只是由于产业革命,社会才彻底分化为雇佣工人、资本家和土地所有者这三大阶级。

在产业革命以前,英国纺织工人和其他工场手工业工人一样,没有完全脱离农业。他们大多兼营小块土地耕种,而且不一定都全年从事工场手工业工作。产业革命完全改变了这一情况,他们完全放弃了兼营的农业,放弃了此前自耕的土地而成为真正的无产者。劳动真正地、完全地隶属于资本,作为资本主义的显著特征,才终于完成。马克思说:"一切资本主义生产……都有一个共同点,即不是工人使用劳动条件,相反地,而是劳动条件使用工人,不过这种颠倒只是随着机器的采用才取得了在技术上很明显的现实性。"[①]

这种阶级结构的彻底确立也反映在资产阶级经济学家的论述上。在《国富论》中,斯密还不能把雇佣工人和小商品生产者分辨清楚而经常把这两种人统称为"劳动者"。李嘉图则十分明确地把成为无产者的雇佣工人看做一个明确的阶级;在他的学说中,已经没有"劳动者"这个模糊的概念。

随着阶级分化的确立,阶级矛盾和斗争也表现得更为充分和尖锐。工人阶级是作为资产阶级的对立物出现的。在整个资本主义社会的历史中,工人阶级和资产阶级的矛盾是社会的基本矛盾。但在资本主义发展的不同阶段,这一矛盾的表现形态和剧烈程度仍然有所不同。在资本主义初期,工人阶级还是一个"自在阶级"而不是"自为阶级";工人运动主要带有自发性质。它最初表现为捣毁机器,但在他们了解到区别机器本身和资本主义生产方式的机器使用,便从以物质生产资料为攻击对象转向以使用物质生产资料的社会形式为对象的斗争后,工人阶级就开始组织起来,成立工会,示威、游行、参加集会、发动罢工等,提出了自己的政治和经济要求。但是,在19世纪30年代前,英、法资产阶级都还没有完全夺取政权,无产阶级和资产阶级的阶级斗争还暂时停留在幕后,还没有表现为公开的威胁的形态。

当时,英国社会公开的主要的阶级斗争是资产阶级和贵族地主阶级间的斗争。贵族地主阶级是资产阶级革命的直接对象。在19世纪初叶,资产阶级反对贵族地主阶级的斗争仍然是前进和倒退的斗争。虽然,由于资产阶级统治的建立只是以一种剥削形式代替另一种剥削形式,因此不应该夸大这一斗争的进步作用,而且还要注意到17世纪的英国资产阶级革命是不彻底的。在革命取得一定胜利之后,英国资产阶级和资产阶级化了的土地贵族进行了妥协,政权实际上落到了资产阶级化的土地贵族和上层资产阶级手里。中下层资产阶级,尤其是工业资产阶级,并未夺得政权。但由于产业革命使英国经济突飞猛进,双方都想从产业革命中捞取最大的利益,于是过去的暂时妥协让位于重起

---

① 马克思、恩格斯:《马克思恩格斯全集》第23卷,中共中央马克思恩格斯列宁斯大林著作编译局译,人民出版社1975年版,第463—464页。

的尖锐斗争。所以,虽然斯密和李嘉图都代表工业资产阶级,斯密对于土地占有者利益的态度,还打上了妥协的烙印,而李嘉图却以土地占有者的利益为直接的抨击对象。而且,由于无产阶级和资产阶级的斗争还暂时处于幕后,英国工业资产阶级还企图以维护全社会利益的名义,联合无产阶级对土地贵族进行斗争,李嘉图学说成为这一斗争的理论旗帜。

英国工业资产阶级和土地贵族阶级间的激烈斗争具体表现在当时的若干问题上。在政治方面,它表现为对议会改革的争论。工业资产阶级要求通过议会改革,打破土地贵族和上层资产阶级联合统治的局面,为整个资产阶级夺取政权。在经济方面,它表现为对谷物法的存废和货币改革的争论。

谷物法存废的问题,在资产阶级和土地贵族经济利益的矛盾中尤为突出。它首先涉及的是剩余价值的分割问题。产业革命后,一方面生产力大大增加了,国内外市场的扩大为这增加的生产力所生产的巨额商品提供了销路。另一方面,破产的手工业者和农民变为一无所有的仰赖于资本的雇佣讨生活的真正无产者,而女工、童工大量参加劳动又造成了劳动市场中劳动力供给的充斥,迫使工资下降。剩余价值增多了,巨额的剩余价值不断地转化为新的资本。但资产阶级的利润却受到地租的威胁。从18世纪末至19世纪初,亦即在产业革命的过程中,英国土地贵族不断利用作为保护关税一部分的谷物法,维持和提高谷价,从而维持和提高地租。根据谷物法,只有当英国国内市场谷价超过规定限价时,才允许谷物输入。英国的土地贵族,从18世纪70年代到19世纪初,利用他们在议会中的优势,不断提高这一限价。1815年谷物法是这一系列提价的最后一次。谷价高昂,一方面推高了名义工资,另一方面推高了地租,直接压缩了工业资产阶级获得利润的空间。

其次,谷物自由贸易是经济自由主义的组成部分。英国工业资产阶级在产业革命之后,不但把自由竞争作为国内工商业生产和经营的信条,而且把它当做扩大和夺取世界市场的主要途径。英国工业资产阶级理解一个简单的真理,即为了扩大国外市场,一个工业发达的国家不能只卖而不买;为了顺利输出英国的工业品,英国本身也必须成为其他国家,尤其是工业不发达的农业国家的输入市场。所以谷物的自由输入不仅是为了让英国取得廉价的粮食,而且是为了替英国工业品争得世界市场提供条件。于是,谷物法存废的问题成为当时英国工业资产阶级和土地贵族阶级剧烈斗争的焦点。

19世纪初期,英国工业资产阶级和土地贵族另一个激烈斗争的具体问题是货币制度。由于拿破仑战争时期财政的需要,英国政府大量发行了不兑现的货币,造成货币贬值,金属货币匿迹,物价高涨。英国统治集团,由于可以任意发行货币以适应国库需要,在财政上取得了相当大的独立性,也利于延续通货膨胀的局面。而英国工业资产阶级,一方面,为了促进工商业的发展,扩大对外贸易流通的便利,要求有一个稳定币值的货币;另一方面,为了配合他们的政治斗争,企图以杜绝政府这种财政来源的办法迫使政府同意议会改革,并力主制止通货膨胀,进行货币改革。

围绕上述问题,英国工业资产阶级和土地贵族阶级展开了长期的斗争。斗争的最终结果当然是当时还处于上升时期的资产阶级取得了胜利。但在斗争的过程中,矛盾的双方,除了凭借自己的实力、地位外,还力图赋予他们的各种主张以理论的依据,来为本阶级的利益进行辩解。

第二节　李嘉图的生平和著作

一、生平和著作

李嘉图出生于英国一个犹太民族的资产阶级家庭。他在受过两年的商业学校的教育后,即投身商业成为交易所的经纪人;到二十五岁时,成为巨富。此后,他转而关注学术,曾致力于数学、物理、化学、矿物、地质的研究。他对政治经济学的研究稍后于对自然科学的研究。但从一开始,他的经济学的观点和理论就鲜明地显示出党派斗争的色彩。1819年,李嘉图当选为英国国会议员。他没有参加政党,但他是托利党政府反对派中代表工业资产阶级利益的最激进集团中的一员。

李嘉图的有关经济的论著最初以政论的形式发表于报刊。在这些文章中,他所讨论的既是当时人们所关心的现实问题,又是当时工业资产阶级和土地贵族斗争所集中的具体问题。

李嘉图最早一批经济论文所关注的是币值、物价问题。这个问题,上面已指出,是工业资产阶级和土地贵族所争执的经济问题之一。1809年,李嘉图匿名发表题为《黄金价格》的论文。在这篇论文里,他奠定了自己的货币数量说的基础。1810年,他把该文和给《晨报》编辑部两封信的论点合并改写发表为《黄金的高价是银行纸币贬值的明证》。1811年,他发表《答博赞克特先生关于金价委员会报告的实际观感》;1816年,他发表《关于一种经济而稳定的通货的建议》。在后几篇论文中,他企图证明币值下跌是由于发行过多,而补救的办法在于减少发行、实行十足黄金准备、恢复无限制兑现;他尖锐地批评了英格兰银行的货币信用政策。

1815年谷物法通过后,李嘉图的注意力转向了这个资产阶级和地主阶级矛盾的焦点问题。1815年,他发表了《论谷物低价格对资本利润的影响:证明限制进口的不适宜——兼评马尔萨斯最近的两本著作〈地租的性质和发展的研究〉和〈对限制外国谷物进口政策的看法的根据〉》。在本文中,李嘉图和代表土地贵族利益的马尔萨斯进行论战。1822年,李嘉图发表《论对农业的保护》,论证了地主阶级的利益不但和工业资产阶级利益相矛盾,而且和全社会所有人的利益相矛盾。

从以上李嘉图的早期政论性论文,不难看出李嘉图鲜明的工业资产阶级的立场,以及他是如何积极地投身于当时工业资产阶级和土地贵族的激烈论战和斗争的。

李嘉图最重要的著作是出版于1817年的《政治经济学及赋税原理》(以下简称《原理》)。从形式上看,这本书和上述的政论性的文章大不相同,它似乎不涉及具体、实际的问题,而是一本十分抽象的理论性的著作。但实际上《原理》是在过去的政论性论文的基础上,对论文中的观点、主张作了高度的概括和理论的论证。它是此前论文的理论总结,它的任务就是为工业资产阶级反对土地贵族的斗争提供理论武器。

二、功利主义思想

《原理》的基本思想是经济自由主义,而经济自由主义的出发点是个人主义,即认为经济自由和个人的利益相符合,经济自由刺激了个人生产的积极性,为社会生产力的发展开辟了广阔的道路。但在李嘉图之前的古典经济学家,如亚当·斯密,都把这一思想建立在启蒙学派的所谓自然秩序或理性观念的基础上。但在 19 世纪初,当空想社会主义者以启蒙学派的自然秩序和理性观念批判资本主义制度时,资产阶级需要一个为资本主义制度辩解的新哲学基础。18 世纪末至 19 世纪初出现的边沁功利主义哲学应运而生,李嘉图及其以后的资产阶级经济学家都是功利主义的信徒和宣传者。

边沁不承认所谓自然秩序,但却也把个人作为社会基础。他认为社会完全从属于个人,社会只是一个由个人组成的"虚构的机体"。他把个人的利益看成人类行为的准则;每个人的活动都只是遵循功利主义准则,即寻求快乐和避免痛苦。边沁进一步力图证明社会的利益和个人的利益是一致的,因为社会的利益无非是"社会成员利益的总和"。"最大多数人的最大幸福"是边沁的功利主义的公式。他认为功利主义不仅应成为个人行为的指导原则,而且应成为立法者活动的标准。摒除国家对于经济事务的干涉,实现自由放任的经济自由主义,"最大多数人的最大幸福"的公式才能实现。显然,边沁的功利主义是为资本主义服务的功利主义哲学。

李嘉图以边沁的功利主义作为其经济自由主义的哲学基础,认为经济自由保证个人利益和社会利益的结合,为生产力无止境的发展开创了巨大的可能性。按照李嘉图的意见,资本家在发展生产时,虽然追求的是个人利益(利润),可是利润是资本积累的来源,积累是生产力发展的条件,而生产力的发展则促进了社会财富的增加,从而满足了人们的需要,提高了全社会物质生活的水平,因而资本利益和全社会利益是一致的。在当时阶级斗争中,他鲜明地站在工业资产阶级立场上,公开地把资产阶级的利益放在其他阶级利益之上。他的学说的矛头集中地指向地主阶级,但同时又并不隐讳工人阶级和资产阶级的利益矛盾。

作为工业资产阶级的经济学家,李嘉图不会不关心工人阶级和资产阶级的矛盾。但是,由于当时英国阶级斗争的情况,他把工人阶级和资产阶级的斗争从属于资产阶级和地主阶级的斗争。而且,从资产阶级利益和广泛社会利益的一致性的认识出发,他还代表资产阶级的意愿,力图说服工人阶级在具体斗争的行动上和资产阶级联合起来反对土地贵族。因此,一方面,他对和他同时代的英国空想社会主义者欧文的观点采取完全否定的态度。他说,欧文以为在他所设计的社会中,人人将关怀社会,而不以关怀私利为努力的动机,因此该社会繁荣,将比以往同一人数生产得更多;难道任何一个有理智的人会相信欧文这种看法吗? 难道自古以来的经验不是反对他吗? 但是另一方面,李嘉图的论著却没有对欧文的观点进行针锋相对的论辩,这反映了当时工人阶级和资产阶级的斗争尚处于幕后的情况。

三、抽象方法

作为英国古典经济学的伟大代表者,李嘉图将古典经济学的抽象分析方法发展到了新的高度,而这种方法的缺点在他那里也暴露得最为充分。就抽象方法的运用来说,一方面,他在《原理》中首先致力于阐述基本原理——劳动价值论,然后以此原理为基础说明和检验其他各种经济现象和经济法则;另一方面,他阐述劳动价值论的过程也是一个抽象法的运用过程,先在最简单条件下建立起基本原理,然后将它放进越来越复杂的条件加以修正,看它是否仍然正确,或者在多大程度上仍然适用。

然而,在古典学派的著作中,抽象性和历史性是互相排斥的。李嘉图将这一特征发挥到极致,在他眼里各种经济范畴没有任何历史变动性,从古至今都没有变化,资本主义的各种范畴从人类社会一开始就存在了。他企图将在最简单和最原始条件下得出的法则,原封不动地运用到现代社会经济分析中;同时,他无视经济范畴的起源和本质及其历史性,对经济范畴只作量的分析。这些方法论上的缺陷显然是同他缺乏历史感相关的,他根本没有意识到人类社会除了原始和现代的划分之外,还会有其他划分;资本主义生产方式对他来说既是自古就有的,也是永世长存的。方法论的局限是世界观局限性的表现。

第三节　劳动价值学说

劳动价值学说是古典政治经济学的一般基础,李嘉图经济学的突出特点在于,他以劳动价值学说贯穿其全部理论体系,即以该学说作为一切经济范畴的基础,探讨各经济范畴在何种程度上和这一基础相符合或者相矛盾。

一、"原始社会"的价值决定

李嘉图对劳动价值论的阐述是从简单到复杂逐步展开的。李嘉图从引述和评论亚当·斯密"钻石与水"的价值反论入手。李嘉图误以为这个反论实际上隐含着价值源泉的思想,因而从中得出结论说:"效用对于交换价值说来虽是不可缺少的,但却不能成为交换价值的尺度。"[1]从此他就把效用或使用价值抛到一边,不加理睬了。

关于价值的源泉,他一开始提出了稀少性和劳动两个说法,然后指出其中的劳动应当是基本的。他说:"具有效用的商品,其交换价值是从两个泉源得来的——一个是它们的稀少性,另一个是获取时所必需的劳动量。"[2]由稀少性决定价值的是指那些数量不能由劳动增加,其价值也不能由供给增加而减少的物品,如罕见的雕像和图画,稀有的书籍和古钱等。不过李嘉图认为,这类商品只占极少数,其余绝大多数物品都是由劳动获得的。所以,李嘉图依据亚当·斯密的论述,不无道理地指出:"在社会的早期阶段,这些商品的交换价值,即决定这一商品交换另一商品时所应付出的数量的尺度,几乎完全取决于各商品上所费的相对劳动量"[3];而价值量则随劳动量的增减而增减。

这就是李嘉图劳动价值论的原型。应当说这是对"原始社会"条件下商品交换价值决定法则的正确说明。

二、"资本"条件下的价值决定

李嘉图接着来处理使用"资本"(指生产工具)条件下的价值决定原理。他认为,机器和其他自然条件的使用,只能增加使用价值量,而不可能增加价值量。为什么机器的使用不能增加商品价值量呢?李嘉图的回答是:自然要素和机器所做的工作无须报酬,使用它们时无需支付任何代价。[4]这可能是实情,但作为劳动价值的理由是经不起推敲

---

① 李嘉图:《政治经济学及赋税原理》,郭大力等译,商务印书馆1962年版,第7页。
② 同上注。
③ 同上书,第8页。
④ 同上书,第244页。

的。因为按照这种理由,可以推想李嘉图之所以把劳动看做价值的源泉,是因为劳动的使用要付出代价和报酬。如果是这样的话,立即可以作出两个推论:第一,商品的价值量应当同付给劳动的报酬和代价相符合,换句话说,同劳动工资相符合,或者也可以说,价值由工资来决定,才是合乎逻辑的。而这一点恰是李嘉图不能同意的,他指出交换来的劳动(他把这种劳动理解为它的报酬即工资)不能作为价值的源泉。第二,如果自然要素和机器的使用不是不要代价和报酬的话,按照李嘉图的逻辑,就必须承认它们也是价值的源泉了。而对于使用它们必须付出报酬和代价,人们似乎不应有什么怀疑,而李嘉图在论证的这个阶段是坚决否认资本对价值决定的作用的。可见,依据使用某种物品是否要求报酬和代价这一点来证明价值的源泉,显然是太脆弱了。

李嘉图的另一个基本观点是,"资本"的使用固然不增加价值量,从而不构成价值的源泉,但使用资本这一事实也不违背劳动价值原理,因为这里的"劳动"不仅是指"直接投在商品上的劳动,而且还有投在协助这种劳动的器具、工具和工场建筑上的劳动"[1]。这其实是说决定商品价值的不仅有直接的活劳动,而且有资本,不过他将这里的资本解说为间接的物化劳动了。但是并非资本的全部都是来自劳动的,所以这实际上离开了他当初的劳动价值原理。

在确立了劳动价值原理之后,李嘉图进而作出了几点推论,这几点推论在他既定的价值原理之下,应当说是合乎逻辑的。这些推论是:商品价值会因劳动生产率的提高而降低;劳动使用的节约会使商品相对价值下降;同量劳动必然获得等量价值,如果在这个等量劳动之内,所使用的直接劳动和资本积累劳动的比例不同,那也只会影响工资和利润之间的对比关系,而不会影响价值量的决定,他把这种对比关系归结为:"利润的高低恰好和工资的高低成反比。"[2]工资不影响商品价值,只会影响利润,同利润成反比例变动,这是李嘉图非常强调的一个观点,但有必要指出,李嘉图作出这个论断的本意,并不在于一般地揭露劳动和资本的对立,更不在于指出劳动受资本的压制,相反,他要强调工资的提高势必压低利润,损害资本的利益,特别是当工资的提高在他看来是一个不可阻挡的趋势的时候。

三、"资本"变化条件下的价值决定

李嘉图进而研究资本变化条件下的价值决定。就是说,如果等量资本具有不同的资本构成、不同的耐久性和不同的周转速度,劳动价值规律还有效吗?要知道,这些差异的存在势必使等量资本使用不同的劳动量,根据劳动价值论,它们带来的价值量肯定不同,利润率也不会相同。但实际上这是不可能的,因为等量资本必然获得等量利润,而不管使用的劳动量是否相等,或者说,一般利润率的存在是一个普遍的事实和既定的前提。这样一来,就使李嘉图面临着一种两难的处境,李嘉图既然把价值的决定因素仅仅归结为生产中使用的劳动,又该怎样解释一般利润率的存在呢?

李嘉图肯定了一般利润率的存在,也看到了这同他的劳动价值原理之间存在着矛盾,但他不认为这会导致劳动价值原理的存废,最多需要作一点修改。

李嘉图觉察到工资波动对具有不同固定资本和流动资本比例的资本产生不同的影

---

① 李嘉图:《政治经济学及赋税原理》,郭大力等译,商务印书馆 1962 年版,第 17 页。
② 同上书,第 21 页。

响。李嘉图原先明确指出,商品价值量只决定于生产所用的劳动量,而同劳动报酬(工资)无关。可是,现在他发现等量资本如果投资于不同的行业,其所使用的固定资本和流动资本的比例往往不同,在这种情况下,"劳动工资的提高,对于在这种不同条件下生产出来的各种商品一定会发生不相等的影响"①。具体来说:"商品的相对价值由于工资涨落而发生变动的程度,取决于固定资本对所用全部资本的比例。一切使用极昂贵的机器或厂房生产,或必须经历长时间才能运上市场的商品的相对价值会跌落,而一切主要以劳动生产或能迅速运上市场的商品的相对价值则会上涨。"②

李嘉图举例说,假定两个人各雇用 100 人工作一年,制造两架机器,另有第三个人也雇用 100 人栽种谷物。年终时每架机器的价值将与谷物相等,因为它们都是由等量劳动生产出来的。现在假定,其中一架机器的所有者在下一年雇用 100 人用这架机器织造毛呢,另一架机器的所有者雇用 100 人用他的机器生产棉织品,而农场主则和以前一样雇用 100 人栽种谷物。很明显,他们在第二年所雇用的劳动量是相同的;但是,前两个人使用了固定资本,第三个人没有使用固定资本,这就使他们的商品价值发生了差异。毛呢业和棉织业的商品和机器合计各是 200 人劳动一年的结果,而谷物仍然是 100 人劳动一年的结果。假定谷物价值是 500 镑,则其他二者的价值各是 1 000 镑。

李嘉图接着说,前两者的价值还不止谷物价值的两倍,因为它们第一年的利润已经加入到它们各自的资本之中,而农场主第一年的利润却被消费掉了。出现这种情况的原因在于,资本的耐久性不同,或者说商品在送上市场以前必须经过的时间不同。棉毛织品需在两年后才能上市,而谷物在当年即可生产出来。因此,生产棉毛织品的资本比较耐久,比农业资本提供产品所需的时间要长。在这种情况下,如果仅仅依照各资本所使用的劳动量(以及相应的流动资本的利润率)来计算价值量,使用机器的棉毛业主和不使用机器的农场主就不能处于平等地位。要保证一般的或平均的利润率,就必须对棉毛织品被送上市场以前所须经过的较长时间予以补偿。补偿的办法就是,把这两种资本第一年所应得的利润一并计入第二年的资本额内,并依据这个资本额计算第二年的利润。

李嘉图继续用例证说明这一点。假定每年要为每个劳动支付 50 镑,100 人要用 5 000 镑,如利润为 10%,那么每架机器的价值和谷物的价值,在第一年年底都是 5 500 镑。第二年,制造业主和农场主仍将各用 5 000 镑来雇佣工人,利润仍为 10%,依照劳动价值论,其商品售价仍应各为 5 500 镑。但这实际上意味着制造业者的利润率低于农场主,因为他们在第二年使用的雇佣劳动量虽然相同,但制造业所使用的固定资本比农场主要多,确切地说,前者使用了固定资本,后者没有使用,所以他们的资本额不等。要使两者获得平均利润率,使用机器者就必须在从使用劳动得到 5 500 镑之外,还从他第二年使用的 5 500 镑固定资本上取得 10% 的利润,即 550 镑。所以他的商品必须卖得 6 050 镑,而不是 5 500 镑。李嘉图的结论是,资本在不同行业中划分为不同比例的固定资本和流动资本,在相当大的程度上改变了只由劳动决定价值的原理。

李嘉图进而分析了在上述条件下"劳动价值"即工资变动对商品价值的影响。本来,按照劳动价值论,决定价值的只是劳动,而不是劳动的报酬或其价值。但李嘉图发现情况并不如此,即工资会影响价值。他解释说,这是因为工资会影响利润(率),而利润

---

① 李嘉图:《政治经济学及赋税原理》,郭大力等译,商务印书馆 1962 年版,第 25 页。
② 同上书,第 28 页。

(率)又会影响前面所说的加入资本中的利润额。假定利润(率)因工资上涨而从10%下降到9%,那么,在上述例证中,制造业主作为固定资本利润计入资本额的就不会是550镑,而是495镑(即9%)。因此,价格就会从6050镑下降到5995镑。与此同时,谷物价值却未受影响,其生产未使用固定资本,所以仍是5500镑。李嘉图由此得出结论,当劳动量没有变更而仅仅是"劳动价值"上涨时,生产时运用了固定资本的商品的交换价值也会跌落,而且固定资本量越大,跌落的程度也越大。

李嘉图就是在这样的形式上觉察到劳动价值原理同一般利润率现实的矛盾。怎样看待这种现象呢?他宣称工资波动会影响价值变动,但是这个影响是比较小的,并且根据他的数据,这种影响不会超过6%或7%。

关于资本的耐久性不等对价值的影响,他说,固定资本的耐久性越小,其性质就越接近于流动资本,从而将在较短的时间内被消耗掉,它的价值也将在较短的时间内被再生产出来以便保持资本。在这种情况下,"工资每有上涨或利润每有下降(其实是一回事)时,就会使运用性质耐久的资本生产出来的商品的相对价值降低,并使运用较易损耗的资本生产出来的商品的相对价值相应地提高。工资跌落时结果就恰好相反"[1]。

关于资本周转速度的影响,李嘉图说:"不消说,生产中投入等量劳动的商品,如果不能在相同的时间内送上市场,其交换价值就会不相等。"[2]然而事实上,有的商品在被送上市场之前必须经过更长的时间,从而其资本周转较慢,资本得到补偿也较慢,在这种情况下,如果价值仍然只按其所包含的劳动量计算,其所获得的利润率必然较低,这又是一般利润率规律所不容许的。

总之,李嘉图承认,一般利润率的存在,使商品价值量不再同生产所花费的劳动量成比例,而是要同所使用的资本量成比例。但他依据片面的论据,断言劳动法则仍是主要的,资本的原因是次要的,从而证明他的劳动价值法则仍然同资本主义社会的现实相协调。这种企图当然不可能取得成功,他硬要用原始交换条件下得出的劳动价值法则解释资本主义的交换,没有不碰壁的。李嘉图体系同现实生活之间的这个矛盾,以及其他的矛盾,最终导致了李嘉图体系的破产和李嘉图学派的解体。

四、"自然价格"与"市场价格"

李嘉图所说的"自然价格",就是他所说的"价值",或"原始价格",或"带来一般利润率的价格"[3]。依照他的劳动价值论,这种价格应当由劳动决定。可是他又说:"最后支配商品价格的是生产成本"[4],而成本除了劳动以外,还有土地和资本。可见他的看法是二元的。

不过,李嘉图坚持认为,商品的市场价值或市场价格,即实际价格,会受市场供给与需求关系的影响而背离其自然价格,但这种影响是暂时的、偶然的,即在商品的供给未按需求的增减而增减以前,供求比例可以暂时影响商品的市场价值。

李嘉图指出,这种价格与价值相背离的作用,在于推动了部门之间的竞争和资本在

---

[1] 李嘉图:《政治经济学及赋税原理》,郭大力等译,商务印书馆1962年版,第31—32页。
[2] 同上书,第29页。
[3] 同上书,第73页。
[4] 同上书,第327页。

各部门之间的转移,从而使利润率平均化。这种平均化的实现可能是通过改变行业,也可能(而且更经常地)是通过资本的增减。基于已经比较发达的资本主义关系,李嘉图在这个问题上作出了比亚当·斯密更完备的解释。

第四节 收入分配理论

劳动价值论是李嘉图经济学的基础,收入分配论是他的经济学的核心。李嘉图这样重视分配问题,是同英国社会进入产业革命后期所面临的问题密切相关的。生产有了巨大飞跃,财富在不断增长,但社会收入的很大一部分却被土地贵族占去了,这直接威胁到资本积累,所以如何抑制土地贵族的收入,为加速资本积累创造条件,成为一个尖锐的社会经济和政治问题。李嘉图的分配论宗旨就是要依据他的劳动价值论来说明各种收入的性质及其关系,其矛头直指地租。

一、地租学说

李嘉图详细分析了地租的性质、产生和涨落等问题。在考察地租的性质时,李嘉图首先提出"纯地租"的概念。他认为地主从出租土地上得到的收入并不都是地租,应当把地租与土地租金中所包含的土地投资的利息区别开来:地租只应是"利用原有的和不可摧毁的地力"的代价。这个定义本身有失偏颇,因为土地没有"不可摧毁的地力",它也不是"原有"的:它是一个自然历史发展过程的产物,所以也没有所谓"原有的地力"。但是李嘉图却从这个定义出发,事实上指出了地租是地主阶级的不劳而获的寄生性收入。因为如果地租是使用土地"原有地力"的代价,那么,占有地租的地主阶级,除了依靠土地占有以外,在生产中并没有作出任何贡献。

李嘉图研究的是级差地租。在古典经济学家中,他最充分地分析了这个问题。虽然这一学说的基本论点已由他的前辈作了叙述①,李嘉图的贡献在于他为地租学说提供了劳动价值论的基础。他把地租的生产和涨落建立在劳动价值学说上,论证了地租是价值规律作用的结果。

李嘉图考察了资本主义级差地租的两种形态。第一种形态是由不同的土地质量和不同地理位置而造成的。他认为这个形态的地租的产生和存在系于两个条件,即土地的有限性及其肥沃程度和位置的差别性。不具备这些条件,地租就不可能产生。因此,他提出地租不是如地主利益代言人所说的"自然的赐予",反而是源于自然的吝啬。正是由于自然的吝啬,当人口增加,社会对农产品的需要增加时,人们就不得不扩大耕种面积,在原有利用的优质土地外,不得不利用越来越次的土地。这样,在面积相等而质量或位置不同的土地上,使用同量资本和劳动所产生的产物就有了差额。这差额就为质量和位置较好的土地提供了地租。李嘉图分析说:"假定第一、二、三等土地使用等量资本和劳动时所产净产品分别为一百、九十和八十夸脱谷物。在一个新开辟的地区中,肥沃的土地相对于人口而言很丰富,因而只需要耕种第一等土地;在这里,全部净产品将属于耕种者,成为所垫付的资本的利润。一旦人口增加到一种程度,以致必须耕种……第二等土

---

① 参见晏智杰:《经济学中的边际主义》,北京大学出版社1987年版,第三章中关于安德森级差地租论的论述。

地时,第一等土地马上就会有了地租;因为要么就是农业资本必须有两种利润率,要么就必须从第一等土地的产品中扣除十夸脱或相当于十夸脱的价值用于某种其他用途。无论耕种第一等土地的是土地所有者或是别人,这十夸脱都会形成地租……第二等土地的耕种者……不支付地租……当第三等土地投入耕种时,第二等土地的地租必然是十夸脱或相当于十夸脱的价值,而第一等土地的地租则增长到二十夸脱……耕种第三等土地……而不付任何地租。"[①]

李嘉图还考察了级差地租的第二种形态,即由追加等量资本和等量劳动的生产率不同而产生的地租。他说,在同一块土地上,追加的资本和劳动是等量的,而产量增长比例却总是递减的。例如,在第一等土地上,第一次投入一定量的劳动和资本,假定可以生产谷物一百夸脱,若再追加等量的资本和劳动,则总产量可增为一百九十夸脱,但新增量只为前产量的90%。李嘉图认为在这种情况下,虽然没有利用二等地,第一等土地也会产生地租并且地租将等于追加资本和劳动的产量与原投入的资本和劳动的产量的差额。所以他总结说:"地租总是由于使用两份等量资本和劳动而获得的产品之间的差额。"[②]

李嘉图在地租学说上的贡献是把级差地租理论置于劳动价值学说的基础之上。在他的地租学说的先驱者如安德森等人手里,地租的存在似乎和劳动价值规律相矛盾,而同生产要素价值论相吻合。优、次、劣各等土地耗费同量的劳动却生产不同量的产物。这不同土地上生产的产物到底决定于哪一块土地上耗费的劳动?换句话说,什么是决定农产物的社会必要劳动?李嘉图解决了这一问题。李嘉图指出,由于市场竞争,无论优质或次、劣等土地的产物总是以同一价格出售。假定社会对农产品需要的增加要求必须耕种劣等土地,则这个同一价格就必须足以补偿耕种劣地的耗费。因此,农产物的价值不决定于在优、次土地上所耗费的劳动,而决定于在劣等地上所耗费的劳动。劣等地上所耗费的劳动即所谓最不利条件下的劳动,就成为决定全部农产物价值的社会必要劳动。而这同一价格所代表的劳动与在优、次地上的实际耗费劳动的差额就成为地租。所以,农产物的价值仍然决定于社会必要劳动,而地租恰是在价值规律的基础上形成的。

李嘉图在资产阶级局限性之内发展了最完整的地租学说,但他的地租学说存在着若干缺点和错误。

第一,他看不见资本主义地租作为资本主义生产方式的范畴的特点。李嘉图所研究的事实上是发达的资本主义关系,他所说的农业是资本主义经营农业,地租是资本主义地租。和封建地租不同,资本主义地租不是超经济强制的结果而是价值规律作用的结果,不是全部剩余产物而是平均利润以上的超额利润,是剩余价值的一部分。但由于李嘉图的资产阶级局限性所造成的超历史观念,他把他的地租概念应用于一切时代和一切国家的土地所有权。

第二,李嘉图错误地把级差地租形成的条件——土地肥沃程度和位置的不同——作为形成的原因。但我们知道土地经营的垄断才是它形成的原因。由于这一错误,他又认为历史上耕地利用的顺序一定是先种优地后种次、劣地。这点对于历史是不真实的,对于级差地租论也是不必要的。只要存在着土地有限性和土地经营垄断,存在着土地质量的不同,不论是先种优地后种次、劣地或是先种次、劣地再种优地,都会产生级差地租。

---

① 李嘉图:《政治经济学及赋税原理》,郭大力等译,商务印书馆 1962 年版,第 58 页。
② 同上书,第 59 页。

第三,李嘉图的级差地租是以"土地收益递减律"为基础的。这个"规律"以生产力和技术水平不变为假定。这一假定既不是正常的也不是典型的现象。而且级差地租的产生和产量是否遵循着一个递减的顺序是没有关系的。只要在同一土地上投下两个等量的资本和劳动得到不同的产量,就有条件形成级差地租。

第四,李嘉图否认绝对地租的存在。在李嘉图的地租学说中,租用最劣土地的农场主是不支付任何地租的。不仅李嘉图,整个古典经济学,都没有绝对地租这一范畴(亚当·斯密只有模糊的提法)。这同李嘉图忽略土地私有垄断相关,他不可能认识绝对地租。就理论本身而言,李嘉图否认绝对地租还由于有缺陷的价值论,他以为承认绝对地租,就是承认有存在于价值以外的地租,就得承认农产品是以高于价值的价格出售的。他没看到绝对地租是农产品价值超过社会生产价格的余额,它的存在并不否定价值由劳动时间决定的原理。

但是李嘉图地租学说的关键是他怎样站在工业资产阶级立场上,从理论上论证社会的发展会导致地租的高涨,而地租的高涨,从而地主阶级的利益,是和工业资产阶级的利益,甚至和全社会的利益相矛盾的。这个论证就是把当时英国工业资产阶级反对谷物法的实际斗争上升为理论,又反过来以这个理论为工业资产阶级在这斗争中提供论战的武器。

依据李嘉图的地租学说,级差地租产生于人们以等量资本和劳动投入次、劣等的土地上,或追加在原已耕种的土地上所造成的生产差额,地租的量决定于这个差额。李嘉图认为历史的经验证明,随着社会的不断发展,这个差额不断扩大,因此,地租总是不断地上涨。

但是,从优地到次、劣地的耕用,从一定原有资本和劳动的投入,到另一等量的资本和劳动在一块地上的追加,有一个前提,这个前提就是农产品价格的上涨。所以李嘉图把地租看做社会对农产品需要的增加的结果,而社会需要的增加又以农产品价格的增长为表征。他强调指出,地租不是农产品价格上涨的原因而是其后果,"谷物价格高昂不是因为支付了地租,相反地,支付地租倒是因为谷物昂贵"①。因此,任何原因所引起的农产品价格的上涨都必然导致地租的上涨。

李嘉图承认引起农产品价格上涨的主要原因是社会的发展。但他又认为,社会发展所造成的农产品价格上涨的趋势是可以抑制的。像英国这样的国家,抑制的一个办法就是自由输入国外廉价谷物。而英国谷物法恰是抑制农产品价格上涨的一种措施。谷物法限制甚至禁止国外廉价谷物的输入,提高了英国的谷价,从而促使英国农业不得不进一步利用更劣的土地或者继续在原有利用的土地上再追加资本和劳动,二者都进一步造成了地租的高涨。这就是说,谷物法对英国地租的不断增长起了保证作用。

从谷物法所导致的地租的不断上涨,李嘉图分析了以英国资本主义社会为典型的阶级矛盾,论证了地主阶级的利益既和工业资产阶级的利益又和全社会的利益相对立。

首先,廉价谷物输入的限制和禁止促进了谷价上涨,谷价不断上涨又不断地提高了地租。地租的提高意味着在社会农业生产的分配中,地主得到越来越大的利益。李嘉图写道:"地主获得双重的利益。第一,他获得的份额加大了;第二,付给他的商品的价值也

---

① 李嘉图:《政治经济学及赋税原理》,郭大力等译,商务印书馆 1962 年版,第 61 页。

增加了。"①社会的农业总产品，在一定时间内，是一个定量。在这一个定量的分配中，如果地租所占的部分，既在产品的份额上又在产品的价值上越来越多，则留下来的可供劳动和资本分配的份额就必然越来越少。李嘉图以此证明地主阶级的利益和劳动与资本的利益是对立的，而在这个意义上，劳动和资本的利益是一致的。李嘉图的这种学说明显反映了当时英国资产阶级在和地主阶级的斗争中，力图联合工人阶级反对地主贵族的企图。

其次，地主获得地租后的余额才由劳动和资本分配，但由于工资规律的作用，工人阶级的所得必须足以维持一定的生活水平，从而基本上是固定的，于是地租增长的实际结果是利润的下降。利润下降意味着资本积累的减少，从而又阻碍了社会生产的发展和财富的增加。

最后，地租一到地主手里，只有极少部分被蓄积起来作为资本，大部分都被消费掉了。在李嘉图看来，地主阶级和官吏、牧师等寄生者，都应当被看做发展资产阶级生产的无益的、陈腐的障碍，应该当做累赘来加以反对。为了发展社会生产，更多的社会纯收入应当归于"节俭"的工业资产阶级，而不应当流入浪费的、寄生的地主阶级手里。

二、工资学说

前面已经讲过，斯密没有把工资和一般劳动收入区别开。和他不同，李嘉图始终一贯地把工资和雇佣工人的收入联系在一起，并且认为工资是"劳动的价格"。

既然李嘉图把劳动看做商品，那么这种商品的价值是如何决定的呢？根据劳动价值学说，商品的价值应由生产该商品时所耗费的必要劳动量来决定。应用到劳动的价值问题上，李嘉图认为劳动的价值决定于生产工人为维持其本身及其家属的生存所必要的最低生活资料的价值，这种生活资料的价值则决定于生产这种生活资料所耗费的劳动。这样，他实际上把工资归结为再生产劳动力所必需的生活资料的价值，归结为再生产劳动力所耗费的劳动。这样，他把他的工资学说也和劳动价值学说联系起来了。

整个古典经济学派都认为工资是劳动的价值，而又把劳动的价值归结为决定于维持劳动者自身和其家庭所必要的最低生活资料的价值。李嘉图不过是更坚持这个观点并从"理论"上予以阐明。

李嘉图以劳动市场上对劳动的供给和需求规律来论证工资必然等于最低生活资料的价值。他区别了劳动的"市场价格"和"自然价格"。前者是根据供求比例的自然作用实际支付的价格。劳动稀少时就昂贵，丰裕时就便宜。后者是让劳动者大体上能够生活下去并不增不减地延续其后裔所必需的价格。他指出，劳动者维持自身生活以及供养保持其人数不变的家庭的能力，不取决于他的货币工资，而取决于用这一笔货币所能购得的食物与必需品量，以及由于习惯而成为必不可缺的享用品量。因此，劳动的自然价格便取决于劳动者维持其自身与其家庭所需的食物、必需品和享用品的价格。

李嘉图认为，劳动的"市场价格"随着劳动市场供求的变动而经常变动，而"自然价格"则在一定社会历史条件下是不变的。"市场价格"和"自然价格"经常背离。但存在一种趋势使劳动的"市场价格"不断与其"自然价格"相适应。他把人口的自然繁殖率的

---

① 李嘉图：《政治经济学及赋税原理》，郭大力等译，商务印书馆1962年版，第69页。

变化看做造成这一趋势的动力。自然繁殖率的变化会自动地调节工资,使其等于工人最低生活资料的价值。李嘉图的这一说法实际上是以马尔萨斯的人口论为依据,把资本主义制度下工人的贫困归罪于工人阶级自己,把工资规律从历史规律变为自然规律,从而抹杀了资本主义制度的本质。

劳动的"自然价格",按李嘉图的说法,决定于"工资所换取的商品的价格"。当社会发展时,这些商品中的谷物部分,由于在生产它时需要更多的劳动而涨价了。在此情况下,货币工资将会增加,以使工人们能获得同量的谷物和其他生活上的必需品和享用品。在假定工人阶级其他必需品和享用品的价格不变的情形下,实物工资的量不变。由于工人所获得的谷物的内含价值高了,全部实物工资所包含的价值量(李嘉图称之为谷物工资,即折合为谷物价值的工资)也增加了。但其增加的程度,相对于谷物价值的增加,却是较小的。换句话说,在这种情况下,无论是以货币量计算或以工人所得实物的价值的绝对量计算,工资都比以前高了。李嘉图由之得出结论说:"地租和工资在财富和人口增加时,都有上涨的趋势。"①但在这种情况下,地租和工资的上升有个基本的区别。地租的增加意味着地主所获得的货币增加了,他的谷物地租也增加了——他不但获得更多的谷物,而且他所获得的谷物的价值也按比例地增加了。工人的地位就不同了。他的货币工资是增加了,但他的谷物工资实际上是少了。他可能仍然获得和以前同量的谷物和其他生活资料,但把这些谷物和生活资料总计起来,折合为谷物或谷物的价值,他所得的价值总额虽然绝对地多了,却相对于谷物价值的增加而减少了。工人阶级生活的情况实际上要比以前更坏。

李嘉图以上述论点论证工人阶级的利益和地主的利益也是矛盾的。他企图告诫工人,不要以为在谷价上涨情况下,地租增加了,工资也增加了,便认为谷价上涨对工人阶级也是有利的,或者说是无害的。在谷价上涨的情况下,"劳动者的生活状况将普遍下降,而地主的生活状况却总会提高"②。李嘉图以此论证谷物法的存在只是有利于地主阶级而不利于包括工人阶级在内的其他阶级。

三、利润学说

李嘉图对待利润问题的态度不同于对待地租,对地租他着重地揭示其性质和来源,但对利润却只集中分析其数量的决定及其变动,对利润的性质和来源他没有兴趣,而利润量在他那里则仅仅被归结为支付其他阶级收入后的余额:"土地产品在支付地主和劳动者的份额后,其余额必然归于农场主,成为资本的利润。"

李嘉图利润学说的独特之处在于,他在论证利润量的变化时,把商品的全部价值只分成两部分:一部分构成资本的利润,另一部分构成工人的工资。在论及农业生产时,他撇开了地租作为构成农产品价值的这一因素,认为由于农产品的价值决定于最劣地生产所必要的劳动,而最劣地又不支付地租,地租不构成农产品价值的一部分,于是农产品的全部价值只分解为工资和利润。在论及工业生产时,他既撇开土地作为一个生产因素,而在考察资本时,又撇开了不变资本;既假定工业家不支付地租,又认为全部资本都直接用来支付工资。于是,工业品的全部价值也只分解为工资和利润。利润于是被归结为商

---

① 李嘉图:《政治经济学及赋税原理》,郭大力等译,商务印书馆1962年版,第85页。
② 同上注。

品总价值减去工资后的余额。

李嘉图进而考察这余额量的变化。既然商品价值要在工人和资本家之间分配,那么,一方份额只能相对于另一方份额的减少而增加,也只能相对于另一方份额的增加而减少,二者按相反方向发生量的变化。引起这种变化的最终原因是生产生活必需品(主要为谷物)的劳动生产率的变动。劳动生产率提高,生活必需品价值下降,工资就下降,于是利润就增加。相反地,生产率下降,生活必需品价值上涨,工资就上涨,于是利润就减少。他认为生产率变动先影响工资,然后再影响利润,所以工资变动是原因,利润变化是结果。

李嘉图这样承认资产阶级和工人阶级经济利益的对立的本意,显然不在于批判资本主义,相反地,他要说明资本家的处境并不比工人好,因为工资是一个稳定的数额,利润只是支付工资后的余额。

不仅如此,李嘉图还进一步探讨了在财富增加和人口繁殖的社会中,利润和工资二者变化的趋向,提出了利润率趋向下降的论断。从地租学说出发,他指出,随着次、劣地的利用,地租上涨了。由于存在着工资规律,"支付地租后留下来在资本家和劳动者之间进行分配的那部分产品中,将有更大的比例归于劳动者……所以在全部产品中就会有更大部分的价值为工资所吸收,而作为利润的部分的价值则会减小"[①]。坚决站在资产阶级立场上的李嘉图痛心疾首地指出,在社会不断发展的情况下,利润将会不断地下降,最吃亏的是资产阶级。既然社会生产的发展依存于资本积累,资本的积累依存于利润的多少,利润率不断下降的趋势对于社会生产的继续发展是不利的。当然,李嘉图也指出,在支付地租后,产品余额的分割中工资将会占较大的比例,但这并不等于说工人将得到更多的谷物工资。份额的比例是大了,但份额折合成谷物或谷物的价值反而小了。工人的情况不是改善了,而是更坏了。所以,归根结底,造成工资和利润对立越来越激烈的最终原因是地租的增长。李嘉图的用意在于证明,地主阶级是工人阶级和资产阶级共同的敌人。

第五节 货币学说

一、货币流通量决定于其价值的原理

到了李嘉图的时代,古典经济学已彻底批判了重商主义对于货币的迷信。重农主义者提出了商品交换等价学说,斯密坚定地把货币(金属)看做只是一种商品,虽然它在流通中具有一种特殊的职能。李嘉图进一步地把劳动价值学说应用于货币,为交换等价论提供了基础。商品和货币(金属)的交换,与商品和其他商品的交换一样,都是等量劳动的交换。

商品和货币的等价交换说明了商品的自然价格。商品的自然价格变动的原因可以在商品方面,也可以在货币方面。商品价值的改变引起商品自然价格作同方向的改变,即商品价值升高时(假定货币价值不变)则商品自然价格上升,商品价值降低时(同样假定)则商品自然价格下降。而货币价值的改变引起商品自然价格作反方向的改变。

---

① 李嘉图:《政治经济学及赋税原理》,郭大力等译,商务印书馆 1962 年版,第 106 页。

从上述的见解,李嘉图得出一条极其重要的、决定流通商品的货币量的原理。他说,假定在一个国家内,商品的流通量和价值是已知数,则"一国所能运用的货币量必然取决于其价值"①。货币价值愈大,所需的货币量愈少;货币价值愈小,所需的货币量愈大。

李嘉图的上述观点是正确的。但由于李嘉图所关心的只是数量关系——交换价值只是两种商品的交换数量关系,价格只是商品和货币的交换数量关系——他不了解货币的特征,不知道货币虽然是商品,但却是一种特殊商品,是最一般的商品。因此,他和斯密一样把货币只归结为流通手段,认为货币只是普通商品,执行着流通手段和价值符号的职能。于是,和斯密一样,他也认为金属货币可以完全用真正的价值符号——纸币——来代替。他轻易地抹杀了金属货币和纸币之间的界限,认为纸币不仅是执行流通手段的金银的代表,而且是代替金银的真正货币。

二、货币数量学说

由于李嘉图忽视了金属货币和纸币的区别,他根据北美十三州在独立战争中,以及英、法两国在拿破仑战争中的经验,把在一定限度内适用于纸币流通的规律作为一般的货币流通规律,从而得出所谓货币数量学说。

货币数量学说在李嘉图以前很久就有了。马克思指出:"十七世纪的意大利经济学家已经多多少少提出过这种见解,洛克有时加以肯定有时加以否定,而《旁观者》杂志(1711 年 10 月 19 日的那一期)、孟德斯鸠和休谟则明确地把它发挥了。"②休谟是 18 世纪这一理论的最重要的代表人物。休谟所依据的事实是美洲发现后,贵金属涌入欧洲,物价大涨。他认为既然货币量增加在先,物价上涨在后,后者应是由前者引起的。休谟不承认劳动价值论,因此,他没追问贵金属的价值在当时有否改变。事实上,美洲金银的生产恰恰大大减低了贵金属的价值。休谟的学说是针对重商主义的,他企图证明货币的增加不会使一国富裕而只会使价格腾贵。

根据货币数量学说,在其他条件不变下,一个国家的货币量增加了,它们的价值便下降,其表现形式就是一般物价水平的上涨;货币量减少了,它的价值便上升,其表现就是一般物价水平的下跌。这学说显然和李嘉图先前所提出的货币流通量系于货币的价值的原理相矛盾,因为依据货币数量说,货币的价值反而系于它的流通量。

李嘉图的货币数量学说在理论上是错误的。首先,他片面地把货币归结为流通手段,而忽视了货币作为价值尺度的职能。于是商品的价格和金属作为货币的价值似乎仅仅是由商品和货币在流通过程中的互相交换决定的。实际上,在进入市场之前,商品价值已经用货币来表现,即已取得价格形式,而货币,由于它本身有内在的价值,则执行着价值尺度的职能。其次,李嘉图还错误地忽视了货币作为贮藏手段的职能。他以为任何数量的货币都必然留在流通领域。其实,在金属货币流通下,超过流通需要的货币不会留在流通领域而会转化为贮藏货币。

但是李嘉图的货币数量学说的意义在于,在当时英国工业资产阶级和土地贵族、大资产阶级统治集团的斗争中所起的作用。李嘉图以他的货币数量学说作为解释英国当

---

① 李嘉图:《政治经济学及赋税原理》,郭大力等译,商务印书馆 1962 年版,第 301 页。
② 马克思:《政治经济学批判》,中共中央马克思恩格斯列宁斯大林著作编译局译,人民出版社 1976 年版,第139 页。

时货币制度纷乱、物价高涨的理论基础。他认为,币制纷乱、物价高涨的原因在于不能兑现(黄金)的纸币发行数量的不断增加。上面说过,这种情况和英国工业资产阶级的利益是相悖的。

三、稳定货币制度的方案

站在工业资产阶级立场上的李嘉图,在 1816 年提出了稳定当时币制的方案,此后近三十年间,英国关于币制改革的斗争就是围绕着李嘉图的方案进行的。

李嘉图并不反对发行纸币,而且认为用纸币来代替金属货币可以缩减国民经济中的非生产耗费,是用最低廉的流通手段来代替最昂贵的流通手段。但为了防止滥发纸币,导致货币贬值、物价上涨,他认为稳定的通货应当建立在贵重金属的基础上。他主张对于由银行发行的代替金币流通的银行券要有一个法定额的黄金准备(在法定最高发行额外,每增加发行一英镑银行券,银行就得有一镑的金币的十足准备),并承诺随时的、自由的、无限制的兑现。

1844 年,英国议会终于通过了以李嘉图的货币改革方案为指导思想的《皮尔银行法案》。根据这个法案,英格兰银行事实上取得了发行货币的垄断权。银行发行的法定信用发行额(即不以黄金而以政府债券为担保的发行额)限额为一千四百万英镑。超过此数的发行都要有十足的黄金准备。英格兰银行并按一定的官价,随时公开买卖黄金,即随时无限兑现。

李嘉图的方案,在理论上是有错误的。李嘉图认为银行券的无限制自由兑现是稳定银行券币值的必要条件,这是正确的。但他的法定额应以十足现金准备的要求是错误的。李嘉图忽视了银行信用对于增加流通手段和支付手段的真正作用。事实上,银行券是一种信用货币,真正的信用货币不是以货币流通(不管是金属货币还是国家纸币)为基础,而是以汇票流通为基础的。李嘉图主张法定额的银行券必须有十足现金准备,实际上是把银行券从以汇票流通为基础的信用货币,变为代表银行库存黄金的存单。历史证明往往当工商业最需要英格兰银行提供资金时,它却因为没有现金增加准备,无法增加发行而拒绝贷款。在 1844 年后,不到四分之一的世纪中,英国政府就有三次(1848 年、1857 年、1866 年)为了挽救在当时经济危机中银根奇紧的情况,不得不暂时停止 1844 年的法案,允许英格兰银行增加其法定信用发行额。

尽管如此,李嘉图稳定货币的主张仍然反映了一种进步的要求,而在实现这一要求的斗争中,他的理论武装了工业资产阶级。

第六节 国际自由贸易学说

一、国际自由贸易思想

李嘉图是自由贸易的积极拥护者。在斯密的理论基础上,他发展了古典学派的国际自由贸易学说。

李嘉图首先指出,从进口国的观点出发,外国生产的商品的价值不决定于该商品在国外生产中实际耗费的劳动量,而决定于为了换取该商品,本国所提供的商品所包含的劳动量。因此,"对外贸易的扩张虽然大大有助于一国商品总量的增长,从而使享受品总量增加,但却不会直接增加一国的价值总额"①。

所以,尽管我们发现能在一个新的进口来源中,以同量的本国商品换取双倍的进口货物,我们得到的是双倍享受,但没得到更多的价值。李嘉图以此来论证对外自由贸易的利益。对外贸易,并不由于获得更多的货币而增加了国内的财富,也没有由于换取大量的廉价商品而增加了国内的价值总量。对外贸易的好处,在于它增加了本国国民收入所能购得的商品的数量和品种;在于商品价格的低廉,为储蓄和资本积累提供了条件。

李嘉图这个解释就是承认在实际的国际贸易中,作为他的理论体系的基础的劳动决定价值学说失效了;在国际贸易中,国与国之间的商品并不是等价交换的。他说:"一百个英国人劳动的产品去交换八十个葡萄牙人、六十个俄国人或一百二十个东印度人的劳动产品。"②因此,"支配一个国家中商品相对价值的法则不能支配两个或更多国家间互相交换的商品的相对价值"③。这实际上就是承认,在国际贸易中,强国对弱国,发达国对不发达国,通过不等价交换进行剥削和掠夺的事实。

李嘉图,在论述国际贸易的利益时,批驳了当时一种流行的见解,即对外贸易某部门的巨大利润将通过均衡的过程,提高国内的一般利润率。李嘉图认为除了一种特殊情况外,对外贸易的巨大利润不会提高国内的一般利润率。在自由贸易下,商业竞争将会使对外贸易的利润,经过均衡化的过程,逐渐下降到旧的一般利润率水平。李嘉图重复地论证一般利润率的提高只能导因于工资的下降,而后者又依存于廉价谷物的进口。只有在廉价谷物进口这一特殊情况下,对外贸易才有提高一般利润的趋势。

李嘉图的这一论点不是无懈可击的④,但我们还是可以从李嘉图的这一论点上,看到他怎样坚决地站在英国工业资产阶级的立场上,在讨论国际贸易时,回顾了他所念念不忘的利润和地租的矛盾,再一次抨击了谷物法阻碍资本积累的恶果。

二、比较成本学说

李嘉图发展了斯密的关于国际贸易的"地域分工论",提出了所谓比较成本学说,为当时英国工业资产阶级力谋扩大全世界范围自由贸易的要求提供论据。

斯密的国际贸易"地域分工论"有一个假定,即由于自然和其他条件的制约,各国产物的生产间存在着一种自然的分工。国际自由贸易之所以对双方都有利,因为交换的双方,通过互通有无,都可以节约劳动。但依据斯密的意见,一个国家所输出的商品一定得在生产上具有绝对的优势——其所需的生产成本,绝对地少于其他国家。斯密的"地域分工论"是以成本的绝对差别为依据的。

斯密的这一论断在理论上有缺点,而在实践上已经不能适应英国工业资产阶级的发展和企图尽力扩大国外市场的要求。

---

① 李嘉图:《政治经济学及赋税原理》,郭大力等译,商务印书馆 1962 年版,第 108 页。

② 同上书,第 114 页。

③ 同上书,第 112 页。

④ 马克思指出:"李嘉图所想象的情况是:用在国外按较高的价格出售所得的货币,在那里购买商品,并且送回本国;这些商品在国内出售,因此,这至多只会使这些处在有利条件下的生产部门比别的生产部门得到一种暂时的额外利益。"但是,"只要撇开货币形式,这种假象就会消失。处在有利条件下的国家,在交换中以较少的劳动换回较多的劳动……较高的利润率就可以和较低的商品价格同时存在。平均化是会发生的,但不是像李嘉图认为的那样,平均化到原来的水平"。参见马克思、恩格斯:《马克思恩格斯全集》第 25 卷,中共中央马克思恩格斯列宁斯大林著作编译局译,人民出版社 1974 年版,第 265—266 页。

李嘉图从价值规律在国际贸易中的失效出发,通过对失效原因的分析,提出比较成本论作为对斯密的绝对成本论的修正。

李嘉图认为价值规律在国际贸易中失效的主要原因,在于国与国间的资本和劳动的自由转移并不是完全的。他认为完全理想的商业自由不但假定商品的完全自由流通,并且也假定资本和劳动的完全自由转移。具备这一条件,国际商品的交换,就会和国内商品交换一样,按价值规律进行。而国际贸易的地域分工也就只能以生产商品成本的绝对优势为依据。例如,假定只有英国、葡萄牙两国进行贸易,如果葡萄牙生产一定数量的酒只需要80个工人一年的劳动,生产一定数量的毛呢只需要90个工人一年的劳动;而英国生产同量的酒和毛呢则分别需要120个工人和100个工人一年的劳动;则葡萄牙在两种商品的生产上都占绝对优势。最理想的生产布局应该是酒和毛呢都由葡萄牙生产,而英国则把自己原来可用于这两种商品生产的资本和劳动都转移到葡萄牙。同时,英国也就只能以生产对它具有绝对优势的其他商品与葡萄牙交换酒和毛呢。

但是,李嘉图指出,由于种种原因,资本和劳动实际上不能完全自由地从一个国家转移到另一个国家。这就一方面导致价值规律在国际贸易中的失效,另一方面又使国际贸易地域分工的原则发生了变化。在这种情况下,不是各个国家只生产本国具有绝对优势条件的商品,而是生产本国具有比较优势条件的商品,并以之进行交换。再以前例为说明。葡萄牙在酒和毛呢两种商品的生产上都占绝对优势,然而酒的生产却比毛呢的生产占有更大的优势。因此,对葡萄牙来说,同时生产这两种皆具绝对成本优势的商品,把一部分的资本和劳动投入酒的生产,另一部分的资本和劳动投入毛呢的生产,还不如把这两部分的资本和劳动都投入酒的生产,让英国去生产毛呢。葡萄牙可以以多生产出来的酒向英国去换取它所需要的毛呢,这对两国都有利。因为对葡萄牙来说,如果它自己生产一定数量的毛呢,需要90个工人一年的劳动,而现在它只要用80个工人一年的劳动生产出的酒就可以交换到同量的毛呢。对英国来说,虽然它用100个工人一年劳动所生产的毛呢只换得80个工人一年劳动的酒,但如果由它自己去生产酒,这一定量的酒就需要120个工人一年的劳动。因此,李嘉图的结论就是,最有效的和最有利的国际地域分工应是各个国家生产比较成本有异的商品。换句话说,一个国家,在几种哪怕都存在着绝对优势条件的商品中,应只生产其比较最有利的种类;或者,在几种哪怕都具有绝对不利条件的商品中,应生产其不利条件最小的商品。这样,两类国家一样可以通过国际贸易取得更多的商品。

李嘉图的比较成本学说是对于斯密国际贸易分工论的发展和修正。它成为以后资产阶级经济学家所竭力推崇的成熟的国际贸易理论,并成为资本主义世界国际贸易的指针。

李嘉图的比较成本学说并不着意于简单地为发达国只生产工业品、落后国只生产农产品和原料的要求进行辩解。它是在这一要求的基础上,进一步为资产阶级,尤其是产业革命后的英国工业资产阶级,力图扩大对外贸易以达到向外扩张、建立世界霸权的愿望提供新的理论依据。

比较成本学说论证说,只有在资本和劳动能在国与国间完全地自由转移的前提下,才要求以绝对成本来进行商品交换;但这一前提实际上不存在。在资本和劳动不能自由转移的情况下,比较成本便足够成为国际贸易的充分条件。这个支配国际贸易的原则可以应用于一切国家。发达国家固然可以从中得益,发展中国家同样可以从中得益。这样,李嘉图的论证就为英国扩大对外贸易打开了一个广阔的局面。

思考题 》》

1. 比较李嘉图和亚当·斯密的方法论。
2. 简述李嘉图的劳动价值论的要点。
3. 简述李嘉图的分配论,以及他如何看待分配关系发展的趋势。
4. 简述李嘉图的比较优势学说。

第八章　萨伊——经济自由主义经济学家

▌内容提要▐

让·巴蒂斯特·萨伊(J. B. Say,1766—1832年)是继法国重农学派之后,大力提倡发展自由竞争资本主义的经济学家,他的学说以对亚当·斯密学说系统化和通俗化著称。他是李嘉图和西斯蒙第的同时代人,但他的学说既与李嘉图有许多不同,也与西斯蒙第大异其趣。他的学说为西方主流经济学的发展开创了道路,奠定了坚实的基础。

但人们对萨伊的看法大不相同。李嘉图认为:"萨伊先生是大陆著作家中首先正确认识并运用斯密原理的人。他对欧洲各国介绍这一启迪人心、裨益民生的体系的各项原理,功绩大于所有其他大陆著作家的全部功绩。不尽如此,他还使这门科学更合乎逻辑,更富于启发性,并以独创的、精确的而又深刻的若干议论丰富了他的内容。"[1]马克思认为萨伊是法国庸俗经济学的创始人,他指出:"萨伊就把亚当·斯密著作中这里或那里渗透的庸俗观念分离出来,并作为特殊的结晶和亚当·斯密并存。"[2]

第一节　时代、生平和著作

萨伊出身于法国商人家庭,早年经商,后来去英国求学,接触到亚当·斯密的著作。法国大革命爆发时,萨伊在一家保险公司工作。在大资产阶级执政时,萨伊积极参加政治活动。但当雅各宾派上台后,他离开了革命,成为革命的反对者。在1794—1799年间,萨伊担任《哲学、文艺和政治旬刊》的主编,发表了一些文章,为拿破仑所赏识,被委任到财政委员会工作。但由于他反对拿破仑的保护政策,不久便被解职。拿破仑失败,波旁王朝复辟政府奖励萨伊的活动,并派他去英国考察工业。萨伊的主要著作《政治经济学概论》出版于1803年。以后他还写了《政治经济学问答》(1817)和《政治经济学教程》(1828—1830):前一部只是《概论》的缩写本,后一部虽然扩大了讨论范围,加进了一些关于社会制度的经济影响的论述,但在理论上和《概论》没有什么不同。

萨伊经济学的形成和18世纪末至19世纪初法国社会政治经济的发展有密切的关系。英国资产阶级革命早于法国,但英国资产阶级革命是在经历了长期曲折的道路和反复之后,才以资产阶级和土地贵族的妥协而告终。法国的大革命则以急风暴雨的形式摧毁了法兰西王国的封建统治,建立了其他欧洲国家所不能比拟的、纯粹的、典型的资产阶

---

[1] 李嘉图:《政治经济学及赋税原理》,郭大力等译,商务印书馆1962年版,第4页。

[2] 马克思、恩格斯:《马克思恩格斯全集》第26卷,第2分册,中共中央马克思恩格斯列宁斯大林著作编译局译,人民出版社1974年版,第557页。

级统治。因而革命后,主要任务就从反封建直接地转向了大力巩固和发展资本主义的政治和经济制度。

在大革命时期,法国资产阶级,以第三等级的旗帜,联合人民反对王室、贵族和教会,但在革命趋向胜利时却企图独占胜利果实。早在革命初期,联合阵营中已经暴露了分歧。资产阶级决心先剥夺工人阶级的政治权利,以1791年6月14日的法令,宣布一切工人结社是反对自由和人权宣言的犯罪行为,要课以罚款。本来为反对封建制度而锻造的自由和人权宣言等武器却被反过来作为反对工人阶级的借口。在以恩格斯所称的"愤怒的无产阶级"为靠山的革命民主主义雅各宾派恐怖政权被推翻之日(1794年),资产阶级取得了决定性的胜利。在法兰西第一共和国宪法公布实行时(1795年),革命时代的政权归了资产阶级。

在这一时期,法国的无产阶级还是一个自在的阶级,没有从一般贫苦的群众中完全分离出来,在大革命中它只是资产阶级所领导的"第三等级"革命阵营的左翼。但是它在革命过程中已经显露出其固有的革命性和坚决的战斗精神。更可注意的是,法国工人从一开始就带着自己的政治和经济要求——从资产阶级的观点看来决不能允许的要求——参加革命。在他们参加资产阶级所领导的革命和封建制度作斗争时,他们提出了独立的纲领,创立了自己的革命组织,并在整个革命过程中留下了自己的痕迹。

法兰西大革命后,法国资产阶级面临新的历史任务,所需要的不是如李嘉图那样的企图联合工人阶级以对抗土地贵族势力的经济学家,而是如萨伊那样的力主劳动和资本协调一致发展资本主义的思想家。

第二节　政治经济学的研究对象与方法

一、研究对象

萨伊认为,必须明确科学研究的对象,才能使这门科学取得确实的进展。他认为,政治经济学的研究对象有待明确。尽管已有亚当·斯密《国富论》所奠定的框架,但对政治经济学的对象还没有一个规范的说法。斯密所谓"国民财富的性质和原因",作为政治经济学对象的一种提法[①],虽然比重农主义的认识进了一步,但仍然有欠准确和明确;他关于"富国裕民"的说法也只是指这门科学的目的;等等。

萨伊认为,政治经济学是研究社会财富的生产、分配与消费的科学[②],他把财富的生产、分配和消费作为其《政治经济学概论》的副标题,并依此将该书设计为相应的三部分。这个规定首先意味着萨伊把经济生活理解为生产、分配和消费三部分,这是一种首创,而且是对社会经济生活领域的科学划分,因而是可取的。事实上,除了后来的詹姆斯·穆勒在萨伊的划分之外又添加了一个交换之外,此后人们对这种划分再没有提出什么突破性的补充见解,更不必说否定性的意见了。[③]时至今日,萨伊的这个三分法和后来的四分

---

① 因为斯密本人并没有这样规定政治经济学的对象。

② 萨伊:《政治经济学概论》,陈福生等译,商务印书馆1963年版,第15页。

③ 萨伊把交换列入生产范围之内。后来詹姆斯·穆勒在他的《政治经济学要义》(1825)一书中,提出应把政治经济学划分为生产、分配、交换和消费四个部分的"四分法"。此后西方经济学实际上接受了穆勒对于萨伊的这一修正意见。

法,仍然有其合理性和生命力。

萨伊力图把政治经济学变为纯粹和精确的科学,他认为政治经济学研究的规律也像物理学的规律一样,带有普遍性和永恒性。这种认识实际上抹杀了人们的生产关系的历史性,也否定了资本主义关系的过渡性。作为一个资产阶级思想家,抱有这种观念是不足为奇的。问题在于,生产、分配和消费总是一定社会条件下的经济行为,脱离具体社会制度和经济环境的生产、分配和消费是不存在的。何况萨伊研究的也并非一般的抽象的生产、分配和消费,而是资本主义性质的经济现象。所以,萨伊的上述划分就有以一般代替特殊,掩盖资本主义内在的本质联系的危险。

萨伊强调要把政治经济学和其他相关学科加以区别。他提到的这些学科有:"政治学",这是"阐述政府和人民的关系以及各国相互关系的科学"[①];工业、农业和商业等部门经济学,它们同政治经济学既有联系,又有区别,"政治经济学考虑到农业和工业,但它所考虑的只是各该业中和财富的增加与减少有关系的方面,而不是所使用的方法"[②]。萨伊的这些见解,今天看来显得很粗糙,但在当时他能明确提出这个问题并给出回答,这是难能可贵的。

二、研究方法

萨伊指出,政治经济学像其他科学一样,过去曾以大胆假设替代事实,即在事实还没有确定以前就来建立学说。"直到晚近,在前半个世纪内有助于一切其他科学发展的以哲理推究的良好方法,才用来进行我们这一方面的研究……这个方法的优点在于,只承认经过仔细观察的事实,以及根据这些事实所作的推论,从而有效地排斥在文学上和科学上往往阻碍人们获得真理的偏见与先入之见。"[③]这里所谓事实,萨伊认为应当理解为既指实际存在着的事实,又指发展变化的事实。他说:"事物怎样存在或怎样发生,构成所谓事物本质,而对于事物本质的仔细观察,则构成一切真理的唯一根据。"[④]萨伊的这个观点实际上是对 18 世纪唯物主义世界观的一种响应。

根据对事实的上述划分,萨伊把科学分为叙述的和实验的两大类。他把统计学划入叙述的科学,而把政治经济学归入实验的科学。"政治经济学根据那些总是经过仔细观察的事实,告诉我们财富的本质。它根据关于财富本质的知识,推断创造财富的方法,阐明分配财富的制度,与跟着财富消灭(即指消费——引者)而出现的现象……统计学说明一个国家在一个特定时期的生产和消费,它的人口、军队、财富以及可以估量价值的东西。统计学乃是详尽的叙述。"[⑤]萨伊的这种方法论原则,是在反对重商主义的背景下提出来的,在他看来,重商主义研究方法的最大特点是,仅根据局部经验事实而断定限制性的做法是一国致富之道,而根据更广泛更可靠的一般事实所得出的结论就正好相反:政治的开明和经济上的个人自由主义才是致富的原因。萨伊的方法论有其历史的意义和价值。他的方法论也进一步强化了自早期思想家和亚当·斯密以来兴起的实验唯物主义传统。

---

① 萨伊:《政治经济学概论》,陈福生等译,商务印书馆 1963 年版,第 16 页。
② 同上注。
③ 同上书,第 17 页。
④ 同上注。
⑤ 同上书,第 18—19 页。

第三节　财富的生产理论

萨伊的生产理论主要由两大部分组成：第一部分研究生产要素及其作用；第二部分研究影响生产的外部和偶然因素。这些理论明显地反映出法国新兴资产阶级发展生产力的迫切要求。

一、生产三要素论

萨伊在一般意义上观察生产，他认为"所谓生产，不是创造物质，而是创造效用"，而"创造具有任何效用的物品，就等于创造财富。这是因为物品的效用就是物品价值的基础，而物品的价值就是由财富所构成的"[1]。说生产不是创造物质，无疑是正确的；但如果说生产就是创造效用，则不免过于笼统，因为既然萨伊"把物品满足人类需要的内在力量叫做效用"[2]，那么，就应当承认这种效用在不同的生产方式下，会有截然不同的内涵。有为生产者自身（包括其家属需要）的效用，还有提供给别人的效用，前者是自给自足的生产，后者却是商品生产。在商品生产条件下，为生产者个人的效用在生产物中所占的比重已经无足轻重，而为别人提供效用则成为生产的支柱，然而这种效用，对生产者自身来说，已经不再是一般的"满足需要"的意义了，而是追求商品的交换价值和价值，也就是说，这时候的生产既要生产效用，还要生产交换价值或价值，在资本主义条件下，还必须生产剩余价值。

但萨伊进一步把土地、劳动和资本归结为生产的三个要素，却是正确的。因为不论生产的是为自己的效用，还是为别人的效用或交换价值或价值，都需要这三个要素，它们缺一不可，只是它们在不同时期的作用不尽相同罢了。他指出："事实已经证明，所生产出来的价值，都是归因于劳动、资本和自然力这三者的作用和协力，其中以能耕种的土地为最重要因素但不是唯一因素。除这些外，没有其他因素能生产价值或能扩大人类的财富。"[3]根据这种理解，萨伊肯定了土地和资本同劳动一样，都有生产性。[4]

萨伊把劳动理解为人类役使自然力[5]，人的劳动和自然力的结合。在这个意义上，他不时地说劳动创造价值，但同李嘉图所说只有劳动创造价值的观点截然不同。例如，他说："财富是由协助自然力和促进自然力的人类的劳动所给予各种东西的价值组成的。"[6]萨伊把劳动过程分解为理论—应用—执行等三个阶段，相应地，他把劳动分为理论、应用和执行等三个部分。在他看来，这三个部分的关系是相互协作和利益与共的，不消说，这是粉饰已经显露出深刻和尖锐矛盾的社会现实。萨伊认为，凡是能对生产有用物做出贡献的劳动，都是生产性劳动，否则就是非生产性劳动，而无论是哪种形式的劳动[7]，这种说法都已经没有亚当·斯密当初提出这个学说时所具有的反封建的意味了，这也许同法

---

① 萨伊：《政治经济学概论》，陈福生等译，商务印书馆1963年版，第59页。
② 同上注。
③ 同上书，第76页。
④ 同上书，第72—73页。
⑤ 同上书，第62页。
⑥ 同上书，第69页。
⑦ 同上书，第86页。

国资产阶级革命比英国更彻底,因而不必再强调反封建,反而需要强调劳动与资本的和谐有关。萨伊追随斯密,重申了劳动分工的巨大意义,以及分工受到市场限制等一系列原理。[①]

在论述了商业的意义及其协同生产发展的方式以后,萨伊着重论述了资本。他指出,所谓资本就是能够协助劳动共同创造价值的装备和产物,构成生产资本的有:工具、生活必需品和原料。他顺便批评了重商主义关于只把货币视为资本的过时概念。他认为资本可以使用在农业、工业和商业等各种生产性途径上。他研究了"资本的形成和增加",从发展资本主义生产力的立场出发,萨伊大力提倡积累资本,提倡促进资本积累的储蓄和节约,鼓励把资本用于生产性用途,他认为个人的财富增长,只要取之有道,就应予以欢迎,看作一般繁荣的源泉。萨伊对所谓"无形产品"的论述也是很有特色的。他提出:"有这样一种价值,它必定是实在的价值,因为人们非常珍视它,愿以贵重和经久的产品交换它,但它却自己没有永久性,一生产出来,便立即归于消灭。我……把它叫做无形产品。"[②]依照这个理解,医生、音乐家、演员、律师、法官以及公务人员等,都被他列入生产无形产品的人的行列。斯密曾称这些人是非生产劳动者,萨伊批评斯密由于把财富理解为具有可以保存的价值的东西,所以才导致这种错误,在他看来,一切具有交换价值的东西都是财富,而这些人的活动无不具有交换价值,所以也应是生产的。他还指出,这并不是说,这些人越多越好,"生产无形产品的劳动,像其他劳动一样,只在它能扩大效用因而能够增加价值的范围内是生产的。所花费的劳动如果超出了这一点,多余的劳动便是不生产的劳动"[③]。

二、"萨伊定律"

关于影响财富的外部因素,萨伊提出了以下四个方面:财产所有权,产品的出卖或需求,货币流通,以及政府政策。其中最值得注意的有两点:一是他在论述需求的部分提出了有名的后来被称为"萨伊定律"的观点;二是在论述政府政策时充分发挥了经济自由的要求,它们是萨伊学说的时代精神和阶级实质的重要体现。

关于财富的所有权或私有权,萨伊认为那是使生产的源泉即土地、劳动和资本发挥最大生产力的重要条件。他指出,所有权或私有权是诱使生产要素投入使用的最有力动机;所有者本人比任何人更清楚地知道如何最有效地利用他的财富。由此出发,他反对侵犯财富所有权,如强行征用人民的财产,苛捐杂税,阻碍人自由运用生产手段和个人才干等。当然,他也指出,他并不反对在维护社会治安或其他必要场合,对个人权利的必要限制。

针对一些商家把商品销路不畅往往归结于货币不足和需求不足,因而要求政府加以保护这一情况,萨伊提出,问题不在于需求而在于生产。就在论证这一思想时,萨伊提出了影响深远的有名的"萨伊定律"。他说:"一个人通过劳动创造某种效用,从而把价值授予某些东西。但除非别人掌握有购买这价值的手段,便不会有人鉴赏,有人出价购买这价值。上述手段由什么东西组成呢?由其他价值组成,即由同样是劳动、资本和土地的

---

① 萨伊:《政治经济学概论》,陈福生等译,商务印书馆 1963 年版,第 93—102 页。
② 同上书,第 126 页。
③ 同上书,第 129 页。

果实的其他产品组成。这个事实使我们得到一个乍看起来离奇的结论,就是生产给产品创造需求。"①

按照商品总是用商品购买的这种说法,货币起什么作用呢?难道不是因为货币缺乏才使产品销售不出去吗?萨伊回答说:"钱毕竟只是移转价值的手段。钱的全部效用,在于把你的顾客想买你的货物而卖出的货物的价值移到你的手中……其实货币只不过是媒介而已。销路呆滞绝不是因为缺少货币,而是因为缺少其他产品……在以产品换钱、钱换产品的两道交换过程中,货币只一瞬间起作用。当交易最后结束时,我们将发觉交易总是以一种货物交换另一种货物。"②对此,萨伊还有其他一些表述,例如:"尽管在购买一件产品时,最初是以货币付价,但究其终极,一件货物总是以其他货物购买。"③这就是萨伊的全部论证。人们对此早已作过许多中肯的批评,包括指出萨伊的错误主要在于把货币的职能仅仅理解为交易媒介,而无视货币的其他重要功能,例如价值尺度、信用手段和储藏手段等,从而把有货币居间的商品交换与物物直接交换相等同。

萨伊依此论证得出了否认生产普遍过剩可能性的结论。在他看来,既然商品交换总是物物交换,所以即使有过剩存在,也只能是局部和暂时的:"某一种货物所以过剩,是由于他的供给超过需求。他的供给所以超过需求,则因为它的生产过多,或因为别的产品生产过少。"④为此,他还提出了证明尽可能迅速发展生产有极大优越性的几条结论。

三、"干涉本身就是坏事"

在简短地论述了加快货币或资本流转的意义之后,萨伊用了很大篇幅来分析政府的政策对经济生活的影响,从而使人可以更清楚地看到萨伊所持的经济自由主义立场。他在这里详细分析了政府干预生产性质(生产什么)和生产方法(怎样生产)的种种做法所造成的不良后果。⑤ 他指出:"如果政府当局出来干涉,阻碍事态的自然趋势,告诉生产者说,你正要生产的那种生利最厚因而是人们最需要的东西,却不十分适合你的环境,你们须生产别的东西。政府的这种行动显然将把国家的一部分生产力引到次要东西的生产,使人们更迫切需要的东西的生产大吃其亏。"⑥他强调说,无论在农业还是工业中,只有生产者自己最清楚应当生产什么产品,应当采用怎样的生产方法;另一方面,利己主义是最后的动力和老师,用不着政府指手画脚,"最繁荣的社会必定是不受形式拘束的社会"⑦,"干涉本身就是坏事,纵使有其利益……一个仁慈的政府便应当尽量减少干涉"⑧。他还对政府特许的垄断贸易公司、限制谷物贸易以及政府直接经营某些生产事业进行了抨击。⑨ 应当指出,萨伊并不是完全不要政府,像亚当·斯密一样,他认为政府有其重要的职能,包括:由政府经营一部分军事工业生产,举办和维护公共工程,创办文化教育事业,保证国家和公民的安全等;但他反对对外侵略与掠夺。萨伊的这些观点都是针对拿破仑

---

① 萨伊:《政治经济学概论》,陈福生等译,商务印书馆1963年版,第142页。
② 同上书,第144页。
③ 同上书,第344页。
④ 同上书,第145页。
⑤ 同上书,第154—160、191—201页。
⑥ 同上书,第155页。
⑦ 同上书,第197页。
⑧ 同上书,第199页。
⑨ 同上书,第201—219页。

的大陆封锁政策和对外扩张政策而提出来的,它反映了法国新兴的资产阶级渴望有一个对外开放、对内自由发展的和平环境,这无疑具有历史的进步意义。

第四节 财富的分配理论

在分配理论中,萨伊研究了两方面的问题:一方面是作为分配对象的价值的本质,即价值理论;另一方面是价值在各种生产要素之间分配的法则,即狭义的分配理论。

一、价值理论

萨伊强调,价值是一个相对的概念,或者说,是不同商品彼此相比较的概念;这个概念的由来,在于要获得商品就必须付出代价,这一代价就是在生产方面所作的努力,"交换实际上只是双方所作的生产努力的相互交换"[1]。但不要误以为这是劳动价值论,要知道,在萨伊所说的生产努力中,始终都是土地、劳动和资本共同起作用的。萨伊指出,商品的这种价值以所能交换的其他商品的数量表现出来,但更通常更方便的办法是以所交换的货币量来表示,这个货币量就是商品的价格或市价。影响市价的因素是商品的需求和供给,但供求也受市价的影响。他说:"需求与供给是天平秤杆的两个相反极端,从秤杆下垂着贵与廉这两个天平盘;价格是平衡点,在这一点上,一边的动力停止作用,另一边的动力就开始作用。这就是这一说法的意义:在一定时间和地点,一种货物的价格,随着需求的增加与供给的减少而成比例地上升;反过来也是一样。换句话说,物价的上升和需求成正比例,但和供给成反比例。"[2]他还指出了影响需求和供给的若干因素。

但萨伊认为,市价并不就是价值,如上所述,市价是基于生产力的价值,而价值却是基于商品的效用。"既然一件物品的需要基于它的效用,因而,它的价值也基于它的效用,所以,使生产力有价值的,乃是创造那能满足需要的效用的能力。这个价值的大小和这件物品在生产事业中所提供的合作的重要性成比例,而就各个产品说,这个价值构成所谓生产费用。"[3]"生产费用就是斯密所谓的产品自然价格,这个自然价格和他所称的市价形成对照。"[4]但在对效用的理解上,萨伊还提出了主观意义的说法,因为物品的效用程度要受到个人的无定见的支配。[5]

可见,在萨伊那里,价值有三个层次:一般意义的价值,是指获得商品就必须支付的代价,即生产努力或三要素的努力;市价是指供给和需求所影响和决定的价值,那要受许多因素制约;价值则是基于来自生产费用的物品的效用。萨伊的价值论是生产要素论、供求论、生产费用论和效用论的结合,它是同斯密和李嘉图的劳动价值论相对立的。

依据上述理论,萨伊进而说明收入的来源,他说,收入来自生产三要素即土地、劳动和资本的市价(不是指价值),而他们的市价同其他物品的市价一样,决定于供给和需求。在这里,供给和需求的对象是什么呢?萨伊回答说,是生产要素的"生产性服务":"以收

---

① 萨伊:《政治经济学概论》,陈福生等译,商务印书馆1963年版,第321页。
② 同上书,第326页。
③ 同上书,第322页。(译文有改动。)
④ 同上书,第335页。
⑤ 同上书,第321页。

入交换的割让品是什么呢？当然是收入收受者所可能占有的生产手段的生产性服务。"[1]这个生产性服务也就是他在财富论中所说的，土地、劳动和资本协同动作为生产产品所作的生产性贡献。不消说，萨伊的这种分配论是不承认资本主义的剥削性质的。

二、"三位一体"的分配公式

萨伊的分配理论被马克思称为"三位一体"公式，即土地的报酬是地租，资本的报酬是利息，劳动的报酬是工资。依照萨伊的价值理论，土地、劳动和资本都是价值的创造者，他们都有生产性，当然也就都有从他们共同生产的价值中分得相应部分的权利，所以不存在剥削。萨伊分配理论的辩护性就在这里。

关于价值分配的方式，萨伊以制表为例，说明这是一个不断支付和垫付相应费用和报酬的过程，即每个工种为了自己的生产得以进行，都要购买前面工种的产品，而所支付的代价必须足够补偿前面工种的生产费用和"利润"；他还要购买相关的生产要素，也得垫付必要的生产费用和"利润"。另一方面，作为消费者，每个人在购买消费品时所支付的物价，也必须足够补偿产品中所包含的生产费用和"利润"。这样一来，各种生产要素共同生产的价值就在各个生产要素之间得到了分配。这里所谓"利润"，不是指企业家的报酬，而是指所有生产要素的报酬，因为在他看来，各生产要素不外乎是各有关所有者的一种"资本"，把这种"资本"借出是要求回报的，这种回报就是各自的利润。萨伊把资本主义的生产过程和消费过程理解为生产要素的出借和补偿的过程，一笔抹杀了资本主义生产过程的阶级剥削的实质，这为他提出同样抹杀剥削实质的分配理论奠定了基础：既然生产要素的所有者"借出"自己所拥有的要素供别人使用，别人利用这些要素的生产力增加了产品的价值，那么，生产过程结束后，给生产要素的所有者以报酬就成了理所当然的事情。

剩下的问题就是分别解释工资、利息和地租的决定了，其中只有关于劳动报酬的部分值得在此一提。萨伊把"劳动的收入"分为三类：第一类是"理论的劳动"，即科学家所从事的劳动的报酬。由于培养费用高昂，所以他们的工资应当较高。第二类是"应用的劳动"，即资本家（实际上是指"老板、经理和冒险家"）所从事的劳动的报酬。它（是工资，不是利润）也应较高，因为这样的人才不可多得，还因为他们必须要有相当的资本。第三类是"执行的劳动"，即一般工人的劳动的报酬。在他看来，这些人的供给大于需求，而维持其生活及家属的费用也不高，所以，工人的劳动报酬理应较低。不消说，这些说法是符合统治阶级的利益和愿望的。

思考题 》》

1. 如何评价萨伊的生产要素论？
2. 如何看待"萨伊定律"？
3. 如何分析萨伊的价值论和分配论？

---

[1]　萨伊：《政治经济学概论》，陈福生等译，商务印书馆1963年版，第331页。

第九章 马尔萨斯——特殊的古典政治经济学家

‖内容提要‖

马尔萨斯是西方经济思想史上有很大影响又备受争议的经济学家和人口学家。他与李嘉图是同时代人,在维护资产阶级利益和反对无产阶级方面,他们的立场一致,是盟友,但是在对待土地贵族和封建势力方面,他们的立场对立,是论敌。李嘉图是工业资产阶级利益的坚定维护者,土地贵族的批判者。马尔萨斯既是资产阶级的代言人,又是资产阶级化的封建贵族的忠实卫士。如马克思所说:"只是在工业资产阶级的利益同土地所有权的利益,同贵族的利益一致时,马尔萨斯才拥护工业资产阶级的利益,即拥护他们反对人民群众,反对无产阶级;但是,凡是土地贵族同工业资产阶级的利益发生分歧并且互相敌对时,马尔萨斯就站在贵族一边,反对资产阶级。"[1]

第一节 时代、生平与著作

托马斯·罗伯特·马尔萨斯(Thomas Robert Malthus, 1766—1834年)出生于英国一个乡村土绅士的家庭。在英国剑桥大学学习神学和哲学后,他于1798年加入英国僧籍,并在萨立郡的一个小镇担任牧师。同年,他匿名发表了《论影响社会将来进步的人口原理,反对葛德文·康多塞和其他作家思想的评论》的小册子。该小册子引起了社会的注意,为英国统治阶级所赏识。为了充实这本著作的内容,马尔萨斯于1799—1802年游学欧洲各国,于1803年具名再版该书,改名为《论人口原理,或人口对人类将来和现在幸福影响的观点》,在他生前这本书修订再版四次。随后马尔萨斯的兴趣转向政治经济学。1805年他受东印度公司聘请,在赫福郡的海累伯利学院任近代史和政治经济学教授(他是英国的第一位政治经济学教授),直至去世。在此期间,马尔萨斯发表了一系列关于政治经济学的著作,包括《关于谷物法的短文集》(1814—1815)、《地租的性质与发展的探讨》(1815)、《济贫法》(1817)、《从应用观点考虑的政治经济学原理》(1820)和《政治经济学定义》(1827)等。

马尔萨斯的时代也就是李嘉图的时代,即英国工业革命趋于完成的时代。随着产业革命的完成,英国产业资产阶级日益强大。虽然他们排挤土地贵族并完全夺得政权是以1832年英国议会改革为标志的,但在此前英国产业阶级的经济势力已经凌驾于土地贵族

---

① 马克思、恩格斯:《马克思恩格斯全集》第26卷,第2分册,中共中央马克思恩格斯列宁斯大林著作编译局译,人民出版社1974年版,第122页。

之上。亚当·斯密时代的资产阶级和土地贵族的暂时妥协已为重新挑起的两阶级间的尖锐斗争所代替。也就是由于这一斗争,资产阶级和无产阶级的斗争还停留在幕后。19世纪的头三十年,英国的社会史就是产业资产阶级和土地贵族阶级斗争的历史。李嘉图出身于资产阶级家庭,自己又是一个成功的资本家。马尔萨斯出身于乡村土绅士家庭,先以牧师为职业,后来又长期任教于东印度公司的海累伯利学院。两人不同的出身和经历在很大程度上决定了他们在这一斗争中所采取的不同立场。

在社会活动方面,马尔萨斯还参与创办了有名的"政治经济学俱乐部"(1821年)和伦敦统计协会(1834年)。

第二节　马尔萨斯的《人口论》

马尔萨斯以其人口论极负盛名。他的人口学说是为英国的包括资产阶级在内的整个统治阶级作辩解,企图证明英国当时激进分子所宣传的法兰西革命精神是一种空想;工人的贫困是自然规律,是工人自身造成的,不必抱怨社会统治阶级。

一、背景与缘起

英国从18世纪下半期开始的产业革命到18世纪末已达高潮。产业革命为资本主义生产方式奠定了机器大工业的基础。机器大工业的发展又造成了小生产者的破产和劳动群众的大量失业和贫困。与此同时,法国爆发了资产阶级革命,法兰西大革命对英国产生了广泛影响,大大促进了英国人民的斗争热情。在18世纪的最后几年,英国掀起了社会改革运动,出现了主张激进改革的著作。威廉·葛德文(William Godwin,1756—1836年)在1793年出版的《政治正义论》就是其中影响较大者之一。1794年,法国的马里·让·康多塞(Marquis de Condorcet,1743—1794年)出版了具有类似论点的《人类理性发展的历史观察概论》一书。这两本主张激进社会改革的书都以人类的理性为主题。他们认为,理性的发达可使人类社会无限地进步和发展,而阻碍人类理性的发达者是人类社会各种人为制度(如私有财产制等)和组织(如政府等)。去掉这些人为阻碍,人与社会都有达到完善的可能。葛德文从中引申出无政府主义的主张,当然是错误的,但是人和社会可完善性的见解却是法兰西革命的精神和理想,而这一精神和理想恰是当时英国统治阶级认为危险的、必须加以摒弃的思潮。

马尔萨斯的《人口论》缘起于他同其父就康多塞和葛德文等人关于社会未来可完善性观点的争论,父亲赞成康多塞和葛德文的观点,认为存在这种可能性,儿子则持否定态度。这种争论的背景和含义,如果不是因为引发出了马尔萨斯的人口论,也许不值得深究。然而问题正在于,在马尔萨斯看来这场争论不仅仅涉及争论的问题本身,而且事实上是截然不同的世界观和人生观的分歧。所以,他在正面论述了自己的人口论以后,对康多塞和葛德文的观点进行了广泛的评论,并把他同他们之间的分歧不时地提到"世界观"和"人生观"的高度,旨在加强他的人口论的分量和说服力,事实上世人从中也确实可以更加看清他的思想倾向的内涵和本质。应当说,马尔萨斯所持的世界观和人生观具有一定的典型意义,它反映出在产业革命趋于完成的新形势下,统治阶级中的一部分思想家出于对本阶级或整个统治阶级利益的考虑,自觉地要求抛弃任何的理想主义思想方法,而提倡一种功利主义,这种功利主义是十分现实、自私甚至冷酷的,它是统治阶级思想家手中的有力武器。了解了这一点,才能更深刻地理解他的人口论和经济学理论。

康多塞是一位法国数学家、革命家、哲学家。他认为人类能够无限地完善自己。他在上述著作中阐述了人类能在走向最终完善的道路上不断进步的观点,并且提出了阶级不平等和民族不平等终将消灭的论断。马尔萨斯对此持有异议,他认为康多塞所提的通过社会养老金和妇幼补助金来消灭不平等的办法"绝对无效";认为在未来社会中,没有必要的刺激,也就失去了公共繁荣的动力,而如果设立审判机关来监督和处理劳动的纪律一类问题,又"无异于破坏平等和自由原则"。他还认为康多塞意识到在未来社会由于生活改善,人口必然大增,甚至承认人口增长会超过生活资料的增长,但却不适当地认为这种后果是遥远将来的事情;在马尔萨斯看来,这种情形早就存在了。他还认为,康多塞所说的在未来社会克服人口增长过快的方法,即"在(未来社会)那个时候,迷信的可笑的偏见,对于预防生育的乱婚状态或其他不自然状态,将不再在道德方面,加上一种腐败而堕落的苛责"[①];马尔萨斯说,这种消除困难的方法,必定会把德性及民俗的纯洁性破坏殆尽。

马尔萨斯对康多塞关于人类的生理完善可能性的观点也提出了批评,他认为,人类和动植物一样,一定程度的改善是可能的,也是实际存在的,但是,说这种进步是无限的就大错特错了。人的生命,虽曾由各种原因引起了大的变动,但自有世界以来人体构造曾否有任何有机的改良,却颇是疑问,所以人类生理完成可能性的议论,其基础是非常薄弱的,它只能是一种推测。马尔萨斯进而把问题提到哲学的高度,他说:"我们推理,只能根由我们所知。"在他看来,康多塞哲学的过失在于,仅仅依据局部的改良就来断定会有无限的改良。

葛德文是英国的社会哲学家,提出过无神论、个人自由主义和无政府主义的观点。他在其主要著作《政治正义论》中发挥了关于未来平等社会的设想,这设想基于下列信念:理性的改良优于依靠权力的改良;私人的判断优于为公众服务的制度;作为社会主要动力的仁爱心取代了自私心。马尔萨斯则认为,遗憾的是这种时期是不会到来的。这全部想法不过是一个梦,一个美丽的想象的幻影。葛德文认为,文明社会一切罪恶和贫困的根源,在于人类社会制度及现存的政治条例和财产制度;他还认为人类的理性的发现和作用,是铲除这一切罪恶和贫困的适当和有效手段。马尔萨斯则认为,人类制度不过是一个表面的次要的原因,造成人类祸患的根源要根深蒂固得多,这就是他所说的人口本身。他坚信人口的迅速增加,必定会给社会造成难以克服的压力和负担。在这里,马尔萨斯表露了一种要贫民安于贫困的宿命论观点。他说:"社会上这两个根本法律(财产的安全及结婚的制度)一经制定,不平等的状况必然会随着起来。在财产分割以后出世的人,即在全世界均已被人占有以后,才来到这世间,如果他们的双亲,因有过大的家庭,致不能给他们以充足的抚养,又将如何在这一切均已被人占有的世界上生活呢?每一个人均有权要求等分土地生产物的社会,会发生什么最后结果,我们已经讲过了。人数过多致原份土地不足维持的家庭,不能像要求还债那样,向别人要求剩余生产物的一部分,因此,按照我们本性中的必然法则,就有些人必定要苦于贫乏。这些不幸的人,在生活的

---

① 马尔萨斯:《人口论》,郭大力译,商务印书馆1964年版,第47页。

大彩票中,抽到了一门空签。请求者的人数,马上就会超过剩余生产物的供给力。"①

马尔萨斯这段话,在1803年的第二版《人口论》中有更无情的表述,而这段更能反映作者心态的话在以后的版本中消失了。马尔萨斯说:"一个生在已经被占有的世界上的人,如果不能从他享有正当要求的双亲那里获得生活资料,如果社会不需要他的劳动,他就没有要求获得最小份食物的权利,事实上他是多余的人。大自然的盛大筵席上没有他的空席。她命令他离开,如果他不能引起她的某些客人的怜悯,她将迅速执行自己的命令。如果这些客人起身把位子让给他,立刻就会出现其他的闯入者,要求同样的恩惠。来者不拒的传说使大厅内充满了无数的申请者。宴会的秩序与和谐被破坏,先前那种丰盛变为不足;客人们的幸福为大厅每一处的不幸和依赖的场面所破坏,被一些人吵吵闹闹的纠缠所破坏,他们正在为没有找到他们听到传说后所指望的那份食物而理所当然地感到愤怒。客人们在违反给所有闯入者制定的严格命令时,从自己的错误中吸取教训已经过迟,这些命令是宴会的伟大的女主人发布的,她希望自己的所有客人能够吃得丰盛,又知道她不能供给无限的数目,所以当她的餐桌已经位满时,仁慈地拒绝接纳新的来客。"②

葛德文过分夸大人类的精神力量的作用,从而断言人的生理可以无限完善,人的寿命可以无限延长,当然是不科学的。马尔萨斯就此举出许多例证,说明事实并非如此,这本来并不困难。值得注意的是,他还进一步发挥说,他的哲学观念和葛德文的大相径庭,他要读者相信,他所信奉的哲学是尊重现实、尊重历史、尊重经验的,而葛德文却是以空想代替现实,以推测代替经验。在这里,马尔萨斯竭力把自己描绘成一个拥有科学思维的人。他一再说,认为人类只有理性的观点,是一个谬论,因为肉体的需要(两性的情欲)是不可抗拒的,因而人是理性与本能的合成物;他又说,葛德文想把人间罪恶的大部分归于不正义的社会制度和政治制度,似乎改革这种制度便可除去罪恶,这是一个全然错误的观念,不问政治制度、社会制度如何,人类均有大部分,将按由固定不变的自然法则,因有缺乏(即令无其他情欲),须永远蒙受罪恶的诱惑。他坚信私有财产制度和狭隘的自私心是"人类上升的梯",而且尚无理由可以说人类在可以预见的未来,会轻易地将这梯抛弃掉。由此可以看出,马尔萨斯世界观的核心,是维护财产私有制,认定在此制度下出现罪恶与贫困不可避免,进而要剥夺穷人的生存权和被救济权,为现存的不合理的制度辩护。他用来支撑自己观念的主要支柱,就是人口论。

二、基本思路

马尔萨斯人口论的基本思路可以归纳如下:

两个公理:"第一,食物为人类生存所必需。第二,两性间的情欲是必然的,且几乎会保持现状。这两个法则,自从我们有任何人类知识以来,似乎就是我们本性的固定法则。"③

一个假定:"我的公理一经确定,我且假定,人口增殖力,比土地生产人类生活资料力,是无限的较为巨大。人口,在无所妨碍时,以几何级数率增加。生活资料,只以算术级数率增加。"④他援引美国人口每25年增加一倍,英国土地生产物只能依算术级数增加

---

① 马尔萨斯:《人口论》,郭大力译,商务印书馆1964年版,第61页。
② 马尔萨斯:《人口论》,英文,1803年版,第531—532页。
③ 马尔萨斯:《人口论》,郭大力译,商务印书馆1964年版,第4页。
④ 同上书,第5页。

作为例证。

平衡法则:"按照人类生存必需食物的自然法则,这两个不平衡力的结果,必须保持平衡……人口增殖及土地生产力这两个力,自然是不平衡的,而大自然法则,却必须继续使其结果平衡。"[1]

平衡方法:对人口的积极的限制,这是指对已经出生的人口所施加的限制,包括因贫困而引起的死亡,多半发生在所谓下等阶级人群中;也包括战争、瘟疫、地震等灾祸所引起的人口数的绝对减少。对人口的预防性限制,这是指人们预计未来生活状况不佳,或预计后果不尽如人意,或追求一种独身生活,而不生育或少生育。在第二版中,他又依照此种预防性限制是否引起两性间的恶行或劣迹,将其分为道德的限制和不道德的限制。

平衡后果:除了道德限制以外,其余的限制所引起的后果,不是贫困,就是罪恶。"贫穷是这法则绝对必然的结果。罪恶是最可能的结果,我们虽看见它非常流行,但也许不应说它是绝对必然的结果。道德上的磨砺,会抵抗一切罪恶的诱惑。"[2]

后果承担者:他对道德限制的实际效果深表怀疑,因为在他看来,这种限制只对上等阶级有效,所以,上述自然法则的后果,即贫困和罪恶,多半要落在下等阶级或穷人身上。"贫穷人必须度遥较为劣的生活,他们中有许多还不得不陷于悲惨的困穷中。"[3]或者说,贫民贫困的原因在于贫民自身。

政策建议:取消济贫法。贫困的原因在于贫民人数太多,所以,不能通过济贫来解决贫困问题;如若不然,一味地救济,反而会鼓励贫困人口更多生育,结果非但不能解决贫困,反而会制造新的贫困。他还分析说,英国每年要筹集 300 万英镑的济贫基金,可是这笔钱发下去,尽管可以稍稍减轻某些人的厄运,但却使更多的人受到连累。原因是:在年生产物不变的条件下,由于发放济贫金而使市面上的货币增加,势必引起价格上涨;即使生产因需求增加而增加了,可是这样一来又会促使人口增长,使分配给每个人的最终还是减少了,这就是所谓济贫的结果反而使贫困普遍化了。他还建议,作为缓和贫困的一种办法,应当废除限制劳动农民行动自由的教区法,让他们自由选择劳动工资较高的地方和职业,实现劳动市场的自由;奖励开放新的耕地,削弱和废除压低劳动报酬的种种制度,如徒弟法等;为极端贫困的人设立县立养育院,但以全国的赋税支付,里面的饮食应该粗劣,能工作的必须强迫他工作。

对马尔萨斯人口论应该作何评价呢?近两百年来,众说纷纭,莫衷一是,而且论者的立场不同,看法必然各异甚或对立。立足今日中国,环顾周围世界,反思历史现实,我们以为至少可以指出三点:第一,马尔萨斯把人口完全看做一种自然现象,认为它只受某种自然法则支配,完全否认人口也有其不可忽视的社会性质和受社会经济规律支配的一面,显然是片面的,错误的;资本主义社会的人口现象和运动规律,就不可避免地要受到资本运动的调节和支配,在一定条件下,社会的关系和法则对人口有更大的作用。第二,他以其人口论为资本主义社会的阶级压迫和剥削行径辩护,粗暴地要求取消贫民受救济的权利,足见其对劳动者的冷酷无情和阴暗心理,这些都应当受到谴责;但也应当看到,他的观点和政策建议,何尝不是统治阶级对产业革命后所出现的失业和贫困问题的一种

---

① 马尔萨斯:《人口论》,郭大力译,商务印书馆 1964 年版,第 5 页。

② 同上注。

③ 同上书,第 10 页。

反应和回答,这种回答包含着要求实现劳动市场自由、以奖励开发生产代替单纯救济的合理见解,这是符合新兴资产阶级发展生产力的要求的。第三,在他的人口论中毕竟还包含着下述值得肯定的东西,即人口应同食物保持平衡,否则就会引起严重后果。这一点已经被各国的事实所证明;作为一个人口大国,加上又有因为认识偏差所导致的巨大失误,中国尤其对此应有足够的估计,切不可重复把小孩和脏水一块泼出去的历史性错误。

至于马尔萨斯所说的"两个级数",以往人们做过许多批判,然而事实业已证明,级数之类的说法虽不一定准确,但人口如果不加抑制,其增长势必超过生活资料的增长,似乎已是不争的事实。

第三节　马尔萨斯的经济学说

马尔萨斯的经济理论完全是应时之作,而且是依靠他的前人(主要是亚当·斯密)和同时代人(主要是李嘉图)的著作"讨生活"。他凭着自己的敏感紧紧抓住英国社会或当时理论界的热点问题,在许多问题上以亚当·斯密的《国富论》为依托,或对其加以修正,而对李嘉图或其他人的学说展开分析和评论。

一、财富论

马尔萨斯在吹毛求疵地论列和评论了各种财富定义之后,接着评论了斯密的观点。马尔萨斯说,斯密把财富规定为"土地和劳动的年产品","作为一种定义,这是有缺点的:它在还没有说明什么是财富以前,就指出了财富的来源;而且也不够清楚,因为它既可以包括人们所占用和享受的土地产品,也可以包括所有无用的未被占有的土地产品。为了避免这种缺点,并且为了使这一术语的含义既不失之过严,又不失之过宽,我要这样来下财富的定义:财富是个人或国家自愿占有的,对人类必需的、有用的和合意的物质的东西。"①斯密把财富归结为土地和劳动的年产品,意在破除重商主义把财富与货币及金银等同的陈腐观念,使财富问题从流通"回归"到生产领域,而且强调了土地和劳动是财富的源泉。所有这些背景和含义,在马尔萨斯那里都没有了。马尔萨斯自己补充说:"我在 1827 年出版的《政治经济学定义》小册子中,对财富下过这样的定义:财富是需要一些勤劳才能占有或生产出来的、对人类是必需的、有用的和合意的物质的东西。"②而现在他借口许多未经劳动而获得的东西也是财富,剔除了财富定义中的勤劳或劳动的提法,这样一来劳动这个财富的源泉不见了,而且整个定义中也没有了历史感和时代感。

关于生产性劳动的定义,马尔萨斯沿用斯密的思想,认为:"生产性劳动是直接生产物质财富的劳动,可以用生产出来的东西的数量和价值来计算,而这种生产出来的东西可以在生产者不在场的情况下转让给别人。"③应该说,这只涉及斯密关于生产性劳动的一种定义,斯密还有另一种定义,是说能为所有者带来收入的劳动才是生产性劳动,马尔萨斯对此闭口不提。更有意思的是,马尔萨斯认为,斯密"非生产劳动"这个术语"唯一的

---

① 马尔萨斯:《政治经济学原理》,厦门大学经济系翻译组译,商务印书馆 1962 年版,第 33 页。

② 同上注。

③ 同上书,第 34 页。

主要缺点是低估了其他各种劳动的重要性……为了消除这方面所受到的非难,似乎可以用私人服务这个词汇来替代非生产劳动……私人服务是这样一种劳动或勤劳,不论它怎样有用和重要,或者怎样能间接有助于物质财富的生产和安全,其本身都不体现为任何可以估价的以及不需要服务者在场就可以转移的物质客体,因而不能计算在国民财富之内"①。这样一来,斯密的非生产劳动在马尔萨斯笔下就变成了私人服务,而且非常重要和有用了,这当然是同他为土地贵族辩护的立场相一致的。

二、价值论和利润论

如果说马尔萨斯的人口论和下面即将论及的消费不足经济危机论是为土地贵族立论的话,那么他的价值论和利润论就是为资产阶级利益立论了;然而他的价值论和利润论又不同于李嘉图,后者立足于反对封建势力而否定地租,以劳动价值论为基础。马尔萨斯在维护资产阶级时,却不想开罪于资产阶级化的土地贵族,所以他的经济理论基础就绝不会是劳动价值论。

事实上,马尔萨斯是反对李嘉图的劳动价值论的。马尔萨斯赞成亚当·斯密关于价值决定于商品所能购买的劳动的提法,认为价值决定于购买的劳动,并以之论证利润的来源及其合理性。他说,购买到的劳动在通常情形下总是大于耗费的劳动。耗费劳动只包括积累劳动和直接劳动,而购买劳动"必然可以代表和衡量其中所包含的劳动量和利润"②。利润就是二者间的差额。如果价值只等于耗费劳动,就没有利润了。为了生产和再生产继续不断进行,这个差额是必要的;因为利润是资本主义生产的推动力,没有利润则生产和再生产都要停止。

马尔萨斯以此反对李嘉图对斯密的第一个价值学说(即耗费劳动决定价值)的坚持和发展,反对李嘉图采纳斯密关于利润是对劳动产品的第二个扣除的观点,以及在这个观点启示下,李嘉图所作出的利润高低决定于工资大小的论证。他发现了李嘉图体系的矛盾,即价值规律和劳动与资本交换规律的矛盾,以及价值规律与等量资本得到等量利润规律之间的矛盾,力图利用这些矛盾来推翻李嘉图的体系,他们就此进行了长期的论战。

马尔萨斯这里把作为资本的货币或商品的价值增殖,同商品本身的价值混淆起来了。当把货币或商品当做资本,与活劳动交换时,它所换得的劳动量确是大于它本身所包含的劳动量,否则就没有利润了。但是,如果货币或商品是作为货币和商品而与其他一般商品相交换,则在等价交换限度内,它只能换得同量的劳动;这里没有任何超过额。不应将货币或商品作为资本与活劳动的交换,推而广之应用于一切商品的交换,认为一切商品的价值都是等于本身的价值加上一个超过额即利润。

在利润问题上,马尔萨斯拥护资产阶级反对无产阶级的立场更为明显。首先,他企图抹杀利润的剥削本质。他说利润只是由在交换中所出现的商品购得的劳动和生产这种商品的耗费劳动的差额所构成。这样,利润就是从交换中产生的"让渡收入",而不是从生产中产生的由资本家占有工人剩余劳动所创造的那一部分价值。

其次,他又企图以之否定李嘉图所揭露的工资和利润的矛盾。他说李嘉图这一论断

---

① 马尔萨斯:《政治经济学原理》,厦门大学经济系翻译组译,商务印书馆1962年版,第34页。
② 马尔萨斯:《政治经济学定义》,何新译,商务印书馆1960年版,第92页。

的错误根源于他的劳动价值论所含的两个假定:第一,在生产中耗费等量劳动的商品,平均说来,其价值总是相同的;第二,商品的价值不变,但劳动本身的价值却会随着工资的变动而变动。因此,在商品的既定的价值中,扣除或大或小的变动的价值,就造成了或小或大的余额,即或小或大的利润。马尔萨斯认为这两个假定是没有根据的。针对第一个假定,他说,在生产中耗费等量劳动的商品,其价值会有重大变动,因为根据他的价值决定于购买劳动的学说,构成这些商品价值的必须是在生产它们的积累劳动和直接劳动之外,再加上不同的利润量。针对第二个假定,他说,劳动本身的价值是不变的;不论支付劳动者的货币或实物的数量如何变动,这一数量所代表的价值总是不变的。因此,他说:"利润不是由生产中使用的一定数量的劳动的变动的价值,与所生产的商品的既定价值相对比来决定,而是由所生产的商品的变动的价值与生产中所用的一定数量的劳动的既定价值相对比来决定。"①换句话说,工资所代表的价值是既定的,由能购得的劳动所决定的商品价值是可变动的。因此,利润的大小取决于后者。他以此来反驳李嘉图的利润的高低和工资的高低成反比例的理论,否认工人阶级和资本家的阶级对立。

三、地租论

在地租问题上,马尔萨斯站在土地贵族的立场上,反对产业资产阶级。我们已经注意到,在这一时期的英国,产业资产阶级和土地贵族的矛盾是社会的主要矛盾。这两个阶级间的经济斗争集中在地租问题上;斗争具体表现为谷物条例存废的论战。资产阶级为追求更多的利润、不断增加资本和扩大生产的愿望所驱使,向土地贵族阶级猛烈进攻。李嘉图指出,谷物条例限制谷物输入,提高了地租。同时谷价的高涨,引起工资的增长。工资的增长就是利润的减低。利润的减低又意味着资本积累的减少,阻碍了国富的增加。另一方面,他们又认为大部分地租到了地主手里,是用于消费的,只有少部分蓄积起来作为资本。这对扩大生产、增加国富也是不利的。站在土地贵族立场上的马尔萨斯,为地租进行辩解,就理所当然地反对这个观点。

关于地租的性质,马尔萨斯既反驳当时相当流行的、以地租为土地垄断利得的说法,又否认李嘉图所作的地租来源于自然吝啬的论断,而认为地租是自然的恩赐。由于是恩赐,自然本身并不索取代价;但既然是恩赐,它必然成为它能购得的劳动所决定的价值中的一个构成部分。

地租既然是自然的恩赐,则恩赐不厌其多。马尔萨斯反对废除谷物条例。但他不认为谷物法所引起的谷价高涨只是暂时的;不认为高谷价会吸引资本投入农业,改善耕作,终致谷价下降;而认为谷物法所引起的谷物高价是长期的,因为在英国本土增加谷物产量,非增加生产成本不可。他认为,英国作为一个独立国家,必须为粮食自给而付出一定代价。他还以恩赐不厌其多为由为高地租辩护,认为高地租是一个国家富足、农产丰富、土地肥沃的证明,而低地租必定标志着相反的情况。

无论地租是否为自然的恩赐,在当时产业资产阶级和土地贵族的剧烈斗争中,问题的关键在于这剩余为什么应归于地主;地租的存在和增长是否意味着可转化为资本的社会财富的浪费,从而阻碍了生产的扩展。地主阶级迫切地需要一种理论来证明产业资产

---

① 马尔萨斯:《政治经济学定义》,何新译,商务印书馆1960年版,第244页。

阶级所要求的、不断增加的更多的资本积累有其内在的危险,而地主阶级的不储蓄只消费的行为恰构成消除这危险的力量,从而在资本主义生产中,起了不可缺少的、有益的社会作用。马尔萨斯以他的"有效需求论",为土地贵族阶级提供了这个辩解的论据。

四、有效需求不足论

根据马尔萨斯上述论点,商品价值"必须代表并计量生产时所耗费的劳动量加利润";而利润是在流通过程中产生的。这里就提出了商品价值怎样能在市场中实现的问题。马尔萨斯说,商品价值在市场上的实现取决于市场上有否充分的"有效需求"。什么是"有效需求"? 他认为,"有效需求"是人们的购买愿望加上实现这一愿望的购买能力。他以为资本主义生产能力的充分发展要求市场里有一个充分的"有效需求",即充分的购买愿望加实现这一愿望的购买力,能赋予资本家以平均利润的价格,购买生产出来的全部商品。如果"有效需求"不足,生产出来的商品就不能全部售出,社会商品的总价值就不能实现。这样,就会出现资本主义的生产普遍过剩,出现经济危机。

马尔萨斯论证说,只靠资本家之间相互买卖和工人工资的支出不可能实现商品的全部价值。因为在资本家之间的相互买卖中,资本家总是一方面是卖者,另一方面是买者。他在卖时,取得了利润,在买时,又把利润送出去。在充分的自由竞争下,买卖双方都实现了平均利润,则两者互相抵消。

马尔萨斯继续说,工资的支出只能买回生产出来的商品的一部分,因为工资,按照他的价值学说,本来就只构成商品价值的一部分,而且恰是由于工资只能买回商品的一部分,商品的剩余部分才构成资本家的利润。

马尔萨斯以此来反对萨伊和李嘉图所主张的在资本主义社会中不存在生产普遍过剩危机的可能性的观点。他的目的不在于揭露资本主义生产方式的矛盾,而在于以生产普遍过剩危机的可能性来恐吓资产阶级,为土地贵族利益效劳。

既然单靠资本家和工人的购买不能实现社会上商品的全部价值,那么,就必须有第三种购买者把过剩的商品买去、消费掉,利润才能实现,商品的"有效需求"才能充分地适应商品的供给,资本主义商品的生产普遍过剩才可避免。这第三种购买者必须只是买者而不能又是卖者,必须只是消费者而不能又是生产者。

这第三种购买者——不生产的消费者——从哪里来呢? 马尔萨斯说,他们包括地主、僧侣、官吏、年金领受人、军队和其所属者如仆役等,而"在这个阶级中,地主无疑地居于显著的地位"[①]。为了使他们对于商品的需求成为"有效"的,就必须给予他们以充分的购买手段;首先和最主要的当然是地租。地租还不够,还有赋税、国债等。

马尔萨斯认为,"有效需求"不足是资本主义内在的缺点,是资本主义生产普遍过剩可能性的根源,而产业资产阶级所要求的、损害"不生产消费者"利益的资本迅速积累和生产的无限扩大,都只能造成"有效需求"不足的恶果。因此,要保证资本主义顺利发展,这个不生产的消费者阶级的永久存在和扩大,地租等不劳而获的收入的永久存在和增长是十分必要的。马尔萨斯就这样以对产业资产阶级过度资本积累的警告,为不劳而获者,首先是地主阶级,装点他们在资本主义社会仍具有有用的社会功能的地位。马克思

---

① 马尔萨斯:《政治经济学定义》,何新译,商务印书馆1960年版,第328页。

说得对:"马尔萨斯愿意有资产阶级生产,只要这一生产不是革命的,只要这一生产不形成历史发展的因素,而只是为'旧'社会造成更广阔、更方便的物质基础。"[1]

第四节　简评马尔萨斯和李嘉图的争论

马尔萨斯和李嘉图两人是终生挚友,但他们在一系列问题上存在分歧和争论,这是当时英国工业资产阶级和土地贵族之间矛盾斗争在理论上的反映。

一、关于价值源泉和尺度的争论

关于商品价值决定法则,李嘉图认为,无论在哪种社会条件下都是价值决定价值。马尔萨斯则指出,即使在没有资本积累和土地私有的早期社会,商品相对价值也不是由耗费劳动决定的,它要受到获得劳动报酬的不同时间的影响。有的产品所耗费的劳动很快就会得到报酬,而有的产品的劳动却要拖延很久才能获得报酬,这就必然影响商品价格。此外,在土地私有和资本积累条件下,影响产品价值变化的原因,除了商品所耗费的劳动以外,还有其他原因在起作用:资本周转速度,固定资本在资本总额中的比例,等等。

李嘉图回应说,马尔萨斯在价值决定问题上强调需求的作用,这在一定条件下是对的,但需求尚有极大空间,远未出现需求不足的形势,所以需求不是价值的决定因素。其次,尽管在一般利润率条件下劳动价值原理会有所改变,不过这种改变是很轻微的。很显然,马尔萨斯在这个问题的争论中占着优势,他的说法比较接近经济生活现实,他对李嘉图价值论的矛盾比较敏感。

关于价值尺度问题。李嘉图认为,长度只能用长度来计量,容积只能用容积来计量,价值只能用价值来计量。马尔萨斯则倾向于用价值换取财富的力量来计量,这在李嘉图看来是一种混乱。其实,马尔萨斯和李嘉图谁也未能提出一种称得上标准尺度的东西,原因在于他们所谓的价值概念原本就是一个抽象的并非实际存在的概念。

二、关于地租性质和来源的争论

马尔萨斯认为,地租是大自然的恩赐,它是由土地和农产品自身具有某种创造产品余额和创造需求的性质带来的,与社会制度无关,因此,不断增进土地肥力就能使地租不断增加;地租是国家繁荣昌盛的标志,地租越多越好。李嘉图则坚决认为,地租是资本利润的最大障碍。地租是农产品价格高昂的结果,而农产品价格高昂是由于土地数量有限,优等土地更少,为了满足不断增加的人口的需求,不得不耕种劣等地,因而促使农产品价格不断上涨;地租的形成和增加不是财富的增加,只是价值的转移,是越来越多的财富被转移到土地所有者手中。只有废除谷物法,才能降低以至于取消地租,增进资本利润。李嘉图的论点显然占着上风,并且鲜明地反映了资产阶级呼声。李嘉图的地租论尽管有缺陷(主要是否认绝对地租,以及据其有缺陷的劳动价值论说明地租起源;论证的前提条件有些僵硬:总是假定土地耕种是由优等地到劣等地,以及认同马尔萨斯人口论等),但他反对马尔萨斯认为地租是大自然的赐予这一点总是对的,他正确地将地租归结

---

① 马克思、恩格斯:《马克思恩格斯全集》第26卷,第3分册,中共中央马克思恩格斯列宁斯大林著作编译局译,人民出版社1974年版,第50页。

为社会经济制度的产物,归结为市场价格机制发生作用的结果,他正确地指出地租是对原先属于利润的一部分剩余产品的转移和剥夺。

三、关于生产过剩危机可能性的争论

马尔萨斯认为,有效需求不足(而不是资本等生产要素不足等)是酿成商品生产过剩危机的根源。这种观点不无道理,但其意图却是为了维护土地所有者的利益。李嘉图对这个问题的回答正好相反,他深信供给总能为自己创造需求的信条,对马尔萨斯所谓一般危机可能性的论断持否定态度,始终坚持发展生产或增加供给(包括增加资本积累、增加就业和增进土地肥力等)的基本理论和路线。很显然,李嘉图所代表的是新兴产业资本的利益和愿望,其论点具有历史进步意义,然而其否认生产过剩的观点经不起历史的检验。

思考题 》》

1. 评析马尔萨斯人口论。
2. 评析马尔萨斯的有效需求不足论。
3. 分析马尔萨斯地租论的性质和作用。
4. 评析李嘉图和马尔萨斯的论战。

第十章　　李嘉图学派的解体

▮内容提要▮

　　从1820年到1830年间,英国经济学界发生了一场拥护和反对李嘉图理论的斗争,出版了一系列具名和匿名的论战著述,争论的焦点是李嘉图的价值论是否能够说明资本主义社会的现实,特别是能否以它为基础解释资本利润的存在及其合法性。攻击李嘉图学说的一方不无根据地指出了该理论与现实生活之间的矛盾和抵触,维护李嘉图的一方则企图用诡辩的办法摆脱这种矛盾,将劳动价值理论同资本主义现实统一起来,结果导致了李嘉图劳动价值论的破产和李嘉图学派的解体。

第一节　李嘉图体系的矛盾

一、论战的背景

　　这时期英国社会的主要矛盾表现在资产阶级和土地贵族之间。政治上,资产阶级还没有完全夺得政权(议会改革法案是在1832年才通过的);经济上,要求废除谷物法的斗争,正在以柯布登和布赖特为首的"谷物联盟"的推动下持续开展(1846年法案规定谷物进口税在三年后予以减低,在1849年除小额的登记费外,才全部取消)。理论上,反对李嘉图地租学说的小册子继续出现。凡此种种,说明英国产业资产阶级和土地贵族之间的辩论仍是社会舆论和思想论战的中心。另一方面,无产阶级和资产阶级的斗争正处在从幕后走向台前的前夕,资产阶级在力图联合无产阶级反对地主阶级时,已感觉到身边的新敌人——无产阶级的存在,而李嘉图的价值学说和利润学说却揭露了无产阶级和资产阶级之间的矛盾。同时,英国空想社会主义者欧文和在19世纪20年代出现的所谓李嘉图社会主义者,就曾以李嘉图的学说作为出发点来反对资本主义制度。李嘉图所说的劳动是价值的源泉成为一切财产应属于工人阶级的理由,而李嘉图的利润论(认为利润是扣除工资后的剩余),以及工资和利润之间存在矛盾等论点,又成为说明资本的掠夺和剥削性质的论据。显然,李嘉图的学说对资产阶级来说似乎成了一种威胁。

　　1820—1830年间的论战反映了这个情况。论战基本上在两派间进行。一派是李嘉图的反对者,他们利用李嘉图体系的矛盾,力图推翻李嘉图的价值学说和利润学说。另一派(通常被称为李嘉图学派)则企图通过重新解说李嘉图学说的办法来维护这种学说。这场论战表面上似乎只是一种学术讨论,实际上却反映了当时无产阶级和资产阶级矛盾发展的一个侧面。两派的代表人物都是资产阶级经济学者,他们的目的都是为资产阶级在反对无产阶级的斗争中,打一场理论的保卫战,区别只在于他们采取了不同的办法。李嘉图的反对派采取了抛弃李嘉图学说的办法,从根本上排除掉可为当时社会主义者利用的"危险"理论。而所谓李嘉图学派则采取曲解李嘉图学说的办法,企图在不否定李嘉图基本理论的基础上,为资产阶级的利益进行辩护。

二、李嘉图体系的两个矛盾

劳动价值论是李嘉图整个学说的基础,然而这个基础是不牢固的,它同资本主义的现实生活之间存在着明显的矛盾。矛盾之一表现在,他的劳动价值论不能解释劳动和资本的交换。按照价值规律,任何商品交换都应当是等价交换;按照劳动价值论,任何商品的等价交换的基础都应当是生产中所消耗的劳动量。如果把上述原理用于解释劳动和资本的交换关系,那就应当得出没有利润存在余地的结论;但是劳动和资本实际交换的结果却产生了利润,而且必然还有利润,否则资本主义生产就不会存在了。但这又意味着劳动与资本的交换是不等价的,或者说,劳动价值论不适用于资本主义社会的这个最普遍和最重要的交换关系。这样一来,劳动价值论同利润的存在似乎就成了难以并存的东西。李嘉图本人并没有明确地觉察到这个矛盾,但当他把工资归结为劳动(而不是劳动力)的报酬即指劳动所创造的全部价值时,上述矛盾已经潜伏在他的体系之中了。

李嘉图价值论同现实生活之间的矛盾还表现在,它不能解释等量资本必然获得等量利润这个事实。按照劳动价值论,如果在生产中使用了等量劳动,就应获得等量价值,也应获得等量利润,换言之,商品的价值和利润应当同生产中使用的劳动量成比例。但是在一般利润率条件下,资本利润并不同劳动而同资本成比例,也就是说,等量资本(而不是劳动)应获得等量利润,或者说,不同的资本应有相同的利润率。一般利润率是资本主义生产部门自由竞争的必然结果,是一个不争的事实。李嘉图承认这个事实,也觉察到了这个矛盾,但只是在很片面的形式上觉察到的。他指出,各种资本的资本构成(固定资本和流动资本)可能不同,资本的周转速度也会各异,它们的劳动时间有长有短,在这些条件下,工资涨落对它们的影响就会不同。李嘉图说,工资会影响利润(率),而后者又会影响作为固定资本利润而计入资本额的数量,从而在使用不同比例固定资本的各资本之间形成了价值的差异。当工资上涨时,即使劳动量没有变化,生产时运用了固定资本的商品的交换价值也会跌落,固定资本量越大,跌落的程度越大。这就意味着,在劳动量之外,还有影响商品价值的其他因素(这里说的是劳动报酬)。这同认为只有劳动(而不是劳动报酬)创造价值的观点显然是抵触的。李嘉图解决这个矛盾的办法,就是宣称上述因素是比较小的和次要的,甚至只是一种例外,主要的还是劳动。不消说,这也给反对论者留下了攻击的缺口。

第二节 批判与辩解

一、反对派的批判

论战出现在这一时期发表的书籍中,主要表现在报刊文章和小册子的辩论中。在论战中,李嘉图的反对者显然占有很大的声势。

许多文章是以笔名的形式发表的。其中较早的一篇是署名为"名辞的观察者"的《经济学上若干名辞,尤其是关于价值与需求和供给的论争的观察》(1821)。"观察者"首先指出了李嘉图的价值学说会遇到的困难。他说,如果价值指的是劳动,那么我们就会涉及劳动本身价值的问题。这是第一个困难。如果把劳动解释为商品依以生产的劳动,则会涉及土地价值的问题,因为土地不是由劳动生产的。这是另一个困难。其次,他又责难李嘉图把价值由相对的东西转化为绝对的东西,即把一种交换比例变成了一种实体。

此外,格·帕·斯克洛普(George J. P. Scrope, 1797—1876 年)、萨缪尔·利特(Samul Littil, 1780—? 年)、芒梯福特·朗菲尔德(M. Longfield, 1802—1884 年)都在不同程度上,在价值与分配论的不同方面,对李嘉图学说提出了批评。他们认为李嘉图理论只能导致否认财富归属于其所有"正当"所有者(即企业家、资本家和土地所有者等)的结论,因而这个理论一定是错误的。

罗伯特·托伦斯(Robert Torrens, 1780—1864 年),虽然严格说来不属于李嘉图反对派,但在价值问题上,他却回到亚当·斯密的观点,认为价值决定于劳动的论断只适用于原始状态的社会,然后说,在资本出现之后,价值便决定于资本支出额。他以资本支出替代劳动支出来说明价值。但和斯密不同,他不认为利润参加价值的形成。他说:"自然价格由生产费用或者……由……资本支出构成,它不可能包括利润率。"[1]所以他认为,利润是价值以上的超过额,是商品贱买贵卖的结果,是流通领域的产物。

李嘉图体系的这两大矛盾(价值规律与劳动和资本交换的矛盾,价值规律与等量资本得到等量利润规律的矛盾)是反对派攻击李嘉图体系的核心。例如,在论战中,一个最形象的问题就是新葡萄酒和陈葡萄酒不同价格的问题。同量的新葡萄酒和陈葡萄酒所耗费的生产劳动时间相同,然而陈酒却比新酒贵得多。李嘉图的反对者以此作为李嘉图体系中理论和现实不可调和的矛盾来否定李嘉图的学说。他们则以效用或生产成本等来解释价值,从这些价值概念出发,利润就从劳动成果扣除的剩余,变成了资本或资本家的某种职能或行为的合理报酬。

在反对派中,赛米尔·贝利(Samuel Baily, 1791—1870 年)是一个较为全面地攻击李嘉图的价值学说和利润学说的人。他从价值的绝对意义和相对意义上来反对李嘉图。贝利反复地说明价值只是商品间的交换关系;价值不是商品某一固有的东西,而只是商品和商品交换时的交换比例。他以此来反对李嘉图,说李嘉图把一个相对的东西看做一个绝对的东西。他显然把表现价值形态的交换价值当做价值了。

商品的价值既然不取决于劳动而只是商品与商品间的交换比例,贝利便进一步否定价值规律与劳动和资本交换中发生的较多量劳动和较少量劳动的交换的矛盾。他断言李嘉图关于"劳动价值"依存于构成工资的最低生活资料的必要劳动的观点是错误的,他认为"劳动价值"也是一个交换比例——劳动和构成工资的生活资料的交换比例。因此,不存在劳动和资本交换会产生多量劳动和少量劳动交换的问题。

同样地,贝利又从他的价值理论出发把利润也说成一种比例,但不是商品的比例,而是价格在生产成本以上的超过额对垫支资本的比例。

在李嘉图看来,工资和利润是劳动所创造的价值的两部分;两者相互的消长体现着工人阶级和资产阶级利益的矛盾。在贝利看来,二者是两个互不相涉的比例,从而绝不能把它们看做两个对立的量。贝利对李嘉图理论的全部批判,只是企图先以否定价值为

---

① 马克思、恩格斯:《马克思恩格斯全集》第 26 卷,第 3 分册,中共中央马克思恩格斯列宁斯大林著作编译局译,人民出版社 1974 年版,第 79 页。

劳动所创造,再以否定利润和工资对立的论点,来排斥可为当时社会主义者用以启发工人阶级反抗资本剥削的斗争所依据的李嘉图的"危险"理论。

二、拥护者的诡辩

李嘉图的拥护者不能否认李嘉图的理论和现实的矛盾,但企图以曲解和庸俗化李嘉图学说的方法来回答反对派的责难。詹姆斯·穆勒(James Mill, 1773—1836 年)和约翰·雷姆赛·麦克库洛赫(John Remsay McCulloch, 1789—1864 年)的著作是使李嘉图学说庸俗化和李嘉图学派解体的最明显的标志。

穆勒是李嘉图的密友,麦克库洛赫是李嘉图的门徒,作为李嘉图学说的热诚追随者,他们都热衷于在论战中驳斥反对派的攻击,不遗余力地维护导师的学说。

穆勒是英国资产阶级经济学家中,以系统形式叙述李嘉图学说的第一人。他的主要经济著作是 1821 年出版的《政治经济学要义》。

穆勒认为商品的价值全由劳动决定。他说,价值依存于需求和供给的关系,但最后决定于生产费用;生产费用是劳动和资本二者的结合;其中的"劳动"是指活劳动,而"资本"则是李嘉图说的"蓄积的劳动"。所以,劳动和资本的结合就是现在劳动和蓄积劳动的结合,这个总劳动就决定了商品的价值。可见,资本和劳动决定价值并没有超出劳动价值论的范围。显然,这个说法的新颖之处在于将资本解释为"蓄积的劳动",从而也就将资本纳入劳动的范畴。

但是主要问题在于,如何解决李嘉图的价值学说所引起的两大矛盾。对于第一个矛盾,即价值学说与劳动和资本交换的矛盾,穆勒以歪曲工人和资本家间真正关系的手法,把劳动和资本的交换归结为普通的商品和商品之间的交换。按他的说法,劳动和资本共同生产价值;工人和资本家为生产出来的商品的共同所有者;商品的一部分属于工人,另一部分属于资本家。但在进行生产时,资本家以预先支付的等价——工资——把工人应得部分的商品完全购买了。因此,工人与资本家间的交换就是普通商品的买卖;工人,如同任何一个商品所有者一样,把劳动所应得部分的商品卖给资本家,资本家则以工资支付一个相应的等价,这是等价交换,符合价值规律。工人既以工资的形态得到应得商品价值的份额,生产出来的全数商品就理所当然地属于资本家了。

对于第二个矛盾,即价值规律与等量资本应得等量利润的矛盾,穆勒又以曲解劳动含义的诡辩手法,论证利润是资本——蓄积劳动的工资。前已指出,李嘉图承认,如果资本有机构成不同,或者固定资本的耐久性程度不同,或者商品进入市场的时间长短不同,同量劳动可产生不同量价值;因此,他意识到他的价值学说要加以修正。穆勒承认李嘉图和现实生活的抵触现象,例如陈酒比新酒贵,但否认这一现象足以构成矛盾。他根据李嘉图关于资本是蓄积劳动的说法,把资本看做劳动的一种形态。既然资本是一种劳动,资本也创造价值。例如,他说,在陈酒贮藏期间,"用手直接去做的劳动"虽然已经结束,但在当初生产新酒时耗费的全部(蓄积的)劳动在继续"劳动"。因而在葡萄酒贮藏于地窖中的整个时间,它的价值仍然增长。

穆勒还说,既然资本是蓄积劳动,利润就是一种工资——蓄积劳动的工资。他论证说,在窖藏的时间里,尽管没有新的活劳动参加进去,时间本身也不产生价值,但由于包含在酒里的蓄积劳动还继续创造价值,它就要求在这段时间内工作的工资——利润。

第十章 李嘉图学派的解体　155

将资本解释为蓄积劳动，从而将劳动和资本的交换解释为普通的等价的商品交换；同时声称这种蓄积劳动在活劳动结束之后继续劳动，从而继续创造价值。这就是穆勒用来克服劳动价值论同现实生活之间矛盾的基本论据。

与穆勒相比，麦克库洛赫的解决办法之拙劣有过之而无不及。马克思说得对，麦克库洛赫"不仅是李嘉图的庸俗化者，而且是詹姆斯·穆勒的庸俗化者"①。

为了解释上述第一个矛盾，麦克库洛赫区分了"真实价值"和"相对价值"。他说，"真实价值"依存并恰好比例于耗费在商品生产上的必要劳动量；"相对价值"依存于商品所换得的劳动量或任何一种商品量。在他所谓的自然市场内，商品与商品等价交换，"相对价值"等于"真实价值"。麦克库洛赫认为，在"自然市场"内，劳动与资本也是等价交换，因而价值规律与劳动和资本交换的矛盾也就没有了。但这样一来利润也就无从产生了。可是利润的存在是一个事实，又该如何解释呢？他的解释是，在"现实生活中"，"相对价值"和"真实价值"并不一致，"相对价值"总是大于"真实价值"，而形成利润的恰是这个差额。这就是说，利润是流通领域中贱买贵卖的结果。

至于价值规律和等量资本应得等量利润的矛盾，麦克库洛赫认为，李嘉图之所以不能解决这个矛盾，是由于李嘉图把创造价值的劳动只限于生产中的人类活劳动。前已指出，穆勒认为"积累劳动"也能继续劳动和创造新价值。麦克库洛赫则更进一步认为，凡是能引起合乎人的愿望的结果的操作都是劳动，不管进行这种操作的是人，还是牲畜或自然力。换句话说，所有这些"劳动"都能创造价值。他说："为阐明原理，假定一桶值五十镑的新葡萄酒，放在地窖里，在满了十二个月之后，它值五十五镑，问题是葡萄酒所增加的五镑价值，就是应该看做是值五十镑的资本被冻结的时间的补偿呢，还是应该看做是实际上对葡萄酒所增加的劳动价值呢？我想，这应当用后面的解释来考虑，因为在我看来，这是最满意和肯定的理由……葡萄酒藏在地窖里时所增加的价值，不是对时间的补偿或收益，而是在酒上所产生的效果或变化的补偿或收益。"②自然力的作用被看做劳动，劳动概念就这样被彻底败坏了。

反对派很快发现并指出，他们的理论同穆勒和麦克库洛赫没有根本的分歧，大家都承认创造价值不仅有劳动，而且有资本；区别仅仅在于通常被叫做资本的东西，现在被称为劳动（蓄积劳动）；还在于穆勒和麦克库洛赫等人要将劳动概念扩大到牲畜和自然力方面，而他们则坚持说所谓劳动只能是指人的活动。

应当说，论战双方所反映的都是无产阶级和资产阶级斗争公开化前夕的资产阶级的利益和要求，但论战的结果还是极有意义且影响极其深远的，因为论战结果证明，与其用漏洞百出的劳动价值论来说明资本和利润的合理合法性，莫如直截了当地转向劳动以外的价值论。

事实正是如此，从此以后，劳动价值论在西方主流经济学中失去了它的影响力，取而代之的，开始是生产成本价值论，尔后是边际效用价值论，最后是供求均衡价值论。

---

①　马克思、恩格斯：《马克思恩格斯全集》第 26 卷，第 3 分册，中共中央马克思恩格斯列宁斯大林著作编译局译，人民出版社 1974 年版，第 182—183 页。

②　麦克库洛赫：《政治经济学原理》，郭家麟译，商务印书馆 1981 年版，第 177 页。

思考题 》》

1. 李嘉图体系的两个矛盾是什么？
2. 评析反对派对李嘉图价值论的攻击。
3. 穆勒和麦克库洛赫怎样解释这些矛盾？
4. 李嘉图学派解体的历史教训是什么？

第十一章　李嘉图学派解体后主流经济学的动向

▮内容提要▮

　　李嘉图学派解体后,西欧主流经济学的发展呈现出若干新动向。从19世纪30年代起,西欧各国无产阶级和资产阶级的斗争从幕后逐渐走上前台。1831年到1834年的法国里昂起义敲响了工人运动的警钟,1848年的六月起义再次显示了无产阶级的力量。在英国,工人罢工运动一直不断,而40年代的群众性的宪章运动更将这种斗争推向新的高度。无产阶级已经作为独立的政治力量登上了历史舞台,而广泛传播的空想社会主义也构成了对资本主义制度的挑战。

　　以亚当·斯密和李嘉图为代表的古典经济学提倡的经济自由主义虽然仍被推崇,但其理论基础即劳动价值论已经破产,从中得出的劳动和资本相对立等一系列不利于资产阶级统治的结论,已经遭到批判和抛弃。形势的发展要求提出新的理论解释和对策,西尼尔、巴师夏和约翰·穆勒经济学就是适应这种需要而先后出现的,他们的学说代表了这一时期西欧主流经济学发展的新动向。前两者的特点是直截了当地为资本主义合理性提出论证,后者的特点是将不同倾向的经济理论加以调和。鉴于后者在19世纪下半期的巨大影响,我们将在下章专门加以论述。

第一节　西尼尔的时髦学说

　　纳索·威廉·西尼尔(Nassau William Senier,1790—1864年)是19世纪30年代英国最活跃、最标新立异的英国经济学家。他出生于一个乡村牧师家庭,1811年毕业于牛津大学,1825年任牛津大学政治经济学教授,1830年后充当辉格党的主要经济顾问,并参加政府的各种关于工人运动专门委员会的活动。作为资本家的忠诚代言人,西尼尔竭力反对在一定程度上保护工人权益的工厂立法。他的主要经济著作《政治经济学大纲》一书,原载于1836年出版的《大英百科全书》,后以单行本出版。他抱着敌视的眼光目击了1848年法国大革命。

一、"纯粹经济学"

　　和萨伊一样,西尼尔主张把经济学变为"抽象的演绎的科学"和"准确的科学"。他认为过去经济学的范围太广泛,不但涉及了一般立法和行政的领域,而且包括了哲学、道德等问题。他主张把这些他认为与经济学无关的问题,完全从政治经济学中排除掉,使政治经济学成为只是研究"财富的性质、生产、交换及分配规律"的科学。他说,政治经济学的前提不过是从人们观察或意识中得到的一般的、主要的、不变的基本命题;必要的理论可以从这些命题中引申或推演出来;而且这些基本命题,是"那些一说出来,便为人人所承认的真理"。①西尼尔所追求的不过是一种在超历史和超阶级的纯科学的旗号下,能够为资本主义新发展所需要的新经济学。

二、资本"节欲"说

西尼尔对资本及利润的本质和功能提出了新的解释。他接受萨伊的生产三要素论,但认为应当把其中的"资本"改称为"节欲"。

西尼尔说,资本是协助继续生产的那部分财富,是节欲的结果,而"节欲是一个人的行为;他或者节省他所控制的财富的不生产使用或者有意识地选择将来的产品而放弃目前的享用"②。他认为,劳动是工人放弃安乐和休息,是一种牺牲,而资本则是资本家放弃目前享用,也是一种牺牲。为了强调资本家的牺牲,他主张用"节欲"代替"资本"。

西尼尔认为,商品的价值是由工人和资本家共同牺牲所创造的,商品的价值也就应当在工人和资本家之间进行分配。工资是对工人牺牲的报酬,利润是对资本家的牺牲(即"节欲")的报酬。西尼尔以此来否定工资和利润的矛盾,抹杀资本和劳动的剥削和被剥削的关系。

但是牺牲是主观的感觉,无法加以计算。如果说劳动还可以劳动时间来计算,那么"节欲"就根本无法衡量了。因此,价值的确定还是一个未决的问题。于是西尼尔采取了用价格来代替价值的手法,说价值只是商品相互交换的关系,是由商品相互交换过程中经过供给和需求双方的自由竞争而决定的;竞争使供需两方都不能作过分的要求而满足于这些商品的再生产所需的生产费用的价格,因此,竞争价格会接近于生产费用,即价值。西尼尔的这种价值论就是当时流行的供求价值论。

西尼尔"节欲"学说的辩解性是显而易见的。他认为资本来源于储蓄,而储蓄是"节欲"的结果,从而否定了资本的剥削性质;既然"节欲"也是一种牺牲,并且是"人类意识中一个最痛苦的努力",当然就更应得到报酬。他说,"节欲"和利润的关系正如劳动和工资的关系一样。

倡导"节欲"说者,实际上不始于西尼尔,英国的托马斯·霍布斯(Thomas Hobbes,1588—1679年)、格·帕·斯克洛普(George J. P. Scrope,1797—1876年)、法国的捷·加尼尔(Germain Carnier,1754—1821年)等人都曾经提出过这种观点,但西尼尔却独以此享名,原因在于唯独他的学说适应了当时资产阶级和无产阶级斗争的需要。产业革命后,无产阶级的贫困随着资本的积累而增加,古典派以劳动说明财富的来源已成为一种"危险"的学说,而利润问题在古典派的理论中,从资产阶级的观点来说,更是最不妥当的一环。李嘉图把利润看做余额,他只注意利润量的问题,而毫不涉及利润产生和其合理性的问题。这个论断中的忽略,在当时资本家看来,是古典经济学的一大"缺陷"。另一方面,当时的空想社会主义各流派愈来愈集中地批判利润,指出其为不劳而获的收入。西尼尔的"节欲"学说恰好在这紧要关头企图弥补古典经济学的"缺陷",并为资产阶级提供反驳社会主义的理论武器。

虽然在19世纪30年代《政治经济学大纲》出版时,西尼尔还企图用纯"学术"的外衣

---

① 西尼尔:《政治经济学大纲》,英文,1836年版,第25—26页。
② 同上书,第58页。

掩盖其"节欲"论的反社会主义意图,但到了1848年革命时,他就公开地为了"节欲"学说所企图论证的利润合理性,发出反社会主义叫嚣了。他在1848—1849年的牛津大学演讲中说:"甚至掠夺和没收都比社会主义或共产主义对节欲的打击要小。前者只偶然地减少了生产的动机,后者却专门地以毁灭生产的动机为目的。它倡议规定,勤勉得不到工资的报酬,节欲得不到利润的报酬……人类将失去一切的希望。"[1]西尼尔的"节欲"说不但是当时英国资产阶级所迫切要求的思想,而且被西方经济学家一直沿用到今天。

三、"最后一小时"论

除了为利润辩护的"节欲"学说外,西尼尔还提出了一个"最后一小时"论。在1836年,西尼尔被召往曼彻斯特工厂作报告,后来他把这报告改写为《论工厂法对于棉纱制造业影响的书信》一文,于1837年公开发表,"最后一小时"论是其主要内容。

西尼尔的"最后一小时"论是针对当时的10小时工作日运动提出来的。他企图证明:工厂主的利润是当时工厂法所规定的11.5小时的劳动日的最后一个小时创造出来的。所以,如果把劳动日缩短为10小时,工厂主的利润就会消失,工厂就要倒闭,工人就会失业。

西尼尔论证说,依现行工厂法,凡雇用未满十八岁的人的工厂,劳动日不得超过每日11.5小时。[2] 前面的10小时生产的价值只够补偿资本家垫支的资本,余下1.5小时所产生的价值,构成资本家的"总利润",其中最后一小时所产生的价值才构成"纯利润"。因此,如果劳动日缩减1小时,纯利润就要消灭;缩减1.5小时,总利润也会消灭。

西尼尔混同了价值的表现形式和价值的生产本身。价值的表现形式是按生产过程实现的,在生产过程中,商品总是一个一个生产出来的。所以,只从表面上观察,人们易于认为最早生产的是资本部分,最后生产的才是利润部分。资本家计算生产费用和利润,实际上就是依照这个顺序进行的。

但实际上这个现象却掩盖了一个基本的事实:劳动日的每一单位时间,每一单位时间所生产的商品,都既包含着有偿劳动及其价值,也包含着无偿劳动及其价值。不论产品在生产过程中出现的先后,每一单位商品的价值既包含有由厂房、机器所转移的价值的部分,工资的部分,又包含有剩余价值的部分。劳动日从11.5小时减少1小时或1.5小时,只能使资本家减少这1小时或1.5小时劳动所创造的剩余价值,而绝不会使利润完全消失。

西尼尔的"最后一小时"论是他的"节欲"学说的补充。"节欲"学说只论证利润是对于资本家的合理报酬,而"最后一小时"论则论证劳动日必须够长,利润才有保证。但西尼尔也许没有想到,他的这两个学说实际上是自相矛盾的。因为根据"节欲"论,利润是对"节欲"的报酬,与工人的劳动(不管是劳动日的哪一部分)无关,这显然同"最后一小时"论不能相容。

但主要的是"最后一小时"论是资产阶级在反对当时10小时劳动日工厂法的现实斗争中,所迫切需要的武器。法定正常劳动日,是工人阶级与资产阶级在工厂法的长期斗争中的一个主要问题。这个斗争开始于现代工业范围内,所以也最初表现在现代工业诞

---

① 利昂纳尔·罗宾斯:《经济政策理论》,英文,1952年版,第141页。
② 即星期一至星期五为每日12小时,星期六为9小时。

生地——英国。在 19 世纪头三十年,英国工人,在工厂法的斗争中所获的让步都有名无实。自 1802 年到 1833 年,英国国会通过了五次有关劳动的法令,但狡猾地没有通过为执行这一法令的预算,法令成为一纸空文。

为现代工业规定正常劳动日的斗争在法律上的具体化,从 1833 年的工厂法开始(适用于棉、毛、麻、丝工厂)。尽管 1833 年的法案规定了少年工和童工的正常劳动日,而 1833 年、1844 年、1847 年的工厂法都没有限制 18 岁以上的成年男工的劳动日,但是 1833 年的工厂法中关于正常劳动日的条文是缩短劳动日斗争的突破点。1833 年的法案规定于 1836 年全部实行。但在 1833 年以后,工厂工人已经进一步把 10 小时工作日法案当做自己经济上的竞选口号。面临着这个威胁,英国资产阶级迫切要求一个足以反对进一步缩短劳动日运动的理论依据,西尼尔的"最后一小时"论就为资产阶级提供了这个武器。

第二节　巴师夏的经济和谐论

弗雷德里克·巴师夏(Frederic Bastiat,1801—1850 年)是 19 世纪 30—40 年代法国最著名的经济学家。他的名字成为当时自由贸易派的旗帜,又是乐观主义劳资利益调和论者的突出代表。[①]

巴师夏出生于法国南部酿酒区的工商业者家庭,1825 年他继承祖父遗产成为一个酿酒业资本家。1830 年革命后不久,他当选为缪格区的法官,后来又被任命为本区的顾问。七月王朝后期,巴师夏从外省迁居巴黎,从事经济写作。除了若干小册子外,他的主要著作有 1847 年发表的《经济论辩》、1850 年发表的《经济和谐》。1848 年革命后,他被选入国民议会。

一、当时法国的政治经济状况

法国产业革命比英国发生较晚,延续的时间较长。拿破仑在复辟时代奠定了法国工业的基础。1830 年后,法国的产业革命才进一步发展,并渐趋于完成。但是法国资本主义发展的特点是大工业没有迅速地排挤掉中小生产。中小生产者在国家的经济中仍然长期起着巨大的作用。在七月王朝统治下,掌握政权的不是法国的资产阶级而是资产阶级中的一个集团,即所谓金融贵族大资产阶级集团。因此,在法国,经济自由主义对统治阶级的作用,与在英国有所不同。在英国,经济自由主义具有明显的反对大地主的性质。而在法国,首先,旧式的土地贵族已为 1789 年的革命所推翻;新式的大土地占有制则在很大程度上,是资本主义生产方式下的产物。其次,作为英国资产阶级和土地贵族斗争焦点的谷物条例,在输出谷物而不是输入谷物的法国,没有发生,也不可能发生。经济自由主义不是法国资产阶级反对土地贵族的旗帜,而是大资产阶级反对中小资产阶级的主要武器。金融贵族大资本和那些在国内外市场上十分强大的、有竞争能力的特殊资产阶级阶层(如酿酒业、制丝业、奢侈品生产业等)是自由贸易论者,而其他没有这样经济力量的中小资产阶级阶层则倾向于保护主义。在这一特殊情况下,尽管经济自由主义的口号相同,但在贸易自由和保护主义的具体问题上,阶级斗争的内容和实质已经起了变化。

[①]　与巴师夏同时代的美国经济学家亨利·杰里斯·凯里(1793—1879 年),是另一个有名的利益调和论的代表。他们在这一见解上几乎完全一致,但巴师夏的名气远大于凯里。

在经济自由或贸易保护问题上,资产阶级内部存在着分歧,但作为整个资产阶级,中小资产阶级和大资产阶级又一致地反对工人阶级。经济自由主义,既有维护资本对劳动剥削自由的依据的一面,又有维护整个资产阶级利益反对社会主义的一面。

在19世纪30—40年代,法国无产阶级所处的情况要比英国无产阶级困难得多。在"劳动自由"的虚伪口号掩护下,工厂立法横遭阻挠。在1830年以前,法国工人根本被剥夺了组织的权利。但是从30年代起,法国工人运动提高到了一个新阶段。里昂职工起义(1831—1834年)宣布了无产阶级对资产阶级的斗争。在30—40年代,斗争不断发展,终于在1848年爆发了二月革命和六月起义。1848年2月至6月是法国无产阶级和资产阶级展开正面剧烈斗争的时期。法国无产阶级,在二月革命中,提出了自己的政治和经济要求。六月起义是两大对立阶级间的第一次大交锋。六月起义虽然失败了,但是1848年革命震撼了资产阶级的统治。

在19世纪的30—40年代,除了面对无产阶级的政治和经济要求之外,法国资产阶级还面对社会主义运动的挑战,后者在一定程度上反映了被压迫和被剥削劳动群众的要求。法国这时是欧洲社会主义运动的中心。但是,七月王朝时代的法国社会主义实际上已经成为反动宗派空想社会主义和其他各种类型的小资产阶级社会主义,它也不同于英国19世纪20—30年代的社会主义。法国社会主义者不依靠李嘉图的价值学说和利润学说来反对资本主义,而是运用公平、博爱等一般概念,从伦理、道德上引申出他们的理想社会制度。但是他们批判资本主义,反映劳动人民一些要求的纲领,以及具有一定历史意义的口号(如在1848年革命中著名的"劳动权利"口号),无论是在国内社会政治生活中,或者在国际工人运动中,都起了十分巨大的宣传、鼓动作用。在1848年革命的过程中,他们之中不少人还曾企图把革命作为他们社会主义思想的实验室。尽管他们实验的结果是一系列的失败,而在1848年革命后,这些党派已实际上为历史发展的过程所扬弃,但在当时法国资产阶级看来,它们的激进思想确是一个严重威胁。

二、经济自由主义

巴师夏是19世纪30—40年代经济自由主义大师。一方面,在资产阶级内部,巴师夏站在上层资产阶级一边,以经济自由主义反对中小资产阶级的保护主义。另一方面,他站在整个资产阶级一边,以经济自由主义反对无产阶级。巴师夏的经济自由主义是反对保护主义和反对社会主义的结合体。

经济自由主义是古典经济学的前提和传统理想。在资本主义发展的初期,它起了历史的进步的作用。在它的旗帜下,资产阶级进行了反对阻碍生产力发展的一切封建制度和重商主义的束缚的斗争。但在资产阶级取得胜利之后,它的阶级斗争的性质变了。尤其在法国,由于上面所讲的法国经济发展的情况,它成为资产阶级内部不同阶层斗争的一个焦点,而更多地成为资产阶级反对无产阶级的武器,就是在这一新阶段和新意义上,巴师夏成为这个旧传统口号的新旗手。

在反对保护主义方面,巴师夏除了重复自由贸易促进国际分工,分工增加生产、降低每种商品价值等自由贸易者的传统论点外,没有增加什么新的理论。但他却针对法国当时工商业发展不平衡的情况,论证说,在法国拥护保护主义的工商业是一个垄断的集团,他们要求他们产品的全国性的垄断,而垄断对于一般消费者是不利的,是反社会的。

巴师夏认为社会可以从两方面来考察。第一,把社会看成生产者的总和;第二,把社会看成消费者的总和。他说,个人作为生产者,有反社会的倾向;但作为消费者,他的利益和全社会的利益是协调的。保护主义从生产者的愿望出发,要求垄断市场,是以拥护"不足论"为基础的;而自由贸易主义则从消费者的利益出发,要求自由竞争,是以拥护"丰富论"为基础的。巴师夏既不知道他所拥护的贸易自由的经济基础,也不能揭示他所反对的保护主义的经济基础。他只是以"不足"和"丰富"两词来论证丰富优于不足,从而自由贸易优于保护主义。但是他的这个自由贸易主义的论点确为他所代表的、在国内外市场上已十分坚强而有竞争能力的大资产阶级阶层(作为一个酿酒业主,巴师夏自己是属于这一阶层的),提供了反对中小资产阶级的理论依据。

巴师夏的经济自由主义更重要的方面在于它的反对社会主义的作用。19 世纪 30—40 年代的社会主义者认定,社会万恶的主因是经济自由者热烈歌颂的竞争自由。他们指出,任何自由(包括经济自由在内)在产生无政府状态和经济危机的无限制的竞争之下,是不可能实现的。自由竞争带来的不是自由,而是工人阶级的极端贫困和奴役。他们又指出,自由竞争使大资本家吞灭了中小资本家,引导到垄断,所以自由竞争不但对工人阶级而且对大多数的资本家也是有害无利的。他们这些论点本身是有错误的。他们不承认工人阶级的贫困化是由于剥削、由于资本主义雇佣劳动制度,而将它归罪于自由竞争,而且认为竞争的灾害是不分阶级地为社会一切人所承受。这是小资产阶级的观点。但在资产阶级看来,他们的论点却是对经济自由,从而是对维护剥削自由的一个严重威胁。和竞争自由相对立,当时的社会主义者主张建立各种形式的协作劳动生产组织;在这一新的社会组织中,经济自由受到更全面的打击。

适应当时法国资产阶级的迫切需要,巴师夏竭力利用经济自由主义来与社会主义进行斗争。在 1848 年革命之后的两年内,他写了一系列反对社会主义的小册子。为了反对勃朗的劳动权和国民工场,他写了《财产和法律》;为了反对傅立叶学派康西德兰的阶级利益矛盾学说,他写了《财产和掠夺》;为了反对圣西门主义者勒鲁的平等论,他写了《正义和友爱》;为了反对蒲鲁东的无息贷款,他写了《资本和利息》。他企图证明只有在经济自由之下,每一个人才能相对于自己提供的劳动得到公正的报酬。而当时社会主义者的主张,由于违反经济自由的原则,都是对人们合法取得的财富的掠夺;"国家的干涉使我们和掠夺妥协,把掠夺的责任放在大家身上——结果,人们心安理得地享受别人的幸福"[1]。巴师夏不得不承认在经济自由下,存在着弊端和缺陷。但他认为这些弊端和缺陷,与其说是由于经济自由本身所造成,不如说是经济自由没有完全实现的结果。因此,最好的补救办法不是取消经济自由而是争取更多和更完全的经济自由。在具有完全自由的条件下,资本主义制度"就是一切社会组织中最美好、完善、巩固、普遍和公正的组织"[2]。但巴师夏对于当时法国社会主义的"危险思想"的回击还不只限于消极的批判,他还提出了正面的理论。

三、"经济和谐"论的学说体系

1850 年,巴师夏出版了他的主要著作《经济和谐》。巴师夏力图从正面论证资本主

---

① 巴师夏:《保护主义和共产主义》,法文,1849 年版,第 21—22 页。
② 巴师夏:《经济和谐》,法文,1850 年版,第 14 页。

义社会是最好的、永存的、自然的、和谐的社会秩序。自然的,因为每个人都是根据自己的自然愿望和利益而工作;和谐的,因为每个人的利益和别人的利益相适合。

巴师夏认为这种自然与和谐的社会秩序受内部自然规律的支配,而这些自然规律又决定于人性。亚当·斯密提出了利己和利他的两种人性。巴师夏错误地认为,斯密以为人类在经济活动领域受利己主义支配,而在道德和情感的领域又是利他主义者。这其实是对斯密学说的曲解。巴师夏企图把利己和利他两种人性调和起来;二者不但不相矛盾而且互相补充。他说:"因为在劳动和交换的问题中,'各人为自己打算'原则不可避免地成为主要的发动力。但吾人引为惊异的,是世界的主宰者利用这一原则,在社会制度的胎胞中,实现博爱的公理——'各人为一切人打算'。"①巴师夏的社会秩序观,实际上,已经超过斯密的所谓自然规律的概念而意味着一个神的秩序。他写道,上帝赋予每一个人以一种向善的不可抵抗的动力和从不失误的辨识力。

巴师夏将他的"经济和谐"论贯穿到一切经济理论领域里去。他认为在价值、分配、私有财产制度、竞争等方面"经济和谐"都发生作用。

交换是巴师夏"经济和谐"的出发点。按照巴师夏的意见,人们在交换中,"能够互相帮助、互相替代对方工作,提供相互的服务"②。所以交换不外是各种"服务"的交换。"服务"这个概念是巴师夏从萨伊那里搬来的,但萨伊将效用的创造归结为"服务",而巴师夏则以"节约的劳动"解释"服务"。巴师夏从交换引出价值,萨伊直接以"生产要素"所提供的"服务"的综合来决定价值,而巴师夏认为价值是交换着的两种"服务"的交换比例。巴师夏认为在交换中,甲方给予乙方的"服务"是乙方的"节约劳动";乙方给予甲方的服务是甲方的"节约劳动";利己也是利他。在经济自由的条件下,交换成立于平等互利的基础上,所以甲乙双方"服务"的交换总是等价的。等价交换是一种公道的交换,这就表明社会的利益是和谐的。

巴师夏以他的服务价值论反对古典派的劳动价值论。在他看来,劳动价值论的错误在于把劳动理解为生产物质财富的过程。他的观念中的价值是与物质的事物相脱离的。他认为,商品的生产不是物质的劳动生产过程,而只是"服务"的提供。价值只是一个比例,其中当然没有物质的因素。人与人之间的经济关系只是互相提供"服务"。于是,在现实生产过程中,生产的概念、人与人在社会物质生产过程中的关系、资本和劳动的不平等交换等,都为等价相互提供"服务"一语完全抹杀了。

对于李嘉图的地租学说,巴师夏索性以根本否认古典学派所着意解说的"纯粹"地租的手法,证明地租也只是土地所有者"服务"的代价。巴师夏以为每一个商品都有两层效用。第一层效用是人力创造的,因之必须有代价,这也就构成了价值。第二层效用是自然无偿赠予的,不要求代价,因此并不表现为价值。土地,在生产上所提供的效用,是第二层的效用,是无偿的。所以地租不是如李嘉图所说的,"不可毁灭的地力的代价",而是地主,作为社会和自然的媒介,在开发、改良土地时提供的"服务"所应得的报酬。巴师夏恰是把古典学派所明确地从地主所得的土地租金中排除掉的土地投资利得,来取代地租。

巴师夏否认利润和工资的对立。他把利润分解为企业主的收入和利息。他认为企

---

① 巴师夏:《经济和谐》,法文,1850 年版,第 125 页。

② 同上书,第 71 页。

业主的收入是企业主"劳动"的报酬。于是他所谓利润就只是利息。他借用西尼尔的"节欲"论,但不用"节欲"这一名词,而代之以"延缓"。他说,资本家积累资本,就是延缓了自己的消费或享受。利润是对资本家以"延缓"而形成的资本所提供的"服务"的报酬。

巴师夏进一步把劳动和资本的交换看做两种"服务"交换的表现。资本家的"服务"是供给工人以生产资料和生活资料,而工人的"服务"是替资本家生产。工资和利润就是这两种"服务"的报酬。在经济自由的前提下,这两种"服务"的交换也必然是等价的。这样,劳资关系也是互相提供"服务"的关系,是绝对和谐的关系。

不但如此,巴师夏还武断地说在资本主义发展的过程中,劳资的利益是一致的。他用随意组合的数字来论证,随着社会物质的进步,劳资所得同时增加,但劳动所得的份额比资本所得的份额增加得还要快。巴师夏称他这个"和谐规律"为"伟大的、可佩的、快慰的、必然的和不变的资本规律"[①]。

1848 年的革命是巴师夏所身历的。他在李嘉图的经济学中,发觉资本主义经济内部的对立性。而在革命的实践中,他嗅到了"暴动时期的火药气味",看到了这一对立性爆发为前所未有的尖锐的阶级斗争。他的《经济和谐》一书就是企图证明这种阶级斗争是不必要的。

思考题 ≫

1. 评析西尼尔对政治经济学对象和性质的看法。
2. 简述西尼尔的"节欲"说的内容及实质。
3. 驳西尼尔的"最后一小时"论。
4. 巴师夏的"经济和谐"论的基本论点是什么?

---

① 巴师夏:《经济和谐》,法文,1850 年版,第 252 页。

第十二章　　约翰·穆勒的综合体系

▌内容提要▌

约翰·斯图亚特·穆勒(John Stuart Mill,1806—1873 年)是 19 世纪下半期英国最著名的哲学家、逻辑学家和经济学家,也是一位著名的社会活动家和社会改良主义者。他的《政治经济学原理及其在社会哲学上的应用》(1848 年初版,作者生前重版六次,即 1849 年、1852 年、1857 年、1862 年、1865 年和 1871 年;此外,1865 年还印行了通俗版)奠定了他作为古典经济学的集大成者的历史地位。但必须指出,穆勒的政治经济学之所以具有这样重要的历史地位,并不在于他的理论观点的独创性,虽然不能说其中没有任何独到之见;而是在于他对前人和同时代人不同倾向和不同理论观点的综合。这种综合不但包含了亚当·斯密以来古典政治经济学彼此不同的观点和流派,而且在坚持着资本主义的根本要求的同时,对当时正在兴起的空想社会主义的某些要求也表现出了相当的容忍、同情和理解,因而对资本主义制度的某些方面持批评态度,主张对它进行改良。穆勒自己说:"我是各种矛盾学说的接受者。"这种调和主义正是穆勒经济学的最大特点。

第一节　时代、生平和著作

19 世纪中叶,英国资本主义社会正处于繁荣发展的时期。第一次产业革命的完成极大地推动了英国社会生产力的发展,进一步巩固和扩大了英帝国作为当时头号工业强国和殖民大国的地位。英国国内的阶级矛盾和斗争自然是在激化,宪章运动标志着英国工人阶级已经作为一种独立政治力量登上政治舞台,空想社会主义和李嘉图社会主义的出现及一定程度的传播,对资本主义制度也是一种冲击。但总的来说,以英国为首的资本主义生产方式尚处于以自由竞争为特点的历史发展的黄金时期,各种反对派均不可能从根本上动摇资本主义生产方式的统治地位。这种社会历史条件为一种折中与调和的经济学体系提供了温床:既使其成为必要,也给它提供了可能。约翰·穆勒的以折中调和为特征的经济学应运而生。

约翰·穆勒是李嘉图学说体系的追随者,而他接受李嘉图学说竟然始自年少之时,这完全得自他的父亲詹姆斯·穆勒的教诲。前已指出,这位老穆勒是李嘉图的密友和经济学领域的学生,并对李嘉图学说的传播和最终解体起过很大作用。他对儿子约翰·穆勒的教育尤其严格,儿子的聪明好学也着实令父亲对他深为器重。在父亲的教育下,小穆勒 3 岁开始学希腊文,8 岁开始学拉丁文,并开始接触几何与代数,9 岁开始阅读古希腊文学与历史作品,10 岁读完古希腊哲学家柏拉图和德摩斯提尼的原著,12 岁开始学习逻辑,熟读亚里士多德的逻辑学著作;尤其有重要意义的是,13 岁时,在父亲的指导下,小穆勒开始阅读李嘉图的《政治经济学及赋税原理》,接着又阅读了亚当·斯密的《国富论》。自学过程中,小穆勒经常同父亲在散步时就政治经济学的各种问题进行交谈,他将这些学习和谈话的内容写成笔记,据说其父的《政治经济学原理》(1825)即是以他的笔记和其他资料整理而成。父亲的教育成为小穆勒接受当时最先进的经济学的最初来源。

他还有幸受到李嘉图的直接教诲,这当然也是由于其父和李嘉图有着不寻常的友谊和交往。在李嘉图时常来家作客、谈论经济学和哲学问题时,小穆勒不免也插上几句,父辈这种亲密关系和理论观点无疑对他产生了重要影响。穆勒(以下均指小穆勒)14—15岁(1820年5月至1821年7月)时曾与英国大哲学家边沁之弟同游法国,其间除学习法文外,还听了有关化学、植物学和高等数学等方面的课程;他还有机会在萨伊家中住过一段时间。法国日益高涨的民主自由气氛,萨伊的自由主义经济学,都给年轻的穆勒留下了深刻印象。

边沁的功利主义对穆勒的思想的影响也是不容忽视的一个重要方面。边沁同穆勒之父是知交,穆勒从小就常常拜访边沁,逐渐接受了边沁的功利主义学说,这对穆勒的经济思想的形成和发展有深远影响。穆勒从法国返回后,其父曾打算让他学习法律,以便日后从事律师工作,一方面指导他学习罗马法,一方面让他阅读介绍边沁学说的书籍。这使他的思想发生了很大变化,据穆勒自己说,边沁的功利主义立法原理将此前的道德立法理论完全推翻了。在穆勒看来,边沁功利主义关于"最大多数人的最大利益"的原理尤其具有重要意义,因为它既表明了人类道德行为的动力不是个人的自私利益,而是最大多数人的最大幸福;也表明道德伦理的是非标准应是效果,而不是动机,这效果就是最大多数人的最大利益。功利主义的这些原理成为穆勒观察问题的根本观念和哲学思想。1823年,穆勒发起组织了一个研讨边沁功利主义的学会。

1823年5月,穆勒经父亲介绍到东印度公司通讯检察署当秘书,他在此公司一直任职到1858年该公司解散,前后长达35年之久,官至检察官(1856年)。在东印度公司任职期间,穆勒一边工作一边学习,而且很早就在著作与学术活动中崭露头角。

1825年,时年19岁的穆勒开始发表讨论商业政策与货币政策的论文。同年,他与边沁合编《司法证据的理论基础》,又发起组织了"思辨学会",这是一个业余的读书会和哲学研究会,经济学和人口论等成为这些学会讨论的中心话题。穆勒说,李嘉图经济学、马尔萨斯人口论和边沁的功利主义是他们这些志同道合者的旗帜和统一的基础。1836年,穆勒任激进派刊物《伦敦和威斯敏斯特评论报》主编。

穆勒的政治信仰在他中年以后发生了很大变化,在空想社会主义和民主主义的影响下,他逐渐接受了社会改良主义思想。穆勒早年游历法国时曾有幸见到过圣西门,后来通过阅读圣西门的著作对他有了进一步了解。进入19世纪40年代,他深入研究了圣西门学派的思想和著作,在很大程度上接受了他们的下述观点:人类社会的发展阶段和组织都是相对的而不是绝对的;私有制和自由竞争是造成当时社会种种弊端的根源;他甚至认为对社会加以改革是必要的。但他明确指出,他只是一个民主主义者,而不是社会主义者。他主张通过普及教育、启发民众觉悟来改革时弊。他不认为圣西门主义的学理和立场应当加以肯定,也不希望把他们提出的改革方案立即加以实施,只是希望把空想社会主义学说灌输到民众之中,使统治阶级觉悟到,未受教育的民众比受过教育的民众更可怕。

在接受民主主义思想方面,他的妻子对他有明显影响。穆勒与哈里特·哈迪相识20年后结婚,穆勒时年45岁。7年后哈迪在法国的阿维尼翁去世,此后(除任议员期间外)

穆勒基本生活在阿维尼翁附近的别墅,直到 1873 年 5 月 8 日逝世。穆勒对哈迪的才智、魄力和精神极为推崇。她是一位民主主义者和改良主义者,与穆勒志同道合,对穆勒的著述多有建议和贡献。穆勒说,他在这一时期的所有著作都是他们合作的产物,特别在社会改革思想方面,几乎完全是她的贡献。

1844 年,穆勒发表了他的第一部经济学论文集《经济学上若干未决问题》,该书讨论的主要问题包括:国际贸易、消费对生产的影响、生产性和非生产性劳动、利润和工资的关系等。全书的论述完全继承了李嘉图和老穆勒的学说,只在某些方面对前人的学说有所引申或更明确的表述。1848 年初版、后来多次再版的《政治经济学原理》则是他最重要的经济学著作。他的哲学、逻辑等方面的著作主要包括:《逻辑学体系》(1843)、《论自由》(1859)、《论述和讨论》四卷(1859—1875)、《代议政治论》(1861)、《功利主义》(1863)、《论妇女的从属地位》(1869)、《自传》(1875)等。

第二节 政治经济学的对象

穆勒继承了前人关于政治经济学是研究财富的生产和分配规律的基本观点,他说:"政治经济学家们声称是讲授或研究财富的性质及其生产和分配规律的,包括直接或间接地研究使人类或人类社会顺利地或不顺利地追求人类欲望的这一普遍对象的一切因素所起的作用。"[1]关于财富的定义,他也继承了前人的基本看法,即财富应是具有效用和交换价值的物品。他对各国财富发展历史的叙述和分析,基本上也是沿袭亚当·斯密等人已经多次论述的史实和论点,没有什么明显的突破和补充。

然而,穆勒关于生产和分配规律的性质的看法与前人相比有所不同。他认为,财富的生产规律取决于两方面的因素:一方面是物理的,这取决于物质的性质,取决于人们在特定地点和时间对这些性质的了解程度。这些是自然科学的对象,政治经济学不研究这些,而只是予以默认。另一方面是社会的制度、道德、心理和人的本性,这是政治经济学研究的对象。他认为,政治经济学把这两方面结合起来,找出一些次要的或派生的规律,这些规律决定了财富的生产,可以用来解释贫富的差异以及预言财富增加的趋势。他说:"财富生产的法则和条件具有自然真理的性质。它们是不以人的意志为转移的。"[2]换句话说,生产规律在一定程度上是自然的,人的因素只是影响生产的一个方面的因素。

"与生产规律不同,分配规律在某种程度上是人为的制度,因为某一社会中财富分配的方式取决于通行于该社会的法令或习惯。但是,虽说政府或国家有权决定应该有什么样的制度,可他们却不能任意确定这些制度起作用的方式,它们对财富分配拥有的权力依赖于哪些条件,社会所接受的各种行为方式是如何影响分配的,这些同任何自然规律一样是科学研究的主题。"[3]这就是说,生产规律不可变,分配规律可变,从而为他随后提出改良分配制度提供了理论依据。至于生产规律和分配规律是什么,以及它们究竟好不好,这是他后面即将展开论述的问题。

穆勒的上述看法显然是有问题的。分配规律固然是可变的,生产规律何尝不也是可

---

① 穆勒:《政治经济学原理》上卷,赵荣潜等译,商务印书馆 1991 年版,第 13 页。
② 同上书,第 226 页。
③ 同上书,第 227 页。

变的吗？而且生产规律的变化比起分配规律的变化，往往更带有根本性，因为生产决定着分配，尽管分配会反作用于生产。即使就穆勒自己所说，也很难得出生产规律不变的结论，因为既然社会制度、道德、心理等都是影响生产的因素，那就没有理由断言生产规律不变了，这些因素的变化是一个不争的历史和现实的事实。可以想见，穆勒的观点是同他主张在维持资本主义生产制度的前提下对分配制度有所改良的立场是吻合的。

第三节 生 产 理 论

穆勒的经济理论主要由生产论、分配论、交换论、社会发展论和政府论等部分组成。这样的结构大体上是对亚当·斯密以来，经过萨伊和老穆勒等人所奠定的著作结构的继承。它所包含的内容可以说比前人的任何一部经济学著作都要广泛和丰富，但凡当时经济学所涉及的一切问题，穆勒的《政治经济学原理》都论述到了。

穆勒的生产理论大体上包含三部分内容：第一，生产要素论；第二，"决定生产要素生产力程度的原因"的理论，论述的是决定劳动生产力的各种因素；第三，"生产增长规律"，论述的是劳动、资本和土地的增长规律。后两者似乎是一个问题，但在穆勒的体系中有明确的区分。

一、生产要素理论

关于生产要素，穆勒继承前人的观点，也归纳为土地、劳动和资本，但他比前人更详尽地、在更一般的形式上论列了各种要素（主要是劳动和资本）的存在方式、性质和条件。他把劳动的方式分为两种，一种是直接劳动，另一种是间接劳动，前者是指直接生产对人类有用的物品（如面包）的劳动，后者是指为这种直接劳动作准备的劳动（如磨坊主、播种者和收割者的劳动等）。对于间接劳动，穆勒又细分为用于生产原料的劳动、用于制造工具的劳动、用于保护劳动的劳动、用于产品运输和分配的劳动等。他的这种划分，同通常的工、农、商的划分有所不同，穆勒认为通常的划分事实上很难分得清楚。不过他的这种解释显然是很勉强的。

关于生产性劳动和非生产性劳动的问题，穆勒认为在这个问题上没有什么好争论的。在他看来，依据萨伊学说，人类所生产的不是物质，而是效用；所以，只有生产效用的生产才是生产性的劳动。但他强调指出，并不是所有生产效用的都是生产性的劳动，只有生产了体现在物质对象中的效用的劳动，才是生产性的，这种物质对象可以是物质产品，也可以是人本身。提供服务的劳动（如演员、仆人等）虽然也提供效用，但由于不能积累起来，因此这种劳动不能创造财富，这种劳动也就不是生产性劳动。财富的特征在于能够被积累。同时，"凡是只能带来眼前享受，而不增加耐久性享受手段积累量的劳动，都是非生产性劳动"①。与此相应，穆勒把消费也分成生产性消费和非生产性消费："谁对生产既没有直接贡献也没有间接贡献，谁就是非生产性消费者。只有生产性劳动者才是生产性消费者。"②穆勒的这些观点，基本上是对亚当·斯密以来流行观点的综合与继承。

---

① 穆勒：《政治经济学原理》上卷，赵荣潜等译，商务印书馆1991年版，第66页。
② 同上书，第69页。

穆勒把资本定义为"以前劳动生产物的积累"[1]，"资本为生产所做的事情，是提供工作所需要的场所、保护、工具和原料，以及在生产过程中供养劳动者……无论什么东西，只要用在这方面，即用来满足生产性劳动所必需的以上各种先决条件，就是资本"[2]。穆勒的观点是对传统观点的继承，即把资本等同于生产资料或生产的客观条件。按照这种观点，资本就成为自古以来就有的东西了，因为原始人用来击打野兽的石块就符合穆勒所谓资本的条件，从而也是资本，这就把资本的历史特点和阶级属性完全抹杀了。当然，资本通常是以一定的生产资料的形式存在和起作用的，但生产资料本身并不一定就是资本，它们只是在一定历史条件下才成为资本，起资本的作用。资本是附着在一定的生产资料上的社会关系，是生产资料在一定历史条件下所具有的社会属性。

穆勒指出，劳动受到资本的限制，因为劳动者要靠资本供养，需要靠过去的劳动生产物（资本）来满足。他正确地指出，劳动者的就业要靠资本中用来雇用劳动者的那一部分资本（而不是预定购置生产资料的部分）来决定，而不是靠非生产性消费来决定（如马尔萨斯所说的那样）。他由此推论说："财富的限度绝不是消费者的不足，而是生产者和生产力的不足。资本的每一增加要么会创造更多的就业机会，要么会增加劳动报酬，要么会使国家更富裕，要么会使劳动阶级更富裕起来。"[3]这显然是对萨伊定律的重复。

穆勒接受西尼尔的节欲说，也把资本的来源归结为"节省"。他断言没有节省就没有资本存在的余地，即使在奴隶社会也不例外。当然节省并不意味着消费一定要减少，相反，在消费增加的同时，节省可能更多，前提条件是生产增加。这些都是传统观点的重申。

穆勒注意到资本都要被消费掉，分别被转化为工具、机器、原料、工资等，因而，要积累资本就必须不断地再生产，只有不断地再生产才能使国家富裕，或使遭到战祸的国家得以恢复，这里表露出作者对扩大生产的呼吁。

穆勒还强调指出，对商品的需求并不就是对劳动的需求，只有将资金用于雇用劳动者，才有益于劳动者。他说："我认为，购买商品自行消费的人没有给劳动阶级带来益处，只有节制消费，把节省的钱直接付给劳动者以换取劳动，才能给劳动阶级带来益处，才能使他们的就业人数有所增加。"[4]这些说法无不流露出穆勒对劳动者地位的关注，同寄生阶级的对立。

关于流动资本和固定资本的划分，穆勒完全沿袭了前人早已提出的观点，把以完成生产职能的方式作为划分的依据。"一次使用的资本，称作流动资本……凡以……耐久形态存在，并在与此相应的时期内产生效益的资本，均称为固定资本。"[5]由于工资是流动资本的一部分，因此，穆勒本着他一贯的立场，强调指出，如果固定资本的增加以减少流动资本为代价，则劳动者的利益就会受到损害。他也同意机器会排挤工人的观点，但他主张采用机器，因为这会提高生产率，而且他断言，机器在这里挤走了工人，但却在别处创造了新的就业机会，从而又增加了就业。穆勒的观点显然是进步的。

---

[1]　穆勒：《政治经济学原理》上卷，赵荣潜等译，商务印书馆1991年版，第72页。

[2]　同上注。

[3]　同上书，第88页。

[4]　同上书，第102页。

[5]　同上书，第114—115页。

二、决定劳动生产力的要素

穆勒综合并系统论述了前人和同时代人在这个问题上的主要研究成果,这些论述无疑有其积极的历史意义,在很大程度上反映了当时英国社会生产力发展的现状和水平,其中的许多原理在后来的西方发展经济学中得到了进一步发展。

穆勒指出,决定劳动生产力的要素包括以下几项:第一,有利的自然条件,肥沃的土壤,适宜的气候,丰富的矿藏等;第二,人们较大的劳动干劲和生产积极性;第三,较高的技能和知识,包括工业上的发明创造,农业中的技艺等;第四,整个社会的知识水平和相互的信任,这涉及劳动者的道德和知识等;第五,社会为其成员提供的保护,从而使人感受到的安全感。

在"论合作或劳动的联合"的标题下,穆勒着重论述了决定劳动生产力的这个"极为重要的因素"。他指出,分工与合作是提高劳动生产率的重要途径,因为它能提高产量,促进需求和市场的扩大;他指出,城乡之间的分工与合作同样是十分重要的,他特别强调了城镇的出现和农业布局的适当集中的经济意义;他基本沿袭亚当·斯密的学说,论述了分工的好处及其原因,以及分工要受到市场的限制等。[①]

穆勒对生产规模问题的论述也是值得注意的。他强调了后来人们所说的规模经济的优越性(提高效率,节省开支等),论述了实现规模经营的条件(资本和市场等),分析了实施规模经营的方式(股份制),还论述了农业中规模经营的局限性(与工业相比)。给人的印象是,穆勒站在发展生产力的立场上,热烈地赞成实行工业和农业的规模经营。

三、生产增加的规律

穆勒在这个题目下所谈的问题,实际上是各生产要素质量和数量的变动同社会生产力发展之间的关系。就劳动这个生产要素而言,其变动所涉及者,主要的就是人口问题。在这个问题上,穆勒的观点表现得相当持平,既有忧也有喜。一方面他接受马尔萨斯关于人口呈几何级数增长的说法,甚至断言人口的自然增长率是无限的;另一方面又断言,生活资料的增长也会很快(如果没有其他干扰因素的话),何况还存在着限制人口的种种因素,例如饥饿、贫困以及对未来生活的预见等。因而他不认为劳动这个生产要素会对生产的增长构成阻碍,他对人口对生产发展的影响的看法基本上是乐观的。但他同时也指出应当限制人口的增长,他正确地指出新的人口固然有"手"可以创造财富,但由于土地报酬递减规律的作用(下面会谈到),新的人口在同样条件下难以生产出同前人一样的成果,而新的人口的"口"却要消耗同前人一样多的食物和其他生活资料(如果不是更多的话),所以他从发展生产的角度提出应当限制人口的增长,不仅分配制度不公的国家需要限制,即使能够进口粮食或者对外移民,也需要限制人口。他还指出,人口的增长虽然很快,但人口的增长最终还要受到所谓"工资铁律"的制约。就是说,他十分相信李嘉图和马尔萨斯以来的一种共识,即劳动者的工资水平决定于其最低生活资料,他称之为"劳动阶级所习惯的生活水平":"高于它,劳动者便会增多,低于它,劳动者则不会增多。"[②]

对于资本这个生产要素的增加,他也抱有乐观的看法。他指出,资本的积累取决于

---

① 穆勒:《政治经济学原理》上卷,赵荣潜等译,商务印书馆1991年版,第147—164页。
② 同上书,第185页。

社会的纯产品额(总产品减去生活必需品后的余额)和人们的积累或储蓄的倾向。他相信随着生产发展,社会的纯产品会不断增多,而人们的储蓄倾向在发展程度较高的国家会愈益加强,这固然有追求高额利润的刺激因素在起作用,但良好的社会环境,包括自由而安定的政治制度,系统而充实的教育条件,积极进取和相互信任的社会风尚等,都是增加资本积累的重要因素。他的结论是:"增加生产的第二个要素资本一直在增长,没有任何迹象表明资本会变得不足。就资本这一要素而言,生产可以无限制地增长。"①

但土地这个要素不同。穆勒强调指出了土地报酬递减规律的存在和作用。他承袭前人的观点,论列了表明土地报酬递减的各种情况,也指出了出现这种情况的条件,还指出了抵消该规律作用的要素,主要是生产技术的进步。应当说,穆勒的这些说法不是没有根据的,虽然没有多少新意。

他对相对后进国家发展生产和提高资本积累速度所提出的建议,今天看来也不是没有意义的。他认为这要从三方面着手:"首先要改善政治制度……其次要提高公众的知识水平……第三是要引进外国技术……"②

第四节　收入分配理论

在具体论述分配问题之前,穆勒用了很大篇幅来论述所谓所有制问题。在他看来,分配制度都是在一定的所有制之下存在和发展起来的,不了解所有制,就无法了解分配制度。

一、所有制理论

通过他的所有制理论,我们可以清楚地看到穆勒对于历史上现实生活中存在的各种所有制(归结起来就是各种形式的公有制和私有制)的基本看法,这些看法对于揭示他的政治立场和经济学说的性质都是重要的和值得重视的。

他对当时的空想社会主义(欧文主义、圣西门主义和傅立叶主义)所主张的财富公有制表示了相当多的理解和容忍。与那些敌视一切社会主义的人不同,穆勒认为,社会主义者所要求的合作生产和公平分配制度不是不可设想的;人们通常加到社会主义学说身上的各种指责也不见得有说服力,但这毕竟只是一种对未来社会的设想而不是现实。同时,他也并不认为私有制一定不好,现今的私有社会固然存在各种弊端,但他以为这不是真正的完善的私有制社会,这样的私有社会现在还没有出现。所以他的结论是:"我们对采取最好形式的私有制或采取最好形式的社会主义能取得什么样的成就都一无所知,因而无法确定这两种制度中哪一种会成为人类社会的最终形态。"③而眼下的任务不是取消私有制,而是对它加以改良,使社会每个成员都能得到好处。改良主义,这就是他的基本立场。

在对所有制问题的进一步论述中,穆勒对劳动和资本的所有权给予了充分的肯定,而对土地的私有权则加以明确地否定。他说:"私有财产制度,就其根本要素而言,是指

---

① 穆勒:《政治经济学原理》上卷,赵荣潜等译,商务印书馆1991年版,第200页。
② 同上书,第215—216页。
③ 同上书,第237页。

承认每个人有权任意处置他靠自身努力生产出来的物品,或不靠暴力和欺诈从生产者那里作为赠品或按公平的协议取得的东西。整个制度的根本是生产者对自己生产的物品具有权益。"①他又说:"所有制的根本原则是保证一切人能拥有靠他们的劳动生产的靠他们的节欲积蓄的物品。"②这既包括劳动工资,也包括资本利润。资本在他看来不过是前人劳动的积蓄,尽管不一定是现今的资本所有者劳动的产物。但土地的情况截然不同:"任何人都未曾创造土地。土地是全人类世代相传的。对土地的占用完全出于人类的一般利益。如果土地私有不再有利,它就是不正当的。"③基于这种观点,穆勒对于遗赠权和继承权分别作了分析。他承认适当的遗赠的正当性,但反对单纯的不是靠劳动而来的继承。这些思想显然都是适应资本主义发展要求的。

二、工资论

穆勒继承了亚当·斯密以来把社会阶级划分为生产工人、资本家和地主三大阶级的传统观点,并依次考察了它们的决定法则和变动规律。他的总观点是,分配份额的决定,就人类社会发展的历史来看,不仅像人们通常强调的那样是决定于竞争,而且还决定于风俗习惯。他系统论述了奴隶制、自耕农、分益佃农和投标佃农等历史上存在过的几种主要所有制形式及其分配制度,证明风俗习惯起着很大作用。但他也指出,越是到近代,产品的分配越是受到市场竞争力量的影响。还必须指出,工资、利润和地租等概念,在穆勒笔下都是一般的非历史性概念,因为在他看来,工资无非是对劳动的报酬,不管这劳动是在怎样的历史条件和生产关系之下;同样,资本在他看来就是生产的工具和原料,而且归根到底是过去劳动的积累,所以也是一个自古以来就存在的范畴,不光是资本主义社会才有;至于土地,当然更是一个古老的概念了。他就是在这样一般的意义上来论述分配法则的。

劳动工资,穆勒是指使用劳动的代价。他着重解释了决定工资水平的各种因素。他认为在短期内,工资决定于对劳动的供给和需求,即被雇用的工人人数和用来购买劳动的那部分资本的比例,简言之,决定于工人人数和资本的比例。这是他父亲早就提出的观点。这部分用来雇用工人的资本,古典派经济学家称为工资基金,认为社会中总有那么一部分资本是预定用来支付工资的。它通常总是由维持工人所需求的最低生活费用决定的,因而是一个固定的量。这个所谓"工资基金学说"在桑顿的反驳之下,穆勒于1869年表示放弃④,但在1871年《政治经济学原理》的第七版中,他还坚持着,也许,在他看来,关于工资基金的讨论的成果,"还没有成熟到可收入政治经济学综合著作的地步"⑤。

既然工资基金是一个固定不变的量,那么,从长期来看,工资就主要决定于工人人数了。他批评了其他一些离开这个观点的看法,例如认为可以通过法律规定最低工资率、

---

① 穆勒:《政治经济学原理》上卷,赵荣潜等译,商务印书馆1991年版,第244页。
② 同上书,第256页。
③ 同上书,第260页。
④ J. S. Mill, "Thornton on Labour and its Claims",原载于 *Fortnightly Review*,见 *Works of J. S. Mill*, v. 1967, p. 643。穆勒在该文中重申了他的工资基金学说,但又表示它不过是一种"对事实的如实照搬"而予以抛弃。理由是,工资基金实际上没有一个固定的限制,它包含了雇主阶级财力的总量。工资的上涨实际上只受一个限制,即雇主亏本停业。
⑤ 穆勒:《政治经济学原理》上卷,赵荣潜等译,商务印书馆1991年版,第11页。

由政府给穷人以补贴和济贫之类的办法来提高工人的工资,他认为这些办法都不能从根本上解决问题,反而会带来一些副作用,因为不适当的补贴只能鼓励贫民过多地生育,从而增加未来的劳动人口,增加社会的就业压力。他认为,马尔萨斯的人口理论揭示了人口需要同生活资料相适应的真理(虽然有些尖刻和冷酷),他也倾向于认为工人贫困的原因在于劳动者人数过多。他提出改善工人生活处境的主要办法有两条:第一,普及国民教育,让劳动者具备文明和道德的基本常识,懂得个人的水平低下的生活同他们自己无节制的生育密不可分,从而实行节育;第二,由政府资助,实行大规模的对外殖民,给更多的人,特别是年轻人提供去海外发展的机会和条件。

此外,穆勒还论述了工资的各种差异,主要是对亚当·斯密有关论述的补充和发展。

三、利润论

穆勒的利润论是对此前各种学说与论点的综合。关于利润的定义,他说:"工人的工资是对劳动的报酬,同样,资本家的利润,按照西尼尔先生的确切说法,则是对节欲的报酬。"[1]他指出,资本利润通常包含三部分:利息、风险费和经营管理的报酬。他还指出,在自由竞争作用下,通过各种形式的资本转移,资本利润率有均等化的倾向,虽然不排除各种事业性质不同会引起利润率的差别。

关于利润的来源,穆勒先是运用李嘉图的劳动价值论观点,指出"利润的产生,是劳动生产出超过为维持其本身所必需的生产物",但他接着又说:"如果一个资本家在生产物归其所有的情况下供养劳动者,那么,他的手里除了收回的垫款之外,还会有若干的剩余生产物。这一公理,换一种形式来说就是,资本之所以产生利润,是因为粮食、衣服、材料和工具等物品保有的时间长于其生产所需的时间。因此,如果一个资本家……向那些劳动者供应粮食、衣服、材料和工具,则那些劳动者除了再生产其本身的生活必需品和工具之外,还有一部分剩余的时间替这个资本家工作……由此我们知道,利润并不是产生于交换之中,而是产生于劳动的生产力。"[2]后面这个说法其实就是说,利润来自资本家的垫支。这是其父早就提出的观点。穆勒现在企图将李嘉图的和他父亲的原本不同的说法结合起来,结果就出现了在劳动论之下又归结为垫支的奇怪观点。更进一步,他还把资本家的垫支最终归结为由劳动工资所构成,因为据说工具和材料等也是由劳动生产的。这个观点如何同他先前的生产三要素论相统一呢?人们就不得而知了。

关于工资和利润的关系,他接受李嘉图关于两者对立的说法,但同样给了不同的解释。他认为,利润量取决于劳动生产力,以及劳动者从生产物中取走的部分。但利润率仅仅取决于"劳动者所得到的份额的比率,而不是他们所得到的份额的总量……这样,我们就得到了李嘉图和其他各位所作出的结论,即利润率取决于工资,工资下跌则利润率上升,工资上升则利润率下跌"[3]。也就是说,他只承认在相对的意义上,工资和利润是对立的。也正是在这种意义上,他提出应当将"工资"和"劳动费用"作为两个不同的概念区别开来,前者是从领受者的角度说的,后者是从支付者的角度说的,两者往往不同。

---

① 穆勒:《政治经济学原理》上卷,赵荣潜等译,商务印书馆 1991 年版,第 452 页。
② 同上书,第 465—466 页。
③ 同上书,第 468 页。

四、地租论

穆勒的地租理论,基本上是对李嘉图等人理论的继承,但在地租来源问题上却抛开了李嘉图地租论所依据的劳动价值论,从而也就失去了李嘉图地租论所具有的反土地贵族的锋芒,成了纯粹的学术观点。

关于地租的定义和来源,穆勒指出:"对于使用土地所付的报酬,叫做地租……地租是垄断的结果……为什么地主对其土地可以要求地租呢? 这是因为土地是许多人所喜欢的商品,而且只有从地主那里才能得到。"[①]关于地租的构成,穆勒提出了两种情况,"某一土地的地租由其收获超过已耕作的最劣等土地的收获的部分构成"[②],"或者由超过在最不利情况下使用的资本的报酬的部分构成"[③]。无论在哪种情况下,最劣等土地都没有地租,只有普通利润,当然还必须支付农业工人的工资。

在穆勒看来,地租的出现纯粹是一种价格现象,而使地租得以出现的价格又是供给和需求相互关系的结果,因而同劳动无关。他借着澄清一种说法,轻而易举地就把李嘉图关于最劣等的劳动决定地租的论点给排除了。他说,李嘉图并没有说劣等土地的"耕作"是产生地租的原因,而只是说"由于仅靠优良土地不足以养活不断增加的人口,所以劣等土地仍有耕作的必要"[④]。

第五节 交 换 理 论

穆勒把价值论放到生产和分配论之后才加以讨论,是有其考虑的。他认为价值问题是一个交换领域的问题,因而它同生产无关,生产的条件和法则不管是否有交换都是一样的;价值只与分配问题相关,而且也仅就分配的动力是竞争而不是习惯而言,才与价值有关。然而对于交换社会来说,"价值问题却是根本问题。在这样构成的社会内,几乎一切有关经济利害关系的思考都包含某种价值理论……幸运的是,在价值法则中已没有什么要留给现在的著作家或任何未来的著述家去澄清;有关这个问题的理论是完满的,需要克服的唯一困难是如何说明这一理论"[⑤]。这就预先告诉人们,他在价值问题上的论述不是要提出什么创见,而只是对已有的理论作出新的说明。

一、价值论

穆勒把价值归结为交换价值,而以价格(货币)表示的价值,就是某一物品可以交换的货币量。所以,他强调说:"价值是个相对名词;某一商品的价值,指的不是该商品本身具有的某种内在的本质特性,而是该商品所能换得的其他物品的数量。必须时刻记住,某一物品的价值是相对于另外某一种物品或一般物品而言的。"[⑥]他指出,他的分析是一种后来被称为局部均衡分析的方法,即只考虑两个相关商品的交换关系,而不考虑同其

---

① 穆勒:《政治经济学原理》上卷,赵荣潜等译,商务印书馆1991年版,第472页。
② 同上书,第476页。
③ 同上书,第478页。
④ 同上书,第485页。
⑤ 同上书,第491页。
⑥ 同上书,第519页。

他物品交换关系的影响。他认为，价值和价格只是在市场上由竞争决定，而市场上的价格应当遵循同一率，即同质同量的商品，在同一市场上的价格应当是相等的。在做了这些预先说明以后，穆勒正式展开了对价值论本身的说明。

穆勒认为，物品要有价值，必须具备两个条件：一是有效用，二是在它的获得上存在若干困难。而一个物品在市场上究竟能有多少交换价值，则要取决于竞争，即取决于该物品的供给和需求。不过，穆勒进而指出，供给和需求这一普遍法则，对于获得时存在的困难，不同类型的物品具有不同的特点，因而还需要分别说明。为此，他把物品分为三类：第一类是供给绝对有限而且不能再生产的东西，如古玩字画等；第二类是经由劳动和花费一定费用可以无限增加其数量的物品，如大多数的工业品；第三类是花费了劳动和费用固然也可以使其无限增加，但不能以固定数量的劳动和费用无限地增加，一定的费用只能生产有限的数量，如要生产更多的数量，就必须付出更多的费用，如农业产品。

关于第一类即供给绝对有限、其数量不能任意增加的商品的价值决定法则，穆勒认为，说由稀少性决定固无不可，但不如说供求决定较为精确。不过，他强调说，这里所谓需求应当是有效需求，而且价值法则应当是指有效需求的数量同供给数量之间的比例。也就是说，对于这种稀缺商品来说，其价值或价格的决定法则是供求法则。"需求和供给，即需求量和供给量，总会得到平衡。如果在某一时刻二者不平衡，竞争会使它们平衡，而实现平衡的方法就是调整价值。需求增加，价值上升；需求减少，则价值降低。另一方面，供给减少，则价值上升；供给增加，则价值下降。价值的上升或降低将继续下去，直到需求和供给再度平衡为止。某一商品在任一市场上的价值，就是在那个市场上使需求恰好与现有的或预期的供给相等的价值。"[①]

关于第二类物品即不增加费用就能无限增加的各种商品的价值决定法则，穆勒认为也应当是供给和需求法则，不过，如果这样决定的价值不足以补偿生产费用，并提供通常的利润，人们就不会继续生产这一商品，"因此，生产费用加上通常的利润，可以称为劳动和资本所生产的一切物品的必要价格或价值"[②]。他的根据就是等量资本必须获得等量利润这一事实，或者说，利润率平均化的一般法则。在对生产费用的进一步解释中，穆勒指出，劳动是其中的主要组成部分，但要注意：第一，穆勒所说的劳动是包括资本在内的，因为他认为资本其实是由先前的劳动创造的，是过去劳动的积累。第二，劳动工资通常只能影响利润，而不影响价值，工资与利润成反比（李嘉图的原理），但工资如果因生产行业的不同而有差别，这差别工资就会加入生产费用，成为生产费用的组成部分。第三，除了通常的平均利润以外，如下几种情况所造成的差额利润也会成为生产费用的必要部分，这些情况包括：行业不同使利润有异，需以更多利润补偿较大的风险、麻烦和不便等；劳动期间不一使利润有别，也需以较大利润补偿劳动时间更长的生产的利润，如酿酒；固定资本在全部资本中的比例不同，周转的期限也不同，因而其利润在生产费用中的比重就较大，利润于是也成为生产费用的一部分。此外，还有某些偶然的生产费用的组成部分，如赋税以及原料的稀缺性价值等。总之，对于这一大部分商品的价值决定法则，穆勒认为是供求论，更是生产费用论，而生产费用是劳动加平均利润，在某些情况下，还应当加上差别工资和差别利润。

---

① 穆勒：《政治经济学原理》上卷，赵荣潜等译，商务印书馆 1991 年版，第 506—507 页。
② 同上书，第 511 页。

关于第三类商品,穆勒说:"此类商品不是有一种生产费用,而是有几种生产费用,这类商品在数量上总是可以用劳动和资本来增加,但不是用同一数量的劳动和资本;用一定的生产费用,可以生产许多这种商品,但如果进一步增加产量,就得增加生产费用……此类商品中的主要一种就是农产品。"[1]他对这类商品价值的说明,基本上是根据李嘉图的价值原理和级差地租原理。首先,这些商品的价值决定,他步李嘉图的后尘,认为是最劣等土地的生产费用,即劳动加上通常的利润。因为社会必需,所以该生产费用应当在价格上得到满足;与此同时,其他较优等土地的产品却都依照由该劣等地生产费用决定的价格出售,必然获得级差收入即地租。因为这种商品的价格是由劣等地的生产费用决定的,而这等土地的价格中并没有地租,所以,穆勒据此断言,地租不是商品价格的组成部分。这样,他就得出了第三类商品的价值法则,即"取决于以最大费用生产并运至市场的那部分供应量的生产费用"。但是,如果劣等地也不能不支付地租(绝对地租),地租还不会是劣等地的价格的一部分吗?穆勒对于这个问题没有回答,也不能回答。他否定绝对地租的存在。如果承认了它的存在,商品的价值或价格岂不就要超过生产费用了吗?

除了以上理论之外,穆勒又把他的价值理论归结为两个层次:一个层次是说,一件物品有其暂时价值或市场价值,它取决于需求和供给;另一个层次是说,物品还有永久价值或自然价值,少数物品的自然价值取决于其稀少性,而大多数物品的自然价值则取决于它们的生产费用。[2] 这个思路同前面讲的有所不同,因为前面的说法是把供给和需求看做价值决定的一般原则,而只把生产费用论作为对第二类商品价值决定的解释。为什么会有前后这样不同的思路,它们究竟如何统一,穆勒没有提及。

二、货币论和生产过剩论

穆勒的货币理论是在通货学派和银行学派争论的大背景下提出来的,这种争论实际上是金块论战的继续;穆勒的理论也是同当时紧迫的商业周期性衰退和金融崩溃问题联系在一起的。通货学派坚持了金块主义者的立场,他们认为纸币发行应当服从严格的规则,即依照严格的金本位决定发行量,这是防止滥发纸币,从而防止通货膨胀的唯一有效途径。但银行学派则认为,更灵活的货币政策是必要的,银行所要遵循的是真实票据学说,无需控制银行券的发行。我们曾经提到过,罗伯特·托伦斯本来是坚决反对金块主义的,是银行学派的一位先驱,后来却转向了通货学派。

穆勒的货币理论则是对李嘉图货币数量论的继承和局部的修正和补充,实际上是对上述两种立场的折中。他认为,就正常年份而言,银行学派是正确的,因为此时市场比较平静;但他也并不认为真实票据学说总是有效的和可靠的,在金融投机旺盛时期,通货学派所主张的依照金块数量发行纸币则是适当的政策。

关于生产过剩问题,穆勒批评了马尔萨斯、查尔摩斯和西斯蒙第肯定一般生产过剩的观点。他的主要根据仍然是萨伊的理论。同萨伊一样,穆勒也承认会发生某些商品的过剩,但他认为这是暂时和局部的,认为一般生产过剩不可能出现。在实物交换的场合,买就是卖,卖就是买,自然没有过剩的可能;在有了货币交换的场合,货币只起一种交换工具作用,所以商品最终还是要以商品来购买,一般的过剩也不可能;在存在货币信用的

---

[1] 穆勒:《政治经济学原理》上卷,赵荣潜等译,商务印书馆1991年版,第535页。
[2] 穆勒:《政治经济学原理》下卷,赵荣潜等译,商务印书馆1991年版,第2—5页。

场合,他承认会有一般过剩发生,但是,他说这不是因为生产过剩,而是因为企业的预期发生了变化。因而形势很快就会使人认识到问题之所在,从而对生产作出调整,所以这种过剩也只是暂时的,代之而来的必然是价格的调整和就业的扩大。总之,在穆勒看来,在自由竞争条件下,既不会出现商品的供给超过社会购买力的情况,也一般不会发生商品供给超过社会消费意愿的情况。他对于资本主义的前景仍然是抱着乐观的态度。但后来资本主义生产方式多次发生的生产过剩危机的客观事实,已经雄辩地驳斥了这种乐观态度。穆勒观点的根本错误不仅在于低估了货币的作用,而且在于对商品生产和资本主义的商品生产关系过于简单化和理想化了。实际上,资本主义经济危机的周期发生,无可辩驳地证明了自由竞争的资本主义生产方式包含着生产和消费的难以解决的矛盾,除非作出重大调整,它是难以为继的。

三、国际贸易理论

穆勒的国际贸易理论通常被看做他对古典政治经济学的一大贡献。穆勒完全接受李嘉图的比较成本论,但他解释该原理的形式有所不同。我们知道,李嘉图论证其原理时,所举的是那个著名的英格兰和葡萄牙彼此交换毛料和葡萄酒的例子。在他的假定条件下,英格兰在两种商品上都没有优势,而葡萄牙则相反。如果没有国际贸易,两国各自生产,则英格兰每年在这两种商品生产上需要花费总共 220 小时的劳动,才能满足本国需求,而且葡萄酒和毛呢的交换比率是 1 单位葡萄酒 =6/5 单位毛呢;葡萄牙则需要在两种商品上花费 170 小时的总劳动量,而且两者的交换比率是 1 单位葡萄酒 =8/9 单位毛呢。如果按照比较成本原理进行分工,情况就会发生如下变化:只要两者的交换比率不低于 1 单位葡萄酒 =8/9 单位的毛呢,或者不高于 1 单位葡萄酒 =6/5 单位的毛呢,两国都会得益。结果,两国都节省了劳动即成本,虽然节省额不如按照绝对成本论分工时多,但它不要求劳动和资本的国际转移,因而更现实可行。李嘉图在这里所比较的是同种商品在两国的生产成本不等,从而得出他的结论。

穆勒在理论原理上同李嘉图别无二致,但他不是比较同一商品量的不同成本,而是比较同量劳动的不同效率或产量,从而得出了与李嘉图同样的结论。穆勒明确指出,在国际贸易中,输入商品的价值不是取决于该商品在输出国所需要的成本,而是取决于输入国为交换这种商品而必须给予外国商品的数量,换句话说,取决于用以偿付这种输入品的输出品的生产费用。问题是这种国际的交换比率具体如何决定。

穆勒举例说,英格兰生产 10 码毛呢所花费的劳动同生产 15 码麻布所花费的劳动相同,在德国生产 10 码毛呢所花费的劳动同生产 20 码麻布所花费的劳动一样。如果没有国际贸易,则国内贸易的交换条件是:在英格兰,10 码毛呢 =15 码麻布;在德国,10 码毛呢 =20 码麻布。现在有了国际贸易,而且 10 码毛呢在两国都与同一数码的麻布交换,情况会如何呢? 如果都交换 15 码,则英格兰同过去完全一样,德国将获得全部利益,如果是 20 码,则德国将一仍其旧,英格兰将获得全部利益。如果是 15 码和 20 码之间的一个码数,则利益将由两国分享。现在假定,由于市场竞争和讨价还价的结果,10 码毛呢在两国同 17 码麻布相交换;又假定,按照这个价格,德国需要 1 000 ×10 码毛呢,英格兰需要 1 000 ×17 码麻布。因为 17 码麻布 =10 码毛呢,所以 1 000 ×17 码麻布 =1 000 ×10 码毛呢。"按照现在的交换价值,英格兰所需要的麻布,恰好可以偿付德国在同样的交换条件下所需要的毛呢。每一方的需求正好抵消对方的供给。需求和供给原理所要求的条件得到了满足。两种商品将不断地按我们所假定的 17 码麻布对 10 码毛呢的比率相互交换。"①

穆勒继续说，如果依照上述交换比率，假定英格兰愿意交换的麻布数量不超过 800 × 17 码，这当然会影响德国对英格兰毛呢的需求，使其能获得的毛呢将不超过 800 × 10 码，它要想获得其余的 200 × 10 码，就要提供 17 码以上的麻布来交换 10 码毛呢。假定它提供 18 码，按照这一价格，英格兰也许愿意购买较多的麻布，例如，它也许会消费 900 × 18 码。另一方面，由于毛呢价格上涨，德国对它的需求会减少，例如他现在满足于 900 × 10 码，而不是 1 000 × 10 码，则这一数量恰好可以抵偿英格兰愿意按照已经改变的价格买下的 900 × 18 码麻布，两者的供求相等，交换比率是 10 码对 18 码。

反之，按 10 与 17 之比，英格兰需要的麻布增加了，例如需要 1 200 × 17 码，而不是 800 × 17 码麻布，则情况就相反。在此情况下，需求得不到满足的是英格兰，由于需要较多的麻布，英格兰不得不将毛呢的价格降到 10 码毛呢交换 17 码麻布的价值以下，此时，德国对毛呢的需求将增加，英格兰对麻布的需求将减少，直到交换比率自行调整到两者恰好相互抵偿为止。这就是说，国际的交换条件还是在比较成本的限度之内，其实际比率取决于交换双方对对方的商品的需求强度和弹性，或者如穆勒所说："因此，可以断定，当两国相互交换两种商品时，这两种商品的相对交换价值，将按照两国消费者的爱好和境况而自行调整，以使一国所需要的由邻国输入的物品数量，与后者所需要的由前者输入的物品数量，适足相互抵偿。"②

然后，穆勒还研究了比较复杂的情况，包括运输费用对国际价值的影响、许多国家和许多商品交换的情形等，但结论是一样的。穆勒说："以上我们说明的法则，可以恰当地称为国际需求方程式。对此可以作如下的简述。一国的生产物总是按照该国的全部输出品适足抵偿该国的全部输入品所必需的价值，与其他国家的生产物相交换。这一国际价值法则只是更为一般的价值法则，即我们称之为供给和需求方程式的延伸。"③

第六节　动态理论和改良主义

穆勒称为"动态理论"的部分所考察的是社会进步对生产和分配的影响。透过穆勒的这些论述，人们可以明确地感受到 19 世纪中叶英国主流经济学界对资本主义社会的前途和命运的一般看法，这里既有自信和乐观，也不无忧虑和不满。

穆勒认为，人类社会是一个不断发展、不断进步的过程。他从资产阶级人性论出发，批判奴隶制和封建制，认为它们违反人性，因而必然灭亡。他认为资本主义制度创造了高度的劳动生产率和巨大的社会财富，做到了以较小的痛苦和更多的安适而得到丰富的供给。他尤其对当时英国社会的物质进步和经济繁荣给予了充分地肯定和赞扬，并指出这主要是由于科学技术进步和实行经济自由，商品生产费用普遍地大幅度降低的结果。当然，他也注意到农业的情况有些特殊：土地报酬递减规律会使生产费用的下降受到阻

---

① 穆勒：《政治经济学原理》下卷，赵荣潜等译，商务印书馆 1991 年版，第 127—128 页。
② 同上书，第 130 页。
③ 同上书，第 137 页。

碍,他寄希望于农业技术的改进,认为它会在一定程度上缓解该规律的作用。

穆勒详细考察了在各种假定条件下,生产发展对分配的影响。第一,人口增长,资本保持不变,则工资将下降,资本利润率将提高,地租会因农业品价值的上升而增加。第二,资本增加,人口保持不变,则实际工资会上升,利润会相应减少,地租上涨。第三,人口和资本以相同的速度增加,生产技术保持不变,则工人的生活状况不会恶化,但地租却以牺牲利润为代价而增加了。第四,生产技术进步,人口和资本保持不变,则其影响要视技术进步影响的是哪一部分产品而定,如果是劳动者生活必需品,则会降低劳动阶级所消费的商品的价格,否则便不会影响产品的分配状况,但利润率却不会提高,虽然利润额会增大;农业改良总会提高地租。穆勒的总结论是:"在由地租、资本家和劳动者组成的社会中,经济进步往往使地主阶级越来越富有,而劳动者的生产费用整个说来则趋于增加,利润趋于下降。农业改良是抵消后两种结果的力量,但是农业改良虽然有时也会暂时抑制第一种结果,可最终却会大大加重第一种结果;而且人口的增加往往会把得自农业改良的全部利益完全转给地主。"①

关于利润率下降趋势的问题,穆勒也持比较乐观的态度。他承认存在这种趋势,并指出造成这种现象的主要原因,不在于亚当·斯密所说的竞争,即竞争促使价格下降,或使工资提高,从而降低了利润,而是随着人口增加,不得不耕种劣等土地的结果。但他对此并不那么悲观。他指出决定资本最低利润率的原因有两个:一是人们的储蓄强度,二是投资的安全感。由于资本主义大国具备这两个条件,所以利润率的下降不可避免。然而他着重指出存在着各种抵消因素,阻碍这一趋势出现。这些因素包括:资本扩张,生产改良,廉价生活必需品和生产工具输入,以及资本输出等。

穆勒分析说,一旦资本利润率降低到最低点,生产和财富就进入了静止状态。怎样看待这种状态呢?和许多"老派政治经济学家"不同,穆勒说:"我倾向于认为,整个说来,静止状态要比我们当前的状态好得多。一些人认为,人类生活的正常状态就是生存竞争;认为相互倾轧和相互竞争,是激动人心的社会生活,是人类的最佳命运,而绝不是产业进步诸阶段的可恶象征。坦白地说,我并不欣赏这种生活理想……对于人类的本性来说,最良好的状态终究是,没有一个人贫穷,没有人想比别人更富有,因而谁都不必担心别人抢先而自己落在后面。"②他认为资本主义社会的生产已有了很大发展,但分配的不平等十分严重。这正是现存制度的主要缺陷,劳动者所获甚少,不劳动者反而富有,出现了雇主和工人之间的冲突,还有男女之间的不平等。如果能够采取有效措施改善分配状态,提高劳动者的报酬,则即使资本利润率降低到最低水平,社会进入静止状态,也没有什么不好。

穆勒认为已经到了改革的时候,不能再容许社会被分为雇主阶级和雇工阶级的局面再维持下去了。在这些方面,他同意社会主义者对资本主义社会的批判,但他不同意推翻现存的私有制,更不赞成抛弃自由竞争,而只是主张对社会的分配制度作某些改良。

他提出的主要措施包括以下几方面:

第一,限制人口。在他看来,人口过剩是劳动者生活状况恶化的主要原因,所以,适当地限制人口是改善他们生活状况的唯一保障。他主张通过各种法律的、行政的和教育

---

① 穆勒:《政治经济学原理》下卷,赵荣潜等译,商务印书馆1991年版,第291页。
② 同上书,第319—320页。

的手段来逐步实现这一目标。他尤其重视教育,即普及马尔萨斯主义,以使人们明白限制人口同他们自己有着切身的利害关系。

第二,他主张在尚未实行大生产方式的地方(如爱尔兰)实行小农经济。在自给自足、自耕自食的制度下,劳动者出于自身利益的考虑,一定十分节俭,一面努力生产,一面节约开支,也一定乐于节制生育。

第三,限制财产继承权。法律应当规定,个人从前辈继承的财产应以足够过上自立的生活的需要为限。这就会使希望过更好生活的人,必须通过自己的努力劳动和节欲才能办到,而不能坐享其成。

第四,征收土地增值税,限制地租数量。

第五,在已经实行了大生产的地方(英格兰和法国),当然不必再回到小生产去了,可以而且能够通过发展合作关系的办法(如欧文主义者的试验)来改变雇主和雇工的关系。他呼吁雇工阶级抛弃对劳动阶级的任何鄙弃、依附和保护一类的过时看法,对他们平等相待;他相信通过教育可以使劳动阶级走上文明之路,实现劳动阶级的自立和自强;全社会智力水平的提高会使人口得到有效的控制,使妇女的社会地位得到提高;最值得注意的是,他相信可以通过劳动和资本的合作(工人参加企业管理并参与企业分红),或者劳动者之间的合作(生产合作社或消费合作社,共同劳动,公平分配)来逐渐废除雇佣关系,消灭阶级压迫和阶级对立。在这个意义上,他同意欧文等社会主义者关于改良社会的看法和做法,他只是不同意他们对竞争所抱的否定态度,他认为竞争也许不是最好的刺激物,但它目前却是不可缺少的,而且谁也说不出什么时候进步不再需要竞争。他说,经由这种合作道路,用不着暴力,也用不着夺取资本,甚至也用不着突然扰乱现存的秩序与期待,使社会不再分为劳动阶级和游惰阶级,使一切不靠自己的服务与勤劳而取得特殊地位的阶级统统消灭,从而实现民主精神的最高的热望。不消说,这完全是一种空想。

最后必须补充的是,穆勒在政府的职能问题上,仍然坚持着经济自由主义的基本立场,即认为政府除了必须履行的职能(他称为"必要的职能"),如司法、行政、国防等外,对经济生活(包括国内外的生产经营和贸易往来)不要过多干预,应当放手让私人去做,他反对政府实行贸易保护主义,反对政府对资本借贷的限制,反对政府对价格的控制、对某些生产的垄断、对工人联合的禁止和对思想自由的限制等。他的结论是:"自由放任是一般原则……一般应实行自由放任原则,除非某种巨大利益要求违背这一原则,否则,违背这一原则必然会带来弊害。"[1]他又说:"一般来说,生活中的事物最好是由那些具有直接利害关系的人自由地去做,无论是法令还是政府官员都不应对其加以控制和干预。那些这样做的人或其中的某些人,很可能要比政府更清楚采用什么手段可以达到他们的目的。即使政府能够最全面地掌握个人在某一时期内积累的有关某一职业的全部知识(这实际上是不可能的),个人也要比政府对结果更具有强烈得多、更直接得多的利害关系,因而如果听从他们选择,而不加以控制的话,则手段会更有可能得到改进和完善。"[2]人们不难想起亚当·斯密在18世纪70年代《国富论》中对经济自由主义和看不见的手的著名论证,穆勒的论述显然是在新的历史条件下对前人思想的继承和回应。

---

① 穆勒:《政治经济学原理》下卷,赵荣潜等译,商务印书馆1991年版,第539—540页。
② 同上书,第542页。

思考题 》》

1. 怎样认识约翰·穆勒在政治经济学史上的地位？
2. 穆勒认为生产规律和分配规律有什么区别？
3. 穆勒对国际贸易理论的贡献是什么？
4. 评析穆勒的改良主义主张的内容和意义。

第十三章 西斯蒙第的经济浪漫主义

▊内容提要▊

　　西斯蒙第是古典政治经济学时代的一个特殊人物。他的先辈由意大利移居瑞士,他是瑞士公民,而他的见识却承继着法国学术教养传统。对于英法古典政治经济学,他原先是推崇的,后来却转向了批判。他严厉地批判资本主义,同时又猛烈地反对当时英法空想社会主义。他缅怀过去,幻想把现代资本主义拉回到小生产宗法制度,他的思想是典型的小资产阶级经济浪漫主义。

第一节　时代、生平和著作

让·沙尔·列奥纳尔·西蒙·德·西斯蒙第(J. C. L. Sismondi,1773—1842 年)生活在一个社会大变动的时代。他经历了产业革命和法国资产阶级大革命的动荡。产业革命和法国大革命摧毁了封建制度,给资本主义生产方式的自由发展开辟了广阔的前景。[①]

一、时代

　　18 世纪末至 19 世纪初的西欧,如法国、瑞士等还都是小生产占优势的国家。小农阶级远远超过人口的半数,手工业仍是工业的基本形式。在反封建的资产阶级革命中出过大力的农民和市民,在革命后蓬勃发展的资本主义大机器工业生产中,看到了一个新的、比封建制度更为可怕、危及切身利益的力量,产业革命浪潮无情地摧毁和荡涤了以小生产为基础的一切根深蒂固的旧关系,大生产取代了小生产,生产力大大发展了,同时却为广大劳动群众带来了破产和贫困。在 19 世纪初的法国和瑞士,小资产阶级和资产阶级的矛盾和斗争表现得特别突出。小资产阶级一方面想要保存资本主义商品生产制度的基础,另一方面又力图反抗大资本对于小生产者的威胁。因而产生了以理想化的小生产方式阻止或延缓资本主义迅速发展的幻想,西斯蒙第就是 19 世纪这种思想的典型代表者。

---

　　① 19 世纪初期到中期,非主流经济学出现了引人注目的发展和演变。属于这个范畴的经济学说或流派,主要是法国西斯蒙第的经济浪漫主义经济学说,德国旧历史主义学派,19 世纪初期和中期的空想社会主义学说及其蜕变,以及马克思主义经济学。这些学派的理论基础、分析方法和政治主张并不相同,甚至相互对立,但是他们对资本主义以及维护这种制度的主流经济学均持批判态度,因而成为非主流经济学。在这些学说中,除了西斯蒙第的经济学说和空想社会主义及其变种始终属于非主流派之外,历史主义思潮在德国长时期居于主导地位,在英国等国家也拥有一批追随者;马克思主义经济学则发展成为 19 世纪末期和 20 世纪社会主义运动的指导思想的理论基础,对世界历史发展产生了极其深远的重大影响。不过本书仅限于论述马克思主义经济学以外的非主流派的发展和演变。

二、生平和著作

西斯蒙第出生于瑞士法语区日内瓦一个新教牧师家庭,祖先原为意大利人,16 世纪时移居法国。1685 年南特敕令被废除后①,全家被迫移居日内瓦。中学毕业后,他去巴黎上大学。由于家道中落,他中途辍学,到法国里昂一家银行当职员。法国大革命后,他回到日内瓦。不久,资产阶级革命烽火从法国蔓延到瑞士,革命党人推翻了贵族政权。西斯蒙第的父亲一度被捕入狱。出狱后,全家移居产业革命的故乡英国,住了一年半,后又迁往意大利,住了五年。1800 年,西斯蒙第终于重返日内瓦,在那里度过了他的晚年。除了几次出国旅行外,他在这个恬静的环境中从事著述,成为一位著名的经济学家和历史学家。

西斯蒙第经济思想的发展经历了两个时期:第一个时期,他是英国古典学派经济自由主义的信徒;第二个时期,他成了古典经济学和自由主义的批判者。

西斯蒙第的第一本经济学著作是 1803 年出版的《商业财富或政治经济学原理在商业立法上的应用》(以下简称《论商业财富》)。当时,西斯蒙第以亚当·斯密的正统信徒自居。他同意斯密的一切学说。在写了这本书后,西斯蒙第在经济学研究方面搁置了十五年,转而从事历史著述。在这十五年中,西斯蒙第的经济学观点产生了根本的改变,这时他称这本著作是"年轻的过失"。

在这搁置的十五年中,他看到了革命如何为法国、瑞士的资本主义发展开辟了道路,而这新的生产关系的发展又如何为小生产者带来了破产,为广大劳动群众带来了贫困。在法国波旁王朝复辟初期,1793 年他去英国作了一次旅行,英国大机器工业发展及其消极的社会经济后果,进一步加深了他的感受。1818 年,当《爱丁堡百科全书》编辑部请他为百科全书写一个《政治经济学》词条时,他又重新研究起政治经济学来,并于 1819 年发表了《政治经济学新原理》(以下简称《新原理》),这本书表明他是英国古典政治经济学的反对者。在这本书中,他放弃了《论商业财富》所坚持的理论和原则,提出了与斯密和李嘉图截然相反的结论,从而奠定了西斯蒙第在经济学说史中的地位。1837—1838 年,西斯蒙第出版了两卷集《政治经济学研究》,以对大量历史和现状的研究进一步论证《新原理》所提出的学说,理论上没有提出什么新东西。

我们可以说,无论作为英国古典经济学的拥护者或反对者,西斯蒙第都是从小资产阶级立场立说的。在他写作《论商业财富》时,法国资产阶级革命浪潮席卷欧洲,爆发了反对封建制度的斗争。西斯蒙第从小生产者的利益出发,鼓吹古典经济学的经济自由主义,以之和封建制度所加于经济的种种限制相对立。但在他写作《新原理》时,产业革命变革浪潮已波及西欧,小生产者面临覆灭的严重威胁。西斯蒙第从小生产者的利益出发,转而成为英国古典经济学的反对者,强烈呼吁停止资本主义的"破坏"。

第二节　资本主义批判

西斯蒙第认识到资本主义是一个充满矛盾的社会。马克思指出:"他中肯地批判了

---

① 南特敕令是法兰西国王于 1598 年在南特颁布的关于宽容新教徒的敕令,承认天主教在法国的统治地位,给新教徒以宗教自由和若干政治权利;1685 年为路易十四所废除。

资产阶级生产的矛盾,但他不理解这些矛盾,因此,也不理解解决这些矛盾的过程。不过,从他的论据的基础来看,他确实有这样一种模糊的猜测:对于资本主义社会内部发展起来的生产力,对于创造财富的物质和社会条件,必须有占有这种财富的新形式与之相适应;资产阶级形式只是暂时的,充满矛盾的形式,在这种形式中,财富始终只是获得矛盾的存在,同时处处表现为它自己的对立面。"①

一、对资本主义生产目的的批判

西斯蒙第首先批判了资本主义经济不以人而以财富为目的的错误。他指责资本主义经济是为生产而生产,是迷信财富而忘了人,是以手段当做目的。他说,人们用自己的劳动来进行生产,本来是为了满足自己的物质需要和享受,而不是为了创造财富本身;财富只是由于为人所享受才成为财富。"财富正是属于人而且为人所享受的"②,所以,"只有增加了国民享受,国民财富才算增加"③。而资本主义经济却把这个关系颠倒了,把财富看做最终目的,而生产者却变为促使财富不受拘束地发展的手段。西斯蒙第认为,这种以财富为目的而忘掉了人的资本主义经济已在工业先进国,如英国,造成了极大灾难;造成了社会贫富两极分化,国家财富急剧增加而大多数人民陷于贫困;造成了经济危机。

西斯蒙第由此指责古典派政治经济学以财富为研究对象的传统观点。他说,政治经济学,从最广义上说,是一个博爱的理论;任何一种理论,如果不以增进人类幸福为目的,都不应属于这个科学。古典经济学以财富为对象而忘了人,在盲目追求无限生产欲望的驱使下,它完全无视资本主义经济对人类幸福所造成的损害。西斯蒙第把伦理因素掺入政治经济学。尽管遵循古典派传统的资产阶级经济学家非难他的这个观点,但不可否认,西斯蒙第在此揭露了资本主义经济所带来的严重社会问题,谴责了古典经济学对此严重社会问题所持的冷酷无情的态度,这是正确的。

从政治经济学应该是一种伦理科学的认识出发,西斯蒙第批判了古典学派,尤其是李嘉图的抽象研究方法。他认为,由于政治经济学过于侧重抽象的概括,所谓"正统"的经济学便陷于空洞而脱离实际。他着重指出:"在伦理学方面,一切都是彼此联系着的,我们只力图把一个原理孤立起来,而且只着眼于这一个原理,我们就会脱离真理。"④

西斯蒙第从"人"出发,树立伦理观念在政治经济学中的地位。把伦理和经济掺合起来的观点不始于西斯蒙第,可上溯及远古的哲学家们,甚至斯密和重农学派在侧重财富生产的探索时,也没有完全排除财富生产对人们幸福的影响。但自李嘉图以后,资产阶级经济学家强调政治经济学应是一门严整、纯粹的科学,并表现出不再注重伦理的倾向。西斯蒙第的观点反其道而行之,所以他的学说成为后来西欧大陆国家,尤其是法国所谓"社会经济学"的起源,构成了在这些国家中,资产阶级经济学主流派之外的另一传统。

西斯蒙第以社会观点反驳古典派的抽象说教,也有时被认为包含有近代资产阶级经济学中所谓"社会核算"思想的萌芽,预示着后来所谓"宏观经济学"的发展。但西斯蒙第自己承认:"斯密也认为政治经济学是一门实验科学……他没有忽略与事实具有联系

---

①　马克思、恩格斯:《马克思恩格斯全集》第 26 卷,第 3 分册,中共中央马克思恩格斯列宁斯大林著作编译局译,人民出版社 1974 年版,第 55 页。

②　西斯蒙第:《政治经济学新原理》,何钦译,商务印书馆 1964 年版,第 47 页。

③　同上书,第 45 页。

④　同上书,第 48 页。

的各种客观情况,他没有忽视足以影响国民幸福的各种结果。"[1]西斯蒙第指责斯密,只是说"他没有忠于这种综合推理的方法;他并没有始终保持他所决定的主要宗旨——财富与人口的关系,或者财富与国民享受的关系"[2]。他的这一批判矛头,主要是指向李嘉图和其以后的资产阶级经济学者的。

西斯蒙第认为,英国古典学派认为经济学的对象是财富而忘了人,他们只注意探讨财富如何生产、流通和分配的问题而忘了消费。西斯蒙第则主张消费应居首位,而财富的生产、流通和分配则应由政府加以指导,以符合于人们对物质幸福的要求。西斯蒙第恰是从这一观点出发而反对经济自由主义,主张国家干预经济。

二、对自由竞争的批判

西斯蒙第是第一个与经济自由主义传统决裂的经济学家。他认为经济自由主义在资本主义发展的国家中,已造成了许多灾难。作为经济自由主义基础的私人利益和公共利益的天然同一性是一个错误的理论;私人利益的自由发展经常导致对于公共利益的损害。他祈求国家对国民经济,尤其是对于危及公共利益的私人经济行为进行干预。他是在法国主张实行工厂立法的第一人。

西斯蒙第集中批判了作为经济自由主义显著特征的自由竞争。他认为只有在社会对于商品需求不断增加的条件下,自由竞争才有利于生产,否则竞争将只会使资本雄厚、精明强干的资本家打倒他的竞争敌手,抢走买卖,而并不给予消费者以真正的好处。更重要的是,为了加强竞争能力,资本家不但要节省原料,更要节约人工。昼夜的苦役、低微的工资、女工和童工的顶替等是节约人工的表现。即使自由竞争能导致物价的一些降落,比起所造成的对于劳动大众的物质和健康的损害,其利益是微不足道的。因此,西斯蒙第主张由国家来限制竞争,规定竞争的规则。

西斯蒙第实际上并没有绝对地反对竞争。他所反对的只是那种使小生产陷于破产和灭亡的不受抑制的大资本竞争。他所谓自由竞争,使生产者没有保障,使社会经济不稳固等,都是从小生产者利益的立场上立说的。

三、对资本主义分配制度的批判

西斯蒙第认为,在交换制度充分发达的资本主义社会,人们的消费不取决于个人劳动的直接收获而取决于收入;而人们之间收入的分配又依存于资本主义分配制度。在分析资本主义分配制度时,西斯蒙第对资本主义作了有力的批判,大量地揭发了无产阶级贫困化的过程和事实。

西斯蒙第对资本主义分配制度的批判,以利润和工资的关系为焦点。斯密和李嘉图对利润和工资的分析,没有突破他们的阶级偏见所造成的局限。斯密承认利润是对劳动产品的"第二扣除"。李嘉图没有提出"扣除"的概念,而只把它当做一个余额。他们都在不同程度上涉及了利润和工资的消长关系,但他们都没有进一步说明利润的根源和本质,从而忽略了它们之间质的关系。西斯蒙第比他们进了一步,坦白地承认利润是对工人阶级的掠夺。他写道:"企业家所得的报酬,通常来自对工人的掠夺。利润的获得并不

---

① 西斯蒙第:《政治经济学新原理》,何钦译,商务印书馆1964年版,第47页。
② 同上注。

西方经济学说史教程 The History of Economics

由于企业的产值大于成本,而由于企业家没有给工人以足够的劳动报酬,没有支付企业所应付的全部成本。"①

掠夺的结果就是社会阶级两极分化的形成。自由竞争加速了这个形成的过程。西斯蒙第是提出在资本主义发展过程中出现社会两极分化和形成无产阶级的第一人。他指出,工业化的结果是:"中产阶级完全消灭了。社会上除了大资本家和其雇佣者外,没有其他阶级存在的余地。我们看到一个前所未有的阶级——完全没有财产的阶级——的迅速成长。"②社会上一个根本的改变就是:"在人类的行列中,出现了无产阶级——这个作为借用古罗马的名称是如此古老的,但作为它自己又是如此新颖的阶级。"③

西斯蒙第对于掠夺的批判是严厉的,但他只看到资本主义阶级矛盾在分配领域里的表现形式,而不理解分配关系只不过是从另一角度来看的生产关系。他没有把资本主义的分配关系和资本主义的生产关系联系起来考察。在他看来,利润的存在,只由于劳动者没有得到其应得的工资。由于机器的采用,资本的集中,工资率有不断下降的趋势,这就加强了掠夺,加深了无产阶级的贫困。这样,资本主义剥削就不是以经济规律而是以暴力来解释。实际上,这也就是1848年革命前,长时期内法国形形色色的社会主义者对于利润亦即剩余价值来源的共同认识。

第三节　消费不足经济危机学说

古典学派从"商品以商品来购买"的教条出发,否认商品生产和销售之间脱节的可能性,李嘉图更具体地接受了萨伊的"买即是卖,卖即是买"和"供给创造需求"的论证,并加强了这个结论,普遍经济危机不可能论成为古典经济学的传统教条。

西斯蒙第的《新原理》尽管出版于1825年真正的生产过剩经济危机之前,但他不仅确认了经济危机存在的可能,而且指出了在资本主义制度下危机的不可避免性。实际上,经济危机论是西斯蒙第全部经济理论的归结。他把资本主义一切矛盾,归结为消费和生产的矛盾,进而认为消费和生产的矛盾是资本主义的基本矛盾,是资本主义经济危机的根源,而消费又是这一矛盾的主要方面。西斯蒙第是以消费不足说明资本主义普遍生产过剩危机必然性的典型理论家。

一、消费和生产的矛盾

西斯蒙第从强调人的物质需要在社会经济中的首要性出发,提出了应以生产消费为前提和消费应决定生产的见解。西斯蒙第说,人一生下来就有种种需要;为了生存,这些需要必须得到满足;他还带来了劳动能力,劳动能力为他满足需要提供了条件。劳动能力是财富之源,而需要则为财富的生产指出了方向,消费是生产的动力又是生产的目的,生产应服从于消费。

西斯蒙第的论证从鲁滨逊寓言式的孤立个人的自给自足的经济开始。照他的说法,孤立的个人是完全为了满足自己的消费需要而进行生产的,他首先要满足自己最迫切的

① 西斯蒙第:《政治经济学新原理》,何钦译,商务印书馆1964年版,第68页。
② 西斯蒙第:《政治经济学论丛》,第2卷,英文,第124页。
③ 同上书,第1卷,英文,第34页。

需要,其次再满足较不迫切的需要。他不但要为当前的消费需要而生产,而且要为储备将来消费所需要的物资而生产,所以消费是生产的前提并决定了生产。

西斯蒙第说,"个人的历史就是全人类的历史","就个人方面来说是定不可移的道理,就整个社会来说也是如此"[①]。西斯蒙第借这两句话从孤独的个人转到社会,从自给自足的经济转到商品生产和交换的经济。西斯蒙第承认,从孤立个人的自给自足的经济转到商品生产的社会,情况大有改变。但他认为生产应该服从于消费的原理,对于后者也是适用的。他说,在这样的社会中,生产转化为供给,消费转化为需求。如同在鲁滨逊经济中,消费先于生产一样,在商品生产社会里,需求应先于供给;生产应该服从于消费的原则转化为供给应服从于需求的原则。

西斯蒙第进而分析资本主义社会。他同意亚当·斯密的意见,认为在资本主义社会中,商品的价值分解为三种收入——地租、利润和工资。他发现在资本主义社会,人的消费直接依存于他在社会产品的分配中所得到的收入。他把古典派传统的"商品用商品购买"的观点改变为"商品用收入购买"。因此,他认为在资本主义社会,生产应服从于消费的原则进一步转化为"生产应该适合社会收入"[②]。

依据上述论证,西斯蒙第得出结论,生产应该服从于消费,生产应受消费制约是一切正常社会的原则。他指出,在资本主义社会,这原则受到了破坏,消费和生产发生了矛盾。一方面,生产无限扩大。生产者面临着一个他们无从掌握其需求情况的广阔市场,而且由于新技术的发明,大机器的应用,企业和资本的不断集中,尤其是自由竞争的日趋激化,为了争夺市场,生产者完全不顾市场需求的可能情况,盲目扩大生产,形成了为生产而生产的局面。另一方面,社会收入随着生产的扩大而不断缩小。西斯蒙第指出了社会收入不但不能相应增加反而缩小的原因,并分析了这一矛盾必然扩大的趋势。收入与生产的持续和扩大的失调是资本主义制度消费和生产矛盾的特殊形式,西斯蒙第认为消费和生产的矛盾是资本主义一切祸害的根源,是资本主义的基本矛盾。

西斯蒙第显然片面夸大了消费的地位和作用,没有看到消费还有受生产制约的一面;他企图以供给应当服从需求来批判资本主义,也是想以小生产来规范资本主义大生产的现实。

二、经济危机学说

在消费和生产这一对矛盾中,西斯蒙第认为,由于消费是生产的前提并决定着生产,消费是矛盾的主要方面,因此,经济危机的不可避免性的关键在于消费不足。

西斯蒙第又认为在资本主义制度下,消费为收入所限。消费不足导源于收入不足。为了论证消费的不足,西斯蒙第对于资本主义社会的收入进行了分析。

西斯蒙第指出,由于一切财产和一切劳动完全分离和阶级的两极分化,随着生产的扩大,社会的收入不但不能相应增加反而缩小。收入的缩小首先表现为由于分配制度的不公平,广大一无所有的劳动群众的收入不断地减少。他承认,随着生产的发展和社会财富的增加,富人的收入和消费也有一定的增加。但富人所增加的收入中用于消费的要比他们用于进一步生产和积累的少,而富人消费的增加又比劳动人民消费的减少者为

[①] 西斯蒙第:《政治经济学新原理》,何钦译,商务印书馆 1964 年版,第 51 页。

[②] 同上书,第 62 页。

少。另外,他特别指出,大生产和两极分化的出现,意味着大量小生产者的破产和小生产者收入的消灭。而在他看来,小资产者的收入和消费是国内市场的一个重要支柱。

因此,西斯蒙第认为,在资本主义大生产发展的条件下,相对于生产无限扩大的收入萎缩,国内市场在日益缩小。为了补救这一情况,资本主义工业就必定日益需要寻找国外市场,尤其是非资本主义国家或资本主义不发达国家的市场。但随着资本主义在更多国家的发展,国外市场的争夺越来越激烈,世界市场也就越来越小。因而无论就国内或国外市场来说,资本主义商品的滞销将成为不可克服的困难。

西斯蒙第还从"商品以商品来购买"这一古典派的教条做出另一个独特的结论,即今年的产品是用去年的收入购买的。他说,既然商品是以商品购买的,那么购买者在购买他人商品之前,必须先有自己的商品,因此,今年生产出来的商品,是用构成去年收入的商品来购买的。构成去年收入的商品是购买力。有了这购买力,社会各阶级才能取得今年新生产出来的商品。这样,西斯蒙第为相对于生产无限扩大的收入萎缩,增加了一个时差的因素。生产和收入失调所突出表现的消费不足更为严重,经济危机更为不可避免。

西斯蒙第指出资本主义经济危机不是偶然的,这是他的功绩。他看到了为生产而生产所导致的资本主义生产的盲目性,也看到了劳动群众在国民收入中所占份额的减少所导致的消费不足,揭露了资本主义制度下生产和消费之间不可调和的矛盾,这也是应当肯定的。但是他不了解经济危机的根本原因在于生产的社会性和资本主义私人占有形式之间的这个基本矛盾。生产和消费的矛盾本身不是资本主义的基本矛盾,而只是基本矛盾的表现形式。

西斯蒙第所强调的群众的消费不足,其实不能成为危机的原因。恩格斯说得对,群众的消费水平低,是一切建立在剥削基础上的社会的一个必然条件,因此,群众的消费水平低,虽然也是危机的一个先决条件,而且在危机中起着一种早被承认的作用,但是它既没有向我们说明过去不存在危机的原因,也没有向我们说明现时存在危机的原因。

西斯蒙第的商品以收入购买的论点是"斯密教条"即商品价值只分解为几种收入的翻版。斯密忘却了不变资本,而西斯蒙第忘却了生产资料的购买,把市场只归结为消费市场,即只买卖个人消费品的市场。他的消费先于生产的观点使他不能了解:生产只是在终点上才以消费为目的;生产分为生产资料生产和消费品生产,因此,在商品生产社会内,需求和供给不仅应当包括消费品,而且应当包括生产资料。结果,他把商品的实现和个人消费相等同,从而得出消费不足导致经济危机的结论。这种理论显然是缺乏说服力的。

西斯蒙第的危机学说倒是鲜明地表达了小资产阶级立场,他把资本主义制度下为生产而生产的现象看做无法解决的矛盾。一方面,在表面上,他以此向资产阶级提出了无限度积累和生产不可避免地会导致危机灾难的警告;实际上,他所关心的却是小生产者在大生产的排挤下,迅速趋于灭亡的命运。另一方面,在论证资本主义制度下收入不断缩减时,他对资本主义分配进行了尖锐的批判。他指出了机器生产和分工的破坏作用,资本和地产的集中,财富分配的极端不平等,工资日趋低落的趋势,利润和地租的掠夺性质,等等。正是由于这些批判,西斯蒙第虽然公开声称反对当时的空想社会主义,却为自己博得了一个社会主义者的名称。

但是,西斯蒙第的社会主义是小资产阶级的社会主义。首先,他割裂了分配和生产,认为不公平的分配是造成社会收入和消费萎缩的原因,是资本主义一切灾难的原因,从而认为不改变资本主义生产方式,只要改变资本主义分配就可以改变资本主义制度。这是典型的小资产阶级改良主义论点。其次,在批判资本主义分配制度时,西斯蒙第表示他无限同情工人阶级的贫困处境,但他实际上并没有站在工人阶级的立场上立说。他认为劳动群众在资本主义下受压迫掠夺的条件,同时也是小生产者被排挤的条件。在这个意义上,劳动群众的利益和小生产者的利益似乎是一致的。西斯蒙第就是在这个利益一致的认识下表示对劳动群众的同情,并企求创造解放资本主义社会的"一般条件"。因此,作为反对大资本,也就是反对最发达形式的商品经济的批判家,西斯蒙第大力刻画了资本主义生产的黑暗面。但作为改革家,他把小生产者(特别是农民)捧上了天,也就是把商品经济的另一种的,仅仅是萌芽的形式捧上了天。他没有从他所批判的现象中,研究其因果的关系和矛盾的实质,而以道德的判断和幻想的规范臆造出一个空想的社会,反而使他对资本主义和古典学派的批判成为派生的东西。

第四节　经济浪漫主义的改良纲领

在《新原理》中,西斯蒙第力图证明资本主义大企业经济和雇佣劳动的发展,资本积累和生产的无限扩大,造成了劳动群众贫困和社会阶级对立的激化,造成了消费和生产的矛盾,导致了经济危机。在西斯蒙第看来,这就意味着资本主义不可能得到发展。

不过,作为小资产阶级思想家,西斯蒙第的理想不是要消灭资本主义生产本身,而是限制资本主义的发展使其符合小资产者的利益,于是就产生了西斯蒙第的改革纲领。

小生产是西斯蒙第的理想。他把宗法式的农民经济和城市手工业理想化,并把它和资本主义生产对立起来,他赞颂从事宗法式农业的农民,美化手工业和行会。但西斯蒙第并不想完全恢复到中世纪状态去,而是要求经济的发展采取宗法和行会的原则,用这种原则来制约资本主义社会。他希望把农场和企业分散成为数众多的小农场和小作坊。他说:"必须消灭的不是贫苦阶级,而是短工阶级;应该使他们回到私有者阶级那里去。"[①]他认为,在小私有商品生产制度下,严格的阶级划分不存在,生产者和生产资料不分离,生产三要素——劳动、土地和资本——结合在一起;每个生产者都为直接订货人或附近市场工作,不依靠遥远的不熟悉的市场;这样,生产服从于消费的原则就可得到实现。

为了实现他的理想,西斯蒙第要求国家采取一整套法律行政措施管理经济生活,诸如限制竞争,限制遗产权,限制劳动日,禁止童工、女工,规定工资,实行劳动保险等。

这就是西斯蒙第的改革纲领。这个纲领用旧的宗法式尺度来衡量新兴的资本主义社会,想在旧秩序和旧传统中寻找规范,而这种旧秩序和旧传统已经完全不适合业已变化了的条件;他想保留商品生产但又企图阻止其向最发达形式——资本主义——的过渡;他不了解他所向往的小商品生产无论在历史上还是在现实生活中都是滋生资本主义的土壤,因而在反对资本主义大生产的同时,却把小生产者捧上了天;他并不反对商品经济,但却反对最发达形式的商品经济,要求处于萌芽形式的商品经济永世长存;一句话,

---

① 　西斯蒙第:《政治经济学新原理》,何钦译,商务印书馆1964年版,第445—446页。

他完全不了解从小生产发展为资本主义大生产是历史发展的必然。所以,西斯蒙第的小资产阶级的浪漫主义思想体系必然既是反动的又是空想的。

思考题》》

1. 西斯蒙第站在怎样的立场上批判资本主义?
2. 西斯蒙第怎样看待经济危机的可能性?
3. 为什么说西斯蒙第的改革纲领是反动的空想?

第十四章 德国历史学派

▌内容提要▌

历史学派是 19 世纪 40 年代在德国资本主义发展的特殊历史条件下出现的、适应德国资产阶级需要的经济与社会学说。该学说最大的特点是否定普遍规律的存在和抽象研究方法的可靠性,片面强调历史方法的意义;其政策主张是对内提倡经济自由,对外力主保护主义,从而为后起的德国资本主义发展开辟了道路,因而与英法古典经济学多有分歧和对立。该学说对德国资本主义的发展进程产生了重大影响。

第一节 历史学派的兴起

德国资本主义的发展,同英、法等先进国家相比,有其特殊的历史条件和特点,这集中表现在它的农业资本主义发展的"普鲁士道路"模式上。这一模式的特点在于,对封建农奴制度的破坏不是通过革命方式,而是经由贵族地主阶级自上而下的一系列改革实现的,这就使德国资本主义长时期保持着半封建的特征。这种改革,无论在 1848 年资产阶级革命以前或以后,都并未触动容克贵族的封建土地占有制,而只限于宣布取消农民对地主的人身依附关系,允许农民通过交纳巨额"赎金"的方式摆脱封建义务。延续半个世纪,到 19 世纪 60 年代基本完成的"赎买"过程,无疑为资本主义的发展创造了条件,加快了它的发展,但同时也大大加强了封建贵族的经济和政治实力。

长期以来,贵族地主阶级在德国的政治生活中起着支配作用,1848 年革命的失败,进一步加强了他们的地位。这次革命,主要由于封建势力的强大和资产阶级的软弱,既未能实现统一德国这个基本任务,也未能像法国大革命那样一举摧毁封建制度,而以资产阶级背叛革命、同贵族地主阶级相妥协而告终。政权实际上仍然掌握在贵族地主阶级手中。德国资产阶级,首先是其中那些资产阶级化的贵族地主阶级,面对着英、法等国的激烈竞争和国内日渐高涨的工人运动,竭力寻求国家政权的保护和支持,他们特别把统一德国的希望寄托在当时最强大的普鲁士国家身上。

德国资本主义发展的这些特点,以及与此相联系的德国资产阶级的愿望和要求,在历史学派的著作中得到了反映。第一,他们竭力强调各民族经济发展的特点,否认英法古典经济学所宣扬的政治经济学原理具有普遍意义,主张用"国民经济学"代替政治经济学。第二,他们力图用历史方法代替抽象方法,否认理论概括的科学意义。第三,他们不仅为资本主义辩护,还竭力美化封建制度及其残余,千方百计地论证资产阶级利益和贵族地主阶级的一致性。第四,大肆宣扬精神因素,以及被认为是民族精神的最高体现的国家在经济生活中的决定性作用。贯穿在历史学派著作中的总的倾向,就是力图利用资本主义在历史上同封建制度的传统联系为德国资本主义进行辩解。

第二节　历史学派的先驱者

弗里德里希·李斯特(Friderich List,1789—1846 年)是历史学派的直接先驱者,他是19 世纪 20 年代到 40 年代初期,德国工业资产阶级的最积极和影响最大的思想家和社会活动家,他的主要著作是《政治经济学的国民体系》(1841)。

实行工业保护关税政策,反对自由贸易以建立和发展德国工业,这是李斯特最主要的经济政策主张,也是其经济学的宗旨。他在自己的著作中,首先论述了欧美各国发展工商业的"历史教训",不无根据地证明:自由贸易政策只对先进国家有利,而保护关税政策对后进国家来说则是必不可少的手段。

为了从理论上论证保护政策的必要性,李斯特强烈攻击作为自由贸易政策依据的英法古典经济学。他首先提出了"国家经济学"的概念,以对抗古典学派的政治经济学。他认为后者的最大缺点在于忽视经济发展的民族特点,它是一种"世界主义经济学"。在他看来,各国、各民族经济发展的道路不同,经济水平各异,因此,不存在共同的普遍规律。据此,他提出应以国家经济学代替古典学派的"世界主义经济学"。他认为:"国家经济学似乎是这样一种科学,它正确地了解各国的当前利益和特有环境,它所教导的是怎样使各个国家上升到上述那样的工业发展阶段(指由农工业阶段上升到发达的农工商业阶段——引者),怎样使它同其他同样发展的国家结成联盟,从而使实行自由贸易成为可能,并从中获得利益。"[1]李斯特的观点反映了面对英、法激烈竞争的德国工业资产阶级要求实行保护政策的强烈愿望。但他以各国的经济发展有其特点而否定普遍规律的存在,反对进行理论上的概括,进而取消政治经济学则是错误的。

其次,李斯特又提出"生产力学说"同古典学派的价值学说相对立。他指责古典学派只研究交换价值而忽视了生产力,以及把财富本身(交换价值)和财富的原因(生产力)混淆起来。在他看来,"财富的生产力比之财富本身不晓得要重要到多少倍"[2]。他又指责古典学派把价值的源泉仅仅归结为劳动,就是"把单纯的体力劳动认为是唯一的生产力",而忽视了一系列社会的、政治的和精神的因素。所以他认为古典学派的价值论是一种个人主义理论。他说:"基督教,一夫一妻制,奴隶制与封建领地的取消,王位的继承,印刷、报纸、邮政、货币、计量、历法、钟表、警察等等事物、制度的发明,自由保有不动产原则的实行,交通工具的采用——这些都是生产力增长的丰富泉源。"[3]他特别把发展生产力的希望寄托在国家身上。他反复强调,国家政治上的统一、文化上的发展,国家对经济发展的积极扶植,是使一国经济顺利发展的不可缺少的条件。

李斯特以生产力学说反对古典学派的价值论,其实际意义仍然在于论证保护政策的必要性。他指出:"的确,保护关税在初行时会使工业品价格提高;但是……经过相当时期,国家建成了自己的充分发展的工业以后,这些商品由于在国内生产成本较低,价格是会低落到国外进口品价格以下的。因此,保护关税如果使价值有所牺牲的话,它却使生

---

① 李斯特:《政治经济学的国民体系》,陈万煦译,商务印书馆 1961 年版,第 113 页。

② 同上书,第 118 页。

③ 同上书,第 128 页。

产力有了增长,足以抵偿损失而有余……"①总之,为了培育德国的工业生产力,应当忍受价值上的暂时牺牲。李斯特的这种理论对德国当时的经济发展产生了很大影响。在保护关税政策的扶植下,德国经济确实在短期内有了迅速发展,并且赶上了英、法等国。但李斯特指责古典派忽视了生产力则是不对的。事实上,古典派的伟大代表亚当·斯密和李嘉图不仅从未忽视生产力,而且可以说,生产力的发展正是他们关注的基本问题。不过,他们是站在先进资本主义国家的立场上,把世界经济作为一个统一的经济体系来看待生产力发展问题的,而李斯特则着重注意不发达国家(德国)的经济发展。李斯特在价值源泉问题上,对古典学派的指责,以及他对生产力源泉的观点,一方面反映出他并不懂得价值论对理解资本主义生产关系实质的意义,把价值与生产力相混同,从而取消了价值论;另一方面也反映出他根本曲解了生产力的概念,不适当地扩大了生产力这一概念的内容。李斯特强调国家对经济发展的决定性作用,反映了德国资产阶级地位的重要特点。面对英、法等先进资本主义国家的激烈竞争,德国工业资本渴望得到德意志国家的保护和支持。

为了替德国实行保护政策作论证,李斯特还提出了"经济发展阶段"学说。他指出:"从经济方面看来,国家都必须经过如下各发展阶段:原始未开化时期,畜牧时期,农业时期,农工业时期,农工商业时期。"②他认为,处于第五时期的先进国家需要的是自由贸易,处于第三时期的农业国家没有值得保护的工业,只有处于第四时期的国家,才有理由也才值得实行保护政策。德国正处在这个农工业时期,应当而且必须实行保护政策。在这里,李斯特试图把经济发展描述为一个历史过程,比起古典学派把资本主义永恒化的看法是一个进步,带有某些历史主义色彩。但他们的这个学说不过是一种庸俗历史主义。他以经济部门作为划分的依据,把各阶段的区别主要归结于哪些部门在国民经济中占主导地位,这就忽视了不同类型生产关系的根本区别,模糊和歪曲了社会经济发展的真实过程。

李斯特的上述经济理论和政策主张,为后来的历史学派所继承。

第三节　历史学派的主要代表

旧历史学派在经济理论上是十分贫乏的。他们用来为德国资本主义进行论证、对抗英法古典经济学和社会主义学说的主要武器,就是历史研究方法。他们的"理论"工作,除了搬用现成的英法经济学之外,主要就是论证历史方法的必要性和理论经济学的不可靠。

威廉·罗雪尔(William Rocher,1817—1894 年)是旧历史学派的奠基者。他曾任戈廷根和莱比锡两地的大学教授。他在《历史方法的国民经济学讲义大纲》(1843)一书中,概述了历史方法的特点和要求。他主张,国民经济学应当采用历史法学派学者萨文尼和艾克思的方法。

这种方法不仅在形式上是按照时代顺序来研究经济现象,而且还具有下列基本观念:

---

① 李斯特:《政治经济学的国民体系》,陈万煦译,商务印书馆 1961 年版,第 128 页。

② 同上书,第 155 页。

（1）国民经济学的目的，是要从经济方面说明民族之所思、民族之所欲，说明他们遵循的目标和获得的成就，还要说明他们为什么要选择这样的目标以及取得成功的原因。这样的研究，只有同国民生活的其他科学，特别是法律学、政治史和文明史的研究紧密结合，才能达到目的。

（2）一个民族不仅是现在生活着的一群人，而且他们有着历史传统，所以单纯研究现在的经济关系是不够的，对过去文化阶段的研究有着同样的重要性。

（3）近代一切民族都有密切联系，所以必须对一切民族加以比较才能把握一个民族经济发展的本质。同时，已经灭亡了的古代民族的历史发展提供了完整的教训，因此，特别需要对古代生活加以研究。

（4）不要对某种经济制度轻易地加以赞美或诅咒，因为对各民族和文化发展的各阶段完全有益或完全有害的制度是几乎没有的。国民经济学的任务，在于说明一种经济制度在当时为什么和怎样是合理的、有益的，而在现时为什么会逐渐变成不合理和有害的东西。罗雪尔在《政治经济学原理》（1854）一书中又说，一种经济理想不能适合每个国家人民的不同种类的欲望，正如一件上衣不能适合一切人的身材一样……我们完全拒绝在理论上支持这种理想体系的制定。我们的目的是单纯地描述人的经济本性和他的经济欲望，考察适于满足这些欲望的各种制度的规律和本质，以及他们所达到的或大或小的成功。他把自己的方法称为"社会经济或民族经济的解剖学和生理学"。

总之，罗雪尔认为不存在社会经济发展的普遍规律，只存在适合于一个民族、一个时期的经验性的规律。由此出发，他否认理论概括的意义，断言利用抽象分析方法揭示普遍规律是不可能的，只有历史的方法即大量收集各民族的历史资料，特别是收集古代民族的历史材料，单纯地描述他们的经济发展的方法，才是唯一科学的实在的方法。

罗雪尔的历史方法是非科学的。把材料的收集和现象的描述加以绝对化，否认理论概括的意义，实际上就是要人为地中断人们对经济现象的完整和正常的认识过程，堵塞认识真理的道路。其结果，不仅不可能了解经济发展的真实过程，而且经济材料本身也会变成一堆杂乱无章、没有内在联系的东西。事实上，罗雪尔的著作，一般地说，历史学派的经济著作，虽然堆积了大量历史经济资料，却不可能从中得出科学的理论。

罗雪尔历史方法的实质，首先在于利用"历史传统"来证明资本主义私有制的合理性。在他看来，"原始时代的野蛮人"已经拥有资本，同时也存在着"原始森林时代的虚弱的无产阶级"。他认为，私有制的重要性，在于它是资本发挥其"生产力量"的前提，就像历史上个人自由的存在是人类劳动充分发展的条件一样。私有制的合理性，在于它是根据人们有权处理自己的收入（储蓄或消费）这一天赋权利而发生的。其次，他力图援引历史来诅咒社会主义学说。据他所说，社会主义和共产主义思想并不是近代特有的现象，它们在古希腊衰落、古罗马帝国崩溃、近代宗教改革时代就已经广泛传播过，因此，它们倒是社会躯体上的疾病，每个有高度文化的国家在它的存在过程中的某些时期就曾被感染过。如果身体太虚弱，这种疾患就很容易导致一切真正的自由和秩序的没落。再次，罗雪尔历史方法的出发点，即认为不存在普遍规律的观点，是用来为德国资本主义发展的特殊道路进行辩护的。他同贵族地主阶级思想家弥勒一样，美化封建制度。例如，他认为封建的分成制具有巨大的道义上的优越性，同为它用共同的利害关系把地主和农民联结在一起。

布鲁诺·希尔德布兰德(Bruno Hilderbuland, 1812—1878 年)是旧历史学派的另一个主要代表。他曾任瑞士苏黎世和伯尔尼大学以及德国耶拿大学教授。他的代表作是《现在和未来的政治经济学》(1848)。历史学派的非科学性质在他的著作中表现得极其明显。

罗雪尔虽然声称,他的方法同古典经济学的方法根本不同,但他还没有把自己的方法同古典派的方法论对立起来,也没有提出要用历史方法来代替古典派的成果。希尔德布兰德则不同。他直接攻击古典学派的自然规律学说和抽象分析方法。他认为,古典学派的错误在于力图建立一种适合于任何时间和地方的一般理论,而忽视了各民族经济发展的特点。与此相联系,他指责古典学派把经济关系的分析建立在个人经济利益和利己主义动机这个统一的基础之上,而忽视了精神、道德因素和利他主义动机的作用。从强调精神因素、否认一般规律的存在出发,希尔德布兰德主张,必须用历史方法来建立一种仅仅研究某个民族经济发展的"国民科学"。他在《现在和未来的政治经济学》一书序言中,直截了当地宣称:本书的目的就是要为政治经济学的基本的历史观点开辟道路,并把政治经济学变成一门关于各个民族的经济发展的理论。希尔德布兰德的这种观点显然是荒谬的。各国资本主义的发展固然有其特点,但这并不意味着资本主义生产方式没有一般的共同的规律;如果否认表明其本质和一般特点的普遍规律的存在,那么,也不可能对各国的特点及其发展趋势有正确的认识。

希尔德布兰德还攻击空想社会主义者和小资产阶级社会主义者。他指责他们轻视历史,不尊重历史传统,不考虑历史教训。他认为,历史的基本教训在于私有制是人类精神发展的最有力的杠杆;私有制是符合历史传统的,没有私有制的社会就会变成毫无生气的清一色的群众,同时也失去了个性的多样性和发展。在他看来,各民族的历史表明,私有制正在日益巩固、日益摆脱一系列的限制,并且似乎变得越来越普遍了。他声称,对私有制的任何侵犯,就是破坏历史规律。

希尔德布兰德依据交换形式的发展,将各国经济发展划分为三个时期:① 自然经济,② 货币经济,③ 信用经济。这种划分未能以生产方式的变化为标准,因而其意义是很有限的。

卡尔·克尼斯(Karl Knies, 1821—1898 年)是旧历史学派的最大代表。他在其主要著作《历史方法观的政治经济学》(1853)中,对历史学派的目的与方法作了最系统最完整的阐述。

同希尔德布兰德一样,克尼斯也直接攻击古典经济学,同时,他对希尔德布兰德,特别是罗雪尔的某些"不彻底"的观点也提出了批评。

罗雪尔否认一般规律,但承认各民族经济发展还有其特殊规律。克尼斯则不同,他根本否认任何规律的存在。他认为,经济学既不是以观念形态为对象的精神科学,也不是以外部世界为对象的自然科学。它的对象是人们的经济行为,而经济行为是受精神因素支配的,因此,经济学研究的是属于人的感觉世界的现象。在对经济学的对象作了这样的唯心主义解释的基础上,他进而论证说,经济和社会制度,如古典学派所说的私有财产、生产性劳动、个人利益等,都以时间、地点和民族的不同而变化;伦理道德和传统等精神生活更是因时因地因民族的不同而相异。他由此得出结论,在人类的经济生活中,只有类似,没有等同;我们只能得到类似的法则,它们仅仅表示某些现象的类似,并不表示其中有什么一般的因果联系。在他看来,自然界没有发展,经常的原因才会引起相同的不变的结果。因此,规律性只有在自然界才能找到。克尼斯的这种观点,带有明显的形而上学性质。他把规律性等同于现象的不变性,把它理解为凝固不变的东西,从而根本歪曲了规律性的含义。事实上,社会的发展与社会规律的存在这一事实并不矛盾,因为社会发展本身就是一种合乎规律的运动,它的规律性正寓于它的运动和发展之中。

从否认社会经济规律出发,克尼斯把政治经济学归结为只是简单地记述经济现象的科学,甚至只是记述人们对民族经济发展的看法的思想史学。至于研究方法,他认为只有历史的统计的归纳法才是唯一科学的方法。

克尼斯终于走到了完全取消作为理论科学的政治经济学的地步。这是追求为德国资本主义制度进行辩护这一目标的历史学派的必然归宿。

思考题 》》

1. 历史学派方法论的特点是什么?
2. 评析历史学派关于社会发展的阶段论。
3. 简述李斯特学说的历史贡献。

第十五章　19世纪上半期英国空想社会主义的演变

▋内容提要▋

空想社会主义学说是随着资本主义的产生和发展而出现的一种社会政治学说。它以批判资本主义制度、宣传理想的社会主义和共产主义制度为特征,反映了被压迫劳动人民的愿望和呼声。在空想社会主义学说中包含着许多重要的经济学说,它们构成了非主流经济学的重要组成部分。

空想社会主义学说早在16世纪英国资本原始积累时期就产生了,主要代表人物有英国的托马斯·莫尔和意大利的托马佐·康帕内拉。[①] 17世纪和18世纪空想社会主义学说有了进一步发展,到18世纪末、19世纪初英国产业革命和法国大革命时代,出现了三位伟大空想社会主义者,他们是法国的圣西门和傅立叶,英国的欧文。

圣西门、傅立叶和欧文与古典经济学家是同时代人,他们的学说都是产业革命前后,英、法等国社会经济和政治发展的产物,但他们的立场与古典经济学家截然相反,古典经济学家拥护资本主义制度、主张发展资本主义生产力,而空想社会主义者则无情地批判资本主义,预言它必然被社会主义制度代替,同时对理想社会作了一些富有远见的天才的设想。他们的思想对启发工人阶级觉悟和促进工人运动起了积极作用。

但三大空想家的理论是不成熟的,他们看到了资本主义社会的种种矛盾和罪恶,但不懂得资本主义是社会发展的一个必经阶段,不理解它的历史地位;他们的批判以18世纪启蒙哲学家的理性学说为基础,虽然充满激情和智慧,但缺乏科学性和现实感;他们对未来社会充满着美好的憧憬,但却不懂得如何加以实现,反而幻想通过宣传和示范,使人们接受社会主义思想,特别希望取得富人和统治者的支持,和平实现社会主义。他们的这些缺点,如恩格斯所说,是和不成熟的资本主义生产状况、不成熟的阶级状况相适应的。解决社会问题的办法还隐藏在不发达的经济关系中,所以只有从头脑中产生出来。

第一节　欧文的空想社会主义学说

罗伯特·欧文(Robert Owen, 1771—1858年)是19世纪初英国著名的空想社会主义

---

① 托马斯·莫尔(1478—1535年),英国政治活动家,空想社会主义奠基人,主要著作有《乌托邦》。托马佐·康帕内拉(1568—1639年),意大利著名空想社会主义者,主要著作有《太阳城》。

者。他和圣西门、傅立叶一起被称为三大空想家。但欧文与他们相比有自己的特点,如果说圣西门、傅立叶是伟大的思想家,欧文则不仅是伟大的思想家,而且是积极的社会活动家、实践家。他的空想社会主义思想的形成与他改造社会的实践活动紧密地结合在一起。从学说的特点来看,欧文主张消灭私有制,建立公有制,实行产品的按需分配,因此,他也被称为空想共产主义者。

一、生平和著作

欧文 1771 年 5 月 14 日生于英国威尔士蒙哥马利郡的新镇一个小手工业者家庭。他5 岁开始读书,9 岁到一个小铺当学徒。1781 年欧文 10 岁时离开家乡出外谋生,曾在曼彻斯特、伦敦等地做学徒、售货员等工作。1789 年他和朋友合伙开办一个制造纺纱机的小工厂,但很快就分裂了。此后,欧文开始独立经营一个只有三名工人的小纺织厂。不久大工厂主德林柯看中了欧文的管理才能,1791 年聘请他去管理拥有 500 名工人的大纺织厂。在这个厂中,欧文精心管理各项业务,改良机器,改善劳动条件,不断提高产品质量,充分发挥了他的组织才能。1794 年,欧文加入由伦敦和曼彻斯特三家最老的商号组成的"查尔顿特威斯特公司",并成了该公司的经理。

1800 年起,欧文担任新拉纳克纺织厂的经理,并开始对工厂进行改革。新拉纳克是位于苏格兰北部的一个小镇,这里可以说是产业革命时期英国的一个缩影。这里的工人有圈地运动中失去土地的农民、苏格兰饥饿的移民、破产的小手工业者、流浪者、孤儿院中长大的人等。新拉纳克工人的劳动日之长、劳动强度之高、劳动条件之差、工资之低、饮食居住条件之坏都是惊人的。恶劣的环境使许多工人染上了酗酒、偷盗、打架等不良习惯。欧文作为资本家的代表管理这个工厂,他除了努力管好生产以获得优厚利润外,也以极大的同情心,尽力改善工人的劳动条件和生活条件。他缩短工人的劳动日,提高工人的工资,并且在 1806 年英国爆发经济危机,工厂被迫停工四个月期间,照发工人的工资。工厂建设工人住宅,使工人从贫民窟移居到工人宿舍。工厂为工人创办了幼儿园和学校,欧文认为这样可以使女工免受家务拖累,专心生产,孩子们也能从小受到良好的集体教育。工厂还创立了公共食堂、商店、医院、俱乐部,以及为死伤工人发放抚恤金,组织互助储金会等。经过欧文长期努力,新拉纳克工厂出现了新面貌。工厂的生产有了很大发展,资本家的红利大大增加,工人的劳动条件和生活状况也得到了一定的改善。新拉纳克工厂被誉为模范工厂,受到社会赞扬。欧文被资本家看做一位能干的经理,在社会上也被称赞为慈善家。在这段时期内,欧文除经营工厂外,还热情地参加社会活动。他参加关于失业问题的讨论,积极提出通过建立工人新村解决失业问题的方案;还经常到各工矿区作调查和讲演,宣传应当缩短女工和童工的劳动时间,推动了 1819 年工厂立法的通过。

新拉纳克工厂的改革和这段时期的社会活动,促进了欧文思想的进一步发展,使他从一个慈善家转变为空想社会主义者。当新拉纳克工厂给资本家带来丰厚利润时,欧文得到了荣誉和赞扬。但是,当欧文表示要用社会主义原则改造全社会时,很快就受到了资产阶级和其他上层人士的攻击和排斥,给他在英国继续活动造成了很大困难。

1824 年,欧文和他的信徒一起到美国去进行试验。他用自己的财产在印第安纳州组织了"新协和公社",试图通过实践证明他的社会主义思想的优越性。但事实与欧文的愿望相反,公社仅存在了四年就失败了,但这次试验进一步丰富了欧文的共产主义公社的思想。

1829 年欧文回到英国,正赶上 30 年代初英国工人运动十分活跃的时期,他在工人群众中进行活动,推动正在发展中的合作运动,并先后创办了《危机》杂志和《新道德世界》周报宣传自己的学说。

欧文除了进行共产主义公社试验,也设想根据劳动价值论改造资本主义商品流通,作为改造资本主义的一个步骤。他认为劳动是自然的价值尺度,货币是人为的价值尺度,货币产生后使商人和资本家能够利用它欺骗和剥削生产者。他说:"这种人为的工具使不少人依靠牺牲大多数人而获得大量的财富,可是大多数人却必然要陷入贫困和堕落的深渊。"①如果组织一个市场,用自然的价值尺度代替人为的价值尺度,用劳动券代替货币,就能使交换按照商品价值合理地进行,使生产者免受资本家的剥削。1830 年左右,在欧文主义影响下建立起的许多合作社,遇到了原料供应和产品销售上的很大困难,这就促使欧文决定进行这方面的试验。在欧文领导下,1832 年 9 月在伦敦建立了"全国劳动产品公平交换市场"。合作社或其他劳动者把自己的产品送到"公平交换市场","市场"的工作人员对产品估价,发给代表一定劳动时间的劳动券。然后,劳动者凭劳动券向"市场"领取自己所需要的产品。开始时"市场"受到了合作社和小生产者的欢迎,营业兴隆,存货不断增加。"市场"为合作社和小生产者解决了一定困难,促进了合作运动的发展。但不久矛盾就暴露了,品质优良和适用的产品很快就被领取,而质量低劣和不适用的产品则大量积压起来,使"市场"营业出现了困难。同时商人趁机进行投机,倒卖劳动券从中牟利,致使劳动券贬值,"市场"经营越来越困难,勉强维持了两年,1834 年被迫宣布破产。"劳动产品公平交换市场"的失败证明了欧文的认识是不正确的,不改造资本主义生产,孤立地改造资本主义商品交换是行不通的。

欧文的试验虽几次失败,但他并不气馁,又积极开展工会活动。1833 年 10 月,他领导成立了"大不列颠和爱尔兰全国产业部门大联盟",这实际上是英国第一个建立的全国性的工会组织。联盟的成立大大推动了工会运动的发展。欧文又设想通过联盟和平改造资本主义生产。联盟的成立和它的活动引起了资产阶级的恐慌,他们与政府勾结,用逮捕某些领导人和胁迫工人退盟等手段进行迫害。1834 年 8 月,联盟被迫解散。

此后,欧文已不能在工人中进行大规模活动,又转向进行小型试验。1834—1845 年间,他组织过"和谐大厦"和"皇后林新村",1848 年革命期间又出版了几种小册子进行宣传,但都没有取得明显效果。1858 年,欧文逝世。

欧文一生热情地宣传社会主义思想,顽强地进行改造资本主义社会的试验。他的积极活动对于启发工人阶级觉悟,推动工人运动发展起了积极的作用。但是,欧文的社会主义思想没有科学的理论基础,他迷信于试验与和平宣传,反对进行阶级斗争,决定了他的试验必然要失败。

欧文的主要著作有:《新社会观,或论人类性格的形成》(1816)、《致工业和劳动贫民救济协会委员会报告书》(1817)、《致拉纳克郡报告》(1820)、《新道德世界书》(1842—1844)、《人类思想和实践中的革命》(1849)。

———————————

① 欧文:《欧文选集》下卷,柯象峰等译,商务印书馆 1965 年版,第 30 页。

二、对资本主义制度的批判

欧文对资本主义制度的批判以法国启蒙哲学家的思想为基础。他接受启蒙哲学家"人是环境的产物"的观点,指出资本主义社会许多人的品质恶劣、自私自利、损人利己、道德败坏等,都是由于生活的社会环境造成的。要使人们都培养起热爱劳动、关心集体等良好的性格和习惯,使人们都能过上幸福的生活,就必须创立良好的生活环境,即建立美好的共产主义制度。"人是环境的产物"的观点,成了他批判资本主义的理论基础。什么人去改造环境呢? 根据他的思想,只能是像他那样先知先觉的人。

欧文认为资本主义一切罪恶的根源在于资本主义私有制度。他说:"私有财产或私有制,过去和现在都是人们所犯的无数罪行和所遭的无数灾祸的原因。"[1]他又说,私有制"在理论上是那样不合乎正义,而在实践上又同样不合乎理性"[2]。他批评私有制使富人变得贪婪,冷酷无情,"私有者是这样利欲熏心,以致其中的很多人,虽然财富年年增加,大大超过他们的合理需要,在看到或听到每天有成千上万的同胞因为富人不给工作而死亡的消息时,却无动于衷"[3]。私有财产把私有者的思想限制在只顾自己的狭隘范围内,妨害他们想到有关人类康乐的远大问题;私有财产使人们彼此隔阂,造成互相仇视和欺诈。私有制是人类历史上无数互相残杀的战争的原因。欧文把私有制看成是资本主义一切罪恶的根源,这比圣西门和傅立叶的批判要深刻得多,但他未能正确认识私有制产生的原因和消灭私有制的方法。他认为私有制是由于人类走入了歧途,产生了错误思想而引起的。因此,要消灭私有制,就要揭露和宣传私有制的危害,一旦人们有了正确的认识,就能把私有制改变为公有制。

欧文处于英国产业革命时期,亲眼目睹产业革命给英国社会和工人带来的严重危害。他指出,机器的使用造成了巨大的生产力,但给工人带来的却是灾难。在半个世纪内,英国由于采用机器,生产增长了十一倍以上,生产的产品完全可以满足本国全部人口的合理需要,但是大量的财富都被少数资本家食利者占有了,这些新机器产生的效果只是增加了少数个人的财富,并没有给工人带来利益,它带来的则是与日俱增的劳动阶级的贫困与痛苦。在机器的竞争下,大批工人失业,流落街头,饥寒交迫。在业的工人,劳动时间延长了,工资和生活水平反而下降了,工人的妻子和儿女也被迫加入了劳动大军。总之,机器本来是为人类谋幸福的手段,然而在资本主义制度下,却成了使工人更加贫困的工具。他感慨地说:"现在,世界上充满了财富,而且这种财富有继续大量增加的可能性,但到处是一片贫困!"[4]

欧文亲身经历了资本主义最初的经济危机。他不同意当时许多经济学家把危机解释为偶然现象,而是把危机的产生和资本主义制度联系起来,并对危机产生的原因作了较好的解释。他认为商品市场是靠大多数劳动者的购买力来维持的。在资本主义制度下,资本家强迫工人日夜不停的劳动,并且不断采用新机器,生产的产品不断增多,但给工人的工资很低,工人没有得到应得的报酬,购买力被大大压缩了,资本主义市场因之缩

---

① 欧文:《欧文选集》下卷,柯象峰等译,商务印书馆 1965 年版,第 13 页。
② 同上书,第 14 页。
③ 同上注。
④ 欧文:《欧文选集》上卷,柯象峰等译,商务印书馆 1965 年版,第 218 页。

小,造成了销售的困难。市场上商品积压,商品多到市场无法容纳的时候,就会爆发经济危机。欧文实际上已把经济危机看成是相对生产过剩的危机,是资本主义制度本身的矛盾的产物。

欧文揭露了资本家对工人的剥削。他以李嘉图的劳动价值论为基础,认为经过指导的体力劳动是物质财富和国家繁荣的源泉。并得出结论,既然劳动创造财富,创造财富的劳动者就应当享受全部劳动产品。但资本主义社会中,劳动者创造的财富大多数都被资本家占去了。他说:"富人所持有的一切,都是从这个阶级身上得来的。富人们之所以能陶醉于有害自己的过分奢侈的生活,只是由于依靠穷人的劳动;这些穷人,甚至连足够的生活必需品都无法得到,至于周围所见到的无数生活享用品就更不用提了……(他们的)那一点点工资,实际上只能使他们慢慢地饿死,其情况之悲惨是富人们无法充分理解的。"[①]

欧文根据以上观点有力地批判了马尔萨斯的"人口论"。他指出:"自然界中也不会有'人口对生活资料产生压力'的必然趋势存在。毫无疑问,以往一直迫使人口对生活资料产生压力的是那种跟社会的普遍福利相冲突的个人利得原则所产生的人为供求律。"[②]这就是说,人口对生活资料的压力并不是由于自然规律,而是由于追求利润的资本主义社会造成的。他认为劳动者生产的财富远比他们消费的多,并以英国物质财富的增长速度显然大大快于人口增长速度的情况加以说明,得出的结论是:资本主义制度下的贫困不是由于人口增长太快,物质财富不足,而是由于现有制度没有使劳动者得到应有的报酬。他说:"我对这方面完全不担心。每一个从事农业的人都知道,目前的农业雇工每人所能生产的食物都比他所能吃的食物多五倍或六倍……人们以他的天赋能力加上现有科学知识的帮助,在适当的指导下进行生产时,就足以使他生产出比他所能消费的多十倍以上的粮食。"[③]欧文批判马尔萨斯通过"人口论"为资本主义制度辩护是正确的,但他关于社会主义制度下完全不必担心人口增长过多的观点显然是不科学的。

三、"合作公社"

欧文的理想社会中的基层组织是"合作公社"。他关于"合作公社"的设想是随着不断地进行试验逐渐丰富起来的。早在 1817 年,他的《致工业和劳动贫民救济协会委员会报告书》中就已作了初步说明。1820 年的《致拉纳克郡报告》进一步发展了"合作公社"的思想。1842—1844 年发表的重要著作《新道德世界书》对"合作公社"的内容作了比较充分全面的论述。

欧文在他的"合作公社"蓝图中,对建筑物布局、生产基地、生活设施都作了精心设计和具体安排。他设想整个"合作公社"建成一个方形的新村。主要建筑集中在公社中心地区,它包括公共食堂、会议室、图书馆、学校、幼儿园等。外围是家庭住宅、集体宿舍、医院、客房等。房屋间的空地都建成花园,各建筑物之间有林荫道相通。再外边是厂房、农场和牧场。公社四周,围以篱笆,篱笆里面,栽种果树。欧文对公社的设计注意吸收城市和乡村的优点,把城市和乡村结合在一起。

---

① 欧文:《欧文选集》上卷,柯象峰等译,商务印书馆 1965 年版,第 149 页。
② 同上书,第 206 页。
③ 同上书,第 206—207 页。

欧文认为"合作公社"的规模是政治经济学需要研究的一个复杂的问题。因为"合作公社"是"人类社会整个组织的基石。决定于这一问题的直接与间接的后果非常多而且非常重要"①。他认为经济学家确定"合作公社"规模的原理应是:"他们的利益都要求以最少的劳动消费量、以最有利于生产者和社会的方式最大量地创造具有内在价值的产品。"②这就是说公社的规模大小应以有利于发展生产为原则。因此,他认为每个公社应根据当地的土壤性质、地区特点以及生产品的种类等等作具体的规定。他提出了一个大约数字,即一般最少不低于三百人,最多不超过两千人,公社成员人均占有半英亩至一英亩半土地为宜。欧文对公社规模的说明,表明了他是有实践经验的,也是有眼光的。

欧文设想的"合作公社"是建立在财产公有制的基础上,在公社中全体成员集体生产,集体消费。他说公社"是根据联合劳动、联合消费、联合保有财产和特权平均的原则建立起来的"③。在这个问题上,欧文比圣西门、傅立叶要彻底得多。欧文还极力宣传公有制的优越性。他说:"当个人日常用品以外的一切东西都变成公有财产,而公有财产又经常能够绰绰有余地满足社会全体成员的需要的时候……人们就自然会了解财产公有制比引起灾祸的财产私有制具有无比的优越性……在公有制条件下节约的时间、劳动和资本,将胜过在私有制度下人的理性所能想象的程度。"④他估计,单单在不列颠帝国境内,这种节约每年就可以达到几十亿英镑。他还预言在财产公有制度下人人都受同样的教育并处于同样的生活环境,不会再有图谋财产的婚姻,不会再有道德堕落的儿童,现有制度下产生的各种罪恶活动将会绝迹。

"合作公社"的生产既包括工业,也包括农业,每个公社"形成一个由农、工、商、学结合起来的大家庭……在矿业区或渔业区,这种秩序可因地制宜地加以改变"⑤。公社全体成员都参加集体生产劳动,没有游手好闲的人,也没有失业者。人们的劳动再不是被迫的、痛苦的,社员都把劳动看成愉快的事情,他们从小就培养起热爱劳动的习惯,自愿地为了共同的利益而联合劳动。公社根据各个成员的年龄和特长分配适当的工作,使一切成员都能做到各尽所能。每个人在农业上和工业上也尽可能多地调换工种,并且相应地训练青年从事尽可能全面的技术活动,从而消除单纯进行工业劳动或农业劳动,以及固定分工给劳动者的身体和精神带来的损害,使社员通过多种实践活动获得全面发展。公社在生产中将大量采用机器和新技术,在家务劳动中也大量使用机器。机器的使用将大大减轻工农业生产中的繁重的体力劳动,并生产出丰富的产品。机器的使用不再是迫使工人失业和受奴役的祸源,而成为创造幸福的条件。公社成员除进行体力劳动外,都有时间进行学习、科研和文化娱乐活动,以使社员养成良好的品德和健康的身体。欧文的以上论述,实际上已经包含着消除工农差别、脑力劳动和体力劳动差别的思想萌芽。

关于"合作公社"的分配,欧文说:"这种社会的成员将通过简易、正常、健康和合理的工作,生产出满足其消费欲望还有余的为数极多的剩余产品。因此可以让每个人都随便到公社的总仓库去领取他所要领的任何物品。"⑥可见欧文设想的"合作公社"是实行按

---

① 欧文:《欧文选集》上卷,柯象峰等译,商务印书馆 1965 年版,第 318 页。
② 同上书,第 319 页。
③ 同上书,第 320 页。
④ 欧文:《欧文选集》下卷,柯象峰等译,商务印书馆 1965 年版,第 15 页。
⑤ 同上书,第 129 页。
⑥ 欧文:《欧文选集》上卷,柯象峰等译,商务印书馆 1965 年版,第 347 页。

需分配的。他指出,公社产品极为丰富,完全能够满足社员各种需要,人们的食品是美味的、有益健康的,人们的衣服是舒适的、合乎卫生的,人们的住所是洁净、明亮和设备齐全的。在这样的公社中,个人积蓄财富的欲望将会消失,就像水源丰富的地方,人们不需要用瓶子储存水一样,公社中的人们谁也不会领取自己不需要的多余的东西。当然,这是欧文设想的理想情况,在他试验的"新协和"公社中,实行的仍然是按劳付酬,只是计划逐步创造条件达到按需分配。

欧文认为每个公社基本上是自给自足的经济单位,但各个公社又有不同的生产特点,因此,公社之间也存在着交换产品的关系。他主张公社应尽量生产生活必需品,分配给自己的成员,但也要根据自己的生产条件生产"剩余产品",以便与其他公社进行交换。各公社通过交换,互相调剂余缺。欧文认为公社之间交换产品,应当根据劳动价值论的原则,交换的产品应当包含相同的劳动量,通过交换还可建立公社之间的团结友好关系。

欧文主张公社实行教育与生产劳动相结合的原则。他认为儿童除学习文化科学知识外,应从小根据他们的体力参加一定的劳动,把参加劳动实践作为受教育的一个重要方面。

可以看出,欧文对"合作公社"的设想包含着许多重要的观点,如实行财产公有制;各尽所能,按需分配;实行工农结合、城乡结合、脑力劳动与体力劳动相结合等。这些观点对于启发工人阶级觉悟、创立科学共产主义都是极为宝贵的思想材料。但欧文建立"合作公社"的思想毕竟是空想的,因为他并没有认识资本主义的基本矛盾和社会发展规律,他也没有找到实现新制度的阶级力量,特别是他反对进行阶级斗争,力图通过示范和说服教育的方法达到改造社会的目的。正因为如此,欧文一生中虽然是充满信心地、顽强地进行了多次试验,但都注定不能成功。

第二节　李嘉图派社会主义者

19 世纪 20—40 年代,在欧文主义运动发展的同时及其以后,英国还出现了另外一些空想社会主义者。如恩格斯所说:"(他们)为无产阶级的利益而利用李嘉图的价值理论和剩余价值理论来反对资本主义生产,以及用资产阶级自己的武器来和资产阶级进行斗争。"[①]他们一般被称为李嘉图派社会主义者。

这些社会主义者从李嘉图的价值只能由劳动决定的观点出发,推论说,既然全部价值由劳动创造,全部价值就应属于劳动者,工人就应享有全部劳动产品。他们指出,价值规律要求的是等价交换,但资本主义社会的分配却和这一规律相矛盾。劳动者以工资形式只能得到其所生产的全部价值的一部分。利润、地租和其他非劳动收入都是从工人生产的价值中扣除的份额,都是剥夺无偿劳动的结果。因此,社会改革就要求消除与价值规律相矛盾的分配制度,把全部的劳动产品归于劳动者。

要求拥有全部劳动产品的权利,这是一个空想。但这一要求在 19 世纪上半期还有某种积极意义,它以资产阶级之矛攻资产阶级之盾,起了一定宣传和鼓动作用。它要反对的是整个资产阶级社会的基础,因为全部劳动产品权利的实现只能意味着利润地租和

---

① 马克思、恩格斯:《马克思恩格斯全集》第 24 卷,中共中央马克思恩格斯列宁斯大林著作编译局译,人民出版社 1972 年版,第 18 页。

其他非劳动收入的全部消灭。

在李嘉图派社会主义者中,不少人同时又是欧文的信徒,他们接受欧文的合作公社理论,同时也继承了欧文以李嘉图学说为依据的论点。除了欧文主义者外,另一批李嘉图派社会主义者也依据李嘉图的价值论,坚持工人对劳动的全部产品权利的要求;但在建立一个理想的劳动组织的问题上,却拒绝接受欧文的合作公社的方案,他们认为在欧文的合作公社制度下,个人的本性也会遭到压制。李嘉图派社会主义者的主要人物有威廉·汤普逊、约翰·格雷、约翰·布雷和托马斯·霍吉斯金等人。

一、汤普逊的经济学说

威廉·汤普逊(William Thompson,1775—1833年)是欧文主义者中最杰出的经济学家。他生于爱尔兰一个富裕的地主家庭,他曾在都柏林大学、牛津大学和伦敦大学受过系统的高等教育。在伦敦大学时,他认识了边沁,成为功利主义的信徒。后来,他认识了欧文,把边沁的功利主义和欧文主义结合起来,成为当时人数不多的欧文主义者中的最主要人物。汤普逊也参加过实际的活动,他投身于欧文鼓吹的合作运动。在1831年,他还计划在爱尔兰的科尔克州组织合作村,只是由于资金不足,计划没有实现,他的一生主要是作为理论家度过的。他的主要理论著作是《最能促进人类幸福的财富分配原理的研究》(1824)和《劳动报酬》(1827)。汤普逊厌恶不劳而获的生活,在成为欧文主义者后,他把大部分财产用于宣传欧文的思想,并把他的财产遗赠给传播欧文主义的组织。

他的理论的核心是分配问题,但与李嘉图以分配为研究目的不同,汤普逊认为,李嘉图考察的是在资本主义制度下分配如何进行的问题,而他研讨的是如何按照最能促进人类幸福的原则创立一个新的分配制度的问题。换句话说,汤普逊不是按着李嘉图的观点而是按着欧文的观点来研究分配问题的。但是这样一来,汤普逊却把李嘉图的揭露资产阶级生理现象的尝试,变为论证空想社会主义要求的尝试了。

(一) 功利主义和资本主义的分配

边沁的功利主义是汤普逊分配理论的基础,他说:"我们的目标就是要遵循他(按指边沁)所指出的道路,把政治经济学上确定了的原理应用到社会科学上,使这些原理和所有其他各部门学问为最能增进人类幸福的财富公平分配服务。"[①]边沁的最大多数人的最大幸福这一原则就是汤普逊的出发点。他说:"考虑到一切效果——良好的和恶劣的,当前的和未来的功利主义,或者说尽可能谋求人类的最大幸福,是本书中时时刻刻记住的、凌驾于一切其他原则之上的指导原则。"[②]

汤普逊指出,分配不公平是当时社会突出的现实,这种不公平的现象必然是由少数占有者以暴力剥夺多数生产者财富的结果。他称存在着这种剥夺的社会为"无保障"的制度。"无保障"制度既不能赋予最大幸福又不能生产最多的财富。

从边沁的效用原理出发,汤普逊论证说,暴力剥夺生产者的生产物所造成的对于被剥夺者幸福的损失,大过于剥夺者幸福的增加。一个人幸福的增加率总是随着他的财富的继续不断增加而递减。同时,"无保障"制度消灭了工人生产的动机,阻碍社会生产力

---

① 汤普逊:《最能促进人类幸福的财富分配原理的研究》,何慕李译,商务印书馆1986年版,第17页。
② 同上书,第25页。

的发展。和资产阶级的传统观点相反,汤普逊把利润即劳动产品的扣除额看做阻碍生产力发展的原因,他认为只有劳动者的利益才和全社会的利益相一致。

汤普逊指出,古典学派低估了劳动而高估了资本在生产中的意义。他写道:"真正积累起来的财富量,就它的重要性和对于人类的幸福的影响而言,和无论处于什么文明情况的同一社会的生产力比较,和那个社会的即使是几年的真正消费量比较都是微不足道的了。所以立法者和政治经济学家应该特别注意'生产力'和它将来的自由发展,而不是像以前那样只是注意惹人注目的积累起来的财富。"①这意味着汤普逊还是承认资本的生产性的,但他又指出,不劳动者对于这种积累的财富的占有,是在"无保障"制度下,暴力剥夺劳动者生产物的根源。他写道:"资本的最准确的概念到底是什么呢?它就是那一部分能够作为牟利手段的劳动产品,不管它是不是具有耐久性……这些资本家或者地主占有了这些积累起来的产品……这样就产生了资本家和劳动者的要求上的对立。资本家凭借着没有保障和强力来统治,把许多劳动者来年的消费资料、生产所必须使用的工具和机器及他们必须居住的房屋掌握在自己手里,充分并且最好地利用它们,用它们尽可能便宜地来购买劳动者们的劳动力和未来的劳动产品。资本家的利润越大……劳动者所剩下的,取得其他欲望对象的东西就越少。"②

(二) 价值规律和获得全部劳动产品的权利

汤普逊接受劳动为价值的唯一源泉的原理,把价值规律理解为等价交换的规律。他认为由于在资本主义社会中资本对劳动的统治,价值规律被破坏了。价值规律的被破坏表现为:① 商品价格和价值的背离;② 劳动者只得到自己劳动产品的一部分,而其余的部分成为利润、利息、地租等一切非劳动收入对劳动产品的扣除。这样,资本主义剥削的实质似乎就在于资本和劳动的不等价交换。资本家以代表少量劳动的资本换取工人的多量劳动,破坏了等价交换的价值规律。

可以看出,包括汤普逊在内的李嘉图社会主义者都和欧文一样,用伦理的观点来表述劳动价值的原则。他们不是把价值规律理解为实现商品生产和交换的经济规律,而是把它理解为符合"正义"的理想社会的规律。汤普逊认为分配问题的公平解决在于等价交换的遵循。价值规律既然在资本主义社会经济中被破坏了,就有必要根据这个规律的要求来改造现实。

汤普逊的具体改革方案是他的所谓"保障"制度,也就是全部劳动产品归于劳动者的分配制度。欧文是最先提出工人有权享有自己的全部产品这一思想的空想社会主义者,虽然他并不主张工人们完全保留这项权利,汤普逊充分地发挥了这个思想。关于这种思想的实质,恩格斯在《哲学的贫困》序言中曾指出,在经济学的形式上是错误的东西,在世界历史上可能是正确的。全部劳动产品权利的要求就是这样一个东西。它是错误的,因为它是从交换规律的观点来说明资本主义剥削的。但作为一个鲜明的战斗口号,它不失为无产阶级反对资产阶级剥削制度的表现的先声。

汤普逊宣称"保障"制度的分配有三个自然原则:① 一切劳动的进行和继续必须自由自愿;② 全部劳动产品必须归于生产者;③ 产品的一切交换必须自由和自愿。这样,

---

① 汤普逊:《最能促进人类幸福的财富分配原理的研究》,何慕李译,商务印书馆 1986 年版,第 454 页。
② 同上书,第 194 页。

等价交换被恢复了,价值规律也被恢复了,劳动创造全部产品的价值,也取得全部产品的权利。这是理想的、公平合理的分配制度。他指出这个制度将给予生产以最强烈的刺激,生产和资本将以史无前例的速度增加和积累起来。

(三) 合作公社

由于汤普逊用来分析资本主义分配的经济理论以伦理观点为依据,他替劳动者所提出的要求和社会制度的方案都不能不以伦理的结局为归宿。在他看来,"正义"的等价交换的价值规律,只有在保证生产者获得自己的全部劳动产品时,才不致受到破坏,而生产者获得自己全部产品的要求,只有在合作的制度下才能得到保证。

汤普逊的理想分配制度实际上有两方面的意义。第一,从劳动者个人分配上说,全部劳动产品权利意味着劳动者个人由于实现了等价交换,都能获得他的全部产品。第二,从劳动者作为一个整体来说,全部劳动产品权利意味着劳动者作为一个整体获得社会的全部劳动产品,而个人所得则决定于全部劳动产品在全体劳动成员间进行的再分配。汤普逊就是从这两方面意义的调解,导引出欧文的合作形式的共产主义的。

汤普逊认为合作的劳动组织形式是最富于生产性的形式,因为它以生产者获得自己的全部劳动产品的保证,给予生产的发展以最强大的刺激。但是它还不完全符合边沁的"最多数人的最大利益的原则"。根据汤普逊的分析,"最大多数人的最大利益原则"所要求的是完全平均的分配制度。而全部劳动产品权利的分配,就其第一意义来说,显然是一个不平均的分配制度,虽然在"保障"条件限制下,它是最近于合理的制度。

上述的考虑并不排斥汤普逊从伦理的观点出发,在论述全部产品权的第二意义时,仍然以自愿的平均分配作为他的最终理想。他写到,显然劳动从全部劳动产品权利的取得得到保障,这不等于说,劳动为了保证生产和享受的大量增加,以及对于一切事故的相互保险,不可以自愿地在生产以前同意于平均的报酬。汤普逊十分强调自愿的因素,而自愿被认为是教育、说服的结果。因此,他主张通过教育,建立欧文的合作公社式的社会;在这个社会中,全部劳动产品权利体现为劳动整体对于全部产品的要求,而成员个人间的分配则是完全平均的。

汤普逊的思想包括两个因素:一个是经济,另一个是伦理。在他从劳动价值论出发得出全部劳动产品权利的结果时,他的分析以经济为主,虽然其中也还贯穿着一条伦理思想的线索。但是当他终于提出了欧文的共产主义的理想社会,并且认为它可以通过博爱的动机而实现和实行时,伦理的观点就占了上风。因此,在他的改革方案中,也出现了两种不同的相互矛盾的思想。一方面,他把社会看做劳动分工和交换的联盟,因之,根据等价交换的价值规律,寻求分配问题的合理解决。另一方面,他又是欧文共产主义合作公社的拥护者,而在共产主义合作公社中,却没有交换制度和价值范畴。

二、约翰·格雷的经济学说

约翰·格雷(John Grey,1798—1850 年)是李嘉图派社会主义者中另一个欧文主义者,但在这两方面,格雷的思想都表现出其小资产阶级的偏狭性。如果说,英国古典经济学者认为社会同时既是劳动的联盟又是交换的联盟,格雷在利用李嘉图经济学说时,比汤普逊还更只注意于论证交换联盟的等价交换原则。欧文空想共产主义的根本特征是财产公有制,他的合作公社本质上是一种在公有制基础上的劳动生产组织。而格雷却坚持私有制,他的劳动货币方案只涉及交换组织的改革,与劳动生产组织是毫不相干的。

格雷的主要著作是 1825 年出版的《人类幸福论》。这本书是宣传和论证欧文思想的著作,但由于他坚持私有制,所以他说他将会拟订一个不同于欧文的计划。格雷在他于 1831 年出版的《社会制度》一书中叙述了这个计划,并在 1848 年出版的《货币的本质和用途》一书中予以补充。他在这些著作里把他的计划归结为一个对交换组织改革的方案。

格雷生于苏格兰一个中产家庭,在爱丁堡受过中等教育,之后移居伦敦,当过店员;为欧文运动所吸引成为欧文主义者。他的基本上以论述欧文思想为主的《人类幸福论》,曾一度是当时英国工人中传播最广的读物。但在 19 世纪 30 年代后,格雷逐渐脱离欧文主义劳动合作组织思想的主流,而偏向于以改革交换组织为改造社会手段的温和主张。在他的最后著作《货币的本质和用途》中,他甚至把他初期的若干观点说成青年时代的过错。在 1848 年革命震撼欧洲大陆的时代,他还发表过反对当时革命群众所提出的"劳动权利"、"劳动组织"等要求的言论。

(一) 生产性劳动直接成为价值尺度

格雷也从劳动创造一切财富这个片面的原理出发,认为一切财产的基础是劳动,除了劳动,更没有其他公平的基础。在一切社会里劳动是生产的源泉,所以也是它的唯一基础。因此,劳动是自然的价值尺度。

在这个前提下,格雷提出了关于生产阶级和不生产阶级对抗的问题。他把人们分为三类:① 生产的;② 不生产但有用的;③ 不生产而无用的。生产阶级生产全部物质财富。不生产但有用的阶级不生产物质财富但为社会提供有益的服务。不生产而无用的阶级,既不生产物质财富也不提供有益的服务。

格雷指出这第三阶级是首先靠着别人的劳动,其次靠着能够控制别人劳动的那种不公平制度以维持他们的奢侈享受的。这种无用的不生产阶级对社会的统治和对生产阶级的剥夺是资产阶级社会的最大罪恶。利润和地租是这种剥夺的主要形式。与欧文和汤普逊一样,他认为利润和地租的根源,在于对以劳动为价值尺度的自然规律的破坏。因此,只有恢复价值规律的作用,使劳动者获得全部劳动产品,人类的幸福才有保证。

格雷幻想通过商品直接当做社会劳动产品而相互发生交换关系的做法,实现劳动者获得全部劳动产品的权利。他认为生产者在生产商品时,耗费了一定的劳动,因而在他把这一定劳动的产品转让给社会时,社会应以在生产时耗费掉等量劳动的其他产品为报酬。每人取自社会的劳动量应等于他给予社会的劳动量。劳动时间直接成为产品交换比例的依据。这实际上就是把体现在商品中的私人劳动当做一般的社会劳动,他不懂得必须通过交换才能实现这种转换。

(二) "劳动货币"

格雷想依靠用"劳动货币"代替金属货币及相应的改组银行的办法来组织交换,以实现其改革资本主义的幻想。他认为劳动时间是直接的货币计量单位。他主张国家中央银行通过支行来确定生产各种商品所需的劳动时间。生产者以自己的商品换回一张正式的价值凭证，即换回一张表明他的商品包含多少劳动时间的收据；而这种代表 1 个工作周或 1 个工作日等的银行券，同时又是领取存放在银行仓库中的其他一切商品中的一个等价物的证据。

从表面上看，格雷的"劳动货币"、银行与欧文的"劳动券"、"国民劳动公平交易所"似乎没什么不同，但它们之间仍然有本质的区别。欧文的理想社会首先是根据合作原则组织生产的共产主义社会。他的"劳动券"和"国民劳动公平交易所"，只是在"新和谐"试验失败回到英国后，不得已而求其次的一个局部突破的试验。因此，它只是一个改造资本主义制度的最初步骤，而且在改造交换组织的同时，它还以生产组织的改造为假设的必要条件。格雷不主张组织生产，而孤立地把组织交换的方案作为改革资本主义社会的唯一方法。他的目的只是在以产品的等价交换保证劳动者获得全部劳动产品权利的同时，不触动小生产私有制及其生产的主动性。

格雷还认为他的"劳动货币"和银行计划可以消除生产和流通间的矛盾，从而消除商品生产过剩和经济危机。格雷争辩说，生产应该是需求的原因，金属货币的使用却把这种关系倒置过来，把需求认做生产的原因。格雷生活在一个相当长的经济萧条的时期中。在拿破仑战争之后，英国经济的不景气一直持续到 1849 年黄金供给量增加之后，才有所转变。格雷看到在这不景气的年代里，物价下跌、生产萎缩，但社会的消费需求并没有减少。他将这个现象归咎于流通手段的不足。他肯定地说，生产不能达到它的最大限度，除非社会上的流通手段足以满足实现社会全部商品价值的要求。而在当时，生产的发展却遇到了流通手段——金属货币——不足的限制。这就是生产和流通的矛盾。这一矛盾就是生产过剩、经济危机的原因。

格雷由之论证说，必须发行一种随着商品生产的增减而自动增减的货币。他以为他的"劳动货币"就是这种货币。每一个生产者把自己的商品交入格雷所倡议的银行，也就同时得到等价的货币。所以商品一出现，以"劳动货币"形式存在的相应的流通手段也就出现。生产和流通的矛盾消除了，从而生产可以无限地发展。格雷根本不了解资本主义经济危机的原因和必然性。

三、约翰·布雷的经济学说

约翰·弗兰西斯·布雷（John Francis Bray，1809—1895 年）是在等价交换价值规律要求劳动者获得全部劳动产品的口号下，企图通过改革货币、组织交换以消灭资本主义剥削的另一个欧文主义者。他的具体改革方案，和格雷一样，也从不正确的前提出发，认为可以在不消除商品生产的基础上，以一种新型交换组织使劳动者获得全部的劳动产品。但布雷是一个比格雷较为坚定的欧文主义者。格雷并不向往欧文的合作组织的共产主义，而企图保存私有制，把组织交换看做社会改革的目的。布雷则以欧文的消灭私有制的合作公社为最终目的，而货币和交换组织的改革只是实现这一最终理想的一种过渡办法。

布雷的生平不详。据考证，他出生于美国首都华盛顿，1822 年去英国，住了 20 年。在英国时，他当过印刷工人和记者。19 世纪 50 年代初期，他回到美国，继续热心于工人运动。《对待劳动的不公平现象及其消除办法》显然是布雷的唯一著作，出版于 1839 年。

(一) 劳动和资本的交换

布雷首先提出了社会的基本原理:① 一切人是平等的;② 一切人都应该劳动;③ 土地是一切人的公共财产;④ 进行同样劳动的人应该得到同等的报酬。为了实现这些原理,他提出了下列必要条件:① 要有劳动;② 要有过去劳动的积累,即资本;③ 要有交换。不具备这些条件,社会基本原理就不能实现,今天工人阶级的受害和全社会的罪恶就是其不可避免的结果。

布雷认为:"唯有劳动才产生价值……每一个人对于他由于辛勤劳动所取得的东西有着不可怀疑的权利。当他取得自己劳动的果实时,他没有损害别人,因为他没有阻碍别人取得他们的劳动产品的权利。"[1]布雷从中提出了劳动者应得全部劳动产品的结论。

布雷认为资本是过去劳动的积累,所以资本不能自动的出现而必须是劳动的产物。但是在今日社会,过去劳动的积累为资本家所篡夺。其结果是工人阶级不但依靠资本家为之提供生产资料,还要依靠资本家为之提供生活资料。资本家借着这个优越地位,可以不劳动而夺取劳动的产品,于是社会就分为劳动和不劳动两个阶级。

布雷的论点集中在交换这一问题上。他认为现存不公平情况的产生和持续,起因于资本家破坏"等价交换"的条件者,远超过其他原因的总和。他说严格的公平要求交换双方互利,并且相互的利益一定要对等。在当前不公平的制度下,劳动与资本间的交换,不但不互利而且简直不是交换。因为人们只有两个东西可以交换,那就是劳动和劳动产品。实际上,这就等于劳动和劳动交换。资本家不能提供劳动作为交换物,因为他不劳动。他也没有以资本作为交换物,因为资本并不由于与劳动交换而减少,而是永远地增加。他说:"这种交换关系显然表明资本家和私有主只不过是以上一星期工人们所创造的财富中的一部分支付给工人以换取工人这一星期劳动的全部产品。"[2]他的结论和其他欧文主义者一样,利润、地租和一切非劳动收入只不过是对劳动产品的种种扣除。布雷强调扣除的可能存在于不公平的交换。而在不公平的交换中,他把注意力集中在特种的交换——劳动和资本的交换——上面。布雷意识到利润的剥削本质,但他并不了解利润的实际产生过程。他单纯以交换的不公平来说明利润,就错误地把它看做流通过程中贱买贵卖的结果。

(二) 工人股份公司和货币方案

布雷相信仅仅改变政治制度——扩大选举权甚至于建立民主共和国——是不能将工人从伤害中拯救出来的。布雷认为职工会和工联也不起作用。因为事实证明资本的力量太大了,在过去斗争的经验中,职工会和工联都只有失败的结果。

因此,救治劳动的办法在于根本改变社会制度。他说工人阶级今日斗争的对象不是人而是制度,不是资本家,也不是资本,而是运用资本的方式。为了把劳动从资本压制之下解放出来,工人阶级必须占有土地和一切构成再生产条件的财富。布雷的理想的社会制度是"共同所有的社会制度"。这一制度基本上就是欧文的共产主义制度,一切财富属于全体成员所共有。

---

① 布雷:《对待劳动的不公平现象及其消除办法》,英文,1839 年版,第 33 页。
② 同上书,第 49 页。

但是一个"共同所有的社会制度"有其必要的主客观条件。这些条件不是一下子可以齐备的。所以从现存制度转变为"共同所有的社会制度"也不能一蹴而就。因此,布雷提出他的"中间计划"作为可以立时执行的计划,并作为逐渐达到理想制度的过渡计划。他的"中间计划"就是工人股份公司计划。他提议不同职业的工人组织各种不同的股份公司。公司取得它们自己进行生产所必要的土地和生产资料,并通过自己的市场,按照劳动价值论的要求,出售自己的产品。工人是公司的股东。分配的原则是按劳取酬,工人的报酬是与他们所耗费的劳动等价的产品。工人既拥有生产资料,资本和劳动间的不公平交换就被消灭了,而资本主义也就随之而被消灭了。

工人如何占有必要的土地和为进行再生产的一切必要财富呢?布雷不主张用剥夺剥夺者的办法,而主张用向地主、资本家赎买的和平办法。他的货币方案就是作为实现这一政策的手段而提出的。

布雷认为货币不是资本,而是运用资本的必要手段。在现存社会中,资本家控制了一切,只是因为他控制了货币这个最有力控制人类的工具;货币的发行为资本家所垄断。因此,补救的办法就是由组织起来的工人将货币的发行权转到自己手里。这样就为工人们占有土地和生产资料创造了条件。布雷说:"为达到这目的,我们假定……一个由代表所组织的临时政府成立了……为了代替现行的交换媒介,为了社会将来的交易,一种以劳动量和英镑为标识的纸币和陶质硬币被创造出来了。这样,联合起来的生产者和资本家协商,固定资本由一部分人们的手里转移到另一部分人的手里。"①换言之,组织起来的工人股份公司集体发行一种新货币以代替旧货币。每一个公司根据本部门生产的需要,用这种新货币来租用或购买土地和生产资料。这些银行券和陶币是以股份公司的将来产品或如布雷所说的将来的劳动为担保的。

布雷计划的特点就是通过把工人们的劳动变为货币的办法来为工人股份公司提供资本。发行的新币不以现金或现在的商品而以将来的产品或劳动为担保是其新意。格雷的交换组织只为小生产者设想。他们把自己所生产的产品交给银行,换取"劳动货币"。格雷的银行一点也不能帮助自己没有产品、靠出卖劳动力为生的无产者,因为他们的劳动不是他的银行所能接受的,布雷的方案反以雇佣劳动者为对象。由无产者组成的公司以集体名义发行银行券购买生产所需的生产资料和生活资料,而以将来的产品作为偿还的保证。

但是,当布雷希望把工人变为独立的商品生产者时,他就陷入格雷所犯的同样错误,那就是想保存商品生产,而又企图借组织信贷和交换来消灭商品生产所固有的规律。布雷的理想,在后来蒲鲁东的"交换银行"中得到了响应。诚然,与格雷和蒲鲁东不同,布雷的交换组织方案只是一个过渡的措施,他的最终理想是欧文的共产主义,但这并不能改变这样一个事实,即他们中没有一个人了解商品生产的本质和其固有的交换形式。

四、霍吉斯金的经济学说

在李嘉图派社会主义者中占一个卓越地位的是托马斯·霍吉斯金(Thomas Hodgskin, 1787—1869 年)。他出身于英国海军文职职员家庭,12 岁进海军学校。在英法战

---

① 布雷:《对待劳动的不公平现象及其消除办法》,英文,1839 年版,第 172 页。

争时,他是英国海军军官。但在一次和上级军官发生冲突后,他遭到了迫害,终被免职。1815 年起,霍吉斯金在欧洲作了三年旅行。依据他所搜集的关于德国北部地区的经济、政治、文化和风俗习惯等材料,他写成了一本既带有文学意味又涉及社会经济问题的著作《德国北部旅行记》。但从《保卫劳动反对资本要求》一书出版起,经济问题便成为他的主要著作的内容。他成为当时英国激进主义出色的理论家、政论家和工人运动活动家。在 19 世纪 30 年代初期的议会改革争论中,霍吉斯金反对议会改革。他不同意扩大选举权,认为论辩国家政权的形式和组织是毫无意义的事。他认为根本问题在于资产阶级所有制,这正是他的主攻方向。

在若干方面,霍吉斯金和同为李嘉图派社会主义者的汤普逊、格雷、布雷等三人有所不同。三人都是欧文主义者,而霍吉斯金同欧文运动没有关系;三人都反对"自由放任"和"竞争",并希望发扬人类理性,以集体合作来代替"竞争",而霍吉斯金则是相信"竞争"、主张"放任"的极端个人主义者;三人都对将来社会作了计划和描述,而霍吉斯金除了表示要求一个真实的自由社会经济的愿望外,没有勾画出一个将来社会的蓝图。但是霍吉斯金的基本理论和以上三人一样,也从英国古典经济学出发得出利润是剥削收入的结论,并从而提出了全部劳动产品应属于劳动者的要求。在反驳资产阶级经济学家所提出的、为利润辩解的"资本生产性"的理论时,霍吉斯金提出了他对资本主义的批判。

霍吉斯金的重要经济著作有《保护劳动反对资本的要求,或资本非生产性的证明》(1825)、《大众政治经济学》(1827)和《自然财产权和人为财产权对比》(1832)。

(一) 自然所有制和人为所有制

霍吉斯金提出两种权利和两种所有制:自然的和人为的权利,自然的和人为的所有制。他把劳动者的财产和剥削者的财产对立起来。他认为建立在劳动之上的所有制以自然权利为依据;它是先于法律而存在的。而建立于剥夺别人劳动之上的所有制以人为的权利为依据;它破坏了自然所有制,侵犯了自然权利,从而有赖于法律的规定和保护。

霍吉斯金认为人类历史不外乎是自然所有制和人为所有制斗争的历史。在原始社会,存在着自然所有制。在人类历史发展的过程中,暴力消灭了自然所有制,形成了人为所有制。暴力始而建立了奴隶制度,继而建立了封建农奴制度,终而建立了资本主义雇佣劳动制度。但霍吉斯金又把从奴隶制到农奴制到雇佣劳动制的过渡,看做一种前进的运动,一种自然所有制排斥人为所有制的运动,并认为这个运动应以自然所有制的最后胜利而结束。

霍吉斯金把资本主义雇佣劳动制归结为资本对劳动的暴力统治。资本家掌握了资本,迫使工人无偿地让出自己产品的一部分作为资本的报酬。他的论证基础,与其他的李嘉图派社会主义者一样,就是劳动价值论。他说,劳动产生一切价值,而土地和资本不产生任何东西。资本本身是劳动的产物;利润是全部劳动产品的一部分,它的扣除使劳动只能获得其产品的一部分,他要求在劳动获得全部劳动产品的基础上恢复自然所有制。

霍吉斯金完全理解到,在分工发达的大工厂的生产条件下,谈不上每一个生产者占有他所生产的全部产品。他说:"再也没有什么东西可以叫做个人劳动的自然报酬。每个工人只生产整体的一个部分,由于每个部分单独就其本身来说没有任何价值或用处,因此没有东西工人可以拿来说:这是我的产品,我要留给我自己。"①因此,霍吉斯金比一般李嘉图派社会主义者都更明确地把获得全部劳动产品的权利当作一个生产单位整体工人对于他们所生产的全部产品价值的权利。

(二) 对"资本生产性"的批判

为了论证资产阶级所有制是建立在占有工人剩余产品上的,霍吉斯金集中地把批判的矛头指向资本。他攻击资产阶级经济学家以"资本生产性"的理论为资本家作辩解的企图。

首先,霍吉斯金证明了流动资本的非生产性,他首先提出对在当时资产阶级经济学中流行的生活资料的积累构成工资基金的学说加以分析。资产阶级经济学家断言资本家积累着生活资料,并以工资的形式把它预支给工人。他们由之作出结论说,劳动没有资本就不能进行生产。霍吉斯金反对这个观点。他认为生活资料的绝大部分并不处于资本家储存的形态,而是在分工制度下,不断地被分别生产出来的商品。分工是同时发生和互相支持的劳动过程。社会的全部生产以各生产部门同时进行生产为前提。所以,流动资本并不代表任何劳动积累。工人所依以进行劳动的是其他工人并存的劳动而不是积累的过去劳动。资本家之所以能对工人提供生活资料只是因为他们支配着一切生产部门的并存劳动。

霍吉斯金继续说,货币,一方面模糊了生产的性质,加强了资本家为工人蓄积生活资料的幻觉,另一方面却实际上给予资本家以支配劳动的权力。所以,资本家为工人积累生活资料,不过表示资本必须拥有足以支付工资的货币,工人用这些货币从流通的蓄水池中取得自己的消费品。如就整个阶级考察,就是买回自己产品的一部分。货币作为工资既是凭证又是代价。作为凭证,工人们用它来买回自己产品的一部分;作为代价,资本家以之换取和占有了工人们全部的产品。

至于固定资本,霍吉斯金承认固定资本不能归结为并存劳动。他同意资产阶级经济学家的看法,认为固定资本是积累劳动。但他却赋予活劳动以在生产中的决定性的作用。他指出:"工具和机器都是劳动产品……当它们只是过去劳动的结果而不由工人加以适当利用时,它们就不能补偿制造它们的费用……如果它们被长期闲置不用,它们就会失去其大部分价值……固定资本之所以有用不是由于过去劳动而是由于现在劳动,它对于它们的所有者提供利润不是因为它被积累着,而是因为它是获得对劳动支配权的手段。"②马克思认为,霍吉斯金在"这里终于正确地抓住了资本的性质"。③

但是霍吉斯金不了解在资本主义生产方式下,劳动的生产力如何会变为资本的生产力,剩余劳动如何会变为利润。他认识到不生产的资本之所以能得到利润是由于它赋予资本家以支配劳动的权力,但他却以暴力来解释支配的作用。他的资本是支配劳动的手段的观点似乎把资本归结为生产关系,但他却又不能摆脱把资本看做过去蓄积劳动的观点。因此,他不自觉地把否定资本的生产性变为否定资本家的生产性。马克思敏锐地指

---

① 霍吉斯金:《保护劳动反对资本的要求》,英文,1825 年版,第 25 页。

② 同上书,第 14—15 页。

③ 马克思、恩格斯:《马克思恩格斯全集》第 26 卷,第 3 分册,中共中央马克思恩格斯列宁斯大林著作编译局译,人民出版社 1974 年版,第 328 页。

出:"英国的社会主义者就是在这个意义上说:'我们需要的是资本,而不是资本家。'但是如果他们排除了资本家,他们也就使劳动条件丧失了资本性质。"[1]

思考题 》》

1. 简述欧文空想社会主义产生的条件及意义。
2. 评析欧文的"合作公社"的理论和实践。
3. 李嘉图派社会主义者的基本特征是什么?
4. 论述李嘉图派社会主义学说的历史意义。

---

[1]　马克思、恩格斯:《马克思恩格斯全集》第 26 卷,第 3 分册,中共中央马克思恩格斯列宁斯大林著作编译局译,人民出版社 1974 年版,第 326 页。

第十六章 19世纪上半期法国空想社会主义的演变

▍内容提要▍

　　本章首先论述19世纪初法国空想社会主义者圣西门和傅立叶的经济学说,他们与英国空想社会主义者欧文同样享有盛名,他们的学说同样具有批判的和空想的性质,在社会主义运动史和社会主义学说发展史上占有光荣的地位。然而,他们的后继者即圣西门学派和傅立叶学派,在19世纪20—30年代逐渐蜕变为反动的宗派。

第一节　圣西门的空想社会主义学说

一、生平和著作

　　昂利·克劳德·圣西门(Henri Saint-Simon,1760—1825年)出生于巴黎一个著名的贵族家庭,青少年时代正处在法国资产阶级革命酝酿和成熟时期,百科全书派的著名学者达兰贝尔曾被聘为圣西门的家庭教师,他向圣西门教授数学、物理学、唯物主义哲学等,使圣西门不仅学习当时先进的文化科学知识,也受到资产阶级民主思想的影响。

　　圣西门1776年(17岁)循例入伍,1779年随部队赴美参加了美国独立战争。他在那里看到了一个截然不同的国家:没有法国那种等级森严的封建统治,一个自由的资本主义世界;许多新事物展现在他的眼前,激起了他对社会问题的关心。他一面参加作战,一面利用空余时间研究和观察社会,逐渐形成了他的改造人类社会的空想社会主义思想。

　　圣西门回国后继续服役,由于对贵族军队无所事事的生活感到厌烦,不久他就离开军队到国外游历。1785年他到荷兰,参加法国与荷兰建立远征军的组织工作;1787年又到西班牙去参与开凿马德里连接海洋的运河的工作。但是都半途而废,没能达到他想建立功勋的目的。

　　1789年,法国爆发资产阶级革命。正当许多贵族纷纷逃往国外的时候,他回到了自己的祖国。回国后,他一度投入革命洪流,声明自愿放弃贵族爵位,并把自己的名字由圣西门伯爵改为公民包诺姆(意为庄稼汉),还说他过去总以出身贵族为荣,现在则认为出身贵族是一种不幸。他幻想和平地实行社会改革,但当他看到国王被判处死刑,特别是他本人也一度被牵连入狱,于是对革命开始抱怀疑和反对态度。1791年,他开始和一个德国人合伙,利用国有财产搞投机生意,几年中他就赚了很多钱,成了富翁。

　　1797年,圣西门放弃投机生意,转而从事学术研究活动。为了发现改造社会的方案,他努力学习自然科学和社会科学,力图掌握各门科学的最新成就。为了有机会向著名学者学习,他经常设置宴席,以便在席间向学者请教并同他们研究学问。这样做的确使他学到了许多宝贵的知识并搜集了许多重要的资料,但这种挥霍的学习方法很快就耗尽了他的全部财产。

四十岁以后,圣西门在贫困的生活中开始了他的著述活动。经济上的困难使他一度不得不为别人做誊写工作,只用晚上的时间进行创作。还有一段时间他是依靠自己从前的仆人生活,更无力出版著作,有时只好把自己的著作抄写几份,分送给学者们提意见。但是他仍顽强地写作,克服重重困难出版著作,宣传他的思想,直到1825年逝世。

圣西门的晚年终于在自己的周围聚集了一些门徒,后来形成了一个学派。在圣西门逝世后,他们继续出版圣西门的著作,宣传他的思想。圣西门的主要著作有:《一个日内瓦居民给当代人的信》(1802),《人类科学概论》和《论万有引力》(约1813年写成,1859年由圣西门的学生出版),《给一个美国人的信》和《论财产和法制》(1817—1818),《论实业制度》(1821),《实业家问答》(1823—1824),《论文学、哲学和实业》和《新基督教》(1825)。

二、社会历史观

圣西门对社会历史提出了一些独特的看法。他认为人类历史的发展有规律性,由低级向高级发展,每一个新制度的出现都是以往全部历史发展的必然结果和延续。他批评许多历史学家把历史写成一个个偶然事件的堆积,没有把历史形成科学。他也批评许多经济学家把当时的社会制度说成是自然的和永恒的。他认为一切社会制度都只有相对的历史意义,对人类社会的过去和现在进行深入研究就能发现和预见未来。正是根据这一思想,他认为"实业制度"是人类社会发展的必然结果,过去和现在社会的发展都为"实业制度"的实现创造着条件。

圣西门认为社会的发展是以理性的发展为依据的。他所说的理性包括理智、科学、道德、宗教等在内的意识形态,最主要的是哲学。他认为理性是不断发展的,从一种思想体系发展为一种新的思想体系,现实的物质社会也就相适应地从一种制度发展为一种新的制度。他的《人类科学概论》即以研究人类理性至今走过的道路作为基本线索,研究了人类历史的发展。例如,他把人类历史分为几个阶段,这些阶段都是和人类理性的发展相适应的。他认为和理性发展的"偶像崇拜阶段"相适应的是人类的原始时期;和"多神论阶段"相适应的是奴隶社会;当基督教一神论代替了多神论,人类社会就进入了"封建的和神学的体系"。由于文明的进步,已发现了"实业的和科学的体系",随之必然要建立"实业制度"(即理想的社会主义制度)。当时的法国社会是从"封建的和神学的体系"向"实业的和科学的体系"的过渡阶段。根据这一思想,他认为"实业制度"的实现是人类社会发展的必然结果。圣西门认为,他自己一生努力就是为实现"实业制度"铺平道路。

圣西门把社会发展看成是由低级到高级阶段的有规律性的发展过程,认为人类的黄金时代不在过去,而在未来,都是有价值的思想。他对人类历史的具体描绘和对个别历史事件的说明也包含一些唯物主义的因素。[①] 但他又坚持认为理性的发展决定社会的发

---

① 例如,圣西门认为在人类社会原始时期,人们住在山洞里,靠吃动植物充饥,后来逐渐由生食到熟食,从住山洞到住房子,并产生了初步的语言。奴隶社会中,人们开始筑坝、挖渠,发展农业,同时,艺术和手工业也有了发展。这时不再杀死俘虏,而是让他们做奴隶进行劳动,这不仅拯救了许多人的生命,也使统治者能够免除体力劳动,发展了古代文化。封建制度使奴隶变成了农奴,使他们的地位有了改善,劳动受到了鼓励,也更有利于科学技术的发展。

展,这又是唯心主义的解释了。

圣西门对法国资产阶级革命前,资本家和封建贵族社会地位的变化,以及法国革命的原因的说明也是比较正确的。他认为资本家政治地位的提高,贵族政治地位的衰落,是由于财产所有权和生产领导权逐渐转移到资本家手中引起的。他指出从十字军东征以来,实业家阶级就逐渐成长,随着实业和科学的发展,力量对比愈来愈有利于实业家阶级,而不利于贵族,结果导致了 18 世纪的法国革命。他在《论财产和法制》一书中,甚至明确指出了财产所有制是社会大厦的基石,而政府组织是社会大厦的形式。他还说到建立一种新制度,最重要的是建立有利于实业发展的财产所有制。

圣西门在划分社会历史阶段时,没有划分出资本主义阶段。他把当时法国的资本主义社会看成是从封建体系向"实业制度"的过渡时期,并对其采取了严厉批判态度。他揭露当时的社会充满了矛盾和罪恶,认为它正处于严重的疾病状态,已经到了必须向"实业制度"过渡的时候。他在《寓言》一文中指出,当时社会存在两个对立集团。一个集团包括各类科学家、艺术家、实业家和各行各业的手工业工人,他们是劳动者,是最能生产的法国人,他们制造人们需要的一切最重要的产品,管理对整个民族最有益的工作,使国家达到最高文明和最大成就。他说假若设想这几千名最优秀的人物突然死去,法兰西民族就会变成一具没有灵魂的僵尸,法兰西民族就要灭亡。另一个集团包括国王、公爵、国家的大臣、议员、红衣主教、神甫及养尊处优的大财主等。他也设想假如他们都突然死去,法国同胞虽然会感到难过,但对社会并无什么危害,因为他们并没有为社会做什么有益的工作。他说这种情况虽一般不会发生,但它尖锐地说明了一个问题,在现代的社会里,对社会无用的人仰仗他们的特权占据统治地位,享受荣誉和福利;对社会有用的人则处于被统治地位,得不到荣誉和应有的报酬。在这种批判中,他把主要矛头对着封建统治者,而把实业家列入劳动者。这也是由法国资本主义经济关系还未充分发展所决定的。

圣西门认为法国的政治已走上反动:"法国目前的政治局势是非常令人痛心的……最高当局,把授予它的力量用在建立完全有利于统治者和有损于被统治者的秩序方面……到如今,贪婪已变成在每个人身上占有统治地位的感情;利己主义这个人类的坏疽,侵害着一切政治机体,并成为一切社会阶级的通病。"[1]

三、"实业制度"

圣西门在批判现存制度的基础上,提出了对未来理想社会制度的设想。他认为未来的美好社会制度是"实业制度",并对"实业制度"做了比较详细的描绘和说明。虽然他的学说总的来说是空想的,有些说法也不完全统一,但在对新社会的具体描绘中包含着许多天才思想的萌芽。

圣西门对实业制度中的领导机构作了重要的说明。他认为实业制度的领导机构和现存的国家机构根本不同。首先它们是建立在根本不同的原则基础上。他说:"直到如今,统治者都把人民看做自己的领地;他们的一切政治计划实质上不是为了经营领地,就是为了扩大领地。甚至在这种计划当中,一些有益于被统治者的计划,也只是由统治者当做使自己的财产更有收入和更加巩固的手段而想出来的。"[2]但是,在未来社会中,"被

---

[1] 圣西门:《圣西门选集》上卷,何清新译,商务印书馆 1962 年版,第 39 页。

[2] 同上书,第 276 页。

统治者提出了一个政治的新的一般原则。他们认为,统治者只应当管理社会,统治者的领导工作必须符合被统治者的利益和意志;一句话,人民的幸福是社会组织的独一无二的目的"①。在标志着圣西门学说完成的《新基督教》一书中,他进一步指出:"人们应当把自己的社会组织得尽量有益于大多数人;人们应当把在最短期间内用最圆满的方式改善人数最多阶级的精神和物质的状况的事业,作为自己的一切劳动和一切活动的目的。"②

圣西门进一步说明了新社会的领导组织如何为大多数人民的幸福谋利益。他说:"都有哪些能使社会得到幸福的共同的手段呢?……除了科学、艺术和手工业以外,再没有任何其他手段。要知道,只有人们满足了自己身心需要的时候,他们才能成为幸福的人,而科学、艺术和手工业的唯一的和多少比较直接的目的,就在于满足这种需要。"③因此,他认为:"可以从原则上确定:在新的政治制度下,社会组织的唯一的和固定的目的,应当是尽善尽美地运用科学、艺术和手工业所取得的知识来满足人们的需要。"④

圣西门还指出了新制度下领导机构的工作,和旧制度下国家的职能根本不同:"在旧制度下,一些主要措施的目的,自然是使政府拥有巨大的权力,巩固地建立上层阶级压制下层阶级的权力……在新制度下,与此完全相反,主要的措施都以制订明确的和配合得十分合理的工作计划为目的,所计划的工作都是社会为了改进它的全体成员在政治和道德方面的处境而应当实施的。对于维持社会秩序的预防性措施的种种考虑,应被看成是次要的事情。"⑤由此他认为:"(在新制度下)政治学就是关于生产的科学,也就是目的在于建立最有利于各种生产的事物秩序的科学。"⑥

圣西门还指出,新制度中这种根本的变化,决定了它比一切旧制度都有巨大的优越性。他认为至今为止的人类社会中,人们的努力绝大部分都经常互相抵消了,因为社会上总是分为两个不平等的部分,少数人作为统治阶级,经常把他们的力量用于统治其余的人,以致其余大多数被统治者则把绝大部分力量用于反抗这种统治,这毫无疑问浪费了大量人力,尽管这样,在文明国家里仍然达到了相当优异的成就和繁荣。在新制度下,消灭了一部分人统治另一部分人的现象,大家联合起来共同去影响自然,人们将达到多么大的成就和繁荣啊!

圣西门设想新社会制度中领导权由实业家和科学家掌握。他认为实业家包括工人、农民、工厂主、商人、银行家等。他说:"实业家是从事生产或向各种社会成员提供一种或数种物质财富以满足他们的需要或物质爱好的人。"⑦他们创造社会的一切财富,并且有管理社会的才能,是社会上唯一有用的人,只有他们才能引导社会的发展。他还指出实业家阶级的人数占社会总人数的二十五分之二十四,即占人口的绝大多数。圣西门提出的新社会应由占人口绝大多数的劳动者掌握领导权的思想是很有创见的。

关于"实业制度"下社会领导组织的形式,圣西门的著作中说法不尽相同。他的基本

---

① 圣西门:《圣西门选集》上卷,何清新译,商务印书馆1962年版,第276页。
② 圣西门:《圣西门选集》下卷,何清新译,商务印书馆1962年版,第226页。
③ 圣西门:《圣西门选集》上卷,何清新译,商务印书馆1962年版,第278页。
④ 同上书,第279页。
⑤ 圣西门:《圣西门选集》下卷,何清新译,商务印书馆1962年版,第65页。
⑥ 圣西门:《圣西门选集》上卷,何清新译,商务印书馆1962年版,第211页。
⑦ 同上书,第75页。

思想是社会的最高领导机关由科学院和最高行政委员会构成。它们是遵照上帝的意志以新基督教的形式组织起来的。科学院由最优秀的科学家、艺术家、学者组成,掌握社会上的精神领导权,负责国民教育等工作。最高行政委员会,也叫实业家委员会,由最有势力的实业家组成,负责编制国家预算,检查预算执行情况。圣西门还指出,在"实业制度"中,"一切特权都将废除,而且也不能让它们恢复,因为将要建立起尽可能完全平等的制度。在实证科学、美术和实业方面有最大才能的人,将在新制度下根据自己的社会作用对社会负有重大的使命,受托去管理国家大事。一切才华出众的人,不管他们由于家庭出身处于什么样的地位,都将被基本法提到首位上来"①。他还指出,新制度只赋予社会领导者以非常明确、非常有限的权力,以避免他们像旧的统治者一样为所欲为,以保证新制度下的公职人员不变为新的特权阶层。

圣西门认为未来的"实业制度"是从事有益工作的人联合的社会。他指出,在实业制度中,一切人都要劳动,都要把自己看成属于某一工场的工作者。他还说,每一个人都有义务经常以自己的力量去为人类造福。穷人的双手虽然要继续养活富人,但是富人已经得到用脑子工作的命令。如果他们的脑子不能工作,他们就得用双手工作。他还说,为人类的幸福而劳动,这是多么壮丽的事业!这个目的有多么伟大!圣西门冲破一切剥削阶级轻视和蔑视劳动的观念,提出了普遍劳动的原则和劳动光荣的思想。

在"实业制度"中,由于人人都参加劳动,人们取得收入的原则也发生了变化。他认为在"实业制度"下,由于一切特权都将被取消,每个人的收入也不取决于出身,而取决于才能,"按照社会成员的贡献,使每个成员得到最大便利和福利"②。他的门徒把这一思想引申为:个人的地位将取决于他们的能力,报酬将取决于他们的业务。这种观点已包含了按劳分配思想的萌芽。

不过,圣西门没有提出改变生产资料私有制问题,他只主张所有权应当有利于发展实业。他认为要把富人吸引到新制度中来,还必须保留私有财产及其由此取得收入的权利。他说:"必须尽可能大力鼓励农业、工业和商业的活动,必须保护它们。应当利用私人利益的引诱去推动开凿运河、铺设道路和桥梁的一切事业,以及促进排水、耕种和灌溉等工作。"③这就是说,圣西门认为在"实业制度"中,在实行按劳分配的同时,仍然保存着资本的剥削收入。

在如何实现"实业制度"的问题上,突出表现了圣西门学说的空想性质。虽然他无情地批判资本主义制度,但是他反对广大群众参加的阶级斗争,认为阶级斗争只能造成混乱,带来危害。虽然他看到了社会上最低等级的人们对实现"实业制度"抱最积极、最关心的态度,但认为他们只是被同情和被关心的对象。他把实现新社会的希望寄托在国王和资产者身上,他认为只要耐心地进行宣传,一旦他们认识到"实业制度"的优越性,就会接受他的建议。他说:"在法国,为了建立实业制度,只由国王颁布一道敕令,委托最有势力的实业家编制国家预算草案就可以了;如果为数达二千五百多万人的法国实业阶级恳请国王注意这个措施可以保证王位安全和民族幸福,国王一定会颁布这项命令。"④历史

---

① 圣西门:《圣西门选集》下卷,何清新译,商务印书馆1962年版,第70页。
② 圣西门:《圣西门选集》上卷,何清新译,商务印书馆1962年版,第261页。
③ 圣西门:《圣西门选集》下卷,何清新译,商务印书馆1962年版,第69页。
④ 同上书,第142页。

已证明圣西门的这种思想只能是幻想。

第二节　傅立叶的空想社会主义学说

一、生平和著作

弗朗斯瓦·沙利·傅立叶（Chrles Fourier，1772—1837 年）出生在法国贝桑松市一个呢绒商家庭，他的父亲还曾被选为当地商业法庭庭长。傅立叶的童年时代已是法国资产阶级革命的前夕。启蒙思想在巴黎广泛传播，社会上各种集会十分活跃，正在酝酿着革命风暴。但是作为一个外省省会的贝桑松还很少受到新思潮的影响，人们仍然过着古老的宗法式的生活，严格遵守着封建道德和传统的宗教信仰。

傅立叶在当地读完中学，原希望到巴黎继续深造，但他父亲留下遗嘱要他学习经商，母亲也执意要他去里昂经商。他在去里昂的路上偷跑到向往已久的巴黎，繁华的巴黎对傅立叶这个外省青年有很大的吸引力，但由于他经济上不独立，不久只好又去鲁昂学习经商，后又转到里昂。在学习经商期间，他利用店主委托他办理商务的机会到过法国许多城市，还到过德国和荷兰。

1793 年傅立叶回到故乡，根据传统，当他满二十周岁时接受了父亲的遗产。他用这笔钱买了大批的棉花、大米、咖啡、茶叶等货物，准备在里昂独立经商。这时法国革命仍在进行中，封建皇帝已被推翻，但参加革命的派别发生了分裂，转变为公开的国内战争。吉伦特派篡夺了里昂的领导权，雅各宾派的军队对里昂实施了包围。在围城期间，傅立叶的大包棉花被没收做临时的防御工事，大米、咖啡等则被拿去供应军队和医院，连他本人也被拉去当兵。这场战争使他损失了全部货物，他本人也差点被打死。里昂攻克后，傅立叶被捕做了俘虏，只是由于偶然的机会，才逃出里昂回到家乡。傅立叶的这次遭遇，对他的政治观点的形成有重要影响。

已无钱独立经商的傅立叶只好在别人的商店做职员。他曾担任过会计、出纳员、发行员、推销员和经纪人等职务，在拿破仑执政期间，还曾短期做过罗纳省省府统计局局长。傅立叶先后在商店中工作了几十年，到了晚年才退休，专门从事写作。

傅立叶年轻时就是一个思想敏锐并注意观察各种事物的人。虽然他只读了中学，但他刻苦自学，经常白天经商，晚上阅读各种报章杂志，并喜欢把亲眼看到的各种事情记载下来，这为他创立自己的学说作了准备。傅立叶长期经商，使他有机会接触各种人物，了解社会情况。他看到经过革命动荡的法国，存在许多严重社会问题，一些大资本家和投机商人利用国家经济混乱和人民生活困难牟取暴利，大发横财。但广大手工业工人和其他劳动人民则过着饥寒交迫的生活，他深感法国是一个极不合理的社会。他厌恶富人挥霍腐化的生活，同情劳动人民的苦难遭遇，力图寻找改造社会的方案，希望建立一个公平合理的社会。他几十年如一日利用业余时间创立学说，并自认为发现了一个达到理想社会的方案，只要人们接受和支持他的学说，一个美好新社会就能实现。他著书立说进行宣传，上书统治者呼吁支持他的主张，甚至在报纸上登广告，说如果有哪个善良的资本家支持他的主张，可以在中午 12 点时到他家中商谈。广告登出后，傅立叶诚心地等待着有钱的资本家的光临，无论工作多忙，他一定在 12 点钟以前赶回家。可是等了多年，从来没有一个富有的资本家来访问过他。

和圣西门一样,傅立叶在晚年也聚集了一些门徒,他们拥护并热情宣传他的学说,但都没有钱支持傅立叶的试验。到 1832 年由两个门徒捐出一块土地,并通过招股的办法募集了一些资金,在傅立叶的亲自主持下,勉强办起了一个协作社,进行改造社会的试验,但这个试验不久就失败了。

傅立叶去世后,他的门徒组织出版《法郎吉》杂志,继续宣传他的学说。这时法国社会的矛盾更加尖锐,阶级斗争已有很大发展,傅立叶主义在揭露社会矛盾方面虽起过进步作用,但反对阶级斗争,宣传和平改造社会的幻想,越来越起消极作用。到 1848 年革命爆发后,傅立叶派即土崩瓦解了。

傅立叶的主要著作有:《世界和人类的命运》(1808)、《论家务农业协作社》(1822)、《经济的和协作的新世界》(1827)、《论商业》(傅立叶逝世后 1845 年出版)。

二、社会历史观

傅立叶和圣西门一样创立了自己独特的社会历史观,并以此为基础论证理想社会是必然要实现的。

傅立叶的社会历史观具有明显的宗教迷信色彩,他认为上帝是人类的创造者和世界运动的推动力量。上帝给宇宙各部分都定下运动规律,给人们留下了"社会法典"。"(上帝制定的)世界的运动区分为四个主要的部分:社会的、动物的、有机的与物质的运动……这四种运动的总和就构成了整个宇宙的运动。"[①]他认为社会运动是宇宙运动的主要形式,因此,他把主要精力放在考察社会运动上,即考察人类社会的历史发展上。他努力发现人类社会发展的规律,即在人类社会发展中寻找和发现上帝意旨。

傅立叶认为他自己是发现社会运动规律的第一人,由于这一发现扫除了两千年的政治愚昧,当代人和后代人所获得的幸福都应归功于他。他所发现的社会运动规律就是"情欲引力"规律。所谓"情欲引力"规律就是上帝赋予人们各种"情欲",如听觉、视觉、味觉、友谊、爱情、名利、创造、竞赛等,这些"情欲"都要求得到满足,整个世界也要求按"情欲"的需要组织起来。他认为上帝赋予人的"情欲"都是好的,协调的,都应得到满足。只有人们的"情欲"都能得到满足,不受压抑的社会,人们才是幸福的,社会才是和谐的。如果一个社会阻碍了"情欲"的满足,"情欲"就会变坏,社会就会出现许多罪恶。傅立叶认为以往经历的各个社会制度,都使人们的"情欲"受到压抑,因此,社会上出现了许多罪恶,人们忍受了长期的痛苦。"情欲引力"规律要求摆脱一切对"情欲"的压抑,建立一个使"情欲"能得到自由满足的社会。现存社会已发展到了向这种和谐社会发展的阶段。在和谐社会里人们的"情欲"都能得到充分满足,这时"情欲"将成为团结和调节社会的力量,整个社会将会协调,全体人民也都将得到幸福。

傅立叶的"情欲引力"规律是以"人性论"为基础的,他用"情欲引力"规律说明社会发展规律是不科学的,但是他由此却得出了一个积极的结论,即认为当时的"文明制度"(即资本主义制度),使人们的"情欲"受到压抑,不符合人性,只有过渡到一个使人们的"情欲"能得到普遍满足的新社会,才符合人性,符合上帝的意志。正是这样,傅立叶的唯心主义的情欲论,成了他批判现存社会和宣传实现理想社会的理论根据。

---

① 傅立叶:《傅立叶选集》第 1 卷,赵俊欣等译,商务印书馆 1959 年版,第 76—77 页。

傅立叶以人类社会是一种运动的思想为基础,在他的《世界和人类的命运》一书中,制定了一个"社会运动过程一览表",试图说明人类社会从产生到灭亡的过程。他认为人类社会约存在八万年,分为四个阶段,三十二个时期。人类社会也像人的生命过程一样要经历童年、成长、衰落和凋谢四个阶段。人类社会发展到八万年,地球就要停转,人类就要灭亡。傅立叶只对三十二个时期中的一至八个时期做了说明。他所讲的第一至五个时期,实际讲的是从人类诞生到他所在的社会,第六至八个时期是向幸福社会过渡的时期,从第九个时期起,人类社会开始进入成长阶段,也就是开始进入幸福社会。

他在《经济的和协作的新世界》一书中,列出了"社会最初世纪的上升序列":

非真正的时期,没有人类生产活动前的时期：
1. 原始时期,极乐世界时期
2. 蒙昧时期,或无为时期

分散的、欺诈的、令人厌恶的生产：
3. 宗法制度 小规模生产
4. 野蛮制度 中等生产
5. 文明制度 大规模生产

协作的、诚恳的、诱人的生产：
6. 保障制度 半协作制度
7. 协作制度 简单协作制度
8. 和谐制度 复杂协作制度

傅立叶以他的"情欲引力"规律为基础划分历史阶段,又以不同类型的生产为基础划分具体的时期。

傅立叶强调,人类社会是一种运动,是由低级向高级发展的,每一种社会制度都是历史发展的一个阶段。他说,社会运动反对停滞,而力求进步,我们的使命是向前进展;每个社会时期都必须向更高的时期前进。他指出文明制度是社会发展的一个阶段,它必然向更高一级的和谐制度发展。把文明制度说成是永恒的,这和经验不符,应该怀疑文明制度,怀疑它的必要性、它的优越性,以及怀疑它的永久性。他还指出,既然文明制度之前已经存在过三种社会制度,为什么不能设想在它之后还有第五、第六种制度呢?

三、对资本主义制度的批判

傅立叶所讲的"文明制度"相当于资本主义社会。对"文明制度"的批判是其学说的重要组成部分,也是极为出色的部分。恩格斯指出："在傅立叶的著作中,几乎每一页都放射出对备受称颂的文明造成的灾祸所作的讽刺和批判的火花。"[1]

傅立叶批判"文明制度"是一种"反社会的工业主义制度"。在这种制度下,生产是分散的、不协调的,生产的目的是追求个人利益,而不管社会的利益和幸福,因此,到处造成了个人利益和社会利益的矛盾。这是文明社会中一切灾难产生的主要原因。他说,文明社会中"经济制度有一种更突出的破坏性特点,即集体利益与个人利益这两种利益的矛盾。任何一个劳动者都由于个人利益而与群众处于斗争状态,对群众不怀好意。医生希望自己的同胞患寒热病,律师则希望每个家庭都发生诉讼,建筑师要求发生大火使城市的四分之一化为灰烬……这是反协作制经营方式或颠倒世界的必然结果"[2]。

傅立叶十分重视批判商业的罪恶。他揭露文明制度的商业活动充满了欺骗,商业不

---

[1] 马克思、思格斯:《马克思恩格斯选集》第3卷,中共中央马克思恩格斯列宁斯大林著作编译局译,人民出版社1972年版,第300页。

[2] 傅立叶:《傅立叶选集》第3卷,冀甫译,商务印书馆1964年版,第57—58页。

过是有组织的和合法化的抢劫行为,并认为商业精神使人民道德腐化。他总结了商业中的三十六种恶行,淋漓尽致地揭露了商人通过囤积居奇、证券投机等阴谋活动给社会造成的极大危害。他揭露商人用诡计制造某些商品暂时的短缺,借以抬高物价,掠夺生产者和消费者。他们一面囤积大量棉花,一面则迫使纺纱工厂因缺乏原料而倒闭;一面把大批的粮食倒入海中,一面则使许多人在饥饿中死去。

傅立叶批判"文明制度"中不可避免地存在经济危机。他亲身经历了法国1825—1826年的经济危机。他认为这是由于物资过多,造成了货物滞销,由此接踵而来的是亏本出售、工厂停工、商人破产。为什么会出现经济危机呢? 他认为是由于"文明制度"中自由竞争的无政府状态的商业造成的。商人一看到某处有利可图,就不顾购买力的情况盲目地把大量货物集中到购买力不足的市场,以致货物滞销突然降临。傅立叶看到了资本主义经济危机是生产过剩的危机,但他把危机产生的原因归结为商业,则是只看到了表面现象,没有找到问题的本质。

傅立叶指出,在"文明制度"中,生产有了很大成就,但不能给人民造成幸福,贫困随着生产增长的程度而增长,生产成就只不过是欺骗群众的手段而已。"生产对人类来说,已经成为一种阴险的礼物和对本性的嘲弄,甚至是一种惩罚。因为它使生产所依靠的雇佣工人和奴隶阶级陷于绝望的境地。"[1]

傅立叶还进一步指出了在资本主义社会工人的劳动权得不到保障。他指责资产阶级高唱天赋人权,但是对保障人们最主要的天赋人权——劳动权方面却是无能的。他说:"人民,甚至知识阶层中,到处都充满了不幸的人,这些不幸的人要求职业是枉然的。"[2]

傅立叶指出,"文明制度"的严重弊病还在于三分之二的人不从事生产,过着寄生的生活,靠三分之一的人过度的劳动来供养。他认为属于寄生虫的人有官吏、军队、仆役、大半数的工业家、十分之九的商人等。

傅立叶很重视批判"文明制度"中对妇女的压迫。他指出,女子在"文明制度"中处于绝对的奴隶状态;婚姻和商品交易所的日常交易相类似,它不外乎是一种特殊的商品交易。他指出妇女和奴隶的解放是新社会所必需的,只有在协和的新社会中,妇女才能获得应有的社会地位,她们的天才和能力才能得到发挥。

四、"和谐制度"和法郎吉

傅立叶把他设想的理想社会叫"和谐制度"。他在几本著作中都有对"和谐制度"的论述,其中《经济的和协作的新世界》一书论述较为系统、全面。傅立叶认为,在现存的"文明制度"中,人们之间是分散的、不协调的,人们的"情欲"受到压抑,不能得到正常的满足,而在"和谐社会"中,人们将联合起来共同劳动,共同生活,使人们的"情欲"都得到满足,人们的爱好、才能和欲望都能自由发展,全体人民都将获得幸福。

傅立叶设想"和谐社会"的基层组织是"法郎吉"。"法郎吉"一词来自希腊语,原意是"队伍",指步兵的严整的队伍或方阵。法郎吉的性质大体上是一种生产消费协作社组织。

---

[1] 傅立叶:《傅立叶选集》第4卷,冀甫译,商务印书馆1964年版,第247页。

[2] 同上书,第7页。

傅立叶对法郎吉的建筑、设施的布局作了详细的描绘,并绘制了法郎吉平面图。他设想法郎吉占地一平方法里(一法里等于四公里半)。它的中心,建筑一座豪华的宫殿式的大厦,叫做法郎斯特尔。大厦中央是公共场所,有公共食堂、图书馆、商场、俱乐部、邮局、礼堂、气象台、室内花园等。大厦的一侧是工厂,另一侧是住宅,客房等,它的外围是农场和果园。

关于法郎吉的规模,傅立叶设想由 1 600 至 2 000 人组成,理想的人数是 1 620 人。他认为这是由于人们的天然"情欲"决定了人们的性格共有 810 种,每种性格的人都有相应的工作,并且为了工作方便最好由两个人做同一种工作,一人作正职,另一个人作副职配合。因此,810 人要加一倍,即最好由 1 620 人组成。这样,法郎吉就能保证每个人根据他的性格作他爱好的工作,使"情欲"得到满足,也有利于提高生产的效率。傅立叶从人的所谓"情欲"和性格的心理因素考虑法郎吉的人数,显然是不科学的。

筹办法郎吉的资金,傅立叶主张通过招股办法加以募集。投资者将资金、土地或其他财产交到法郎吉,法郎吉给予作股,作为分红的依据。傅立叶主张用优厚的股息来吸引资本家参加法郎吉,只要资本家认识到把资本投在法郎吉比存在银行更为可靠有利,就会愿意向法郎吉投资。

法郎吉是集体的生产组织,也是集体的生活组织。在法郎吉中人人都参加劳动,同时也保证人人都有工作。法郎吉中实行集体的大规模的生产,能够使用机器,大大提高劳动生产率。法郎吉的成员组成若干谢利叶,即联组,联组再分成若干小组,每一个小组七至九人。每个小组都由共同爱好某种劳动的成员组成。法郎吉成员可以根据个人爱好参加某一小组,爱好发生变化也可以退出这一小组参加另一小组。他认为这样的劳动组织有很大的好处,由于劳动和个人爱好结合起来,人们就不会感到劳动是沉重的负担,每个人将被劳动吸引,从而把劳动看成乐事,并且由于人们都有天生的好胜欲望,各个劳动小组之间将展开劳动竞赛。这种竞赛与资本主义竞争完全不同,它的结果不是互相排挤而是互相促进。因此,在这样的劳动组织中,法郎吉成员都有很高的劳动积极性。

傅立叶认为法郎吉是组织劳动的基本单位,法郎吉之间也可以组织协作,例如,可以组织共同开凿运河、改造沙漠、修建桥梁等。他指出这样将能够更有成效地改造自然。

法郎吉的生产以农业为主,兼营工业。他说,协作制度把工业生产只看做对农业的补充。他认为这是由于人们对农业的爱好三倍于对工业的爱好,因此,法郎吉成员从事农业劳动的时间占四分之三,从事工业生产的时间占四分之一。他这种思想实际上反映了当时法国的农业在国民经济中仍占主要地位,大工业生产还没有充分发展起来。

傅立叶主张法郎吉把城市和农村结合起来。他说,到那时,工业生产将不像现在这样都集中在不幸的人群所麇集的城市,而将遍布于全球的乡村和法郎吉。这里似乎已有了消灭工农差别、城乡差别的思想萌芽。

关于法郎吉的分配,傅立叶指出,要把法郎吉全部生产的收入都分配给它的成员。分配的比例是:资本占十二分之四,劳动占十二分之五,才能占十二分之三。他认为按这样的比例分配,有利于筹集资金,能够普遍提高法郎吉成员的生活,也有利于建立全体成员的平等和友谊。这样的分配虽然使法郎吉中还保存着穷人和富人的区别,但是由于所有成员都共同参加劳动,人们之间同情和爱护的"情欲"就会发展起来,和睦相处。关于保留资本分红的思想,傅立叶在晚年又作了新的补充,他认为随着法郎吉生产的发展,资本的作用将愈来愈不重要。这样,他就把保留资本分红,看成是法郎吉成立初期,为募集资金而采取的过渡办法。

傅立叶很重视妇女的解放和儿童的教育,认为妇女权利的扩大是社会进步的重要标志。他主张在法郎吉中妇女和男子完全平等。由于家务劳动被公共食堂和公共服务代替,儿童的教养由法郎吉统一进行,妇女将获得完全的解放。在法郎吉中,妇女将和男子一样参加集体生产劳动和各项工作。他说,在协作制度下,妇女很快就会相信自然界所指定给她们担任的那种角色,相信自己是男性的对手,而不是男子的仆人。

法郎吉的儿童,从小就进入幼儿园,到一定年龄就进入学校学习。他们接受集体教育,而不受家庭小圈子的影响。傅立叶要求培养儿童对社会的感情,培养劳动习惯和工作能力。他说,协作教育的目的在于实现体力和智力的全面发展。他认为通过这样的教育就会培养出法郎吉的一代新人。

关于实现和谐社会的道路,傅立叶和圣西门一样,主张通过宣传和说服的方法,希望得到统治者和资本家的支持,实现新社会制度,这是其空想社会主义学说的根本弱点。

第三节　法国空想社会主义的蜕变

19 世纪 30 年代,圣西门主义者和傅立叶主义者甚为活跃,他们在自己老师的理论的基础上,继续批判资本主义,阐述社会主义理想。在若干理论问题上,他们对于体系创始人的理论还作了某些补充或从之导引出较为深化的说明,但他们基本上是"述而不作"。和他们在英国相对应的派系——欧文主义者一样,也无视无产阶级在历史上继续向前发展的事实,死守着老师们的一些陈旧观点。所以,他们一贯地一再企图削弱阶级斗争,调和对立,并梦想用试验办法来实现自己的社会空想,最终堕落成为反动的宗派。

一、圣西门学派的学说

圣西门在生前吸引了若干信徒,其中最著名的是圣·阿蒙·巴扎尔(Amand Bazard,1791—1832 年)和巴特勒米·普·安凡丹(Barthélemy-Prosper Enfantin,1796—1864 年)。

圣·阿蒙·巴扎尔出生于一个法国贫苦之家,青年时代就萌生了救世的思想。在1818 年,他创立了一个以推翻法国王朝、建立共和国为宗旨的秘密组织——"真理之友"。他后来皈依了圣西门主义,但他从未见过圣西门本人。在圣西门去世后,他和安凡丹一起成为圣西门主义的热诚传播者。他历任《生产者》(1825—1826)、《组织者》(1828—1830)、《地球》(1831)等刊物的主编,并为《圣西门释义》讲稿的宣讲人。巴扎尔是最先把"剥削"一词引入经济学文献的人。在圣西门主义发展成教派之后不久,由于和安凡丹在妇女问题上发生分歧,巴扎尔于 1832 年去世前不久离开了这个组织。

安凡丹出生于法国中产家庭,曾在巴黎综合科技学院学习。他本来志愿参加商业界的工作,但在遇见圣西门之后,成为圣西门主义的信徒,投身于宣传鼓动。他创办《生产者》刊物并为这刊物写了大量的文章。圣西门去世后,他和巴扎尔成为圣西门学派的两个首领人物。在他的影响下,圣西门学派变为一个有教规、教阶、教堂的教派组织。在巴扎尔退出组织后,安凡丹和四十个信徒退居米尼尔蒙顿,过起了寺院的生活。1832 年,他们以成立非法组织和反道德罪被控,判处一年徒刑。教派组织瓦解了,圣西门学派作为一个有组织的运动也随之解体。减刑出狱后,安凡丹转而从事工商业。他协助创办了巴黎—里昂铁路。他还去过埃及,企图组织一个开掘沟通地中海和红海的苏伊士运河的公司。

在1828—1830年间,圣西门的信徒组织了一系列公开讲演。宣讲的任务由巴扎尔担任,但其内容并不代表他一个人的见解。尤其在经济问题上,很多论点应该说是安凡丹的贡献。讲稿于1830年出版为两卷集的《圣西门学说释义》。第一卷包括圣西门的社会经济学说,第二卷则以哲学、伦理为主要内容。这是19世纪上半叶社会主义的重要文献,又是圣西门学派的代表著作。圣西门门徒认为他们在《圣西门学说释义》中没有创造新的,而只是叙述、阐释和完成他们先师的学说。但实际上《圣西门学说释义》不只是圣西门学说的叙述,而是圣西门学说的系统化和在某些问题上进一步的发展。

(一) 对私有财产的更明确的批判

圣西门学派的社会主义观念要比圣西门本人更为清楚。最明显的,也是《圣西门学说释义》内容中最突出的,是对私有财产的更明确的批判和借废除遗产制度以消灭私有产权的主张。

在圣西门心目中,社会的阶级矛盾表现为"劳动者"和"游惰者"的对立。他的新社会是由"劳动者"组织的社会。"游惰者"(一切旧特权等级以及其他不参加生产而靠不劳动收入为生的人们)是一定要被消灭的阶级。私有产权是这一切不劳动收入的基础。要体现一个真正的"劳动者"组织的社会秩序,私有财产的消灭是必要的条件。但是圣西门恰在这一点上没有提出彻底的主张。这是因为他对于现代社会有产者和无产者、资本家和雇佣劳动者间的阶级对立的认识还是模糊的。

圣西门信徒对于这种对立的认识是较为清楚的。他们以为历史上最残酷的剥削关系,在极大程度上存在于财产所有者和劳动人民之间。他们以为资本主义阶级关系是以前的奴隶制、农奴制关系的继续和最后的变种。这种剥削关系的基础是私有财产。私有财产的存在使劳动者被迫让予不劳动者以分享劳动果实的权利。而遗产制的存在又使剥削者和被剥削者的地位永不变易。他们认为有产者和无产者的对立实际上就是圣西门所说的"劳动者"和"游惰者"的对立。既然圣西门的实业制度不允许"游惰者"的继续存在,唯一的结论应该是私有产权必须予以废除。

圣西门信徒还从生产组织的观点来批判私有产权。他们说,在私有财产制下,生产力不可能得到充分的、合理的发展和作用,有计划的劳动组织也不可能建立,因而生产的无政府性也不可能消灭。

他们认为,主要财产包括土地和资本。土地和资本是生产工具。按照他们的意见,生产工具的分配,应该适用下列的原则:第一,生产工具应当按个人的能力来分配,使其发挥最大的效率和作用;第二,生产工具应当按每一地方每一工业部门的要求,作有比例的分配,以使任何部门都不感到不足或太多。在私有制下,财产的所有者是生产工具的分配者。这样的分配不符合上述原则。资本根据遗产法而转移。社会利益要求资本应归最有能力的工业者来掌握。而遗产制却盲目地把这一重要任务交给了一些凭借父兄余荫,常常被证明为无能的企业领导的遗产承受者。他们指出资本生产是分散的、无政府的。没有人考虑社会生产总的情况。因此,资本就不能在不同部门间作合理的分配,从而有计划的劳动组织也就成为不可能的了。在无限制的竞争下,这种没有考虑到消费需要和生产资源的生产,就是经济危机的原因。

还有一点值得指出,圣西门学派以历史的眼光对待财产,他们从历史的发展上,断定私有财产制一定要归于消灭。他们指出,在古代奴隶社会,财产的意义较为广泛,它包括人和物。到了封建社会,财产便只限于对物的所有权。在以后的发展过程中,物的所有权更不断受到新的和更多的法律限制;到今日,剩下的就是最后一步了。"发展的规律要求建立一种秩序,以国家来代替家庭,承继全部财富和一切经济学家所说的生产基金。"①

但是圣西门学派又把古代和封建私有权归结为暴力的产物,认为奴隶和封地是从掠夺和战争中产生的。他们不了解,在掠夺者能够占有他人财物以前,私有财产的制度必须是已经存在了;因此,暴力虽然可以改变占有状况,但是不能创造私有财产本身。至于说资本主义所有权也源于暴力,他们更完全没有作任何解释。他们不了解资本主义生产方式的特性,从而不了解资本作为资本主义私有财产权的特种形态,有其特殊性质。在他们的观念中,资本主义私有财产权只是过去各种私产形式的"后裔",而竞争也只是先前战争和劫掠的变种。因此,对于资本家的财产——资本——他们并没有用真正的历史观点去分析。他们废除私有财产权的主张只能停留在一般的观念上,而没有一个针对着资本主义特殊社会形态的理论。

他们认为私有财产制的最后一步废除,可以通过取消私人遗产继承制的和平办法得到实现。他们论证说,现代资本利率的逐步下降已经不断地削弱了私有财产利益;由此过渡到取消私人承继权,以国家为唯一的遗产承继的一步,在他们看来,是顺理成章的发展,因而不需要革命。这些门徒们的社会主义和他们老师的一样,显然也是空想的。

(二) 实现"劳动者"组织的实业制度社会的具体方案

圣西门学派的新社会秩序,实际上就是圣西门的"实业制度"。私有产权被取消了,生产手段转为全社会所有,人剥削人的制度随之消灭,社会上没有不劳而食的人,圣西门所要求的没有"游惰者"、以"劳动者"组织的实业制度得以实现。

国家掌握着全社会的生产手段。国家的责任就是如何有计划地分配这些生产手段,以符合上面所说的原则。圣西门学派以建立一个银行系统作为"趋向于新秩序的第一步"。圣西门也曾提出过银行的组织作用和银行在未来社会中的领导地位。他以为工业有赖于银行的建立而完成,银行把一切工业部门联系起来,给工业资本以支持。圣西门学派把圣西门的这个见解发挥为整个理论。在他们的新社会中,一切工业部门将在银行系统管理下,为劳动者谋利益。这个银行体系包括一个中央银行,它是物质生产领域的政府,是全部生产基金、生产资料的保管者和分配者。在中央银行之下,有若干第二级的银行,它们只是中央银行的分行。中央银行通过这些分行和全国各主要区域发生联系,了解各地的需要和其生产能力等。这些分行在各该管区又统属若干专业银行。各地区和各实业的需要资料由专业银行汇集,通过分行提交给中央银行。中央银行经过审核、调整,把生产基金分配给分行,再由分行分配给各工业部门、各劳动组织。他们对于银行

---

① 巴扎尔·安凡丹等:《圣西门学说释义》,法文,1830 年版,第 182 页。

在社会主义社会中应有重要作用的思想是以前社会主义体系所没有的独创见解,但这种思想孤立地、过分地估计了信用和银行的作用。

在中央银行的年资产负债表中,资产方面主要是各产业部门全年产值的总和,负债方面主要是产品在劳动者之间分配额的总和。分配的原则是每个公民按自己的才能在社会上获得一定的地位,按自己的贡献从社会得到报酬,而才能则按工效而定。他们这一主张一般被认为表述了"各尽所能,按劳分配"的思想。他们反对平均主义的分配制度。这一主张是针对他们以前的"平等派"的主张而发的。"平等派"不明了社会发展的过程,不知道在当时社会条件下,原始的平等是不合时代的幻想。但是圣西门学派也不了解共产主义低级形态和高级形态的区别;共产主义社会由低级形态发展到高级形态时,"各尽所能,按劳分配"就将为"各尽所能,按需分配"所代替。

为了建立这个新社会,圣西门学派没有提出一个具体的行动纲领,但有一点是清楚的,那就是他们看不到改造社会的动力。他们仍然信赖统治阶级的善心,主张阶级协调;反对暴力,主张和平说服。因此,圣西门学派发展成为宗教不是偶然的,这也为圣西门学派社会主义的空想性提供了另一个有力的证明。

二、傅立叶学派的学说

在傅立叶学派中,没有像在圣西门学派中那样多的社会各方面的知名人物。但是在19世纪的30年代,当圣西门学派作为一个组织开始解体之后,傅立叶主义通过傅立叶门徒的活动得到传播;在1848年革命时期,傅立叶主义对法国当时的实际政治,产生了直接的影响。在傅立叶的门徒中,最值得称道的是维多·康西德兰(Victor Considérant,1808—1893年),他是傅立叶主义运动公认的领袖。

维多·康西德兰生于知识分子家庭,受过良好的专业教育。在军事技工专门学院毕业后,他以工程师军官的资格服兵役。早在中学时代,康西德兰就对傅立叶的文章产生兴趣;在服兵役时,就成为虔诚的傅立叶主义者。退役后,他全力宣传傅立叶的思想,成为七月王朝时期傅立叶主义运动的中心人物,一身而兼任理论家、政论家、组织家和政治活动家。1848年二月革命后,他被选入"立宪会议",后来又被选入"国民议会"。在路易·拿破仑被选为总统后,康西德兰预料到他将发动政变,于是和民主主义者一起发表了告民众书,号召武装起义。运动被镇压后,他逃往比利时,不久后前往美国。1854年,他在美国得克萨斯州建立了一个法伦斯泰尔,这个法伦斯泰尔在60年代初期美国南北内战时遭到破坏。康西德兰于1869年回到法国,虽然他仍继续宣传傅立叶的思想,但不再参加政治活动。

康西德兰的《社会的命运》(1834—1838)是傅立叶学派最有名的和最重要的文献。此外,他还有两本重要著作:《社会主义原理》(1847)和《财产权利和劳动权利的理论》(1848)。

(一) 阶级斗争

康西德兰较明确地承认阶级和阶级斗争的存在。他有一个被剥夺了生产资料而和资产阶级对抗的无产阶级的概念。这是傅立叶主义的一个新内容,是19世纪30年代法国阶级对立关系的反映。他认为资本主义社会的雇佣制度是农奴制度的特殊形式。资本主义社会确立了资产阶级——生产资料所有者——对于雇佣劳动者的统治。在剥夺者和被剥夺者之间,斗争在进行着。他把资本主义社会分为两个基本阶级:资产阶级和无产阶级。他认为其他阶级是处于过渡状况的中间阶级,在资本主义发展的过程中,它们一定要归于消亡。他发挥了傅立叶的资本集中和积聚学说,论证了大资本如何排挤、吞并中小资本。他说,工业主义和其固有的自由竞争是一部巨大的榨取国民财富的机器,它一方面不断地吮吸国家财富以养肥新兴的贵族,另一方面却创造了一支无产者的饥饿的大军。

但是,康西德兰希望他所谓的中间阶级通过和平方法达到他所理想的"乐园"。他认为中间阶级是社会的中坚和创造力量,他相信中间阶级和无产阶级的利益是一致的,他认为中间阶级依靠无产阶级并把无产阶级放在自己的影响之下,资本和劳动的阶级斗争就可以解决,社会就可以从金融贵族的桎梏下解放出来。这实际上是提倡中产阶级和无产阶级联盟,但以中产阶级的领导为条件。

康西德兰这一改良主义立场使得他在二月革命之后把希望寄托在他所认为的中间阶级政权的民主共和国上。在制宪会议中,他充当了资产阶级和无产阶级的调解人。二月革命后的法国临时政府的各种措施为六月革命做了准备。在这一过程中,法国中产阶级明确地表示了在利害冲突时他们站在金融贵族一面,反对工人阶级。六月革命和其失败结束了康西德兰的政治生命,也同时结束了康西德兰式的傅立叶主义。

(二)"劳动权利"

"劳动权利"是1848年革命时期最响亮、最富于战斗性的口号。把这一口号变为政治要求和行动纲领是路易·勃朗的贡献。但实际上对这个权利的要求,在1789年法国大革命时,已经以国家应给予公民以生活资料,而每一公民只要按其能力工作就能取得生活资料的原则形式表述出来了。傅立叶把这一要求变为口号并论证"劳动权利"不能在资产阶级社会中得到实现,而要求另一种的劳动组织。康西德兰的功绩在于从理论上发展和充实了傅立叶的论点。

康西德兰写到,在原始社会中,人们享受渔、猎、收获、放牧四种自然权利,这是权利的原始形式。后来在文明社会里,一无所有的无产者被剥夺了这些权利。在原始社会,为了利用这些权利,人们需要劳动。渔、猎、收获、放牧的劳动是享受这些权利的条件,原始的权利只是进行这些劳动的权利。因此,如果一个工业化的社会占有了土地,剥夺了人们在这土地上运用四种自然权利的机会和自由,而为了补偿这被剥夺的权利,承认个人的"劳动权利",人们就不会有抗议了。实际上,原始权利只是在一个贫穷的工厂,在荒野的自然的环境里所能运用的权利;而现在的权利是在一个设备更好、更富足的、个人工作更能多生产的工场里所能运用的权利。

康西德兰是以生活权利来论证"劳动权利"的。因此,它就很容易被曲解,而变为受失业救济的权利。这种曲解在1848年法国革命后临时政府的措施中得到证明。关于这一点,我们在下面讨论路易·勃朗时还要谈到。

在六月革命之前,"劳动权利"得到了制宪会议的承认,并写在宪法草案的条文上。

但在"国立工场"失败和六月革命被镇压之后,这些条文又被取消了。"劳动权利"是无产阶级政治要求最初的、笨拙的公式,这个要求通常是同勃朗的名字联系起来的,但是为这个公式提供理论基础的功绩应属于康西德兰。

思考题 》》

1. 比较法国空想社会主义同欧文主义的异同。
2. 评析圣西门和傅立叶对资本主义的批判。
3. 评价圣西门和傅立叶所设想的未来社会。
4. 为什么空想社会主义后来会演变为反动的宗派?
5. 评述空想社会主义者的"劳动权利"这个口号。

第十七章　19世纪40年代法国小资产阶级社会主义

▌内容提要▌

19世纪40年代,当圣西门主义和傅立叶主义的影响渐趋消失时,以勃朗和蒲鲁东为代表的小资产阶级社会主义理论家和政治活动家脱颖而出。七月王朝后期,法国劳资关系尖锐化,促使他们放弃此前空想社会主义者对统治阶级进行说服的信念,转而向工人阶级发出呼吁。他们自认为是工人阶级和百分之九十九的人民利益的代表,但实际上只是小资产阶级思想家和活动家。

1848年二月革命推翻了法国七月王朝的反动统治,把实际上没有准备的法国社会主义者推上了实践的政治舞台。从二月到六月间,过去只是在纸上讨论的理论、方案,似乎都获得了实现的机会。"劳动权利"、"劳动组织"、"全部劳动产品权利"等都从口号变为革命行动,并在行动中受到了检验。六月起义失败摧毁了二月革命所希望建立的一个真正属于人民的共和国,证明了这些理论和方案都只是不切实际的空想,从而断送了这一时代的法国社会主义,也结束了法国作为欧洲社会主义思想和活动的中心地位。

第一节　勃朗的经济学说

路易·勃朗(Louis Blanc,1811—1882年)是19世纪40年代法国小资产阶级空想社会主义者的一个突出代表。如果说圣西门学派和傅立叶学派的空想社会主义还继承他们老师的传统,以广泛的哲学观念和历史观念为其理想社会的基础,勃朗的学说则完全排除这些观念,以实用主义观点,论证了一个在现实基础上似乎可以立即实现的具体改革方案。

路易·勃朗出生于一个法国中产家庭。虽然受过高等教育,但他早年过着穷困的生活,做过抄写员、私人家庭教师。1848年二月革命时,勃朗在工人群众中已有很高的声望,曾以工人代表的身份参加临时政府。但在取得政治地位之后,他对资产阶级采取了妥协态度。他同意临时政府否决工人们提出的设立劳动部的要求,同意成立一个有名无实的"卢森堡委员会",还担任了该委员会的主任。六月起义失败后,勃朗以"激起群众暴行阴谋"罪被控,逃往国外,在英国住了22年。在侨居英国时,他专心著述,完成了一部《法兰西革命史》的巨著和其他一些历史著作。第二帝国崩溃后,勃朗回到法国,1870年被选入"国民议会",1871年又被选为议会的下议院议员,直至去世。

《劳动组织》(1841)是勃朗的名著。书的题目借自圣西门主义者,书中的"劳动权利"、"劳动组织"等词也不是勃朗的创造。勃朗的作用只是把这些名词普及化为19世纪

40年代法国工人群众的政治要求、行动纲领和战斗口号。但他这一著作,在法国工人阶级中得到广泛的传播,重版了九次,并被译成几种外国文字。在一个时期内,勃朗获得巨大的声望,成为当时公认的法国工人阶级要求的表达者和政治领袖。

勃朗的理想社会也还是劳动者自愿的联社组织。但不同于他的前辈,他所向往的社会,并不是由各个本身包括生产、消费的自给自足单位所构成的联社,而是以各同行业工人组成的生产合作单位为基础的商品交换社会。此外,又不同于他的前辈,勃朗把发动改革的力量寄托于国家,虽然他也相信国家的作用只是暂时的,在国家赋予新组织的初建以一个推动后,冲力的作用足以使这个运动不断地壮大起来。在这个意义上,勃朗经常被认为是国家社会主义的先驱者。

一、对资本主义制度的批判

勃朗猛烈地批判了资本主义制度。他描述了工人阶级贫困的处境,指出了土地和生产资料私有制为形成雇佣劳动从属于资本的原因,论证了一方面财富在大城市集中,而另一方面贫困程度惊人增长的两极分化的趋势等。但是不妥协的外貌却包含有内在的妥协因素,而妥协因素就是他把资本主义制度说成是对任何人都不相宜的,说成是剥削者和被剥削者共同受害的制度。他写道:"谁是现阶段真正拥护现存制度的人呢?我敢断言其没有。我们宁愿相信不完全的文明所产生的灾难以不同的程度普及于全社会。"①在断言没有人会拥护资本主义之后,勃朗就提出了各个阶级联合起来,为反对共同的祸害而斗争的口号。

但他把斗争的矛头却只指向资本主义的自由竞争,把对资本主义制度的批判归结为对自由竞争的批判。他从报刊上的报道、政府报告、机关统计、经济著述,以及个人观察中,证明竞争是一切社会罪恶的根源。他的同代、同国人巴师夏在自由竞争中看出经济和谐,相反地,勃朗却认为自由竞争是一切不和谐的原因。他生动地描写了当时法国工人在资本主义剥削下的贫困情况,但却否认这一贫困源于剥削,而把它归罪于竞争。他并且认为竞争所造成的祸害由社会一切人们所承受。他指出,竞争意味着无产阶级的毁灭,也造成了资产阶级的贫穷与衰亡。这充分地显露出勃朗的小资产阶级立场。他尖锐地批判竞争,认为正是因为大资本的强大竞争力量使小资产者趋于破产,陷于没落。

二、"社会工场"

消灭竞争的办法,根据勃朗的意见,在于建立自愿的劳动组织作为社会的经济组织的基础。劳动组织的具体和开端形态就是他所主张的"社会工场"。勃朗的"社会工场"不同于圣西门的"工业主义"国家,也不同于傅立叶的自给自足经济单位的"法郎吉"。它不是一个综合的经济组织,而只是由同行业工人组成的生产某一产品的合作工厂。简单明确,似乎不难实现,是他的"社会工场"的特点。勃朗的主张在当时工人阶级中得到热烈拥护的部分原因也就在此。

在勃朗的新社会秩序中,一个"社会工场"只是一个细胞。在开始时,也许只有几个细胞。但这些细胞的扩大、增加将使某一工业部门内所有的"社会工场"组成为一个联合

---

① 勃朗:《劳动组织》,法文,1848年版,第26页。

机构,而在这上面,不同的工业部门又联合为全部社会生产组织。

关于在他的新秩序中工作和报酬的分配原则,勃朗的公式是各尽所能,按需分配。他相信人们之间的能力、智慧有很大的差别。为了推动社会的发展,有必要依据这个差别来安排人们的地位和工作。但人们不应利用其能力、智慧于利己的目的,更不应利用它来剥削别人。他说上帝赋予人们的能力、智慧为他们对于社会应负的责任的标准,"各尽所能是一个人的责任"。[1]

勃朗不是从开始就提出按需分配的口号的。在《劳动组织》的头几版中,他显然接受圣西门的观点,赞成在当时社会环境下,按劳分配。但在1848年发行的《劳动组织》的第五版中,他放弃了这个意见而主张按需分配。他的按需分配并不是平均分配,虽然他主张均等工资。他认为每一个人应该在社会能够满足这些需要的限制内,取得为发展他的能力所需求的东西。他写道:"人们在体力、智力上并不相等;人们也没有相同的嗜好、倾向、适宜性……每一个人应有条件得到最大的利益,只要他这样做考虑到了别人的利益;同时在不损害别人的条件下,满足自然赋予他的一切需要到最可能完全的程度……所以,平等只是比例。它只有在某一个人根据上帝所写下的法律,各尽所能而生产,各取所需而消费的条件下,真正地存在。"[2]

勃朗主张工资平等。但工资只是工人收入的一部分,工资又只是产品产值的一部分。从总产品中除去工资以及其他生产成本后,余下者就是纯收入。纯收入又分为三部分。一部分分配给工场成员,作为工资以外的收入;一部分作为老、病、伤、残的救济基金;一部分作为扩大再生产的基金。全部纯收入属于工人;按需分配是在纯收入分配中体现出来的。

这些在细胞基础上发展起来的由"社会工场"联合组成的新社会秩序如何消灭并代替资本主义的社会秩序呢?他认为,一切暴力都有害,都只能造成损失。他的新社会秩序的建立应当是一个由"社会工场""逐渐地、没有冲突地更替了私人工场"的过程。最妙的是他把这个逐渐的、没有冲突的更替的希望寄托在竞争上。他想以竞争消灭竞争。他想通过"社会工场"和私人工场间的竞争排挤资本主义企业而最终达到吸收私人企业到"社会工场"体系之内的目的。他相信由于"社会工场"是工人自己的组织,它在组织上、在工作效率上、在生产积极性上都要超过私人企业。只要这一制度一成立,它就构成对私人企业的威胁。"社会工场"可以邀请资本家带他们的资本来参加这劳动组织。参加的资本家,如果也参加劳动,也可以得到工资。此外,他们还可以得到他们所带来的资本的利息。法律不强迫资本家参加,但"社会工场"的竞争力量将增强到这样的地步,致使所有资本家都愿意参加以免于全部破产。到这时候,资本主义社会秩序将为社会主义秩序所代替。

勃朗称资本为"劳动工具的总和",认为资本对劳动是不可少的。"劳动工场"是新社会秩序的开端,但在这开端的时候一无所有的工人从哪里取得必要的资本呢?勃朗把为"劳动工场"提供资本的任务寄托在国家身上,要求国家以无利贷款的方式帮助"劳动工场"的建立。

对于国家这一机构,在推动社会改革中重要作用的强调,是勃朗社会主义的特点。

---

① 勃朗:《一八四八年革命史》,英文,1858年版,第148页。

② 勃朗:《劳动组织》,法文,1848年版,第72页。

不同于 19 世纪初叶的空想社会主义者,勃朗认识到政权的重要性,但却又把国家的作用限制在为其劳动组织提供经济协助上。他说:"无产阶级所缺乏者为资金。国家的任务就是使其得到资金。如果我要给国家下一定义,我认它为贫民的银行家。"[①]他以为国家的协助,至少在工人阶级解放的开始阶段,是成功的必要条件。他要求国家,在不同工业部门,分别组织若干"社会工场",为之提供必要资金,拟订规章,委派各级管理人员。当然,在成立之后,它们就要靠自己的力量发展成为自给的、自治的工人阶级自己的生产劳动组织。勃朗的空想为 1848 年革命的现实所粉碎。

三、"国家工场"的失败

在 1848 年革命时,法国无产阶级所提出的最响亮的口号是"劳动权利"。而"劳动权利"是勃朗的"社会工场"的理论基础。勃朗是从傅立叶的著作中得到这个理论的启示的。但在 1848 年,作为法国无产阶级对"劳动权利"的要求的代表者,不是傅立叶的空洞公式,也不是康西德兰的逻辑论证,而是勃朗的具体的、似乎不难实现的"社会工场"。

1848 年二月革命后,勃朗在工人群众的拥护下,与工人阿尔柏一起被选入临时政府。二月二十五日,法国临时政府,在无产阶级的压力下,匆忙地颁布了由勃朗起草的法令,承认"法兰西共和国保证每一工人以他的劳动维持生存,并负责给予所有公民以工作"。第二天,临时政府又颁布另一法令设立旨在实施"劳动权利"原则的"国家工场"。

必须指出,"国家工场"并不就是勃朗的"社会工场",不能把"国家工场"的经验作为"社会工场"的实践。勃朗的"社会工场"是有计划的、有组织的、分行业的工人生产合作组织,而"国家工场"是一个把一切报名参加的工人,不分行业混合编制,以从事与生产无关的种种无效劳动的失业救济组织。"国家工场"的失败,不等于勃朗的"社会工场"的失败。但问题不在于此。

问题在于勃朗不了解,在国家机器尚为资产阶级掌握的时候,国家绝不可能,如勃朗幻想的那样,为了无产阶级的利益建立"社会工场",将生产资料转移给无产阶级。"国家工场"的历史充分证明了这一点。临时政府是被迫成立"国家工场"的。在一开始,它的失败就已决定了。资产阶级最初想收买、利用工场的工人,作为在即将爆发的斗争中,对付社会主义者的工具,但这一企图失败了。然后,他们想以"国家工场"的失败来打击勃朗和无产阶级。他们让工场工人做无效的挖土劳动,使他们在人民群众面前变为"游惰者"。六月二十一日,临时政府命令所有适龄的工人或者参加军队或者返回农村。愤怒的工人于六月二十二日以起义作为回答。这就是六月革命。革命在三天之内被镇压了。"国家工场"被解散了。"劳动权利"的条款,经过在国民议会中激烈的辩论后也在新宪法草案中被取消了。尽管"国家工场"还不是勃朗的"社会工场",但"国家工场"的失败也证明了勃朗的"社会工场"只是一种小资产阶级的幻想。

第二节　蒲鲁东的经济学说

比埃尔·约瑟夫·蒲鲁东(Pierre-Joseph Proudhon,1809—1865 年)是 1848 年革命时

---

① 勃朗:《劳动组织》,法文,1848 年版,第 14 页。

代法国社会主义中另一个突出的人物。在实际政治活动方面,蒲鲁东不如勃朗那样活跃,但是对后来法国社会思想的影响,无论是在程度上还是时间上,都超过了勃朗。勃朗妥协主义的失败使他在法国工人阶级中的声望受到不可恢复的打击,虽然《劳动组织》一书在1848年以后还为一般人承认为当时法国社会主义的典型著作,但勃朗的影响很快消歇,他的思想也没形成一个派别。而蒲鲁东的思想,在1848年后的一个相当长的时期内,对于法国工人阶级还有一定的影响。而且在19世纪上半叶的若干所谓激进社会思想中,我们还可以找到它与蒲鲁东的关系。例如当第一国际于1864年在伦敦成立时,参加成立组织的法国工人代表几乎全是蒲鲁东主义者。1866年,第一国际的日内瓦会议还通过了一个明显的以蒲鲁东学说为依据的建议。蒲鲁东派在第一国际中的势力,一直到1868年布鲁塞尔会议和1869年巴塞尔会议才完全消除。又如虽然19世纪70年代以后的法国无政府主义者,自认为是巴枯宁的追随者,在他们的纲领中有很大一部分的内容几乎都可以溯源于蒲鲁东的思想。

蒲鲁东出生于法国边省贝桑松的农民兼手工业者家庭。少年时,他做过田间工作,当过雇工。他勉强能有上学的机会,但在生活迫使他辍学之后,他还当过排字工人,后来又和友人合伙开了一个小印刷所。1837年他以《普通语法试论》一文获贝桑松大学助学金,迁居巴黎后成为职业作家。1840年,他发表了《什么是财产》一书,引起了社会的关注。1843—1844年间,马克思和蒲鲁东有过来往。1846年,蒲鲁东发表了他的《经济的矛盾,或贫困的哲学》。在1848年革命大动荡的时期,蒲鲁东开始不以政治活动家而以批判家的姿态出现。他没有参加二月革命,在二月至六月间,他也没有参加实际政治活动。但革命的浪潮终于把他推上了政治舞台。在六月,当法国国民议会补选时,蒲鲁东当选为巴黎代表。在国民议会上,他提出了要求改革税收制度并组织无息贷款的方案。方案以压倒多数被否决了。1849年,蒲鲁东企图以招股的形式开设一个"人民银行"。但在三个月之内,他只召集了一万八千法郎的股金(股金总额规定为500万法郎)。正在此时,蒲鲁东因在一篇文章中攻击法兰西总统,被判三年徒刑,"人民银行"亦随之夭折。出狱后,蒲鲁东脱离政治,恢复写作生涯。1858年,他又因在一文中侮辱大主教被判徒刑。这次他没有服刑而逃避于比利时。1860年,他遇赦回国。

蒲鲁东的主要著作是1840年发表的《什么是财产》,1846年发表的《经济的矛盾,或贫困的哲学》,及1851年发表的《十九世纪革命的总概念》。

一、对私有财产制度的批判

"财产是盗窃"是蒲鲁东在《什么是财产》中提出的对问题的答案。过去社会主义者反对过私有财产,他们所臆想的"乌托邦"、"伊加利亚","法郎吉"、"社会工场",都明确主张消灭私有财产制度。但蒲鲁东是第一个对于私有财产采取了正面的、简捷的、猛烈的攻击的人。于是蒲鲁东成为当时法国资产阶级心目中最危险的人物,他的结论被认为是对于全社会的一种挑战的原因,也在于此。

蒲鲁东给财产下了一个定义:"财产是享受别人勤劳或劳动成果和随意支配别人这些成果的权利。"[①]这权利在利息、利润、地租等形态中得到具体的体现。"财产是盗窃",

---

① 蒲鲁东:《什么是财产》,法文,1840年版,第133页。

因为它使得它的所有者不工作而收获、不生产而消费、不劳动而享受,而且其所收获、消费、享受者正是别人工作、生产、劳动的成果。蒲鲁东认为只有劳动是生产的,土地、资本没有劳动就没有用处。因此,资本家和地主在生产成果中索取份额,完全是一种盗窃行为。至于另一种意义的财产——享受和支配自己劳动成果的权利——蒲鲁东不但不认之为盗窃,而且认之为社会的自由要素。

那么,这"盗窃"的过程又是怎么样的呢?他认为工人集体劳动的产量远超过每个工人的劳动产量的总和。雇主们付与工人以个人所生产的劳动产品等价的报酬,但保留了集体劳动所产生的超额产品。"资本家对于由集体劳动的共同努力、和谐配合所产生的巨大力量,没有支付任何代价。"[1]"因此,工人以为他们已经得到全部工作的报酬,而实际上他只得到一部分;在得到工资之后,在他生产的产品里面,他还应保有财产的权利。"[2]

蒲鲁东一方面反对私有财产制度,另一方面又反对共产主义制度。他提出了两个理由。第一,共产主义的根据也是财产,不过不是个人的财产而是集体的财产。社会的成员作为个人一无所有,而社会却不但是物品的财产者,而且是人身和意志的财产者。根据这个最高的财产原则,劳动本来只应该是自然加于人类的条件,却变为可憎恶的对人的命令。第二,共产是不平等的,从而是不公平的。"它的不平等在于它是私有财产的颠倒形式。私有财产是强者剥削弱者的制度,共产主义是弱者剥削强者的制度。在私有财产制度下,不平等产生于强力——体力、智力的强力,环境、机会、命运的强力,取得财产的强力等。在共产主义下,它产生于平庸的才能和劳动被提高到和强力同等的地位上。"[3]

作为私有财产制度和共产主义公共财产制度的批判者,蒲鲁东不是不要任何的所有权。他利用黑格尔的唯心主义哲学公式,认为财产制度和共产主义是正反两命题,而他所寻求的是综合命题。他的综合命题是"所有权"。不同于财产权,"所有权"是减去私有财产所具有的主要性质——不劳收入的取得——以后的占有权利。一方面,从财产所产生的一切不劳收入,如利润、利息、地租等,都必须取消,因为这是盗窃。但另一方面,财产本身的,或者说去了这些盗窃性质的权利之后所留下来的财产权应该保留,以保证工作自由和交换权利。"所有权"保证生活资料的享受和生产资料的利用。劳动是生产资料变为私人所有的条件。只要一个人耕种一块地,这块地就归他所有。土地的产品也是他的。但一个人没有权利以出租生产资料的方式盗窃别人劳动的成果。他反对财产但歌颂"所有权"。蒲鲁东这一综合命题,实际上只是小农和一切小生产者渴望保存自己的生产资料,进行独立生产的要求的反映。

二、"构成价值"论

蒲鲁东企图寻找消灭财产而保存"所有权"的途径。他在以价值理论为基础的交换问题上找到了答案。财产是盗窃,因为利润、地租等都是无偿地占有别人劳动成果的收入。如果树立起等价交换的原则,则财产作为享用和支配别人劳动成果的权利便随之消灭。

---

① 蒲鲁东:《什么是财产》,法文,1840 年版,第 94 页。
② 同上书,第 91 页。
③ 同上书,第 104 页。

蒲鲁东的等价交换的命题以价值理论为基础。他在《经济的矛盾，或贫困的哲学》一书中，企图以其独特的价值理论来论证这个命题。蒲鲁东说经济学家们虽然区别了使用价值和交换价值，但并不认识二者之间的矛盾。而他自己则不但发现了二者的矛盾，而且发现了这一矛盾的统一。他生硬地搬用了他实际上没有掌握的黑格尔的辩证法，说使用价值是正命题，交换价值是反命题，而综合命题——矛盾的统一——则是他的所谓"构成价值"或"综合价值"。

什么是"构成价值"呢？蒲鲁东认为，当产品在交换时被社会承认，被列入社会财富之内时，它就变为"构成价值"。如果它不为社会所承认，它便成为"非价值"。蒲鲁东进而论证合理的交换必须保证一切商品可以实现，都变为价值，而保证的条件就是一切商品都应当根据其生产时所耗费的劳动来确定其交换的比例关系。一旦商品价值决定于劳动，交换就必然是等价的，从而劳动者必然得到他的全部劳动产品。和这一时期的其他英法社会主义者一样，蒲鲁东也是把劳动者应获得自己全部产品的口号写在他的旗帜上面的。

他认为这一发现就答复了他所提出的关于如何消灭财产而保存"所有权"的问题。如果商品实现了构成价值，劳动者都获得了自己的全部产品，则一切夺取别人劳动成果的收入如利润、地租等都要随之消灭。财产这一特质被取消了，而财产本身——"所有权"——将仍然被保留着。

十分明显，被蒲鲁东视为伟大发现的"构成价值"实际上不外乎是早为英国古典经济学家李嘉图所阐述的决定于劳动的价值。所不同的是："李嘉图把现社会当做出发点，给我们指出这个社会怎样构成价值；蒲鲁东先生却把构成价值当做出发点，用它来构成一个新的社会世界。……在李嘉图看来，劳动时间确定价值这是交换价值的规律，而蒲鲁东先生却认为这是使用价值和交换价值的综合。李嘉图的价值论是对现代经济生活的科学解释；而蒲鲁东的价值论却是对李嘉图理论的乌托邦式的解释。"[①]在这个错误的基础上，蒲鲁东引申出他的错误结论，他认为出路在于建立一种新的交换制度，使一切商品都可以按其"构成价值"即劳动实现等价交换。

三、"交换银行"的改革方案

1848 年革命把空想家、批判家的蒲鲁东推上了实践的政治舞台，社会改革从理论问题变成了实际问题。形势的要求已经不能满足于空泛的理论探讨，而期待着具体的可以实行的改革方案。在其他改革方案都随着六月起义的失败而化为泡影之后，蒲鲁东提出了他的"交换银行"。

蒲鲁东的"交换银行"有两个主要的业务：① 商品交易所；② 无息信贷机构。作为商品交易所，他的"交换银行"取消了交易中间人。银行接受一切交给它的商品，支付以劳动时间注明价值的证券。证券的持有者可以用证券在银行换取等价的商品。这就达到他所希望的价值由劳动来决定，商品以等价进行交换，而劳动获得它的全部产品的结果。蒲鲁东的"交换银行"的商品交易业务实际上只是格雷和布雷等人所主张的劳动货币的变种。

---

① 马克思、恩格斯：《马克思恩格斯全集》第 4 卷，中共中央马克思恩格斯列宁斯大林著作编译局译，人民出版社 1965 年版，第 93 页。

但是"交换银行"的最重要作用在于它作为无息信贷机构的性质。蒲鲁东认为劳动者之所以必须以其产品的一部分让给财产者,只由于财产者掌握了劳动者在生产时所必需的生产资料。蒲鲁东把生产资料等同于资本,又把资本的权力归结为货币的权力。货币所有者通过放款和收取利息的形式来剥削没有货币的人。利息是资本对劳动剥削的基本形式;利润、地租等都是从这个基础形式中引申出来的。利息的存在破坏了"构成价值",工人不能以他们的工资买回自己劳动的产品。因此,资本家不是作为侵占剩余价值的工业资本家和工人对立,而是作为攫取利息而使物价昂贵的借贷资本家和工人对立的。

从这个错误理论出发,他很自然地得出结论说,如果我们能够取消这剥削的基本形式,其他形式将随之消灭。无息信贷就是消灭这剥削基本形式的办法。无息信贷使劳动者获得购买他们所需要的生产资料的货币资本。如果每一劳动者都通过无息贷款获得他所需要的土地、生产资料,甚至在生产期间所必需的生活资料,地主、资本家就没有理由要求土地和生产资料的利用者交纳利用土地和生产资料的代价了。这样财产就变为"所有权"。这就是"交换银行"方案的主要作用。如果把勃朗和蒲鲁东比较一下,那么勃朗所要求的是一个劳动组织,而蒲鲁东所要求的是一个交换组织。

1848年7月,蒲鲁东在国民议会中提出了他的"交换银行"的方案。在六月起义后仇视一切激进思想的气氛下,这个方案以六百九十一票对两票的压倒多数被否决了。1849年,蒲鲁东企图不求助于政府而以股份公司的形式开设一个"人民银行"。"人民银行"和"交换银行"不尽相同。"交换银行"完全取消利息,而"人民银行"则在开始时收取二厘的利息而希望逐渐减至四分之一厘。前已指出,这个计划不久就以失败告终。

四、无政府主义的理想

蒲鲁东区别了最终理想和过渡措施。通过他所建议的交换组织的改革以消灭财产还只是达到最终理想的过渡措施。他对于他的最终理想社会的说明,主要见于他的《十九世纪革命的总概念》一书中。他的理想社会秩序是"建筑在自由、平等、博爱原则上"的无政府主义。蒲鲁东在以后若干年激进派中的地位就是建立在他的无政府主义的思想上的。当然,我们不难在蒲鲁东前辈作家的著作中找到已有一定形式的无政府主义思想萌芽,例如18世纪末期的高德文等人。但这些思想家多半是孤立的,他们的思想没有得到传播和继承。而蒲鲁东的无政府主义,却在19世纪中叶以后成为近代无政府主义思潮的主要源泉。蒲鲁东给予这个思潮以明确的名称。他是法国无政府主义的鼻祖。他这一思想的传播远及于法国的疆界之外。

无政府主义的信条是极端的个人主义。它反对一切统治权威,而国家是统治权威的最高和集中的表现,因此,国家的消亡就意味着人统治人的消亡。蒲鲁东说过,国家本身的存在以人们间的对抗性的斗争为主要条件。这个条件要求有一个外在的强制干涉力量以终止强弱间的不断斗争。在经济发展改变了社会之后,强弱同归于尽。这时所有人都是劳动者。产业的团结一致和产品实现的保证将使他们在能力和财富两方面都达到平等。因此,革命的一个任务就是摧毁国家这个机器,消灭现行的政治和政府制度。

蒲鲁东不止一次地宣称他自己是一个无政府主义者。他说无政府主义适应于成熟的人类社会,如同等级主义适应于原始社会一样。人类社会的发展是一个从等级主义社会到无政府主义社会的过程。但是对于这个最终理想社会的结构,他只能提出几个广泛的原则和空洞的轮廓。对于将来社会的具体内容,他没有一个周详的设计。然而有一点值得注意,他的最终理想实际上是一个小资产阶级化的社会。他以为在他的无政府主义的"乐园"里,阶级的区别将归于消灭,因为如果每一个人都可以自由地获得生产资本,商品价值决定于劳动量,商品依等价进行交换,劳动者获得其全部劳动产品,社会就不再区分为压迫者、剥夺者和被压迫者、被剥夺者,资本家和劳动者就等同起来了,极富和极贫的区分也就不存在了。国家以强者与弱者的对立为条件。这条件既然消灭,国家自然也是不必要的了。他写到,问题在于"如何将资产阶级和无产阶级化为中间阶级,将靠收入生活的阶级和靠工资的阶级化为没有收入也没有工资而靠发明和生产有价值的商品以互相交换为生活的阶级。这中间阶级是社会最活动的阶级,是一个国家的活动的真实的代表"①。因此,蒲鲁东是把消灭阶级的愿望寄托在全社会的小资产阶级化上的。

思考题 》》

1. 评述路易·勃朗对资本主义的批判及其"社会工场"的改革方案。
2. 评述蒲鲁东对资本主义的批判及其"交换银行"的改革方案。

---

① 蒲鲁东:《政变所表现的革命》,法文,1850 年版,第 135 页。

第三篇　新古典经济学时代

第十八章　　边际主义经济思想概述

▮内容提要▮

　　从经济思想史的通常观点来看,19世纪70年代以后直至20世纪30年代这段时间内的欧洲主流经济思想(除少数派别外)都被看做新古典经济学。20世纪40年代以后,特别是50—60年代之后的新古典经济学被称为当代新古典经济学。

　　新古典经济学在许多方面的见解与古典经济学都是相同的。而新古典经济学之所以被称为"新",是其与此前的古典经济学的不同特点所决定的。这些特点当中,最重要的就是他们所持的边际主义,即主观效用价值论和边际分析方法,以及对需求方面的重视与强调。

　　边际主义是19世纪末至20世纪初新古典经济学的主体,也是当时经济学中影响最大的流派。该派的理论原则直到现在,对于当代西方经济学仍有很大的影响。

　　新古典经济学包含许多分支和派别,本章将从边际主义这一最重要的特征入手,概括介绍其产生的社会历史背景及共同特征,并且对边际主义的早期代表人物的相关思想做简略的介绍。

第一节　边际主义概况

一、边际主义学说的历史背景

　　工业革命后的一百年间仍然有一系列的经济问题和社会问题没有得到解决。尽管生产力有了空前的发展和增长,人们的生活水平也有了提高,但贫穷仍是普遍的。特别是财富和分配的不平等引起了普遍的不满。这时的经济背景已经和亚当·斯密所描述的、"看不见的手"发挥作用的、大量小企业构成的自由竞争的市场有所不同。大公司开始逐渐占据主导地位,经济波动也经常出现,许多劳动者生活水平下降,个人已经不再能够仅仅依靠自己的首创性和能力来克服那些对他们造成冲击的条件。农民和农场工人在较好的利益吸引和农村穷人团体的驱使下流入城市。在对个人的劳保补偿法实施之前,工业事故往往给工人及其家庭带来痛苦。劳动时间过长,危险和危害工人健康的工作条件,雇主在与工人谈判中的压倒性力量,垄断企业的增加,以及老年人的无保障都超过了古典经济学思想的狭隘限制。

　　欧洲19世纪的经济思想倾向是在下面三个方面解决社会问题的压力,并在这三个方面蔑视古典经济学的教条。这三个方向就是促进了社会主义,推动了贸易一体化,或者由政府通过规范经济来淘汰滥用和浪费,并通过收入再分配来改善生活条件的方向。边际主义者反对所有这三种"解决办法"。虽然古典经济学的价值和分配理论不够准确,但他们的政策看起来却是正确的,边际主义者以看起来像是一种奥林匹克式的公平进行了理论概括。他们捍卫了市场配置和分配,对政府干预表示痛心,指责社会主义,并寻求对工会进行阻挠,以使之成为无害的。

对于早期的边际主义者而言,古典的价值理论和分配理论似乎错误地包含了并非作为挣得的收入的地租,以及以劳动时间为基础的交换价值。前一种思想被美国经济学家亨利·乔治抓住并进行了扩展,第二种思想则被卡尔·马克思抓住了。如果古典经济学能够被改造得说出它的创造者所绝没有想到的东西,那么,边际革命就不会到来。

边际革命正式开始于1871年,英国、瑞士、奥地利诸国几乎同时出现了边际主义的系统性著作:英国杰文斯的《政治经济学理论》(1871),瑞士瓦尔拉斯的《纯粹政治经济学要义》(1874),奥地利卡尔·门格尔的《国民经济学原理》(1871)。他们各自独立但又几乎同时提出了系统的大致相同的边际效用论。这些彼此独立的系统阐述边际效用价值论的著作,为其后不久崛起的边际效用学派奠定了牢固的基础,开辟了西方经济学发展的新时期。因此,西方经济学家称此为经济学中的"边际革命"。

边际效用学派后来形成了两大支流:一个是以奥地利学派为代表的主观心理学派;另一个是以杰文斯和洛桑学派为代表的,以数学为分析工具的数理学派。在美国则有以约翰·贝茨·克拉克为代表的美国边际效用学派。当时影响最大的是奥地利学派。瓦尔拉斯因为偏处于瑞士而未受法国经济学界所注意和重视,杰文斯则为其后马歇尔经济学的声望所淹没。从更长远的观点,或者说是事后的观点来看,瓦尔拉斯和杰文斯的理论为后来数理学派的发展奠定了基础,甚至极大地影响了整个20世纪西方经济学的主流分析方法。

西方经济学界对于"边际革命"的起因,众说纷纭,归纳起来,大体有五种:① 认为它是为了反对马克思主义而产生的;② 认为它是古典政治经济学发展的合乎逻辑的结果,是把李嘉图地租论暗含的边际分析扩大到了价值论和分配论等方面;③ 认为它是对古典经济学片面强调供给和成本的一种修正,由强调供给转为强调需求;④ 认为它是经济学家专业技能的提高和经济学专业化或数学化的结果;⑤ 认为边际革命的发生是其深刻的社会历史背景下的产物。.

我们说,其中第一种原因是出于误解;第二种原因则流于形式上的认识;第三种原因也仅仅是部分认识;第四种原因同样只反映了部分事实;只有最后一种原因比较符合历史实际。"边际革命"的发生,既和反对古典学派价值理论的思潮有关,也与造成古典学派衰落、社会主义学说和历史学派等各种"异端"兴起的社会斗争、经济矛盾和阶级斗争条件有关。

二、边际主义的主要信条

边际学派的基本思想可以被浓缩为十个主要原理或主题。这是边际学派的先驱者和领头的经济学家们所讨论过的。

(1) 在分析方法上对"边际量"的注意。边际学派把注意力集中到制定决策的量的变化点上,或者说边际点上。边际主义者把李嘉图在其地租理论中发展起来的经济分析原理扩展到了所有的经济理论上。

(2) 以个别变量或局部问题作为分析的重点。个人和厂商占据了边际分析舞台的中心位置。由于没有考虑总量经济或者宏观经济学,边际主义者考虑的是个别决策的制定、单一类型商品的市场条件、特定企业的产量等。

(3) 推崇抽象推理方法的使用。边际主义者否认历史方法对以李嘉图和其他古典经济学先驱者所提出的分析的、抽象方法的积极作用。

(4) 对纯粹竞争的强调。边际主义者一般都把他们的分析建立在纯粹竞争假定的基础上。[①] 这个基础非常狭窄,要求个别的、独立的企业,大量买者,许多卖者,同质的产品,统一的价格,没有广告。没有一个人或厂商有足够的经济力量能够明显地影响市场价格。个别人可以使他们自己的行为适应成千上万的人相互作用所决定的市场中的需求、供给和价格。每个人的行为相对于市场的规模而言影响都十分渺小,以至于在市场中没有谁会注意到他或她的存在与否。

(5) 相信需求决定的价格理论。对早期边际主义者而言,需求是价格决定的基本力量。古典经济学家倾向于强调把生产(供给)的成本作为交换价值的重要决定因素。这些早期边际主义者走向了相反的极端,强调最重要的是需要而把供给排除在外。后面我们会发现,只有马歇尔把供给和需求综合到一起形成为新古典经济学。边际学派认为,经济学基本上是边际主义的,这才是对古典学派所做贡献的较为公正而明智的认识。

(6) 对主观效用的强调。在边际主义者看来,需求取决于边际效用,而边际效用是一种主观的、心理的现象。生产成本包括工作、管理企业和为形成资本金而储蓄货币时的牺牲与烦恼。

(7) 注重均衡的分析方法。边际主义者认为,经济力量一般会趋向于均衡。无论什么时候干扰引起经济紊乱,一种新的趋向均衡的运动就会发生。

(8) 将土地与资本品合并处理。边际主义者倾向于分析和论述作为财产资源回报的利息、租金和利润时,把土地和资本资源放在一起。这有其分析上的优势,并且与认为地租是非劳动收入和为保证土地使用而做出的不必要的支付那些看法进行争论。边际主义者一般把对地主的报酬和利息理论结合在一起。

(9) 假定理性的经济行为。边际主义者假定,人们在平衡快乐和痛苦时,在衡量不同商品的边际效用时,以及在平衡现在与未来需求时的行为都是理性的。他们还假定,有目的的行为是正常的和典型的,而偶然不正常的行为将会相互抵消。边际主义者所使用的这种方法,可以在杰利米·边沁(Jeremy Bentham)那里找到其根源。在那里,他们假定,人类行为的内在驱动力是寻求效用和避免非效用(负效用)。

(10) 主张较少的政府干预。边际主义者继承了古典经济学派的传统,坚持经济活动中最令人满意的政策就是只保持较少政府干预的政策。在大多数情况下,对于自然的经济法则不加干预,就是为了实现社会利益的最大化。

三、边际主义的立场

边际主义者通过推进对于市场体制能够有效地配置资源和促进经济自由的理解,来寻求增进所有人的利益。在一个更大范围内来说,边际主义者在这个目标上是成功的。通过表明这一点,在竞争环境下,工人所得到的支付将等于他们对于产出价值的贡献。边际主义者还支持和帮助了对通过剥削问题唤起革命的马克思主义的对抗。

---

① 这里只有一个例外,那就是边际学派的先驱者古诺提出的垄断理论和双头垄断理论。

但是,边际主义(经济自由主义的或者政治保守的经济学)也有利于主张维持现状那些人,即拒绝变化那些人的利益。这种理论,通过反对工会和通过对人为高工资与向下不灵活的工资会造成的失业作出说明,而有利于剥削者(即使他们中的大多数并不真正理解剥削)。边际主义也捍卫地主的利益而反对那些以李嘉图地租理论为基础的对地主的攻击。对那些一般倾向于反对政府对收入再分配进行干预的人们而言,该学派对他们也是有利的。

四、边际主义的历史作用

边际主义学派发展了新的和有利的分析工具,尤其是几何图形和数学分析的技术。在某种意义上说,这为经济学成为更精确的社会科学开辟了道路。在需求条件给定的情况下,作为一套最终产品和生产要素价格决定因素的这些工具当然具有其重要性。该学派强调形成个人决策的力量。在这方面,这种强调是有效的。边际主义者明确地阐述了经济分析中的基本假定,反对古典经济学家把它们悄悄地放到背景当中。边际学派唤起的方法论争论引起了目标和证明原理的分离。这种证明原理就是建立在边际主义者所阐述的价值判断和哲学观点的假定基础上的。

受到该学派许多成员拥护的局部均衡分析方法,对于把复杂的现实世界进行抽象以便更好地理解它是有益的。这种方法在保持其他所有变量暂时不变的情况下,允许一个变量在时间上发生变化。这种方法使得研究者把复杂的现象在时间上分解为一个步骤。有无穷变量的无限复杂社会的问题因此会以有条不紊和系统的方法得到简化与了解。由于边际主义者引进了连续变量,他们必然接近了更为现实的情况。

不忽略个别经济单位或者小的经济部门肯定是个优点。边际主义者的微观经济学方法补充了把经济看做一个整体来对待的宏观经济学方法。例如:① 虽然某国每单位资本的平均实际收入在上升,但是,特定人群的状况却每况愈下。② 经济周期对于一家大汽车公司的盈利来说是非常重要的;但是对于一家便利店的店主来说,与一家在热闹大街上经营的竞争性百货店相比,经济周期对它的影响却相对不那么重要。③ 总量分析告诉我们,某种人力资本形式的投资(如大学教育)会比一些物质形式的资本投资要支付更高的回报,但是,一位银行家不贷款给一位学生去上大学也是有正当理由的,除非政府为该笔贷款提供担保。在学生的这个例子里,那位银行家只是反对进行无抵押贷款。显然,边际主义者的微观经济学分析方法在经济理论中占有重要的位置。

五、边际主义的贡献

边际学派的几个信条后来相继都发生了变化,还有一些则被拒绝了。凯恩斯指出把边际主义就业理论和新古典就业理论联系在一起的结果也许是一种谬误。如果一家企业削减工资,它也许会由于在较低的价格上销售更多的商品而扩大其市场。它自己的雇员购买力的下降将不会对其利润产生影响,因为在正常情况下,他们将只是购买其产品的一个可以忽略的部分。但是,如果社会上所有的雇员都削减工资,这些企业就可能发现其生产萎缩了而不是扩大了。批评意见也认为,纯粹竞争的假定是一个从 19 世纪 70 年代向后看的合理抽象,但是它太受限制了,以至于在 19 世纪 70 年代竞争下降以后成为无用。今天,纯粹竞争只是在很少的经济部门里才能找到。制度经济学家们认为,历史的和制度的因素支配着决定工作日长度、消费行为、工资率这类事情时理性个人的计算。边际主义者认为,最好的政府就是干预最少的政府。随着新经济事件的扩展和新经济理论的发展,上述这种观点已经过时。这些思想家的分析最初是静态的、无时间的和未有经验证据证明的。几乎没有人尝试进行理论的归纳证明;实际上,假说往往是在一些排除了检验的途径上构成的。经济周期在企业关于供给创造它自己的需求因而充分就业就是一种通则的信念中普遍被忽略了。该学派不能解释经济增长,它的理论被证明对于经济缓慢发展的国家是不适合的。

尽管存在着上述批评,但是,在当代经济学原理和微观经济学教科书中可以发现许多边际主义理论,这证明边际主义理论仍然相对地未受损伤。该学派已经为更广义的新古典学派所吸收了。于是,新古典经济学派和凯恩斯主义宏观经济学的变种一起,支配了西方国家的经济分析并和社会主义一起分享了国际领域。在以后的讨论和学习中我们将会发现,边际主义经济学家和他们的先驱者发展了像数理经济学、基本的垄断模型、双头垄断模型、边际效用递减理论、理性的消费者选择理论、需求法则、边际收益递减规律及其在工业企业中的运用、规模收益的概念、工作与闲暇的选择分析、要素报酬的边际生产力理论等这样一些最终贡献。从 20 世纪 80 年代起,由边际主义者所最先引进的这种"选择理论的"方法在经济学专业内部出现了明显的复兴。

19 世纪 70 年代,资本主义下的各种矛盾日益尖锐,阶级斗争也进一步发展。由于强调供给方面和强调古典劳动价值理论不能满足当时已经开始占据统治地位的公司制企业经济活动的需要,由于无产阶级群众运动的高涨和马克思主义的传播,资产阶级不仅需要从新的方面来探求价值理论,而且迫切需要一种新理论来与马克思主义对抗,掩盖资本主义的矛盾,为资本主义辩护。边际效用论和市场理论的产生恰好适应了这种形势的需要,而这些理论服从于生产资料所有者(包括土地、商业资本、金融资本或工业资本)阶级利益的实质也就是十分明显的了。

个人作为理性计算最大化者的行为,当前在一定程度上很好地描述了资本主义经济中一部分人(特别是各种资产组合的所有者)的行为,在意识形态上给出了最符合这种人利益的理论。但是,"个人作为新古典边际主义所描述的理性计算最大化者,从来没有完全反映资本主义社会大多数人的行为。大多数工人在家庭中生活成长,其消费模式被常规化和标准化以适应这个社会。例如,如果他们一贯消费的一种商品的价格大幅上涨,由于购买力有限,他们的消费结构势必做出调整。但是,大多数工人从来就完全不了解说明理性计算边际效用、比较效用比与价格比,以及调整购买结构以达到'快乐最大'"[1]。

第二节　边际效用论的思想萌芽

19 世纪 70 年代初期,奥地利的卡尔·门格尔、英国的威廉·斯坦利·杰文斯和法国的莱昂·瓦尔拉斯三位经济学家几乎同时各自独立地提出了一种主观边际效用价值理论和边际分析方法。他们的理论和方法极大地改变了古典经济学以来的价值理论和分

---

[1]　E. K. 亨特:《经济思想史——一种批评性的视角》,颜鹏飞译,上海财经大学出版社 2007 年版,第 234 页。

析方法,为后来的新古典经济学和现代经济学分析方法开辟了道路。西方经济学说史上,把这次经济理论和方法的大变动叫做"边际革命"。

当然,"冰冻三尺,非一日之寒"。"边际革命"所涉及的思想和分析方法在以前也曾经出现过。只是到了那个时候,更加集中、更加明显和更加成熟地显示出来而已。

边际主义理论的主要基础,是以个人主观欲望及其满足为出发点和归宿点,以效用为中心的边际效用价值论及孤立抽象分析方法构成的经济理论。这个理论的主要使命之一,就是否定古典经济学中比较科学的劳动价值论,同时也反对马克思主义的科学劳动价值论,以及当时的各种其他价值论。

效用价值论作为一种把价值的起源归结为商品的效用或者它满足人们欲望的能力的理论,在历史上,最早甚至可以追溯到古希腊的亚里士多德(Aristotle)、古罗马的卡图(Cato)和中世纪的托马斯·阿奎那(Thomas Aquinas)。到17世纪下半叶,英国的尼古拉斯·巴尔本(Nicholas Barbon)在其《贸易论》(1690)中曾明确提出:"一切商品的价值来自商品的用途;没有用的东西是没有价值的,正如一句英文成语所说,它们一文不值。"[1]

不过,在边际效用价值论思想萌芽方面最有影响的早期经济学家当属费迪南多·加里亚尼、杜尔哥、威廉·福斯特·劳埃德、芒梯福特·朗菲尔德和杜普伊。

一、加里亚尼

18世纪,意大利的费迪南多·加里亚尼(F. Galiani, 1728—1787年)在其《货币论》(1750)中也提出了效用和稀缺性价值原理。他认为,"价值是一种比率",由"效用"和"稀少"的比率配合而成。这事实上是主观效用论和边际分析的开端。他把物品能满足欲望,给人带来快乐的性质称为效用,并对效用加以分类。而把稀少性,看做事物的数量和对该事物的使用之间的比率。他把事物分为两类:一类的数量取决于自然条件,另一类的数量取决于人的劳动和艰辛。而在计算劳动的数量时,又要注意一定时间长度、工作人数,以及"劳动的价格"(工资)的区分。其中,工资取决于才能大小,才能的价值也归结为效用与稀少性二者的结合。他还认为,货币的价值也取决于效用和稀少性。加里亚尼的价值观点直接影响到法国重农学派的杜尔哥和后来的边际效用学派。不仅如此,加里亚尼还提出了"时差"利息论的萌芽思想。他赞成借贷取息,但认为要符合"等价"交换原则。借贷在时间、地点上的分离,意味着风险,应该对其支付报酬。"利息是对待现存货币和在时间上远隔的货币,在性质上与汇水类似的措施,时间与空间对货币具有同样的作用。"[2]利息即"贴水"。这种观点就是后来奥地利学派的庞巴维克提出的"时差利息论"的先导。

二、杜尔哥

法国重农学派的杜尔哥把商品价值分为主观价值和客观价值。他认为,后者取决于市场,前者取决于卖者对商品的估价。法国的孔狄亚克(Etienne Bonnot de Condillac, 1715—1780年)也认为,价值来自需求和欲望,取决于物品的效用和稀少性,并随需求强

---

[1] 巴尔本:《贸易论》,顾为群等译,商务印书馆1982年版,第55页。
[2] 费迪南多·加里亚尼:《货币论》。转引自 A. E. 门罗:《早期经济思想——亚当·斯密以前的经济文献选集》,蔡受百等译,商务印书馆1985年版,第260页。

度及物品的稀缺性而变动。他也强调了货币价值会随人的感觉(丰裕、欠缺)而变动的情况。大卫·李嘉图曾经在其地租理论中使用了相对客观的边际分析的方法。后来萨伊也拥护和提倡效用价值论,不过萨伊并没有明确地强调主观效用。

三、劳埃德

到19世纪30年代,传统的效用价值论开始发展成为边际效用价值论。英国经济学家威廉·福斯特·劳埃德(W. F. Loyd, 1795—1825年)是明确地以边际效用来解释商品价值决定的第一人。他对斯密的价值论提出质疑,认为价值就是"对所占有物品的估价",而这又总是同物品的"特殊效用"有关。所谓"特殊效用",是指人在一定条件下对某种物品效用的主观心理感受。劳埃德还看到了这种"特殊效用"会随着人的欲望不断被满足而递减。他认为,归根到底,价值一词无非是指心理的感受,它总会在被满足的欲望和未被满足的欲望之间的边际上表现出来。[①] "价值并不表示某个商品的内在性质。它是一种心理感受;它随着影响这种感受的外部条件的变化而变化,而被感受之物的内在性质却没有任何变动。"[②]可以说,劳埃德比较早地提出了后来被充分发展的边际效用价值论的某些基本思想。

四、朗菲尔德

爱尔兰经济学家芒梯福特·朗菲尔德(M. Longfield, 1802—1884年)几乎与劳埃德同时对古典劳动价值论提出挑战,但他们所针对的对象不同。劳埃埃对斯密的价值论提出质疑,朗菲尔德却是要修正李嘉图的劳动价值论。劳埃德纯粹用主观心理含义解释价值及其源泉,朗菲尔德则以客观意义解释它们,并将价值等同于交换价值。

劳埃德将价值完全归结为主观效用,朗菲尔德则认为价值决定于供求。朗菲尔德的特点是,认为决定供求的是生产成本和效用。生产成本包含劳动、土地和资本的"边际成本",即在最不利的条件下生产商品所花费的成本。他还由此引申出类似于后来边际生产力分配论的观点。

朗菲尔德在分析需求时,提出了类似于边际需求的观点。他把"一个人愿意并且能够为该商品支付的数额,或是他不愿意没有该商品,从而放弃该商品对他所能提供的喜悦的数额"[③],称为"需求强度"。他认为"需求强度"会因人因价格而异。"每个人自己都有一系列强度连续增长的需求;在任何时期引起购买的总是其中强度最低的需求,这个需求……调节着市场价格。"[④]这种"最低限度需求"论,其实就是后来的边际需求或边际效用学说。总之,朗菲尔德的价值论是一种边际成本论和边际需求论的综合。这种观点直接就是后来以马歇尔为代表的新古典学派的以边际分析为特征的均衡价值论的先驱。朗菲尔德也是边际生产力论的预言者。

---

① 劳埃德:《关于价值概念的讲义》,第181页。转引自晏智杰:《经济学中的边际主义》,北京大学出版社1987年版,第54页。

② 同上注。

③ 朗菲尔德:《政治经济学讲义》,英文,1931年版,第111页。

④ 同上书,第115页。

五、杜普伊

法国工程师朱尔·杜普伊（Arsene Jules Etienne Juvenal Dupuit，1804—1866 年）在研究实际经济问题和政策选择时，首次运用了边际效用原理和方法。他反对萨伊把一般效用或市场价格作为效用尺度。他认为，效用会因人而异，即使同一人加到同一东西上的效用也会随其消费量的不同而变化。他主张用公共工程所涉及的被消费商品的生产成本之节约数额作为效用尺度。他称之为"相对效用"或"最后效用"。它表现为购买者为得到它而愿意做出的牺牲同他在交换中必须支付的购买价格之间的差额。价格每有提高，相对效用便会降低。杜普伊实用性分析的尝试，在一定程度上反映了消费者的愿望和利益。

第三节　边际主义的早期代表人物

离"边际革命"最近的和最有影响的边际主义思想的先驱者是法国的安东尼·奥古斯丁·古诺、德国的约翰·海因里希·冯·杜能和赫尔曼·海因里希·戈森。[①]

一、古诺

法国数学家、哲学家和经济学家安东尼·奥古斯丁·古诺（Antoine Augustin Cournot，1801—1877 年）是第一位把数学方法运用到经济学分析中的经济学家，因而被看做数理经济学的鼻祖。古诺也是边际效用价值论的先驱者之一。他认为，在价格决定中，"需求规律"始终居于主导地位。他指出："一般说来，一个物品越便宜，对它的需求就越大。……价格下降，售卖和需求通常就增加。"[②]他还列出这个函数式：$D = F(P)$，并依此考察了垄断和竞争条件下的价格决定原理。但是，直到他去世后，在杰文斯、马歇尔和费雪继续他的事业之前，其先驱性的工作并没有受到应有的重视。古诺第一个提出了关于纯粹竞争、双头垄断和纯粹垄断问题的数学模型。在分析对制造青铜用的铜和锌的数量的需求时，古诺也最早提出了现在我们所涉及的、推导资源需求的完整模型。古诺被认为是一位边际学派的先驱者，因为他的许多分析都集中在总成本和收益函数的变动率上。这种变动率（数学中的导数）被变成了经济学家现在所涉及的边际成本和边际收益。现在的倾向是从纯粹竞争的市场结构分析开始，再引入对市场不完全竞争的分析。古诺与此不同，他从纯粹垄断开始，然后对存在竞争者的市场环境进行分析。他对经济分析的几项贡献中，特别有两项值得详加讨论，即他的纯粹垄断理论和双头垄断理论。

1. 古诺的垄断理论

古诺是第一位提出下面的原理因而享有盛誉的经济学家。这个原理就是我们现在所熟悉的一家企业可以通过确定一个价格使得边际收益等于边际成本来实现其利润最大化。1838 年时他论述了这一原理："……假定一个人发现他自己是一处矿泉水的所有者，而这处矿泉水又具有保健功能，这是其他人所拥有的矿泉水所不具备的。毫无疑问，

---

① 　其他边际学派的奠基者中最重要的一位是法国工程师朱尔·杜普伊特（Jules Dupuit，1804—1866 年）。一些经济思想史学家认为杜普伊特是第一位把边际效用递减规律同向右下方倾斜的需求曲线联系起来的经济学家。

② 　古诺：《财富理论的数学原理之研究》，英文，1929 年版，第 46 页。

他可以把每升水的价格确定在 100 法郎。但是他将很快看到需求[需求量]是不足的。这显然不是挣得大量财富的办法。因此,接下来他将把每升水的价格降到能使他得到最大可能利润的点上,如果 $F(p)$ 代表需求[需求量]规律,他将在进行不同的试验之后,最终采取能使产品 $Pf(P)$ [总收益]最大的 P[价格]值……"[1]

古诺在这里假定获得矿泉水的总成本和边际成本都为 0。在这种情况下,总利润将在总收益(价格与数量的乘积)达到最大时的产量上实现最大化。通过计算,古诺指出,这个数量就是总收益函数的导数(边际收益)为 0 处的产量。

图 18-1 表示古诺的这一理论。注意,在上半个图中,矿泉水的所有者面临着一条向右下方倾斜的需求曲线 D。边际收益曲线 MR 位于需求曲线的下方,因为更低的价格会与全部矿泉水的销售有关,而不仅仅涉及那个额外的销售量。这就是说,每增加一单位销售都将把其价格增加到总收益上去,但是,如果不能增加额外单位的销售,在其他单位矿泉水上得到的价格将会是较高的。这种潜在收益的损失必须要从额外销售的矿泉水所得到的收益中扣除掉。于是,我们就会看到,边际收益小于所有的价格而不是第一个产出单位的价格,而且边际收益曲线比需求曲线下降得更快。注意,一旦上半个图中边际收益曲线上的点的变动代表下半个图中总收益曲线 TR 所表明的总收益的变化率,边际收益就是产出 PQ 的导数。

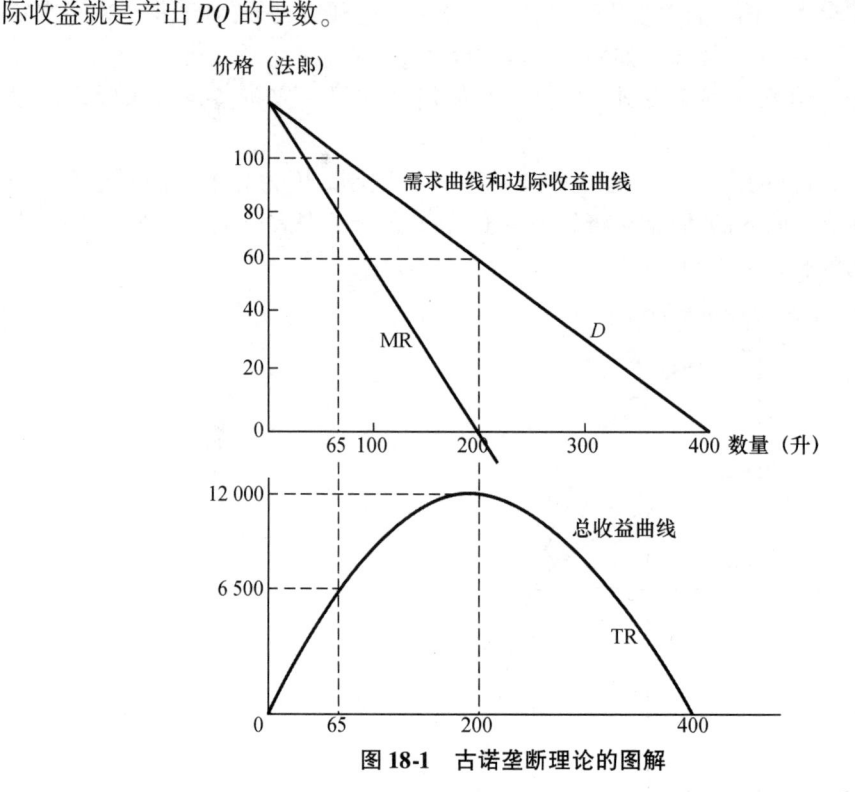

图 18-1 古诺垄断理论的图解

在图 18-1 中我们看到,矿泉水的所有者可以要求每升矿泉水的价格为 100 法郎,就像古诺看到的那样。但是,在这个高价格上,他只能销售 65 升矿泉水。沿 65 升垂直下降到下半个图,可以看到,矿泉水所有者的总收益是 6 500 法郎。但是,要注意,在上半个图

---

[1] Augustin Cournot, *Researches into the Mathematical Principles of the Theory of Wealth*, trans. Nathaniel T. Bacon (New York: Macmillan, 1897), p.56.[Originally published in 1838.]

中,边际收益在价格为 100 法郎时是 80。显然,边际收益(80)超过了边际成本(0)。这对于低于 200 升的所有矿泉水都是一样的。如果每升矿泉水的要价不是 100 法郎,垄断者将使用试验对错的方法,直至价格稳定在 60 法郎上。在 60 法郎上,我们在下半个图中将会看到,买主将购买 200 升矿泉水,总收益将上升到 12 000 法郎。可见,任何高于或低于 60 法郎的价格,都将减少总收益。所以,总收益以及在这个例子中的总利润,在 60 法郎的价格上达到最大化。在这种产出和价格的结合上,上半个图中的边际收益 MR 为 0。边际成本 MC 也是 0。于是,MR = MC。这是实现利润最大化的条件。

古诺把他的理论扩展到了边际成本为正的条件下。他说,面临边际成本为正的垄断者,将在 MR = MC 处的产量水平上,实现最大化的利润(收益减去成本)。这种规律也运用到了大量竞争者存在的条件下。

2. 古诺的双头垄断理论

古诺关于有两个企业竞争的双头垄断市场的理论,是经济学家分析寡头市场结构中卖者行为和表现的首次尝试。

"为了形成对于垄断的可以理解的一般性看法,我们已经设想过有一处矿泉水和一个所有者的情况。现在我们再设想有两个所有者和两处质量相同的矿泉水,在向同一市场上竞争提供矿泉水方面,他们的规模和地位都较小。这种情况下,对于每个矿泉水所有者而言,价格都必定是一样的。如果 p 是这种价格,$D = f(p)$ 为总销售量,D_1 和 D_2 分别为第一种矿泉水和第二种矿泉水的销售量,他们中的每一方将各自寻求收入的最大化。

"我们说各自独立的每一方,将只受到非常基本的限制。因为如果他们同意这样以获得各自尽可能大的收入的话,结果将是完全不同的,至于消费者所关心的东西,则与垄断市场下获得的没有什么不同。"[①]

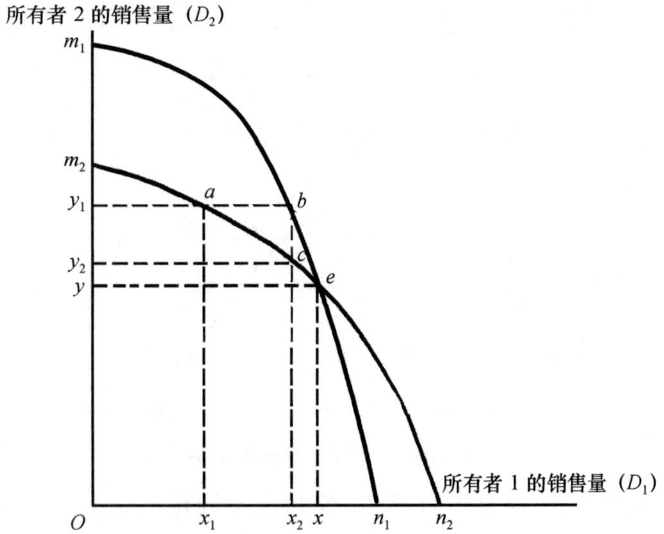

图 18-2　古诺的双头垄断模型

---

① Augustin Cournot, *Researches into the Mathematical Principles of the Theory of Wealth*, trans. Nathaniel T. Bacon (New York: Macmillan, 1897), pp. 79—80. [Originally published in 1838.]

在形成其双头垄断理论时,古诺假定了买者的名义价格和两个卖者仅仅按照这个价格调整其产量的情况。每个双头垄断者都估计对产品的总需求,并在假定对手的产量保持不变的情况下安排自己的产量和销售量。通过每个生产者一步一步的产量调整,达到一种稳定的均衡,最终双头垄断者将在高于竞争价格和低于垄断价格的价格上销售相同数量的产品。

古诺以图 18-2 所表明的数学和几何学的方法说明了其双头垄断的情况。横轴代表第一个所有者的销售量 D_1,纵轴代表第二个所有者的销售量 D_2。曲线 m_1n_1 和曲线 m_2n_2 分别代表第一个所有者和第二个所有者的最大利润曲线。古诺从其数学方程推导出这些曲线。曲线 m_2n_2 表明了在给定第一个所有者提供的不同产量水平时,能使第二个所有者的利润最大化的特定产量水平。曲线 m_2n_2 上的点 a 是说明性的。它告诉我们,如果第一个所有制销售 x_1 单位矿泉水,那么,第二个所有者将会发现通过销售 y_1 单位产品可使其利润最大化。另一方面,曲线 m_1n_1 表明了第一个所有者在第二个所有者提供不同产量水平时,其实现利润最大化的产量水平。例如,该曲线上的点 b 表明,如果第二个所有者提供 y_1 单位的产品去销售,第一个所有者将会选择提供 x_2 的产量,以便使其利润最大化。由于这些曲线的建立,每个所有者将对对手提供的销售量做出反应,这条曲线就叫做反应曲线。

要表明第二个所有者的反应曲线上的点 a 和第一个所有者反应曲线上的点 b 所建立的产量水平无法保持下去是相当简单的。如果第一个所有者销售 x_1 单位,则第二个所有者将销售 y_1 单位。随后,第一个所有者又将如何反应呢? 它做出的反应是将销售(点 b 处的)x_2 升矿泉水,因为当产量 D_2 具有 y_1 单位时,x_2 将使它获得最大化的利润。一旦第一个所有者提供 x_2 单位,第二个所有者就将做出反应,(在曲线 m_2n_2 上的点 c 处)提供 y_2 单位。这种调试过程将一直继续下去,直到在点 e 处达到均衡。注意,在两条反应曲线的这个交点上,双头垄断者每一方都将销售相同数量的产品($x = y$),并在给定别人产量的情况下,得到最大化利润。古诺认为,这个位置是稳定的,就是说,如果生产者中的哪一个为了他的真正利益而被误导,使得均衡暂时被偏离,那么,通过一系列反应,通常是其产量幅度的下降,他将会回到均衡点。

3. 对古诺理论的评价

古诺的纯粹垄断理论模型至关重要,这在当代西方经济学教科书的原理中得到体现就是一个证明。显然,当代经济学家们发现古诺的模型几乎没有什么错误。在这方面唯一值得注意的一件事就是,古诺没有认识到价格歧视(即对需求弹性不同的顾客要求不同的价格)的可能性。在市场能够分离开,而且买者不能对商品进行再转卖的条件下,价格歧视是可能发生的。例如,如果矿泉水的所有者能够要求消费矿泉水的买者遵守上述条件,卖者就能要求不同的个别买主支付不同的价格。在这种价格歧视情况下,边际收益将等于对每一个买主要求的价格,而矿泉水的所有者甚至将会比在图 18-1 所表明的情况下得到更多的收入和利润。

此外,古诺的双头垄断理论由于其不实际的假定和忽略了许多其他对于双头垄断情况的结论而受到了批评。例如,1897 年,弗兰西斯·Y.埃奇沃思曾在其论文《纯粹竞争理论》(最初以意大利文出版)中指出,双头垄断者并不能确定其竞争对手将如何反应。这种相互反应的不确定性造成了双头垄断的解的不确定性。

在 20 世纪 20 年代,经济学家开始拓展双头垄断者和寡头垄断者对于销售率、成本、产品质量和服务方面竞争的可能反应模式。古诺关于企业能够通过假设其对手产量保持不变来设定自己的产量水平的假定被抛弃了。只要我们承认每个企业会考虑到其对手对自己策略的潜在反应,我们就有了一个依赖于我们关于其行为假定的、可能出现的结果的整体范围。古诺是一位值得一提的双头垄断和寡头垄断理论方面的先驱性理论家。当然,现代理论已经超越了他早期的成果。

二、杜能

约翰·海因里希·冯·杜能(Johann Heinrich von Tünen, 1783—1850 年)生于德国奥尔登堡。他在哥廷顿大学学习了不长时间,后来在麦克伦堡购买了房地产。他在那里经营农场并写下了他的代表作《孤立国》。在 1826 年出版的该部著作的第一卷中,他提出了一种涉及农产品生产离销售市场的不同位置的理论。由此,他成了区位理论和农业经济学的先驱者。在 1850 年出版的《孤立国》第二卷中,他扩展了自己的分析,并建立了边际生产力工资理论和边际生产力资本理论。这样,冯·杜能就成为边际学派的一般理论和约翰·贝茨·克拉克的边际生产力分配理论的先驱者。

1. 杜能的区位理论

在提出其区位理论过程中,冯·杜能首先作了几个假定:

"设想在一个附近没有通航河流和运河的肥沃平原的中心,有一个很大的城镇。整个平原的土地都宜于耕种并且同样肥沃。离城镇越远,就越是不易耕种的荒地。该地区和外部世界也没有任何联系。

"该平原上没有其他城镇。因此,中心城镇必须向乡村地区供应全部制造品,而它也要反过来从周围的农村获得农产品。

"提供给该国的食盐和金属这些矿产品的产地接近这个唯一的中心城镇。我们在将来将把这个唯一的中心城镇叫做'城镇'。"[①]

冯·杜能接着阐述了他的中心问题:

"我们要解决的问题是:在这些条件之下将采取何种耕作方式? 不同地区的耕作制度将会怎样受到其离城镇的距离的影响? 我们假定农业耕作的行为始终都是绝对理想的。

"总体说来,非常明显的是,离城镇越近就越是增加的那些产品,其数量和批量都会与其价值相关,遥远地区则因运价昂贵而不能提供这类产品。我们将发现,高度易腐败的产品必须很快地使用。随着离城市距离的增加,土地将越来越不能被用来生产运费低廉的产品。

"仅仅由于这个原因,各种明显不同的环城镇地带就会形成,每个环带都具有自己特定的固定产品。

"从一个环带到了一个环带,由不同的特定产品构成了整个农业耕作系统;而且在不同的环带中,我们也会发现完全不同的耕作制度。"[②]

---

①　Johann H. von Tünen, *The Isolated State*, trans. Carla M. Wartenberg and ed. Peter Hall, vol. 1 (Oxford, Eng.: Pergamon Press, 1966), p.7.

②　同上书,第 8 页。

图 18-3 是冯·杜能自己提供的关于其理论的一个适当修改的形式。最里面的圆圈（Ⅰ）是"市场化菜蔬园艺耕作地"，直接由城市包围着。这里生长着像草莓、莴苣、菜花等精致产品。此外，农民们将饲养专门生产鲜奶的圈养奶牛，因为"不仅（鲜牛奶的）运输困难、费用高昂，而且牛奶在高温季节，几小时之后就不再新鲜了"。

第二个环带表明，该地区有茂密的森林，它供给城市原材料和建筑材料。这些产品需要在靠近城市的地方生产，因为他们的市场价值与运输密切相关。

在邻近的三个环带里，农民种植谷物。这是第三个环带，叫做"谷物种植带"。在这个地带的最里圈，地主和他们的佃户将密集地种植谷物并不断实行轮作，以便从土地上获得最大的产量。冯·杜能说，在第三个环带的中间环带上，一部分土地种植谷物，另一部分土地进行放牧。在第三个环带最外边的环带上，其明显特征是，一部分土地种植谷物，另一部分就暂时撂荒不用。

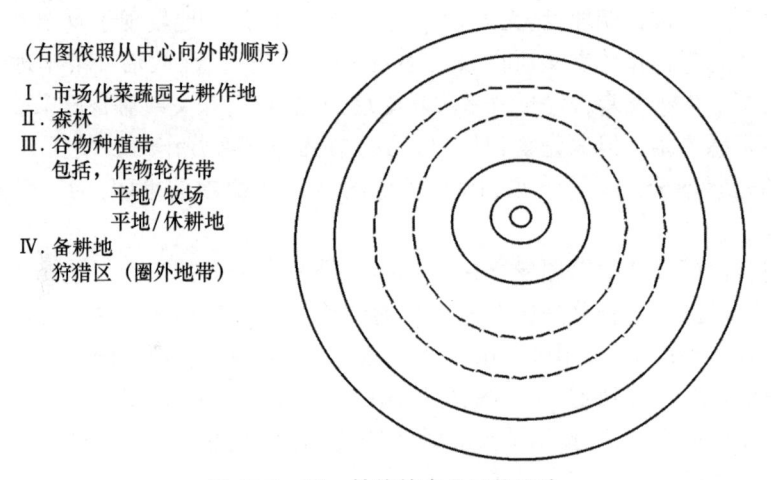

（右图依照从中心向外的顺序）
Ⅰ. 市场化菜蔬园艺耕作地
Ⅱ. 森林
Ⅲ. 谷物种植带
　　包括，作物轮作带
　　　　　平地/牧场
　　　　　平地/休耕地
Ⅳ. 备耕地
　　狩猎区（圈外地带）

图18-3　冯·杜能的农业区位理论

在图 18-3 中靠外面第四个环带，农民们将饲养牲畜和狗。尽管这些动物的数量巨大，但是可以把它们以相对较少的费用赶到城里去宰杀。最后，所有位于第四个环带之外的土地将只用作狩猎。从这里运输任何农产品到城市的成本，相对于这些产品的价值而言是太大了。

冯·杜能解释说，环带内农业生产的强度增加，报酬递减会引起我们现在所说的边际成本上升。这导致较高的市场价格，而这又会使进一步开发新地区变得有利可图。而农业的密集将会拓宽到图中的四个主要环带上。

2. 杜能的边际生产力理论

冯·杜能对于不同类型农业区位的仔细思考引导他发展了一种就业的边际生产力理论。这是以一种原理，即增加的劳动单位会越来越造成农业总产量的较小增加为基础的。李嘉图也曾在他对地租的分析中使用过同一个边际收益递减规律的观点。冯·杜能进一步扩大了这一规律的运用。他论述道，给出这一原理，农场主必定关心雇用劳动时不要超过某一点，即最后增加的劳动的成本和增加的农产品的价值相等的那一点。在当代的条件下，冯·杜能认为雇主应当增加劳动单位直到劳动的边际收益产品（从较大的产量中产生的额外收益）等于雇用工人的工资支出。冯·杜能还进一步认为，所雇用的最后的工人的边际产品就建立了所有工人得到的"自然工资"。这显然是预示了后来约翰·贝茨·克拉克和阿尔弗雷德·马歇尔所做出贡献的深思熟虑的经济依据。

三、戈森

19 世纪 50 年代德国经济学家赫尔曼·海因里希·戈森(Hermann Heinrich Gosson,1810—1858 年)对以前的效用价值论加以综合,提出了较完整的以消费者心理感觉为基础的价值论。

戈森曾是德国政府的一名小职员,后来他辞去了工作,花费了 4 年的时间闭门写书,最后在 1854 年正式出版。该书即《人类关系的法则及人类行为的规范》。他曾希望该书流传于全世界。戈森把自己的理论对于经济科学的作用宣称为像哥白尼的伟大发现对于天文学的作用一样。但是,他的书只卖出去一本,这也许是他的书使用了大量数学语言进行叙述的缘故吧。一气之下,他收回了印好的书把它们销毁了。戈森对边际主义基本原理的发现一直被长期埋没、无人知晓,直到杰文斯独立地发现了这个与他自己提出的理论相同的思想为止。杰文斯在 1871 年出版了其第一版《政治经济学理论》之后,发现了戈森的书。由于戈森曾经早就是边际原理的先驱者,杰文斯对自己未能成为边际理论的首创者很感失望。但他完全相信,自己的书就是戈森著作的后续版本。这样,对于已经过世的先驱理论家戈森来说,1889 年他的著作在德国的重印,为其带来了晚到的荣誉。[1]

戈森将自己的经济学原理建立在边沁的快乐和痛苦的计算上。他接受了边沁的观点,认为人是理性的,而且总是试图使自己的纯快乐或者效用最大化。戈森接受了这种基数效用观点。他假定,效用可以由正常的数字单位来衡量,而且服从于与基数联系在一起的所有的数学运算规则。特别是他提出的"效用递减规律"和"边际效用相等规律"这两个经济学的基本规律,预示了杰文斯、门格尔和其他边际主义经济学家的贡献。

1. 戈森第一定律

以现代术语来说,戈森第一定律就是边际效用递减规律。该规律是说,一种商品对于一个人来说,其额外效用是随着已有总消费量的每一次增加而递减的。在其他事情上,这个规律解释了两人之间的产品交换怎样才能使双方获益。例如,饲养牲畜的农民有比他自己愿意消费数量更多的可供宰杀的家畜,他的边际效用与他能从这些牲畜身上得到的钱相比是较低的。同样,烤面包的人有那么多的面包,以至于超过其消费数量的每个面包的边际效用都较低。面包和肉的交换,能使交换双方得到的商品,为自己提供比被放弃的那些产品所具有的、更大的边际效用。

2. 戈森第二定律

戈森第二定律,涉及通过理性的消费支出来保证最大化满足的边际效用的平衡问题。戈森说,理性的人将把支出花费在每种商品上时,要达到这样一点,即在这一点上,花费在每一种商品上的最后一单位货币会带来与花费在其他任何商品上的最后一单位货币相同的满足。这可以用符号表示如下:

$$\frac{MU_x}{P_x} = \frac{MU_x}{P_y} = \cdots$$

---

[1] 杰文斯自己的经济学著作也销售得并不好。他的《政治经济学理论》第一版在七年的时间里也只卖出去 1 000 本。

这里,MU_x 和 MU_y 代表两种不同商品 X 和 Y 的边际效用,P_x 和 P_y 分别是两种不同商品的价格。这条理性消费者的选择规律构成了需求分析的基础,而后者对于边际效用价值论则是十分重要的。

戈森认为,人类行为的目的就在于追求最大限度的享乐和避免痛苦。上述两个规律就是人类行为的准则,人的行为必定受它们支配。而政治经济学的首要任务是发现这种享乐规律以及按照这些规律行事的条件。

戈森是围绕合理组织消费和生产问题,发挥其"戈森定律"的,并以之为基础阐述了价值、生产和价格等问题,建立了一个相当完整的主观主义经济理论体系。

戈森认为,价值即数量有限的效用,效用和价值是物品满足人享乐的能力,所以是主观的、相对的。价值量随物品提供的享乐量而定,并且随物品数量增加而递减,当各边际价值相等时达到最大。但戈森并未得出边际效用决定价值的结论。他也没把价格决定因素归结为效用,相反,他认为,价格变动是引起消费方式变动,从而引起效用变动的条件。总之,尽管戈森的理论还未达到后来那样的全面和成熟,但他却为边际效用价值论提供了有力的基础和启发。

遗憾的是,当戈森在世时,其上述理论并没有受到人们的重视。只是到了 19 世纪 70 年代,杰文斯发现了它以后,才逐渐为人们所了解,被命名为"戈森定律",成为近代边际学派的理论渊源和基础。戈森本人也被奉为边际效用论的先驱和奠基者。

思考题 》》

1. 早期边际效用价值论的最重要代表者有哪些?
2. "戈森定律"的主要内容是什么?

第十九章　　奥地利学派的经济思想

▮▮内容提要▮▮

奥地利学派是 19 世纪末到 20 世纪初盛行的"边际革命"和边际主义学派中影响最大的一派。该学派对于主观效用价值论、相应的收入分配理论,以及抽象演绎方法都有较明确的阐述。该学派的奠基者和最突出的代表是门格尔、维塞尔和庞巴维克。本章将主要介绍他们三人的主要理论及思想。

第一节　概　　述

一、"边际革命"和奥地利学派的概况

所谓"边际革命",实际上包含两个主要的方面:一是其思想内容,二是其分析的技术性方法。而"边际革命"中形成的两大流派,恰好对此各有侧重。侧重其思想内容的是奥地利学派,而侧重其分析技术的是数理学派。

奥地利学派又叫维也纳学派,其创始人是卡尔·门格尔(Carl Menger,1840—1921年)。奥地利学派是经济思想史上构成所谓"边际革命"的最主要代表,也是当时在经济理论界影响最大的一派。而英国的杰文斯仅仅是独自一人在这一时期发表了其《政治经济学理论》,而且由于在当时,运用数学方法表述经济学的原理还几乎没有广大的接受者,所以"边际革命"实际上只是由门格尔建立的奥地利学派担任了主角,而杰文斯和瓦尔拉斯的"数理学派"仅仅被认为是配角。"数理学派"只是在奥地利学派风头减弱后,才逐渐产生更大的影响,一直到在当代经济学界成为主要的理论表述方法和研究方法。

在奥地利学派最著名的三位经济学家中,门格尔的地位是最重要的。他是这个学派在理论和方法上的奠基者,是学派的旗手。门格尔的主要经济学著作《国民经济学原理》(1871),奠定了奥地利学派边际效用价值论和经济学研究方法方面的思想基础。弗里德里希·维塞尔(Friedrich von Wieser,1851—1926 年)和欧根·庞巴维克(Eugen von Böhm-Bawerk,1851—1914 年)则在不同的方面发展了门格尔的学说。这三人一起成为了奥地利学派最主要的代表人物。

奥地利学派以比较通俗的方式阐述了边际效用价值论,因而其在思想上的影响远比数理学派广泛。不过,从边际方法的运用方面来看,应该说,数理学派更具技术上的优势,表述也更加直接和明确。这也正是 20 世纪之后,边际分析方法超越效用论思想而得到更加广泛运用的主要原因。

二、主观的抽象演绎方法

(一) 有关情况

奥地利学派自认为其方法论与古典学派一致,而反对历史学派的方法论。他们认为经济学中只能运用"抽象演绎法"进行研究,而不能像历史学派那样采取理论上的虚无主义和"历史归纳法"。

门格尔认为,经济学是一门非社会价值取向的科学,因而是一门"纯理论",其中不包含规范、道德和伦理价值。门格尔认为,他首倡的"抽象演绎法"就体现了这种特点。他认为,"抽象演绎法"在历史学派占统治地位的德国经济学界长时间不被重视,大学里也不采用。门格尔利用维也纳大学较浓厚的学术空气,就此同新历史学派进行论战,以扩大其影响。

这场方法论的论战由门格尔的《社会科学,尤其是政治经济学方法的探讨》(1883)开始,施莫勒在《政治社会科学方法》一文中反驳,1884 年门格尔在《德国国民经济学中历史主义的谬误》一文中作答。这场论战先后持续了十年,直至历史学派最终垮台。论战的主要内容是,经济学研究中究竟应该使用"抽象演绎法"还是"历史归纳法"。门格尔认为,经济史和经济理论都能认识经济现象,但前者研究的只是一定时间和场合下,个别的、具体的现象及其相互关系,而经济理论则是认识经济现象的基本形态及其相互关系。因此,经济史只能作为经济学的补充学科,而绝不能代替理论经济学,只有理论经济学才能突破直接经验的局限,建立一种永久性、一般性和普遍性的经济原理。这样,经济学研究就必须排斥实用经验主义的"历史归纳法",而采用严密的"抽象演绎法"。

(二) "抽象演绎法"及其特点

1. 什么是"抽象演绎法"

门格尔说这种方法就是:"使人类经济的复杂现象还原成为可以进行单纯而确实的观察的各种要素,并对这些要素加以适合于其性质的衡量,然后再根据这个衡量标准,从这些要素中探求复杂的经济现象是如何合乎规律地产生着。"[①]

简言之,就是运用抽象法把经济现象先还原为各种要素,再对之进行量的衡量,并找出其运动规律,从而解释经济现象。不过,这里的关键在于,这种方法始终是主观的,而不是客观的。

2. "抽象演绎法"的具体化

首先,把人和物的关系作为政治经济学研究的前提和出发点。他们所谈的"人类经济"完全是超历史的人为抽象出来的"一般经济"。他们认为,"人类经济"由两个基本要素构成:一是人类的欲望,二是满足这些欲望的物质的有限性和稀缺程度。由这些基本要素就引出了经济问题。

其次,由于欲望无穷、物质有限所产生的"如何以有限的物质来实现欲望的最大满足"问题,就成为经济学的任务。门格尔认为,经济学的任务就是研究"人类为满足欲望而展开其预筹活动的条件"。庞巴维克认为,经济学是"研究人和物质财富的相互关系的

---

① 门格尔:《国民经济学原理》,刘絜敖译,上海人民出版社 1959 年版,第 2 页。

科学"。他们还把具有商品交换关系的经济叫做"社会经济",把使用生产工具的生产叫做资本主义生产,而把"赤手空拳"的生产与"个体经济"相联系。

3. 抽象演绎法的特点

首先是注重对孤立个体经济的研究。这是抽象演绎法的立足点。在门格尔看来,经济学家仅仅能够科学地了解个别家庭或企业(门格尔称之为"个体经济"),但永远不可能类似地把握阶级和国家这些社会总体。那些经济学家的错误在于他们将国家"本身看做一个大的个体经济,其中,'国家'代表有需求的经济消费主体"①。门格尔认为:"通常被称为'国民经济'的对象总是表现为由个体经济组织和结合而成的复合整体,然而它并不是严格本来意义上的经济体。"②

实际上,门格尔所说的经济学家(也包括当代的一些新古典的经济学家)往往认为,个人是社会的元素,社会是个体的简单算术总和;社会经济是个体经济的简单机械综合,而孤立的个体经济则是社会经济的缩影。个人和个体经济是第一性的和本源的,而社会和社会经济则是第二性的和派生的。因此,对个人与财货关系的分析,就包含了解释更复杂的社会经济现象的关键。显然,这种把鲁滨逊式的"个人经济"作为分析一切经济现象的典型和立足点,并企图由此引申出整个社会经济规律的观点与方法是不适当的。

当然,奥地利学派的抽象法与社会科学的科学的抽象法也不能等同。科学的抽象法对于最抽象的范畴也不能失掉其社会性质。奥地利学派的抽象法却不是这样。科学抽象法是从复杂的社会生活中,抽象出经济生活来;再从复杂的社会关系中抽象出最基本的生产关系来。这种基本范畴与整个社会经济的关系类似于细胞与生命整体间的复杂有机联系,而不是孤立的原子与其构成的物质整体间的关系。奥地利学派所涉及的孤立个体是不具有社会历史特征的,在一切社会都适用。这种个体当然不能说明具体的"社会经济"。这种对于个体的抽象是主观心理上的不适当虚构,它没有社会现实性。

其次是把对个人心理的分析作为经济研究的起点。奥地利学派依据边沁的"苦乐心理"学说,把人的心理动机归结为追求享乐和避免痛苦。他们认为,人类的意志和心理动机决定人们的经济活动。这种活动的出发点动力和最终目标就是人类的欲望和欲望的满足。

门格尔认为,经济学家只能了解个人、个别家庭和个别企业,永远也不可能了解阶级或国家这些社会总体。他说,"人类意志决定着人类经济活动的结果","人类欲望和自由支配满足欲望的资料,是人类经济的出发点和目标"③,这样,经济活动就被说成是追求享乐和避免痛苦,政治经济学就成为研究快乐与痛苦关系的学科,成为心理学的一部分,因此,人们的心理状态就是政治经济学研究和分析的起点。其后继者维塞尔甚至公开宣称政治经济学是实用心理学。

这样,奥地利学派就把一切经济范畴都说成是超越时间、空间、适用于一切时代的永恒心理现象,把客观经济规律变成了心理状态的外在表现。由此来证明资本主义经济制度的永恒性。奥地利学派的这种分析方法,当然是错误的:他们颠倒了主客观关系,否认了经济范畴与规律不依个别人主观愿望为转移的客观必然性,片面强调和夸大了人们的

---

① E. K. 亨特:《经济思想史——一种批判性的视角》,颜鹏飞译,上海财经大学出版社 2007 年版,第 219 页。
② 同上书,第 220 页。
③ 门格尔:《国民经济学原理》,刘絜敖译,上海人民出版社 1959 年版,第 255 页。

心理作用。

最后是强调个人消费,抛开生产。这是奥地利学派研究方法的又一特点。他们认为,满足欲望的过程就是消费,因此,经济本身也就是消费,至于生产,那只不过是满足欲望的一种手段。生产只能使"经济"复杂化,而不能创造"经济"现象。因此,生产只是从属因素,消费才是决定因素。这样,在分析中就把消费提到首位,而抛开了生产这个"从属因素"。这必然会进一步导致强调效用的观点。

这种方法,割裂和颠倒了生产与消费的相互关系,片面地强调和夸大了消费的作用,这是违背客观现实的,从某种意义上说,也是为资本主义辩护的(它回避了对于生产关系和阶级本质的分析)。

第二节　门格尔的边际效用价值论

卡尔·门格尔提出的边际效用价值论是奥地利学派全部经济理论的基础与核心。门格尔首先提出其基本观点,后来由维塞尔和庞巴维克加以发挥,最终形成了一套系统理论,但在细节上,他们之间各有区别。其中以庞巴维克的论述最为完整、严密和系统,在经济学说史上占有重要地位和影响。

边际效用价值论的出现,一方面是要否定和取代古典经济学派的劳动价值论和19世纪以来的"生产费用价值论",另一方面也要否定和取代马克思的劳动价值论,以边际效用价值论来代替一切价值理论。

一、卡尔·门格尔的概况

卡尔·门格尔(Carl Menger, 1840—1921 年)生于奥地利的加里西亚(今属波兰),其父是律师。门格尔曾先后就学于维也纳大学和布拉格大学学习法律和政治学,1867 年在克拉科夫大学取得法学博士学位。

毕业后,门格尔先是从事法律事务工作,接着进入了奥地利国务总理办公室的新闻机关。在那里,他需要写一些市场报告,开始对价格理论有所涉及。1868 年,为取得维也纳大学讲师资格,门格尔开始阅读大量经济学文献。1871 年年底,他写成并发表了其成名作《经济学原理》(这与杰文斯的代表作是同年出版的)。

1873 年,门格尔弃政就学,进入维也纳大学法律系任教,被任命为"杰出教授"。1876—1878 年期间,门格尔担任奥地利皇太子的私人教师,并陪同皇太子鲁道夫周游欧洲各国。1879 年,门格尔返回维也纳大学任政治经济学教授,此后便一直从事学术活动。门格尔的长期目标是出版一本关于经济学的系统性著作和一部关于社会科学一般特征与方法的专著。这促使他的研究兴趣和主题范围不断扩大。

1883 年,门格尔出版了他的第二部著作《关于社会科学,特别是政治经济学方法的探讨》。该书的出版挑起了他同施莫勒之间关于方法论的长期论战。1884 年,门格尔发表了《德国国民经济学中历史主义的错误》,集中批评了德国历史学派研究方法的片面性。他还写过《资本理论》(1881)、《货币》(1892)两篇论文。

1900 年,门格尔当选为奥匈帝国议会上议院议员。1903 年他辞去教授职务,以便全身心地从事研究和写作。1921 年,门格尔去世,享年 81 岁。在其一生的最后 30 年中,门格尔几乎没有出版什么著作,因为他对于自己的著作并不满意。在他去世时,留下的只是一些零星作品和杂乱无章的手稿。不过,门格尔的藏书倒是不少,其身后留下了25 000多卷藏书。

门格尔是奥地利学派的创始人和奠基者,其理论对于当时和后来相当长时期的经济学理论都产生了很大的影响,甚至在当代的新奥地利学派那里还可以看到他的重要影响。

二、边际效用价值论

门格尔价值理论表述上的最大特点是,他不用数学公式进行表述,也没有在边沁观点的基础上构造其理论,而是通过文字和表格的例子来说明其边际效用递减和边际效用相等的规律的。

在表19-1中,门格尔假设了10种(或10等)商品的各种不同数量单位的边际效用值(Ⅰ到Ⅹ)。每栏连续下降的数字代表了由于增加对指定商品的消费所引起的总满足的连续增加量。

表19-1 门格尔的边际效用递减表

消费单位	边际满足程度										
	食品				烟草						
	Ⅰ	Ⅱ	Ⅲ	Ⅳ	Ⅴ	Ⅵ	Ⅶ	Ⅷ	Ⅸ	Ⅹ	
第一	10	9	8	7	6	5	4	3	2	1	
第二	9	8	7	6	5	4	3	2	1	0	
第三	8	7	6	5	4	3	2	1	0		
第四	7	6	5	4	3	2	1	0			
第五	6	5	4	3	2	1	0				
第六	5	4	3	2	1	0					
第七	4	3	2	1	0						
第八	3	2	1	0							
第九	2	1	0								
第十	1	0									
第十一	0										

门格尔这张表暗含着一个假定,每种商品的每一个单位都代表了相同的货币支出,或者努力与牺牲。另外,如果一单位烟草可以用$10或者5分钟的劳动获得,而一单位食品需要$1或者50分钟劳动获得,那么,与第一单位食品(10/$1)相比,消费者将更愿意获得第一单位烟草(6/$10)。

门格尔这张表暗含的另一个假定是,懂经济的个人将不仅从序数上而且从基数上能够对其满足进行排队。序数的排列允许他说,在给出的任何一天把第一个美元花在食品上,将比把第一个美元花在表中的任何其他商品上获得更多的满足。与此有关的是,只有一种商品的值在排序上高于其他商品。对于基数的值,人们必须说,花在食品上的第一个美元恰好给出了花在食品上的第六个美元或者花在烟草上的第二个美元两倍的效用。这种确切比较的有效性当然是有疑问的。我们将发现,后来的经济学家在发展他们的理性消费选择理论时,以序数效用代替了基数效用。

门格尔从该表引出了他感兴趣的结论。假定一个人能够提供仅仅 7 单位食品。该人满足其食品需要就会按照边际效用的重要性从 10 单位排到 4 单位。其他按照重要性从 3 单位排到 1 单位的食品需要则不能被满足。那么,7 单位食品对于此人的用处何在呢? 杰文斯会把从第一单位到第七单位食品每单位的边际效用加总,得出 49 的答案。但是门格尔的答案却是 28(即 4 × 7),用最后一单位边际效用乘以单位数。为什么呢? 门格尔回答说,所有的单位都是一样的,作为边际单位,每单位都具有同样的效用。如果一个人每天只有一单位食品,他接近饥饿的状态将使他得到比边际单位本来会有的更大的满足。

门格尔由此认为,全部效用的交换价值并不像杰文斯所说的那样,等于边际效用的交换价值总和。他认为,5 单位食品提供的满足(6 × 5 = 30)比 10 单位食品提供的满足(1 × 10 = 10)会更多。由此,门格尔认为,较少的商品会提供比较多的商品更多的满足。于是,较少的商品会比较多的商品在出售时要求更多的货币。不过,在这两种算法中,当代经济学家们接受了杰文斯的看法。

门格尔认为,对于价值的衡量完全是主观的。所以,一件商品可以对一个人有较大的价值,也可以对另一个人有较小的价值,或者对第三者没有价值,这完全取决于这三个人的偏好差异和每个人所得到的收入总量。因此,不仅价值的性质,而且价值的衡量都是主观的。这与生产成本无关。

"经济活动的个人赋予一件商品的价值,等于他从该商品应得的具体满足的重要性。在商品的价值和劳动与其他高级商品被运用到生产中的数量之间,没有必然的和直接的联系。一件非经济物品(例如,原始森林中树木的数量),如果大量的劳动和经济物品被运用到其生产中的话,也不能从人们那里获得价值。一粒钻石是被偶然发现还是从钻石矿中通过一千天的劳动获得,对于其价值是毫无关系的。一般地,在现实生活中,是没有人在估价一件商品的价值时,要求了解其来源与历史的,而只会考虑该商品能够给他提供的服务,和如果不能按照自己的意愿拥有这件商品时他就无法得到的享受。一些花费了很多劳动的商品往往没有价值;而另一些商品尽管几乎没有花费什么劳动,或者完全没有花费劳动,却具有很高的价值。花费了很多劳动的商品和几乎没有花费什么劳动,或者完全没有花费劳动的商品对于'经济人'来说,往往有着相等的价值。因此,劳动的数量和其他运用到生产中的生产手段的数量不能成为商品价值的决定要素。"①

门格尔认为,交换价值的基础是不同个人对于一些商品主观评价的相对不同。他否认斯密将交换价值归结于人们对物品的交换倾向,认为交换是物品使人们得到愉快的结果的说法。门格尔认为,交换能使该交换的参加者增加其得到的满足。贸易会增加交易双方的总效用。把人们引向交换的原则,就是人们在经济活动中作为一个整体所受到指导的相同的原则;它会尽力帮助人们获得最大限度的满足。

三、归算理论

门格尔认为,价格是由供求决定的,但最终要由效用来加以解释。效用是消费品价

---

① Carl Menger, *Principles of Economics*, trans. And ed. James Dingwall and Bert F. Hoselits(Glencoe, IL: Free Press, 1950), pp.146—147. [Originally published in 1871.] Reprinted by permission of the Institute for Humane Studies and the New York University Press.

格的最终决定因素。而生产要素的价格则可以归结到消费品的价格。这就是归算论。

在为生产要素定价时，门格尔最先提出了归算的思想。边际主义者强调消费需求，尤其是其主观心理方面在价格决定中的重要性。边际效用和总效用的概念都涉及需求，但他们只运用到了消费品和服务方面。那么，是什么支配着生产中使用的机器、原材料、土地等这样一些"更高序列"商品的价格呢？门格尔说："高级财货的价值总是无一例外地取决于它生产的低级财货的预期价值。"[1]

按照门格尔的归算理论，高级财货也可以使消费者得到满足，但只是间接地、通过帮助生产能直接满足消费者需要的物品进行的。消费者对一块铁的边际效用是受由这块铁制造的最终产品，比如说一只顶针的边际效用支配的。铁的有用性被归算到顶针的有用性之中。边际效用的原则因此而被扩展到整个生产和分配领域。例如，地主得到的地租，就是受那块土地上出产的产品的效用支配的。生产要素或者其替代品被分配使用那些支配其交换价值的价值。生产手段的现值等于它们将要生产出来的消费品（建立在边际效用基础上）的预计价值。这有两步推论：对资本系列价值（利息）的一个边际扣除，和对企业活动的一个报酬（利润）。用门格尔自己的话说就是："假定所有高级财货都以最经济的方式被利用，一定量高级财货的价值等于以下两种重要程度之差：一是当我们掌握了该种高级财货的确定数量时所能达到的满足，二是当我们没有这一给定数量时所能达到的满足。"[2]

归算论也可以说是对劳动价值论和实际成本价值论的一种否定。门格尔说，劳动价值论是"一种最奇特的实质性错误，并在以往科学发展过程中产生了深远影响"[3]。这种最基本的错误就是认为，对于我们来说，商品获得价值是因为这种对我们有价值的商品在生产中被使用了。他说，这种错误的看法，不能解释土地服务的价值、劳动服务的价值，或者资本服务的价值。相反，生产中使用的物品的价值毫无例外地必定是由他们帮助生产的消费品的预计价值所决定的。门格尔否认一般劳动的价格是由维持劳动力及其家庭的最低的生活费用决定的。他认为，劳动服务的价格像所有其他商品的价格一样，是由其价值支配的。而它们的价值则受到"如果我们不能享受到这些劳动服务，就不得不经受因不满足而得不到的那种满足的重要性的支配"。

四、对垄断问题的看法

门格尔对微观经济学理论所做出的贡献给人留下了深刻的影响。其著作充满着巨大的、我们讨论范围之外的洞察力。其中一个例子就是他对于垄断的讨论，这种讨论很有特点地提出了几个为其他后来者更充分地发展的重要概念：

"垄断者在影响经济事件的进程方面并非完全不受限制。正如我们所看到的那样，如果垄断者愿意销售一个特定数量的垄断产品，他就不能随意固定价格。如果他固定了价格，他就不能在同样的时间里决定将在这个他设定的价格上售出的商品数量是多少……但是在经济生活中能够给他一个特殊地位的东西，是这样一个事实，即，在任何一种给定的情况下，在决定被销售的垄断商品的数量或者价格之间，他有选择权。他在不顾及其他'经济人'的情况下，只考虑自己的优势而由自己做出这种选择……

---

[1] E. K. 亨特：《经济思想史——一种批判性的视角》，颜鹏飞译，上海财经大学出版社 2007 年版，第 217 页。

[2] 同上书，第 218 页。

[3] 同上书，第 217 页。

"假定垄断商品的价格总是,甚至是经常准确地按照垄断者的销售数量在相反的比例上上升或者下降,或者在垄断者设定的价格之间和可以被销售的垄断商品的数量之间存在的一个相似的比例上上升或者下降,将是完全错误的。例如,垄断者如果把 2 000 单位而不是 1 000 单位垄断产品带到市场上,一单位的价格并不一定会从 6 弗罗林,比如下降到 3 弗罗林。相反,在这种经济形势下,也许在一种情形下会下降到 5 弗罗林,但是在另一种情形下,则下降到 2 弗罗林。"[1]

这段引文表明,门格尔对于向下倾斜的市场需求曲线和不同的需求弹性的概念有着很好的理解。不过,这并不意味着其经济分析没有系列的遗漏或不准确的地方。例如,他没有适当地考虑提高边际生产成本在帮助建立商品的相对价值中的作用。像杰文斯一样,他似乎那么想反驳劳动价值理论,以至于他错误地以相似的方式对待他曾批评过的理论。但是,毋庸置疑,他以能够帮助保证他在经济思想史上的地位和名誉的方式推进了经济分析。

第三节　维塞尔对边际效用理论的发展

一、弗里德里希·冯·维塞尔的概况

弗里德里希·冯·维塞尔(Friedrich von Wieser, 1851—1926 年),奥地利学派的第二号人物。他生于维也纳一个有名的贵族家庭。该家庭的子嗣通常都进入官场服务。维塞尔曾在维也纳大学学习法律,毕业后,他读到了门格尔论经济学的书。书中的思想吸引和鼓励了他到德国大学去学习经济学。最终,在门格尔的帮助下,他被任命为布拉格德语大学的经济学教授。后来,他在维也纳大学教书,并在奥地利政府中担任高级职务,在一段时间里担任商业部长。虽然杜普伊特、杰文斯和门格尔都在他之前提出了边际效用的概念,但正是他把"边际效用"的名词引入了经济学的辞典。

维塞尔于 1874 年毕业于维也纳大学法律专业,后去德国与庞巴维克一起就学于罗雪尔、希尔德布兰德、克尼斯等人。1844 年到布拉格大学,1899 年任政治经济学教授。1903—1922 年,他接替门格尔任维也纳大学政治学教授。1917 年他以终身议员的资格任上议员,并在奥匈帝国的最后两届内阁中任商业部长。1922 年退休。其主要著作《经济价值的起源与主要规律》(1884)一书,介绍和发展了门格尔的理论,创造了"边际效用"一词,把成本分析初次引入门格尔的体系。《自然价值》(1889)一书,吸收了英法边际经济学的边际成本分析,发展了门格尔的生产要素价值和价格理论,创立了奥地利学派风格的边际生产率分配论。1914 年发表《社会经济理论》。

二、交换价值和自然价值

根据边际主义学说,维塞尔认为,不存在"客观的"交换价值,因为价值的根源在于决定其结果的群体中个人的"主观估计"。我们也许会询问,在边际上的价格是否真正反映

---

[1] Carl Menger, *Principles of Economics*, trans. And ed. James Dingwall and Bert F. Hoselits(Glencoe, IL: Free Press, 1950), pp. 211—213. [Originally published in 1871.] Reprinted by permission of the Institute for Humane Studies and the New York University Press.

了一种物品的边际效用：一个脑满肠肥的百万富翁可以花 20 美元吃一顿牛排大餐，而一个饥饿的乞丐对此的支付将无法超过 1 美元。那么，这两个人中的哪一个会把更大的边际效用与这顿饭联系起来呢？维塞尔充分意识到了这类问题。

"但是，为了更适当地估价经济生活中服务的交换价值，必须记住，在自我约束的经济中，作为使用价值的那些要素并不会受到恰如其分的约束。后者仅仅是依赖于效用，而前者是依赖购买力……使用价值衡量效用；交换价值衡量效用和购买力。"[1]

所以，维塞尔说，钻石和黄金的价格特别高是因为它们是奢侈品，其价值是按照富有阶级的购买力支付的。粗糙的食物和铁价格较低，是因为它们是普通商品，其价格基本上取决于购买力和穷人的评价。

"产品不仅是简单地按照需要来排序，而且要按照财富来排序。物品的价值最大并不是由于其生产，而是由于人们愿意对其进行支付。财富的差别越大，其生产的特殊性就越大。价值将粉饰放荡挥霍的奢侈，同时又对穷苦人们的需要充耳不闻。因此，财富的分配决定了如何安排生产和导致最不经济的消费。"[2]

随后，维塞尔引入了由商品的数量与他们的边际效用的乘积表示的自然价值的概念。

"在自然价值方面，商品仅仅是按照它们的边际效用来估计。在交换价值方面，是按照边际效用和购买力的结合来估计。前面说过，奢侈品被估计得低得多，而必需品相对地被估计得比奢侈品高。交换价值，即使在最完美的情况下考虑（如果我们这样说的话），也就是一件仿制品的自然价值；它搅乱了经济的均衡与对称，造成了较大价值的物品价值变小和下降。"[3]

从自然价值和交换价值的这种区别，维塞尔得出了一个比边际主义者更为典型的德国式的结论：无论什么时候，只要两种价值存在着重要的不同，经济中就存在着有限政府干预的空间。

"人们从政府那里寻求问题的改善。但是，至少这并不包含完全拒绝获得利润的形式。它也许会保持获取最大商业利润的努力，但它必须是以某种方式或者其他方式联合的、为公共利益服务的努力。具体而言，对于任何可以想到的与所需要的支付力量相关联的需要，服务必须在限定的价格内进行，这就是说，按照交换价值估价的必须按照自然价值重新估价。这样产生的企业就是'公共企业'。"[4]

维塞尔认为，每单位同类商品的效用等于最后一单位商品的边际效用，因为任何一单位都可以被认为是边际单位。在需求保持不变而供给增加的情况下，边际效用必定下降。这就是维塞尔的供给规律。他的需求规律是，在需求增加而供给保持不变的情况下，边际效用会增加。维塞尔同意门格尔的观点，认为一种商品的总效用是其边际效用乘以可得到的单位数量。这就产生了"价值悖论"。商品的每一个增加量都伴随着其价值的递减增加。当没有商品时，或者商品极其丰富时，价值，因而效用就是零。在某些点上，边际效用乘以商品的单位就给出了一个下降的效用总量。尽管维塞尔没有这样表

---

[1] Friedrich von Wieser, *Natural Value*, trans. Christian A. Malloch (London: Macmillan, 1893), p. 57. [Originally published in 1889.]

[2] 同上书，第 58 页。

[3] 同上书，第 62 页。

[4] 同上书，第 225 页。

述,但在需求没有弹性的时候,这种情况就会发生。但是,是否由此我们会发现,一个较大量的商品供给比较小量的需求无弹性的商品供给用处要小,是因为它将能销售一个较小数量的货币呢?我们将能够把多余的供给转变为需求,把需求变成更大的需求,以便创造和增加价值吗?维塞尔的回答是否定的。所有经济学的最高原则是效用。在效用和价值发生冲突的地方,效用必定获胜。他相信,人类经济的运动几乎完全是在商品供给增长会增加交换价值和总效用的范围内进行的,即需求是弹性的。"在大多数情况下,产生过多供给的情形离我们那样远,以至于几乎每一种多元化产品都表明了一种总价值的相应增加",而且"价值是效用计算的一种形式"。自由竞争阻止了企业大幅度限制产量去提高价格。如果垄断企业为提高价格而限制产量,政府必须接管,"但是这种情况太少了以至于不能要求社会实行社会主义组织"。自由的社会经济秩序需要的只是政府部门适当的干预进行补充。

他说:"假定一个简单经济被构造为需要由一般利益来支配。在个人力量和社会利益之间的对立所产生的两难处境被排除在外。但是,即便在这种简单经济中,也存在着显著的情况:这种两难的现象很容易产生。如果我们事先假定一种极端的情况,在那种情况下生产方法能使存货增加到极多的程度,那么,这种难题就最容易解决。例如,我们假定,打一口自流井或者开发一处丰富的山泉,就可能以极大的数量给城市供水。如果边际效用原理可以严格适用,这样的企业就绝对不能开张,因为极其丰富的自由物品存量的边际效用为零。但是,这样一种设想将会阻碍公众向这样一个企业花钱吗?肯定不会。承诺保证了最大可能的好处。公众将认识到,这种好处与效用能否计算的事实无关。可以看到,按照边际效用来计算并不能使这种情况下的问题像在通常的其他情况下那样得到简化。它反而会导致一种严重的后果。因此,总体好处的更为复杂的计算将不会被使用。

"这是对于我们考察所有出现两难的其他情况的明确阐述。无论什么时候出现供给增加,在边际效用上的计算都将导致一个较低数量的(总价值的)表达。按照边际效用进行计算不能简化,生产计划必须在总效用的基础上来制订。

"边际效用也可以被用作有较大存货但是仍然有大量产品的那种计算的基础。但在产量较小时并不适用。第一种情况实在是太普通了,后一种情况则是特例。"[1]

这就是说,私人企业只是在社会对每个企业的产品需求具有弹性的时候才服务于社会。在竞争条件下,需求总是有弹性的。

三、机会成本

维塞尔是以他提出的所谓"机会成本原理"或者"选择成本概念"的学说而著称的。这种思想把生产成本转变成了一种主观心理的成本。为市场生产某种物品的企业家放弃了某种生产机会而选择了其他商品来生产和销售:

"无论什么时候商人说到发生的成本,他头脑中总是具有为得到一定结果所要求的生产手段的数量;但是他为满足其需求而做出努力与牺牲的思想,也被唤醒了。这方面的牺牲是否会继续下去呢?例如,生产一定数量的铁供给某些特定产品的制造商使用的

---

[1] Friedrich von Wieser, *Social Economics*, trans. A. Ford Hinrichs (New York: Adelphi, 1927), p.128. [Originally published in 1914.]

生产者的成本是多少呢？其代价中排除掉其他生产者可能转移过来的部分后，还有未对一种产品发生作用的材料。我们早期的相关定义说得很清楚，生产性手段的成本就是分布广泛有诸多用途的生产机构的成本。在这方面，他们承诺在许多方向上得到一个盈利的结果。但是，他们之中任何一个结果的实现，都必然包含着所有其他人的损失。正是这种牺牲在成本的概念中被确定下来：生产成本或者生产手段的成本要求使用一个既定的产品，并因此拒绝其他人使用它……商人在比较一种产品的利润和它的成本之后，会比较双方的效用总量。"[1]

经济学家们赞同机会成本的原理在经济事务中具有广泛用途的观点。生产更多的汽车也许意味着建造更少的房屋。建一座学校也许意味着放弃一座医院或者放弃某些消费品或投资品。通过税收或转移支付的方式取得收入分配中的更大的平等，也许会减少对于工作和储蓄的刺激，并且付出较低经济增长比率的代价。买一台个人计算机也许意味着牺牲一个家庭的度假。获得更多的休闲时间也许意味着获得较少的工作收入。机会成本也包含当一个企业家考虑他或她的隐含工资、利息和租金成本时，这些要素用于其他途径时所得到的收入。所以，这个原理帮助我们理解个人、企业和国家的基本的经济问题。此外，这个概念解释任何关于交换价值的基本问题时，并不是完全清楚的。它是否认为，商品的价值就是决定那些可选择物品价值的以前商品的价值呢？

第四节　庞巴维克对边际效用理论的发展

一、庞巴维克的概况

欧根·庞巴维克（Eugen von Böhm-Bawerk，1851—1914 年）是早期奥地利学派"三驾马车"（另两位是门格尔和维塞尔）中的第三位成员。他是维也纳大学的政治经济学教授，并在奥地利政府中担任过财政部长。他是维塞尔的妹夫。在庞巴维克对经济分析的贡献中，最突出的是：他对于时间因素的分析。而在传统的理论中，经济系统的变化或者经济的增长都与时间无关。但是，时间在正常的经济中确是一个重要的要素，会影响到所有的价值、价格和收入。

欧根·庞巴维克曾于维也纳大学攻读法律，毕业后在奥地利政府任职。他曾和维塞尔同去德国海德堡大学、莱比锡大学和耶拿大学向历史学派经济学家学习经济学。1881—1889 年任因斯布鲁克大学教授，以后入奥匈帝国财政部，曾三任财政部长。1904—1914 年再任维也纳大学教授。其主要著作《资本实证论》（1888）对门格尔的价值价格理论作出了通俗的解释，还提出了"时差利息论"，《资本与利息》（1884）和《马克思体系的终结》（1896）批评了马克思的劳动价值理论和价值理论。

二、利息理论

庞巴维克拓展了已有的"迂回生产"理论和资本利息理论。他认为："用迂回方法生产财货所得到的结果，比直接生产它们为大。如果财货可以用任何一种方法来生产，则用间接的方法可以以等量劳动得到较大的成果，或是用较少的劳动得到同样的成果。除

---

[1]　Wieser, *Economics*, pp.99—100.

此之外,间接方法的优越性还表现在它是能够获得某些财货的唯一方法。我可以这样说:它是这样优越,以至于往往是唯一的方法。"①

虽然如此,但庞巴维克并不认为人们会为了产出数量的最大化而尽可能使生产时间延长到最长。

在其著名的"时差利息论"中,可以清楚地看到庞巴维克"创造性地"把时间和利息结合在一起。他认为,利息的产生是由于三种原因:

(1)人们重视当前的倾向。这是一种主观的因素。庞巴维克认为,人们具有时间偏好,即人们对商品在当前的评价比在未来的评价更高。他们总是会低估未来的需要和用来满足这些需要的商品。庞巴维克把这种看法引入了他的"经济人"含义之中。在庞巴维克看来,人们低估未来的需求或是因为他们目前有困苦和急需,或者它们对未来的想象力有缺陷;或是因为他们意志力的不足,在他们意识到未来需求时,不能抵抗当前奢侈的诱惑;还因为他们知道生命之短暂和人生之无常,并由此而感到及时行乐比起为了将来享受而作牺牲要好得多。

(2)对于增加的财富的预期。庞巴维克所说的利息产生的第二个基础也是主观的,是由人们准备为现在的消费而不是为未来的消费借入物品或钱财,并支付利息而产生的。因为人们期望在未来有更大的财富。注意,这种利息产生的基础就像第一个基础一样,是着重消费作用的。当然,这也是由于:财货越多,带来的效用就越多;生产时间越长,最终可供消费的产品就越多;而得到的财货越快,人们的效用评价就越大;生产时间越长,消费延滞的时间就越长。

(3)迂回生产的性质。利息产生的第三个基础是生产方面的。庞巴维克认为,资本是在人们意识到生产需要耗费时间之后才出现的。当越来越多的资本品被生产出来并且被用于制造最终产品时,生产过程就被延长了,或者说越来越迂回了。例如,为了更多地捕鱼,一个人造了一条船。生产过程就延长了,而且物质产品(所捕的鱼的数量)也比他把全部时间都用于捕鱼而不去造船时的产量要多。在庞巴维克之前,生产时期的长度被认为是技术的性质,因而是不变的。庞巴维克则把它看做可变的。

庞巴维克还指出,在迂回生产过程中,资本的数量表现为三个独立的指数:一是使用的初始生产要素的数量;二是生产时间的长度;三是整个生产过程中当时使用初始生产要素的模式。这些都可以独立于价格被确定。这样,就可以将资本性质纳入到效用最大化的过程中。扩展的生产过程就等于增加资本的数量。均衡时,每人的时间偏好都由 MU_t / MU_{t+1} 这个比率决定,而这个比率也等于资本的边际生产率。这两个比率(它们其实就是均衡价值的决定因素)都等于 1 加上利率。

至于利息,庞巴维克就从这三个概念出发加以解释。庞巴维克认为,任何一个使用工具和中间产品的生产过程都是资本主义的生产过程。因而"时差"就是普遍存在的,是以当前消费品的价值或者价格为基础的。"工人不能等到迂回生产方式……生产出能供消费的产品,使用工人们就在经济上依赖于资本家。"②工人和地主得到他们生产性服务的当前价值。价值的增加被归因于时间过程所造成的更高级的、保留在企业家手里的生产方法。由于迂回生产或者使用资本生产,利息从企业家流向经营资金的资本家(融资

---

① Eugen von Böhm-bawerk, *The Positive Theory of Capital* (New York: Stechert, 1923), pp. 19—20.

② 同上书,第 82—83 页。

者)手里。因此,工人和地主使其服务的产品得到价值,但是,这个价值被折算为当前的价值了。

总之,利息只能由企业家来支付,是因为越迂回的生产过程,就越会造成更大的生产能力和效率。利息必须被支付是因为人们更愿意进行当前消费而不是未来消费。

三、其他观点

庞巴维克赞成其他两位奥地利边际学派的领导者关于物品的总效用是其边际效用与其单位数量的乘积的观点。他也同意他们关于生产工具的价值取决于它们所生产的最终产品的价值,而最终产品的价值又取决于它们的边际效用的观点。最终产品的价值大于所花费时间内相应利息量所产生的服务的价值。

与一般的边际主义者一样,庞巴维克接受了萨伊关于经济一般会趋向于充分就业的分析。他反驳了对自己看法的批评。批评的观点认为,如果社会所有的成员同时节约他们收入的四分之一,生产将保持不变。他说:"不必费力去寻找对我的批评所持论据的错误。有一点是非常明确的,即,认为对'追求直接享受的消费'进行限制,也必定包含对生产的限制这一观点,是错误的。事实是,限制消费并不是一般意义上的限制生产,而只是通过供求规律的作用在某些方面的限制……不过,一般不是较少的物品生产,因为准备用于直接消费的物品的产量的缩小,也许将被'中间产品'或者资本品的增加抵消。"①

庞巴维克接着在说到资本品的生产是由消费品的需求所引起,并由消费品的需求所引导时,引用了对他的批评。如果对消费品的需求减少了四分之一,为什么将需要和生产比从前更多的资本品呢? 庞巴维克的回答是:"储蓄限制了一个人对当前消费品的需求,但是绝不意味着在通常情况下他愿意愉快地提供产品。这个命题在稍有不同的条件下,已经被重复过了,我认为,在我们的科学中,上年纪的作者和核心的文献中已经有了结论性的讨论。我认为,经济学家们今天完全同意,与储蓄联系在一起的'禁欲'并不是真正的禁欲,即,并不是最终放弃了能够给人提供快感的物品,而仅仅是……一种'等待'。储蓄者并不愿意没有报酬地出让其储蓄,而是一般地要求在将来某个时候把它们归还给他自己或者其继承人时,需要带有利息。虽然储蓄并不是对消费品连一点点需求的意思也没有,但是,像 J. B. 萨伊在一百多年前以一种非常有技巧的方法所表明的那样……人们对物品的需求,对于得到各种享乐手段的意愿,无论在什么条件下都是无法满足的。一个人在某一个时期,也许拥有足够的甚至太多的某种特定的消费品,但是,在所有的时间里,不会有普遍性的物品过多。该观点具体运用到了储蓄方面。作为基本的动机,人们储蓄显然是要为自己的将来或者是自己的继承人的将来提供物品着想。这只是意味着他们愿意对满足其未来需求的手段,即,对其未来的消费品做出保证或者做出确定的承诺。换言之,进行储蓄的那些人限制了他们现在对消费品的需求,仅仅是为了增加其将来对消费品需求的比例。"②

庞巴维克对于资本生产的强调,对于利息的辩护,以及它对于萨伊的市场规律观点的支持,也许是对他那个时代马克思影响不断增加的一种局部反应。1896 年,庞巴维克

---

① Eugen von Böhm-Bawerk, "The Function of Saving", *Annals of the American Academy of Political and Social Science*, Publication No. 304 (May 1901), p. 62.

② 同上书,第 62—64 页。

以英文翻译出版了一本有名的对马克思理论进行批评的著作《卡尔·马克思和他的体系之终结》。当然,出于阶级立场的不同,也出于理论体系的根本差别,庞巴维克不可能真正理解马克思的理论及其体系,因此,他对于马克思的批评并不一定是正确的。

思考题 》》

1. 门格尔的边际效用价值论的方法论特点是什么?
2. 维塞尔的边际生产力分配理论有何特点?
3. 庞巴维克的"时差利息论"和"迂回生产理论"的要点是什么?

第二十章　数理学派的经济思想

▐内容提要▐

　　数理学派是"边际革命"中的另外两个派别的合并称呼,以英国的杰文斯和法国(瑞士)的瓦尔拉斯为主要代表。他们的特点是以不同于奥地利学派的表述方法阐述了主观效用价值论。其最明显的特征是以数学的方法来表述和说明价值与价格的衡量和计算。因此,经济思想史上将他们统称为"数理学派"。其中,瓦尔拉斯提出的一般均衡的理论和方法,对后世影响最大,成为当代经济学中最常用的研究方法之一。本章对此仅作简要介绍。

第一节　杰文斯的经济理论

一、杰文斯的生平和著作

　　威廉·斯坦利·杰文斯(William Stanley Jevons, 1835—1882 年),既是边际效用价值论的创立者之一,也是创立数理经济学派的一个重要人物。他在同时代的经济学家中,特别注意统计和经济学的关系。他还以太阳黑子的活动来解释经济危机的原因和周期性。

　　杰文斯 1835 年生于英国利物浦的一个制铁机械师家庭,16 岁入伦敦大学学习化学和植物学,18 岁时辍学去澳大利亚,在色德勒造币厂当化验员。从 1858 年起,对经济学、统计学、逻辑学及社会问题产生浓厚兴趣,1859 年,当他挣够了足以供他继续学习所需的收入后,便回到英国复学于伦敦大学。1862 年,他向英国科学协会剑桥大会经济统计组提交了《政治经济学的一般数学理论的注解》一文(1866 年发表)。1863 年毕业,1866 年任曼彻斯特大学欧文学院逻辑、道德哲学及政治经济学教授。1870 年弗里明·詹金的《供给与需求规律的图示方法》一文,促使他扩大 1862 年那篇论文的研究成果,于 1871 年 10 月发表其代表作《政治经济学理论》。杰文斯对自己的这本著作评价甚高。他在给他弟弟的信中写道:"在过去的几个月,我有幸创立的,无疑是真正的经济理论,它无比深入和连贯,这使我无法心平气和地阅读这方面的其他著作。"[①]杰文斯甚至认为他的理论纠正了李嘉图和约翰·穆勒所引导的经济学研究的路线性错误。他说:"当真正的经济学框架最终得以建立之时,将会看到,能干但神经错乱的李嘉图将经济学引入了一条错误的路线——然而,这种状况又被与他同样能干和神经错乱的崇拜者约翰·斯图亚特·穆勒进一步推向混乱。像马尔萨斯和西尼尔等经济学家更好地理解了这些理论。"[②]

---

① E. K. 亨特:《经济思想史——一种批判性的视角》,颜鹏飞译,上海财经大学出版社 2007 年版,第 210 页。
② 同上书,第 214 页。

1875 年杰文斯转任伦敦大学学院政治经济学教授。他曾发明一部逻辑机器,于 1870 年在皇家学会展出。该机器可以在任何给定的明确条件下,产生一种机械性的结论。杰文斯也以历史学家而著称。他对指数问题的进展做出了突出的贡献。1880 年,他被选为伦敦统计学会(皇家统计学会前身)副主席。1882 年,他 47 岁时在一次游泳中不慎溺亡。也许由于他性格非常内向,他对于其同辈人和学生并没有产生很大的影响。

杰文斯的主要经济学著作《政治经济学理论》(1871)奠定了他在经济思想史上以及边际效用学派与数理学派中的地位。除此之外,杰文斯还写过一些经济论文,如:《煤炭问题》(1865)、《商业危机和太阳黑子的爆发》(1878)、《商业循环》(1882)、《国家与劳动的关系》(1882)、《通货与金融的研究》(1884)等。还有其他著作,如《逻辑要义》(1870)、《科学理论》(1874)。

二、杰文斯的经济理论

(一) 关于经济学的对象和方法

杰文斯以政治经济学的改革者自居,声称要走一条与劳动价值论不同的路,重建政治经济学。其理论核心即边际效用价值论。他说李嘉图"把经济科学的汽车开到了错误路线上",因而是"有能力但思想错误的人"。他说约翰·穆勒进一步把这部汽车推向了混乱的境地。所以,他也反对约翰·穆勒的经济学体系,向其提出挑战。他更欣赏的是西尼尔的经济分析理论。他提出的是以主观主义心理学为出发点,以效用为基础,以数学为分析工具的新学说。他认为,经济学要成为科学,就必须是一种数理科学。在他看来,在经济学中只有数学才能证明一切。

他把经济分为一般经济理论和应用经济理论。后者如财政学、商业统计学等,都是以一般经济理论为指导原则的。他的政治经济学理论就是研究一般经济理论的科学。他的一般经济理论只考察在既定的所有权制度下,"经济人"如何通过消费、交换和生产以取得最大的满足。

杰文斯在其《政治经济学理论》一书的前言中说,"边沁的思想……是……本书理论的出发点"[1],"在本书中,我试图将经济问题视为快乐与痛苦的微积分,而且勾画了……这门科学……应有的形式"[2]。这表明他是将功利主义和个人主义作为其经济理论的基础的。该理论的结构是:以快乐痛苦理论为哲学或伦理学基础,以边际效用理论为起点,以交换及价格论为中心,以生产及分配理论为归宿。

杰文斯认为,经济学应当研究人在经济活动中的心理现象,即痛苦和快乐。经济学就是研究以最小的代价,取得最大的快乐的。他认为,经济学是"快乐与痛苦和微积分学"[3]。他还说:"快乐与痛苦无疑是经济计算的最终的目的。以最小努力满足最大欲望——以最少厌恶的代价获取最大希求的快乐,换言之,最大限度的快乐,就是经济学的课题。"[4]

杰文斯把边沁的苦乐主义心理学作为经济学的基础,并强调心理分析。他把经济学

---

[1] E. K. 亨特:《经济思想史———一种批判性的视角》,颜鹏飞译,上海财经大学出版社 2007 年版,第 214 页。

[2] 同上注。

[3] W. S. Jevons, *The Theory of Political Economy* (London:Macmillan, 1957), p. 37.

[4] 同上书,第 12 页。

的研究课题分为三类：① 以效用为基础的价值分析；② 经济政策；③ 货币市场和经济危机。

他认为，经济学的方法是抽象演绎法。具体来说，首先应确立若干简单概念，如效用、财富、价值等；其次要进行推理和论证；最后应找出普遍规律。除此之外，他认为，应在心理分析基础上，应用数学方法。他说："一个人的心是比较苦乐的天平，是对感觉量的最终判断。"[1]他认为，经济学的一切概念和范畴，都属于苦乐感觉范畴内的数量概念，因此，可用数学方法来表达和计量。

（二）最后效用程度价值论

杰文斯是以"最后效用程度"作为主观价值的衡量标准的。他认为，随消费者物品量的增加，人的感觉，从而产品的效用就会递减，这就产生了总效用和效用程度的区别。总效用是全部现有产品各单位实际效用的总和，效用程度是在产品供给的某一点上所表现的需求强度和欲望的满足程度。效用程度对人的福利是更为重要的。而各种效用程度中，最后效用程度（最后增加的产品单位所提供的效用）尤其重要，它直接关系到个人的苦乐。杰文斯就把它作为价值的尺度，即个人对产品效用价值的判断标准。他说："所谓价值，即应指一种商品的最后效用程度。它是用该商品一个新增加量所获得的快乐或利益的强度来计量的。"[2]"最后效用程度"，即边际效用，它表示现有商品量中极小的或无限小的最后增量的效用程度。

杰文斯强调指出，最后效用程度不是指一定量商品中最后一个新增加量所提供的效用量，而是这个效用量和商品增量的比例。也就是说，最后效用程度是一个以比例数字表示的抽象的量，它不包含任何客观物质的内容。杰文斯认为，最后效用程度这个函数足以在经济学中引起一个转折。这种转折就是从劳动—成本价值论转向边际效用价值论。

1. 边际效用递减理论

在这方面，杰文斯的观点和早期的戈森、杜普伊的看法很相似。他说，效用不能被直接衡量，至少不能以手头的工具加以衡量。这种主观满足的愉快只能通过观察人们的行为和注意人们的偏好加以估计。他也拒绝对不同人们之间的愉快和痛苦加以比较。但是，他认为，单独的个人可以对一种商品的连续单位的效用进行比较，也可以比较几种商品的边际效用。对于前者，杰文斯用图形分析来说明他的"一种商品的最后效用程度的变动规律"。这可以用现代的形式表示如图 20-1 所示。

图 20-1 以纵轴衡量总效用，以横轴衡量特定商品 X 的数量。总效用 TU 随着所消费的横轴上的商品 X 的数量增多而上升，但是，随着消费的 X 的数量增多，总效用是以递减的比率增加的。这就是说，每个增加的 X 的连续单位都比先前的单位增加的总效用要少。

图 20-1 下面的图形中纵轴衡量总效用的变化，或者边际效用 MU。边际效用，或者杰文斯所说的"效用的最后程度……随该商品的数量变化而变化，并最终是随该商品的数量的增加而减少的。没有什么商品可以说是我们总能不断地对它们具有相同强烈的

---

①   W. S. Jevons, *The Theory of Political Economy* (London：Macmillan, 1957), p. 12.

②   同上书，第80页。

消费愿望,而不管我们已经使用或者已经拥有什么数量"。杰文斯说,如果人们拥有如图中决定该商品 X_1 的购买量的边际效用曲线,那么,总效用将是 TU_1,最后效用程度(边际效用)将是 MU_1。下图中可以通过(上图中的)MU 曲线上各点的斜率值得出边际效用。"我们几乎不需要考虑除去最后增加的被消费物品之外的所有物品的效用程度,或者说相同的意思是,只考虑下一个增加的被消费的物品的边际效用。因此,通常我总将使用最后效用程度的说法,作为最后增加的,或下一个可能增加的一个极小或无限小的现有存货数量效用程度的含义。"[1]

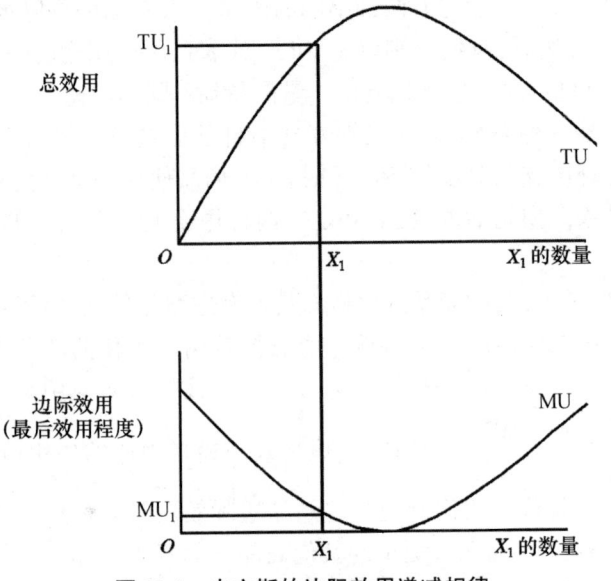

图 20-1　杰文斯的边际效用递减规律

杰文斯的边际效用递减规律似乎解决了困扰一些古典经济学家的"水和钻石的难题"。亚当·斯密曾经认为,效用和交换价值的大小没有关系,因为水的用处比钻石大,而钻石比水更有价值。边际效用递减原理表明,水的总效用比钻石的总效用大,而钻石的"最后效用程度"或边际效用却比水的边际效用大得多。我们将宁愿要世界上所有的水不要钻石,也不愿选择相反的情况。但是,在假定有丰富水量的情况下,我们也会宁愿选择增加一单位钻石,而不是额外增加一单位水。

总的说来,杰文斯认为,人对苦乐的估计受苦乐"强度"、"持续时间"、"确定性"、远近因素的影响,随着持续时间的增加,感觉强度会递减。

他认为,苦乐感觉的变化有其规律:① 随着享乐持续时间延长,享乐量会递减;② 现在预期的感情之强度,必定是未来的实际的感情及间隔时间的某种函数,它必随实现时刻的临近而增加;③ 未来事物具有不确定性,所以对任何未来事物所带来的感情量应当打一定的折扣。

他说:"商品是能够提供快乐或痛苦的任何一种物品、资产、行为或服务。"[2]而"效用

---

　　[1]　William Stanley Jevons, *The Theory of Political Economy*, 3rd ed. (London: Macmillan, 1888), p. 51. [Originally published in 1871.]

　　[2]　W. S. Jevons, *The Theory of Political Economy* (London: Macmillan, 1957), pp. 37—38.

则是快乐的产物，或者说，至少是苦乐平衡的有利的变动。"①效用并不是物的内在属性，而只是表示物与个人福利之间的关系。"直接当事人的意志或倾向，是一物在当时有用与否的唯一标准。"②在这个基础上，他说："价值完全取决于效用。"③"价值一词通常指的就是对于一物的欲望程度或估计。""效用不与商品成比例：同一物品，其效用随我们所已有的量的多少而变化。"④

2. 理性选择：边际效用相等法则

杰文斯用其最后效用（边际效用）的概念构造了一种理性选择的一般理论。他说："让 s 代表某种商品的总量，让它有两种不同的用途（'大麦也许可以被用来制造啤酒、烈酒、面包或喂牲畜'），然后，我们分别以 x_1 和 x_2 代表这两种用途的适当数量，条件是：$x_1 + x_2 = s$。人们也许可以设想，连续地支出小量商品到不同的用途上。现在必定有一种人性的倾向使人去选择一种途径，以便能够发现给自己提供最大好处的那种时刻。因此，当人们对他自己选择的支出分配保持满足时，……商品使用的增加将产生在各种使用上的效用都相等的结果。换句话说，我们必定在两种用途上具有相同的最后效用程度（边际效用）。"⑤

注意，在这个例子中，两种商品的价格都是不考虑商品的使用情况的。因此，杰文斯的例子仅仅是戈森第二定律的一种特例。愿意使效用最大化的消费者将以这样一种方式分配其货币收入，即：花费在所有商品上最后一元钱的边际效用是相等的。以符号表示就是：$\dfrac{MU_X}{P_X} = \dfrac{MU_Y}{P_Y} = \cdots = \dfrac{MU_N}{P_N}$。在这里，边际效用递减规律的作用就是重要的。例如，如果 X 的边际效用对其价格的比例比其他商品边际效用对其价格的比例大，那么，理性的消费者将购买更多的 X，而购买更少的其他商品。随着 X 的增多，其边际效用下降，而随着像 Y 和 Z 这种商品消费单位的减少，其边际效用上升。边际效用对其相应商品的价格之比必定相等，而消费者的总效用达到最大。

杰文斯以自己的方式阐述的"最后效用程度递减规律"和"最后效用程度相等规律"，实际上就是戈森定律的两条内容，但这是他本人提出的，当时他并不知道有戈森定律。

（三）交换理论

杰文斯还使用其效用最大化原理来解释从交换中得到的利益。杰文斯研究交换价值时说，"价值概念仅仅与一物同另一物相交换的事实或情况有关"，"价值不过表示一物以一定比例同另一物交换的比例"⑥。

他认为，交换时，交换者总是比较两种物品的最后效用程度，来决定他愿意放弃多少自己的商品，换取多少对方的商品。交换者要求交换后达到最大效用，其条件是：这两种商品的增加量的效用——最后效用程度对交换双方恰好相等。

---

① W. S. Jevons, *The Theory of Political Economy* (London：Macmillan, 1957)，p. 57.
② 同上书，第 39 页。
③ 同上书，第 1 页。
④ 同上书，第 80 页。
⑤ 同上书，第 59—60 页。
⑥ 同上书，第 77 页。

杰文斯断言:"两个商品的交换比例,是交换后各个商品量的最后效用程度的比率的倒数。"[1]他认为这命题是"全部交换理论与主要经济学问题的拱心石"[2]。

他认为:"交换将进行至双方都获得一切可能的利益,继续交换将带来效用损失时为止。这时,双方都处于满足和均衡之中,各效用程度达到均衡。这个均衡点可由这个标准求出,即商品的无限小量依照相同的比例继续交换,将既不会带来效用的增益,也不会带来效用损失。换句话说,如果商品的增量依照既定的比例相交换,其效用对双方是相等的。"[3]其数学表达为:

$$\frac{\phi_1(a-x)}{\varphi_1 y} = \frac{\mathrm{d}y}{\mathrm{d}x}$$

设:a 为甲原有的谷物量,b 为乙原有的牛肉量。以 x 量谷物与 y 量牛肉交换后:甲的谷物量为 $a-x$,甲的牛肉量为 y;乙的牛肉量为 $b-y$,乙的谷物量为 x。

令 $\phi_1(a-x)$ 为谷物对甲的最后效用程度,$\phi_2 x$ 为谷物对乙的最后效用程度,又 $\varphi_1 y$ 为牛肉对甲的最后效用程度,$\varphi_2(b-y)$ 为牛肉对乙的最后效用程度。

∵ 甲满足的条件为:手中谷物与牛肉的最后效用程度相等。即:

$$\phi_1(a-x)\mathrm{d}x = \varphi_1 y\mathrm{d}y$$

或

$$\frac{\phi_1(a-x)}{\varphi_1 y} = \frac{\mathrm{d}y}{\mathrm{d}x} \tag{1}$$

$\mathrm{d}x,\mathrm{d}y$ 分别为谷物和牛肉的最后的最小增量。

∵ 同一市场上同一时间内,同一商品只有一个价格

∴ 最后增量交换比例与总量交换比例相同

则,$\mathrm{d}y/\mathrm{d}x = y/x$ 上式变为:

$$\frac{\phi_1(a-x)}{\varphi_1 y} = \frac{y}{x} \tag{2}$$

同理,乙的满足条件为

$$\frac{\phi_2 x}{\varphi_2(b-y)} = \frac{y}{x} \tag{3}$$

∵ 要使双方同时满足的条件是效用程度对双方相等

∴ (2)式和(3)式相等, 即:

$$\frac{\phi_1(a-x)}{\varphi_1 y} = \frac{\phi_2 x}{\varphi_2(b-y)} = \frac{y}{x} \tag{4}$$

(4)式就是使交换实现的交换方程式。

杰文斯早于马歇尔将价值当做价值或交换比例。他说:"经济学者如果将价值看做某种物,或依附于某种物,就不可能掌握这门科学或者获得正确的见解……价值一词的正确含义是对其他物的交换比例条件。"[4]但是,杰文斯在计算中,本应说明交换比例(市场价格)的决定,但他却先把市场价格作为前提和已知数后,才来考察最后效用与价格的

---

[1] W. S. Jevons, *The Theory of Political Economy* (London: Macmillan, 1957), p.78.

[2] 同上书,第95页。

[3] 同上书,第77页。

[4] E. K. 亨特:《经济思想史———一种批判性的视角》,颜鹏飞译,上海财经大学出版社2007年版,第210页。

关系。此外，他的原理还需要一系列其他前提条件，如商品和需求的无限可分性，完全的自由竞争及两个人之间比较效用的可能性等。但这些条件只具备理论上的可能性，而不具备现实性。

（四）劳动理论

杰文斯以市场交换为理论核心，把一切经济现象和关系都归结为交换，认为最后总能达到均衡。均衡点上，双方都能得到最大的效用，全社会也借助交换，将产品的分配达到最大利益。毫无疑问，当杰文斯把它分析的领域完全局限于市场交换的时候，所有的人就都变成了买者和卖者，所有的人在理论上就是完全平等的，就不再有其他区别。这些人关注的是，通过获得消费品而得到效用，而且他们都是理性的，都会计算效用的最大化。于是，一切都相同，一切都和谐了。由此，杰文斯认为："所谓劳动和资本的冲突是一个错觉。真正的冲突是存在于生产者和消费者之间。"[1]

他说："每个劳动者，必须像地主和资本家一样，被看做整体的组成部分，争取收获的最佳份额，而市场条件使他能够成功地做到这一点。"[2]

杰文斯在其效用是交换价值的决定因素思想的指导下，在其《政治经济学理论》中以下列方式构造了其思想："生产成本决定供给。供给决定最后效用程度。最后效用程度决定价值。"[3]

杰文斯批评了劳动价值论。他认为，劳动不能调节价值，因为劳动本身不等于价值，它在质量和效率方面是极不相同的。"我把劳动当做基本变量，以至于它的价值必须由生产的价值来决定，而不是由劳动的数量来产生价值。"[4]

劳动本身就是一种主观的、心理的代价，一种"痛苦的努力"。经济学的问题是"以尽可能少的劳动满足我们的需要"。要做到这一点，工人必须比较工作的痛苦和所得的愉快。

杰文斯以图 20-2 表明了他提出的关于最适当工作数量的理论。OX 轴代表给定小时工资率的情况下，工人能够在一个工作日里挣得的潜在产品的数量。高于 OX 线以上的点代表愉快（效用），低于 OX 线的点代表痛苦（负效用）。在工作日开始时，劳动通常会比一天中工人能够适应劳动时的后来更令人烦恼。这样，在 MDU_w（工作的边际负效用）曲线上的点 b 和点 c 既不是愉快也不是痛苦。来自工作的真正愉快（即独立的所得）就存在于这两点之间。但是，超过 c，增加工作就会增加痛苦（边际负效用）。

产品的边际效用，或者更确切地说是所得的边际效用，由 MU_e（所得的边际效用）表示。它向下倾斜反映了边际效用递减规律。在 m 处，qm 等于 dm，从与最后一单位工作相联系的所得中获得的愉快恰好等于所忍受的劳动的痛苦（$MU_e = MDU_w$）。工人将选择工作并挣得点 m 所代表的数量，因为就像从两条曲线上所看到的那样，超过 m 的工作小时将产生比额外所得带来的效用更大的工作负效用。读者可以判断，m 就是这个工人通过沿着 X 轴仔细审查 m 之外的点后得到的最满意的工作数量。应当指出，杰文斯通过指

---

[1] 哈奇逊：《经济学说评论 1870—1929》，英文，第 47—48 页。

[2] E. K. 亨特：《经济思想史——一种批判性的视角》，颜鹏飞译，上海财经大学出版社 2007 年版，第 212 页。

[3] W. S. Jevons, *The Theory of Political Economy* (London：Macmillan, 1957), p. 166.

[4] 同上注。

出"不可能总是把工人喜欢的(工作日长度)固定在那里",而给他的讨论加上了现实的色彩。

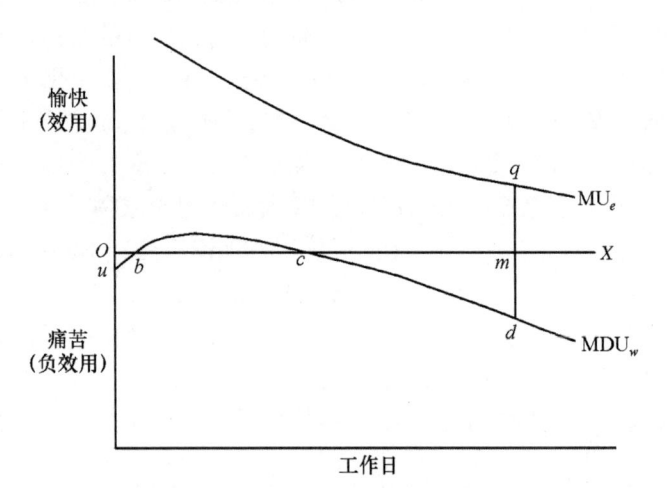

图 20-2　杰文斯关于工作的痛苦和所得的愉快之间的平衡

总之,杰文斯认为边际效用是交换价值的决定因素。按照交换价值进行的一项交换,也许产生于作为人们对商品相对偏好的变化的这些因素。不过,当交换价值改变时,生产该商品时所使用的劳动的价值也会改变。劳动价值(工资率)的变化又引起了变化的产业中工人认为的最适当的工作量的变化。所以,我们可以向杰文斯发问,怎么能说劳动时间是交换价值的原因或者平均的衡量尺度呢? 不是说,一小时劳动量的价值是由最后效用程度决定的吗?

(五) 其他问题

杰文斯还讨论了另外几个课题,其努力也是值得肯定的。

首先,尽管他没有在边际生产力的基础上充分发展关于分配的一般理论,也没有对边际收益递减规律做出适当的解释,而在此基础上本可以建立上述分配理论,但是,他理解这两种思想的基础。他说,资本投资的连续增加的单位,会产生比先前单位更少的生产力。在一个产业中,给出一定的工人数量,所使用的资本的数量将决定每单位资本的产量。他说,每单位的这个资本的产量将决定对资本所支付的利息。他把资本的功能归结为只与时间因素有关:"资本的唯一的最重要的功能是使劳动者能够等候长久工作的结果,并使企业从开始到完结可以经过一段时间。"[1]他还倾向于把资本利息归结为时间本身的产物并同边际原理相联系。在他看来,利息是利润的三个组成部分之一,其他两个是监督管理的工资和对风险的保险。

其次,杰文斯对于保险理论和博弈论也做出了贡献。具体而言,他使用货币的边际效用递减理论提出,在公平博弈中的博弈行为是不必支付代价的。一项公平博弈是一种期望获得的价值等于赌注的数量的博弈。一个例子是为 10% 的机会支付 1 美元而赢得 10 美元[$1 - 0.10($10)=0$]。假如不存在除非获胜才有的赌博的愉快,而且货币也服从边际效用递减规律,那么,一位赌博者的潜在的货币损失就比潜在获得的一个相等的

---

① W. S. Jevons, *The Theory of Political Economy* (London: Macmillan, 1957), pp. 223—224.

货币量有着较高的每单位效用。另一方面,购买公平定价的保险业也会是这样(就是说,支付 1 美元买保险对应着概率为 10% 的损失 10 美元的风险)。在这种情况下,和没有保险项目时潜在的较大损失的数目相比,为保险费而支付的少量的钱其效用相应要小。

再次,经济周期吸引了杰文斯的注意。他在理论上提出,太阳黑子的周期影响了气候,而气候又影响了收成的规模。太阳黑子最少时,收成较好,而这产生的农产品的较低价格则刺激了经济。这种结果也许表现出是国际性的。印度的一场大丰收和食物的低价将使工资收入者得到多余的收入,而多余的收入又能用于衣物,因此,这也促进了曼彻斯特的棉纺织厂的繁荣。这种太阳黑子的经济周期理论当然经不起后来的经验验证,而常常被引用来作为一个空前绝后的推理错误的很好的例子。

最后,就像早期所提到的那样,杰文斯对指标数据的发展做出了很大的贡献。具体说来,他先驱性地构造了一般物价指数的方法,而这种方法将提供关于两个时期之间的通货膨胀或通货紧缩的范围的信息。随后,他使用了这种方法构造了一般物价指数以及商品个人分级的价格指数。

(六) 论公共政策

杰文斯对免费公共博物馆、音乐会、图书馆和免费教育很感兴趣。他认为,儿童的劳动应当受到法律的限制,工厂的健康和安全条件应当受到管理。他赞成工会作为福利和加强友谊的社会团体,因为它们的保险减少了对公共信仰的需求。但是工会应当把工资率留给自然规律去操作。如果这些规律包含了工资的增加,那么,它就是其他工人或者一般民众高价支出的结果。他认为,设想的劳动同资本的冲突是一种欺骗,真正的冲突是生产者和消费者之间的冲突。利润份额是适合于工会提高工资的努力的,而工人应当节约以便使自己的状况得到更大的改善。

杰文斯把劳动解释为带来痛苦的"反效用",并以人在劳动中所感受的苦乐感的均衡点来说明劳动日的最佳长度。

杰文斯反对对成年男子的劳动时间进行管制。他主张,有学龄前儿童的母亲出于照顾子女的原因不应该到工厂和车间去劳动。但是,他又对免费医院和对所有孩子的慈善就医表示遗憾。因为,他认为,免费医疗和药品会"在最贫困阶级中滋长一种满足于倚赖富有阶级为他们提供那些本来应该由他们自己提供的最普通生活必需品的意识"。他反对政府以保护性的手段去抑制煤炭的浪费,因为这种干预手段"破坏了产业自由化的原则,而产业自由化的原则自亚当·斯密的时代以来,就被人们认为是促进我们诸多成功的原则"。

杰文斯支持一项谨慎扩展的立法来改善公共卫生,但是不能决定监狱的债务是否应该被废除。他赞成减轻政府对铁路的管理。在他看来,他认为像火柴税那样的消费税是人们最愿意交纳的,因为他们并不会对产业产生不利的影响。此外,实际上贫民阶层以上的所有人,都应当对国家做出与其收入成比例的贡献。他认为,人们基本上都是享乐主义者,所以,他赞成边沁的最大幸福原则。他认为,没有什么法律,没有什么习惯,也没有什么财产权利是那样的神圣以至于它们必须被保留下来,除非它们能够被证明是站在最大幸福原则一边的。但是,他认为,在如何才能证明某些变化将增加幸福的总量方面,没有结论性的证明,而现有的社会安排则拥有一个至少有利于它们存在和可以被容忍的合理的假定。

综上所述,可以看出,所谓"边际革命"至少在杰文斯这里并不意味着古典与新古典的截然划分,也不是传统和现代的经济学观念分界。效用论观点和劳动论观点的基本差别在杰文斯的代表作问世之前早已是十分清楚的。杰文斯的贡献主要在于,他表明边际主义使马尔萨斯、萨伊、西尼尔和巴师夏等人的理论可以表述为完美的数学形式,从而体现一致的逻辑性。但是,其效用论的观点及精神实质并没有发生变化。

第二节　瓦尔拉斯的经济理论

一、瓦尔拉斯的生平和著作

莱昂·瓦尔拉斯(Leon Walras, 1834—1910年)是边际效用论的三个奠基人之一,洛桑学派的创立者。他最主要的理论贡献就是作出了一般均衡分析,提出了边际效用论。他的一般均衡理论是要阐明在完全自由竞争条件下,经济关系达到均衡时的价值(价格)决定。

瓦尔拉斯出生于法国的埃弗鲁。他在年轻时并未获得多大的成功。瓦尔拉斯先是学习数学,后改学矿冶工程。他在学业和职业上历经坎坷。他爱好文学与哲学,24岁时发表过一部小书,没有产生什么影响。后来,他读了古诺的《财富理论的数学原理》,印象深刻,决定改学经济学。从1858年起,他在父亲指导下自修经济学。他的父亲奥古斯特·瓦尔拉斯(Auguste Walras, 1801—1866年)曾任法国卡因皇家学院哲学教授,后成为有名的经济学家。他1831年出版的《财富的本质和价值起源》一书,对瓦尔拉斯影响甚大。1860年,瓦尔拉斯在瑞士洛桑"赋税会议"上宣读的一篇论文获得二等奖。他曾短期担任经济杂志的编辑。这段时间里,他一直做铁路低级职员。他对当时法国的合作运动感兴趣,并同里昂·赛伊一起,于1865年办了一个生产合作银行,于1868年倒闭。他曾想当记者,未成。他想在法国高等院校谋求一个讲席,也始终未能成功。1870年,他去瑞士的洛桑大学任法学院新设立的政治经济学讲座教授,开始其学者生涯。在那里,他创建了强调把数学运用于经济学分析的洛桑学派。在他的推动和影响下,洛桑大学成了数理经济学派的中心。瓦尔拉斯于1893年退休,他推荐了意大利的帕累托作为其继承人。

瓦尔拉斯的主要著作是《纯粹经济学要义》(1874)。在这部书里,瓦尔拉斯也独立地提出了基本的边际主义原理。同时,也正是瓦尔拉斯唤起了人们对古诺早期著作的注意。古诺提出的边际思想和运用数学研究经济问题的尝试,以及关于一般均衡概念的萌芽,都成为瓦尔拉斯创造新的理论体系的理论基础和前提。瓦尔拉斯出版的其他著作还有《社会财富的数学理论》(1883)、《社会经济学研究》(1896)、《应用经济学研究》(1898)。

二、瓦尔拉斯经济学体系的概况

瓦尔拉斯从社会财富的性质引申出经济学研究的对象和范围。他认为,社会财富是一切有用而又数量有限的东西。社会财富的有限性和稀缺性会带来三个后果:它可以被占有;有交换价值,可以交换;可由产业加以生产。

瓦尔拉斯把经济学分为三个部分：① 纯粹经济学，② 实用经济学，③ 社会经济学。他认为，这三部分都是研究物品"稀少性"引起的三种不同后果。纯粹经济学研究在完全自由竞争机制下的价值、价格和交换；实用经济学研究财富的生产和再生产的方法和条件；社会经济学研究财产的占有和分配。他认为，纯粹经济学是实用经济学和社会经济学的基础，因为纯粹经济学研究的交换是一种普遍、自然的现象，而财富的生产、占有和分配是人类制度的范畴。瓦尔拉斯重点研究纯粹经济学。

他认为："纯粹经济学本质上是在假定的绝对竞争制度下价格规定的理论。……它也是社会财富的理论。"[1]在方法论上，他认为，整个纯粹经济学的理论都是数学的，其数学论证过程绝不是一般语言论述所能替代的。他认为，只有数学方程式才能表示交换理论中构成市场均衡的两个条件：① 交换双方获取最大限度的效用，② 总需求等于总供给。[2] 由于他把纯粹经济学看做"是一门如同力学和水力学一样的物理—数学的科学"[3]，因而，他在其代表作中充分使用了代数公式和几何图形来说明其理论。

瓦尔拉斯体系的三部分，其实就是萨伊提出过的经济学"三分法"的变相提法，只是他把重心放在研究交换领域上。

三、瓦尔拉斯的主要经济理论

瓦尔拉斯的主要经济理论表现为边际效用分析和一般均衡分析。他把最大效用原则作为全部经济行为的准则，其理论结构的程序是：效用学说；两种和多种商品价格的形成；多种生产性劳务价格的形成；多种资本财货本身价格的形成。他赞成经济学研究采用抽象的逻辑方法，并主张必须采用数学推理。他比杰文斯更进一步，把使用交换方程式的方法扩展为运用联立方程式的方法。

1. 稀少性价值论——边际效用分析

（1）虽然瓦尔拉斯的主要著作比杰文斯和门格尔的著作晚了三年，但他的基本概念在实质上与另外两人一样，都是从物品效用递减和供给有限的条件出发去论述"价值"。区别只在于，他没有使用"边际效用"或"最后效用程度"的用语，却用了"稀少性"一词。

瓦尔拉斯认为："经济科学对价值起源问题提供了三种解答：第一种是亚当·斯密、李嘉图和麦克库洛赫所作的英国的解答；他们把价值的起源追溯到劳动。这个解答太狭窄了，没有把价值归到实际有价值的东西上。第二种是孔狄亚克和萨伊所作的法国的解答，他们追溯价值到效用。这个解答太广泛了，将价值归到了实际上没有价值的东西上。最后，第三种解答是由让·勃拉曼克（Jean Burlamaqui）和我父亲奥古斯特·瓦尔拉斯提出的，追溯价值到稀少性，这是正确的答案。"[4]他说："我把被满足的最后欲望强度叫做稀少性，英国人叫做最后效用程度，德国人称为边际效用。"[5]他认为，商品满足欲望的强度是商品供给量的函数，它随供给商品量的增加而递减，最后一单位商品量满足欲望的强度就是"稀少性"。

他认为，需求曲线的下降是由效用曲线的特点决定的。随着物品数量减少，欲望满

---

① 瓦尔拉斯：《纯粹经济学要义》，英文，1954 年版，第 40 页。
② 同上书，第 43 页。
③ 同上书，第 71 页。
④ 同上书，第 201 页。
⑤ 同上书，第 463 页（附录，写于 1890 年 10 月）。

足强度增加,从而使边际效用量增加,需求量却随之减少。总效用表示一定商品消费所满足的欲望总额,边际效用则表示被消费的一定量商品所满足的最后欲望强度。

(2)瓦尔拉斯也以价格代表交换价值并代替价值,以价格论代替和取消了价值论。

他也从两种商品的交换开始分析价格的形成。他首先假定存在一个完全自由竞争的市场。该市场中,甲、乙都对对方的商品有需求,而对自己的商品无需求,由此产生交换。交换的目的是取得最大限度的满足。实现这个目的的条件为:这两种商品的价格必须等于它们的"稀少性"的比率,或等于它们满足"最后欲望强度"的比率。这就是说,商品的价格决定了它们的"边际效用"的比率。其公式如下:

$$\phi_{a,1}(d_a) = (p_a) \cdot \phi_{b,1}(q_b - d_a \cdot p_a)$$

它表示拥有商品 B 的所有者在价格为 Pa 时,得到最大效用的条件。等式左边表示他从购进商品 A 得到的稀少性,右边表示他从剩下的自有商品 B 中所得的稀少性。将上式一般化,得:

$$\phi_{a,1}(q_{a,1} + x_1) = p_a\phi_{b,1}(q_{b,1} - x_1p_a)$$

$$\phi_{b,1}(q_{b,1} + y_1) = p_b\phi_{a,1}(q_{a,1} - y_1p_b)$$

其中,x_1, y_1 表示通过交换而增加到 A, B 两种商品的原有量($q_{a,1}, q_{b,1}$)上的增量(正或负)。

这样,瓦尔拉斯就认为,物品要有价值,必须既有用,又稀少。"如果说稀少性和交换价值是两个共生的和成比例的现象,那么,同样可以肯定地说,稀少性是交换价值的原因。……交换价值像重量一样是一种相对的现象,而稀少性则像质量一样是一种绝对的现象。……稀少性是个人的和主观的,交换价值则是实在的和客观的。"[1]

瓦尔拉斯的这种论断同杰文斯的交换方程式实质上是完全一样的。

2. 一般均衡理论

这是瓦尔拉斯整个理论的中心和最突出的贡献。该理论是在"稀少性价值论"的分析基础上,由两种商品交换的情况,发展到各种商品交换的"一般"情况,提出一般交换下价格决定的所谓"一般均衡理论"。

该理论的指导思想就是,认为一切商品的价格都是互相联系、互相影响、互相制约的。任何一种商品的供求,不仅是该商品价格的函数,也是所有其他商品价格的函数,所以,任何商品的价格都必须同时和其他商品的价格联合决定。当一切商品的价格恰好使得它们的供给与需求相等时,竞争市场就达到了均衡状态,一般均衡状态也就形成了。这时的价格就是均衡价格,也就是瓦尔拉斯所说的价格。这时的均衡就是一般均衡。但最终原因仍是"稀少性"。瓦尔拉斯的这种一般均衡观点与杰文斯、门格尔以及后来的马歇尔所使用的局部均衡的方法是完全不同的。正像一块石子被投到池塘中会引起不断扩大的涟漪的圆圈一样,经济学中的任何变化都会引起向外辐射并逐渐递减的进一步变化。有时,也正像这些涟漪到达岸边又必然会反弹回来影响最初的冲击点一样,经济中单一市场内发生的最初变化的反馈影响同样不少。这种回荡的过程会通过整个体系继续下去,直到所有的市场同时达到一种均衡状态。

一个很好的例子是石油价格的上涨。按照局部均衡的方法,如果我们假定,其他所

---

[1]　瓦尔拉斯:《纯粹经济学要义》,英文,1954 年版,第 145—146 页。

有情况均保持不变,石油数量的减少将引起它较高的价格,而这就是事情的结果。可是,我们考虑一下从一般均衡的观点去把问题稍作一点扩展,就会发现,对煤这种替代品的需求将会增长,而这很可能引起它们均衡数量和均衡价格的变化。石油价格的增加将引起汽油价格的上升。由于阅读小说对于开车绕城兜风的替代,对于书籍的需求将会上升。另一方面,对于像汽车和汽车清洗这样的互补性商品的需求,也许会由于汽油价格的上升而下降。如果对于石油和汽油的需求是相对无弹性的,消费者收入中花费在石油产品上的比例相对于花费在其他物品上的比例将会上升。这意味着对于大量与石油和汽油无关的物品的需求,也许会有某种下降。当然,由卡车装运物品的成本将会增加,引起这些物品的价格上升。由于消费品市场所有的这些变化,引起了对于生产要素需求的变化,造成了资源的重新配置。在某些产业(如汽车业)中,对劳动的需求越少,在其他产业(如房屋的绝缘保温)中,对劳动的需求将会越多。对应于投资不同产业的不同回报率,资本也将发生变动。例如,生产者将建设更多的石油钻探设备和离岸钻探平台,而较少建立新的汽油加油站。在某些点上,由最初干扰所引起的变化将会结束,将会达到一个一般均衡。

瓦尔拉斯的一般均衡理论提供了一种框架,以便从包含商品和生产要素两方面在内的经济整体上考虑基本的价格和产量的相互作用。其目的是,从数学上表明所有的价格和生产的数量能够调整到相互一致的水平。其方法是静态的,因为它假定既定的基本决定因素,像消费者的偏好、生产函数、竞争的形式和要素供给计划等,都是不变的。

瓦尔拉斯表明,市场经济中的价格可以采取所有的价格都是相互依赖的观点,以数学的方式来决定。后来,几个当代最著名的经济学家:约翰·冯·诺伊曼(John von Neumann)、肯尼斯·阿罗(Kenneth J. Arrow)和杰拉尔德·迪布鲁(Gerard Debreu)在几部著作中,运用拓扑学和集合论对于一个均衡解的存在给出了精确的证明。

瓦尔拉斯依据方程数等于未知数数目时就可推出未知数数值的原理,论证了市场交换的一般均衡问题的确定的解。

其数学表达法是,假定市场有 $A,B,C,D\cdots$ 共 m 个商品,每个商品的价格都以其余所有的商品来表现:

$D_{a,b}$ 表示在与 B 的交换中对 A 的需求

$D_{b,a}$ 表示在与 A 的交换中对 B 的需求

$P_{a,b}$ 表示用 B 代表的 A 的价格

$P_{b,a}$ 表示用 A 代表的 B 的价格

……

$D = f(p)$

与 A 交换的 $B,C,D\cdots$ 的有效需求方程有 $m-1$ 个:

$D_{b,a} = F_{b,a}(P_{b,a}, P_{c,a}, P_{d,a}\cdots)$

$D_{c,a} = F_{c,a}(P_{b,a}, P_{c,a}, P_{d,a}\cdots)$

$D_{d,a} = F_{d,a}(P_{b,a}, P_{c,a}, P_{d,a}\cdots)$

……

与 B 交换的 $A,C,D\cdots$ 的有效需求方程有 $m-1$ 个:

$D_{a,b} = F_{a,b}(P_{a,b}, P_{c,b}, P_{d,b}\cdots)$

$$D_{c,b} = F_{c,b}(P_{a,b}, P_{c,b}, P_{d,b}\cdots)$$
$$D_{d,b} = F_{d,b}(P_{a,b}, P_{c,b}, P_{d,b}\cdots)$$

这样,共有 m($m-1$)个有效需求方程式,$\frac{1}{2}m(m-1)$ 个市场。

交换方程要求:每个商品的总需求 = 其总供给;

A 与 $B,C,D\cdots$ 相交换的方程式有 $m-1$ 个

$$D_{a,b} = D_{b,a} \cdot P_{b,a}$$
$$D_{a,c} = D_{c,a} \cdot P_{c,a}$$
$$D_{a,d} = D_{d,a} \cdot P_{d,a}$$

B 与 $A,C,D\cdots$ 相交换的方程式有 $m-1$ 个

$$D_{b,a} = D_{a,b} \cdot P_{a,b}$$
$$D_{b,c} = D_{c,b} \cdot P_{c,b}$$
$$D_{b,d} = D_{d,b} \cdot P_{d,b}$$

C 与 $A,B,D\cdots$ 相交换的方程式有 $m-1$ 个

$$D_{c,a} = D_{a,c} \cdot P_{a,c}$$
$$D_{c,b} = D_{b,c} \cdot P_{b,c}$$
$$D_{c,d} = D_{d,c} \cdot P_{d,c}$$

……

这样,也共有 m($m-1$)个方程式(交换方程式)。

瓦尔拉斯最终得出一般均衡条件下的价格决定公式,即

$$\frac{\text{边际效用之比}}{(\text{稀少性之比})} = \text{价格之比}$$

瓦尔拉斯还用平面图形表明了两、三个商品相交换的情况。总之, 瓦尔拉斯认为,由于一般均衡条件下 m($m-1$)个交换方程式,恰好有 m($m-1$)个价格,所以这些方程式是有解的,价格也是可以算出来的。一般均衡的条件:"两种商品中任何一个的价格(用对方来表示),等于这两种商品用任何第三种商品来表示的价格的比例。"[①]

综观瓦尔拉斯的一般均衡理论,可以看到如下一些特点:

(1)瓦尔拉斯一般均衡理论的基础为主观唯心主义的边际效用价值论(稀少性价值论)和供求均衡论。这种观点和方法包含着很大程度的片面性和错误,也包含了在当时历史条件下反对古典劳动价值论、马克思主义劳动价值论及其基础上的经济学说的意思。尽管瓦尔拉斯的理论和方法有其一定的合理性,但是也片面夸大了交换现象的作用,以现象研究代替了本质研究,为当代西方经济学的形式主义研究方法提供了早期榜样。

(2)为充分自由竞争的市场制度和调节机制辩护,认为只有完全自由竞争才能达到一般均衡,使社会上每个经济活动的当事人的利益得到最大满足。这实际上只是对于完全理想的经济状况的一种向往和憧憬。它并不能说明现实的资本主义市场经济制度和真实秩序就是如此。

(3)一般均衡分析表明了瓦尔拉斯对于经济活动中各种经济关系和经济利益相互联系与影响的充分注意和重视。这具有现实的客观性与合理性。不过,在瓦尔拉斯的时

[①] 瓦尔拉斯:《纯粹经济学要义》,英文,1954 年版,第 157 页。

代,还不具备较准确计算大量有关方程组的较充分数据和先进的计算工具。他只能在虚构和假定的情况下,加以推算。在今天,计算机技术和信息技术的飞速发展,已经为更好地推算创造了有利的条件。不过,由于市场条件的差异,这种有益的思想仍然未必能够真正以准确的计算来表现。

（4）瓦尔拉斯认为,生产的均衡中,生产要素供求相等,产品供求相等,收入等于成本,因而资本家没有利润。这种静态分析显然也是理想主义的,而不是现实的情况。

思考题 》》

1. 杰文斯的边际效用价值论有什么特点?
2. 瓦尔拉斯的一般均衡论有何重要意义?

第四篇 19世纪末至20世纪30年代的经济思想

第二十一章　　边际分配论的经济思想

▎内容提要▎

　　本章的内容是,对边际革命的三大奠基者之后在边际分析方法和边际效用价值论方面做出进一步发展的几个主要经济学家的经济思想加以介绍。在这一方面,主要涉及边际生产力分配理论。边际生产力分配论方面最主要的代表是约翰·贝茨·克拉克,威克斯蒂德的分配论也具有相当大的影响。这些经济学家的贡献使得边际效用理论和分析方法的整个理论体系更加完整。

第一节　威克斯蒂德的分配理论

一、威克斯蒂德的概况

　　菲利普·威克斯蒂德(Philip Henry Wicksteed,1844—1927 年)毕业于伦敦大学,1874 年起任街道教会牧师,在其后 20 年中成为此教派的领导人物。他学术爱好广泛,对文学、哲学、社会学均有兴趣,他还是当时极有名的中世纪史学家。对学术的热忱使他 1897 年辞去牧师职务,专心从事经济学著述。他的主要著作和代表作是:《分配规律的协调》(1894)和《政治经济学常识》(1910)。前者只售出了两本,后者受到帕累托和埃奇沃思的高度评价。《政治经济学常识》是将边际理论的技术与哲学的论述进行非数学的极细致的分析。他对杰文斯的理论有所修改和发展。他反对马克思主义的科学劳动价值论。

　　他的观点直到 20 世纪 30 年代才引起学术界的注意,这主要表现在:① 边际分析的精深;② 边际主义的成本曲线和分配规律方面。

二、《分配规律的协调》

　　该书比克拉克的《财富的分析》(1889)更早提出了边际生产力分配理论。他认为以往的分配规律问题互不协调、不周密,主张"用一种共同的说法来表述各要素的分配规律"。"如果每个要素所提供服务的客观尺度能够在它的边际应用上体现出来,那么看来就有了协调各种主张的可能。"①

　　威克斯蒂德将分配论与边际效用价值论相联系。他认为:"交换价值规律本身就是社会一般资源的分配规律。"②他认为,社会的总欲望和总满足(S)可看做各种商品或服

---

　　① 　P. H. Wicksteed,*An Essay on the Co-ordination of the Laws of Distribution* (London:Macmillan,1894). Reprinted as No. 12 in LSE Series of Reprinted of Scarce Tracts in Economic and Political Science,1932. Reprinted,ed. I. Steedman,London:Duckworth,1987,p. 8.

　　② 　同上注。

务$(A,B,C,D\cdots)$的函数,即 $S = F(A,B,C\cdots)$。"每个商品或者服务的交换价值⋯⋯取决于该商品或服务的微小增量的增加或撤销,对该共同体(即,全社会——引者)总满足的影响(假定其他变量不变)。支配任意一件商品或服务(k)使人得以对共同体提出要求,这种要求取决于$\dfrac{\mathrm{d}s}{\mathrm{d}k}$这个比例(它表示每单位商品或服务的交换价值),这种商品或服务的总量的交换价值就是$\dfrac{\mathrm{d}s}{\mathrm{d}k}k$。$\dfrac{\mathrm{d}s}{\mathrm{d}k}$实际上就是作为满足的产生者$(K)$的边际效率或重要性。"[1]

三、边际生产力分配规律

威克斯蒂德认为:"如把被分配的某种产品(P)看做各种生产要素 $(A,B,C\cdots)$ 的函数,那么,每个要素的(边际)重要性就取决于该要素的微小增量对该产品的影响(假定其他变量不变)。这就暗示着,任何要素 (K) 能够坚持共享(否则就有撤回的危险)该产品的比例将是$\dfrac{\mathrm{d}p}{\mathrm{d}k}$(每单位),它的总份额将是$\dfrac{\mathrm{d}s}{\mathrm{d}k}k$。"[2]

威克斯蒂德分配论的最大特点是,认为如能证明按照边际效率决定各要素分配份额,正好把全部产品分光,就最终说明了各要素分配规律的协调一致,也就进一步证明了边际生产力论的正确性。

即:如果产品是各生产要素的函数,即 $P = F (A,B,C\cdots)$,则各要素增量(增量单位×边际效率)之和,应该等于产品总增量价值,或各要素的价值等于总产品的价值,即

$$\Delta P = \frac{\Delta p}{\Delta A}\Delta A + \frac{\Delta p}{\Delta B}\Delta B + \frac{\Delta p}{\Delta C}\Delta C + \cdots$$

或者

$$p = \frac{\Delta p}{\Delta A}\Delta A + \frac{\Delta p}{\Delta B}\Delta B + \frac{\Delta p}{\Delta C}\Delta C + \cdots$$

假定生产函数是线性齐次的,即 $P = F (A,B,C\cdots)$,$\Delta P = F (\Delta A,\Delta B,\Delta C\cdots)$,便可从中直接引出该公式成立的结论。后来称此为"欧拉定理"(Eulers' Theorem)。威克斯蒂德虽然也以生产函数具有线性齐次性质为假设,但他没有从中直接引出结论。其论证较繁复,但结论一样。

威克斯蒂德的边际生产力分配论,用意与克拉克一样,都是反对和否认剥削观点,反对马克思主义劳动价值论的。

第二节　克拉克的分配理论

一、克拉克的简况

约翰·贝茨·克拉克 (John Bates Clark, 1847—1938 年)生于美国罗得岛州普洛维

---

[1]　P. H. Wicksteed,*An Essay on the Co-ordination of the Laws of Distribution* (London:Macmillan, 1894). Reprinted as No. 12 in LSE Series of Reprinted of Scarce Tracts in Economic and Political Science, 1932. Reprinted, ed. I. Steedman, London:Duckworth, 1987, p. 8.

[2]　同上书,第8—9页。

登斯城,就学于布朗大学和阿姆霍斯特学院。1872 年留学德国、瑞士。他曾和庞巴维克一起追随历史学派的克尼斯研究三年。回国后任卡尔顿学院讲师,1892 年任阿姆霍斯特学院教授。1895 年起任哥伦比亚大学教授,直至 1923 年退休,前后达 28 年之久。1893—1895 年间克拉克曾任美国经济学会会长。其主要著作有:《财富的哲学》(1895)、《经济理论纲要》(1907),代表作是《财富的分配》(1899)。

二、理论背景

约翰·贝茨·克拉克是 19 世纪末至 20 世纪初美国最著名的经济学家,边际主义在美国的主要代表。他所创立的美国理论学派与制度学派一起构成了美国那一时期经济学的两大流派。

19 世纪末至 20 世纪初,美国经济迅速发展,在资本主义国家中后来居上,但由此引起的阶级矛盾和阶级斗争也日益尖锐起来。为了反对和取消工人阶级斗争,维护资本主义制度,资产阶级迫切需要新的辩护理论为之服务。以制度学派为代表的改良主义思潮和以理论学派为代表的经济理论就适应了当时这种社会需要。

克拉克的理论是在美国传统的阶级调和论和边际主义基础上提出的。克拉克除创造了所谓"静态经济学和动态经济学"之外,还有"边际生产力分配论"。他在《财富的分配》一书的序言中说:"本书的目的在于说明社会收入的分配是受着一个自然规律的支配,这个规律如果能顺利地发生作用,那么,每个生产因素创造多少财富就得到多少财富。"[1]他还说:"许多人指责现在的社会制度,说它'剥削劳动'…… 如果这种说法被证实,那么每一个正直的人都应当变成社会主义者。"[2]

美国以往的经济学家,像富兰克林、汉密尔顿、凯里,大多致力于实际问题的研究。克拉克则开辟了一个经济学的新时代,他建立了一套经济理论体系,来为资本主义辩护,这就产生了广泛的影响。克拉克的一些理论原理和方法,现在仍然保留在西方国家的经济学中。以往的"边际效用"分析被运用于价值论范畴,而没有充分具体地说明分配领域;克拉克则把边际分析方法加以发挥,具体运用到分配领域,并由此说明阶级间的调和。这些都使克拉克在美国经济理论界占据了一个特殊重要的地位,为经济学史专家所推崇。

三、静态经济学和动态经济学

克拉克认为,研究分配"就等于研究各别的生产,这就是分析创造财富的功能,寻找协同生产财富的三个生产因素对于它们共同生产的产品各别所贡献的份额。每个生产因素在参加生产过程中,都有其独特的贡献,也都有相应的报酬——这就是分配的自然规律"[3]。于是,他由此出发批评了传统的经济学四分法,主张通过研究分配去研究生产,并由此提出新的经济学的三分法。这方面他似乎也受到孔德和约翰·穆勒的启发。

克拉克把经济学按照一种新的方法分成三类进行研究,并把这种分类法作为其整个分配论的方法论前提。

---

① 克拉克:《财富的分配》,陈福生等译,商务印书馆 1981 年版,"序言"第 4 页。
② 同上书,第 3 页。
③ 同上书,第 2—3 页。

他认为,经济学应分为:一般经济学;静态经济学;动态经济学。

(1)一般经济学是研究"一般的普遍的规律"的。他认为一般的、普遍规律只涉及人与自然的关系,是没有交换和组织时的生产与消费,它在任何情况下都发生作用。其正确性也无需加以证明。

(2)静态经济学是研究静态条件下的经济规律。"静态"是指交换和其他经济组织的形式和活动方式不变,即,人口、资本、生产技术和方法、产业组织形式、消费者的欲望倾向这五种因素不变的情况。静态条件下的财富生产和分配的规律,就是所谓"静态经济规律"。

克拉克认为,上述静态条件中的五种因素如发生变动,那就是经济的"扰乱因素",而阻碍自由竞争和资本、劳动力自由转移的因素,则是"摩擦因素"。真正的静态是完全抽象掉"扰乱因素"和"摩擦因素"的。虽然,现实中并没有这种静态条件,但在经济分析中,必须假定如此。因为只有在理想的假定静态中,才能找到自然的、正常的经济规律,发现价值、工资和利息的基础,才能真正捕捉到决定生产和分配的规律。此外,充分自由竞争下所达到的均衡状态,也是很接近静态状况的。

克拉克认为,全部经济学分析研究的基础和中心,就是静态经济学。

(3)动态经济学是研究"动态经济规律"的,也就是研究在经济中已经有交换和其他经济组织,而且人口、资本、生产技术和方法、产业组织形式、消费欲望及倾向等都发生变化时,财富的生产和分配的规律。克拉克认为,动态是静态被扰乱因素和摩擦因素破坏、干扰的结果。现实社会是变动的,因此,研究动态更符合实际。可是,没有动态中的干扰,自然规律就会纯粹地起作用。因此,应该排除干扰和阻力,去研究静态经济。

克拉克认为,一般经济学是静态经济学和动态经济学的前提。而在静态经济学和动态经济学中,静态分析是基础和中心。静态是抽象,动态是具体,静态是前提和基础。"静态势力决定标准,动态势力引起变动。"[1]《财富的分配》主要是分析静态。结合分配论来说,静态分析是说明分配论的基础,动态分析是说明分配规律在若干阻力和干扰下的变形。

从研究的比重看:《财富的分配》的第一部分是一般的原则,第二部分是核心内容,第三部分是结论和归宿。其分析方法也分为:一般分析、静态分析、动态分析。

克拉克的三部分划分中,其一般规律并没有真正说明人类社会的普遍经济规律。其静态分析,则一方面回避了资本主义生产关系的具体特征、矛盾、冲突,另一方面又把静态当做资本主义经济的正常状态和自然状态。此外,他认为,静态是常态,动态是向静态过渡,静态是绝对没有矛盾和冲突的观点,也都包含着错误。其动态分析,同样只表现了一些经济因素在数量上和生产技术上的变化,而回避了更深刻的生产关系和生产方式的本质问题。

四、边际生产力分配论

在新古典经济学家中,克拉克是以其分配论的成就著称的。对于他研究分配理论的目的,克拉克在其代表作《财富的分配》一书的序言中说:"本书的目的在于说明社会收入

---

① 克拉克:《财富的分配》,陈福生等译,商务印书馆 1981 年版,第 24 页。

的分配是受着一个自然规律的支配,而这个规律如果能够顺利地发挥作用,那么,每一个生产要素创造多少财富就得到多少财富。尽管工资可以根据人与人之间自由的磋商来调整,但是由自由磋商而产生的工资标准,倾向于和产业中由劳动所生产出来的那一部分产品相等,这是本书的主张。尽管利息也可以根据同样的自由磋商来调整,但利息自然而然地倾向于和由资本所生产出来的那一部分产品相等。在经济组织中,在产生财产所有权的地方(在那里劳动和资本可以得到将为社会承认的归他们所有的收入),社会处理这种收入的方法,总是依照财产权所根据的原则。如果这个方法没有受到阻碍,那么,每一个人生产多少就得到多少。"①可见,克拉克的分配理论的目的是要说明资本主义的分配制度是"自然而然地"合理的,是受自然规律支配的,而不是受社会制度和社会关系支配的。

克拉克在这方面的见解比起马歇尔有了一定改进,最主要的就是他提出来资本和劳动的替代原理。他说:"在制造业和运输业里,劳动也可以常常作若干显著的调整,而不变更和劳动一起使用的生产资料的数量或性质。"②克拉克的这种思想在当代的新古典经济学家那里还依然在使用着。

分配理论是克拉克研究的中心问题。他把分配作为"社会经济"的范畴,把分配规律作为"社会经济"的规律。但是,克拉克首先是将对私有财产的肯定和认可作为前提的。

他把社会收入分为工资、利息和企业家利润。工资包括工人的报酬、企业家管理和组织生产的报酬;利息则是货币资本家和生产资料占有者的收入;企业家利润是商品售价扣除补偿成本后的收入,再扣除工资和利息所剩下的余额。这实际是指企业的超额利润,属于动态经济学的范畴,静态经济学中是没有它的地位的。静态中只存在自然工资和自然利息。因此,克拉克的重点是在静态中,研究自然工资和自然利息的基础,以便说明它们各自的来源和标准。

至于地租,克拉克则认为这是利息的一种特殊形式。因为,他把土地当成了资本的一种特殊形态。

克拉克提出的分配论所依据的一般经济规律包括:① 个人经济生活是以自然物质为手段,间接为自己服务的过程。这种"手段"即财富。任何经济制度下,人们总是以物质做媒介来为自己服务的。③② 边际效用递减规律和边际效用相等规律是生产和消费的普遍规律。③ 各生产要素的生产力递减规律是一个普遍的现象和规律。克拉克分配论的核心是静态的"工资论"和"利息论"。

1. 工资和利息的来源及自然标准

克拉克是以"边际生产力理论"来说明工资和利息的来源和自然标准的。其"边际生产力论"其实是"生产要素论"、"生产力递减规律"和"边际效用论"的混合物。这种理论认为:

(1)土地、劳动和资本共同创造了价值和财富,因而各要素都具有生产力,都是价值和财富的源泉,都应该从生产成果中获取相应的份额。

(2)上述三种生产要素的生产力都是随要素数量的增加而递减的。克拉克把这一

---

① 克拉克:《财富的分配》,陈福生等译,商务印书馆1981年版,引自"序言"。

② John Bates Clark, *The Distribution of Wealth* (New York: Augustus M. Kelley, 1965), p.101.

③ 克拉克:《财富的分配》,陈福生等译,商务印书馆1981年版,第30页。

规律具体化为静态下的"劳动生产力递减规律"和"资本生产力递减规律"。

"劳动生产力递减规律"是说,在资本数量不变的条件下,每单位连续增加的工人所提供的产品会越来越少,因为每个工人相应的技术装备条件恶化了。

"资本生产力递减规律"是说,在工人人数不变的条件下,每单位连续增加的资本所能提供的产品,将因其使用的工人减少而递减。

(3)克拉克把边际概念运用于分配领域,试图以边际量作为决定分配的自然标准。他认为,在自由竞争条件下,工资的自然标准由劳动的边际生产力决定,即由边际工人的边际产量决定。这个标准也决定了处于劳动日、劳动强度和劳动熟练程度相同条件下全部工人的工资水平。同理,他认为,利息的自然标准由资本的边际生产力决定,即由边际资本的边际产量决定。该标准也决定了同样条件下全部资本的利息。

他认为,劳动的边际生产力由劳资双方的力量对比决定,而资本的边际生产力则由产业资本家和借贷资本家的力量对比决定。

可用图 21-1 表示工资标准的决定,假设资本额不变。AD 表示投入的劳动单位。AB 表示第一个劳动单位的产量;A_1B_1 表示第二个劳动单位的产量⋯⋯ CD 表示最后一个劳动单位的产量,也就是劳动边际生产力。BC 曲线表明劳动生产力递减。图中,CD 决定全部劳动工资率的水平。

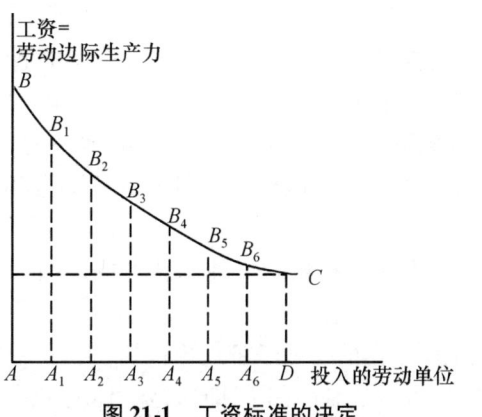

图 21-1 工资标准的决定

克拉克还以相同的图形表示利息的决定。他假定劳动量不变。最后,CD 表示资本边际生产力,并决定全部资本的利息率。

2. 边际生产力分配论的结论及目的

克拉克认为:第一,劳动和资本都参与了财富和价值的创造,劳资双方的利益是一致的,这反映在收入的提高都依赖于生产力的提高。第二,工资和利息都受自然规律的支配,都受静态条件下"边际生产力"的支配。工资和利息谁也没有互相剥削,它们都按各自的边际生产力取得本身应有的份额。这样,资本主义就是可以为人们所接受的。

后来的资产阶级经济学家普遍接受了克拉克的观点,认为:其一,工资由劳动者人数和劳动边际生产力决定。工资与劳动人数成反比,与边际劳动生产力成正比。其二,当劳动生产力不变时要提高工资就得减少工人,要消除失业就得降低工资。他们认为在短期内,边际劳动生产力是随工人人数增加而递减的。这就为马尔萨斯的人口论留出了一个可以发挥作用的通道。其三,增加投资会提高利息和工资,所以应降低放款利息,鼓励投资。

我们说,第一,资本生产力递减的看法与萨伊的"生产三要素论"观点较为相近。生产要素并不是价值实体,也不是价值源泉。资本本身可以成为生产力的构成要素,但不能等同于生产力。第二,在使用价值的生产中,随着生产要素在一定条件下的不断增加,相应地可能在产品上会有递减现象,但不是任何条件下都会如此。即使在这种递减的条件下,克拉克的这种无条件的说法也是不合理的,因为资本与劳动力之间总是有个合理比例的。这就是马克思所说的资本的技术构成和有机构成。第三,克拉克的图示中有两个矛盾:一是按照他的图形,生产资料和资本生产力递减时,就无法同时表达劳动生产力的递减;反之亦然。第四,在劳动生产力递减时,生产资料(资本)就表现出没有生产力。如果工人拿走全部产品,又会和他的理论相矛盾。第五,克拉克从静态假设前提中,却得出了实际的结论。这显然是错误的,这缺乏从抽象向具体的转换,实践也证明了这一点。

3. "过渡性利润论"

在新古典竞争性均衡的视野里,是不会存在利润的。克拉克也基本持这种看法。他说:"正常的价格是没有利润的价格。正常的价格提供了生产商品所需的一切劳动的工资,包括监督工场、管理财政、记账收账以及决定事业方针等项劳动的工资。正常的价格也提供了事业上所使用的资本的利息,不管这资本是企业家自己所有,或是向别人借来的。如果价格恰好是正常的,除此之外就没有其他收入,其原因是:企业家们争着售出商品,这就使价格降低为没有利润的价格。"[1]

克拉克把资本看做生产工具。他说,"资本由生产工具组成","而生产工具总是具体的、实在的东西"[2]。同时,在另一方面,克拉克还进一步将资本的性质与资本财货的性质相区别。他认为,"资本是绝对流动的,而资本财货就不是这样"[3]。"资本最显著的特点,就是它的永久性。资本是永远不会消失的,如果希望事业取得成就,也决不能让资本毁灭。……可是,为了避免失败,你却必须毁坏你的资本财货。你如果企图不毁坏资本财货,你就会遭受灾祸,就像听任一些资本毁坏一样。"[4]"那么,为了使产业兴隆,资本财货不但可以让它毁坏掉,而且必须毁坏。此外,为了使资本永远存在,资本财货也非毁坏不可,如同必须用掉小麦的种子,然后小麦才会生产出来。"[5]

克拉克把利润仅看做由技术改进所带来的临时性超额利润,把平均利润看做资本家管理的报酬和工资。他认为,从工资角度上看,平均利润那一部分也受支配工人工资的同一规律所支配和决定。这样,克拉克就把企业家从资本家中分离出去了。他认为超额利润属于动态范畴,是不稳定的暂时过渡状态。竞争会使之消失,分别归于工资和利息之中。由于利润是市场价格与自然价格的差额,与生产无关,因此,它只是社会进步造成的额外收入,只是一种流通过程的现象。因此,工人没有必要为利润而感到不平,更没有必要为此而发动革命。只要生产发展了,自己的利益就会达到。克拉克的这种观点当然是一种否认剥削的论调。

4. 关于团体的收入分配问题

克拉克也同样以边际效用价值论对团体的收入分配加以说明。他认为,团体收入水

---

① John Bates Clark, *The Distribution of Wealth* (New York: Augustus M. Kelley, 1965), p. 111.

② 同上书,第 116 页。

③ 同上注,第 118 页。

④ 同上注,第 117 页。

⑤ 同上注。

平的高低取决于其产品的市场价格(价值),而后者又取决于产品的边际效用。这样一来,克拉克就彻底地以边际原理去说明分配问题,从而建立了一整套边际主义分配理论。

边际生产力分配论在新古典经济学体系中显然占有重要的地位。这一理论的完成就以新的方法补充了萨伊提出的以"生产三要素价值论"为依据的"三位一体"的分配理论,使资本主义的分配制度看起来似乎更像是一种无可改变的"自然规律"。

思考题 》》

1. 威克斯蒂德的边际生产力分配理论有何特点?
2. 克拉克的边际生产力分配论的核心是什么?
3. 克拉克是怎样说明利息的产生的?

第二十二章　　马歇尔的经济思想

▌内容提要▌

  阿尔弗雷德·马歇尔是现代微观经济学体系最直接的和最主要的奠基者,也是当代新古典经济学理论体系的奠基者,英国剑桥学派的创始人。马歇尔最主要的理论特点是综合性,即在古典经济学家亚当·斯密、大卫·李嘉图、约翰·穆勒经济理论和"边际革命"以来经济理论发展的基础上建立起一种包含供给和需求两方面在内的、以局部均衡分析为主要方法的、综合分析的理论体系。马歇尔的这种综合是继约翰·穆勒对古典经济学进行综合之后的又一次经济理论大综合,它几乎包含了当时经济学界绝大部分的观点和主张,因而成为一种被普遍接受的经济理论体系。马歇尔是首位将"政治经济学"改为"经济学",并在实际上从经济学中取消了价值论的经济学家。马歇尔的经济理论是以完全竞争的自由资本主义市场经济为研究背景的。

第一节　马歇尔经济理论产生的背景及特点

一、马歇尔经济理论产生的背景

  马歇尔经济理论产生的时代,正是19世纪末至20世纪初,资本主义向帝国主义过渡时期。在"边际革命"之后,西方经济理论又有了一定的进展,但马克思主义也得到了广泛传播。世界各国工人运动不断发展,无产阶级政党纷纷成立。面对资本主义发展的新阶段和日益高涨的革命运动,资产阶级政权也越来越感到革命运动的威胁。他们迫切需要能够安抚工人运动、平息革命斗争的各种理论。经济上,他们也需要一种新的,能比以往的经济理论更有效、更适用,又能说明自由资本主义优越性的新理论。

  英国在19世纪中期,经济上已经达到最繁荣的阶段,工业发达,居世界第一位,号称"世界市场",海外贸易运输方面号称"海上霸主",拥有广阔的市场和殖民地,号称"日不落帝国"。它从本国和世界各地攫取了大量的利润。当时,在英国占统治地位的经济理论是基本上沿袭古典经济学传统的约翰·斯图亚特·穆勒的经济学说。

  19世纪70年代后,上述情况发生了变化。英国开始经历经济上的萧条和困难境地,它在国际上的经济地位也发生了变化。后起的美国、德国迅速赶了上来,到80年代已成为英国的有力竞争对手。为了维持自己的经济强国的地位,英国垄断资本加紧对工人的剥削,从而使工人加剧了贫困化程度。突出的失业问题也同时加剧了阶级矛盾。这样,英国的工人运动开始高涨。在这种形势下,旧的约翰·斯图亚特·穆勒的经济学体系已不能很好地适应形势的需要,再加上欧洲大陆上的德国历史学派和后来兴起的边际学派对它的攻击,约翰·穆勒的经济理论体系很快就面临崩溃的地步。马歇尔的经济理论和学说,就是在这种形势下应运而生的。

二、马歇尔的生平和著作

阿尔弗雷德·马歇尔(Alfred Marshall,1842—1924 年)出生于英国伦敦一个中产阶级家庭。其父为英格兰银行的出纳员。他自幼喜好数学。1861 年他放弃了牛津大学奖学金,以主修神学取得教会职务为条件,进入剑桥大学圣约翰学院学数学,成绩出众。1865 年,他以优异的成绩毕业留校任研究员,辅导数学。1868 年起任数学讲师直至 1877 年。在此期间,他开始深入钻研经济学,1866 年任该院道德科学讲师,讲授政治经济学。1877—1882 年,他就任布里斯托大学政治经济学教授和学院院长。1883—1884 年,他接替 A. 汤恩比,任牛津大学巴里奥尔学院研究员和政治经济学讲师。1885 年任剑桥大学政治经济学教授,直至 1908 年退休。其间,1891—1894 年曾任皇家劳工委员会委员。

马歇尔的代表作是《经济学原理》(1890)。该书被当时英国经济学界认为是划时代的著作,从而取代了此前约翰·斯图亚特·穆勒的《政治经济学原理》,成为近现代英、美等西方国家经济学体系的基础。马歇尔也被看做 19 世纪新古典主义经济学的集大成者和 20 世纪新古典主义经济学传统的奠基人。

马歇尔的其他主要著作有:《工业与贸易》(1919)、《货币、信用与商业》(1923)。19 世纪末至 20 世纪初,马歇尔的经济学说一直在西方经济学界居于支配地位,其《经济学原理》一共出过 8 版。就是 20 世纪 30 年代中期以后,凯恩斯主义经济学占据支配地位的时代,马歇尔的学说在许多理论的基本原理方面,仍对当代资产阶级经济学有着很大的影响。

三、马歇尔经济理论体系的特点

马歇尔经济理论体系的特点主要是综合性,这贯穿其理论体系的始终。马歇尔在英国传统经济学的基础上,吸收和综合了新旧各派经济理论(其中包括约翰·穆勒的传统理论和新历史学派、奥地利学派、数理经济学派等的观点),如果说,约翰·斯图亚特·穆勒的经济学体系是经济思想史上各种学派理论的一次大综合,那么,阿尔弗雷德·马歇尔的经济学体系则是理论上的另一次更大的综合。约翰·穆勒综合了 19 世纪上半期之前的各流派;马歇尔则综合了 19 世纪后期(从自由竞争资本主义向垄断的帝国主义过渡时期)的各流派,把自由竞争时代的经济学作一个总结,再往后就是凯恩斯主义经济学体系。

马歇尔自己曾在《经济学原理》初版序言中说:"借助于我们自己时代的新著作,并且关系到我们自己时代的新问题,本书打算对旧的学说加以新的解释。"[①]他自称继承和发展了英国古典政治经济学的传统,别人也称他为"新古典派"的创始人。其实,马歇尔只是继承和发展了约翰·穆勒的经济学传统,对李嘉图的古典政治经济学的科学遗产却并未完全真正继承。在马歇尔的理论体系中,融合了历史学派、奥地利学派、数理学派的方法论和观点,他把供求论、生产费用论、资本生产力论和节欲论等旧理论,同边际效用论、社会达尔文主义等新理论结合起来,综合为一个集各种经济学之大成的新体系。

---

① 马歇尔:《经济学原理》上册,朱志泰等译,商务印书馆 1964 年版,第 11 页。

具体说来,马歇尔这种理论体系具有如下特点:

(1) 以心理分析为基础。马歇尔认为,经济学说是要研究人类行为的动机。因为人类的动机会"最有力、最坚决地影响人类行为"[1],支配经济活动。人类行为的动机分为两类:① 追求满足。这可以激发人们经济活动的动力。② 避免牺牲。这可以成为制约经济活动的阻力。这两类动机的"均衡"就是绝大多数经济范畴和经济规律的基础。

其实,马歇尔这两类心理动机就是边沁的"苦乐主义"心理学范畴的东西。他甚至企图以货币对动机所带来的结果(即"动力"或"阻力")来间接衡量动机,并认为这会使经济学成为精确的科学。但他却没有说明,人类的动机为什么能用货币衡量。

(2) 赞成渐进的社会改良主义。马歇尔认为,资本主义私有制是合乎人类本性的社会制度。"自然组织的原理比其他原理包含了更多的人类最重要的真理。"[2]所以,自由竞争是最好的和最有效的经济制度,一切矛盾和冲突在这种制度内最终都会得到解决,但这种过程却是长期的、渐进的过程。马歇尔还把"社会达尔文主义"引进经济学,来说明这种观点。他认为,生物界的发展是渐进的演化过程,没有飞跃过程;人类社会也是一样,也不能有飞跃。他认为,就人类的心理来说,也是一种渐进的演化发展过程,绝不是突变和飞跃的变化过程,因此,经济也绝不能飞跃。他认为,渐进是社会发展的正常状态,因而应当成为经济学研究的基础。他还把经济学附属于生物学,认为经济学是"广义生物学的一部分",并把"自然界不能飞跃"作为《经济学原理》一书的题词。

(3) 强调所谓"连续原理"。他从古诺在经济学中运用连续函数受到启发,认为各种经济现象间没有明显和严格的区分,只有连续的数量关系。这个特点与前面的特点有一定联系。他没有直接解释什么是"连续原理",但他却主张"注重对连续原理的各种运用"。比如,他认为工人与资本家只有追求金钱数量大小的程度差别,而没有质的区别。他们都企图寻找最好的市场或职业,都在参与竞争。价值和市场价格也只是长、短期的区分而已,但时间上的长、短期却是连续的。

所以,马歇尔的"连续原理"不过是强调经济现象间的数量关系和某些方面的相似联系而已。

(4) 强调"边际增量"分析方法。这是受杜能和数理学派经济学中边际分析的启发而产生的。这也是他"连续原理"的引申和运用。他认为:"在精神和物质世界中,我们对自然的观察,与总数量的关系没有与增加量的关系那样大。"[3]因此,应当注重增量分析。而产品的生产、交换和分配又与产品的"边际增量"之间有一定的连续的函数关系。他举例说,在需求不变时,任何一个生产要素使用量的增加,如超过一定的"边际",就会使报酬递减。而供求平衡时,边际产量的增加又会为生产费用的相应增加所抵消。马歇尔完全接受了边际学派的边际分析和数理学派的边际增量分析方法及概念,并进一步把它们运用到资源配置、要素替代、收入分配等各个方面去。

(5) 强调"均衡"分析,主要是强调局部均衡分析方法的运用。马歇尔认为,各种经济指标的数量都是通过各自有关要素的边际增量达到均衡来决定的。确定各指标量的过程,就是求各有关边际增量的均衡点的过程。

---

[1] 马歇尔:《经济学原理》上册,朱志泰等译,商务印书馆 1964 年版,第 34 页。

[2] E. K. 亨特:《经济思想史———一种批判性的视角》,颜鹏飞译,上海财经大学出版社 2007 年版,第 249 页。

[3] 马歇尔:《经济学原理》上册,朱志泰等译,商务印书馆 1964 年版,第 14—15 页。

马歇尔认为,均衡就是两种相反力量之间的均势。一种是动态的、生物学意义上的均势或均衡,另一种是静态的力学意义上的均衡。前者像人的成长衰亡,工商业的兴衰,民族的兴衰等。他认为,前者是经济学研究的最终目标,但它不能成为经济分析的起点和基础,因为:① 它比静态均衡复杂,② 静态均衡是经济生活的正常状态。因此,经济学研究的出发点和基础应是静态均衡。他把一切经济指标数量的决定,都归结为相反力量相互冲击和制约的最终均势。

马歇尔强调的均衡不是一般均衡而是局部均衡。在这种局部均衡之下,只需以单个生产者或消费者为研究对象,而不考虑各厂商、消费者之间的相互联系和影响。这种方法就是当代微观分析方法的基础。这种均衡是马歇尔经济学体系的中心概念和范畴。他认为,经济现象的各因素终究会达到均衡,而不会像马克思所说的形成矛盾的对立和破裂,最终炸坏包容这矛盾的外壳。

但是,马歇尔也知道局部均衡分析往往会由于经济变量的相互联系和相互作用,而产生很多的困难。这种分析方法有时很难代表整体的情况,也很难反映问题的真实性。有时,局部均衡分析又会引起人的误解。所以,马歇尔并不完全抛弃一般均衡分析,他只是不再重复瓦尔拉斯所做的一切,而把重点放在局部均衡上面。这样,局部均衡分析就有了它自身存在的意义。它是受一般均衡分析的启示而产生的,然而又成为后者的补充。凯恩斯对马歇尔均衡分析的体系给予了很高评价。他说马歇尔发现了"一个完整的哥白尼体系,通过这一体系,经济宇宙的一切因素,由于相互抗衡和相互作用而维持在它们的适当的位置上"①。

(6) 强调静态的观点和分析方法。马歇尔假定自己所研究的问题处于一个没有变化的环境中。静态分析的特点是,所分析的经济关系和有关环境保持不变。因而,分析价格时,不必区分当前价格与预期价格,因为二者是一致的。商品供给可以充分依照它进行调整。马歇尔认为静态下,生产和消费、分配、交换的一般条件都是不变的。

马歇尔及其追随者认为,他的经济学说是对古典经济学的继承和更新。一方面,他吸收了李嘉图和约翰·穆勒的学说;另一方面,他又引入边际效用分析,强调需求的重要性。这样,人们便称之为"新古典经济学"。

马歇尔的经济学说中也大量运用了数学分析,这显然是受到他数学爱好的影响。他在最初讲授数学时,就曾把约翰·穆勒的一些论述变成微分方程。在他的代表作中,仍保持了数学表述和分析的方法与特征。

马歇尔的均衡价格论在1867—1870年间就已形成,只是由于谨慎,到1890年才发表其《经济学原理》。尽管门格尔、瓦尔拉斯比他提出边际效用理论和均衡学说为早,但他没有读到他们的著作。至于他与杰文斯的关系,凯恩斯曾说:"杰文斯好比小孩子看见水在壶中沸腾的情形,就高兴地叫了起来,而马歇尔看到壶中沸腾的水,就坐下来静静地思考着,并设计出一个引擎。"②马歇尔由于创立了一整套分析工具,而被称为新古典经济学的奠基人。

马歇尔对现代西方经济学的重要贡献之一是提出了不完全竞争问题,并作了初步论述。马歇尔经济学说的前提是完全自由竞争。但当时,垄断已经开始出现了,他也认识

---

① 凯恩斯:《传记论文集》,英文,1956年版,第58页。
② 同上注。

到"垄断组织之间的冲突和联合,在现代经济学中起着愈来愈重要的作用"[1]。但他认为,不可能出现绝对的垄断,垄断与竞争会同时存在。他分析了垄断与竞争并存条件下价格的形成特点,并得出结论:垄断者虽然力图获取最大的纯收入,但由于他们意识到竞争的存在,在权衡其同其他生产者和消费者的利害关系后,实际上他只取得一种折中的调和利益。据此,熊彼特认为,马歇尔是"不完全竞争理论的创始人"[2]。

马歇尔对供求理论,尤其是需求理论的贡献,关于需求规律、需求弹性的论述,也是他对后来经济学所做的贡献。其消费者剩余概念成为后来福利经济学发展的重要渊源。

由于马歇尔学说的巨大影响,终于在他周围聚拢了一批人,像庇古、罗伯逊以及20世纪30年代前的凯恩斯等,形成了在经济思想史上占有重要地位和影响的剑桥学派。马歇尔则成为剑桥学派的创始人和奠基者。

第二节　均衡价格论

马歇尔经济理论体系的中心是价格论和分配论,而价格论则是分配论的基础。在马歇尔的理论体系中是没有价值论的。他虽然使用"价值"一词,但他所指的却是交换价值,在具体分析时,又把交换价值归结为价格,然后就只分析均衡价格的形式。马歇尔说:"一个东西的价值,也就是它的交换价值……就是在那时那地能够得到的、并能与第一样东西交换的第二样东西的数量。因此,价值这个名词是相对的,表示在某一地点和时间两样东西之间的关系。"[3]他还说:"文明国家通常采用黄金或白银作为货币,或是金银并用,我们不能用铝、锡、木材、谷物和其他东西来互相表示价值,而是首先用货币来表示它们的价值,并称这样表示的每样东西的价值为价格。"[4]这样,马歇尔就以价格代替了价值,从而回避了价值的本质和起源问题,集中力量单纯研究流通领域的数量现象。

由此可见,马歇尔的均衡价格论是没有价值的价格论。

一、价格的决定过程

马歇尔是以均衡观念来说明价格的。均衡是由相反力量的均势构成;具体到价格,就是由市场上供给和需求双方力量相互冲击和制约所决定的,市场供求力量的均衡就形成了均衡价格。均衡就是经济的稳定和正常状态,因此,资本主义经济在自由竞争条件下,经济因素总会自动发生作用,达到稳定状态。这一点正是马歇尔经济理论的目的之所在。

马歇尔这种均衡是静态的局部均衡。他假定货币购买力不变,把其他商品价格变动的影响也排除出去,使商品的价格决定只能取决于与它本身直接有关的相反力量的作用。

这里,马歇尔引进了供求的变动来说明价格的不同情况。他首先区分了长期、短期和特别短期,用以说明决定价格的供求力量之对比。"特别短期"是指"极短的时间",比

---

[1]　马歇尔:《经济学原理》下卷,朱志泰等译,商务印书馆1964年版,第169页。
[2]　熊彼特:《从马克思到凯恩斯十大经济学家》,宁嘉风译,商务印书馆1965年版,第108页。
[3]　马歇尔:《经济学原理》上卷,朱志泰等译,商务印书馆1964年版,第31页。
[4]　同上书,第31页。

如一天。在这种时间内,供给完全不能变动。"短期"是指,技术、机器、设备和企业组织等供给因素来不及调整,只有少量的产品可以增加的时间。"长期"是指,所有的资源和生产要素都可以发生改变的时间。对应于不同的时期,马歇尔提出了市场上的三种价格类型:① 暂时的均衡价格;② 短期均衡价格;③ 长期市场均衡价格。他认为,供求在这三种价格决定中,各自所起的作用不同:暂时均衡的市场价格主要取决于需求(因为供给在短暂的时间内一般不会变动);短期均衡价格中,供给可在原设备条件下增加,但供求会对等发生作用;长期市场均衡价格中,供给起主要作用(因为供给在长期内的变动会比较大)。但这三种价格都是供求在不同时间、地点的均衡价格。

与此同时,马歇尔也引进了生产费用论和边际效用论。他认为,边际效用决定需求及其变动,生产费用决定供给及其变动,二者通过供求共同决定价格。对此,马歇尔还以数学公式和图形来加以说明。

二、需求的决定和变动趋势

马歇尔与杰文斯、门格尔、瓦尔拉斯一样阐述了边际效用递减概念和通过交换实现消费者效用最大化的必要条件。不过,他从边际效用递减概念中严格地推导出了当代新古典需求理论的结论,却是超过那三位经济学家的。

马歇尔认为,人们需要商品就是为了通过消费取得效用,满足自己的欲望。马歇尔是基数效用论者,认为效用可以具体衡量与加总,总效用等于每个商品的效用之和。用公式表示即:

$$U = \sum_{i=1}^{n} u_i$$

马歇尔在这里没有考虑商品的替代与互补关系。(他的效用函数公式为 $U = f_1 Q_a + f_2 Q_b + f_3 Q_c + \cdots + f_n Q_n$。考虑了商品间替代和互补关系后的公式则是埃奇沃思和费雪提出的:$U = f(Q_a, Q_b, Q_c, \cdots, Q_n)$。)马歇尔把刚刚被购买的那部分商品,称为边际购买量,其效用则称为对购买者的边际效用。

马歇尔认为,需求量的大小取决于边际效用量的大小,"边际效用递减规律"决定着人的需求变动规律。他说:"一个人从一物的所有量有了一定的增加而得到的那部分所增加的利益,每随着他已有的数量的增加而递减。……他刚刚被吸引购买的那一部分,可以称为他的边际购买量,因为是否值得花钱购买它,他还处于犹豫不决的边缘。他的边际购买量的效用,可以称为此物对他的边际效用。"[1]

马歇尔知道边际效用这种购买者主观愿望和估计的表现,是无法直接衡量的,因此,他求助于满足欲望所支付的货币量来间接衡量。这就必须假定货币的边际效用既定不变,即不考虑货币购买力的变化。于是,他就以需求价格代替了需求,把"边际效用递减规律"变成了"边际需求价格递减规律"。这样,马歇尔就认为需求的一般规律是:"如果其他情况不变,在普遍使用中的某样商品的价格每有下跌,不论怎样轻微,也将增加它的总销售。"[2]

根据这个规律,马歇尔列出了需求表来说明买者在不同价格下所愿意购买的数量。

---

[1] 马歇尔:《经济学原理》上卷,朱志泰等译,商务印书馆 1964 年版,第 112 页。

[2] E. K. 亨特:《经济思想史——一种批判性的视角》,颜鹏飞译,上海财经大学出版社 2007 年版,第 240 页。

然后,又在该表的基础上,画出一条需求曲线来把需求规律图示化,如图 22-1 所示。

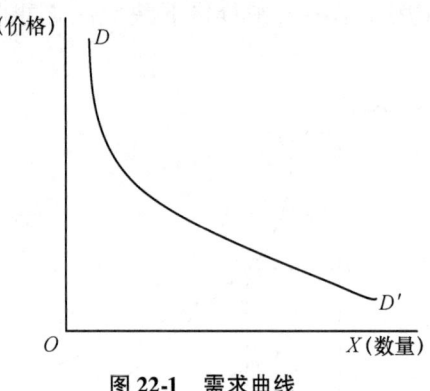

图 22-1　需求曲线

图 22-1 中:OX 为购买量,OY 为价格,DD' 为需求曲线。假定 DD' 由无数个连续点组成,购买量是价格的反比例函数。

以上所说的是一个消费者(购买者)对一种商品的需求,所以是个人需求曲线,表示个人需求规律。如在每一可能的价格下,把所有购买者对某一商品的需求量加总,就得到市场需求量;将不同价格下的需求量排列成表,即为市场需求表,据之画出曲线,则为市场需求曲线。所以,市场需求可定义为:在其他条件不变的情况下,在一定时期内,某种商品在各种可能的水平下,全体购买者所愿意购买的数量。市场需求曲线则定义为:在一定的时间内市场中对某一商品的需求曲线,就是对这一商品需求的点的轨迹。需求曲线的一个普遍规律,即它是负斜率的,对商品的需求随着价格的下降而增加,随着价格的上升而减少。

在需求问题上,马歇尔还提出了"需求价格弹性"和"消费者剩余"的概念。这是他的重要创造。所谓"需求价格弹性",就是指商品的需求量对其价格变动的反应程度。这种弹性也叫"需求弹性",它是以消费者的既定购买力为条件的。需求弹性可以用来衡量价格变动一定比率时,所引起的需求量变动的相应比率大小。如价格变动幅度小于需求变动的幅度,就是需求弹性大;反之,就是需求弹性小。

数学表示为:

需求弹性系数 = 需求数量变动率(百分率)/ 价格变动率(百分率)

或表示为:

$$e_d = -\frac{\dfrac{\mathrm{d}x}{x}}{\dfrac{\mathrm{d}y}{y}} = -\frac{\mathrm{d}x}{\mathrm{d}y} \cdot \frac{y}{x}$$

其中,e_d 为需求弹性系数;y 为价格;$\mathrm{d}y$ 为价格的变动量;x 为需求量;$\mathrm{d}x$ 为需求的变动量。

需求弹性分三种情况,当商品价格下跌(上升)1% 时,需求量上升(下跌)大于 1%,叫需求弹性大;当价格下跌(上升)1%,需求量增加(减少)小于 1% 时,叫需求弹性小(不足);当价格下跌(上升)1% 时,其需求量也上升(下跌)1% 时,叫需求弹性为 1。需求弹性也可以运用需求曲线来计算。如图 22-2 所示,在需求曲线图上画一条直线,与 DD' 上任一点 P 相切,由 P 点分别向 OX 轴和 OY 轴引垂线,在 T 点与 OX 相交,在 t 点与 OY 相交,在 P 点的需求弹性,就是 PT 与 Pt 的比率。如果 $PT = 2Pt$ 则价格下跌 1%,需求量增长 2%,需求弹性为 2;如 $PT = 1/3Pt$,则价格下跌 1%,需求量增长 1/3%,需求弹性为 1/3。[①]

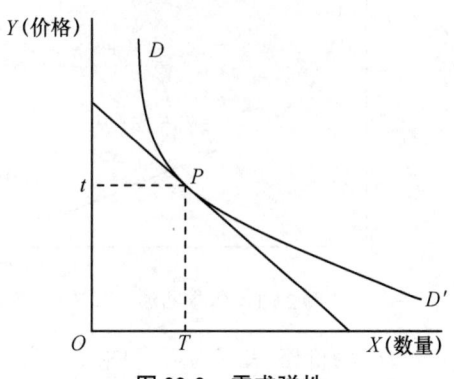

图 22-2　需求弹性

所谓"消费者剩余",是指消费者对某商品愿意支付的价格与他实际支付价格之间的差额。如前者大于后者,就有消费者剩余存在,就能使消费者得到额外的福利或满足。马歇尔认为,只有在自由竞争的市场上才能得到消费者剩余。

消费者剩余的大小也可以通过需求曲线加以度量。如图 22-3 所示,面积 $DOHA$ 为消费者愿付的 OH 数量商品的总价格,OC 为其实际的单位价格,面积 $OCAH$ 为实际总价款。于是,面积 DCA 即代表消费者剩余。

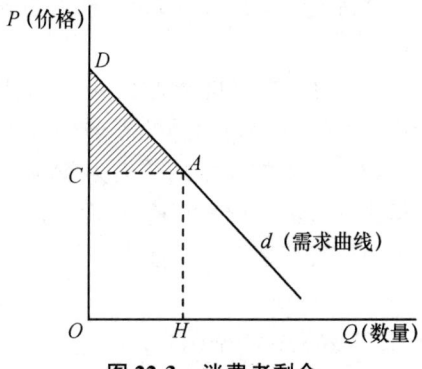

图 22-3　消费者剩余

法国经济学家和数学家古诺曾考虑过商品价格的变动对总收益的影响问题,但他没有关于需求价格弹性的完整概念,也没有消费者剩余的概念。杜普伊在分析公用事业的效用时,认为存在着高于使用者所支付费用的效用,他称之为"保留给消费者的效用",其含义与马歇尔的"消费者剩余"相同。马歇尔这一概念和思想,后来演变成为当代福利经济学的一个重要思想内容。所以,西方一些经济学史的著作家,很强调马歇尔对福利经济学的贡献。

---

① 严格说来,这种方法是不准确的。因为,按照需求弹性的计算公式,这种计算方法丢掉了一项微商值。

三、供给的决定和变动趋势

供给主要涉及厂商生产的问题。马歇尔首创了所谓"代表性企业(厂商)"进行其分析。从产出角度考察厂商最大化问题通常也是与当代经济学文献中的厂商理论联系在一起的。马歇尔在这方面的分析后来就成为新古典微观经济学理论的基础。所以,厂商理论就是马歇尔价格决定机制中不可分割的一部分。

马歇尔认为,供给同样可以用供给价格代替,而供给价格是由生产成本(费用)决定的。这实际是生产费用论的观点。但他从主观心理分析的角度论证了供给。

马歇尔着重以完全竞争性行业中的所谓"代表性企业(厂商)"来分析供给行为。这种分析就是现代微观经济学中对于完全竞争市场上厂商行为的论述。马歇尔认为,生产成本包括:① 各种形式的劳动;② 各种形式的资本。这两者合起来叫做实际的生产成本。马歇尔认为,劳动是劳动者在劳动过程中的心理感受——"反效用"(因为劳动会带来痛苦),人们出售劳动时,通常有一个临界点,超过它时"劳动的边际反效用总是随着劳动量的增加而增大"[①];而资本则是心理范畴的"等待",它意味着资本家延续享受和做出的牺牲。所谓实际生产成本无非就是劳动的"反效用"与资本的反效用("等待")二者之总和。马歇尔这些观点实际是继承了杰文斯和西尼尔的某些观点。

马歇尔同样把货币作为衡量成本的标准工具。他以货币生产成本代替了实际生产成本。货币生产成本即"对这些劳作和牺牲所必须付出的货币额"[②]。他说该货币数额就是商品的生产费用,也就是为生产某种商品所需要的生产费用,或者说为生产某种商品所需要的各种要素的供给价格。

于是,马歇尔的供给论就归结为生产费用论。

但是,马歇尔仍然在一些问题上以效用论来说明供给问题。这也是他对于效用经济学最重要的贡献之一:他既说明了生产要素使用的可替代性(可以降低生产成本),也说明要素报酬可能递减的情况,即"任何生产要素的边际使用这一概念,意味着由于它的使用递加而有报酬递减的可能趋势"[③]。

最终,马歇尔在提出上述思想的基础上得出了供给规律:在其他条件不变的情况下,供给价格高则供给多,供给价格低则供给少。对此,他也同样列出了供给表,画出了供给曲线。

图 22-4 中,OX 为供给量;OY 为供给价格;SS' 为供给曲线。SS' 也是由无数个连续点组成的,它说明:供给量是供给价格的正比例函数,这里假定劳动生产率不变,生产要素的技术消耗(单位消耗也不变)。

马歇尔在这里只是说明了供给价格和产量增加成正比或同方向变动的情况。但供给价格如何变动,还要看生产的扩张过程是处于报酬递增阶段,还是处于报酬递减阶段。在规模报酬问题上,马歇尔并不认为规模报酬不变是普遍规律。他接受李嘉图的观点,认为土地或自然资源在生产中如果比较重要时,就存在规模报酬递减(或长期中平均成本递增)的情况。但是,资本或劳动成为生产中的基本要素时,就存在规模报酬递增的趋

---

① E. K. 亨特:《经济思想史——一种批判性的视角》,颜鹏飞译,上海财经大学出版社 2007 年版,第 240 页。
② 马歇尔:《经济学原理》下卷,朱志泰等译,商务印书馆 1964 年版,第 31 页。
③ E. K. 亨特:《经济思想史——一种批判性的视角》,颜鹏飞译,上海财经大学出版社 2007 年版,第 242 页。

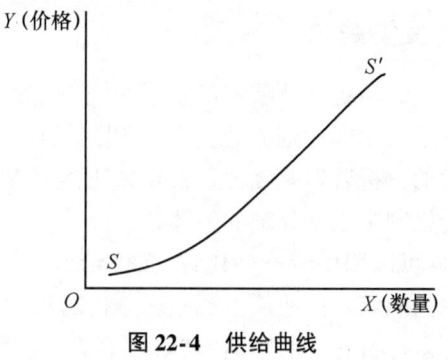

图 22-4　供给曲线

势（长期中平均成本递减）。他的最终结论是："自然在生产上所起的作用表现出报酬递减的倾向，而人类所起到作用则表现出报酬递增的倾向。"[①]

马歇尔分析生产成本时，把总成本分为主要成本和补充成本。主要成本即现代经济学中的可变动成本，它随产量变动而变动。它包括原材料、工资以及机器设备上额外耗损的资本。补充成本即现代经济学中的固定成本，它不随产量的变动而变动。它包括折旧、高级职员的薪水等。马歇尔认为，当增加可变成本要素投入而与固定成本要素相结合时，就会引起报酬递减。当产出增长大于投入增长时，就会出现报酬递增。他认为，在不同报酬条件下，平均成本与边际成本的变动趋势也是不同的。

马歇尔在论述企业规模报酬问题时，还讨论了"内部经济"与"外部经济"问题。企业的"内部经济"，是指由于单个企业增加了产量或扩大了规模而取得的利益。它源于以下几种情形：① 企业规模扩大或产量增加时，其补充成本便分摊到更多的产品上；② 规模较大的企业便于从事发明与创新，采用新的技术；③ 大企业可降低销售费用；④ 大企业易于取得优惠贷款；⑤ 大企业内部组织和分工更精细，可提高劳动生产效率；⑥ 大企业可从事多种经营，充分利用副产品。这样，大企业就可降低产品的供给价格而取得更多利益。

"外部经济"则指一个企业由于其他企业的发展而取得的利益。这主要是指地理位置优越、交通运输便利以及经营信息灵通等。马歇尔对这类条件的改进，评价颇多。

在讨论企业的"内部经济"与"外部经济"时，马歇尔提出了"代表性企业"的概念：即具有正常经营管理水平，其产量和获利能力在整个部门中处于中等地位和平均水平的企业。这有利于考察企业的经济程度。

这里，马歇尔还提出了"供给的价格弹性"的概念。供给弹性是与需求弹性相对的，用来衡量商品供给价格变动一定幅度所引起的供给量相应变动幅度的大小。它是供给量对价格变动的反应。需求弹性受时间影响较小，而供给弹性则受时间影响较大。因为价格上升会引起供给量增加，供给量的变化又会影响生产规模的变化，所以，会涉及时间因素。短期中，供给弹性取决于储备多少和对下次交易价格水平的估计。长期中情况较复杂：需大型设备而且原有设备已被充分利用的部门，供给弹性小，需简单设备的产品，供给弹性大；受"收益递减规律"支配的部门，供给弹性小，受"收益不变或递增规律"支配的部门，供给弹性就大。供给弹性系数的公式为：

①　E.K.亨特：《经济思想史——一种批判性的视角》，颜鹏飞译，上海财经大学出版社 2007 年版，第 265 页。

$$E_s = \frac{\dfrac{dQ}{Q}}{\dfrac{dP}{P}} = \frac{dQ}{dP} \cdot \frac{P}{Q}$$

其中，E_s 为供给弹性（或供给弹性系数）；P 为价格；Q 为供给量；dP 为价格变动量；dQ 为供给变动量。

四、均衡价格论

马歇尔认为："当供求均衡时，一个单位时间内所生产的商品量可以叫做均衡产量，它的售价可以叫做均衡价格。"[①]这就是说，均衡价格就是供给价格（或供给量）同需求价格（或需求量）一致时的价格。这种均衡是由供求双方相互冲击和制约形成的。供求均衡时的产量为均衡产量，其售价为均衡价格，如图 22-5 所示。

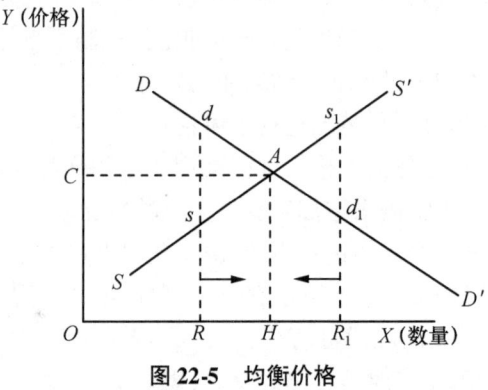

图 22-5　均衡价格

图 22-5 中，OY 为价格，OX 为商品量，DD' 为需求曲线，SS' 为供给曲线，AH 为均衡价格，OH 为均衡产量。

如实际产量为 OR，需求价格 $dR >$ 供给价格 sR，这时增加生产是有利的，产量 OR 将向右移动（增大）；反之，如果需求价格 $d_1 R_1 <$ 供给价格 $s_1 R_1$，则会缩减生产，产量 OR_1 将向左移动（减少）；只有达于均衡点时，供求才会平衡，实现稳定。马歇尔的均衡价格分析实际上是对亚当·斯密提出的"看不见的手"的市场自动调节原理的一种阐释。它表明，充分竞争不仅使所有的厂商利润率平均化，也使得生产成本达到最小化（或者说生产效率最大化），从而使得消费者能够以最低的价格（恰好包含了生产中必要的社会成本）买到商品。当然，其言外之意也就否认了剩余和剥削（尽管他解释了"消费者剩余"和"生产者剩余"，但其含义是不同的）。

所以，马歇尔的均衡价格是由供给价格与需求价格的均衡决定的。其中，边际效用决定需求价格，生产成本决定供给价格。

马歇尔在说明均衡价格时引入时期分析是其价格论的一大特色。他认为，时期长短对均衡价格形成过程有不同的影响。一般而言，时间越短，就越要注意需求对价格的影响；时间越长，生产成本对价格的影响就更为重要。因为，时期很短，供给就限于存货或者局部调整；时期较长，供给就会受该商品生产成本的影响。如果时期很长，这种成本又

---

①　马歇尔：《经济学原理》下卷，朱志泰等译，商务印书馆 1964 年版，第 37 页。

会受生产该商品所需的劳动和物质资料的生产成本的影响。现实中,"极短时间"内的"暂时均衡的市场价格"、"较短时间"内的"短期均衡价格"和"长时期"内的"长期市场均衡价格"这三种情况往往交织在一起。

马歇尔认为,长短期之间和长短期均衡价格之间不存在一条截然的分界线。但是,只有长期均衡价格才是"正常的价格",因为这时价格有等于其生产成本的趋势。一般说长期是指几年,而"长久性运动中的正常价格"所指的长期则是跨世代的。他认为,价格分析中,主要的困难在于时间变化的影响。这是需要深入研究的问题。

在均衡价格论基础上,马歇尔还分析了商品生产在报酬不变、报酬递增和报酬递减条件下,正常需求和正常供给的增减对价格所产生的影响。对于规模报酬问题,马歇尔承认可能出现各种情况。他说:"自然在生产上所起的作用表现出报酬递减的倾向,而人类所起的作用则表现出报酬递增的倾向。"[①]

对于经济规模变大增进效率的原因,马歇尔认为:一是"内部经济",是厂商组织结构升级的结果;二是"外部经济",是其他厂商产出和定价机制所自然产生的好处,比如工业区位的好处以及紧密相关的辅助产业和纺织业的好处。

对于规模报酬,马歇尔分三种情况进行了讨论:

(1)正常需求的增加,指任何价格下都能找到买主的那种需求数量的增加。造成正常需求增加的原因很多。正常需求增加后会产生三种情况。

第一种情况是按报酬不变规律进行生产:由于这时商品的正常价格完全由其生产费用决定,所以,需求增加只增加产量,不改变价格。单位生产费用不变。

第二种情况是按报酬递减规律进行生产:因为产量增加,边际生产费用会增高,所以,产量这时增加没有报酬不变时那么多。这时,需求增加,将使商品价格上升。

第三种情况是按报酬递增规律进行生产:由于报酬递增,产量增加,生产费用反而下降,从而使商品价格降低。这时需求增长将使产量增加。

(2)正常需求减少时,则产量都减少。生产受报酬不变条件影响,价格不变;受报酬递减条件影响,价格下跌;受报酬递增条件影响,价格上升。

(3)正常供给增加时,上述三种情况下,价格变动也不同。正常供给指按各种价格可以供给的那些商品数量的增加。其原因也是多方面的。马歇尔认为,正常需求不变时,正常供给的增加总会降低正常价格。因为供大于求时,只能减价出售。但在报酬递减规律下,价格下跌很少,因为生产困难;在报酬递增规律下,生产增加较便利,产量会有大的增加,从而使价格有大的下降;在报酬不变规律下,价格下跌程度会在上述二者之间。

马歇尔的均衡价格论分析了供给和需求双方变动对于价格的影响和作用,并且对于不同的时期长度对价格的影响,以及商品生产处于报酬递减、报酬递增和报酬不变的场合对价格的影响,分别加以论述,的确有其独到之处。其价格理论显然超过了约翰·穆勒、杰文斯和奥地利学派的观点而更接近于资本主义市场经济的实际情况。正因为如此,他的价格理论才成为当代微观经济理论的主要基础。但他混淆价格与价值是错误的。此外,马歇尔的均衡价格论是边际效用论、供求论、生产费用论、节欲论、等

---

① E. K. 亨特:《经济思想史——一种批判性的视角》,颜鹏飞译,上海财经大学出版社 2007 年版,第 247 页。

待论等多种理论的混合,而没有注意那些理论本身缺陷的影响。这是其综合体系的缺陷。

供求论是马歇尔均衡价格论的基础。但供求论恰恰不能说明均衡条件下价值是如何决定的,因此马歇尔的价格论也就不能真正从本质上说明价值和价格问题。

把边际效用递减规律作为需求规律的基础也不对。需求的首要条件是国民收入总量大小及其在社会各阶级间的分配和再分配。其次,才能在既定的购买力条件下谈到需求的规律。

马歇尔的生产成本分析则完全是主观唯心的,完全丢掉了生产过程中的真正经济关系。

马歇尔的均衡价格论说到底,无非是从市场经济的直接现象上说明价格问题。他也想由此证明:资本主义自由竞争的经济制度是最好的经济制度和秩序。在这里,各个阶级、每个人都可获得最大的利益,大家相互之间绝无什么对立的矛盾可言。

第三节　收入分配论

马歇尔在均衡价格论的基础上,建立了收入分配理论。国民收入分配论是其整个经济理论体系的中心。

一、马歇尔分配论的实质

马歇尔认为,所谓收入分配就是把国民收入在各种生产要素之间进行分割。国民收入是各生产要素所带来的纯产量(纯收入),也就是从总收入中减去各种费用之后的余额。同时,国民收入也是对各生产要素进行支付的唯一源泉。生产要素分为劳动、土地、资本和"组织"。"组织"是指企业的经营和管理能力。生产要素相应的收入就是劳动工资、资本利息、土地及生产上具有级差优势的生产者剩余或者租金。他认为,四种要素共同创造了国民收入,所以,分配只是份额大小的确定问题。

马歇尔认为,确定分配的份额,也就是确定要素的价格。由于价值在他那里就是价格,因而分配问题最终就被归结为生产要素的价格确定问题。劳动的价格是工资;土地的价格是地租;资本的价格是利息;企业经营能力的价格是利润,也叫企业经营收入。

这样一来,马歇尔就把分析一般商品均衡价格的方法和原理运用到了生产要素价格的确定上。他认为,各生产要素都有一个正常的价格水平作为实际工资、利息、地租和利润的基础。这种正常价格,决定于生产要素的供给和需求,具体地说,就取决于各要素供给价格与需求价格的均衡。

马歇尔还认为,边际生产力是各要素需求价格的统一决定因素。这里的边际生产力指各要素的边际增量所提供的纯产品量。而需求价格,除去对企业经营和管理能力的需求是指社会对企业家的间接需求之外,就是指企业家购买劳动、借入资本和租用土地时所愿意支付的价格,这都表现为企业家对劳动、资本和土地的直接需求。

马歇尔认为,供给价格比较复杂,要具体分析。

二、分配理论

1. 工资

工资是劳动要素的均衡价格。劳动的需求价格是资本家购买劳动时愿付的价格。劳动的供给价格是工人所接受的价格。劳动的需求价格决定于边际工人的净产量,即资本家在不增加生产资本数量的条件下所增加的最后一个工人所提供的净产量。对边际工人,资本家处于可雇可不雇的情况。劳动的需求价格就取决于边际工人的生产率。马歇尔说:"各类劳动者的工资有等于该类边际劳动者的追加劳动所提供的纯产品的趋势。"[①]这种观点,早在杜能那里就已提出。杜能还认为资本的边际生产率决定利息。

马歇尔认为,劳动的供给价格由劳动的成本决定,即由"培养、训练和保持有效率的劳动的精力所用的成本"[②]决定的。他认为,劳动的供给价格是复杂的。它不仅包括维持生命和保持正常劳动效率的必需品(衣、食、住、教育和娱乐等),还包括一切习惯上的必需品(如烟酒、嗜好、时髦的衣着等)。另外,劳动的技能的供给还需特殊条件。

这样,就没有一个普遍适用的"一般工资率"而只能有均衡价格水平上的"正常工资率"。

总的说来,马歇尔的工资论把工资说成是劳动的均衡价格。这种观点一方面把工资与工人的生产率相联系,似乎生产率提高,工资就可以提高;另一方面,这种观点也掩盖了工资的真正实质,企图证明资本家没有剥削工人。

2. 利息

利息是资本要素的均衡价格。资本的需求价格是资本家使用资本所愿支付的代价,是由资本的边际生产力决定的,即由边际资本提供的净产量决定。

资本的供给价格,决定于资本家的"等待"和"牺牲",也就是借贷资本家同意放款的价格。利息就是对这种"等待"和"牺牲"的报酬。

马歇尔认为,"从长期来说,利率是被供给和需求两方面力量决定的","资本的供给由于其使用的预见性和人们的目光短浅而受到阻碍,而资本的需求却源于其生产性"[③]。

马歇尔把利息分为纯利息和毛利息两种。毛利息中既包括纯利息,又包含风险保险费和管理报酬;而作为资本的报酬和利息则是纯利息。

马歇尔利息论的错误主要在于:① 它完全脱离了劳动和生产的作用来谈利息,这种观点还不如某些早期古典经济学家的见解正确。② 它只是被强调为对心理因素的补偿和报酬。这显然是有片面性的。③ 这种观点掩盖了利息的真正起源。

3. 利润

利润是"组织"即"企业经营和管理能力"的均衡价格。马歇尔认为,企业家担负组织和领导企业的全部责任,因而是"高度熟练的产业阶级"。他认为,"企业经营和管理"的需求价格是全社会对企业家组织、经营、管理企业必须付出的价格和代价。这种价格取决于"企业经营和管理能力"的边际生产力,即企业家在最合理使用、安排其他各要素的条件下,所能获得的收益(纯收入)。也就是:总收入 - 工资 - 利息 - 地租 = 正常利润。

---

① 马歇尔:《经济学原理》下卷,朱志泰等译,商务印书馆1964年版,第192页。
② 同上书,第204—205页。
③ 同上书,第247页。

"运用资本的经营才能"的供给价格取决于三个因素。第一是资本的供给价格。第二是经营管理的才能和精力的供给价格。这既取决于维持这些人良好体力和精力所需的必需品的供给价格,也取决于这些人获取才能的供给价格(即生产成本),即教育和训练的费用。这种费用很高,因为企业家必须培养出双重能力。一方面要具备关于物品的透彻的知识,能预测生产及消费的广泛变动,能够谨慎判断、大胆冒险,熟悉本行业的机械设备和技术水平。另一方面要具备对"人"的全面知识,是天生的领导者,知人善任,能调动大家的积极性和创造力,获得下属的信任,全面掌握生产,使之有条不紊地进行。这样,除去昂贵的训练费用外,还要有天赋才能。第三是把适当的经营才能与必需的资本结合在一起的那种组织(即企业等)的供给价格。第一个已称做利息,第二个是纯经营收入,第二、第三个合起来叫做总经营收入,这就是利润。

马歇尔的利润论在一定程度上与资本主义市场经济所反映的现实,有一致之处。但是这种观点从整体上来说是错误的。其错误表现在:① 把资本混同于经营管理人员,从而把经营管理人员的工资当做利润;② 把利润说成社会的需要,以资本家作为社会利益的代表者;③ 把超额利润说成是"稀有天才的租金",这就与其整个供给价格说法相矛盾;④ 以这种手法掩盖利润的剥削本质。

4. 地租

地租是特殊情况的价格决定。地租是使用土地的代价。马歇尔认为,土地供给是固定不变的,而且没有生产成本,因此,土地没有供给价格。地租只受土地需求的影响。如图 22-6 所示,假如生产是无成本的,则图中矩形 PEQ^*O 的面积就是地租。

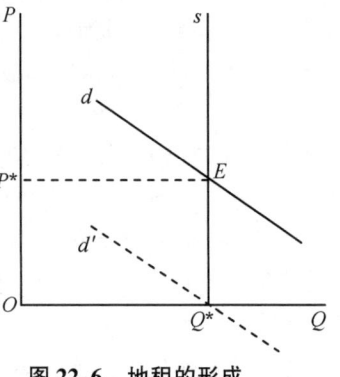

图 22-6　地租的形成

土地的需求价格,取决于土地的边际生产力,即取决于土地边际耕作(或边际投资)的纯产品。马歇尔认为,在"土地报酬递减规律"作用之下,必定会出现这样一个边际:在该边际上的投资所得到的收入(纯产品),除去补偿生产开支外,只能提供正常利润(即资本的利息),此外,再没有剩余。这个投资是一系列报酬递减的土地投资中报酬最低的一个。这个"边际投资"就是资本家投资的界限。这个边际上的土地产品决定全部农产品的价格,这个边际投资的纯产品决定了地租量,因为以前各次投资的收入,都会与边际收入间产生级差地租。马歇尔称这种差额为"生产者剩余"或"地租"。因此,马歇尔的地租论也不过是以"土地生产力论"和"土地报酬递减规律"为基础的级差地租论而已。

"生产者剩余"可以用图 22-7 来表示。当市场的均衡价格为 $OC = HE$ 时,如果企业以该价格出售其产品,则该企业可以获得的生产者剩余为阴影面积 OCE。因为实际上按照该企业的供给曲线,它是可以在每一单位出售的产品上补偿其生产成本或费用的。于是,市场均衡价格超过其生产成本的部分就构成了他的额外收入。此即生产者剩余。实际上,马歇尔所说的"生产者剩余"就是后来经济学家所说的一种"经济租"。从地租的角度看,它是固定供给的要素的服务价格。要素服务的固定供给意味着,要素需求的变化或要素价格的变化并不会减少该要素的供给量。这样,租金就可以看做一种不影响要素供给的收入。有许多要素的收入尽管从整体上看与租金不同,但是其收入的一部分却有可能类似租金。这就是说,如果从该要素的全部收入中减去这一部分的话,并不会影响这部分的要素供给。经济学家们正是把这一部分要素收入叫做"经济租金"。

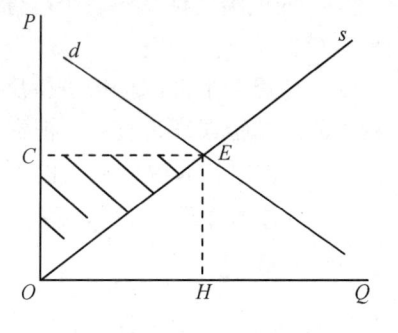

图 22-7 "生产者剩余"或"经济租"的形成

马歇尔还涉及了土地的竞争性使用问题。他认为,一般从社会角度看,地租是由土地产品的价格决定的。地租不是农产品的成本,从而不决定其价格。但从个别生产者看,地租却决定生产成本,从而决定其价格。因为他面临租地的竞争。他还说,早开垦土地者,由于地价上升,会使资本化的地租价值上涨,形成土地的供给价格。在此,马歇尔自己也觉察到了矛盾。

马歇尔的地租论没有说明资本主义地租的本质根源。他避开了土地所有权的问题,而把地租只看做土地生产力的产物。这当然是错误的。此外,其地租论的条件是错误的。而且,他也没有绝对地租范畴,只有级差地租。事实上,他只说明了某种级差地租(级差地租Ⅱ)的情况,这表明其理论有片面性。马歇尔的正确感觉是,他认为,从厂商或农场主的观点来看,土地只是一种特定形式的资本。

总而言之,马歇尔的分配理论其实就是各生产要素均衡价格的决定。其理论方法与克拉克近似,不同之处仅在于,克拉克用边际生产力说明工资与利息的决定,马歇尔却用边际生产力来说明各要素的需求价格。此外,马歇尔的分配论比克拉克包含了更多别的因素。

三、"准地租"概念

马歇尔认为,要素价格暂时超过其均衡价格水平的部分就是"准地租"(quasi-rent)。这是他对传统地租概念的引申和新发展。准地租就是把地租之外的分配范畴,从某种条件和某种程度上看做与地租决定原则相一致。供给暂时不变,价格只受需求影响时,就可能产生准地租。如:工资、利息和利润都可以看做供给条件相对不变和固定下的"准地租"。他认为,固定资本(机器、厂房、设备)借助于有天赋和特殊才能的工人、具有天赋特长的企业经营能力等都会产生相应的"准地租"。在下面以现代西方经济学表示厂商成本和收益的图 22-8 中,以 MC、AC、AVC 分别表示厂商的边际成本、平均成本和平均可变成本。P_0 为产品的价格,Q_0 为产量。这时,可变总成本为矩形 $OGBQ_0$ 的面积,代表厂商为生产 Q_0 所必需的可变生产要素量,固定要素得到的就是剩余的矩形 GP_0CB 的面积。这就是"准租金"。如果从准租金 GP_0CB 中减去固定总成本 $GDEB$,就可以得到经济利润 DP_0CE。所以,准租金就是固定总成本与经济利润之和。如果经济利润为零,准租金就等于固定总成本。由此也可以看出,"准地租"与原要素的收入之间,只有量的差别和考察角度的差别,而没有本质不同。

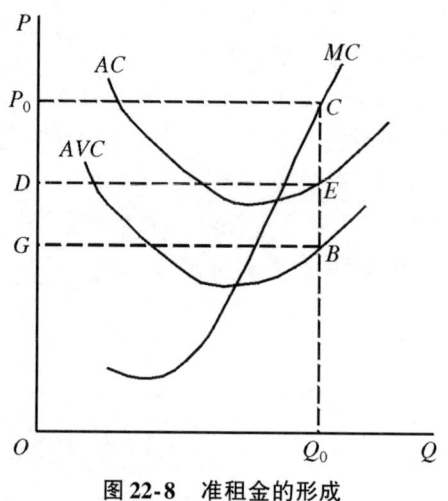

图 22-8 准租金的形成

对此,马歇尔认为,所有地租、准地租都不过是"租金"之中的不同种类,它们只有量的差别没有性质的差异。这充分表现了他对"连续原理"的具体运用。

马歇尔"准地租"的概念只注意了收入量的差距,而忽视了质的范畴差别;而且只注重垄断或局部的、暂时相对性垄断因素,强调这些因素是自然造成的,从而否认资本主义分配范畴的剥削性。在他看做暂时性、局部情况的"准地租",其实这恰恰是经济生活中经常而普遍的情况。

马歇尔的分配论也是各种理论的综合,其核心是均衡价格论。马歇尔该理论的目的是说明资本主义自由市场经济的优越性,从而为资本主义各种矛盾辩解,说明现存经济利益的合理性。

他把一国的纯产品作为各生产要素分配的基础,一方面承认了社会的剩余产品,另一方面又认为剩余产品是各要素共同创造的,相互之间在分配上没有剥削。他还以其分配论批评马克思的劳动价值论和剩余价值论。在这一点上,马歇尔的分配论方法和克拉克、瓦尔拉斯等人的观点又是基本一致的。

他对于"连续原理"的运用更是片面地强调数量关系,而丢掉了分配范畴的质的差别和阶级性。

在国际贸易理论方面,马歇尔在其《国际贸易纯理论》(1879)中系统地阐述了从李嘉图和约翰·穆勒以来的比较成本原理和相互需求原理,并开创了以几何图形来分析国际贸易问题的先例。

总之,马歇尔的经济理论体系是西方经济学理论发展过程中的一个里程碑。对于西方经济学来说,即便在 20 世纪 30 年代凯恩斯的"新经济学"出现以后,马歇尔的经济理论也仍然是十分重要的。它在当代资产阶级经济学中,仍然有着十分巨大的影响。20 年代 A. C. 庇古的《福利经济学》、30 年代琼·罗宾逊的《不完全竞争经济学》及美国爱德华·张伯伦的《垄断竞争经济学》(1933),都是在马歇尔经济理论观点启发之下对马歇尔体系某些方面的进一步发展。即使是凯恩斯经济学,也在某些方面与马歇尔体系有着密切的联系。

思考题 》》

1. 马歇尔经济理论体系的主要特点是什么?
2. 马歇尔理论体系的分析框架是怎样的?
3. 马歇尔理论体系在经济学说史上的主要进展是什么?
4. 试区分瓦尔拉斯的一般均衡分析方法与马歇尔的局部均衡分析方法的优缺点。
5. 马歇尔在其理论体系中是怎样处理时间因素的?
6. 试分析马歇尔提出的"消费者剩余"和"生产者剩余"的概念、性质和意义。
7. 试分析马歇尔关于"租金"概念系列的意义。

第二十三章　市场竞争与垄断的理论

▮内容提要▮

马歇尔的理论是以完全竞争的市场为背景的,但是垄断和不完全竞争市场的情况在当时已经成为越来越普遍的现象。因此,马歇尔的理论体系就有很大的局限性,不能很好地解释现实的经济现象和问题。鉴于这种情况,琼·罗宾逊、爱德华·张伯伦、皮罗·斯拉法等人对马歇尔的理论体系进行了修改和补充,提出了垄断和不完全竞争的理论。

本章所介绍的就是在马歇尔之后对新古典经济学体系的这一重大发展。这次发展主要是由琼·罗宾逊、爱德华·张伯伦、皮罗·斯拉法等人进行的。

第一节　理 论 背 景

如果说马歇尔的理论体系是对边际革命以后的经济理论进行了一个最为全面的总结和综合的话,那么,作为经济学说史上具有里程碑意义的他的理论体系也开创了当代西方新古典经济学理论体系的先河。此后,西方新古典经济学就沿着马歇尔所指出的方向不断发展了。

马歇尔在他的理论中最全面地综合并阐述了完全竞争条件下的价格决定、要素分配和市场中的经济行为。尽管他也注意到了19世纪末至20世纪初经济生活中所出现的日益重要的垄断现象,但是他对垄断现象所持的基本态度只是一种继续观察的态度。他觉得应该对经济生活中的这种新情况加以关注和研究,并且在他的著作中有了一定程度的体现。但是,马歇尔的研究中心仍然是完全竞争的市场秩序下的经济规律。马歇尔并没有完全展开或者说他并没有把不完全竞争作为他理论体系的十分重要的组成部分加以深入的研究。在他看来,完全竞争、不完全竞争和垄断之间并没有明显和严格的界限,他的"连续性原理"依然有效。另一方面,在马歇尔之前,法国经济学家古诺曾经专门提出过垄断的分析模型。但是,古诺也没有把垄断和竞争结合起来作为一种普遍存在的问题加以研究。

只是到了20世纪30年代,琼·罗宾逊、爱德华·张伯伦、皮罗·斯拉法等人才真正对不完全竞争问题进行了深入的研究。斯拉法从完全竞争下不可能产生企业的单位成本下降这一情况提出,纯粹竞争和自然垄断都是极端情况,不完全竞争可能是正常情况。张伯伦在其《垄断竞争理论》中进一步把垄断和竞争的情况连接起来,提出并分析了他所说的垄断竞争情况。琼·罗宾逊也在其《不完全竞争经济学》中论述了相同的问题,而且加上了对买方垄断问题的分析。

实际上,在边际主义者和新古典学派的范围和传统内,也存在着某种对于不完全竞争的理论关注。尽管这些理论直到20世纪30年代初期以后才得到充分的发展,但是它们早就存在着深远的根源。比如,回想一下古诺在 1838 年年初提出的纯粹垄断模型和双头垄断模型,以及埃奇沃思和威克赛尔对于竞争者面临的小于充分弹性的需求曲线情况的分析。对不完全竞争兴趣的上升,是因为纯粹竞争模型和垄断模型之间存在着经济理论缺口,也因为纯粹竞争理论越来越站不住脚。纯粹竞争被最充分地运用到农业,但是即便在那里,与较早的时代相比,这一理论也越来越不适合现代条件。在地方市场上只有少数买者提出购买像烟草、肉类、谷物和牛奶这种农产品,纯粹竞争不再占据统治地位了。另外,虽然对于价格形成进行的有说服力的分析有助于认可在农业中越来越多的政府干预所产生的次要经济影响,但是,这种干预减少了纯粹竞争模型的普遍有用性。

在现代经济学家看来,新古典的纯粹竞争理论甚至在以前工业生产和贸易中的直接应用也比在农业中要少。这种理论事先假定了许多对于完全相同产品进行买卖的买者和卖者,以便没有一个人能够对市场产生明显的影响。因此,对于卖者来说,买者是完全没有差别的。在这种市场上,每个卖者都能在市场价格上卖掉各种数量的商品,而不需要任何广告、任何品牌,也不需要推销。批评者说,很明显这是一种相当抽象和简化的情况!今天,大多数经济学家都同意:纯粹竞争模型提供了了解竞争性质和结果的重要观点,但它并不是对于大多数国内和国际市场的准确说明。

本章所讨论的不完全竞争理论的方法,表明了新古典学派的全部特征。这种方法就是抽象、演绎和主观方式的边际主义和微观经济学的方法,其经济学假定了理性、静态、和暂时不变的趋向均衡的世界。在这种理论中,很少解释经济的波动、增长以及动态过程的变化。

通过表明垄断能够在长期中怎样把价格提高到竞争的均衡水平以上来获取经济利润,主要关注与纯粹竞争相脱离的理论,在使经济学家们更愿意接受更加强有力的政府反垄断政策和对于公用事业垄断利润的政府管制方面,产生着影响。因此,这些理论为20 世纪几乎前半段时间内政府制定经济目标提供了理论基础。人们希望鼓励竞争的、有力的政府行为将扭转向 19 世纪 70 年代以来的美国甚至更早的英国的大企业倾向。一些经济学家仍然希望以纯粹竞争来反对垄断,但这只不过是一种假设的良好愿望和无用的努力。我们不会重新回到国际竞争年代那样的纯粹竞争的经济,而且,即使我们能够回到那种经济,它也不会是一种非常稳定的、不断增长的和有效率的经济。实际上,作为某种目标的纯粹竞争在很大程度上是由"可以改变的竞争"来代表的。它只是代表了纯粹竞争和寡头垄断之间的一种折中。

从这些加到新古典理论上的东西我们可以了解到,在垄断竞争下,甚至在缺乏实现垄断利润的力量时,与纯粹竞争相比,价格也很可能较高而产量却很低。进而,在垄断竞争和买方垄断条件下,生产要素不能得到与它们创造的边际价值相等的报酬。这些新理论传播了一种广泛的思想,即私人企业制度必定造成生产资源的最好分配,也必定给予所有的生产要素以最适当的报酬。

显然,关于垄断和不完全竞争的新思想是完全独立发展的,并几乎同时是由美国的爱德华·张伯伦、英国的琼·罗宾逊和德国的海因里希·冯·斯塔克伯格(Heinrich von Stackelberg)提出来的。冯·斯塔克伯格的分析导致他本人对其本国之外的经济秩序完全放弃了希望。如果经济世界的分解变为没有统一力量的垄断集团之间浪费精力的斗争,那么,就必须呼唤国家的力量出来强制命令。毫无疑问,斯塔克伯格是全心全意信奉法西斯主义的。我们将看到张伯伦和琼·罗宾逊得出了远不是那么激进的结论。

在本章,我们的主要注意力将放在张伯伦和罗宾逊方面,他们共同的贡献是探讨了纯粹竞争和纯粹垄断之间的几种情况。但是,在叙述他们的理论之前,简要讨论一下马歇尔和皮罗·斯拉法有关的早期思想也是有益的。

第二节 马歇尔的垄断观点

一、马歇尔经济理论的研究对象

马歇尔经济理论研究的对象和古典经济学并没有什么差别,尽管在他那个时代,垄断已经开始成为经济中的一种重要现象。马歇尔赞美完全自由竞争的市场环境和制度,认为在这种制度下,市场活动的所有参与者的利益都可以达到最好的状态。所以,马歇尔把自己全部的抽象理论分析归结为"最大满足"的理论,也就是说,在自由竞争市场条件下,通过供给和需求的均衡,各个生产要素都能得到适当的利用,也都能取得各自相应的报酬。一句话,在马歇尔看来,自由竞争的资本主义市场制度是最好的经济制度,它可以充分发挥该制度内市场的自动调节机制,使经济得到稳定繁荣地发展。他认为,在这种自由竞争的市场制度和环境内,大部分中等的竞争性企业在发挥着主导作用。

二、马歇尔的垄断观点

尽管马歇尔极力推崇完全自由竞争的生产制度,但是,19 世纪末至 20 世纪初,英国等主要资本主义国家在经济上出现的日益增多的垄断现象,迫使马歇尔不得不对其原有理论进行某些修改和补充。他已经看到"垄断组织之间的冲突和联合在现代经济学中起着愈来愈重要的作用"[①]。此外,在他关于规模经济的论述中,实际上已经暗含了效率更高的大规模生产将导致垄断的可能性。因为自由竞争不可避免地会产生生产的集中与规模的扩大,当大规模的集中生产发展到一定程度,在市场不可能无限扩展的情况下,垄断就会出现。

在《经济学原理》中,他专门安排了一章的篇幅来论述垄断问题。不仅如此,从《经济学原理》第二版起,马歇尔还在有关市场问题的措词上,不断进行修改,用词也十分谨慎。比如:在《经济学原理》英文第一版第 40 页上的"我们假定:需求和供给在完全的市场上自由地起作用"一句话中,在第二版后,就删去了"在完全的市场上"这几个字。到了第八版第 341 页更加严谨,变为"我们假定:需求和供给自由地起作用,买方或卖方都没有密切的结合"。"密切"二字就是新加上去的。在其他地方,当他说到自由竞争时,也往往加上"一般地说"的字样。这表明他越来越感到了竞争的不完全性。

1919 年,马歇尔出版了《工业与贸易》一书,其中用了大量篇幅探讨了垄断组织和英国的经济地位问题。

他认为,垄断是指一种商品只有一个供给者的情况。在垄断条件下,垄断者可以自由调整其供给,以取得最大的纯收入。因为这时,垄断者可以始终调节供给,使需求在原价格上大于供给,从而导致价格上升,直至在更高的价格上达到均衡。这时的均衡价格

---

① 马歇尔:《经济学原理》下卷,朱志泰等译,商务印书馆 1964 年版,第 169 页。

就是垄断价格了。

商品生产费用加垄断收入,就是垄断条件下的供给价格。这时,垄断者的利益已经不是使其售价可以补偿生产费用,而是把供给调节得使之与需求的均衡位置能够为他提供最大限度的垄断利润。

马歇尔认为,除了稀有的优越的自然条件的垄断之外,现实生活中几乎不存在绝对的永久性垄断,有的只是相对和暂时的垄断。这时,现实经济是垄断与竞争并存的状况。而且,按照他的"连续原理","垄断"与"竞争"之间并没有一条明显的界线,二者只是程度和数量的差别而已。他认为:"从表面上看来,仿佛垄断产量总是小于竞争产量,它对消费者的价格总是大于竞争价格。但事实却不然。"[1]因为各种其他因素会抑制这种倾向。他说,消费者购买垄断企业的产品时,实际上不会比在竞争条件下支付更高的价格。垄断者的平均成本比竞争性企业有的成本要低一些,所以价格也会低一些。有两个原因使垄断企业产品成本降低:第一,它比小企业有更多的资金用于改进生产方法,增加机器设备,而且垄断企业可以取得任何生产改进所带来的全部利益;第二,它可以减少广告开支。这样,只要垄断者经营有方,并有无限的资本支配权,其供给价格就会低于一般企业。所以,自由竞争下的均衡产量会小于需求价格等于垄断供给价格的那个产量。

马歇尔认为,如果垄断者定价太高,就会吸收别的生产者进入其行业,从而使之失去垄断地位和高额垄断收入。他说:"虽然垄断和自由竞争在理论上是完全分开的,但是它们实际上以不易觉察的程度相互贯穿渗透着:在几乎一切竞争的企业里,存在着垄断的因素;而一切现代有实际意义的垄断都是在不稳定的情况下保持他们的权力;如果他们忽视了直接和间接的竞争的可能性,他们很快就会失去这个权力。"[2]这样,垄断者以略低于给他提供最大纯收入的价格,就可以增加销售量,其产品的畅销不久就会补偿他现在的损失。这样,马歇尔就认为,垄断未必会总是有利于垄断者而不利于消费者和非垄断者。垄断者实际上只能得到一种折中的利益。垄断者的利益仍和消费者的利益密切相关。为了将来的发展,垄断者可以暂时牺牲一些纯收入。这样,马歇尔认为,垄断并非是坏事,因为产品价格不会因它而提高,产量也不会因它而减少。

马歇尔还提出:"垄断者往往能保持企业的节约";"出于对消费者福利的直接关心,可以降低他的价格";垄断者与消费者之间存在着"调和的利益";等等。

马歇尔认为,垄断组织在经济生活中的作用是巨大的,因此,从政策上来说,英国不应该限制它,而应该向美国、德国学习,以恢复和保持英国在国际上强有力的经济地位。

马歇尔对待垄断的态度既反映了他所代表的国家利益和阶级利益,也在某种程度上反映了他的准确判断力。他的垄断理论,实际上涉及了垄断、垄断竞争和寡头垄断等不完全竞争的多种形式。但他未能严格加以区分。他的研究仍属于初步探索,因而其论述的不完整、不精确和矛盾是必然的。

马歇尔的垄断观点首先是解释和说明了英国在经济上的新特征。一方面,他对于垄断的现实不得不给以承认;另一方面,他又竭力想通过其"连续原理",把垄断纳入其原先为之辩护的自由竞争的市场经济体系中,保持其体系综合性和全面性的特点。但历史的发展,却使马歇尔的学说体系开始走向破产。

---

① 马歇尔:《经济学原理》下卷,朱志泰等译,商务印书馆1964年版,第161页。

② Marshall, *Industry and Trade* (London: Macmillan, 1919), 4th. ed. 1923, p.397.

第三节 斯拉法的竞争思想

一、斯拉法的概况

皮罗·斯拉法(Piero Sraffa,1898—1983 年)是移居到英国的意大利人,先在马歇尔门下学习,后来在剑桥大学教书,并担任李嘉图著作文集的权威性版本和有关著作的编辑。在法国 1940 年沦于纳粹德国之手时,他曾经被英国作为盟国的敌人囚禁起来。凯恩斯则谴责了那些错误对待著名难民学者的"笨蛋"们,他认为,如果说英国在很大程度上仍然有纳粹的同情者存在的话,那就只会在作战室和秘密部门中看到,而不是在拘留营看到。

斯拉法的《用商品生产商品》(1960)使他成为后凯恩斯学派经济学的领导者之一。也正是因为这本书,他成了新古典主义的批评者。不过,他的早期著作并未越出新古典主义的方法论传统,而只是具有一些引起对于纯粹竞争理论批评的创意。

在 1926 年 12 月出版的《经济学杂志》上,斯拉法发表了一篇重要的论文。在那篇论文里,斯拉法指出,当企业扩大其生产规模时,产品的单位成本也许会大大下降。单位成本也许由于企业扩大产量时的内部经济而下降,或者由于经常费用被分摊到所生产出的更大量产品上去而下降。单位成本的下降是不能在纯粹竞争下出现的(在极端形式下,这可能引起自然垄断)。如果企业在其规模扩张时,其增长更为有效,企业的数量和竞争都会减少。于是,经济必然会抛弃自由竞争的道路而转向垄断。

二、斯拉法的基本理论观点

斯拉法提供给我们一个精致的理论,但是,重要的是纯粹竞争和自然垄断都是极端情况。即使在只有少数企业的行业中,竞争条件也依然是占据支配地位的。但是,有两种力量经常破坏市场的纯粹性:第一,通过变动提供到市场上的产品数量,单个生产者可以影响市场价格;第二,每个生产者也许都在个别成本递减的条件下,从事着正常的生产。这两种情况下所具有的垄断特征比纯粹竞争的特征要更多些,而且二者都产生于生产者面对着向右下方倾斜的需求曲线,而不是水平的需求曲线。在纯粹竞争下,如果一个企业能够在现有市场价格下卖出它生产的全部产品,只要其产量的单位成本低于它们的售价,企业就会继续扩大生产。但是,如果企业必须降价以便销售更多的数量,即使低于平均成本的产品是大量的,它可能也会削减产量。换言之,旧理论预言成本随着市场的增加而增加;斯拉法则认为,如果你要销售更多,价格就必须下降:

"日常经验表明,很大数量的生产(制造消费品大多数的生产)都是在产业成本递减的条件下进行的。如果从事这些生产的任何一位生产者,都能够依靠市场现有价格来销售他们准备销售的任何数量的产品,而且没有任何生产上的麻烦,那么他们几乎都将大大地扩展其业务。在正常活动期间,要找出一种实际上会使其生产的数量比他能够以现有价格销售的数量更低的规律性限制并不容易,而且,这种限制也会受到过度价格竞争的阻止。认为自己服从于竞争条件的厂商们,会把那种能够在其企业内部生产条件中发现对其产量的限制的论断,即在成本没有增加的情况下不允许大量生产的论断,看做荒谬的。这种主张的主要问题在于,他们想不考虑成本而逐渐增加其生产(通常,这是直接有利于他们的),而不是在不降低价格或者不增加营销支出时,销售大量商品。这种以降价来销售大量自己产品的必要性只是通常下降的需求曲线的一个性质,这不同于与此无关的整体商品。不论扩展这一市场所必要的任何营销支出,都只是以更高的代价(以广告,商业旅游,为顾客提供便利,等等)去努力增加市场购买的愿望,即人为地抬高需求曲线。"①

一般说来,每个企业都会在整个市场中它自己加以保护的部分享有其特定的优势。如果提高价格的话,它将不会失去其全部业务市场,而如果降低价格的话,它也不会夺走其竞争对手的全部业务市场。因此,即便是在一个竞争的市场上,而且面对着向右下方倾斜的需求曲线,这样的企业也会享有特定的垄断因素:

"我们被引导到一个方向,即把对重要性的正确衡量归因于隐藏在自由竞争活动背后的主要障碍,甚至在那些占据支配地位的地方,即当每个个别厂商的产品供给曲线下降时——就是说,不同的生产者之间的产品的买者存在差异时,存在着一种使稳定均衡存在的可能性。由一个特定厂商的任何买者群体所表明的对这种商品产生偏好的原因,具有完全不同的性质。这种性质可能来自于长期的习惯,个人的经验知识,和对产品质量的信任,在很大程度上,是来自对该商品所特殊要求的知识和对该商品获得信任的可能性,而这又是出于为了区别于其他厂商产品的目的而产生的商标,标示,或者具有高度传统的名称,或者对这种产品的设计或样式的特性(因为,就特定需求的满足而言,一种商品与其他商品之间不存在永久的差别)。形成偏好的上述那些原因和其他原因,通常是由一些人的意愿表现出来的(这种意愿的提出往往是不可避免的)。这些人是厂商的经常性顾客,他们愿意支付(即便是必需的)额外的费用以便获得一家特定厂商的商品,而不是其他随便什么厂商的商品。

"当生产一种商品的每家厂商都处于这种情况时,这种商品的整个市场就进一步划分为一个有差别的市场系列。任何厂商都会通过侵入竞争对手的市场份额来努力扩大自己的市场,但他侵入的却是其竞争对手必须花费很大营销费用才能克服其周围障碍的那部分市场。不过,在另一方面,在他自己的市场内,在他自己的壁垒保护之下,这些厂商都占有领先的优势,并借以获得利益和好处(这仿佛是没有限界的,至少从其性质上来说是这样)。而这些利益又是按照垄断地位的排序获得的。"②

斯拉法说,在同一个行业中,一家厂商降低其价格并因此而增加其销售和利润,可能会损害与之竞争的厂商。但是,如果一家厂商提高其价格,其利润的增加并不会损害其竞争者。实际上,竞争对手厂商会由于这种价格的提高而获益,因为他们没有提高自己产品的价格。所以,提高利润的第二种方法比第一种方法更容易为厂商所接受,因为如果他们没有引起竞争者的报复,利润就是更稳定的。

斯拉法的广泛涉猎及讨论性文章,引发了对当时流行的经济理论的缺点所进行的思想大讨论和写作大论战。

---

① P. Sraffa, "The Laws of Returns under Competitive Conditions", *Economic Journal* 36 (December 1926), p. 543.
② 同上书,第 544—545 页。

第二十三章 市场竞争与垄断的理论 319

第四节 张伯伦的垄断竞争思想

一、张伯伦的概况

爱德华·哈斯丁斯·张伯伦（Edward H. Chamberlain，1899—1967 年）生于美国华盛顿州的拉康纳，他毕业于艾奥瓦大学并获得学位后，又在哈佛大学获得博士学位，后来任哈佛大学教授。1933 年，他出版了在其 1927 年所写的博士论文基础上修改而成的理论著作《垄断竞争理论》一书。该书在经济学界引起了很大的反响。该书把先前分散的关于垄断和竞争的理论结合到一起，试图对既不是纯粹竞争又不是完全垄断的市场状态加以解释和说明。张伯伦认为，大多数市场价格实际上是由垄断和竞争因素共同决定的。

二、垄断竞争理论

垄断竞争理论的关键性概念是产品差别。在一般性的商品分类中，如果一位卖者的商品（或服务）存在着不同于其他人的商品（或服务）的重要的基本方面，那么，这些具体的商品就是"有差别的"。这意味着每个厂商的需求曲线都是向下倾斜的，因而，其边际收益曲线必定位于需求曲线或者平均收益曲线的下方。在西方经济学界，尽管是琼·罗宾逊，而不是张伯伦，被认为强调了厂商理论中边际收益的重要性，但是，张伯伦仍然属于 20 世纪 20 年代末至 30 年代初许多运用古诺垄断模型中暗含着的边际收益思想的第一流理论家之列。从前面的讨论我们已经知道，边际收益被定义为，从销售所增加的一个单位产出中所获得的全部总收益中的增加量。在纯粹竞争条件下，由于每个厂商都能在给定的市场价格下销售其全部产品，所以，边际收益等于价格，而且，边际收益曲线和需求曲线是同一条水平线。于是，一个农民如果能够以每蒲式耳 5 美元的价格销售其所有蒲式耳的小麦，那么，每增加一蒲式耳销售量就会增加 5 美元的总收益。

不过，纯粹竞争市场上的这种完全不同的情形不再盛行了。由于需求曲线是向下倾斜的，边际需求曲线将向下倾斜得更陡。例如，如果一个企业能够每天在 \$20 的价格上销售一双鞋，在 \$18 的价格上销售两双鞋，在 \$16 的价格上销售三双鞋，在除去第一种情况之外的每一种情况下，边际收益都小于价格。第一双鞋的边际收益是 \$20，但是第二双鞋的边际收益只是 \$16。这可以用两种方法计算得出：① 总收益从 \$20（ = \$20 × 1）到 \$36（ = \$18 × 2），增加了 \$16。② 增加的那双鞋卖了 \$18，但是，第一双鞋的价格必须减少 \$2，以便能够卖出第二双鞋（16 = 18 − 2）。与此相似，从销售第三双鞋得到的边际收益是 \$12。

边际成本被定义为生产更多一单位产品所造成的对总成本的增加量。代表性厂商的短期边际成本曲线的形状像字母"U"形。这种一般性的形状是由于可变成本部分的变动规律，或者报酬的递增和递减规律的缘故，即由短期生产函数而来的较为熟悉的 U 形成本曲线。实际上，假定劳动是唯一的可变投入，而工资率是不变的，代表性厂商的边际成本曲线就是其边际产出曲线的影像和化身。当边际产品作为边际收益递增的结果而上升时，边际成本就是递减的；每一个新增产出单位所需要的劳动越来越少。另一方面，当边际产量由于边际收益递减而开始下降时，边际成本上升；生产每一个后来单位的产品所需要的劳动数量会越来越大。

当边际成本低于平均成本时,平均成本必定是下降的;当边际成本大于平均成本时,平均成本必定是上升的。所以,边际成本曲线穿过平均成本曲线的最低点。

每个厂商的利润最大化产量是由边际成本和边际收益的交点决定的。只要生产更多一件产品所增加的总收益超过总成本的增加量,增加生产就会增加利润。同时,如果边际成本是上升的,而且它超过了边际收益,就会导致减少产量。这正像古诺所指出的那样,只是在边际成本和边际收益相等的地方的产量上才会产生最大化的利润。这个简单的规则适用于纯粹竞争和垄断两种情况,以及处于两者之间的情况。

根据张伯伦的看法,只有厂商享有重要的垄断地位的地方其价格才能在短期和长期都超过平均成本。在许多厂商都运行于垄断竞争的地方,自由进入行业将会导致垄断利润在长期中消失。当更多的企业都可以提供并销售相近的产品时,尽管是不完全竞争,但是产品之间也可以相互替代,每个生产者几乎不能在高于正常价格的每个价格上销售出去商品。当每个销售者的总收益恰好等于其总成本(或者平均收益等于平均成本)时,就会产生长期均衡。因为正常利润被当做成本了,厂商将只能得到正常利润。这种利润将不会进一步吸引别的厂商进入该行业,也不会引起现有厂商的退出。

根据张伯伦自己解释所画的图 23-1 解释了上述观点。

给定需求曲线 D 和边际收益曲线 MR,垄断竞争企业将选择产量 OB,在该产量上,企业将得到经济利润 LMNS。该经济利润将会吸引新的企业进入"生产群",结果,引起该企业的需求曲线和边际收益曲线向下移动到 D' 和 MR'。在新的利润最大化产量 OA 上,该企业将:① 仅仅得到正常利润;② 其产量少于竞争产量;③ 要求消费者支付比竞争情况下更高的价格;④ 其成本会高于最低的平均成本。

企业平均成本 AC 包含了保证经济长期运行所要求的平均利润率(或者说是正常利润)。因此,商品可以在长期成本上销售,同时仍然表明了一个可接受的利润。边际成本 MC 可由总成本或者平均成本导出。

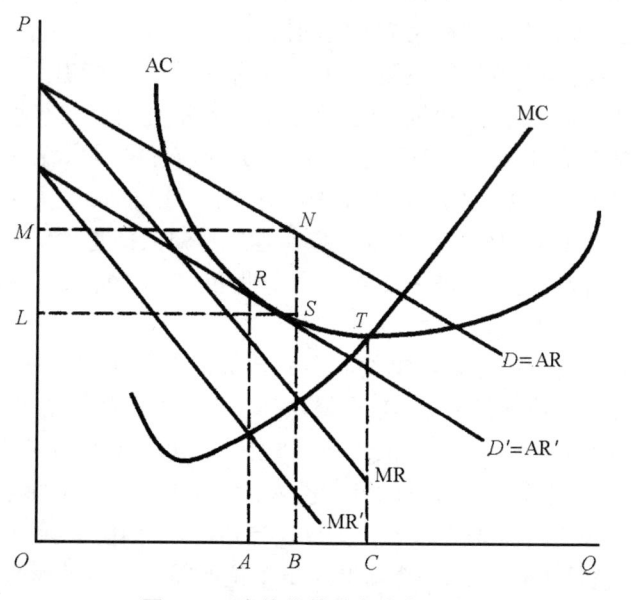

图 23-1　张伯伦的垄断竞争理论

为了说明张伯伦的思想,我们首先考察一下需求曲线 D 和相应的边际收益曲线 MR。需求曲线向下倾斜是因为厂商可以按照逐步下降的价格增加其销售。如果它提高价格,销售将会下降。即便那些愿意选择特定销售者或厂商的品牌名称的顾客,也将在价格很高的情况下接受稍有不同的产品。边际收益曲线 MR 和边际成本曲线相交于 OB 的产出水平。正像我们在需求曲线上所看到的,在这个利润最大化的产量水平上,厂商可以要求 BN 的价格。这个价格也是 OB 单位产量的平均收益 AR,我们可以看到,它超过了平均成本 AC 的量是 NS。由于这是每单位的利润,总利润就是 LMNS 即($NS \times LS$)的面积。

如果企业享有长期的垄断力量(比如说,进入该行业受阻),这就代表了图形中所表示的成本和需求之间的长期均衡。这种超额利润就是早期经济学家所认为的典型的垄断利润。但是,如果其他厂商可以自由进入该行业,他们也将如此以便分享超过平均水平的利润。由于厂商的进入,厂商所面临的需求曲线将下降,最终下降到 D'。看一下新的边际收益曲线 MR',它表明厂商现在将生产 OA 的产出量并要求 AR 的价格。在这个价格和产量上,平均收益等于平均成本,因此,经济利润消失了。

对于一个在纯粹竞争市场上从事生产的厂商来说,需求曲线和边际收益曲线都是水平的,并且是同一条线。在长期内,将生产 OC 单位产量,每单位价格将是 CD。对此,张伯伦得出了重要的结论:

"垄断竞争与纯粹竞争相比,其价格必然更高,其生产规模必然更小……"[1]

"生产要素组合配置的通常结果是多余的生产能力(如图中的水平距离 AC),而这种情况不能得到自动矫正。当然,在纯粹竞争条件下,由于部分生产者的计算失误,或者需求条件或供给条件的突然波动,这种多余生产能力也可能扩大。但是,垄断竞争的这种特点在长期里却得到了发展,因为它没有得到惩罚,价格总是包含成本的情况,也许实际上会通过价格机制作用的失效而成为长久的和正常的。剩余的生产能力绝不可能被抛开,于是造成了高价格和浪费。垄断竞争理论为经济系统中的这类浪费提供了一种解释,即浪费通常被看做'竞争的浪费'。事实上,在纯粹竞争条件下,它们绝不可能产生。正是由于这个原因,纯粹竞争条件下是谈不上和必定谈不上这些问题的,哪怕是作为'条件'引入也是一样,就更不用说作为其理论的组成部分了。它们是垄断的浪费,即垄断竞争中垄断因素引起的浪费。"[2]

总之,张伯伦的模型表明:垄断竞争厂商将提供有差别的产品,要求超过其边际成本的价格,并在平均成本高于其最低水平的产出量上进行生产。所以,社会的稀缺资源不能被配置到最有价值的用途上。要是在不同的情况下,这些厂商所生产的产品增量的社会价值要比生产别的产品的社会价值增量多。此外,如果这些另外单位的产品被生产出来,产品的平均成本将会降低。

三、纯粹自由竞争无法达到的条件

在张伯伦的引导之下,许多经济学家都反复说明了,与垄断竞争情况相比,纯粹竞争将导致较大的产量、更有效的生产以及较低的销售价格。但是,这种结论至少需要两个

---

[1] E. Chamberbin, *The Theory of Monopolistic Competition* (Cambridge, Mass.: Harvard University Press, 1946), p. 88.

[2] 同上书,第 109 页。

条件。

第一，张伯伦的结论建立在不现实的假定的基础上，这个假定就是，成本曲线在任何情况下都是相同的。如果我们要在钢铁业有一个纯粹竞争的情况，我们可能要有数千家小企业来生产钢铁。每个"钢铁作坊"也许只比一家铁匠铺大一点，而钢铁的价格将比现在要高很多，甚至在有很少的厂商享受垄断竞争力量的情况下，也会是这样。所以，我们可以讲，在纯粹竞争条件下，在长期中，每个生产者将趋向于在其自己的平均成本曲线的最低点上进行生产。这里假定，所有的厂商都达到了规模经济的情况。

如果我们离开纯粹竞争，由于需求曲线是向下倾斜的，因此，总产量将趋于减少而价格将趋于上升。不过，毫无疑问，一家现代的钢铁厂总会比一家铁匠铺生产效率更高。每家厂商都达到了规模经济的假定在这种情况下也是不现实的。纯粹竞争的钢铁业中的小厂商的成本曲线的位置远在这些巨型钢铁企业成本曲线的上方。所以，纯粹竞争将不必提供最大的产量和最低的价格。

第二，当代的经济学家们注意到，所有产品都是标准化的纯粹竞争的世界的确是一个不现实的世界。垄断竞争造成了每种普通商品的大量变化，使消费者能够更好地满足其各不相同的口味。例如，消费者会在相同食品的大量不同的式样中进行选择，而不会只买标准化的汉堡包。正如购买方式所表明的，不同的人会喜爱不同样式的商品。

第五节 琼·罗宾逊的不完全竞争思想

一、琼·罗宾逊的概况

琼·罗宾逊（Joan Robinson，1903—1983 年），长期担任英国剑桥大学经济学教授，她曾是阿尔弗雷德·马歇尔的学生。她的《不完全竞争经济学》一书在张伯伦的著作之后几个月出版，而实际上则涵盖了相同的领域。在 1933 年这本书出版之后的几十年中，琼·罗宾逊扩展了她的活动，并在凯恩斯经济学和后凯恩斯经济学、经济发展理论、国际贸易理论方面做出了重要的贡献。在其他贡献方面，琼·罗宾逊还对马克思的经济学提出了重要的批评，不过这是一种善意的贬抑。她在晚年是以一名传统经济学的批评者而著称的。她的全部著作都很难与任何具体的经济思想流派相适合。当我们讨论她在早期新古典经济学方面的贡献时必须清楚这一点。

二、买方垄断

琼·罗宾逊给垄断竞争的概念加进了买方垄断的思想。买方垄断是指市场上存在着一个单一买者或者作为单一买者的购买者团体的情况。她分析了产品市场和资源市场上买方垄断的购买力造成的结果。

1. 产品市场上的买方垄断

当一种商品的买者很多时，这些买者的总需求曲线向右下方倾斜，因为这是建立在边际效用的基础上。一个人需要的一种商品的单位数越多，这种商品的边际效用就越低，而他从每一个额外单位商品得到的效用也就越少。

如果只有一个唯一的买者或者所有的买主达成一项协议共同采取行动，我们就可以假定市场的需求曲线保持不变。我们也可以假定供给曲线保持不变，因为它表示所有的

第二十三章 市场竞争与垄断的理论 323

卖主将一起在每一种价格水平上提供多少商品。供给曲线是建立在生产每种数量商品的成本的基础上,而在买方垄断的情形下这种成本不会改变。

琼·罗宾逊论述了两种普遍的情况:① 在纯粹竞争条件下,买主将在任意一个时间上不断地购买商品直到价格等于边际效用那一点的位置。② 在买方垄断情况下,买主将把他的购买限定在这样一种方式上,即让他的边际成本(也就是产品的边际成本曲线的距离)等于边际效用。这种重要的见解可以通过表 23-1 反映出来。

表 23-1 产品市场上的买方垄断

(数据是假定的)

(1)	(2)	(3)	(4)	(5)
单位	价格	成本	边际成本	边际效用
1	$1	$1	$1	$7
2	$2	$4	$3	$6
3	$3	$9	$5	$5
4	$4	$16	$7	$4
5	$5	$25	$9	$3
6	$6	$36	$11	$2

首先考虑买者之间纯粹竞争的情况。假定某种假设的产品 x 的市场价格是 $4。那么,在不考虑购买数量的情况下,将没有一个买主能够影响这个价格。我们假定,第五栏中的边际效用数据是对于一个只购买该种商品的特定消费者而言的。在任何一个时间,拥有第一个单位商品就可以提供给该消费者 $7 的边际效用,第二个单位产品提供 $6 边际效用,第三个单位产品提供 $5 边际效用,等等。在市场价格为 $4 时,消费者将购买 4 单位该商品。这时,他购买的商品数量达到了这样一点,在这点上,价格(第二栏中的 $4)等于边际效用(第五栏中的 $4)。①

现在,假定这些消费者是这个市场上商品 x 的唯一购买者。他从第一到第四个单位商品获得的边际效用分别是 $7,$6,$5 和 $4(见第五栏)。假定在成本递增(市场供给曲线向上倾斜)的条件下,厂商仅仅在这种产品上可以增加生产,消费者愿意购买的数量越多,价格就越高。因为这个买方垄断者是唯一的买者,如果他要买很多单位商品的话,就必须为每单位商品支付更高的价格。产量越大,每单位商品的成本也越高。从第一栏和第二栏可以看到,他可以用 $1 购买 1 单位 x 商品,但是,2 单位商品却要他按照每单位 $2 来支付,总共要支付 $4。第四栏表明,第二个单位商品对于他的边际成本是 $3 而不是简单地按照 $2 这个第二单位商品的实际价格计算。但是,这个 $3 的边际成本比第二单位商品的边际效用($6)要少,因此,这个人将选择购买它。从表 23-1 中我们观察到,这个消费者将决定购买 3 单位这种商品,因为在这个数量上他的边际成本($5)恰好等于他的边际效用($5)。

结论:在产品供给曲线向上倾斜的正常情况下,买方垄断者将购买 3 个单位的产品,这将比竞争的买主购买的 4 个单位要少,而且将支付比竞争价格要低的价格(是 $3 而不是 $4)。买方垄断者可以通过调整购买数量来控制商品的价格,就像垄断的卖主可以通

---

① 注意:这里消费者得到了 $6 的马歇尔所说的消费者剩余。

过调整产量水平来控制价格一样。

琼·罗宾逊指出,在完全弹性的供给曲线出现的情况下,产品的边际成本和平均成本是相等的,供给价格将是不变的,而在买方垄断条件下的购买数量将和纯粹竞争条件下是一样的。如果一个产业是在供给价格递减的情况下运行,那么,买方垄断者的边际成本将小于商品的价格,他将购买比纯粹竞争情况下更多的商品。

2. 资源(要素)市场的买方垄断

琼·罗宾逊还以劳动市场为例分析了资源市场的买方垄断。可以根据琼·罗宾逊自己的叙述导出一幅表示劳动市场买方垄断的图形,这里运用现代的图形表示方法绘制,如图23-2所示。为了解释方便,我们在一开始不考虑图23-2中的VMP曲线。根据马歇尔的方法,琼·罗宾逊宣称,雇主的短期劳动需求曲线就是其边际收益产品曲线MRP。这在买方垄断的劳动市场和竞争的劳动市场上都是对的。边际收益产品就是当雇主雇用一个额外的工人时其累计的总收益的变动量。它是厂商在销售增加的工人所生产的更大的产量时所得到的额外收益。每个工人所增加的贡献与先前所增加的工人做出的贡献相比,都小于额外的产量,因而也小于边际收益。

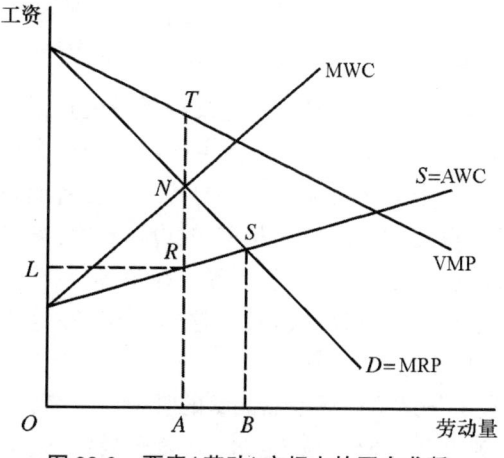

图23-2　要素(劳动)市场上的买方垄断

面临着买方垄断者的劳动供给曲线将是向右下方倾斜的。由于买方垄断者是一种具体类型的劳动的唯一雇主,只有它面对着市场的劳动供给曲线。这条曲线也表明了平均工资成本AWC,因为它表明了必须付给每个工人以便吸引一个特定数量的工人的工资率。在买方垄断条件下,边际工资成本(即与雇用再多一名工人相联系的额外成本)超过了平均工资成本或工资率。买方垄断者必须增加工资率来吸引更多的工人从别的就业选择、家务活动或者休闲中过来工作。它必须付给所有这些工人更高的工资。因此,雇用额外的工人的额外成本就高于付给这些工人的工资率。这也包括付给那些在较低工资率上被吸引来的工人的额外工资。

图23-2中的买方垄断者将雇多少工人呢?琼·罗宾逊说,答案是OA,因为这是被雇用的最后一名工人的边际收益产品恰好等于边际工资成本(点N)时的工人数量。如果MRP大于MWC,厂商雇用更多的工人将是有利可图的;如果MRP小于MWC,雇主将通过减少雇用量来增加其利润。

图23-2中的买方垄断者将支付工资率OL。在供给曲线上可以看到,它能够在这个

工资率上吸引能使他利润最大化的雇员数量 OA。

这一模型使得琼·罗宾逊能够得出几个有趣的结论。第一，与那些在雇用工人方面相互竞争的雇主所雇用的工人数量相比，一个劳动市场的买方垄断者将雇用更少的工人（是 OA 而不是 OB）。买方垄断者减少雇佣量是避免将它必须支付给所有工人的工资拉高。第二，在买方垄断条件下，工人是受剥削的。琼·罗宾逊引用了一个关于劳动剥削的定义来作为生产的一个要素：在某个工资水平上被雇用就意味着该工资水平低于劳动者的边际收益生产率（工资是 AR 而不是 AN）。如果劳动市场是完全竞争的，每个雇主就能够在市场工资水平上雇用他所需要的全部劳动力，个别雇主的边际工资成本就等于这个工资率。雇主将被其自身利益所驱使去雇用工人直至达到某一点，使得边际收益产品等于劳动工资率。在这种定义下的剥削通常并不会出现在竞争的劳动市场上。

三、买方垄断竞争条件下的剥削

琼·罗宾逊还引用了另一个由她在剑桥大学的同事 A. C. 庇古提出的关于剥削的定义。当劳动工资低于劳动的边际产品价值（VMP）时剥削就产生了。她说，如果接受了这个定义，剥削数量也许就会超过图 23-2 中的 NR。如果在销售由劳动转化的产品时存在着垄断或者不完全竞争，那么，厂商的边际收益曲线将如图 23-2 所示，位于 VMP 曲线的下方。当这些产品的销售处于纯粹竞争条件下时，厂商将能够在市场价格上销售其全部产品。因此，边际收益产品等于边际产品价值，而后者的计算是以边际产品乘以产品的价格。不过，当厂商具有垄断力量并且因此面对着一条向下倾斜的产品需求曲线时，如果他想增加销售量的话，就必须降低其商品的价格（回想一下垄断模型）。因为较低的价格将运用到该厂商的所有产量上，其边际收益将低于价格。与此不同的是，产品增量的垄断销售并不会把全部价格量加到垄断者的边际收益上去。结果，当厂商雇用增量工人并销售由此而引起的较大的产量时，其边际收益将低于额外的产量（边际产品）乘以这些单位产品的价格的乘积。该厂商将不得不在较低的价格上销售其全部产品，即便那些可以在较高价格上销售的产品也会使它不再雇用额外的工人。边际收益产品将是边际产品乘以边际收益，而不是乘以价格。在这一定义下，对劳动的总剥削量是由图 23-2 中的 TR 加以衡量的：NR 表示买方垄断造成的剥削，TN 表明来自产品销售方面的垄断或者垄断竞争。

四、剥削问题的解决

琼·罗宾逊说，要救治买方垄断条件下对劳动的剥削问题，工会或者贸易委员会应当强行要求一个行业的最低工资。这样，对行业的劳动供给就在强制工资率上形成完全的弹性，而劳动的边际工资成本与平均的工资成本是一样的。参考一下图 23-2，如果 BS 是强制工资率，买方垄断者将不再被要求随着其增加雇用量而抬高劳动价格。新的供给曲线将是一条从纵轴出发并通过点 S 的水平线，而就业量将从 OA 增加到 OB。工资将等于边际收益产品，而由买方垄断造成的剥削将消失。

要消除垄断下的剥削，销售价格就必须以这样的一种方式得到控制，即让价格等于边际生产成本和平均生产成本。要消除按照琼·罗宾逊所认为的最常见的市场类型，即垄断竞争条件下的剥削，市场就必须成为完全竞争的或者纯粹竞争的市场。

"当市场成为完全的时候,厂商将扩张,在新的均衡条件下,当利润一旦变得更为正常,厂商将达到最优规模,成本将最低,而商品的价格将下降。

"因此,挪开市场不完全的情况,必将降低商品的价格。这也很像是改变了行业中先前雇用的一定数量工人的边际物质生产率,因为工人现在被组织在最优化的企业中而不是在次优的企业中。在过去的情况下,他们得到的边际物质产品的价值要比后来得到的少,而在新的情况下,他们将得到他们的边际物质产品的价值,但是,在新情况下他们并不会比过去的情况下过得更好,因为边际物质产品的价值可能减少了。边际物质产品可能减少,而商品的价格必定下降。"①

经济学家们承认在几种实际的劳动市场中存在着买方垄断力量。例如,一些研究似乎表明,垄断力量的结果存在于像一些公立学校的教师、专业运动员(自由代理机构之前)、护士、报社的雇员等孤立的劳动市场上。但是在大多数劳动市场上,工人对于他们能够从事的工作而言具有选择的雇主,特别是当工人具有职业上的和地理上的灵活性时,更是如此。此外,由于在琼·罗宾逊的时代,在几种劳动市场上都存在着反对潜在的买方垄断力量的情况,强大的工会也出现了。

五、来自张伯伦的批评意见

张伯伦对于琼·罗宾逊的剥削分析提出了批评意见。不过,他并没有在自己第一版著作的有关理论中涉及这种批评意见,但是在后来的版本中却包含了这种批评意见。他对于罗宾逊夫人剥削理论的反驳是,关于所有要素而不仅仅是劳动要素,在垄断竞争条件下,得到的价值要少于其边际产品的价值。庇古和琼·罗宾逊的剥削定义只是在产品销售的纯粹竞争方面的运用,因为在其他市场条件下所有的要素不可能得到其边际产品价值。按照庇古和琼·罗宾逊的观点,所有的要素都被剥削了,而且,对于雇主来说只要不会破产的话,就不可能避免对于"剥削"的要求。

琼·罗宾逊的这本书出版二十多年后,她本人却批评了这种她曾经作为先驱者提出的理论:

"《不完全竞争经济学》是一部学究式的著作。它直接分析了二十多年前的教科书上的口号:'价格趋向于等于边际成本'和'工资等于劳动的边际产品';而且分析了教科书上的问题,就像给定需求和成本,在垄断和竞争条件下商品的产量和价格的比较问题。在处理这些问题时这些假定是适当的(我希望它是适当的),对于分析现实中的价格、生产和分配问题就绝不是一个适当的基础……

"在原则上,有可能设置一套同时发生的方程组体系来表明,在特定市场上对于一种特定的商品,当考虑同一个厂商生产的其他产品的成本和销售所做出的反应时,这种商品的价格、生产成本的支出和销售成本的支出结合起来可以产生最好的利润。即使他拥有资料数据,其业务的实现也需要一台电脑,而不是人脑,来运算由及时的企业政策所产生的方程式从而产生实际效果。而这些资料数据必定是极端笼统的,因为给定企业政策的结果在永远变动的生产上不是孤立的。广告业的最新发展就遇到了制造商已经了解了广告后果的困难,因为如果他们知道了广告的后果,说服他们的余地就没有所想象的

---

① Joan Robinson, *The Economics of Imperfect Competition* (London: Macmillan, 1933), pp. 284—285.

第二十三章 市场竞争与垄断的理论 327

那么大。实际上,个别厂商生产的特定产品的个别需求曲线显然是极其模糊的,无法构造优美的几何建筑……

"在我看来,《不完全竞争经济学》的较大弱点是,它同样具有古典经济理论不能处理时间问题的缺陷。它仅仅是价格、产出率、工资率或者在价格数量图中描述平面上那些不能变动的东西的含蓄表达而已。任何变化都必须在时间中发生,而任何时间变动中的位置都依存于它在过去的位置。问题并不仅仅在于任何调整都花费了一定的时间来完成,而且(我们所承认的那些事件)也可能发生了位置的改变,因而均衡只是朝着某种系统移动,这种系统被说成是其未达到均衡之前的自身的运动趋势。问题在于,这种运动的过程对于运动的目的具有影响,因而没有一个独立存在的、经济在一个特定的时期所遵循的长期均衡状态。"[1]

尽管马歇尔认为,这种倾向只是伴随着向单一商品市场上均衡价格进行大幅度靠拢变动而来的一种很小干扰,但是他仍然预先估计到了他的这位著名弟子的最后这种异议。

正如前边所指出的,在以后的年代里,琼·罗宾逊离开了她早期的理论,而去探索其他领域的问题,并且努力去发展对经济世界里更加动态和更加现实问题的分析。

思考题 》》

1. 垄断竞争理论(不完全竞争理论)产生的背景和原因是什么?
2. 斯拉法是怎样提出垄断竞争理论(不完全竞争理论)的?
3. 张伯伦对垄断竞争问题的分析有什么特点?
4. 琼·罗宾逊的不完全竞争理论的特点是什么?
5. 为什么琼·罗宾逊在二十多年后否认了她自己提出的不完全竞争理论的重要意义,而且从那以后她不再沿着那个方向继续发展了?

---

[1] Joan Robinson, "Imperfect Competition Revisited", *Economic Journal* 63 (September 1953), pp. 579,585,590. Reprinted by permission of the publisher.

第二十四章　　新古典的货币与经济周期理论

▮内容提要▮

　　新古典经济学的理论最初是主张将货币与实际经济分开的,此即所谓"古典二分法"。尽管如此,新古典经济学的货币理论对于当代经济学还是具有重要影响的,特别是欧文·费雪的交易的货币数量方程式、剑桥学派的货币的"剑桥方程式"对后来的凯恩斯和米尔顿·弗里德曼的货币需求理论都有重大影响。瑞典学派的奠基者威克赛尔在凯恩斯之前就通过其货币利息理论克服了"古典二分法"。

　　在纠正"古典二分法"的基础上,一些后来的新古典经济学家也对当时社会中频繁出现的经济周期问题提出了自己的理论见解。

　　本章将介绍威克赛尔、费雪、霍特里的货币及经济周期理论。

第一节　概　　述

　　在货币理论方面,在古典经济学以后的长时期里,货币数量论一直在欧美经济学中占据着统治地位。到 19 世纪末、20 世纪初,在不断出现经济周期波动的新形势下,一方面,这种理论被进一步精确化了;另一方面,传统的实际经济活动与货币问题被截然分开的新古典"两分法"开始受到怀疑,一些经济学家开始尝试运用货币与实际经济相结合的分析方法,对当时的经济周期波动问题加以解释,提出了一些颇有启发性的理论见解。

　　尽管新古典经济学时代的某些经济学家可以被叫做"货币主义者",一些经济学流派也强调货币现象,但是,在我们所考察的范围内还没有独立的货币经济学流派出现。这时一些谈论货币问题的经济学家基本上都可以归入新古典经济学派。

　　古典经济学家和早期边际主义者一般都把货币看做笼罩于实物经济之上的一层面纱,因此,他们主要是把货币问题搁置一旁来专门研究实物经济。他们认为货币和价格是游离于更为基本的经济要素之上的。但是,在另外一些经济学家,例如威克赛尔和凯恩斯那里,是把货币分析结合到对基本经济过程的分析中的。经济理论中的货币问题是注定会随着银行增加、信用增加、经济波动以及中央银行和政府越来越多的重要货币政策的出现这样一种时代的到来,而增加其重要性的。

　　马歇尔的货币理论主要是对金本位之下的货币信用活动进行分析。马歇尔认为,货币的购买力必须以加权的算术指数来表示,或者用价格比率的几何指数来表现。但是,哪种方式都不一定能够符合实际情况。[①]另外,马歇尔也曾对现金余额的含义进行了仔细

---

　　① Marshall, *Money, Credit and Commerce* (London: Macmillan, 1923), pp. 26—27.

的分析。其弟子 A. C. 庇古进一步把它发展为货币数量论的剑桥方程式。这个方程式就是：$M = kPT$。

这里的 M 是货币存量。k 是人们愿意以现金余额形式持有的收入或财富中的一部分，因而，k 是一个表示比例的分数。P 是一般物价水平。T 是交易或者实际收入（或财富）的数量。我们可以发现，马歇尔的 k 就是我们在下文谈到的、更为熟悉的费雪的交易方程式 $MV = PT$ 中货币流通速度 V 的倒数。这后一种方程的形式是由美国经济学家凯默尔首创，由欧文·费雪发展起来的。所以，即便由威克赛尔、费雪、霍特里所代表的某些特定的理论方面与宏观经济学的联系比与微观经济学的联系更为紧密，但是，这些经济学家仍然处于马歇尔的整个新古典传统的范围内。

从整体上说，威克赛尔、费雪和霍特里对新古典经济学做出了两方面的贡献。第一，他们开拓了一个过去一直被经济学家们所忽视但是其重要性正在不断增长，因而需要被强调的领域。第二，他们推动了整体的货币分析进入一般经济理论。但是，重要的是要注意，他们也许夸大了货币的作用。由于人们往往会在相反的方向上走得太远，因此，对过去缺点的弥补往往会过头。

不过，新古典学派的货币经济学家明显不同于同一学派内的非货币经济学家，因为货币理论家必须对于像总需求、总货币供给、总储蓄和总投资这样的总量进行分析。新古典传统内的这种分野必定会发生。非货币分支看到的是个别人或厂商的实际亏损、收入、消费、储蓄和投资；货币分支则为分析整体经济而将这些分类指标加总起来，强调货币因素是伴随着实际因素的。虽然威克赛尔的信用理论是后来那些经济学家的一个重要先驱，但留给后来经济学家的却是把货币经济学和非货币经济学综合在一起的新古典经济学。

第二节　威克赛尔的理论

一、威克赛尔的概况

约翰·古斯塔夫·纳特·威克赛尔（John Gustav Knut Wicksell，1851—1926 年）是瑞典学派的奠基人。威克赛尔生于瑞典斯德哥尔摩的一个中产阶级家庭。他大学本科先在乌普萨拉大学学习数学、语言、文学和哲学，1872 年获哲学学位。后来，他在同一学校获得了数学和物理学的高级学位。他曾被选为大学的学生会主席，在哲学、政治、文学辩论和学生团体活动中日益活跃。威克赛尔是一位积极的社会改革活动家，也是一名通俗文学作家和小册子作家。他探讨过人口问题、生育控制、移民、酗酒及其原因、卖淫、婚姻的未来、普选权以及对直接累进所得税的需求这一类社会问题。他是一位学者和社会改革者。他在社会问题和改革方面的兴趣将他引向了对经济学的研究。威克赛尔 35 岁以后曾两度去英、法、德、奥等国游历和留学，开始接触政治经济学，并深受李嘉图、庞巴维克、瓦尔拉斯等人学说的影响。但他早期政治生涯遭了挫折。1889 年他被聘为乌普萨拉大学经济学讲师，才把精力完全转到经济学的学术研究道路上来。

从 1885 年到 1890 年，他在英国、法国、德国和奥地利进行了广泛的学习和研究。他在经济理论学习方面记忆最深的经验是，他在柏林的书店中发现了庞巴维克 1888 年刚刚出版不久的论述资本的书。这本书对于威克赛尔自己的经济思想产生了深远的影响。

西方经济学说史教程 The History of Economics

1895 年威克赛尔获经济学博士学位,1896 年威克赛尔获得了一笔不多的政府补助,在柏林开始了他的货币研究。其间,他依靠对社会问题写新闻稿和发表通俗演讲,以及偶然做私人教师和在高中任教,得到一些不稳定的收入。1896 年他得到了他的第一个学术任职,同时又攻读了四年法律学。1900 年威克赛尔出任隆德大学副教授,4 年后升任教授,到 1916 年退休。在 1909 年,威克赛尔还由于在教会的教义上做了讽刺性的标记而短期服刑。

威克赛尔对经济学做出了几项重大的贡献。例如,他是认为代表性企业在扩大生产规模时,将先经历报酬递增,再经历报酬不变,最后经历报酬递减这样几个阶段的经济学家之一。他也预期到了后来由张伯伦和罗宾逊在 1930 年提出的垄断竞争理论。但是,威克赛尔的主要声誉是来自于他对于货币经济学的贡献。这些进展包括:① 对于利息率在形成均衡价格或者在产生累积性通货膨胀或累积性通货紧缩运动中作用的分析;② 对于政府和中央银行在妨碍或推进价格稳定中可能具有的贡献的认识;③ 对达到宏观经济均衡的储蓄和投资方法的早期论述。这最后一项贡献奠定了威克赛尔作为投资和储蓄方面的所谓斯德哥尔摩学派之父的地位。①此外,他的著作还成为凯恩斯经济学的源泉之一,凯恩斯本人也称赞威克赛尔是他自己思想的一位重要的先驱者。威克赛尔的全部理论就是综合了货币理论、经济周期理论、公共财政和价格理论的一个体系。虽然他并非在所有的方面都是成功的,但是,他推进了该领域中经济思想的发展。

威克赛尔在经济学方面的代表作有:《价值、资本与地租》(1893),《利息与价格》(1898),《国民经济学讲义》第一卷(1901)、第二卷(1906)。

威克赛尔的著作在欧洲大陆早已引起各国学者的注意,但由于英、美两国受马歇尔理论体系的支配,直到 20 世纪 30 年代经凯恩斯、哈耶克、罗宾斯的介绍,才日益受到这两国的重视。威克赛尔的经济思想源于德国历史学派之外的各个学派,但受洛桑学派和奥地利学派影响较深。

威克赛尔对"价值理论并未增添什么完全新的东西。但他却以巨大的机敏和阐述能力将瓦尔拉的和早期奥国人的主要教义融合,给门格尔及其追随者的哲学的见解和奥妙作了高度精密和优美的数学表达"(罗宾斯语)。威克赛尔的主要贡献在于货币与利息理论方面。这是受英国古典学派及 19 世纪 40 年代货币争论的启发。他晚年曾深深后悔对历史学派的忽视,建议要研究历史和经济生活的发展。

二、对效用价值论的综合阐述

他以一般均衡理论为框架将边际主义学说的各部分综合起来,从而显示了各派边际主义学说的共通性。他的综合阐述扩大了边际主义的影响。

威克赛尔首先批评了边际效用价值论之外的对价值源泉的各种解释,包括一般的效用论,相对稀少性和效用性相结合的供求论,生产成本论,劳动价值论,以及蒲鲁东、巴师夏等人的观点。然后,他以自己的方式说明了边际效用价值论。他指出:

(1) 亚当·斯密以水和钻石为例的"价值悖论"中所说的使用价值不会是全世界所有的水和钻石,也不可能是某一特定单位的水和钻石,否则便会得到物品的使用价值和

---

① 这个学派的其他成员包括林达尔(Lindahl)、缪尔达尔(Myrdal)和俄林(Ohlin)。

交换价值完全相等的荒谬结论。

（2）解释物品交换，必须以使用价值具有可变性为基础，即"同一物品对不同的人具有不同程度的效用。所以相对的使用价值在同一时间对交换双方的这一方或那一方可以分别大于或小于相对的交换价值"①。这里的所谓相对交换价值应读做交换来的使用价值。

（3）在可变的不同程度的使用价值中，只能由该商品或一单位该商品在一定情况下将它所具有的或可以想象其具有的最小效用，来决定商品的交换价值。这个效用度就叫做商品的边际使用。②

在价格问题上，威克赛尔分别论述了自由竞争和垄断条件下的价格决定原理。

三、边际生产力分配论

他首先依据生产三要素论，收益报酬递减规律及完全自由竞争和静态分析方法，得出了土地和劳动报酬的边际生产力规律。他的特点是对资本利息的解说，企图把杰文斯的资本概念、庞巴维克的"时差"利息率和杜能的边际生产力论统一起来，使分配论具有一种统一形式。

他认为，资本（实指生产资料）唯一的功能在于使生产从始至终能经历一段时间。因此，"时间"因素是资本概念的核心。他又认为，资本实际上是蓄积的劳动和土地，即过去的劳动和土地的产品，只是现在在生产过程中采取了不同于土地和劳动的形式罢了。据此，他合乎逻辑地把资本生产力归结为蓄积劳动和土地的生产力。

威克赛尔认为，某一数量现在劳动和土地的储存，在许多情况下都有使生产力增加的倾向。因为这些资源在将来运用时，再加上自由竞争、收益递减规律、生产期间和资源的合理安排以及静态分析等条件，就会造成"储存的劳动和土地资源的边际生产力要比现在资源的边际生产力为大……利息则是储存的劳动和储存的土地的边际生产力与现在的劳动和土地的边际生产力的差额"。

这样，威克赛尔就在庞巴维克"时差利息论"基础上改进了一步。

四、物价水平的变动

在1898年威克赛尔的《利息与价格》问世之前，西方经济学理论中占主导地位的新古典经济学理论体系中，价值理论与货币理论是彼此分离的、相互之间没有逻辑顺应关系的两个独立部分，即所谓的"二分法"。在新古典经济学体系中，价值理论是一种相对价格理论，是以边际效用理论为基础的；而货币理论是讨论一般物价水平变动的理论，是以货币数量理论为基础的，与相对价格的形成和变化没有任何直接关系。此外，古典和新古典的这些理论都是静态均衡的分析，威克赛尔的分析则开始打破这种静态的和"二分法"的观点。诺贝尔经济学奖获得者、当代瑞典经济学派的主要代表之一缪尔达尔曾经针对经济学史上的这种情况指出："所有关于正统派经济理论有系统的论文，都有一个共同的特点，就是认为货币理论和价格的中心理论之间，没有内部联系和完整的结合。"③

---

① 威克赛尔：《国民经济学讲义》，刘絜敖译，上海译文出版社1983年版，第34—35页。

② 同上注。

③ 缪尔达尔：《货币均衡论》，钟淦恩译，商务印书馆1982年版，第15页。

后来,凯恩斯也对此提出批评说:"我以为把经济学分为两部分,一部分是价值与分配论,另一部分是货币论,实在是错误的。"[①]

威克赛尔是一位较早地认识到"二分法"缺陷的经济学家。他较早地从货币与实物经济的结合方面进行了探讨。他是把价格问题和利息率问题结合到一起加以考察的。

对于威克赛尔来说,货币理论的一个主要问题在于:为什么价格会在整体上出现上升或者下降? 为了回答这个问题,威克赛尔转向了对于利息率的分析。在这里,他区分了正常的或者说自然的利率和银行利率。

他说,正常的或者自然利率取决于还没有投资的实际资本的供求。资本流量的供给来自于推迟消费其收入中和积累起来的财富中的一部分的那些人;资本的需求取决于通过使用它而可以实现的利润,或者其边际生产力。供求的相互作用决定了自然利息率:

"借贷资本的需求和储蓄的供给完全相等时的利息率,就是正常的或者自然利率。它或多或少是相应于新创造资本的预期收益的。它是一个基本的变量。如果使用资本的前景更有保证,需求将增加,而且(需求的数量)将在开始的时候超过供给(供给的数量);利息率接着将上升而同时将会随着来自企业的需求合同而刺激储蓄进一步增加,直到在稍高一些的利率上达到新的均衡。而与此同时,均衡必须根据已有的事实判断出来,(更广义地说,如果不会受到其他原因干扰的话)存在于商品市场和服务市场中,工资和价格将保持不变。货币收入的总量通常将超过生产的消费品的货币价值,但是,收入的超额量,例如,生产中每年的储蓄和投资,将不能产生任何对现有商品的需求,而只是产生对未来生产所需要的劳动和土地的需求。"[②]

正常的和自然利率只是运用到个人之间的信用方面。然而,银行是更为复杂的,因为它不像私人。他们以自己的基金放款时是不受约束的,甚至从他们客户存款的资金放款也不受约束。因为银行创造信用,他们甚至能够以很低的利率扩展放贷。另一方面,他们并不需要放出其客户存款的所有资金。因此,银行利息率也许低于,也许高于正常利率或自然利率。当这两种情况发生时,价格水平必将变动。

(1)银行利率小于自然利率。如果银行以实际上低于正常或自然利率的水平贷放货币,储蓄就不受鼓励,而对于消费品和服务的需求将上升。同时,企业将寻求更多的资本投资,因为借入货币的成本越低所实现的净利润就越大。随着投资的增加,工人、土地所有者、原材料的所有者以及有关人员的收入都会增加,消费品的价格因而也会开始上升。但是,假定我们在充分就业的位置上开始,那么,与这种对消费品和投资品的需求增加相并列的是,随着储蓄减少而来的不变的甚至是减少的商品供给。对价格增加的预期将引起价格更多地上升。均衡受到了干扰,于是,累积的向上的价格运动就开始了。基本原因是,银行或市场利率低于那种在不变价格下能够平衡实际储蓄和实际投资的正常或自然利率。只要银行利率低于实际利率,价格的上升就是无限的。

(2)银行利率大于自然利率。如果银行利率大于自然利率或者正常利率,价格将下降。其原因是,储蓄将增加而投资支出将下降。投资支出的下降将减少国民收入,而国民收入的减少又将引起消费品价格的下降。随着资本品和消费品价格的下降,一般物价

[①] 凯恩斯:《就业、利息和货币通论》,徐毓枏译,商务印书馆 1981 年版,第 249 页。

[②] Knut Wicksell, *Lectures on Political Economy*, trans. E. Classen, vol. 2 (London: Routledge & Kegan Paul,1935), p.193.[Originally published in 1906.] Reprinted by permission of the publisher.

水平也将明显下跌,通货紧缩就出现了。由于预期到进一步的价格下跌,买者将减少他们的当前支出甚至是未来的支出,而这会加剧紧缩。

五、经济周期理论

威克赛尔经济学说的核心内容是所谓"累积过程理论",它主要反映在威克赛尔的《利息与价格》一书中。实际上,这一理论包括了威克赛尔的货币利息理论和经济周期理论两方面的内容,反映了他对经济理论最重要的贡献。这些内容为当代瑞典经济学派奠定了最重要的理论基础。

在《利息与价格》一书中,威克赛尔在下述基本假定、理论前提和理论概念的基础上展开了他所说的累积过程理论和经济周期波动理论(即商业循环理论)的分析。

(1)他所考察的社会经济处于充分就业的均衡状态,土地、劳动和资本等一切生产资源的数量均为固定的,并且已被全部加以利用,不存在任何闲置的生产资源。这样,威克赛尔就以一个静态均衡经济作为分析的起点。

(2)19世纪中叶后,欧美各主要资本主义国家的银行信用制度已相当发达,银行在社会经济中的作用日益加强,信用规模的变动对交易量和价格水平有着重大的影响。因此,威克赛尔假定所考察的经济是一个有组织的纯粹的信用经济,即全部支付都利用划汇和账面转移来进行。

(3)威克赛尔将总供给和总需求都相应地划分为消费品的供求和投资品的供求,从而能够考察货币数量在影响一般物价水平的变化过程中,对生产结构、资源配置、收入支出、储蓄和投资有何种影响,即把相对价格变动与一般物价水平结合起来加以考察。

(4)在威克赛尔的分析中一个非常重要的概念是"自然利率"。自然利率是与货币利率相对应的一个概念,它是指"如果不使用货币,一切借贷以实物资本形态进行,在这种情况下的供求关系所决定的利率……被称为资本自然利率"[①]。由此可见,自然利率实际上是物质资本的收益率,或相当于庞巴维克所说的迂回生产过程中物质边际生产力。与此相对应的货币利率是指银行借贷活动中用货币支付的利息率,它是由资本市场上借贷双方的供求关系决定的。威克赛尔认为,经济活动与价值水平的波动都与自然利率和货币利率的相互偏离有关。

(5)威克赛尔所考察的是一个抽象对外贸易的封闭经济体系。它假定在这一封闭经济中各生产单位完全从银行借入资本从事经营活动;促使企业增加投资,扩大生产的刺激因素是利润动机;同时也假定各生产单位的生产时期是无差异的。这些假定都是为抽象理论分析所必需的,放弃这些假定并不会改变整个分析的主要结论。

按照威克赛尔的假定,分析的起点是一个静态均衡经济,投资与储蓄相等,经济资源充分、就业、物价水平稳定。如果这时由于某种原因银行新增了一笔资金,增强了向企业发放新贷款的能力,由于处于静态均衡经济中,自然利率和货币利率是一致的,企业没有增加贷款、扩大生产和投资的要求,银行只有采取降低货币利率的方法,才能吸引企业增加贷款,扩大投资和生产。

货币利率一旦经由银行降低,立刻从两个方面影响到社会总需求。从企业的角度

---

① 威克赛尔:《利息与价格》,蔡受百等译,商务印书馆1959年版,第83页。

看,由于现在货币利率低于自然利率,两者的差额作为超额利润刺激了企业增加投资和扩大生产的愿望,但是,在充分就业条件下,由银行增发给企业的新贷款所引起的对生产要素(各种资源)的需求就超过了生产要素的可供数量,生产要素的价格必定趋于上涨。从消费者角度看,货币利率的降低,使作为利率函数的居民储蓄减少,消费开支增加,但由于消费品市场在充分就业条件下无法扩大,消费品价格也就上涨了。猛一看,银行利率的降低,货币数量的增加,总需求的过度膨胀,一般物价的上涨,这个以利率变化为起因的经济变动过程,似乎由于一般物价水平的上涨吸收了增发的货币量而走到了终点,其实不然。威克赛尔明确地指出:"有些人以为利率的一次单独的但是持久的变动,其影响只能限于眼前的冲击。事实是经仔细考虑后,情况往往会显得完全不同。可以假定,低利率的维持,如其他情况无变化,其影响不但是恒久的,而且是累积的。"[①]

银行通过降低货币利率增加的贷款,首先是流入企业,企业利用贷款扩大投资引起生产要素价格上涨,由于不存在闲置资源,生产要素价格的变化必然会造成一部分生产要素从原有生产部门转移到有能力支付高价的生产部门。由于货币利率下降,资本的预期收益按市场利率计算的折现值提高了,资本品生产部门对生产要素的需求更为强烈,如果这时生产要素是从消费品生产部门转移到资本品生产部门,就会导致消费品生产部门的萎缩。但是,同时由于生产要素价格上涨,居民收入(如工资、地租等)增加了,在货币利率保持低水平时,消费开支会进一步增加,但由于消费品产量非但没有增加反而减少了,消费品价格将进一步上涨。消费品价格上涨后,企业为增产又会增加对资本品的需求,这又促使资本评价更进一步上涨。因此,货币利率降低,造成信用膨胀,推动投资增加,引起生产要素价格上涨,再造成货币收入增加,然后推动消费品价格上涨,再推动投资进一步增加,再引起资本品价格上涨。这种循环会形成一个经济扩张的累积过程。在这个累积过程的发展中,社会生产并不会有实际的扩大,但是,原有的社会生产结构(资本品与消费品的生产比例)不断遭受破坏,相对价格体系不断变化,一般物价水平持续高涨,一切处于不稳定状态中的因素都在相互影响,加剧了整个累积过程的发展,使社会经济处于严重的失衡状态。这时,只有银行采取提高货币利率使之与自然利率相等的方法,才能制止这一累积过程的发展。同样,由于技术进步等原因引起的自然利率高于货币利率,也可能发生这种累积过程。此外,与向上扩张的累积过程相反,假定货币利率高于自然利率,则会发生向下萎缩的累积过程——经济危机和萧条。

总之,根据威克赛尔的看法,任何货币利率与自然利率的偏离,都会造成累积形式的经济失衡。这时,货币数量不只是影响一般物价水平,还会影响收入、储蓄、投资、消费、各种商品的相对价格及社会生产结构。当货币利率等于自然利率时,投资等于储蓄,物价水平稳定不变,经济体系处于均衡状态。这时,各种商品的相等价格和产量都是由实际生产领域决定的,货币只作为流通手段和计价单位,不影响除一般物价水平外的其他经济变量,即货币是"中性的"。因此,根据威克赛尔的看法,经济达到均衡状态必须具备以下三个条件:① 货币利率等于自然利率,② 储蓄等于投资,③ 物价水平稳定不变。如果经济达不到这些条件,就很难说是均衡的,其变化过程也就变成了动态的。威克赛尔关于"累积过程"的分析在本质上就正是一种动态的分析,而且是把货币和实际经济结合

———————————
① 威克赛尔:《利息与价格》,蔡受百等译,商务印书馆 1959 年版,第 76—77 页。

在一起的分析(即摒弃了"二分法"的分析)。

威克赛尔的累积过程理论纠正了19世纪以来资产阶级经济学中的"二分法",第一次把价值理论与货币理论以及实际解决问题结合在一起。哈耶克曾经对此说道:"只是由于这位伟大的瑞典经济学家,才使得直到这一世纪末叶仍然隔离的两股思潮,终于确定地融而为一。"[①]威克赛尔也第一次把传统的静态均衡分析的谈话,最先进行了建立现代宏观均衡体系的尝试。威克赛尔的累积过程理论实际上已经公开地对"萨伊定律"及资本主义社会的市场机制能自动调节经济达到充分就业均衡的观点提出了质疑,这对于瑞典学派的形成,对于现代资产阶级经济学的货币理论和危机理论,以及凯恩斯的经济理论,都产生了巨大的影响。

六、公共政策思想

威克赛尔对于利率的分析和他对于改革的偏好,也导致了他对于政府和中央银行在促进经济稳定中作用的强调。在他1898年出版的《利息和价格》一书中,他成了呼吁通过控制贴现率和利率来稳定批发价格的首位经济学家。

威克赛尔说,经济周期变动的基本原因是,当需求增加特别是人口扩张时,技术和商业进步不能维持相同的发展比率。随着需求的上升,人们通过投资来开发环境。但是,通过新发现、新发明和其他改进措施来增加产出是需要时间的。推动大量流动资本转变为固定资本的活动造成了经济繁荣。但是,如果技术改进已经在进行,而且又没有能够保证利润超过风险边际的新的技术进步,衰退就会发生。

威克赛尔并没有在更广泛的范围内追踪这些经济波动的实际原因。他把自己的注意力集中在了货币原因上。为了排除这个货币原因,他主张银行建立一种既不会提高也不会降低商品价格的利率;即使银行利率恰好等于正常利率或自然利率的那种利率。如果不存在货币而且所有的贷款都以资本品的形式出现的话,这后一种利率就是由供求决定的利率。不过自然利率本身并不是固定的,它会随着经济波动的所有实际原因(比如生产率,固定资本和流动资本的供给,劳动和土地的供给等)波动。除非银行作调整,否则,市场利率和实际利率的恰好一致就不太可能。威克赛尔写道:

"这并不意味着银行实际上应当在固定他们自己的利率之前首先确定自然利率。当然,这是不实际的,也是完全不必要的。因为当前的商品物价水平提供了一种对于两种利率安排或转换的可靠检验。这种程序应当简化如下:只要价格保持不变,银行的利率就将保持不变。如果价格上升了,利率也将上升;如果价格下降了,利率也将降低;此后,利率就将保持在其新水平上,直至价格进一步变动要求它在一个方向上或者在另一个方向上进一步变动。

"这些变化发生得越迅速,一般物价水平发生较大变动的可能性就越小;利率变动的频率也越小或者不变。如果价格相当稳定,在不可避免的情况下,利率也将只是与自然利率的涨落相一致。

"在我看来,价格不能保持稳定的主要原因就在于银行不能或者无法遵循下面的规则……

---

① 哈耶克:《物价与生产》,滕维藻等译,上海人民出版社1959年版,第26页。

"不能利用银行来进一步降低利率的反对意见也可能是完全正确的。利率下降所可能减少的银行利润边际,会大于它可能增加的业务范围。但我要人们注意这样一个事实:银行的职责并不是去挣大量的钱,而是给公众提供交换的媒介,而且,以适当的标准提供这种媒介的目的在于稳定物价。在任何情况下,他们对社会的责任都比他们对私人的责任重要得多;如果他们站在私人企业的立场上,最终不能履行其对社会的责任,那么,我很是怀疑他们将会对国家做出有利的举动。"①

威克赛尔担心增加生产和黄金存量将会引起通货膨胀,并进而引起利率下跌和物价上升。因此,金铸币的自由化应当受到怀疑,但是世界也不应当过分看重国际上的纸币本位。这种纸币本位通常被认为是使黄金稀缺性增大的一种手段,但是它被运用于矫正货币数量过多倒是不太要紧。威克赛尔认为:"无论怎样,在进一步的考察中,这种观点都会令人吃惊。相反,它一旦成为现实,也许就成为当前的体系。这听起来就像是一个美妙的故事:毫无知觉也毫无目的地向各处派送着黄金背篓,挖出宝藏再把它们埋回地下的坑里。在任何理论的利率上,这种方案的介绍都毫无困难。中央当局和国际钞票机构都是不必要的。每个国家都有自己的钞票(和零钱)系统。这些都必须在各中央银行以票面值赎回,但是允许只在一国内流通。每个信用机构的简单职责就是管理其利率,相对而言,这要和其他国家相一致,以便维持能使国际收支平衡和能稳定世界物价总水平的经济均衡。简而言之,价格管理将在制度上规定银行利率的基本目的,它将不再受制于金本位下生产和消费的变幻不定或者铸币流通下需求的不确定性。由于仅仅受银行深思熟虑的目的来管理,这对于变化的情况将是非常灵活自由的。"②

七、关于强制储蓄

在讨论总储蓄和总投资时,威克赛尔分析了强制储蓄的理论。这并不是一种新思想。边沁曾经提出过这一学说。边沁在写于 1804 年但出版于 1843 年的《政治经济学手稿》(*Manual of Political Economy*)中把"强制储蓄"叫做"强制节俭"。分析政府在增加资本中的作用时,边沁说到了作为强制节俭的税收和纸币。他说,创造纸币就是一种直接的税收,因为它是作为一种收入税加了具有固定收入的那些人身上。约翰·斯图亚特·穆勒也曾经在其写于 1829 年或 1830 年的《关于政治经济学中一些没有解决问题的论文集》中一篇题为《论利润和利息》的论文里写到,如果银行家使通货贬值,就会在一定范围内造成一种强制的积累。产品的价格越高,对消费者的某些实际收入征税也就越多。莱昂·瓦尔拉斯在 1879 年也论述了强制储蓄理论。这也许鼓舞了威克赛尔,并通过他使所有后来的德国作家都涉及这一问题。

威克赛尔假设了一种情况,在那种情况下,一家新企业通过没有一笔相应实际资本积累的银行贷款(纯粹信用创造)来融资。假定开始时是充分就业,与没有信用创造为一家新企业融资时相比,在有信用创造融资时,生产资本品的过程中会使用更多的土地和劳动,而只留下较少的可得到的信用给消费品生产。同时,对于消费品的需求将增加而不是减少,因为企业扩张其投资时将对土地和劳动出高价雇用。由于产生了价格上涨,

---

① Knut Wicksell, *Interest and Prices*, trans. R. F. Kahn(London: Macmillan,1936), pp.189—190.[Originally published in 1898.] Reprinted by permission of the publisher.

② 同上书,第 193—194 页。

企业将需求比他们当初建立在谈判签订的贷款规模基础上所考虑的数量要少的资本品。同时,消费也将受到价格上升的约束。这种强制约束实际上构成了资本的实际积累,而那本来是当资本投资增加时应当得到的。投资增长时期所必需的真实储蓄实际上(恰恰就在这时)是强加给全体消费者的。

八、不完全竞争思想

威克赛尔认为,纯粹竞争模型在零售业市场中并不充分,因而他在几十年前就预期到了由爱德华·张伯伦和琼·罗宾逊提出的垄断理论或不完全竞争理论。威克赛尔对这个问题的论述和对它的进一步系统发展之间所经历的 32 年的确异乎寻常,但是,纯粹竞争的思想是众多边际思想的中心,对它的修改需要经济中垄断倾向的大量证据。

1901 年,威克赛尔写到,零售商通常有着固定的顾客群体,而这会使他们具有固定的价格而不是变动的价格。当实际价格适应着批发价格变动时,他们变动价格的行动有一个时间的滞后,而且是在修改了的形式上进行的:

"每个零售商在其直接顾客群体内实际上拥有我们所说的实际销售垄断,即使在我们即将很快看到的地方,这也是建立在忽略买者的组织或者买者缺乏组织的基础上的。当然,他不能像一个真正的垄断者那样,任意提高价格(他只是在远离商业中心的地方可以考虑提高当地的价格)。但是,如果他保持与其竞争者相同的价格和销售量,那他就几乎只能经常依靠其近邻来做顾客了。这个结果并不是由于明显为了方便而出现的偶然性零售商过多造成的。这实际上会损害消费者。例如,假定两家同类商店位于同一街道的不同两端,他们各自的市场将在该街道的中间相接就是自然而然的事。现在假如有一家新的同类商店在该街道的中间开张,其他两家商店中的每一家都将或迟或早丢掉一些顾客给新商店。因为住在街道中间附近的人们认为,他们如果以同样的价格得到同样的商品,到最近的商店去购买商品就会节省时间和减少麻烦。不过,在这一点上,他们是错误的,因为原来的商店在没能减少其相应程度支出负担的情况下失去了一些顾客,他们将被迫逐渐提高价格(因为他们将不再在其平均成本曲线的最低点上运行)。同样的方法也可以运用到那些从一开始就有本应对自己的较小销售量感到满意的新的竞争者身上……除非竞争者之间的一个(比如一家大商店),其管理水平远远超过其余所有的人。正确的矫正方法显然就是某些在买者之间进行组织的形式的方法。但是,只要这种联合不存在(在生活的不同位置上的个人之间不存在,而且也没有那种特别难于建立的更密切的联系),异常的情况就像人们预计的那样,必定是,有时竞争会提高价格,而并不总是降低价格。"①

在完全竞争方面,威克赛尔成为继古诺和其他一些人之外的领导者。他指出,销售量被人为地限制在产生最大化利润的点上。价格的每次提高都减少了商品的需求量。"但是,只要需求(需求量)下降小于较高价格引起的每单位商品的利润增加比例,总的净利润……就将增加。"相反,当销售量的减少大于每单位商品净利润增加的比例时,价格的进一步增加就是不利的。威克赛尔说,重要的是要记住,不变的或者过重的成本不会在决定最有利可图的垄断价格上产生任何影响,只有变动的成本(边际成本)是应当考虑的。

---

① Wicksell, *Lectures on Political Economy*, Vol. 2 (London: Routledge & Kegan Paul, 1934), pp. 87—88.

第三节　费雪的货币利息理论

一、费雪的概况

欧文·费雪(Irving Fisher，1867—1947年)是美国又一位新古典经济学家。他也是继 J. B. 克拉克之后，最早获得世界声誉的美国经济学家。他的货币利息理论和价值理论在经济学界都有着重要的影响。

欧文·费雪毕业于美国耶鲁大学，毕业后也终身在耶鲁大学教书。他最早学习数学，中途改学经济学。其学位论文的题目是《价值与价格理论的数理考察》。毕业后，他先担任数学教师，数年后逐渐转向经济学研究。1931年他曾支持挪威青年经济学家弗里希在美国创立计量经济学会并当选为第一任会长。费雪的主要经济学著作有：《价值与价格理论的数理考察》(1891)、《货币的购买力》(1911)、《利息理论》(1930)、《指数的编制》(1922)等。

二、效用价值论

费雪在其博士论文《价值与价格理论的数理考察》中对于效用的衡量问题作出了比杰文斯和埃奇沃思更好的分析，这一分析甚至比在他之后的帕累托分析更为精辟。在这方面，费雪主要受到了杰文斯的影响，以及奥地利的两位非职业经济学家阿斯匹兹和里本合著的《价格理论的研究》一书的启发。

费雪认为，"效用"一词中应该去掉功利主义和享乐主义的成分。效用的定义必须使它能与实证的或客观的商品之间的关系相连接。他反对在经济学中插入心理学的东西。

费雪发展了杰文斯、门格尔、瓦尔拉斯和马歇尔等人把商品效用仅仅依存于商品本身的数量的假定。他说，一种商品的效用是一切商品的数量的函数。[1]费雪还强调效用标准的客观性，认为只有客观的标准才能进行衡量和计算。费雪比较强调序数效用分析。他对于埃奇沃思的无差异曲线分析方法的改进，比帕累托更为精密和高明。这为现代无差异曲线的运用提供了很大的帮助。遗憾的是，他的贡献很晚才被人们所了解。

费雪还进行了"一种商品的数量可以影响其他商品的效用的两者方式"[2]的分析。这实际上就是现代消费者选择理论中的关于互补品和替代品的分析。

总的说来，费雪的《价值与价格理论的数理考察》的第二部分，已经包含了现代消费者理论的一些主要概念和技术。

三、利息理论

费雪在这方面的最早著作《增值与利息》比威克赛尔的《利息与价格》(1898)还早两年。他对于货币本位与利率间关系的看法与威克赛尔非常相近，只是其论述范围比威克赛尔小，仅限于债权债务关系。

---

[1]　Irving Fisher, *Mathematical Investigation in the Theory of Value and Prices* (New Haven：Transactions of the Connecticut Academy of Arts and Sciences. Repr. New York：A. M. Kelley 1965), p. 64.

[2]　同上注。

费雪对于利率水平与物价水平间的关系进行了探讨,力图解答所谓的"李嘉图—图克之谜"(Ricardo-Tooke Conundrum),即利率为何在物价下跌时总是低,而在物价上升时总是高。费雪指出,人们之所以受迷惑,是因为他们把名义利率的高低误以为是真实利率的高低。[1]费雪所说的"名义利率"是指市场利率,而"真实利率"则是校正过货币价值变动后的名义利率。他认为,当物价开始上升时,工商业利润也将上升。这时,"借款人能支付较高的货币利息。但是,如果只有少数人觉察到这一点,则利息还不会充分调整,而借款人将在去掉应支付的利息后实现一种超额的利润。这就产生一种将来仍有同样利润的期望,这种期望反映在贷款需求上会使利率增高。如果这种增高仍然不够充分,这一过程就将继续重复。……当价格开始下降时,就出现相反的作用……既然在物价动向上升开始时利率总是偏低,在下降动向开始时总是偏高,我们不仅能理解整个时期的平均数还来不及完全调整,还能理解这种调整的时滞将使价格上升开始时出现相对低的利率,而在下降开始时出现相对高的利率。这些至少可以部分解释价格之高低与利率之高低的联系"[2]。除此之外,费雪还注意到人们的不完全预期对于利率的影响,并对其进行了充分的阐述。

在1930年的《利息理论》中,费雪把他的利息理论建立在当前资本的价值与预期未来收入的价值的关系上。他说:"果园的价值依存于其收获的价值;并且在此依存关系上暗含着利率本身。所谓'资本产生收入,只有在实物意义上才是正确的;在价值意义上就不是正确的。……相反,倒是收入价值产生资本价值'。"[3]由此出发,费雪把他的利息理论建立在三个假定基础上。

其一,在消费贷款时,每个人一开始就被给定一个确定的收入量,通过借入与贷出能够自由地买进或卖出,从而使收入可以立即再分配。该假定实际上是承认一个时间偏好变化的无障碍。

其二,假定收入流量不固定,但一切可能的变化都能事先确切知道。任何资本财产所有人愿意从事的资本投放,也不被限定在单一的用途上,并容许他选择几种不同的用途,而每个用途可获得不同的收入流量。费雪在此提出了一个"牺牲的边际报酬率"概念。这"接近于所谓的'自然利率',通过它我们就可能将生产力理论、成本理论和庞巴维克的生产技术等等所包含的精确成分均接受到我们的理论中来"[4]。这里所说的"牺牲"意味着一个人原先的收入流量,由于其资本从一种用途转到另一种用途发生的相对损失。"报酬"意味着由于该资本用途转换所增加的相对收入。

其三,假定存在风险和不确定性等因素。这时,个人必须在几种不确定的收入流量中选择一种,从而现在所必须面临的已不再是仅代表本年和次年间交换比例的单一利率,而是因所包含的风险而出现的大量多样性利率。

费雪的利息观点引起了他与"生产力利息论"和庞巴维克利息论支持者之间的长期论战。

---

① Irving Fisher, *Appreciation and Interest*, p. 67.
② 同上书,第 75—76 页。
③ Irving Fisher, *Rate of Interest*, p. 13.
④ 同上书,第 159 页。

四、货币理论

这是费雪最为著名的理论,以他 1911 年出版的《货币的购买力》中的交易方程式为代表。他的货币数量论基本上属于古典经济学传统,重点是说明货币数量的增加将使一般物价水平按等比例提高。费雪的交易方程式是把西蒙·纽卡姆的公式运用到货币理论的结果。[①]

费雪采用的交换方程式即:$MV = PT$。其中,M 为货币存量,V 为流通速度,P 为物价水平,T 为交易数量。这里的 M 包含硬币、银币钞票、支票,以及流通中暂时储存的现金。T 包含实物交易和中间交易。V 被假定不变。这样,在交易量 T 一定时,物价水平就与货币数量成正比。这一交换方程式是重商主义以来长期流行的货币数量论的一种明确而简洁的代数表达,使人一目了然。

第四节　霍特里的货币理论

一、霍特里的概况

拉尔夫·乔治·霍特里(Ralph George Hawtrey, 1879—1975 年)是英国财政部的官员,写有许多货币经济学方面的著作。他主要关心经济波动问题,花了很大精力研究信用的不稳定问题。他认为,引起经济波动的其他原因是次要的,是可以通过货币的途径加以控制的。因此,他主要研究货币和信用问题。

二、货币的经济周期理论

在霍特里看来,经济波动中的关键性角色是批发商或商人而不是生产者,关键性的因素是利息率。如果银行实行信贷收缩,这对于农业、采矿业、制造业生产将不会直接产生很大影响。因为生产者的利润取决于产出,他们不能把营运资本降低到减少生产的既定水平之下。虽然生产者暂时依靠借贷,而且利息率是在很高的比率上变动的,但是利息毕竟只占其成本中的很小部分。

批发商则不同,他们对于利率非常敏感。他们借钱是保持存货,由于他们的价格上涨很小,利率变动就成了他们成本中的重要因素。较高的利率变化将增加他们的进货成本,他们将不得不减少存货。低利率将使他们比较容易保持大量存货。这样,商人就会在利率变动时主动地增加或减少向生产者的订货。他们的贷款行为不仅受到银行愿意向他们贷款的条件的影响,而且受到市场上需求水平和价格变动前景的影响。如果他们预期价格上升,就愿意增加存货以获取额外的利润。不过,在这样做的时候,他们必须考虑对应于他们必须借入的、新增加的钱所要承担的利息支付。因为额外的利息支付是确定的,而价格的上升却是推测的。

为什么会发生商业波动呢?因为信用内在的不稳定性,会通过商人扰动经济中其他

---

① 西蒙·纽卡姆(Simon Newcomb, 1835—1909 年)是加拿大出生的美国著名天文学家,也讲授经济学,出版过一本《政治经济学》(1885)。他是克拉克、费雪以前的美国古典经济学的代表人物。在费雪采用其交换方程式后,才引起了人们的注意。

部分使之累积性地脱离不稳定的均衡状态。霍特里说：

"如果银行增加其资金贷放,随后就会出现放松银根和消费者收入与(在消费品和投资品上)开支增加。消费者开支的增加意味着对商品一般需求的增加,而商人则发现他们的存货减少了。于是,这引起了向生产者的进一步订货;继而,生产能力也进一步增加,消费者收入和支出进一步增加,需求也进一步增加;存货也进一步消耗。活动的增加意味着需求的增加,而需求的增加又意味着活动的增加。恶性循环就建立起来了,生产活动就发生了累积性的扩张。

"但是,生产活动不能无限扩张。当着累积过程使一个又一个的企业达到生产能力的极限时,生产者就开始开出越来越高的价格。这时,恶性循环还没有破裂,但是,累积的生产能力的增长为累积的价格上升铺平了道路。通货膨胀的恶性循环就开始建立起来了。

"需求的扩张一旦确切地开始,就会通过其自我运动进行下去。就不再需要银行对借贷者进一步鼓励了。

"相似的原理也适用于需求的相反变动。假如银行采取行动减少他们的贷款,随之,将发生现金被吸纳和消费者的收入与(在消费品和投资品上)支出的压缩。需求下降,商人的存货增加,向生产者的订货削减。活动的减少意味着需求的减少,而需求的减少又意味着活动的减少。萧条的恶性循环与扩张的恶性循环是相对立的,除非在活动增长的道路上没有遇到任何生产能力的明确限制。但是,活动的下降肯定伴随着批发价格的下降,因为生产者将做出让步,他们中的每一个都竭力要在有限的需求量中占有一个尽可能大的份额,以便维持其工厂的运转。这里,我们看到了通货紧缩的恶性循环。"[①]

三、斟酌使用的货币政策

霍特里认为,中央银行可以管理信用,因而也可以促进经济稳定。有时候,它只需要改变一下扩张或者收缩的倾向;在另一些时候,它则需要反其道而行之。因为现有的倾向具有一定的力量,所以要求以更大的力量去扭转它。最大的危险是行动太慢和对于成功的疑虑。比如,经济正处于通货膨胀的恶性循环之中,也许,贷款人所受到的只是断然拒绝贷款的这种压力可以被抵消。中央银行因此将会失去它作为最后放款人的功能。与此相似,萧条也许会在不能被引起贷款的商人中间引起悲观情绪。

为了抑制信用的不稳定以及因之而产生的经济活动的不稳定,霍特里提出了几种补救方案:中央银行的公开市场业务,变动再贴现率,以及变动对商业银行的准备金要求。如果国民收入保持稳定,就必须允许信用和通货发生变动。提高利息率和限制银行的准备金都可以抑制通货膨胀,这些政策总是可以被推进到有效力的程度。不过,相反的情况并不一定是真实的。使货币贬值和增加银行储备也许不能刺激经济的复苏。当对商品的需求很低时,批发商通过将其采购削减到其销售的水平之下来寻求他们存货的降低。但是,如果销售比他们预期的下降更快,作为存货的商品也许实际上会增加。在这种情况下,即使在非常低的利率上也不能诱导批发商去贷款造成手头的存货。结果是霍特里所说的像20世纪30年代那样伴随着经济停滞和深度衰退的完全的信用僵局。"僵

---

① R. G. Hawtrey, *The Art of Central Banking* (London: Longman, Green, 1932), pp. 167—168. Reprinted by permission of the publisher.

局是很少发生的,但是不幸的是,在二十世纪三十年代发生了全球性大灾难,产生了对于文明结构毁灭性的威胁。"[1]

霍特里坚信,避免僵局的途径是在先前的繁荣时期采取适当的行动,必须及早采取行动来制止过度的货币扩张。当银行的利率充分上升时,繁荣就逆转了。逆转发生后,银行的利率必须迅速下降,以避免累积的恶性通货紧缩。他说:"当我们假定较高的银行利率发挥作用时,意味着它成功地克服了扩张的恶性循环而开始了通货紧缩的恶性循环。为了打破通货紧缩的恶性循环,重要的是使商人产生一种增加其购买的充分集中的倾向。当他们的购买仍然适用于较高银行利率的抑制倾向时,一个向降低银行利率的突然转变就会产生作用。如果这种转变被拖延和处于较长时期内,它在任何时候的力量都可能是不充分的。而通货紧缩的恶性循环将继续冲击经济,直到其不存在。通过立即采取措施及时放松信用也许可以制止这种恶性循环,而在所有的时间里在使两种恶性循环得不到支持的方式上管理信用将更会好得多。在静止条件下,信用对于银行利率的温和上升和下降变动很容易做出反应。如果这些变动总是有节奏地发生的,就不再需要静态货币条件之外的条件了。"[2]

霍特里的作为经济生活中重要角色的商人的概念,对于英国也许比其他地方更合适。因为英国当时是世界贸易的领导者。不过,它在世界贸易中地位的下降使得这种观点在今天看来并非无懈可击。霍特里对于斟酌使用的货币政策的效率在开放市场运行条件下不加鉴别的信奉,使得他的观点在20世纪20年代的美国非常流行,因为当时人们认为联邦储备系统可以用这种方法来稳定经济。他对于货币政策工具的明确论证的确是一项对于经济学的持久性贡献。霍特里对于存货重要性的早期强调在近几十年中正在为经济学家们所日益认识。卖不出去的存货的波动,已经被一些经济学家证明是理解第二次世界大战后经济扩张和衰退的关键因素之一。

思考题 》》

1. 威克赛尔是怎样说明经济周期波动的?
2. 你怎样理解威克赛尔的"自然利率"概念?
3. 威克赛尔是怎样论述"强制储蓄"的?
4. 威克赛尔的财政观点对后来的有关理论有何影响?
5. 费雪是怎样论述利息的决定的?
6. 费雪的"交易方程式"有何积极意义?
7. 霍特里关于经济周期的理论是怎样的?
8. 霍特里关于斟酌使用的货币政策的主要内容是什么?

---

[1] R. G. Hawtrey, *Capital and Employment*, 2nd ed. (London: Longman, Green, 1952), p. 79.

[2] 同上书,第 113 页。

第二十五章　　福利经济学思想

▌内容提要▐

　　到19世纪末20世纪初,涉及福利经济学思想的经济学家主要包括瓦尔拉斯、马歇尔、庇古、帕累托。瓦尔拉斯的完全竞争条件下的一般均衡理论为新福利经济学奠定了理论基础。马歇尔则检验了成本递增和成本递减行业中的税收和补贴的福利效应。庇古是最先正式提出研究福利问题的经济学家,并出版了《福利经济学》一书。庇古被经济学界认为是以马歇尔的局部均衡分析方法为主要分析工具的"旧"福利经济学的首倡者,而把帕累托看做"新"福利经济学的创始者。"新"福利经济学植根于瓦尔拉斯的一般均衡原理和分析工具,还有埃奇沃思的分析。

　　此外,米塞斯和兰格在关于社会主义和资本主义的经济制度论战中,也涉及社会资源配置的最优化和社会福利最大化问题。阿罗从社会公共选择的问题入手,说明民主社会在表达和代表公众的利益方面存在的问题,从而涉及社会资源最优配置和福利最大化的实现问题。霍布森的理论则集中谈到了资本主义市场经济中设计社会福利的消费行为和过度储蓄问题,并由此引出了他的"帝国主义理论"。

第一节　庇古的福利经济学理论

　　福利经济学主要是在新古典经济学时期发展起来的。新古典福利经济学直接依赖于享乐主义。19世纪末的享乐主义包括精神享乐主义和伦理享乐主义两种。前者比较粗浅,而且一直受到怀疑;后者则被称做"贪婪原理",即"如果你喜欢某种东西,则越多越好"[①]。

　　新古典福利经济学的规范原理可用以下几种方式来陈述:从伦理上讲,快乐多比少好,效用多比少好;在个人偏好顺序中,优总比劣好,更优总比优好,最优则最好。而个人是唯一有资格评价一个客体的快乐、效用和偏好的。但福利经济学没有看到,个人的需要本身就是一个特别的社会过程和个人在其中地位的产物。也就是说,不同的社会和经济制度及其相关的个人需要模式决定了不同的福利规范评价。

一、庇古的概况

　　阿瑟·塞西尔·庇古(Arthur Cecil Pigou, 1877—1959年)于1908年在剑桥大学继任马歇尔政治经济学讲席教授的席位,并保持这一职位直到他1943年退休。他是马歇尔去世后新古典经济学家的领头人。他表达了对于穷人的人道主义冲动,希望经济科学

---

　　① S. S. Alexander, "Human Value and Economics' Value", in *Human Values and Economic Policy*, ed. S. Hood (New York: New York University Press, 1967), p. 107.

西方经济学说史教程 The History of Economics

能够引导社会的进步。按照他谨慎的方式,允许政府在改善一些社会所不愿有的特征方面发挥作用的问题上,庇古愿意比马歇尔走得更远一些。

庇古在 1920 年写了著名的《福利经济学》,希望能为政府采用法令手段促进社会福利提供理论基础。作为一名经济学家,他关心被定义为"可以被直接或间接以货币尺度来衡量的"经济的福利。帕累托是根据一般经济均衡方法塑造了福利理论,但庇古与帕累托不同,他主要依靠局部均衡分析方法,继续发展了斯密、边沁和马歇尔的"旧福利经济学"。他对于福利经济学的贡献包括他对于收入再分配和私人成本与社会成本的分离的观察。我们介绍的庇古的另外两个问题是他对于价格歧视和今天所说的"庇古效应"的讨论。

二、收入再分配

庇古论证了杰文斯和马歇尔关于货币的边际效用会随着其数量的增加而递减的原理。在此基础上,他有力地表明在既定条件下越是平等的收入就越可能增加经济福利。庇古认为,如果我们注意到同样条件下同样背景的人们福利的提高,就可以适当地把个人之间的满足进行比较。在这种情况下,和那些苛刻地放弃价值判断,并宣称不可能对不同人们之间的满意程度进行比较的"纯粹科学的"经济学家相比,庇古更是一位改革者。他说:"收入从相对富有的人那里向习性相似的、相对贫穷的人那里的任何转移都必定会增加满足的总量,因为在不太强烈需要的同样支出水平上这会使更强烈的需要得到满足。因而,老的'效用递减规律'将必定导致这样的主张:增加穷人手中实际收入绝对份额的任何原因,都不能导致从任何观点来看的国民收入分配规模的缩小将普遍地增加经济福利。"①

三、私人利益与社会利益

庇古与传统理论最重要的不同就在于,他更强调私人成本和收益与社会成本和收益的分离。关于这种分离的思想并非是庇古原先就有的。亨利·西奇威克(Henry Sidgwick, 1838—1900 年)曾经在 1883 年所写的文章中讨论了同样普遍的问题,但是,西奇威克是以一种不够简明的方式写的。②商品或服务的私人边际成本是生产者在再多生产一个单位该商品或服务时的花费;社会的边际成本是生产出那个单位产品所造成的社会支出或者对社会造成的损害。同样,一件商品的私人收益以其售价衡量,社会收益则是社会从所增加的这一单位产品得到的总收益。

这些区别很重要,因为生产和消费的行为可能会把成本或收益强加于一部分人而不是生产者和消费者。这些额外的成本和收益,或者外部性,溢出到了其他人身上,因此,有时候这被叫做"溢出效应"。例如庇古所说的,铁路上机车喷出的火星也许会危害周围的森林或庄稼,而这些森林或庄稼的所有者却不会因其损失而得到赔偿。因此,对于铁路来说,社会成本(内部成本加上外部成本)就大于私人成本(内部成本);私人边际产品

---

① A. C. Pigou, *The Economics of Welfare*, 4th ed. (London: Macmillan, 1932), p. 89. [Originally published in 1920.]

② 玛格丽特·G. 奥唐奈(Margaret G. O'Donnell)在其"Pigou: An Extension of Sidgwickian Thought", *History of Political Economy* 11(Winter 1979), pp. 588—605 中叙述了关于庇古和西奇威克的思想之间的关系。

超过了社会净产品。与此相似,一位企业家在居民区建一座工厂,会给其他人的财产造成很大价值的损失。庇古还说,酒精饮料销售的增加对于威士忌酒和啤酒生产商来说是有利可图的,但是,当更多的警察和监狱成为必需时,就产生了外部成本。

庇古说,也有一些相反的例子,在这些例子中,某些私人活动的收益将溢出到社会收益中,但是付出好处的个人却没有得到补偿。因而,社会边际净产品超过了私人边际净产品。例如,一个行业中某一企业的扩张也许会产生该行业整体的外部经济,从而减少其他企业的生产成本;植树造林方面的私人投资将有益于周围的产权所有者;防止工厂的烟囱喷放浓烟对于社区的好处远大于对于工厂主的好处;科学研究对于社会通常比对于研究者和发明人具有更大的价值,虽然专利法的目的在于使私人边际净产品和社会边际净产品更为相称。

庇古从他的分析中引出了一个重要的福利含义:并非所有的竞争市场都能产生使社会总福利最大化的产出。在下面的图形中表明了这一事实。当然,这是庇古这一思想的现代表达。

图 25-1 中的图 A 表明了存在社会成本或者负外部性的情况。需求曲线 D_{mpb} 和 D_{msb} 反映了铁路为之服务的顾客的边际私人收益(内部收益)以及社会的边际社会收益(外部收益)。供给曲线 S_{mpc} 和 S_{msc} 表明了提供这种服务的边际私人成本(内部成本)以及社会的边际社会成本(外部成本)。

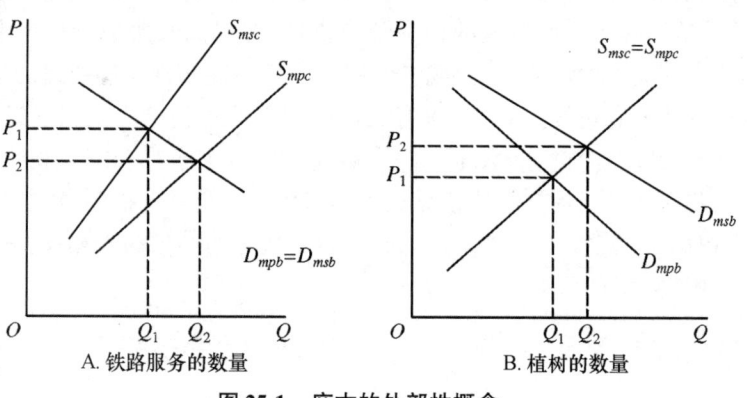

图 25-1　庇古的外部性概念

在图 A 中,(由铁路上机车的火星引起的)外部成本意味着边际社会成本大于边际私人成本。市场决定的产出量 Q_2 太多,以至于不能使社会的福利最大化;对于大于 Q_2 的产出量而言,边际社会成本超过了边际社会收益。在图 B 中,(森林周围地带自然产生的)外部收益造成了大于边际私人收益的边际社会收益。因而,均衡产量 Q_1 就小于使社会福利最大化所要求的产量 Q_2;对于那些小于 Q_2 的所有产出而言,其边际社会收益就大于边际社会成本。

如果这一市场上没有负外部性,即如果铁路及其使用者所有的成本都是内部的,铁路服务的均衡价格将是 P_2 而均衡数量将是 Q_2。这一服务水平将使铁路及其使用者的联合福利最大化,而且,由于没有人受影响,所以,社会福利也是最大化的。

但是,按照庇古的例子,让我们假定,铁路把外部成本转移到第三部分人身上。这样,我们就在图 A 中看到标着 S_{msc} 的供给曲线位于反映边际私人成本的曲线 S_{mpc} 上方。在每个服务水平上,铁路都不仅产生劳动和燃料那样的私人成本,而且把外部成本转移到林地和农田的所有者身上。任何水平服务或产量上的边际社会成本都在S_{msc}上，它是由边际内部成本加上边际外部成本所组成。竞争市场将产生价格P_2，在该价格水平上供给和需求的服务数量将是Q_2。这并不是从一种福利前景出发来看的最佳产量。最佳产量其实是Q_1，其边际社会成本等于边际社会收益。在由S_{msc}所表明的Q_2的边际社会成本超过了由D_{msb}所表明的边际社会收益。大于Q_2的所有铁路服务量都是这种情况。社会为生产这些产量中的每一单位所花费的成本都大于这些服务给社会增加的收益。结论是：负外部性引起产生这些负外部性的市场上资源的过度分配（太多的产出）。

在其他市场上，边际社会收益超过了边际私人收益。图B表明了这种福利结果。我们再次利用庇古的例子中给出的方法，假定D_{mpb}代表植树造林的土地所有者的边际私人收益，而D_{msb}表示边际社会收益。假定林地周围产权所有者通过这些地带发生的自然播种而产生造林收益。私人植树的实际数量将是Q_1，在这个产量上，我们从D_{mpb}和S_{mpc}可以看出边际私人收益等于边际私人成本。但是，竞争市场又一次不能产生最大化的福利。如果考虑外部收益，则最佳植树水平应该是Q_2，在该水平上，边际社会收益等于边际社会成本。市场决定的产量水平Q_1太小了，因而配置到这种用途上的资源太少了。

根据庇古的意见，政府在福利方面的任务就是在私人的边际成本和社会的边际成本之间，以及在私人的边际收益和社会的边际收益之间维持相等。通过使用税收、补贴或者立法管制来做到这点。例如，政府在铁路的例子中的选择可以有立法禁止机车喷放火星，通过法律使铁路对于它们造成的损害负有责任，对提高其服务价格或者减少其服务价格的铁路或者它们的使用者征税，或者对那些同意不在非常靠近铁路的地方植树种草的林地和牧场的所有者付钱。此外，政府也可以向那些植树的人支付补贴，以便减少他们的植树开支，由此增加真实的数量。西奇威克和庇古关于社会成本和收益的分析，向那些广泛认为我们在任何地方总能依靠竞争的市场使社会经济福利最大化（产生帕累托最优）的观点提出了挑战。与那些信奉与提倡自由放任的结果的人相比，庇古说，政府在经济中起的作用更大。[①]

四、其他贡献

除去上述方面之外，庇古还做出了其他理论贡献。他对于经济学中自愿储蓄增加（这在凯恩斯时代以前是很时髦的）的强调，在20世纪80年代被许多经济学家和政府政策的制定者所赞同。庇古认为，人们宁愿选择现在的满足而不愿选择将来同样重要的满足，因为人们的预见力是有限的。因此，我们会轻视将来的愉悦。这种偏见是对于影响深远的经济不和谐的贡献，因为人们是在不够理性的偏好基础上，在现在、不远的将来，以及遥远的未来之间分配其资源的。于是，向着遥远未来所作的努力是由那些直接向着不远的将来所作的努力去满足的，而为了增强当前的消费，遥远的未来和不远的将来的消费就被依次放弃了。新资本的创造被抑制了，人们被鼓励使用现有的资本去取得较小的当前优势而牺牲较大的将来优势。由于将来的满足被低估，自然资源就被更快地和浪

---

① 并非所有的经济学家都赞同有那种需要政府干预的外部性存在。实际上，有一些人通过政府认同和强加的产权的失败所引出的外部性问题，来反对庇古的观点。经典性文章是弗兰克·奈特（Frank Knight）的"对于社会成本的解释中的谬误"（"Fallacies in the Interpretation of Social Cost"，*Quarterly Journal of Economics* 38（May 1924），pp. 582—606）。

费性地消耗了。

庇古得出结论,由于政府干预加强了人们把更多的资源用于当前而把更少的资源用于将来的倾向,经济福利会越来越少。因此,如果我们希望最大化经济福利的话,就应当避免对任何储蓄征税,包括财产税、遗产税和累进所得税。较重的消费税是一种选择,因为它们鼓励储蓄,但是这种税收具有不成比例地损害低收入人群的缺陷。

庇古增加国民储蓄促进经济增长的愿望取决于他关于经济总是趋向于充分就业的正统思想。在这方面,他产生了一种观点,即伴随着经济向下转变而出现的一般物价水平的下降,将增加人们资产的实际价值。因而,人们将决定减少储蓄而增加消费,这又会增加经济中的需求并推动经济回过来转向充分就业。经济学家们把这种观点结合到几种当代的经济模型中去。例如,宏观经济学教科书的作者们普遍地使用了这种庇古效应或者实际平衡效应去帮助解释总需求曲线向右下方倾斜(物价水平—实际产出模型)的原因。

庇古最后的著名贡献是关于价格歧视的讨论。正是庇古给价格歧视分成了三级。当垄断者对每个消费者的索价是他恰好为购买商品而愿意支付的数量时,第一级价格歧视就产生了。因此,垄断者拿走了全部的消费者剩余作为其收益。第二级价格歧视是第一级价格歧视的粗糙形式。卖者对于第一批商品中的每一单位索要一个价格,然后对于随后一批商品中的每个单位索要较低的价格。在20世纪70—80年代美国的定价改革中,电力事业率先普遍使用了这种数量折扣。第三级价格歧视包括把消费者分为不同的等级并在每组的需求弹性基础上索要不同的价格。许多可能的例子之一是商业的报纸和杂志向学生和教授们索要比普通公众低一些的价格。所以,庇古关于价格歧视的分析大大扩展了由古诺和其他人提出的垄断定价理论。

第二节　帕累托的福利经济学理论

一、帕累托的概况

维尔弗雷多·帕累托(Vilfredo F. D. Pareto, 1848—1923年)出生于巴黎,其父母是意大利人。他曾经在意大利的土伦大学学习,后来担任瑞士洛桑大学的经济学教授职位。在那里,他继承并扩展了其前任瓦尔拉斯所创立的数理经济学传统。他在1906年出版的《政治经济学讲义》(*Manual of Political Economy*)中提出了自己的主要思想。约瑟夫·A.熊彼特说:"作为一种纯理论,帕累托的理论是瓦尔拉(斯)主义的——无论是基础工作还是详细的论述都是如此。"[1]

二、帕累托最适度

福利经济学最重要的两个有约束条件的基础理论就是"消费者效用最大化理论"和"厂商利润最大化理论"。在此基础上,新古典经济学家构建了一个精致、匀称、美丽、令人满意的演绎及数学大厦,借以证明:在完全竞争条件下,追求效用最大化交易的消费者和追求利润最大化交易的企业家,都将自动行动并互相影响,最终使社会福利达到最

---

[1]　Joseph A. Schumpeter, *History of Economic Analysis* (New York: Oxford University Press, 1954), p. 860.

大化。

帕累托在经济分析的工具方面不仅继承了瓦尔拉斯和埃奇沃思的方法,而且做出了重要贡献,他重新定义了埃奇沃思(Edgeworth)关于无差异曲线的思想。埃奇沃思假定效用是可以衡量的并由此导出了他的无差异曲线。帕累托想通过建立表明不同满足水平的无差异图,来解决个人效用的衡量和比较这个令人头疼的问题。帕累托的无差异曲线和他对最适度条件的观点也是现代无差异曲线的直接先驱。

在与福利经济学理论具体相关的方面,帕累托重新定义了瓦尔拉斯的一般均衡分析,并提出了我们现在所说的帕累托最适度(也叫做"帕累托最优")或者福利最大化的条件。后来,其他经济学家对完全竞争的产品市场和资源市场进行了更为认真的数学证明,也得到了帕累托最适度。于是,在精神和伦理享乐主义基础上构建的帕累托最优标准,就成为了福利经济学的核心概念。而新古典微观理论也在帕累托标准下达到顶点,并由此导出一个似乎毫无疑义的结论:完全自由市场的、充分竞争性的资本主义制度必然能够实现资源的最优配置、收入的最优分配、消费的最大化效用。

帕累托说,没有任何变动能使一些人情况变好而同时不会使任何其他人的情况变坏时,就实现了社会福利最大化。这意味着,在可以增加一些人的福利而不会损害另一些人的福利这样一种方式上,社会无法重新安排资源配置或是商品和服务的分配。这就是帕累托最适度(帕累托最优),它意味着:① 商品在消费者之间的最适度(最优)分配;② 资源在生产者之间的最适度(最优)的技术配置;③ 最适度(最优)的产出数量。对此可以通过假定存在着包含两个消费者(比方说,詹姆斯和格林),两种产品(假设是汉堡包和土豆),和两种资源(劳动和资本)的简单经济,来表明这些条件。在这种简单经济中的帕累托最适度(最优)的条件,就是存在于有着大量消费者、商品和资源的现实经济中那些条件。

1. 产品的最适度分配

产品的最适度分配就是,当詹姆斯和格林每人都有同样的两种商品间的边际替代率时所产生的能使消费者福利最大化的那种分配。用符号表达就是:

$$\mathrm{MRS}_{hp} S = \mathrm{MRS}_{hp} G$$

这里的符号分别代表詹姆斯和格林的汉堡包对土豆的特定的边际替代率。它等于相应无差异曲线上特定点的斜率的绝对值。

假定詹姆斯和格林的这两种商品的边际替代率不一样,或者具体地说,詹姆斯的边际替代率是5,而格林的边际替代率是2。这意味着,詹姆斯为了多得到一单位汉堡包愿意放弃5单位土豆(或者以1/5汉堡包的代价来换取1单位土豆),而格林则只愿意以2单位土豆的代价来换取1单位汉堡包(或者以1/2单位汉堡包来换取1单位土豆)。因此,在边际上,詹姆斯对于汉堡包的评价相对大于格林的评价,而对土豆的评价则相对小于格林的评价。于是,帕累托改进的基础就建立起来了。詹姆斯可以用一些土豆来向格林进行贸易(因为格林对土豆的评价相对更大一些)而换回詹姆斯自己评价相对更高的汉堡包。由于交换使得两个交换者都改善了福利,而没有使两人的情况变坏,因此,两人经济中的总福利提高了。

随着詹姆斯得到了更多的汉堡包和格林得到了更多的土豆,詹姆斯的边际替代率将下降,而格林的边际替代率将上升。当边际替代率相等时交换将停止下来;这时,已经不存在进一步交换的可能了,因为这时任何一笔交换都将不再能够至少使一个交换者福利改善而同时又不会使其他人的福利变坏。再重复一下这个一般化的结论:帕累托的产品在消费者中的最适度分配产生于消费者边际替代率相等的时候。[①]

2. 资源的最适度技术配置

在我们的两种商品、两种资源的例子中,当汉堡包和土豆生产中劳动(l)和资本(k)之间的边际技术替代率相等时,就达到了资源在生产性使用上的最适度配置。劳动对资本的边际技术替代率就是在产出水平不变的条件下,一单位劳动可以替代的资本单位的最大数量。[②]帕累托最适度的第二个条件可以用符号表示如下:

$$\text{MRTS}_{lk}H = \text{MRTS}_{lk}P$$

这里的符号分别代表汉堡包和土豆生产中劳动对资本的边际技术替代率。

如果两种要素的使用之间的边际技术替代率不同,帕累托改进就是可能的。比如,假定生产汉堡包的边际技术替代率是 2,而生产土豆的边际技术替代率是 3。这就意味着,我们在维持既定的汉堡包生产时,1 单位劳动只能替代 2 单位资本,而在保持土豆产量不变的情况下,我们就需要 3 个单位的资本才能替代 1 单位劳动。于是,在边际上,生产汉堡包比生产土豆时资本相对更有效率。或者从相反的观点看,在生产土豆的边际上比生产汉堡包的边际上,劳动有着相对更大的生产力。通过使用更多的资本到生产汉堡包中去,就可以解脱一些劳动用于生产土豆,这样,我们从相同水平投入品的使用中就得到了更高水平的总产品。资源增加造成的产量增加将超过他们变动所造成的损失。因为一些人的福利变好时并没有一个人的福利变差,这就是帕累托改进。

在这同一点上,要素投入的重新安排将会停止,因为每种用途的收益递减将会引起增加资源时的边际产品下降,而减少资源时边际产品将会上升。一旦生产两种商品的边际技术替代率相等,资源不再进一步重新配置,即无法在不损害一些人福利的情况下有利于另一些人。

3. 最适度产量

如果生产和分配满足帕累托最适度的条件,当汉堡包对土豆的边际替代率等于土豆对汉堡包的边际转换率(the marginal rate of transformation, MRT)时,就会达到产量的最优水平。在边际转换率上,把生产土豆转换成汉堡包具有技术上的可能性。用符号表示就是:

$$\text{MRS}_{hp} = \text{MRT}_{hp}$$

比如说,假定边际替代率和边际转换率分别是 4 和 3。这意味着,在这个比率上,两个消费者为得到一单位汉堡包而愿意放弃的土豆单位数(放弃 4 得到 1),超过了在这个比率上,为得到一单位额外的汉堡包而必须放弃的土豆单位数(放弃 3 得到 1)的技术可能性。结果,每个消费者的福利将由于增加汉堡包的产量和减少土豆的产量而提高。在这个边际上,消费者的所得将超过社会的机会成本。只是在一种产品对另一种产品的边际替代率等于边际转换率的时候,才不再有增加一个人或者更多个人的福利而又同时不

---

① 帕累托通过我们现在所提及的埃奇沃思盒形图表明了这一点。对此有兴趣的读者可以参考任何一本标准的中级微观经济学理论教科书。

② 上过中级微观经济学课程的学生可以回想一下,边际技术替代率就是两种资源的边际产出率,它是等产量曲线上给定点上的斜率的绝对值。

会减少其他人福利的进一步机会。

三、对帕累托标准的不同意见

帕累托的福利理论被认为是对新古典经济学的重要贡献。他大大帮助了经济学家们更好地理解经济效率的条件和福利的意义。但帕累托最优标准的一致性和保守特征使其忽略了经济社会中矛盾冲突的各种情况,显示了它的局限性。例如,"一种改变使一些人情况变好而同时又没有使一个人的情形变坏"这个处于核心地位的帕累托最优标准并不总是十分适合对公共政策的评价。

对于帕累托提出的福利标准的批评中有四种意见是特别贴切的。第一种批评:一些经济学家认为,帕累托最优标准不能解决分配的公平性问题,或者社会收入的公平分配问题。相反,它只是建立了任何现有分配的效率条件。第二种批评:与此联系紧密的是,许多增加国民产出和总福利的公共政策,其副产品则重新分配了收入。例如,尽管一项自由对外贸易的政策在正常情况下会增加一国的总产出和福利,但是,它也可能损害某些特定个人的利益,由于进口而使这些人失去工作。对于帕累托福利标准的准确解释妨碍了这种政策的制定。与此相似,在大多数情况下,技术工人的移民增加了目的国的总产出。但是,劳动供给的增加也许会减少技术劳动市场上国内工人所得到的工资。那么,还应该允许移民吗?因为在这两个例子中,社会存在着净收入,在理论上,受益者可以充分补偿受损者,因此,社会能够转变到符合帕累托最优标准的稳定状态。但是,如果这种补偿支付实际上不能进行,政府还应该为这种自由贸易和公开移民的政策立法吗?[①]对于帕累托最优标准的第三种反对意见是,认为它是建立在静态的效率观点基础上的。可以想见,帕累托最适度的短期偏离可能会在长期或动态上增加效率。例如,一些当代经济学家说道,由于注意静态效率,一些反托拉斯法的出现也许会妨碍私人活动,就像对新技术的合资开发,就会增加国家的长期产量和福利。最后一种意见是,帕累托最优标准有目的地排除的道德判断常常是政策设计中的合法的和支配性的因素。一些私人交易,如卖淫、贩卖婴儿、买卖毒品,这些也许达到了帕累托最适度,但也可能与社会道德观念相冲突。这样一些价值观念往往栖身于关于公共政策争论的经济效率考虑之中。

美国经济学家 C. E. 弗格森(C. E. Ferguson)在其主编的《微观经济学理论》(修订版)最后一章"福利经济学"中明确说到了新古典经济学理论体系和福利经济学理论的目的:"我们现在希望证明……一个完全竞争的、自由的企业系统保证达到最大社会福利。证据依赖于生产者和消费者的最大化行为。回顾一下亚当·斯密的声明,每一个个人在追求他自己利益的同时,好像被一只'看不见的手'引导到一个促进所有人一般福利的行动中。"[②]可以说,新古典的微观经济学和福利经济学除了证明自由企业的、完全竞争的市场体系会导出一种帕累托最优状态之外,并没有任何别的意义。但是,功利主义的新古典

[①] 为了评价一项有目的的政策变动是否是一种改进,后来的福利经济学家们拓展了竞争性标准。这方面的三篇经典性论文是:尼古拉斯·卡尔多(Nicolas Kaldor)的《经济学中的福利命题和个人之间的效用比较》("Welfare Propositions in Economics and Interpersonal Comparisons of Utility", *Economic Journal* 49 (1939), pp. 549—552);蒂博尔·西托夫斯基(Tibor Scitovsky)的《关于经济学中福利命题的一个说明》("A Note on Welfare Propositions in Economics", *Review of Economic Studies* 9 (November 1941), pp. 77—88);阿布拉姆·伯格森(Abram Bergson)的《福利经济学某些方面的一项重新设计》("A Reformulation of Certain Aspects of Welfare Economics", *Quarterly Journal of Economics* 52(February 1938), pp. 310—334)。

[②] C. E. Ferguson, *Microeconomic Theory*, Rev. ed. (Homewood, IL: Irwin, 1969), pp. 444—445.

福利经济学却普遍流行着,并且几乎在全部理论和实际经济活动中支配着所有的新古典主义分析。

新古典经济理论是斯密和李嘉图受效用和交换观点支配的思想的直接的发展。马尔萨斯、萨伊、西尼尔、巴师夏、杰文斯、门格尔、瓦尔拉斯、马歇尔和克拉克的著作进一步发展了这些思想,并且进行了详细的阐述。新古典经济学只是逐渐地采取了深奥的数学分析的形式,最终使得经济学学生花费了多年的时间后,仅仅学会了这种分析工具和技巧,但是对于构成这种分析基础的哲学和社会价值观却变得一无所知。

第三节 米塞斯的社会福利观点

在关于帕累托的经济福利和广泛意义上的经济福利是否能够在社会主义体系下达到最大化的长期争论中,产生了好几种福利经济学的思想。在这场争论中,一个重要的早期人物就是路德维希·冯·米塞斯。

一、米塞斯的概况

路德维希·冯·米塞斯(Ludwig von Mises, 1881—1973 年)是奥地利学派的一位重要成员。他在维也纳大学与约瑟夫·熊彼特都曾经师从冯·维塞尔和庞巴维克学习经济学,并获得博士学位。他 1912 年出版的《货币和信用理论》使他获得了该大学不拿薪水的"编外教授"的任命。1940 年,他移居到美国,并最终成为纽约大学的客座教授。他情感冲动的风格使他不喜欢那些仅有科学方法训练而没有思想的经济学家。但在 1969 年,他的同事却称他为美国经济学会的"杰出的研究员"。

二、关于人类福利的决定

米塞斯认为,有三个"进步的"阶层应当为人类福利的所有进步负责。这三个阶层就是储蓄者、资本投资者和创新者。他认为:"每个人都可以自由地加入资本主义社会三个进步阶层的行列……要想成为一个资本家(一位储蓄者)、一个企业家(一位投资者或资本品拥有者)或者一个新技术的设计者,所需要的是智力和意志力。一个富人的继承者可以拥有一定的优势,他可以从比其他人更优越的条件出发,但他在市场竞争中的任务并不轻松,甚至有时比那些新人所承担的任务更加繁重,但得到的报酬却更少。"[1]

米塞斯的观点既同情资本家,又说工人不必付出努力就可以通过市场利益的和谐而"享受到资本家成功的果实"。他说:"市场经济一个代表性的特征就是:通过三个进步阶层的努力——那些储蓄资本、投资和资本品以及那些精巧运用资本的新工艺——而取得的进步的很大一部分都被分配给了不够进步的人民大众……市场进程给普通人提供了享受其他人成功果实的机会,这迫使那三个进步阶层以最好的可行的方法为不进步的大众提供服务。"[2]

米塞斯最终是将所有的人类行为都看做理性最大化的交换行为,并以之证明自由市

---

[1] Ludwig von Mises, *The Anti-Capitalistic Mentality*(New York: Van Nostrand, 1956), pp.40—41. 转引自 E. K. 亨特:《经济思想史——一种批判性的视角》,颜鹏飞译,上海财经大学出版社 2007 年版。

[2] 同上书,第 40 页。

场,即资本主义体系是世界上所有制度中最好的一种制度。他还由此出发与奥斯卡·兰格展开关于社会主义制度的论战。

三、关于社会主义下的经济核算

冯·米塞斯于 1920 年发表的文章《社会主义共同体中的经济核算》,触发了对社会主义下的福利问题的争论。他后来在《社会主义》(1922 年初版) 和《人类行为:一种关于经济学的讨论》(1949) 中,扩展了他反对社会主义、赞成自由放任的主张。冯·米塞斯主张,在资本主义下引导资源达到其最大价值地使用的同样类型的经济核算,必定会为社会主义下愿意使消费者福利最大化的计划人员所使用。但如果没有资源的私人所有权、自由市场和企业,这种核算就不可能被运用。冯·米塞斯指出,与某些社会主义者的愿望相反,只要商品为私人所有,消费品的市场和价格在社会主义下就是不可避免的。其相对价格在市场经济下反映相对稀缺和生产价值的资本品,也会产生问题。资本的价格适应着消费者爱好、新技术、企业预期和类似的情况,在迅速变动。但是,在社会主义下,所有的资本都为国家所有,没有这种价格价值存在。因此,计划人员不能准确地估算资本的相对稀缺和生产价值。"不存在自由市场的地方,也不存在价格机制;没有价格机制,就没有经济核算。"[①]

米塞斯认为,变动是经济体系必须要对待的核心的现实。在现实世界中,并不存在那种在永久性的选择下超过人能力极限的经济活动的稳定状态。所以,经济核算问题是一个经济的动态问题,而不是经济的静态问题。除了成本最小化问题和决定商品的适当分配问题之外,经济效率还包括"分解、扩展、转换和限制现有的经济体系,以及建立新的经济体系"[②]。

经济不断地产生着新的信息,虽然这种信息是不完全的并不断变化。因而,按照冯·米塞斯的观点,企业是取得动态经济福利的核心方面。企业家试图对将来作出预期,他们有较强的预期能力从而在较大利润的形成中获取好处。而他们过去的成功也使得他们能在将来的预期活动中调动过多的资源。市场"倾向于把商业行为交给那些能够成功地满足消费者最迫切需求的人"。这些企业家的活动创造了多数现有静态核算(例如,使成本最小化)借以构造的价格。

利润和亏损具有两个在社会主义下不能被复制的重要的职能:第一,它们选择能够最好地满足人们的需要;第二,它们为企业家们提供了刺激,以避免粗心、鲁莽和盲目乐观的决策。企业家之间的竞争保证了由其活动所产生的好处能够广泛地为消费者、工人和其他拥有生产要素的人们所分享。

米塞斯说,社会主义不能复制资本分配的功能和动态系统中资源有效流动所要求的企业家。对于那些主张可以建立社会主义的广泛计划,来采取同样的行动以获取竞争市场体系下的结果的人,冯·米塞斯回答说:"这里和全部相关的提议所包含的主要谬误是,他们以智力水平不超过低级测验的低级职员的眼光看待经济问题。他们认为,工业

---

① Ludwig von Mises, "Economic Calculation in the Socialist Commonwealth", in Collective Economic Planning, ed. F. Hayek (London: Routledge and Sons, 1935), p. 111.

② 对冯·米塞斯这种观点的解释和讨论可以参见 Peter Murrell 的《市场社会主义理论回答了路德维希·冯·米塞斯的挑战吗? 对于社会主义争论的重新解释》一文, History of Political Economy 15 (Spring 1983), pp. 92—105。

生产和资本在不同部门的分配结构以及生产的总体结构都是一样的,而没有考虑改变这种结构以便把它调整得适应条件的变化的必要性……""资本主义制度并不是一种管理制度。它是一种企业制度。……以前还没有人认为社会主义共同体能够邀请资本主义的支持者和投机家在社会主义下继续他们的投机活动,并将其利润投入公共的钱箱……人们不能进行投机活动和投资活动。投机家和投资者展示其财富,其运气。这一事实使他们更对消费者负责。"[1]

说到底,米塞斯始终强调自由竞争的资本主义制度比社会主义制度优越,可以给社会带来更好的福利。

第四节 兰格的社会福利观点

一、兰格的概况

对关于社会主义争论的第二个主要人物是奥斯卡·兰格(Oscar Lange, 1904—1965年)。兰格也是福利经济学发展的更广阔历史中的一个重要人物。兰格出生于波兰,在克拉科夫学习和教书。他曾获得洛克菲勒奖学金访问了几所美国大学,并在 1936 年成为密西根大学的一名讲师,1943 年他又得到了芝加哥大学的教授职位。1945 年他回到波兰,并立即被任命为波兰驻联合国大使。他在这一职务上工作了四年。从 1955 年到他去世的 1965 年,他担任华沙大学的教授。

二、社会主义经济理论

在 1937 年出版的一篇题为《论社会主义的经济理论》的文章中,兰格前瞻性地建立了他关于市场社会主义的经济模型。他认为,如果按照一套固定的规则进行管理,这种形式的社会主义就将具有经济效率并且能使社会福利最大化。市场社会主义的特征是:① 人们具有对于消费品的私人所有权,并可以在可得到的商品中自由选择进行消费;② 可以自由选择职业;③ 生产资料归国家所有。存在着商品、服务和劳动的市场以及市场价格,但是不存在资本市场和中间产品(比如,必须放到一起才能制造最终产品的产品部件)市场。不过,兰格认为,资本品和中间产品的价格可以采取一种市场价格之外的形式。这可以是一种影子价格或者两种商品之间交换条件的指数。中央计划委员会可以通过一种反复试验的过程来建立资本品的影子价格,借助于对这些影子价格的调整来消除经济中的短缺和剩余。中央计划委员会向所有的工人支付其市场工资,并加上由全部资本品和自然资源的总产出决定的社会分配的份额。通过这种对社会分配份额的控制,中央计划委员会就可以减少作为资本主义经济特征的那种巨大的收入分配差距。

中央计划委员会命令国有企业的管理者们按照所有的价格不变的情况,并遵从以下两个规则进行管理。第一个规则是,在计划中把各种资源结合起来,以便在任何给定的产出水平上的平均生产成本达到最小。经理们通过保证资源之间的边际技术替代率相等,来实现上述规则。第二个规则,兰格说是:"借助于上面所说的必须固定产量以便使边际成本等于产品价格的办法来决定产量规模……(这个规则)要发挥作用,比如说它要

---

[1] Ludwig von Mises, *Human Action: A Treatise on Economics* (Chicago: Henry Regnery, 1966), pp. 707—709.

决定行业的产量,就要在企业自由进出行业的情况下才行。"①

兰格说,只要按照不变的价格,即按照独立决定的价格来核算,那么坚持这些规则将意味着,由均衡立场看来未能正确设定的价格将会造成商品的短缺或者过剩。对此,计划者可以通过不断地试验来调整这些价格,使之达到均衡的水平。兰格说,这种反复试验的价格产生过程和资本主义下均衡价格产生的机制在很多方面是相同的,但是社会主义下这会做得更好,因为中央计划者们比个别的资本家拥有更大范围的关于短缺和过剩的信息。②

三、对反社会主义理论的反击

几十年来,经济思想史中的传统观点认为,奥斯卡·兰格"曾经给予了反对社会主义的批评以致命的打击"③。这种解释恰好符合兰格所建立的那种由帕累托设想的静态经济效率,而它在理论上是可能存在于社会主义之下的。但是,在反对者看来,这似乎过早地宣告了它在关于社会主义争论中的胜利。由后来的诺贝尔经济学奖获得者弗里德里克·冯·哈耶克(Frederick von Hayek,1899—1992 年)和当代"新奥地利学派"所领导的反击,在一些学术范围已经赢得了越来越多的赞同。他们的观点得到了中央计划的社会主义国家中和信息经济学的发展中非常困难的经验证据的支持。这些反驳的论点有两种常见的类型。

第一种反驳论点认为,在大范围经济中通过计划达到经济效率在理论上也许是可能的,不过,在实践中它却完全是另一回事。兰格所提倡的各种各样的中央经济计划(有计划委员会来充当求解瓦尔拉斯方程过程中的拍卖人)要求有大量的信息。而实际情况却正如萨缪尔森和诺德豪斯所指出的,"我们一点儿也没有求解(这种)大型一般均衡问题所需要的资料"④。

第二种反驳论点认为,兰格的方法没有考虑到需要对经济活动当事人给予充分的刺激,以便能够有效地配置资源并尽可能地增加产量。这种由奥地利经济学家所设想的动态效率,要求企业能够不断地和迅速地发现信息并利用之。在竞争的经济中,利润动机为企业家(他们也许是单独的个人,或者是企业内由个人组成的团体)提供了这种刺激。这些批评者们说,在社会主义经济中缺乏这种刺激,而且人们也不能在保持这种制度的方式上合并为公司。⑤

应当说,兰格的设想是有道理的,但是需要较严格的条件,在他提出该问题时,实践上远没有达到他所要求的条件。这样一来,从市场经济的现实出发对兰格观点的否定与反驳,也绝非完全没有道理。在我们今天探索和发展社会主义市场经济的进程中,这场争论仍然具有重要的启发意义。

---

① Oscar Langer, "On the Economic Theory of Socialism", in *On the Economic Theory of Socialism*, ed. Benjamin Lippincott (New York: McGraw-Hill, 1964), pp.76—77. 〔Originally published in 1938.〕

② 对于社会主义经济理论做出重要贡献的其他关键人物是恩里科·巴隆(Enrico Barone)、弗雷德·M. 泰勒(Fred M. Taylor)、H. D. 迪根森(H. D. Dickenson)、阿巴·勒纳(Abba Lerner)和莫里斯·多布(Maurice Dobb)。

③ Philip C. Newman, *The Development of Economic Thought* (Englewood Cliffs, NJ: Prentice-Hall,1952), p.181.

④ Paul Samuelson and William Nordhaus, *Economics*, 12th ed. (New York: McGraw-Hill,1985), p.685.

⑤ 在关于社会主义计算问题的争论方面,较近时期的讨论可以参见邓·拉沃伊(Don Lavoie)的《竞争和中央计划:关于社会主义计算争论的再思考》(*Rivalry and Central Planning: The Socialist Calculation Debate Reconsidered* (Cambridge, Eng.: Cambridge University Press, 1985))。

第五节　阿罗的公共选择学说

经济思想史给我们展现了一些明显不同的思想家。我们看到,一些人是道德思想家,而另一些人是政治活动家和社会活动家,还有另外一些人是已有理论的发展者和重新定义者。但是,在经济学理论和社会哲学之间的交叉领域活动的仍属少数人。其中的一位就是肯尼斯·阿罗。阿罗主要从公共选择角度说明统一的社会福利决策实现的困难。

一、阿罗的概况

肯尼斯·阿罗(Kenneth Arrow, 1921—)在纽约城市学院完成了他的本科学业,在哥伦比亚大学研究生毕业。获得学位后,他接受了一份斯坦福大学的工作,在那里,他转到了具有世界声誉的经济学系。

阿罗不仅表现了他罕见的符号逻辑、数学和统计学方面的天才,而且表现出他对自己的天才能够得以运用的新领域的洞察力。他的博士论文《社会选择和个人价值》成了福利经济学的经典。在这一著名的作品中,他评价了各种不同的社会福利标准并且提出了与先前许多思想不一致的观点。

二、"阿罗不可能定理"

在斯坦福大学工作期间,阿罗继续对他的福利经济学的信条进行了研究。他在大量杂志论文中提出了如下这些问题:我们怎样才能知道一项政策选择的最终结果是不是使社会变得更好了? 带有个人偏好的社区成员进行集体选择的逻辑是什么? 最好的民主是否有可能实现? 如果不存在一种方法来维持最好的民主,那么必须做出什么样的调整? 是否存在一些规则能够决定怎样构造一种适当的收入分配?

阿罗最主要的贡献是"阿罗不可能定理"("投票悖论")。该定理是要查明在个人偏好和通过投票进行的社会选择之间的关系。阿罗首先建立了四个最低条件,如果要准确地反映个别投票者的偏好,社会选择就必须满足这四个最低条件。第一,社会选择必须是可以转移和过渡的,即这些选择必须是一致的以至于如果对于 A 的偏好大于对于 B 的偏好,对于 B 的偏好又大于对于 C 的偏好,那么,对于 C 的偏好就不能大于对于 A 的偏好;第二,社区的团体决策必须不受社区内部或者社区外部任何人的支配;第三,社会选择一定不能变成与个人选择相反的方向(再说一下, 社会作出的选择绝不能因为某些人更喜欢其他选择而被轻易拒绝);第四,社会偏好在两种不同的选择者之间作出,必须只是取决于这两种不同的选择者的偏好,而不能取决于他们的其他选择观点。

随后,阿罗详细考察了大多数投票选择方案,试图了解民主决策的制定是否可以在不违反上述这些条件中的任何一条时,从所有可以得到的各种方案中作出选择。在仔细调查之后,他得出了一个令人吃惊的结论:多数表决机制并不能同时尊重投票者的个人偏好,保证最大的福利,也不能依赖于投票问题的次序。

例如,阿罗说,假定有一个由三个投票者(1,2 和 3)组成的社区,该社区有三个供选择的政策:(A)裁军,(B)进行冷战,(C)进行激战。根据福利理论, 该社区将按照其偏好安排三种选择方案的次序，如果可能的话，选择表格中赞成人数最高的方案。这意味着投票人将表明他们对 A 的偏好大于对 B 的偏好，等等。集体的偏好尺度也许可以通过运用多数原则来建立，即我们将在 A 和 B 之间进行投票，并在胜者与 C 之间进行投票。

表 25-1 列出了 A、B、C 三种政策和三个投票人 1、2、3 的个人偏好。该表表明，投票人 1 更偏好政策 A 而不是 B，更偏好政策 B 而不是 C(这也意味着，他更偏好政策 A 而不是 C)。投票人 2 首先选择的是政策 B，第二选择的是 C，他的第三选择才是 A。这意味着他宁愿选择 B 而不是 C，宁愿选择 C 而不是 A (也就是，对 B 的偏好大于对 A 的偏好)。投票人 3 则在与 A 相比较时，更偏好于选择 C；而在与 B 相比较时，宁愿选择 A；在与 C 相比较时，更偏好于选择 B。

表 25-1　阿罗的"投票悖论"

政策	投票者 1	投票者 2	投票者 3
A	第一选择	第三选择	第二选择
B	第二选择	第一选择	第三选择
C	第三选择	第二选择	第一选择

我们接着来考察一下通过多数投票原则所决定的几种假说竞争的结果。让我们进行三种这样的投票：A 对 B，B 对 C，A 对 C。在 A 和 B 之间的竞争中，A 将获胜，因为投票者 1 和 3 都会选择 A 而不是 B；投票将以 2:1 有利于 A。在表格 25-2 中，我们表明了这一结果。如果对 B 和 C 的搭配进行投票，B 将获胜，因为政策 B 将会被投票人 1 和 2 所选择。于是，我们可以知道，该社区的大多数人在 A 和 B 之间会选择 A，在 B 和 C 之间会选择 B。这样，我们就可以推论：在 A 和 C 之间它一定会选择 A。不过，我们的这个推论就一定正确吗？为了进行第二次检验，我们在 A 和 C 之间进行投票。这样，我们就会惊奇地发现，多数投票者会选择 C 而不是 A! 我们违背了一致性，或者过渡性。这个必要条件要求：A 优于 B，B 优于 C，C 优于 A。按照阿罗的观点，依照投票者理性选择的次序进行选择的话，上述多数投票的方案就是失败的。

表 25-2　投票结果

选择	获胜者
A vs B	A
B vs C	B
A vs C	C

阿罗的分析表明，我们需要以一种不容易犯错误的决策制定程序。民主选择不可能做到这一点，我们必须建立第二种或者第三种最好的机制。在经济活动中如果有大量的公共选择者，想要取得经济福利就不是一件容易的事。阿罗的主要贡献就是对作为经济和政治制度得以建立的基础的假设提出了挑战。从 18 世纪以来，哲学家和政治理论家们一直在为如何完善人类制度而不懈努力。肯尼斯·阿罗则是他们之中的后继者。[1]

---

[1]　对这方面研究做出重要贡献的另一位经济学家是詹姆斯·M. 布坎南(James M. Buchanan, 1919—2013 年)。他曾因为在公共选择方面的先驱性工作而获得了 1986 年的诺贝尔经济学奖。布坎南的思想在 J. R. 沙克尔顿(J. R. Shackleton)和 G. 罗克斯利(G. Locksley)主编的《当代十二位经济学家》(Twelve Contemporary Economists (New York: Wiley, Halsted, 1981))第 3 章中有所概括。

第六节　霍布森的消费不足理论

一、霍布森的概况

约翰·阿特金森·霍布森(John Atkinson Hobson，1858—1940年)出生于中产阶级家庭，在牛津大学学习古希腊和古罗马语言文学。毕业后，他在本专业教书并举办大学的英国文学课外讲座。但是，他的兴趣很快就转移到了经济学的课题上，并且通过同商人与登山家 A. F. 马默里的合作发展了异端的思想。由于这种思想后来被认为激进，霍布森失去了他在伦敦大学的课外讲座的位置。他虽然被排除于学术生活之外，仍然非常活跃，不仅出版了53本书，而且是一名记者和受欢迎的讲演者。他最主要的课题之一是关于政治、经济和道德间的相互依存问题。他写的一篇关于帝国主义的杂志文章导致了曼彻斯特《卫报》的编辑把他送到南非去研究。那最终使他写了三本书，其中最著名的就是《帝国主义》。在第一次世界大战期间，他是一位和平主义者。霍布森是凡勃伦的《商业企业论》的仰慕者，他在1936年写了一本关于凡勃伦的书。

霍布森的非正统思想受到了英国经济学界的轻蔑。1913年，J. M. 凯恩斯在他的一部评论著作中写道："人们以一种复杂的感情看待一本由霍布森先生所写的新书，希望有一种来自独立的与个人立场的刺激性思想和对于正统思想的某种富有成果的批评，但不期望更具诡辩性的、容易误解的和悖理的思想。"在20世纪30年代，凯恩斯改变了他最初对霍布森的看法。1932年，他与这位74岁的改革者实现了和解，统一了他们的看法。在《就业、利息和货币通论》(1936)中，很尊重地写到了霍布森的"批评和直觉"。

霍布森是那些少有的运用经济理论作为其建议基础的社会改革家之一。他拒绝了古典的和新古典的关于纯粹竞争就是充满利益和谐的典型市场状态，以及自由放任就是最好的政策的观点。在这些思想所及之处，他进行了一种分析，从而导致了能够在很大程度上通过政府干预来改革的计划。这种广泛的解释也许被认为是福利经济学的。

二、消费不足理论

在19世纪80年代，霍布森就提出了一种消费不足和储蓄过度会导致投资过度的思想。这种观念后来为他赢得了凯恩斯的称赞。霍布森表明，我们社会的核心问题是循环发生失业、资本和土地的不能使用。早在1889年年初，他和马默里就对传统的认为一个国家越节俭，财富就会变得越多的古典学说表示反对。与古典学说相反，他们说，资本的增加要求对于由资本所生产出来的商品的消费也不断增加。如果人们愿意现在更多地储蓄，他们就必须愿意在不远的将来更多地消费。如果他们坚持现在储蓄，并打算在不远的将来把他们的储蓄用于投资而不是适当地增加消费，那么，实际形成的新资本将受到限制：

"我们的目的是要表明……有可能养成一种不适当的储蓄习惯，而这会使公众日益贫困，使劳动者失去工作，降低工资，并通过有名的商业衰退那种商业界的情况来扩散沮丧和衰弱，总之，对钱的过分喜爱正是一切经济罪恶的根源……

"因此，我们得出结论：从亚当·斯密以来所树立的所有经济教义的基础，即，每年生产的数量由可得到的自然力、资本和劳动的总量所决定，是错误的，恰恰相反，生产的数量绝不会超过这些总量的限制,也许实际上所生产的数量远低于这些过度储蓄和随之施加于生产上的过度供给的积累所能达到的最大量;比如在现代产业共同体的正常情况下,消费限制着不能产生消费的生产……

"我们得出的主要结论是,个人的过度储蓄使社区日益贫困,同时降低了租金、利润,或者利息和工资。我们否认通常所接受的个人储蓄必定会寻找到它自己优势的教条也适用于社区,而且工资可以在既定的利润支出上单独上升,或者利润在既定的工资支出上单独上升,或者在既定的租金支出上工资和利润同时上升。"①

为什么会有这么多储蓄而没有足够的消费呢?为了回答这个问题,霍布森提出了一种完全不同于其当代人的适当收入分配的理论。劳动者所得到的那部分收入是为了维持生存或者糊口的,它使工人们能够更新他们的日常的体力,并抚养家庭补充劳动力的供给。经济增长时,工资会增加,因为对他们的支付超过了仅仅维持生存的水平,使得更多的儿童能够在出生后生存下来。而人们能够做更多的工作是因为他们健康,受到了更好的教育,及更加精力充沛。如果工资数量高于维持生活的水平(生存的费用)和生产性剩余(增长的费用),则其多余部分将是一种非生产性剩余,或者是不应得到的那种不能增加实际产出的工资增长。这样过高的工资就是非生产性的,因为它们不能带来更多的劳动供给。

资本同样有两种相应的成本。维持成本用于被消耗的资本的更新。为了刺激经济增长,要求利润和利息能够造成储蓄的增加,以便进行投资。如果利息和利润高于维持成本和资本正常增长的水平,则多余的部分也是非生产性的,它们也是不应得到的增长部分。

按照霍布森的观点,劳动一般得到它的生存费用,而不是充分的增长费用。换言之,较高的工资通常将增加劳动的效率和生产力。因为商人间的竞争不能有效地提高工资和降低产权收入,所以社会上存在着太多的储蓄和不足的消费。由于资本家的收入太高,他们的储蓄就太多。他们的动机不仅是愿意现在或者将来消费,而且渴望储蓄和投资(即积累财富)。但这种财富的积累只有在对消费品的需求增加时才有可能。在一定范围内,这种情况将会发生,随后储蓄就会对社会有用。总有一些适当的储蓄比率会按照市场上有效的消费需求增加的比率来增加社会的生产力。结果是伴随社会充分就业而来的经济增长。但是,如果储蓄率太高,就会引起失业的增加。如果储蓄率太低,生产力就会被浪费,将来就被现在牺牲掉了。

过度储蓄和消费不足就造成了商业循环(即经济周期)。在繁荣期间,物价很高,资本投资也很高,银行信贷的扩张也很方便;生产力扩张比消费更为迅速。衰退到来的第一个迹象是价格的脆弱下跌,其结果是,利润空间减少了。当证券价格一起收缩时,贷款的归还和账单的支付也变得不够确定了。悲观情绪蔓延,银行限制信贷;破产增加,金融机构倒闭。当存款人和投资者抽出其资金时,怀疑就变成了恐慌。霍布森对于把金融崩溃归因于个人心理突然失常的观点表示怀疑。崩溃是以工业中产生的失衡为基础的。而什么能扭转这种向下的趋势呢?随着个人收入的下降而来的个人储蓄的下降最终会导致消费抽象化间的新的平衡:

---

① A. F. Mummery and J. A. Hobson, *The Physiology of Industry* (New York: Kelly and Millman, 1956), iv, vi, viii. [Originally published in 1889.]

"整个金融系统是建立在实际产业基础上的：它反映预期，并经常夸大产业的力量和倾向。因此，消费不能和生产力的增长保持同步，以至于为其提供充分的和相等的就业……通过精巧的金融机制的运行情况，必定会追溯到伴随着失业的衰退。

"为什么（衰退）不再继续和恶化呢？因为从支出和储蓄之间的比例恶化的一开始，一种再调整过程就逐渐发生作用了。对商品需求和新生产能力产生的直接收缩，生产比率的减少开始减少所有的收入，包括那些储蓄者的收入……当生产和收入的收缩到达足够程度时，不仅仅实际储蓄量减少了，而且储蓄对支出的比例也被从过高或者过低的比例减少到从前的正常的水平。"[1]

三、帝国主义理论

霍布森关于过度储蓄和消费不足的分析导致了他的帝国主义理论。他的这一观点受到了列宁的赞扬。列宁说虽然霍布森是一位资产阶级社会改革家和和平主义者，但他给出了一种出色的和易于理解的关于帝国主义的描述。

大量不能在国内被卖掉的商品可以转移到殖民地。同样，由于没有足够的消费而在国内不能投资的多余储蓄，也可以投资到殖民地去。工业和金融大亨追随其政府通过大量的公共开支去获取殖民地，从而在殖民地进一步增加其工业利润和金融利润。但是，如果收入能够适当地分配，国内市场也能够无限扩张的话，开发殖民地就没有必要：

"生产方法的每项改进，所有权和控制权的每一次集中似乎都会加重这一倾向。当一个又一个国家进入了机器经济并采用了先进的工业方法时，其工业家、商人和金融家就更难有利可图地配置他们的经济资源，因而，他们越来越多地运用其政府通过吞并和保护来保证他们对于一些遥远的不发达国家去具体地加以利用……

"正是这种经济方面的条件形成了帝国主义的重要根源。如果这个国家的众多的消费者提高他们的消费标准，以赶上生产力的每次上升，可能就没有多余的商品或资本吵闹着去运用帝国主义来开辟市场了……

"关于帝国主义必定是不断发展的工业的必要宣泄口这一假定推论的错误，现在已经非常明显了。并不是工业的发展需要开辟新市场和新投资区域，而是消费力的不恰当分配阻止了商品和资本在国内的被吸收。"[2]

在其自传《一个经济异教徒的自白》（1938）中，霍布森承认，在关于帝国主义的经济基础的著作中，他为历史的经济决定论提供了一个过分简单的例证。他说，他还没有来得及得出关于经济学、政治学和伦理学间相互作用的适当看法。

四、收入再分配

什么是解决过度储蓄、消费不足、衰退和帝国主义的办法呢？这要求更为公平的收入再分配来减少储蓄对于消费支出的比例。由于"储蓄的比例通常是比照于收入的规模的，越富有的人储蓄对于其收入的比例就越大，而越贫穷的人储蓄对于其收入的比例就越小"。收入再分配会通过过分限制储蓄和投资的数量而制约工业发展吗？完全不是这

---

[1] J. A. Hobson, *The Industrial System*, 2nd ed. (New York：Scriber's, 1910), pp. 301—303.

[2] J. A. Hobson, *Imperialism*, 3rd ed. (London：Allen and Unwin, 1938), pp. 80—81, 85—86. [Originally published in 1902.]

样。收入再调整所导致的需求增长将刺激工业,促进充分就业和更稳定的就业,增加对商品的需求。结果,尽管储蓄相对于收入而言比较小,但它的绝对量将和以前一样大。

收入再分配的一个办法是通过工会采取行动来提高工资、养老金和其他福利,以便为工资收入者提供更高的生活标准。但是,霍布森说,劳工运动从历史上看一直是难以驾驭的,而且对于再分配收入来说也是不可靠的,尤其是当熟练工人和组织得较好的工人得到较多利益时,非熟练工人得到的最少。更有效的方法是依靠国家来得到更为公平和使社会更加有利的财富分配。这种公共干预采取三种形式:政府管理工业,政府经营工业,及通过征税来为公共消费增加收入。

政府管理包括用所有法律的力量来控制私人产业,由此把剩余的收入转入工资或其他支出以改善工人的条件,如最低工资法,工人补助法,限制劳动时间,改善公共卫生,等等。

在垄断发展的地方,或者公众的方便所需要的地方,政府经营工业也是适当的。这些行业可能包括运输业,通信业,矿业资源,银行业和保险业,水、煤气和电力业。因为在这些行业中,普遍存在着大量的剩余利润,它们的社会化使这些可得到的利润归于社会。这种类型的社会主义仍然给私人企业的经济留有广阔的余地,以使个人的创造性仍有许多机会来为社会服务。

国家应该通过对较大收入征税来进行收入再分配。最大的因而也是最令人厌恶的收入来自竞争让位于垄断时所产生的土地的经济租金、过多的利息和利润。这种税收将会从根本上打击衰退和帝国主义,因为它会治疗过度储蓄的病症。国家得到的钱应当用于提供健康和教育这种必要的社会服务。

霍布森以一种对于正统经济学理论家进行批评的方式阐述了他的福利经济学体系。这些正统经济学理论家往往以货币来衡量成本和效用的价值。而霍布森则以人的努力和满足来估价工业。人的福利标准应当替代财富的货币标准。他说,我们应当提出两个与我们生产的商品有关的问题来关注人们对于工业的解释和估价:什么是生产中"人的净成本"? 什么是消费中"人的净效用"? 社会应当按照个人承受这些成本的能力来分配生产成本,并按照他们能从中得到效用的能力在他们之中分配所生产的商品。由此,人们的成本将会最小化,而效用将会最大化。

霍布森在经济思想史中的地位是应该肯定的。作为一位福利经济学的先驱者,他活着看到了他关于衰退的原因和医治的某些思想体现在了凯恩斯的体系中。不过,凯恩斯是以远未成熟的方式提出这些思想的。

第七节 新古典福利经济学概述

福利经济学的观点最早可以回溯到斯密和边沁的古典经济思想。后来一些经济学家的研究也从不同角度涉及了福利思想。福利经济学基本上是以功利主义和新古典微观经济学(特别是瓦尔拉斯的一般均衡分析)为基础的。

新古典微观经济学作为福利经济学的基础,是有严格假设的。归纳起来,这些假设主要有:

(1) 大量买者和卖者,谁也没有能够产生明显影响的足够强大的力量;

（2）任何企业都能很容易地进出一个行业；

（3）投入和产出是同质的，而且能够分成任意大小的单位；

（4）未来没有不确定性；

（5）对生产和消费的所有可能选择具有完全的知识；

（6）生产函数满足"合适的二阶最优条件"（例如，平滑的曲率，没有规模报酬递增，并且沿着等产量线会出现边际替代率递减）；

（7）同样合适的效用函数在整个时期都是稳定的；

（8）生产率一般不受财富、收入和权力分配的影响；

（9）只有那些外部经济和外部不经济（或外部性）可以通过税收、补贴或者新产权的创造得到纠正或抵消；

（10）市场总是均衡的，所有变化都只是从一种静态均衡状态向另一种静态均衡状态的瞬时变化。

这些假设不仅限制了竞争性均衡的新古典主义分析的使用范围，而且占据了全部分析内容。这些假设与现实条件存在着很大的差距，以至于按照严格逻辑得出的结论，很难真正与实际情况相一致。

尽管如此，绝大多数人还是接受"帕累托福利标准"的社会的、道德的和哲学的基础，以至于将其作为政府官员制定政策的基础。不过，这只是象征意义上和虚幻意义上的。因为只要帕累托最优存在，就不会提到政府干预的作用。只是当不理想或不完美的情况出现时，政府才作为一个将市场秩序和系统恢复到理性状况的角色出现。另外，当现实的确无法达到帕累托最优时，新古典经济学家便提出"次优理论"，但它与原有的新古典福利经济学一样，仍然直接建立在功利主义基础上。然而，"次优理论"却可能导致与其最初意图完全相反的结果。对此，美国经济学家威廉·J.鲍莫尔（William J. Baumol）指出："简言之，在数学论证的基础上，这一理论（次优理论）指出，在一种以任何对'完美'最优的偏离为特征的具体状态中，仅仅消除一些对最优安排的偏离，这种局部的政策措施很可能导致在社会福利上的净损失。"[1]

这样一来，新古典主义经济学所推崇的"帕累托最优"就只能是一种建立在最难以置信的和不现实基础上的规范化理想，谁也不可能在理论上证明任何被给定的政策决策将使经济更加接近还是远离这种理想。

福利经济学的另一个致命弱点是它对外部性的处理。因为外部性的存在本身就是对帕累托最优的一种否定。传统的新古典方法假定，除去单个的外部性之外，帕累托最优处处存在。他们用来纠正外部性的成本—收益方法，其实也是配置效率的帕累托最优理论的扩展。他们认为："虽然不能指望经济在某一时间的任何时刻达到一种最优位置，但在它变动需求和供给的连续的调整中，对于任何被延长的时期来说，可能不会离一个总体上的最优位置太远。"[2]但是，他们在这里运用成本—收益方法进行的分析，必须以讨论的市场之外其他全部市场的价格都是帕累托最优为前提。而且，一旦外部性无处不在，就连政府采取税收或补贴的办法都无法全部解决问题了。因为无处不在的外部性将

---

① William J. Baumol, "Informed Judgment, Rigorous Theory and Public Policy", *Southern Economic Journal* (October 1965), p.138.

② E. J. Mishan, *Economics for Social Decisions*: *Elements of Cost-Benefit Analysis* (New York: Praeger,1973), p.17.

要求数以千万计的税收和补贴种类,而这些强加的任何一种类型的税收和补贴,又会创造出一系列全新的外部性;新的外部性又要求新的税收和补贴⋯⋯这种过程将无限继续下去,帕累托最优状态将永远无法实现!

不过,正统的新古典经济学家中早期的奥地利学派和芝加哥学派从来没有接受过对市场过程的任何可酌情处理的政府干预原则。他们只是简单地忽视外部性。但是,20世纪60年代以后,芝加哥学派经济学家中出现了一种变化,提出一种新的观点和政策,主张创立一种污染环境的新产权,以及能够使这些污染权进行自由买卖的新市场。在这些人看来,同样依据新古典微观经济学的边际分析方法,就可以达到一个包括污染在内的新的、自由放任的、竞争的帕累托最优。[①]这也就是说,如果存在完全竞争、完全的知识和信息,并且没有交易成本,"初始的产权安排对配置效率就没有影响"。对此,有的经济学家非常坦率地说:"均衡经济学,因其众所周知的福利经济学内涵,容易被转变成对现存经济安排的一种辩护并且经常被如此转变。人们怀疑,在天平的另一端,对总处于均衡状态的经济的最优计划的近期相当精致的分析,已经误导人们相信我们实际上知道经济将是怎样受到控制的⋯⋯它是一个不能令人满意的和⋯⋯不诚实的事件。"[②]

新古典经济学家将资本主义制度看做一种自然而和谐的、具有普遍福利的永恒社会制度加以维护和宣扬。新古典福利经济学接受资本主义现存的个人需求作为社会价值的最终伦理标准,该个人需求由体制、价值和现存社会的社会过程等产生,并且由收入、财富和权力的现存分配进行评价。所以,理论变得无力过问一个伦理上的好社会及伦理上的好个人的性质问题。功利主义理论规范准则的表面合理性,源于其对经常武断地、并且经常反复无常地规定个人选择和行为模式的、全能中央政府的道德厌恶。构成新古典福利经济学道德基础的个人需求,其实是由资本主义社会制度创造的孤立的、自我主义的、疏远的、被操纵的资本主义个人需求。它被赋予的道德权重是仅仅由那个人的财富和收入决定的。

尽管如此,帕累托效率观念依然在许多领域支持着许多西方国家经济学的理论,如国际贸易理论中的比较利益理论,新古典公共财政理论的大多数规范结论,大多数成本—效益分析,以及新古典经济学影响政策建议的几乎所有其他领域。甚至在进行改革的社会主义国家,也有些人天真地、毫无批评地接受这种理论与道德规范。

思考题 》》

1. 庇古对福利经济学的贡献主要表现在哪些方面?
2. 帕累托对福利经济学的主要贡献是什么?
3. 米塞斯是从什么角度来反对兰格的理论观点的?
4. 兰格的理论对福利经济学的哪些方面具有影响?
5. 阿罗的社会选择理论对福利经济学的意义是什么?
6. 霍布森消费理论的主要观点如何?

---

① Thomas Crocker and A. J. Rogers, Ⅲ, *Environmental Economics* (New York:Holt, Rinehart and Winston, 1971).

② F. H. Hahn, "Some Adjustment Problems", *Econometrica* 38, No. 1 (1970), pp. 1—2.

第二十六章　　德国新历史学派的经济思想

▋内容提要▋

　　德国新历史学派是德国旧历史学派思想、观点和研究方法的直接继承者。但是,由于历史条件的变化,由于现实经济问题的新的要求,该学派在具体的理论和方法方面与旧历史学派略有不同。这在他们提出的经济政策方面较为明显。新历史学派的理论观点和研究方法,以及它们的政策主张,对于后来出现的制度学派经济理论和国家干预思潮都有一定的影响。

　　本章将对德国新历史学派的经济思想和相关见解加以介绍。

第一节　新历史学派概述

一、新历史学派概述

　　德国新历史学派是旧历史学派的继承者,它在德国经济学界的统治地位从 19 世纪70 年代一直延续到第一次世界大战。德国新历史学派的出现是资产阶级统治下德国政治经济发展和阶级斗争尖锐化的产物。

　　19 世纪普法战争和德国统一后,德国资本主义有了突飞猛进的发展,其工业增长速度大大快于英国和法国,到 20 世纪初已在工业上居欧洲第一位和世界第二位,仅次于美国。农业上,资本主义经济也在"普鲁士道路"上迅速发展。随之而来的是阶级矛盾的尖锐和工人运动的高涨,马克思主义的影响也日益扩大。这些情况都极大地威胁和震动了德国资产阶级,迫使他们采取各种手段来对付工人阶级。新历史学派就是在这种情况下,为满足资产阶级缓和阶级矛盾的需要而发展起来的。

　　新历史学派直接继承旧历史学派的传统,但又注入了新的内容和政策主张,鼓吹社会改良主义,反对马克思主义和工人运动。

　　新历史学派又称"讲坛社会主义"。它源于 1872 年到 1873 年,一批大学教授在爱森纳赫会议上筹建德国社会政策学会,而引起的经济论战。导火线是 1871 年熊伯格教授(G. Schumberg, 1839—1908 年)的就职演说和 1872 年瓦格纳关于"社会问题"的演讲。德国曼彻斯特学派的奥本海姆(H. B. Oppenheim, 1819—1880 年)在《国家新闻》报上对教授们的改良主义经济思想进行了批判,嘲笑他们的"社会主义"是"讲坛社会主义"。该论战从 1872 年一直持续到 19 世纪 70 年代末。其中最引人注意的有巴姆伯格(L. Bamberger, 1823—1899 年)对布伦坦诺以及特奈切克(H. v. Tneitschke, 1834—1896 年)对施莫勒的论战。前者代表当时德国的自由主义经济思想,后者以社会政策学会为据点,鼓吹社会改良主义。社会政策学会的核心人物施莫勒公开宣布他们接受"讲坛社会主义"的名称。

二、主要代表人物

新历史学派的代表人物主要有：

古斯塔夫·施莫勒(Gustav von Schmoller，1838—1917 年)，担任过普鲁士上议院议员，新历史学派的旗手和领袖，其主要著作为《一般国民经济学大纲》(1900—1904)。

鲁维格·布伦坦诺(Ludwig J. Brentano，1844—1931 年)，曾获 1927 年诺贝尔和平奖。最早提出有组织的资本主义，代表作为《现代劳动组合论》(1881)。

瓦格纳(Adolf Heinrich Gotthelf Wagner，1835—1917 年)，当过下议院和上议院议员，与俾斯麦关系密切，代表作为《政治经济学原理》(1876)。

阿尔伯特·伊伯哈德·费里德里希·谢夫莱(Albert Eberhard Friedrich Schaffle，1831—1903 年)，代表作为《社会主义要文》。

卡尔·毕歇(Karl Bucher，1847—1930 年)，代表作为《国家经济学的起源》(1893)。

威尔纳·桑巴特(Wernar Sombart，1863—1941 年)，代表作为《现代资本主义》(1902—1927)。

马克斯·韦伯 (Max Weber，1864—1920 年)，代表作为《新教伦理和资本主义精神》(1904—1905)。

三、研究方法的特点

新历史学派的方法论主要是历史归纳法，其特点是：

(1) 新历史学派对经济规律的看法比旧历史学派更走极端。不仅否认一般的普遍规律，否认经济理论的意义，而且否认特殊规律，拒绝一切抽象的理论研究。克尼斯还未曾把该观点贯穿到研究中，而施莫勒则把否认一切规律变成了新历史学派的特点。他认为，构成经济的因素是多方面的，这些因素之间关系复杂，没有因果联系。一般的、普遍的东西是最复杂、最靠不住的东西。因此，经济学只能具体收集经验材料，加以分类整理。

(2) 新历史学派反对在经济学中运用抽象法，主张采用历史统计方法。这里新历史学派把旧历史学派的"历史归纳法"变成了"历史统计法"，而且以这种"历史统计法"来排斥一切其他研究方法。他们宁愿几十年埋头收集、整理大量具体的、带浓厚地方色彩的狭隘的经济材料，满足于泛泛的具体现象描述和总结归类，而不去进行理论概括。这些都与当时的历史条件下的德国资产阶级需要有关，也与德国的历史因素有关(没有政治经济学传统，只有七拼八凑的"官房学"材料堆砌)。

四、基本观点的特征

(1) 新历史学派比旧历史学派更强调伦理、道德因素对经济的作用。自命"历史伦理学派"的旧历史学派还谈到自然、技术等方面的作用，而新历史学派则把道德伦理因素看做经济活动中的决定因素，并以此来说明社会现象。施莫勒、谢夫莱则是这方面的突出代表。

(2) 新历史学派比旧历史学派更强调国家和法律对经济的作用。瓦格纳系统阐述论证了这一观点。他们认为，国家是"超阶级性"的。国家在社会经济发展中有其特殊地位和作用。

新历史学派在其他方面只是重复以往旧历史学派的某些理论,而没有什么独特的东西。他们上述观点完全是为德意志帝国直接干预和控制国家经济生活服务的。这种需要也成为其改良主义的理论依据。

五、社会经济政策

新历史学派的社会改良主义性质的"社会经济政策"主要是"讲坛社会主义"和"国家社会主义"的政策。

新历史学派最突出的政治特征和政策特征就是他们的改良主义主张。新历史学派不仅是19世纪70年代后德国经济学界的统治学派,而且直接就是德意志帝国当时的政治运动,其宗旨是宣扬改良主义社会政策,反对科学社会主义,消除革命运动的危险性。该学派在德国有很大影响,前后经历了70多年的统治地位,强烈地排斥异己。

新历史学派认为,最严重的社会经济问题是"劳工问题",即劳资关系。他们主张改良主义政策,在同情工人的幌子下,用小恩小惠来缓和劳资矛盾。

他们批评经济上的自由放任政策,强烈要求国家干预经济生活,主张由国家制定各种法令和实行各种行政措施来进行自上而下的改良。比如:制定工厂立法、劳动保险、工厂监督、孤寡救济等法令;实行河流、森林、矿产、铁路、银行等的国有化;限制土地私有制及改革财政赋税制度。布伦坦诺认为,这些都要由工会监督实行,而不是由国家监督实行。布伦坦诺是新历史学派中的自由派。

1873年,施莫勒发起并组织了"社会政策协会",把新历史学派的活动延伸到实际的政治领域,从而成为容克资产阶级政府的一翼和咨询机构。他们直截了当地宣称(在该协会《宣言》中谈到):"我们极力反对旨在破坏现行的经济制度,使资本主义消灭而代之以共产主义社会的那种社会主义。""我们虽然不满意于现社会的各种关系,痛感改良的必要,但我们不是说要变革一切科学,打破一切现存的关系。我们反对一切社会主义的实验。……我们在一切方面,承认现存的东西,即经济方法、生产形态、种种社会阶级现存的教养和心理状态的基础,是我们活动的出发点。我们不但这样认识,而且要毫不犹豫地把它来改良。"[1]

第二节 新历史学派的经济思想

一、瓦格纳的经济思想

1. 瓦格纳的概况

瓦格纳1835年生于德国埃尔朗根,1853—1857年在哥廷根大学和海德堡大学学习法律和国家学。从1858年起,先后任维也纳商学院、汉堡大学和柏林大学教授,讲授财政学、经济学和统计学。他早年受英国古典学派影响,倾向自由主义思想,后来参加了社会政策学会。他支持俾斯麦的政策,并组织基督教社会党,既反对古典经济学的自由主义,又反对马克思主义,提倡洛贝尔图斯和拉萨尔的国家社会主义。他建立了一整套社

---

① 鲁友章、李宗正:《经济学说史》下册,人民出版社1983年版,第185页。

会改良主义的财政纲领,以《租税纲领》(1982)作为符合其整个社会改良主义纲领本质的实践纲领。瓦格纳的主要著作有:《政治经济学读本》(1876)、《财政学体系》(1877—1901)、《政治经济学原理》(1892—1894)、《社会政策思潮与讲坛社会主义和国家社会主义》(1912)。

2. 瓦格纳的主要观点

瓦格纳把国民经济结构从组织形式上分为三类:① 营利性经济组织;② 慈善性经济组织;③ 强制性的共同经济组织。后者位于前者之上,它必须保障历史赋予国家的任务得以完成。他认为,国家经费是生产性的,因为它将转入年国民生产总值中。他提倡累进税制,提出了"国家经费膨胀规律"。他强调经济学应成为伦理的科学。

瓦格纳认为,国家是集体经济的最高形式,国家的职能是充当警察和公务机关。瓦格纳还系统地论证了法律对经济的作用。他认为,作为一定历史产物的法律制度会决定性地影响个人的经济地位。个人必须受法律的制约,个人不能成为社会的中心。利己心、自由竞争、财产权利、契约关系都是半经济半法律的关系,只有立法可以改变它们的状况。这样,就应当联系法律制度去研究经济。

他把国家救济作为社会改良的主要支柱。但他的国家社会主义是排除工人参与的,次序上是"先上层、后下层"。他认为工人是国家社会主义政策的受益者,社会政策就是为了消除分配中的弊端。他不承认自己是"讲坛社会主义者",但自称是洛贝尔图斯和拉萨尔的门徒,是国家社会主义者。他认为,国家社会主义理论与"科学社会主义"并无二致,坚决主张只有社会改良才能达到科学社会主义。

瓦格纳的国家社会主义纲领是:① 排除生产中的无政府状态。② "防止利用经济周期的变动","制止投机活动"。③ 提高工人工资,稳定工人地位,缩短劳动时间,废除童工、女工,扶助老弱病残,保护孤寡,完善社会保障制度和劳动保险制度。④ 把"提高人民群众在道德、卫生、体质、经济和社会方面的政策"归由国家和公共团体管辖。⑤ 改组财政体制,使地租、利息、企业利润等纳入"公共金库"或"国库";将有关土地、资本和企业移归国家和公共团体管理;推进"国营化"和"公营化",尤其是交通、运输、银行、保险等大企业。⑥ 筹措上述财源时,目的在保护下层阶级利益。⑦ 通过国家"租税政策"干预资源投入和所有的分配;通过国家的社会保险措施使国家统治介入个人消费领域。

总之,瓦格纳的国家社会主义改良主张是依靠上层阶级的道义反省及国家权力的干预,防止财富过大积聚。他主张的其实就是"福利国家"、俾斯麦的国家干预和"实践的基督教"的混合体。其本质不过是保守的、容克式的社会政策体系而已。尽管其主张具有一定的合理性,但是实际上却很难做到。

二、布伦坦诺的经济思想

1. 布伦坦诺的概况

布伦坦诺属于新历史学派中的左派或自由派。他早年就学于都柏林、慕尼黑、哥廷根、海德堡和柏林大学。曾是著名的统计学家恩格尔(Ernst Engel, 1821—1896 年)的学生 (研究生)。1868 年,恩格尔鼓励他去英国研究工会问题。1871—1872 年,他发表了《现代工会》的成名之作。他在 1872 年筹备成立社会政策学会时出力不小。后任教于布雷斯劳、斯特拉斯堡、莱比锡和慕尼黑等大学,讲授经济学、经济史和财政学。其主要著作有:《历史中的经济人》(1923)、《英国经济发展史》(1927—1929,三卷本)、《工资、工时与工效的关系》(1893)等。

2. 布伦坦诺的理论特征

布伦坦诺根本观点的立场是,主张工人阶级团结自由,承认劳动力商品及其时代意义。他说工会的任务就是解除工人的不幸处境,使他们达到最低生活水平。他反对"工资基金说",认为工资取决于消费者的购买力。提高工资、缩短工时不会影响工效,反而会促使机器的采用,使工资最高的工人成为最廉价的工人。他反对政府强制保险,主张工人自己管理失业保险;鼓吹农业、商业的自由主义和土地所有权的自由处理。他主张由下而上地推动社会改良。

他认为,工会的宗旨构成了资本主义经济的组成部分。而资本主义制度可使社会进步,人身自由有保障。但他不提工人阶级的解放,不提消灭阶级剥削和差别,始终停留在"社会政策的自由主义"立场,未摆脱古典经济学自由主义影响,跳出从个人主义利己心出发的社会改良主义立场。他和其他"讲坛社会主义者"的区别之一,就是主张以利己心为出发点的"经济人"。他认为,经济强者利己心的贯彻采取"自由竞争"形式,经济弱者利己心的贯彻采取"团结"的形式。他说:"竞争只是强者的原理,经济的优胜者的原理,所以也特别只是企业家的原理;反之,团结是大多数工人和普通平民的原理。"[1]

布伦坦诺是"讲坛社会主义者"中唯一能理解工会的组织作用之人。他是现代个人主义者,其改良思想的特点是,强调加强工人阶级自身组织的团结,来改善他们自己的境遇。他是毕生厌恶俾斯麦政权的。

三、施莫勒的经济思想

1. 施莫勒的概况

施莫勒是新历史学派的旗手和典型代表。1838 年生于官僚家庭,毕业于图宾根大学。1864 年起任哈莱和斯特拉斯堡大学教授,1882 年转任柏林大学经济学教授,直至1912 年退休。1884 年他被任命为普鲁士枢密院顾问。1887 年被选为普鲁士学士院院士,1897 年代表柏林大学出任普鲁士上院议员,1907 年被封为贵族。其主要著作有:《法及国民经济的根本问题》(1875)、《重商主义及其历史意义》(1884)、《十七、十八世纪普鲁士国家的状况、行政及经济史的研究》(1898)、《社会政策和国民经济学的根本问题》(1898)、《国民经济学一般原理》(1900—1904)、《国民经济、国民经济学及其方法》(1911)等。

2. 施莫勒的主要理论观点

施莫勒代表"讲坛社会主义"的中间派。"讲坛社会主义"的特征是,既同保守的自由放任主义相对立,又同激进的社会主义、社会民主党相对立。它企图承认资本主义经济秩序,进行局部"修正"和"改革",从而解决工人问题。在左右两派观点上,它取折中立场。

施莫勒社会改良主义针对的对象主要是社会中间阶层,如自耕农、手工业者、中小商人等。他认为,要维持资本主义经济秩序的稳定必须维护"旧中间阶层"免于没落。后

---

[1]　陶大镛:《外国经济思想史新编》上册,江苏人民出版社 1990 年版,第 279 页。

来，他看到这是无法实现的，于是把"中间阶层"限定为白领工人、职员、经理、经营管理人员、熟练工人、公务员等。他在这方面的主张，主要想依靠政府实行社会改良来实现。他与瓦格纳不同的是，他是与资产阶级妥协，忠于普鲁士王朝，但对封建容克持批判态度。他主要提倡"合法的强权君主制"，以"有机体的国家，道德的国家"，"社会的君王"、"贫者之王"的"普鲁士国王"，"有能力而公正的官吏"为社会改良的主体，"以君主的权力去协调劳资关系"。施莫勒这些主张充分表明，他在经济思想上是与"德国曼彻斯特学派"不同的。他也提出了国民经济学应具备的历史的和伦理的基础。

施莫勒在《宗教改革时期的国民经济观的历史》（1861）一文中提出："经济学属于社会科学，它受地点、时间、国民性等条件的制约而不可分割，因此，经济学必须要有历史的基础，更重要的是要到历史的过程中去探求。"[①]应该说，仅此而言，施莫勒的这种观点是正确的。

由此，施莫勒认为，人们企图找出国民经济中一些力量发挥作用的一个最终的统一法则，但那根本就是没有的，也是不可能有的。人们能认识的只是经济史实的"经验的法则"，而这些法则不过是经常重演的现象系列，而不反映因果关系。他认为，国民经济学唯一的科学方法，就是对某个民族历史发展中每个局部的个别的经济制度和现象进行专题考察。方式是收集资料，加以分类，排比和归纳，得出"经济法则"，说明各自的异同和来源发展。他强调运用"历史的统计方法"。他认为："政治经济学的一个崭新的时代是从历史和统计材料的研究中出现的，而绝不是从已经过一百次蒸馏的旧款条中再行蒸馏而产生的。"[②]这些看法在反映施莫勒对国民经济学所持正确历史感的同时，由于过多强调"特殊性"和"经验性质"，也在某种程度上陷入了经验主义的狭隘性牢笼。

施莫勒确信，"国民的经济生活与道德的生活之间有着必然的统一和联系"。人们间的道义关系比经济关系更基本，而国家就是这种道义关系结合的具体体现，他认为，古典派强调利己心而忽视了利他心等伦理道德因素。而伦理道德因素却恰是普遍存在的，利他心是始终在起作用的，国民经济学是介乎于应用的自然科学和更重要的精神科学之间的科学。经济现象既体现自然的技术的关系，同时又是伦理的心理的关系，经济组织不过是由这种经济现象和伦理所规定的生活秩序。他把大部分经济范畴都既看做经济、技术范畴，又看成伦理、心理范畴。

施莫勒还从这种观念出发，以社会集团和地域范围划分经济发展过程的阶段。他提出人类历史到当时已经历六个阶段：① 种族或马克公社经济；② 村落经济；③ 庄园经济；④ 城市经济；⑤ 领域经济；⑥ 国民经济。而15—18世纪相当于由城市经济向国民经济的过渡阶段，其时多取重商主义政策，其目的在于建设近代国家。

第三节　新历史学派的解体

一、新历史学派的解体

从1890年俾斯麦下台和取消反社会主义者的"非常法"后，新历史学派存在的基础

---

① 陶大镛：《外国经济思想史新编》上册，江苏人民出版社1990年版，第281页。

② 约·尼·凯恩斯：《经济学范围和方法》，英文版第316页。参见陈岱孙：《政治经济学史》下册，吉林人民出版社1981年版，第242页。

就开始动摇,进入了衰退和解体的过程。

1. 学派衰落的理论原因

学派衰落的理论原因有奥地利学派的卡尔·门格尔对施莫勒方法论展开的批判,还有新历史学派内部的马克斯·韦伯和桑巴特的自我批评。

1883 年,门格尔发表了《关于社会科学,特别是经济学方法论的研究》,批判历史学派不能区别理论科学、历史科学和政策实践的关系,把经济现象的历史记述同经济理论的历史性相混淆,在方法论上缺乏理论分析和抽象方法,陷入了世俗的经验主义。它缺乏"精密的方法",放弃了对"精密科学和精密规律"的研究。门格尔强调理论经济学正如自然科学中的物理学、化学一样。门格尔主张理论是经济学的核心部分,而历史只不过是它的补充。

施莫勒立即在《施莫勒年鉴》(1883) 发表了反驳文章《国家科学和社会科学的方法论问题》,主要论述了自己的方法论,避免从正面批判门格尔。他说:"某一科学虽然在一个时期主要采用了论述的方法,但它并没有任何忽视理论的地方,而毋宁说是为理论准备其必要的基础,…… 将来国民经济学必然迎来一个新的时期,而它也只有在利用现在所做的全部历史的和叙述的资料以及统计的资料的基础上才能得以实现。"他批评门格尔为获得"精密规律"而假定以"经济人"和"利己心"为出发点。"这是完全不知道社会,钻进象牙塔内的一种朴素的想法。"他强调:"一切思维和认识都自然要进行抽象,但不能利用抽象来取代国民经济方面的研究和它的真理。抽象并不是像幽灵那样的幻想,像做梦那样的'鲁宾逊故事',要认识和发现科学的真理,正确的抽象才是重要的。"他还指责门格尔丝毫不理解历史方法的根本立场及其必然性。

1884 年,门格尔又发表了《德国国民经济学中历史主义的谬误》,以致友人的十六封书信形式出现,说施莫勒"在科学论争的领域内是一个不合格的典型"。他将小册子送给施莫勒,但施莫勒仅附一封信后又退还给门格尔。

二人的争论到此告一段落。但其门徒间的争论却持续了二十多年。经济思想史上称此次论战为"方法论之争"。二人究竟胜负谁属?恐怕很难说清楚。因为,从确立研究生活的普遍规律或一般理论的方面说,门格尔是对的,但如果从研究经济政策制定的依据来说,则施莫勒是对的。历史学派构想出经济的历史发展阶段论,来制定各个时期的经济政策,并从它的经济史过程中探求一定的规律,不能说是错误的。施莫勒后来又将其方法论写成一篇《国民经济、国民经济学及其方法》。这场论争之后,历史学派就进入了衰退阶段。

促进历史学派解体的另一因素,是来自历史学派内部的马克斯·韦伯的批判。此即所谓"价值判断的论争"。

韦伯 1904 年发表《社会科学和社会政策认识的"客观性"》,批判施莫勒借科学的名义把伦理道德和经济的关系混在一起,用道德和法律来克服经济生活中由于利己心所带来的弊端,这就在科学中掺进了"价值判断"。他认为,社会科学应将经济的认识与价值判断相区分。作为经验科学的社会科学,其任务是寻求客观真理,至于企图发现理想和规范,为实践寻求对策,这是属于主观的"价值判断"问题。由于有许多不同"价值观"在斗争,只能让人们自由地去选择和评价处于斗争中的各种价值。此即韦伯提出的"价值的自由性"。他还提出了"理想型"这一可以保持社会科学的"客观性"和"价值的自由性"的基本概念和方法。

施莫勒 1911 年在《国家科学辞典》第八卷中,对此予以反驳。他认为,各种对立的"价值判断"是阶级对立的利害表现,而历史的最终目的在于协调、统一在"共同福利"这一理想上,按照这种理想可对各种价值判断给出共同评价。韦伯讥笑这种见解为平庸之至的"伦理的进化论"。

桑巴特、布伦坦诺都支持韦伯的看法。桑巴特一方面继承历史学派的遗产,另一方面又企图克服历史学派在理论体系上贫乏的缺陷,企图将理论和历史加以综合。他认为,历史的记述不应用"价值判断",因为"价值判断常常是主观的,而且只能是主观的"。他在《现代资本主义》(1902—1927) 中运用自己的发生论、体系论方法研究经济史,使用"经济制度"和"经济时代"两个概念作为其理论体系的统一基础。

2. 学派解体的政策原因

第一次世界大战后,德国政府通过发行纸币在黑市套购外币用以赔款,引发了空前的恶性通货膨胀。由于历史学派缺乏货币方面的经济理论,面对现实危机束手无策,许多经济学家纷纷脱离历史学派。历史学派终于在德国解体了。德国的社会政策学会在纳粹政权的镇压下,也于 1935 年被迫解散。

二、德国新历史学派的影响

德国历史学派在一段时期内,对美、英、俄、日等国的经济学和经济政策都产生了一定的影响,像英国新古典经济学的领军人物阿尔弗雷德·马歇尔也采纳了他们的许多观点。当然,德国历史学派对美国和日本的影响是最大的。

在 19 世纪 70—80 年代,历史学派思潮就已经进入美国。美国著名经济学家约翰·贝茨·克拉克在 1872—1875 年留学德国时,曾是卡尔·克尼斯的学生。此外受德国历史学派影响的还有伊利(R. T. Ely, 1854—1943 年)、凡勃伦、塞利格曼等人。他们在1885 年共同发起成立了美国经济学会。德国历史学派的经济思想也在某种角度上成为了美国制度学派产生的思想先驱。

明治十六年(1882 年),德国历史学派经济学进入日本。东京帝国大学聘请了拉图根教授担任政治学、国家学和统计学课程的教学。1887 年又有费诺罗沙教授在东京帝国大学讲授经济学。1885 年,大岛贞益翻译了李斯特的《政治经济学的国民体系》一书。1896 年以东京帝国大学的金井延和桑田熊藏为中心,成立了日本社会政策学会。德国历史学派经济学进入日本后,就成了日本国立大学的"官学",其影响直至第二次世界大战结束。它对日本资本主义的成长和发展起了积极的推动作用。

德国新历史学派的理论和观点既迎合了 19 世纪德意志民族统一进程中的自然要求,也促进了德国民族主义的发展并为其所接受。第一次世界大战中,新历史学派号召"为祖国而战",进一步将强烈的民族主义推向了军国主义和纳粹主义,也为希特勒的上台提供了铺路石。正是受这一因素的影响,第二次世界大战后,经济学界对德国历史学派的成就有所忽略。

第四节 新、旧历史学派的异同

新历史学派与旧历史学派之间有一些共同点,也存在一些不同之处。

一、政治倾向方面

他们在政治倾向上的共同点是:他们都为德国资产阶级的利益及资本主义制度辩护,都反对德国当时的进步思想和革命运动。

他们的不同点在于:新历史学派的观点主要反映已经取得统治地位的容克资产阶级利益;其主要反对对象是德国的马克思主义和工人运动。历史学派的观点主要反映在德国封建制度下刚刚兴起的新兴资产阶级利益和立场,这种利益和立场是与封建势力相联系的;其主要反对对象是英国古典经济学派和空想社会主义的观点。

二、研究方法方面

新、旧历史学派在方法论上的共同点在于:他们都主张采取历史方法来研究经济现象和问题,特别是主张采用归纳的方法来研究本国经济发展的历史经验;他们都赞成以渐进、量变观点看待经济发展的合理性,否认以质变和突变观点解释经济现象的合理性。新、旧历史学派的这种方法论观点都具有唯心主义性质。这既与德国经济社会发展进程的缓慢和相对落后有关,也与德国思想界浓厚的唯心主义倾向有关。当然,这种主张渐进与缓慢变革的思想一般说来与占据统治地位的社会阶级和集团的利益也是相一致的。

新、旧历史学派在方法论上的不同点在于:历史学派主张采用历史归纳法来研究经济现象。他们认为,历史归纳法是一种"历史的生理方法",是符合历史演进过程的。这种方法也成为20世纪后期所兴起的演化经济学的基本方法和观点。新历史学派主张的是历史归纳法和"历史统计方法"。这种方法更多属于数据和资料的收集整理工作,并未真正涉及对经济理论经济规律的研究。

三、理论观点方面

在经济理论观点方面,新、旧历史学派的共同点在于:他们都强调经济发展的特殊性,否认各国经济发展之间存在带有普遍性的客观规律,否认经济学中存在带有共同性的一般理论。他们认为,经济发展在不同的时期都是不同的,没有完全一样的情况,所以,他们都提出历史发展的阶段论,致力于强调经济的阶段性的具体现象和特征,反对从具体经济现象中抽象出带有共同性和抽象的一般经济规律。

他们之间在经济理论上的不同点在于:历史学派承认各个国家和各个民族的经济发展有自己的特殊规律,但他们强调其中的自然技术因素、文化道德的历史传统等方面的特殊性。新历史学派则完全否认任何经济规律,他们只是强调伦理道德因素和国家法律对经济发展的作用。

四、经济发展阶段的划分方面

在经济发展阶段的划分方面,新、旧历史学派也有所不同:历史学派的希尔德布兰德从流通角度提出了经济发展先后有三个阶段:① 自然经济,② 货币经济,③ 信用经济。而新历史学派的施莫勒则提出了六个阶段;布歇则提出了与历史学派不同的三个阶段:① 闭塞的纯自然经济,② 都市经济,③ 国民经济。新历史学派关于经济发展阶段的划分基本都是从地域范围角度进行的。

五、经济政策主张方面

在经济政策主张方面,新、旧历史学派的共同点是,都主张通过社会改良主义的政策来调和阶级矛盾,但他们都从未主张要彻底反对封建制度,而是赞成与旧势力达成妥协。应该说,不彻底的资产阶级改良主义对封建制度不同程度的妥协,是德国资产阶级的特点。

不过,新、旧历史学派在政策主张方面也因为其面临的任务而有所不同:历史学派强调社会改良要通过"赎买"的办法进行,把封建关系变为资本主义关系。而新历史学派则是针对蓬勃发展的工人运动搞社会改良,借以缓和阶级矛盾,取消阶级斗争和无产阶级革命。

总之,德国新、旧历史学派之间既有联系,又有区别,既不能将他们看做一回事,也不能认为他们有本质的差别。但是,他们强调经济理论和政策要符合本国实际需要的思想是应该给予肯定的。

思考题 》》

1. 德国新历史学派是在什么历史条件下产生的?
2. 德国新历史学派的主要理论特征是什么?
3. 德国新历史学派的主要方法论特征是什么?
4. 德国新历史学派是如何解体的?
5. 应该如何评价德国新历史学派的历史地位?

第二十七章　美国制度学派的经济思想

▌▌内容提要▌▌

美国制度学派是 19 世纪末到 20 世纪 20—30 年代活跃于美国经济学界并对美国的经济理论政策产生过深刻影响的一个特殊而重要的资产阶级经济学异端流派。该学派也是当代新制度经济学派的先驱。

美国制度学派借鉴了德国历史学派的历史研究方法,并把它演化为对经济制度演进的研究。该学派不注重对经济理论的研究;它的重点是对资本主义经济制度进行批评,它是以批判资本主义的面目出现的经济改良主义学说。该学派以凡勃伦、康蒙斯和米契尔的理论和学说为主要代表。他们开创了西方经济学说史上制度研究的方向和方法,丰富了经济学研究的方法和内容。制度学派是最早对新古典经济学的理论和方法提出批判和异议的经济学流派。本章重点介绍美国制度学派的总体概况与特点,以及凡勃伦、康蒙斯和米契尔的主要理论和学说观点。

第一节　美国制度学派概述

一、美国制度学派产生的社会历史条件

美国制度学派可以被看做德国历史学派的一个变种。它把德国历史学派的历史研究方法演化为对经济制度演进的研究。这一学派也像德国历史学派一样,不注重对经济理论的研究;它的重点是对资本主义经济制度进行批评。它是以批判资本主义的面目出现的经济改良主义学说。

美国制度学派是 19 世纪末美国资本主义发展所带来的矛盾日益尖锐化的产物。美国资本主义在南北战争之后发展迅速,到 19 世纪末,其工业产量已跃居世界首位。农业中资本主义也得到了很大发展。垄断组织也在整个经济中占据支配地位,控制了铁路、钢铁、石油、化学等重要部门,掌握了全国的经济命脉。"泰勒制"和科学管理取代了老式的个性化管理和资本积累模式,一个新的管理阶层变得日益重要。大部分资本家仅仅通过"不在所有权"就可以永久地保持其地位,成为纯粹的食利者阶层。生产资料所有权仍然是经济、社会和政治力量的主要来源。新的管理阶层中的最高层仍然主要由重要的和强大的资本所有者构成。一些资本家成为了管理管理者的人。所以,新的管理阶层也是完全服从于这个资本家阶级的。

这时,美国工人的生活条件有了一定的改善,但是,这与国民收入的巨大增长相比,仍然有很大的差距。工人劳动时间很长,居住条件不良,缺乏必要的医疗和安全保险,面临失业威胁,老年人被忽视,大多数工人子女不能得到较高的教育,也没有失业保险。工厂主在很多方面支配着工人,甚至工人的生活。大批移民压低了工资水平,税收越来越

多,高利贷盛行,反复出现的经济萧条更对失业工人形成了致命的打击。在这种情况下,美国国内的阶级矛盾和斗争以及工人运动日益展开。这对资产阶级的利益和统治构成了威胁。源于英国古典经济学的经济自由主义理论和政策主张,以及贸易保护主义的美国式经济政策,都无法适应这种形势的需要。资产阶级迫切要求有一种新的理论,能从经济利益上为它辩护,缓和或削弱阶级矛盾或斗争。

在经济理论方面,美国和德国一样,也没有经历古典经济学的发展阶段。美国资产阶级经济学在19世纪末之前以输入英、法的古典经济理论为主。除去某些实用的和政策性的经济问题探讨外,美国没有真正出现自己的经济学流派。但是,在19世纪末,造成社会重大变化的两大方法已经为人们所认识:其一是按照社会主义的方向重新组织社会;其二是进行社会改革,即通过政府对经济的干预来改善社会条件。后一种方法的目的就是,通过改善群众的生活条件来拯救资本主义。在这后一种历史条件和方法的影响下,就产生了以索尔斯坦·本德·凡勃伦为首的"制度学派"。这个学派最全面地反映和描述了这个时期美国制度和文化转型的特征。凡勃伦也就成为美国历史上最重要的、最具独立性的和影响最深远的社会理论家之一。

凡勃伦批评当时美国的现存社会制度,赞成以改革的方式重建社会制度。20世纪30年代的罗斯福"新政"所造成的变化就受到了制度学派的很大影响。美国制度学派不主张对资本主义经济制度采取公开辩护的办法,也不搞系统的经济理论研究。他们是从研究经济制度演进的方面来"批判"资本主义经济制度的某些缺点,宣扬进化论的改良主义的主张。他们反对自由放任,主张国家干涉经济生活,以便缓和阶级矛盾,消除发生革命的危机。

美国制度学派的创始人和主要代表是索尔斯坦·本德·凡勃伦(Thorstein Bunde Veblen,1857—1929年)。凡勃伦曾经受业于有德国学习背景的约翰·贝茨·克拉克,并听过同样有德国学习背景的美国教授乔治·S.莫里斯(莫里斯是约翰·杜威的老师)的系列讲座。凡勃伦的主要著作有:《有闲阶级论》(1899)、《企业论》(1904)、《科学在现代文明中的地位》(1919)、《既得利益》(1919)、《工程师和价格制度》(1921)、《不在所有权与近代企业》(1923)等。

美国制度学派的主要代表还有:约翰·洛格斯·康蒙斯(John Rogers Commons,1862—1945年),主要著作有《劳动立法》(1918)、《资本主义的法律基础》(1924)、《制度经济学》(1934)等;威斯利·克莱尔·米契尔(Wesley Clair Mitchell,1874—1948年),其代表作是《商业循环问题及其调整》(1927)。

二、制度经济学的一般特点

制度学派的主要特征并不表现在理论方面,因为他们之间没有提出一个共同的阐明经济规律的理论体系。他们各自之间研究的课题也各不相同,看法也不一致。它们的共同点和区别于其他学派的特征在于:对于"制度趋势"的研究,即以"历史起源方法"去研究与经济有关的各种制度从古以来的各种形态,说明这些制度的作用和与其相适应的社会经济的关系,从而了解当前的社会经济及其发展趋势。凡勃伦强调从社会心理角度去分析经济制度的发展和演进;康蒙斯则强调从法律角度研究制度演进;米契尔则主要研究商业循环和经济波动。这些人能够形成一个共同的学派,主要原因是:① 他们对经济学的对象、方法、性质有着类似的见解;② 政治倾向上有共同点,都对当时美国资本主义制度采取批评态度,认为它有缺陷应加以改良。

概括起来,我们可以说制度学派有着以下的共同点。

1. 具有较广泛的视野

制度学派认为,必须把经济作为一个整体,而不是把它分割成互不相干的部分进行研究。经济活动不仅仅是货币收入最大化的愿望支配下的个人行为与机制的总和,经济活动中也存在着集体活动的形式,这比个别活动的总和要大得多。集体活动的特征是不能由对个别成员的研究推演出来的。

制度学派甚至认为,经济活动的概念太狭窄,因为,经济学和政治学、社会学、法学、习惯、思想、传统以及人类信仰与经验的其他方面是交织在一起的。制度经济学就是要研究社会过程、社会关系和它面对的整个社会。

2. 集中研究制度问题

制度学派强调制度在经济生活中的重要作用。制度不仅仅是为实现学校、监狱、工会或联邦储备银行这样的特定目标而组织或设立的。它也是作为文化的基本部分而精心设立并为人们所接受的团体行为的组织形式。它包括风俗习惯、社会习惯、法律、思维方式和生活方式。经济生活都是受经济制度,而不是受法律制约的。影响经济生活的团体的社会行为和思想方式会比边际主义所强调的个人主义经济分析产生更恰当的影响。制度主义者对于分析和改革信用、垄断、不在所有权、劳动者和管理者之间的关系、社会保险以及收入分配等制度有着特殊的兴趣。他们提倡经济计划和缓解经济周期的波动。

3. 主张达尔文主义的演化(进化)方法

制度主义者认为,经济分析中应该使用渐进主义的演化方法,因为社会及其制度是经常变动的。他们不同意那种试图发现没有时间和空间的差别、与经常产生的变化无关的、永恒的经济真理的静态观点。他们认为,经济制度的进化及其功能应当是经济学的核心命题。这种方法涉及的不仅仅是经济学,而且也包含历史、文化、人类学、政治科学、社会学、哲学和心理学。

4. 拒绝均衡思想

制度主义者并不看重均衡的概念,他们强调循环因果的原则,或者寻求经济和社会目标中有益的或者有害的那些累积性变化。他们认为,经济生活中那些格格不入的东西总是离不开常见的均衡,可是那些却成了正常的东西。在他们看来,通过政府进行的集体控制对于不断地纠正与克服经济生活中的缺陷和不协调是必要的。

5. 重视利益的冲突

制度主义者认为,从当代和前辈经济学家们的理论中推论出来的并不是利益的和谐,而是利益的巨大差别。他们说,人生来就是集体的与合作的人,是有着共同利益的群体。但是,在群体间也存在着利益的冲突,就像大企业对小企业,消费者对生产者,农民对城市居民,雇主对工人,进口商对国内生产者,商品制造者对货币贷放者那样。一个有代表性的和公平的政府必须为共同的利益进行调解。

6. 赞成自由民主的改革

制度主义者赞成以改革来形成更加平等的财富和收入的分配。他们否认市场价格是个人财富和社会财富的充足指标,否认不加管制的市场将会导致资源的有效配置和收入的公平分配。他们一直激烈谴责自由放任,赞成政府在经济和社会事务中发挥重大的作用。

7. 拒绝愉快和痛苦的心理学

制度主义者拒绝边沁主义对经济分析的论点,认为他们并没得出一个更好的心理学,他们之中的一些人把弗洛伊德的观点和行为主义思想结合到一起变成了他们的思想。

总之,美国制度学派的基本特征就是研究经济制度趋势。这也是该学派的基础。美国制度学派认为,经济学的对象应该是研究制度,特别是与经济有关的制度的起源、发展过程,在社会发展中的地位、作用,以及同社会经济的相互关系。而经济学的研究方法则应是叙述性的"历史起源方法"。对于经济学的性质,他们认为是进化的科学。经济学是具体的、历史的,而不是抽象的、教条的和非历史的,是进化的,而不是凝固的。

美国制度学派和德国历史学派都主张用历史方法去研究经济问题,但又否认理论的必要性。美国制度学派把历史方法具体化为制度演进的研究,它比历史学派理论内容更复杂,把历史主义与社会达尔文主义、行为主义、"职能主义"心理学引进了经济学。美国制度学派与奥地利学派也有共同点,它们都强调心理因素。不同的是奥地利学派强调个人心理分析,而制度学派则强调社会心理、风俗、习惯。为此,有人也称美国制度学派是"社会心理学派"。

三、制度学派的社会立场

制度主义代表中产阶级的愿望,要在大企业和大银行家资本主义的领域进行改革。它代表了农场主、小企业家和劳动团体的利益和要求。政府的工作人员、改革家、慈善家、消费组织的领导人以及该会成员都被制度主义的思想所吸引,他们希望制度主义改变私人企业家的方向,有利于他们自己的利益。许多经济学领域之外的学者也赞扬制度主义者的理论核心与他们倡导的社会变革。

四、制度学派的历史地位和作用

制度学派在当时向僵硬的正统经济思想提出了挑战。他们对正统理论的许多批评都是很生动的,有助于修正那些理论的形式,使之更加完善。制度主义者强调把经济作为进化过程中的一个部分来看待,并且在一个制度设置中把现实要素加入到经济分析中去。

制度主义出现较晚,但是却深入持久,关注经济周期和垄断。他们提倡那些能够有效地去除资本主义缺点的改革运动。他们希望把社会科学更紧密地联系起来。他们中的某些成员强调,推理性研究缩小了经济理论和实践之间的缺口。收集和分析统计资料在政府的圈子里、私人的非营利性研究组织之间、商业和劳动组织之间,以及个体经济学家之间成为时尚。由韦斯利·C. 米契尔和其他人在 1920 年建立并由他指导了许多年的"全国经济研究所"(NBER),就是运用这种方法的一个典范。

五、制度学派的贡献

随着凯恩斯主义宏观经济学的出现和被广泛接受,制度主义者所提倡的更为广泛的观点在经济学主流中成为现实。制度主义的进取性方法,其稳定经济的药方,对政治自由的吸引,都在一定程度上为后来的凯恩斯主义或其他学派所吸收。

由制度主义者所倡导的改革运动至今仍然保持着活力。为了有限的环境保护和充分就业的目的而进行的最温和步骤的国家经济计划,与制度主义者的思想是一致的。对于工会的合法保护、社会保险、最低工资和法定最高劳动时间,所有这些都是制度主义者对正统经济思想挑战的产物。由于人们对经济发展问题的兴趣的大大扩展,经济学中在这方面的新重点变成了制度环境对经济关系的影响。根据其性质,经济发展问题包括了不同的文化要素,而且是动态的和进化的。其他领域中也有制度主义者的持久性贡献,像劳动关系、法律、经济以及产业组织方面。具有讽刺意味的是,近几十年中,新古典的更具创新性的贡献却包含了一种新类型的制度主义分析。例如,正统的经济学也分析了像产权、资历、退休政策和家庭这些制度主义的东西,但是,与旧的制度主义不同,这些新的理论家寻求制度中经济理性的决定因素,即它们产生时的经济逻辑和它们的出现如何对经济效率产生作用。

传统的制度主义经济学今天在美国仍然存在。演化经济学会(the Association for Evolutionary Economics)成员的大部分就由起源于制度主义方法、政策观点或者二者兼有的经济学家所组成。该组织定期开会并且出版《经济问题杂志》(*Journal of Economic Issues*)。此外,制度主义对主流经济学的全部渗透也都温和地保持着。这方面,R. A. 戈登(R. A. Gordon)在20世纪60年代所作出的评价在今天看来仍然是确切的:

"显然……正统经济学家们所经历过的东西,对于今天更多的制度主义经济学家们来说,却是以前的东西了。比如说,大萧条……但是,在重要的场合,经济理论的核心仍然像在凡勃伦时代那样,是'非制度主义'的。萨缪尔森的《经济分析的基础》和希克斯的《价值与资本》比马歇尔的《经济学原理》在更多的制度空间中得到了发展。理论上有偏见的经济学家并没有对于一些例外进行善意的、制度安排的研究,或者制度发展的研究(他们把那些东西留给历史学家和社会学家去研究了)。尽管在企业理论和市场行为理论中有一些新的发展,但是微观经济理论仍然主要是集中在凡勃伦曾经那样严厉批评过的那种'均衡'方面。"[1]

第二节 美国制度学派的经济思想

一、凡勃伦的经济思想

(一) 凡勃伦的概况

索尔斯坦·本德·凡勃伦是美国制度学派的奠基者。他博览群书,对社会学、心理学、哲学、生物学、自然史、考古学等均有涉猎。他先后受业于约翰·贝茨·克拉克,也接受斯宾塞的观点,这些对他以后经济思想的形成都有较大影响。

凡勃伦1857年出生于美国中部威斯康星州靠近边界的农场中一个挪威移民的家

---

[1] Joseph Dorfman et al. , *Institutional Economics*: *Veblen*, *Commons*, *and Michell Reconsidered* (Berkeley, CA: University of California Press, 1963) , pp. 136—137.

庭,后来在明尼苏达的农村长大。他幼年勤奋好学,17 岁时到明尼苏达的卡尔顿学院(Carleton College)跟随约翰·贝茨·克拉克读经济学。不过,他英语不好,这也是他后来难以融入美国主流社会的原因之一。他常常以一种外星人般怪诞的智慧来看待美国的经济和社会秩序。他的才智曾为 J. B. 克拉克所看重。在克拉克的鼓励之下,他到美国东部去读研究生,先到约翰斯·霍普金斯大学,后到耶鲁大学。他的毕业论文是在约翰斯·霍普金斯大学做的。但是他未能在那所大学获得奖学金。后来他转向耶鲁大学,并在那里于 1884 年获得了哲学博士学位。毕业后,他没有很快找到教书的工作,这在很大程度上是因为他持有一种唯物的无神论观点,尽管在那个时代,神学学位被认为是讲授哲学的令人向往的先决条件。他回到农场,与他的同学结了婚。其后的七年,他基本上是在读书和思考。35 岁时,他得到了康奈尔大学的博士后奖学金,但仍然没有得到教书的机会。后来他又在芝加哥大学得到了博士后奖学金,并被任命为经济学讲师,并做了《政治经济学杂志》(Journal of Political Economy)的编辑。第二年,他到芝加哥大学任教。1906 年转到斯坦福大学任副教授,1909 年辞职,1911 年到密苏里大学。1918 年,凡勃伦61 岁时步入仕途。尽管凡勃伦先后出过 11 本书,并且有着世界声誉,但他从未成为正教授,也算不上一般的大学管理人员。凡勃伦个性鲜明,他曾经在 1924 年时拒绝出任美国经济学会的会长。1929 年 8 月,就在股市大震荡和他曾经预言过的经济大萧条之前的几个月,凡勃伦退休回到加州,但数天后溘然离世,享年 72 岁。

凡勃伦长期从事教学工作,但由于他的婚姻问题、他与大多数学生之间的意见差异、他与妇女的纠葛,以及他较差的教学技巧,他被迫不断地从一个学院转到另一个学院。自 1890 年起,他先后在芝加哥大学、斯坦福大学、密苏里大学和纽约社会研究新学院执教,以资本主制度的"批评者"的面目出现,不断发表论著,受当时许多青年经济学者的欢迎,但是却不受校方重视,甚至受到不公正的待遇。1899 年其成名作《有闲阶级论》问世,一鸣惊人。其他主要著作有:《企业论》(1904)、《科学在现代文明中的地位》(1919)、《工程师和价格体系》(1921)、《不在所有权与近代企业》(1923)。

凡勃伦是一个痛苦、充满怀疑的悲观主义者,一个孤独的人。尽管他那些书写得有些呆板和费解,但是却充满了机巧、睿智和对中产阶级道德的幽默嘲讽与攻击。许多人从他的书中得到了享受和启迪。

(二) 演化的社会哲学观

19 世纪后期,达尔文的进化论对于哲学和社会科学产生了重要的影响。凡勃伦深受进化论思想影响,从其著作中可以清晰地看到。

凡勃伦将社会看做一个高度复杂的、不断发展变化的组织,将人类的历史看做社会习俗的演化历史。在凡勃伦看来,人类的行为是以和各个历史时代都相一致的某种模式——本能为基础的。人类本能在不同的历史、社会和制度的环境中被明确地表达为各种各样不同寻常的方式。他说:"像所有人类文化一样,这种物质文明是一个制度体系——制度组织和制度发展……文化的发展是一种习惯的累积的序列,其方式是人类本性对于紧急事件的习惯性反应。这些紧急事件会发生无法控制的、累积性的变化,但是在这种累积性的变化中又有一种一致性的序列不断地发展——之所以是无法控制的,是因为每一次新变动都会形成一个新局面而这种新局面又会导致习惯性反应方式更新的变化;之所以是累积性的,是因为每一个新局面都是之前发生的变化的结果,同时包含了被前面变化所影响的所有的偶然因素;之所以是一致的,是因为人类作出反应的本质的潜在特征(习性、天赋等),以及习惯产生的影响的依据实际上都没有改变。"①

凡勃伦的思想实际上介于两类理论家之间:一类是效用传统的理论家,认为人类的行为在所有历史背景下在本质上都是一致的;另一类理论家认为,人类根本就没有什么本性,只具有不确定的适应性,人类只是特殊文化和制度背景的产物。凡勃伦则认为人类在任何情况下都具有某种共同的基因遗传特征、欲望、习性以及潜能,但是文化和社会制度会使人类与动物相区别。他的著作就致力于研究特定的人类本能及其具体表现。

另一位美国制度经济学家、凡勃伦的追随者艾尔斯(C. E. Ayres)对凡勃伦进行了评价:"索尔斯坦·凡勃伦是一流的社会理论家,他最重要的贡献是本能理论。虽然目前本能这个概念从科学的意义上讲已经过时了,但是我仍然这样主张。当然也正是因为这个原因,整整一代含有敌意的批评家将他们对于凡勃伦的嘲弄集中于此——这个看似他的最薄弱之处。但是这样的做法恰恰证明了他们自己不仅对凡勃伦而且对人类行为都缺乏了解。因为即使我们摆脱了对于'先天的',或者说基因决定的行为模式的错误简单认识之后,事实还是会表明人类行为在本质上与任何其他动物都有很大区别,而且在某处一定存在这些区别的主要根源。"②

20世纪后期经济学发展的事实证明,对人类行为的研究仍然具有广阔的前景,行为经济学、行为金融学、行为管理学之类的研究,正方兴未艾。而凡勃伦恰恰是他们的先行者。

(三) 凡勃伦的经济观点

凡勃伦是从资本主义社会的经济现象入手开始其经济学研究的。最有名的也是他第一部著作是1899年出版的《有闲阶级论》。他认为,有闲阶级不劳而获,积累财富,以引人注目的消费、回避有用的生产性的工作和保守主义为特征。而权力和欺诈都是资本主义在当时的现实。虽然凡勃伦也批判了历史学派和马克思主义的理论,认为二者的基本假定和前提概念都不科学,但他的批评重点是新古典经济学。

1. 对新古典经济学的批评

凡勃伦认为,从斯密以来到马歇尔的经济学都建立在一种超级自然力量安排的和谐秩序基础之上,都从私人的角度致力于研究自然价格和"看不见的手"这一类自然规律,并以之说明公共的利益,这是不恰当的。马歇尔的完全竞争市场上的正常价格和长期均衡,J. B. 克拉克的和谐的生产和分配,都是难以得到证明的。但他们的理论都是静态的和非演化的。他主张经济学应该是动态的和达尔文式演化的。他在《科学在现代文明中的地位》(1919)中明确地表达了他的方法论。

凡勃伦认为,新古典经济学对人类行为和社会制度所持有的基本假定(仅仅基于理性的、自利的、最大化行为的功利主义的计算)是不科学的。他认为,新古典经济学主要

---

① Thorstein Veblen, "The Limitations of Marginal Utility", in *The Place of Science in Modern Civilization, and Other Essays* (New York: Russell and Russell, 1961), pp. 241—242.

② C. E. Ayres, "Veblen's Theory of Instincts Reconsidered", in Thorstein Veblen: *A Critical Reappraisal*, ed. Douglas F. Dowd (Ithaca, NY: Cornell University Press, 1958), p. 25.

的失败之处就是它关于人类本质的观念。他说:"享乐主义关于人的概念是:人是快乐和痛苦的迅速的计算者,他像一个处于刺激的冲动之下的、对幸福充满渴望的均质球体一样来回振荡,刺激的冲动使他在这个区域内来回旋转,但是保持完好无损。他既无前因又无后果。他是一个独立的、确定的人类数据,并且处于稳定的均衡中,除非撞击力的冲击使他向某一个方向或另一个方向发生位移。由于在自然空间中自我加强的力量,他会按照他自己的精神之轴对称地旋转,直到力量的平行四边形征服了他,于是他就沿着合力的方向运动。当这种冲击力被耗尽的时候,他就会静止下来,就像以前一样作为一个充满渴望的独立的球体。"[1]

凡勃伦直接批评了新古典经济学关于和谐分配的理论。他说:"自从享乐主义统治了经济科学,科学就在大体上成为分配的理论——所有权的分配和收入的分配⋯⋯而且与享乐主义精神相一致,这种分配理论也集中于交换价值(或价格)学说,并且根据(一般)价格设计出其(一般)分配计划。这种理论所集中关注的一般经济社会是一个商业社会,这个商业社会以市场为中心,并且它的生活构架是一个利润和损失的构架。"[2]在凡勃伦看来,新古典经济学的最终目标似乎说明资本主义社会现存的分配制度的合理性与和谐性。它首先根据资本产出的效用证明利润是正当的,接着证明所有的收入都代表所有者对社会的生产性贡献,这并没有社会、经济或道德方面的区别。最后,它证明在自由竞争的资本主义社会,和谐是一种自然的和常规的状态。

凡勃伦重点批判了约翰·贝茨·克拉克的理论体系,说其是静态的,而其"动态"部分也基本上是一种错乱的静态情况。凡勃伦把克拉克的体系看做是建立在以进化论之前的观点看待的正常状态和自然规律基础之上的。这种观点妨碍了对累积性变化的认识。支配新古典经济学派的享乐主义就像"一帮人在冰山半融于海藻和浪花中的阿留申群岛,带着耙子和魔幻咒语去捕获贝类,以便举办一顿租金、工资和利息都达到均衡的享乐主义的盛宴。这就是它要做的全部工作。的确,对于这种经济理论来说,任何经济情况都一样。从一种情况到另一种情况,享乐主义有着重大的变化,但是除去享乐主义平衡的算术细节变化外,经济理论方面的所有东西在本质上都是一样的"[3]。

凡勃伦认为,享乐主义预先假定了理性和智慧的人,这些人都能按照他们对快乐和痛苦的预期迅速而顺利地行动。这些人都眼光锐利而又富有远见:"人们的享乐主义观念是一种对快乐和痛苦进行快速计算的观念,这些人就像是怀有幸福意愿的小球一样在能够使它移动的刺激力量推动下在幸福和痛苦之间摇摆,而不是把它整个地放在那儿。他的前后并没有别人。他是一个孤独的人,拥有人类的一切特征,除非受到在另一个方面能够取代他的有影响的力量的冲击,他总是处于均衡状态。他会把自己限制在一个自然空间中,转动他的精神之轴直至这个力的平行四边形落在他身上,然后他就立刻服从这个最终的方向。当这个影响力衰竭之时,他就停下来了,像以前一样,仍是一个自我维持的有意愿的小球。从精神上说,这个享乐主义的人并不是一个原动力。他除了服从于

---

① Thorstei Veblen, "Why Economics is not an Evolutionary Science", in *The Place of Science in Modern Civilization, and Other Essays* (New York: Russell and Russell, 1961), pp. 73—74.

② Thorstei Veblen, "Professor Clark's Economics", in *The Place of Science in Modern Civilization, and Other Essays* (New York: Russell and Russell, 1961), pp. 182—183.

③ Thorstei Veblen, "Why Economics is not an Evolutionary Science", in *The Place of Science in Modern Civilization, and Other Essays* (New York: Russell and Russell, 1961), p. 193.

一系列外在环境和外部强加到他身上的安排之外,他并不是一种生活过程的中心。"①

凡勃伦谴责新古典经济学家们所支持的财富和收入分配方案。他认为,现存的标准理论并不是一个真正的理论,而仅仅是用来为私有财产和私人收入辩护的世俗说法或神学教条。他认为,新古典经济学强调的是完全自由竞争的优越性,但大多数商人对于他们所要求支付的价格却具有某种垄断性控制,并且使用广告来增强其在市场上的有利地位。这显然是存在矛盾的。他说:"享乐主义经济学家可以说,虽然他所构思的经济生活框架是一个竞争性的系统,但是竞争者的收入丝毫没有竞争性质;没有一个人(通常来说)的收入是以其他人或整个社会为代价的……在这束光的照射下,竞争性的斗争被看做是服务于大部分人的友好的竞赛,这场竞赛单纯地着眼于最大多数人的最大幸福。"②

凡勃伦的有闲阶级理论也构成了对假定"消费者支配"(consumer sovereign)的新古典经济学的批评。③尽管消费者的"美元选票"决定所生产的商品的组成,并使社会资源的分配达到能使社会福利最大化。但是,如果大部分消费主要是在邻居的影响下进行的,而邻居之间又在极力通过购买相似的商品来对别人的炫耀进行报复,以便维持他们的相对状态,那么,政府也许能够通过限制每个人的"浪费性消费"来提高全体人们的福利。

2. 凡勃伦的制度经济学体系

凡勃伦对于在新古典传统理论结构上进行小的修改并不感兴趣。他要推翻新古典经济学的全部理论大厦,而将经济学、人类学、社会学、心理学和历史学结合起来重新构建一部统一的社会科学。

其一,理论特点。

凡勃伦在经济学理论上独树一帜,既批评"边际效用经济学的局限性"④,也抨击劳动价值论;既有一定的阶级分析,也有二分法的矛盾分析;既分析社会历史的演化过程,也分析现实状态。这后两类分析在某种程度上似乎与马克思的分析和研究方法有几分类似。

他认为,价值决定于工艺、人口和自然资源这三个因素,还把他的"技术至上论"和马尔萨斯主义的理论放到一起。他认为,资本主义生产中的决定性因素不是劳动,而是机器和技术。他说:"遍观整个人类文明史,几乎在任何地方、每天的生活中众多的人都忙碌着转变物质,使其对人类有用。所有工业进步的直接目标就是完成某些技艺精巧的工作。"⑤他认为,现代文明的物质基础是工业体系,而现代工业的规模和方法又是机器所造成的。现代工业社会除非依靠已被接受的机械装备和机器操作的帮助,否则就不能运行。所以,他说今天是"机器操作的时代",或者说是"企业的时代"。

凡勃伦也提出在此基础上产生的社会经济组织及其活动方式。而理论工作者只能

————————

① Thorstei Veblen, "Why Economics is not an Evolutionary Science", in *The Place of Science in Modern Civilization, and Other Essays* (New York: Russell and Russell, 1961), pp. 73—74.

② Thorstei Veblen, "Fisher's Capital and Income", in *Essays in Our Changing Order* (New York: Augustus M. Kelly, 1964), pp. 166—167.

③ 有的书中把"消费者支配"叫做"消费者主权"。

④ Thorstei Veblen, "Why Economics is not an Evolutionary Science", in *The Place of Science in Modern Civilization, and Other Essays* (New York: Russell and Russell, 1961), p. 231.

⑤ Thorstei Veblen, "The Instinct of Workmanship and the Irksomeness of Labor", in *Essays in Our Changing Order* (New York: Augustus M. Kelly, 1964), p. 84.

"循企业家的观点"去"探索现代社会的经济生活"①。而"这个现代经济组织就是所谓'资本主义体系'或现代工业体系"②。

其二,关于制度变革与社会经济发展的观点。

这方面,凡勃伦着重论证制度因素对各种经济活动的重要作用,从而开拓了一条从制度角度进行经济研究的道路,为制度经济学的体系建立奠定了基础。

凡勃伦认为:"制度实质上就是个人或社会对有关的某些关系或某些作用的一般思想习惯;而生活方式所形成的原因是,在某一时期或社会发展的某一阶段通行的制度的综合,因此从心理学方面来说,可以概括地把它说成是一种流行的精神态度或一种流行的生活理论。"③他认为:"制度必须随环境的变化而变化,因为就其性质而言,它就是对这类环境引起的刺激产生反应时的一种习惯方式。"④

凡勃伦显然受到当时流行的美国心理学家威廉·詹姆斯(William James,1842—1910 年)思想的影响。詹姆斯强调本能对人类行为的决定性影响。凡勃伦在《技艺的本能》(1914)中,从经济的角度予以发挥,并由人类的本能来解释工艺技术的演变和思想乃至社会制度的形成。他认为,制度由思想习惯形成,思想习惯又从人类本能产生。

凡勃伦认为,人有两种经济本能:一是工艺制作和改进工艺技术的本能。这种本能将导致人类的物质福利及其生物学进化。二是渴求获取利益和成功的本能。与这两种本能相适应,经济制度相应也有两类:一是满足人类物质生活需要的生产技术制度,二是以获取利益为目的的私有财产制度。在社会经济发展的不同历史阶段,这两种制度的具体表现形式不同。在现代资本主义条件下,这两种制度就表现为"机器操作"与"企业经营"二者的对立和矛盾。

制度学派把社会达尔文主义引进了经济学,把人类社会经济的发展说成是进化(演化)的历史发展过程。凡勃伦认为,社会结构的演化是一个制度的自然选择过程。这种进步可以使得最适当的思想习惯得以存在下来,并增强个人对变化的环境的适应性。制度必须随着变化的环境发生变化。这些制度的发展代表了社会的发展。不幸的是,现存的信仰(礼仪制度)和现存的要求(动态的技术制度)之间存在着冲突,在变化过程中存在着文化差距:"今天的制度通过一种选择和强制过程,对人们看待事物的习惯性观点施加影响,并因而改变或者加强一种观点或者从过去继承下来的一种思想态度,从而形成了明天的制度。人们生活在早先时代传下来的那种原则之中。制度也处于那种原则指导之下……过去所产生的制度是适合于过去环境的,绝不会完全符合现在的要求……同时,人们现在的思想习惯有一种保持下去的倾向,除非环境强迫它发生变化。这些制度就这样流传下去,这些思想习惯、观点、思想态度和才能,或者另外一套东西,就因而逐渐成为保守的因素。这是一些社会惰性、心理惰性、保守主义的因素……社会的进化在本质上是一种在环境压力下个人的思想适应过程。新的环境压力将不再容忍在过去不同的环境下形成的适合过去环境的那些思想习惯。"⑤

---

① Thorstei Veblen, *The Theory of Business Enterprise* (New York:Augustus M. Kelly, 1932), Chapter I, Introduction.

② 同上注。

③ Thorstei Veblen, *The Theory of the Leisure Class* (New York, 1922), p. 190.

④ 同上注。

⑤ 同上书,第 190—192 页。

受到庇护而免受环境压力的社会组成部分或阶级,将使自己的观点适应环境更为缓慢,因而也会推迟社会变化的进程。有闲而又有钱的阶级,就恰好是这样一种受到庇护而免遭那些造成变化和再调整的经济力量影响的社会组成部分。该阶级持有态度的表现就是"无论什么,都是对的"这一说法。但是,自然选择的法则被运用到人类制度时,却说明:"无论什么,都是错的。"这就是说,从演化的观点来看,现在的制度对于某些范围来说是错的,因为它们没有足够快地发生变化以便随时代而转变。

凡勃伦认为,社会经济发展的演化过程经历了原始、野蛮、手工业、机器工业四个时代。社会经济的变化过程即制度演进过程。这一过程中不存在适合于全过程的不变的自然规律,所以,新古典经济学派的静态观点是错误的。旧制度同新环境(人口、技能、知识的变化)会发生矛盾,成为保守因素和惰性力量。环境变了,人的生理反应、本能也会发生变化,社会心理也会变化。这又会推动新制度的形成,这种过程是渐进演化的,因而对旧制度是可以改良的。因为社会心理的变化是一种自然淘汰的过程,是日积月累、年复一年的演进过程。这里不会有突变和飞跃。革命完全是不必要的,无用的,因为无止境的进化,除短期外,是不能预测其趋势的,也不能预测其未来的形式。

其三,关于资本主义基本矛盾的观点。

解剖和分析资本主义经济制度下"机器操作"(工业)同"企业经营"(商业)之间的矛盾,是凡勃伦经济理论研究的核心内容。

凡勃伦认为,资本主义社会是由两种主要"制度"构成的,一是"机械操作",二是"企业经营"。"机械操作"表示大机器生产在现代生产过程中已起决定性作用,它使现代工业成为一个复杂而又统一的整体,具有高度计划性、组织性和相互联系,可以无限地扩大商品生产。"企业经营"表示资本家通过投资而参与的种种活动,其目的在于获取最大的利润。工业巨头、银行家、大商人、财政专家等构成了社会的"有闲阶级",而厂长、经理、推销员等因代理资本家的职能而成为"代理有闲阶级"。整个资本主义社会就是由这两种"制度"构成,是"企业经营"支配下的"机械操作"。

凡勃伦认为,"企业经营"和"机械操作"是人类经济生活中普遍存在的"私有财产制度"和"生产技术制度"的具体形式,是历史上逐渐发展演化来的。"生产技术制度"经历了渔猎阶段、手工劳动阶段、机器工业阶段。因此,资本主义的"机械操作"制度就是"生产技术制度"在机器工业阶段的具体表现形式。私有制则经历了自然经济(占有物品)、货币经济(占有商品)和信用经济(占有资本)的阶段,"企业经营制度"就是金钱交易制度在信用经济阶段的表现和具体形式。

凡勃伦认为,这两种制度归根结底,不过是"社会习惯"和"人类本能"的体现。"机械操作"制度,基于工程技术人员的勤勉、守纪律、实事求是的习惯,是工艺"制作本能"的反映,而"企业经营制度"则基于人类私有权的获取本能和习惯。这又是人类爱好虚荣和自尊本能的反映。不过他也有一种矛盾的说法,即认为资本是所有权的基础,即有资本就可得到利润,等量资本就可得到等量利润。他说,最初的所有权是上帝的恩赐,在手工劳动阶段,所有权凭劳动获取;而资本主义社会中,所有权靠资本得来。这后一种观点在某种程序上是对前面说法(关于"本能"的观点)的补充,但也与之产生了矛盾。

凡勃伦认为,资本主义社会的矛盾和缺点的基础,就正是在于"机械操作"和"企业经营"之间的矛盾。这是资本主义社会的主要矛盾,资本主义社会就正是在这种矛盾中演进的。

凡勃伦认为,"机械操作"与"企业经营"在本质上是不同的,因为目的和方式不同。前者追求的是生产效率及产品的适用性,要求经济活动的各方面保持高度的联系以及连续性和规律性,要求实行严格的管理和监督。但是对"机械操作"的支配权和管理权恰恰不在有关的科技人员手中,而是在代表"企业经营"的资本家手里。"企业经营"的目的在于追求最大利润,它迫使"机械操作"服从于该目的。这样,"企业经营"就把经济活动变成了纯粹的金钱交易,并且在买卖的差价中获取利润。"企业经营"活动导致其远离生产的行为,而生产则逐渐留给了一个被称为"'效率工程师'的专业阶级"[1]。这就形成了资本主义的"新秩序",而社会两大阶级之间就发生了矛盾:作为"企业经营"全部活动出发点和归宿的利润就与"机械操作"的要求格格不入,由"企业经营"引起的激烈竞争和垄断,把这种矛盾推向了发展。而这种矛盾,在凡勃伦看来,归根结底是社会心理习惯的不同造成的,反映为两个阶级的本能不同:工人、劳动者、技术人员和管理人员这个阶级体现了"机械操作"的本能,包含了生产创造力;而资产所有者、投资者、雇主、承包商和商人那个阶级却体现了掠夺性的剥削本能。

现代产业制度具有为盈利而进行的机器生产过程和投资的主要特征。市场和投资的增长为敏捷的机械操作创造了新的机会。产业的领导者们扩大其领域时,他们的兴趣越来越离开了社会群体所关心的方面。其兴趣变成了生产产品,他们所关心的主要是利润的最大化。凡勃伦认为,商人们在自然经济中的作用是"赚钱"而不是生产商品。商品的生产是一种机械运动的过程,偶然也会赚钱。但是赚钱是一种货币操作,是由讨价还价和销售来进行的,不是由机械的运用和动力进行的。在凡勃伦看来,商业的最大的成就就是以最快捷的方法生产并不需要的商品。

尽管两个目标可能是一致的,但是商品生产仅仅是获得利润的一种手段。当两个目标发生冲突的时候,前者就被后者牺牲掉了。如果必要的话,大商业会联合起来控制公司,而其他类型的垄断也会组织起来,限制产量和提高价格。当赚钱优先于商品时,工艺制造的本能就受到了挫折,因为产品将会被按照其可销售程度来对待。有控制力的"不在所有者"损害了那些产量本来可以增长的商品的增长。他们的操纵阻止了商品价格的下跌。他们迫使工人和资本进入竞争程度更高的经济部门,而这就恶化了那里的形势。他们从阻碍产量的那种对经济体系的扰乱中获取超额利润。如果经济不稳定,获利的机会就增加了。动作敏捷的操作者可以从经济周期上升的牛市中和从经济周期性下跌的熊市中赚钱。进步受到了大商业的阻碍,这些大商业对于商品的可售性比对它们满足社会需要的有用性更感兴趣,他们对价格问题比对包括工商企业家和他们的助手——销售人员、会计、广告人员等在内的生产问题更感兴趣。

凡勃伦的上述看法,在一定程度上也揭露出资本主义的一些矛盾,正确地指出追求利润的动机与大机器生产的要求相抵触的一面。但他的分析是较为表面和片面的,把资本主义生产方式的矛盾归结为经营(交易)方式与生产方式的矛盾、工业同商业的矛盾。这实际是以生产与流通的矛盾代替基本矛盾。就生产与流通的矛盾来说,凡勃伦也只看到矛盾,而忽略了联系与统一。

---

[1]　Thorstei Veblen, "The Instinct of Workmanship and the Irksomeness of Labor", in *Essays in Our Changing Order* (New York: Augustus M. Kelly, 1964), p. 222.

总之,凡勃伦的上述观点,包含着一定程度的积极意义,因为他实际上触及了构成资本主义制度的两个方面:生产力和生产关系,并且指出了后者的主导作用,还从历史发展角度进行了分析。但他没有触及资本主义制度的本质,没有看到雇佣劳动制度的矛盾。从客观上说,大机器工业确实是资本主义制度最合适的存在形式,但不是唯一形式,还有过其他形式。他讲追求利润占支配地位也不错,但这只是现象,他并不明白雇佣劳动制的本质,不能真正懂得利润。

对于上述资本主义经济社会基本矛盾的结果,凡勃伦认为,一方面,企业经营造成了巨大的浪费,为了追求利润,大量的人力、物力、财力被放到了非生产活动上,甚至开办寄生、腐朽性的非生产行业。另一方面,企业经营也造成资本主义经济的波动和经济危机。"企业经营"破坏了"机械操作"所要求的平衡。经济危机和波动阻碍了生产的发展。他对经济危机和萧条作了大量描述,认为其根源在于"企业经营",而不在于"机械操作"("机械操作"本身要求连续性、规律性、计划性和平衡)。具体说来,问题的根源在于价格暴跌和下降;而价格问题又是社会心理问题(估价)的反映。价格波动完全是企业家的病态心理引起的:预期售价大于成本就投资,造成生产增加,市场繁荣。其中信贷越来越发展,推动了这一过程。一旦发现预期售价与实际售价相距很远时,就不能取得利润,就会发生破产,形成连锁反应的债务清偿。这时,信贷就会取消或收缩,对资产和商品要重新估价,经济危机就会出现。他还认为,偶然因素有时也会产生经济危机。萧条则主要反映了人们没有恢复信心。

其四,关于信用和经济周期波动的观点。

在信用和经济周期的关系方面,凡勃伦也提出了自己的看法。他认为,周期性萧条是现代资本主义的常态之一。"根据这个论点,可以说相当显著的长期慢性萧条,是机器工业充分发展制度下企业的正常情况。"①

凡勃伦还认为,信用在现代经济周期中发挥了一种特殊的作用。只要现行工商业的盈利率超过利息率,借钱就可以增加利润。在竞争条件下,对于一个商人具有盈利性的那些东西,对于其所有的竞争者而言却是不赚钱的。抓住由信用提供的有利机会的那些人,处在一种别人无法做到的、以低价出售商品的地位。因此,求助于信用就成为更为普遍和更为一般化的做法了。企业竞争性的盈利能力就落在创业资本加上这种借得的作为资本来支持它的资金的基础上。信用在更广泛的商业活动中被竞争性地使用,给了一个企业以完全不同于其他竞争者的优势,但是这种信用扩张对于所得到的利益或者产业的总产量并没有产生总量效应。实际上,产业的净利润总量由于利润总量被分配到产业过程之外的信用提供者那里而减少了。

为什么信用的扩张对于总量所得或者产业的产量没有产生影响呢?借来的资金并不真的代表财富吗?这种财富将不能通过直接或者间接投入那些资金所代表的财富的物质产品的生产过程而被转化为生产性使用吗?凡勃伦的回答是否定的。当贷款借助于由贷人者所持有而被转化的时候,这笔财富也许就被作为它用了。房地产也许支持贷款,即便它不能被转化为产业的使用。通过公司股票回来,而且产业的工厂复制了物质产品的贷款,就已经是产业过程的一部分了。

---

① Thorstei Veblen, *The Theory of Business Enterprise* (New York: Augustus M. Kelly, 1932), p.234.

当然,凡勃伦忽略了一个事实,即银行信用能使企业将其来自于未就业的、低就业的或者自我雇用的(就像艺术家和农民)那些人之间的劳动供给发生变动。劳动力被吸引到大的产业结构中去就增加了总产出。与此相似,信用流到原材料和资本设备中也就扩大了它们的供给。这些都扩大了生产,因而也增进了更大的生产。如果生产要素和最终产品的供给完全是无弹性的,并且因之而不能实际发生扩张,则凡勃伦对信用的批评就是有效的。

凡勃伦关于信用的观点将他直接带到了经济周期理论中。信用的扩张使得竞争性的工商业者能够提高产业中所使用的物质资本品的价格。随着他们的货币价值的增加,这些物品就又作为未来信用进一步扩张的抵押品。像股票份额或者实际财产这种抵押品基础上的放款的扩张有一种累积性的特征。信用扩张甚至更多地伴随着垄断组织的扩张来进行,由于预期垄断利润会增长,新公司的良好愿望也在已发行股票的价格中被资本化了。

信用的这种累积性扩张会在一种不稳定的基础上停顿下来。在抵押品的货币价值和在预期收入基础上计算的财产的资本化价值之间迟早会出现矛盾。换言之,收入的增加将不能与资本名义价值(资本加上贷款)的增加相一致。当这种矛盾明显化的时候,一个变动的时期就开始了。随着这种变动,产业危机就伴随着信用的撤销、高贴现率、下跌的价格、强迫性销售、资本缩水和产量下降一起发生了。信贷商对企业财产的接管进一步加强了少数人的所有权和对所有权的控制。

工人在繁荣时期所得到的好处并不是高工资率而是较充分的就业。当一般价格水平上升时,增加的生活费用减少了实际工资率。货币工资相应于商品价格的上升而缓慢上升,而由于利润边际下跌和资本下降,上述情况就会帮助繁荣尽快达到其终点。

凡勃伦认为,只要暂时没有外来情况影响工商业活动的趋势,资本化和收入能力之间的矛盾就是一种缓慢的过程。所以,在机器工业的统治地位充分发展条件下,慢性的萧条或多或少被说成是正常的。但是,萧条的暂时克服是通过价格的投机性增加、贵金属的新发现和信用的扩张达到的。有意地促进垄断可以通过限制产量和提高价格来恢复企业的盈利性,并因此而使可以接受的资本化具有实际盈利的能力。如果这是成功的,垄断将使受现有产业进步影响的商品和服务的低廉价格失效。

利润的下跌和慢性萧条可以通过增加对物品的浪费性和非生产性消费以及垄断得到救治。但是足以抵消现代产业过剩生产能力的私人浪费性支出量却几乎不可能达到:"私人的力量不能使商品和服务的浪费性消费达到经济形势所要求达到的程度。私人浪费肯定很大,但是,导致企业储蓄和进行精明投资的原则在现代人习惯中太根深蒂固了,以至于不能让储蓄率有效地推迟。对此有很多事可做,而且通过民主化的政府在有影响的浪费方式上确实也正在做。武器装备、宏伟的公共建筑、外交礼仪设施等,几乎全都是浪费,直至目前产生的问题……无论这种近来的公共性浪费有多么大,它都表现出完全不适合抵消机器产业过剩生产力的要求,尤其是这种过剩的生产力被现代企业组织为相对少数人的储蓄积累所提供的足够的极大便利所支持时,更是这样。"①

凡勃伦对经济危机以及信用与经济周期关系的上述描述和分析,有一定的客观性,

---

① Thorstei Veblen, *The Theory of Business Enterprise* (New York: Augustus M. Kelly, 1932), pp. 255—257.

但根本问题是撇开了对造成经济危机的资本主义基本矛盾的分析,仅仅把生产与流通和消费的矛盾归结为价格现象、社会心理。他注意到信贷在经济危机中的作用,也有可取之处,但把经济危机完全归之于信贷,是错误的。他的看法是很表面化的,既有唯心因素,也有机械论性质。

其五,对政府的看法。

凡勃伦十分正确和尖锐地指出了资本主义社会中政府和政治的实质。他说:"现代政治是企业政治……不论外交政策或内政方针,情况都是这样。不论是法律的制定、法律的执行,还是军事、警务、外交事务等,它们所主要涉及的是企业关系,是金钱上的利害关系,至于同人类的其他利益只是附带地有着一些关系。"①

其六,社会改良方案。

按照凡勃伦的观点,在生产商品的产业与生产利润的企业之间,制造商品和赚钱之间,工艺制作本能与投机的考虑之间,大的社区与不在所有者、产业的领袖之间,信用的稳定需求与信用扩张之间,要以较低的价格购买更多商品的买者与以较高的价格提供更少商品的劳动者之间,对社会变革的需求与人们保守的思维和行为方式之间,满足人们基本需求的可能性与只要人们试图在浪费性消费上超过别人就必定会使对商品的需求不能得到满足的那种炫耀性消费之间,都普遍存在着矛盾冲突。

怎样才能解决现代大型工商企业所引起的这些困难呢? 凡勃伦认为主要是想办法调整与缓和社会矛盾。一方面,他认为,扩大非生产消费、政府开支、公共开支,有一定作用,但很有限。另一方面,他也对社会主义提出了批评,但同时也表示了善意。他批评马克思的劳动价值论在最好的意义上是同义反复,在最坏的意义上是不能被证明的博弈难题。他否定了社会主义者认为富人正在越来越富而穷人正在越来越穷的观点。他说,现有的社会制度并没有造成工人的绝对贫困;而且从现代经济学的重要意义上来讲,现有社会也不具有使工人相对贫穷的倾向。现代社会具有越来越多的竞争和妒忌,这会导致不稳定和产生社会主义。随着私有财产的废除,人类的本性也许会发现比相互竞争更高尚的和更加社会化的服务性活动。

凡勃伦认为,工程师构成的技术社会也许必然会导致社会革命和为公共产品而运作的产业。他们反对所有权、金融、破坏机器、信用、非劳动所得的收入,因为他们对技术的效率和进步形成了干扰。对于资本和劳动,讨价还价来说,工程师是社会大多数的最好代表。他们并不会成为那种靠损害社会来寻求为自己牟利的人。结果是,在他们之间会形成一种有效率的让步和谅解。由于产业制度成为一种博弈双方都进行干预的产物,所以,博弈双方都在利用机会和技巧。双方都能利用博弈的机会和技巧,但是,社会的物质福利在很大程度上,再具体点说就是工人的物质福利,取决于产业体系顺利地不受干扰地运转。这就是工程师们所能取得的成就。他们并不像所有者和工人那样有利己的动机。因为技术人员比工人具有更加内在的一致性,他们是天然的领导者,管理的官员,他们具有接触实际运作的精神和最高度发展的工艺制作本能。凡勃伦断言,解决社会现存问题的最好办法是实行"技术人员联合体"(a soviet of technicians)制度,把经济生活管理权、企业领导权都转入"技术人员联合体"手中。"技术人员联合体"由工程师、科学家、

---

① Thorstei Veblen, *The Theory of Business Enterprise* (New York: Augustus M. Kelly, 1932), p. 269.

技术专家构成。这是代替"企业经营"的最好的一种寡头统治,因为它以人们的需要为目标,而不以利润为目标。凡勃伦认为,只有"技术人员联合体"具有较高的觉悟,能带领人们前进,推翻资本主义价值体系,也能按照生产技术的要求实施计划经济。但是,这种情况的出现则是遥远的事情。当前,技术人员对有闲阶级而言是驯良的,无害的,一般也是很好驯养的,由既得利益者提着"满桶的食物"平静地让他们去吃。

不过,凡勃伦并没有为他的改革提出具体方案。因为,实际上他是希望看到资本主义完全被替代的。这种工程师将造成社会革命的思想也许只是他的一种一闪而过的想法。在晚年,他曾经以完全赞同的眼光看待苏联的大量计划经济的经验。由于他死于1929年,凡勃伦没有看到也无法预见在20世纪30年代中期以后在资本主义社会和社会主义社会的变化。他基本上是一位悲观主义者,对人类的本性和人类的未来前景持一种悲观的态度。

不过,他也认为,托拉斯等垄断组织是"企业经营"为保证经济稳定、突破长期"慢性萧条"的一个新发展,它可以消除竞争和经济危机。他承认,垄断维持的平衡是以生产力不能充分利用为代价的,但他认为工人也应对此负责,因为工会也是一种垄断组织。在鼓吹"技术人员联合体"的优越性时,反过来把工人阶级说成"既得利益者",具有与资本家一样的性质,这显然是不对的。当然,垄断实际上也并不是理想的解决社会矛盾和问题的办法。

总的说来,凡勃伦的改革方案在本质上仍是不反对资本主义经济基础的。他的"激进主义"主张尽管在当时也被视为"异端",并受到正统经济学的严厉批评,但并没有改变资本主义所有制基础,其"技术人员联合体"也只是生产管理形式的变化,其设想能否实现存在着很大的问题。无论如何,他的学说为美国现代制度学派奠定了基础。

二、康蒙斯的经济思想

(一) 康蒙斯的概况

约翰·罗杰斯·康蒙斯(John R. Commons, 1862—1945年)是凡勃伦的同辈追随者和制度学派理论的传播者。他是制度学派中别具特色的人物。他也是一位来自美国中西部的异端经济学家。

康蒙斯1862年生于俄亥俄州,比凡勃伦年轻5岁,比米契尔年长12岁。康蒙斯求学于印第安纳州,接受了当时标准的古典教育,其中包含了大量由牧师承担的神学课程。康蒙斯1888年毕业于奥伯林学院,后来到约翰斯·霍普金斯大学做研究生,学习经济学。在那里,他深受理查德·伊利(Richard T. Ely)的影响。伊利曾留学德国,深受历史学派的影响。约翰斯·霍普金斯大学的政治经济学包括经济学、政治学、社会学和历史的内容。伊利的兴趣在劳动经济学方面,他曾经在康蒙斯到约翰斯·霍普金斯大学的两年前,即1886年出版过一部著作,叫做《美国的劳工运动》。伊利把他的思想转达给了他的学生。康蒙斯则在他后来的全部时间里致力于经济学该领域的研究。

在约翰斯·霍普金斯大学学习了两年后,康蒙斯先后到几所大学任教,但是时间都很短暂。也许这是他的政治观点和经济观点的缘故,也许他没有被作为本科教师而为那些学校所接受。1904年,他追随伊利来到威斯康星大学担任经济学教授。在那里,他找到了适合他发展的环境和土壤,得到了一些进步政治家们的鼓励。当时,那些人正在迫切寻找愿意并支持进行社会改革的学术专家。于是,康蒙斯在威斯康星大学一直工作了28 年,直至 1932 年退休。在康蒙斯的影响之下,威斯康星大学逐渐形成了一种研究经济学的新方法,持这种方法的人有时也被叫做"威斯康星学派"。该方法对于美国的异端经济学是一种重要的支持。这种方法的改革改变了经济问题研究的结构和功能。在1920—1928 年间,康蒙斯曾兼任全国经济研究局局长。康蒙斯的代表作为《制度经济学:它在政治经济学中的地位》(1934),这也是制度学派的一部重要代表作。他的其他著作有:《财富的分配》(1893)、《工联主义与劳工问题》(1905)、《劳工立法原理》(1917)、《资本主义的法律基础》(1924)。

(二) 康蒙斯的理论贡献

康蒙斯对经济学的重大贡献表现在三个广泛的领域:社会改革、研究生教育和劳动经济学。也许康蒙斯最重要的贡献是在他最有影响力的关于规则化的社会立法方面。这种立法改变了社会的经济结构。康蒙斯的第一本书《财富的分配》(1893)并没有被人们很好地接受。批判意见认为他试图为其社会主义思想建立科学基础是不能令人满意的。但是,康蒙斯并不是一位试图改变私有财产结构和自由企业制度的社会革命者。他认为,资本主义的基础应该也能够保持完整,但是,经济秩序的运作规则需要变化,以去掉自由放任经济中的那些明显的缺点。在威斯康星,他从州长拉·弗利特那里找到了对其观点的有力支持。

康蒙斯在威斯康星大学期间(1904—1932 年),学术和政治家之间建立起了一种关系,这种关系在富兰克林·罗斯福的"新政"期间得到了再现。而在今天,这种关系已经是很普通的了。威斯康星州政府大量使用了麦迪逊(威斯康星大学的所在地)的教员去做其新思想的智囊团、立法起草者和委派的委员会成员。康蒙斯的学术生涯在威斯康星得到了发展。他花费了大量的时间帮助州政府进行社会立法的构思、通过和完善。

在这些工作过程中,康蒙斯发展出一种精明的模式。康蒙斯在研究问题过程中,常常借助于他的研究生,然后再和一些经济界的人士进行讨论。那些人深受新的立法影响,并得到有更大成就的商界和工会领导人的支持。立法通过之后,他就到各处用其他手段促进新立法在其他州的传播。毋庸置疑,"新政"所采取的社会立法形式中,大量思想来自于威斯康星。同样毫无疑问,许多经济学家和在麦迪逊被培养起来的人在 1932 年进入了华盛顿特区。康蒙斯被描述为"福利国家运动的知识起源"[①]。在康蒙斯 1904 年到麦迪逊之后的那一年,他为州长拉·弗利特起草了公民服务法;在后来的那些年代里,他在以下领域影响了社会立法:公共设施的管理,工业安全法,工人赔偿法,儿童劳动法,妇女最低工资法,及失业补偿法。失业补偿法也许是康蒙斯在社会立法方面所做出的最伟大的贡献。他对 20 世纪 20 年代的萧条的反应,和对欧洲失业补偿方案的研究,导致他起草了威斯康星立法的法案。这一法案的各种版本多次被介绍给各方面,直到 1932 年,由康蒙斯从前的一个学生,后来当了参议员和大学里公共财政领域的经济学教授的哈罗德·格罗夫斯引入议案并最终获得通过。1934 年,当罗斯福要求国会通过一项失业

---

① Kenneth Boulding, "A New Look at Institutionalism", *American Economic Review* 48 (May 1957), p. 7.

补偿法时,他创立了一个"经济保障委员会"以便提出立法;其指导者威特(E. E. Witte)就是康蒙斯的一位学生。威特后来也成了威斯康星大学的经济学教授。

康蒙斯在有关社会立法领域的努力是从他的一种信念出发的,这种信念就是认为,现代产业经济需要政府的适当干预,而社会的司法公正也能够实现。起源于威斯康星的许多立法当然不能使那些激进的、富于幻想的甚至是社会主义的现代读者满意。不过,在康蒙斯的时代,即便是这些社会改革的思想,在美国也并不能够被普遍接受。在这方面,康蒙斯代表了一类并不常见的异端经济学家。他所做的工作远远超过了那些认为大多数情况下市场是最好的配置资源方式的正统经济学理论。他的兴趣是通过社会立法来改变社会的条件,并积极地努力参与到这些实践当中去。他的努力并非都是成功的,例如,建立全国性医疗卫生保险的方案就失败了。

康蒙斯的第二个贡献是他在社会各个方面的努力。威斯康星大学经济系是全世界著名的培养经济学家的重要的研究生训练中心。在一段时间里,威斯康星大学授予的经济学博士学位比其他任何一所大学都多。更重要的是,康蒙斯研究经济学的特殊方法体现在经济系的结构当中了。直到20世纪80年代,"威斯康星学派"的方法还被保持着。这种方法与凡勃伦或米契尔的方法形成了强烈的对照,后者的方法在任何研究生课程中都没有持续保持其影响。

在艾尔斯(C. E. Ayres)领导下的奥斯汀(Austin)德克萨斯大学经济系和在格鲁奇(Allan Gruchy)领导下的马里兰大学经济系也在短时间内保持了这种特殊的异端方法,但是通过这种制度授予的博士研究生数量及其影响与威斯康星大学相比就小多了。要理解威斯康星学派的方法,更一般地说,要理解威斯康星的异端经济学研究生教育集中的后果向其他经济学系的移植,需要更多的历史观点。由于少数特殊教员的关系,威斯康星大学和马里兰大学最终似乎都很顺利地回到了正统领域。

但是,在其他各种不同的情况下,似乎都表明康蒙斯的方法不能由其研究生在其他大学里得到保持或者运用,因为在威斯康星大学培养的研究生大部分是在应用经济学领域而不是在理论经济学领域。他们中的很多人都到了政府部门、研究机构和大学去工作。但是,他们对于像劳动、公共财政和公共设施这类问题感兴趣,而很少对那些后来几乎排除了微观经济学的正统理论感兴趣。康蒙斯批判了正统经济学,而把大量时间花在了应用领域和社会改革上面。

当麦迪逊的博士研究生课程现在也像美国其他大学一样采用传统课程的时候,在很大程度上要归功于康蒙斯的"威斯康星学派方法"也就被弃置不用了。不过,与今天以标准中级理论课程获取一般的本科生经济学专业学位相比,在康蒙斯的时代,甚至在第二次世界大战后的年代,在威斯康星大学凭借较少的正统经济学训练获取博士学位仍然是有可能的。(当然,现在已经不再如此。)然而,康蒙斯的影响却使威斯康星大学在将近五十年的时间里培育出了大量的经济学家,这些人把他们对应用经济学和社会改革的偏好应用于研究机构、政府和其他大学。

康蒙斯的第三个主要贡献是在劳动经济学领域。当他的老师、劳动经济学家理查德·伊利(Richard T. Ely)从约翰斯·霍普金斯大学转到威斯康星大学时,他是带着康蒙斯一起走的。由于伊利的兴趣在劳工运动史方面,他开始收集劳工史的文献和文件。他让康蒙斯从这些文件和文献编写一部权威性的美国劳工史。这是一部康蒙斯在威斯康星大学学术上最好的时期中所完成的著作。在其研究生拓展性的帮助下,1910 年康蒙斯出版了一部《美国产业协会文献史》(A Documentary History of American Industrial Society),这是一部劳工史的十卷本的重要文献汇编。此后,又接着出版了四卷本的《美国劳工史》(History of Labor in the United States),1918 年出版了前两卷,1935 年出版了后两卷。这样,康蒙斯就成了了解美国劳工问题的权威,而威斯康星大学也成了产生劳动经济学家的领先大学。其最著名的研究生也许是塞利格·珀尔曼(Selig Perlman, 1888—1959年),其《劳工运动理论》(Theory of the Labor Movement, 1928)也是一部经典著作。

(三) 康蒙斯的理论特点

康蒙斯经济理论的主要特点是进行制度研究。他认为,"制度"是人类社会经济演化的动力。"制度"是"集体行动控制个体行动"[1],最主要是法律制度。"大家所共有的原则或多或少是个体行动受集体行动的控制。"[2]

他认为,制度经济学的对象"是对商品、劳动或任何其他经济数量的法律上的控制,而古典的和快乐主义的学说只涉及物质上的控制,法律上的控制是指将来的物质上的控制"[3]。所以,"制度经济学所研究的是'业务机构的资产和负债',不同于亚当·斯密的'国家的财富'"[4]。康蒙斯特别重视和强调法律制度对社会经济制度的演变所起的决定性作用。他曾提出"法制先于经济"的主张,认为资本主义制度的产生要归功于法院。

康蒙斯认为,资本主义制度是法制促成的,一种永恒的合乎演化进程的社会形态。其弊端可通过法院干预和法制的完善去解决,而不需要社会变革。他还认为,可"用交易作为经济研究的基本单位"[5]。因为交易把人们的经济利益冲突、相互依赖和社会秩序结合在一起了,这就可以由法院来仲裁、调节。这样,社会的任何矛盾冲突均可解决、调和,"由集体行动控制个体行动"。正因为如此,康蒙斯有时把制度经济学"适当地称为交易心理学或者谈判心理学"[6]。

(四) 康蒙斯的主要经济思想

尽管康蒙斯独立地对正统经济理论进行了批判,但是凡勃伦和米契尔也和他平行地进行了同样的工作。他研究社会问题的全部方法是对新古典狭窄、静态的推理方法的拒绝。他把历史的和法律的方法加入到全部社会科学的分析中去。他把社会和经济看做进化和变化的,因而几乎是排除性地激烈反对在假定了具有快乐感情的经济当事人和竞争的生产条件下的演绎性的正统方法。康蒙斯最终发现,自由放任的政策就建立在经济中暗含着的快乐和痛苦的假定基础上,但这种假定是与他的经验观察相抵触的。

康蒙斯对美国资本主义分析的起点是与正统的价格理论一样的,但是,其具体分析是完全不同的。他认为正统的价格形成和交换理论是不现实的。它假定理性的个人在竞争的市场中几乎扮演着很机械的角色。康蒙斯说,形成连接经济中各个分散部分的并

---

① 康蒙斯:《制度经济学》,英文,1934 年版,第 70 页。
② 同上书,第 70 页。
③ 同上书,第 87 页。
④ 同上书,第 72 页。
⑤ 同上书,第 4 页。
⑥ 同上书,第 111—114 页。

不是在竞争的市场中发挥作用的、原子式的和有快乐与痛苦感的个人。正统的价格理论也许能够令人满意地解释少有的特殊情况下的交换和价格，就像在具有高度组织的共同体或者保险市场那样，因为这些市场存在着交换，但是没有交换的关系。在这些市场中，买者和卖者之间是完全匿名的，爱好、习惯和所有的文化、社会和心理的力量这些冲击通常市场交易的因素，也是缺乏的。在康蒙斯的理论结构中，交易是个关键性的因素。对此，他说："事实上，交易是一个经济学、物理学、伦理学、法律学和政治学的相聚之处。一次交易就是一个观察单位，它明确地包含了所有这些方面，因为它是几个人的意愿、替代性选择、克服抵抗、自然资源和人力资源的比例，它是由效用的承诺和告诫、赞同、责任及其对立面、扩展，由解释或者实施公民权利、责任和自由的政府官员或有关的工商界组织或者工会造成的限制或暴露所导致的。在资源有限和充满机械力量的世界上，这样的个人行为同国家的集体行为、政治、工商业、劳动、家庭和其他集体行动也许是适合的，也许是不适合的。"①

康蒙斯认为，在经济活动中有三种形式的交易。第一种是议价交易。"议价交易通过双方合法对等的自愿协议实现财富所有权的转换。"②法律上的平等并不意味着经济权利的平等。最终决定价格的议价交易和市场因素是正统价格理论最重要的东西，但是，这种理论实际上只能运用在并不常见的完全竞争市场条件下。而在这种市场中，假定议价的力量、强迫、劝说、习惯、风俗和法律都被忽略掉了。交易的第二种形式是有管理的交易，它包含法律命令和经济上的优势者对劣势者的命令。"它是工头和工人、治安管理者和市民、管理人和被管理人、主人和仆人、所有者和奴隶之间的关系。"③有管理的交易包括财富的创造。第三种形式的交易是，配给性交易。它们包括："在几个交易参加者之间达成一项协议的谈判，这些人有权给合资企业的成员们分配利益和负担。"④随后，康蒙斯转向他的制度定义："这三种形式的交易被一起放到一个大的经济考察单位里。在英国和美国的实践中，它被叫做运营关系（going concern）。这种运营关系有使事情顺利进行的运转规则，从家庭、公司、工会、商会，直到国家自身的所有方面，也都具有这些规则，我们把它们叫做制度。消极的概念是'分类'（group），积极的概念是'运营关系'。"⑤

制度被康蒙斯定义为对集体行为的控制、放松和个人行为的扩展。经济交易包含了冲突（即我得到的越多，你得到的就越少）。这些冲突并不是在大多数交易中造成的，因为在时间上，惯例是通过风俗、习惯、法律等建立的。秩序会产生于这些惯例之中。康蒙斯把这些惯例叫做运营关系的运行规则。

这仅仅是康蒙斯方法的梗概，也可能是他对美国资本主义进行分析的梗概。新古典理论认为，由稀缺资源的问题所引起的冲突，可以在假定不考虑文化、社会、心理和法律等全部因素分析的非个人竞争的市场中得到解决。在竞争性市场中这些冲突的大部分解决导致了比采取政府干预所得到的结果更好的结果。

基本上可以相信，康蒙斯的方法将包含社会科学、历史和法律的分析，而且认为政府干预将往往是产生令人满意的社会效果所必需的。我们的经济活动中的大部分并不是

---

① John R. Commons, *Legal Foundations of Capitalism* (New York：Macmillan, 1924), p.5.
② John R. Commons, *Institutional Economics* (New York：Macmillan, 1934), p.68.
③ 同上书，第64页。
④ 同上书，第67—68页。
⑤ 同上书，第69页。

个人的活动;我们是作为受成长中公司的运行规则指导和影响的团体的成员进行活动的。虽然这种运行规则的作用是将在随着历史而产生的变化发生冲突时,给冲突带来秩序。但这些冲突和争议随后就被解决了,老的运行规则处在不断被修改的过程中。康蒙斯认为,经济学中最适当的研究主题就是通过集体行动的手段来塑造我们的生活与社会的制度。这种集体行动不仅仅控制了个人的行动,而且也通过把个人"从他人的强制、强迫、歧视,或不公平竞争中"解救出来而解放他们。"而这种比限制更为多见的集体行动和个人行动的解放——这种个人意愿的扩展,远远超过了他微不足道的个人行动所能做到的事。"①

由于一种缺乏管理的经济会产生人们所不愿看到的社会后果,资本主义需要由政府干预来加以修改。康蒙斯呼吁采取防止衰退的货币政策,认可对劳动权利加以组织的立法,对工人的失业补偿,建立医疗和意外伤害事故保险,对公共设施实行管理以防止垄断出现,以及其他社会改革。所以,尽管康蒙斯对正统理论没有产生什么影响,但是,他呼吁进行改革并对美国资本主义制度结构施加了重要的影响。

康蒙斯把交易作为制度进行研究的做法,为当代西方经济学中的以罗纳德·科斯、道格拉斯·诺思、奥立弗·威廉姆森等人为代表的新制度主义研究开辟了最初方向。

三、米契尔的经济思想

(一) 米契尔的概况

韦斯利·克莱尔·米契尔(Wesley Clair Mitchell,1874—1948 年)是凡勃伦最聪明的学生。凡勃伦是传统观念的最大攻击者,他快意地批评那些他认为是维护现存状况的传统理论的荒谬方面。凡勃伦开创了美国制度学派的哲学和理论。米契尔是一位卓有成效的研究者,他最著名的工作主要集中在对经济波动进行分析方面。他给制度主义注入了经验性倾向和特征。他过于文雅而谨慎,以至于不能像凡勃伦那样对新古典主义的根源进行凶狠地打击。但是,他批评了新古典主义不现实的抽象和方法论。他认为,由于其更充分的人性的观点和对文化过程的广泛理解,凡勃伦远远超越了当代的经济学家。但是,凡勃伦过多地依赖推测,而不是依赖经验性变化。米契尔认为,他的统计研究将为凡勃伦的先驱性工作提供一个坚实的基础。

米契尔 1874 年出生于美国伊利诺伊州的拉什维尔(Rushvill,Illinois),在 1892—1899 年间,先入芝加哥大学,获博士学位,后来曾赴德国进修。他先在华盛顿特区的人口统计办公室工作,后来在芝加哥大学、加利福尼亚大学、哥伦比亚大学和纽约社会研究新学院从事教学和研究工作,并主持全国经济研究局工作。第一次世界大战期间,兼管美国战时工业委员会物价部门的重要工作。其主要著作有:《绿背纸币史》(1903)、《商业循环问题及其调整》(1927)、《落后的花钱术》(1937)等。

(二) 米契尔的经济思想

米契尔认为,制度在经济发展过程中的作用,只有以全面的经济统计分析为依据,才

---

① John R. Commons, *Institutional Economics* (New York:Macmillan, 1934), p.73.

能具体地显示出来。他曾就经济危机问题说:"统计分析提供了确定各个商业循环学说所强调的各个因素的相互关系和相对重要性的最可靠方法。"[①]他也提到,商业循环是由于人们赚钱和花钱的"习惯"所引起的。他把经济危机看做多种因素(包括社会的、政治的、经济的、心理的)互相结合的现象,但忽略了对资本主义再生产周期的本质特征及客观规律性的强调。

米契尔以研究货币、物价和经济危机问题而在经济学界著名。他一贯重视数量分析,倡导运用统计方法来改造经济学。他主张先对事实进行统计分析,然后再归纳出理论。他曾对生产、物价、国民收入特别是经济周期的变化,进行过大量统计研究。他在美国经济学界有广泛的影响,也被称为"经验统计学派"的代表人物。

1. 重视经验研究方法

米契尔认为,经济学是一门关于人类行为的科学。未来的训练是更多地向研究考察方面变动而更少地向理论方面变动。他说:"未来在数量方面,经济学将变得更富有成果。如果今天的经济学越来越依赖最准确地观察来的统计资料,那么,他就会在其先驱者工作的基础上获得最好的改进机会。"[②]

1920 年,米契尔建立了全国经济研究局并在其中担任了 25 年领导工作。而这也许就是对米契尔研究方法的最大纪念。在他的领导之下,该研究机构进行了一项对国民收入总量和国民收入分配的最先广泛研究。多年后,它出版了大量的统计分析资料。今天,它们已被列入大学的研究阅读目录,像美国经济研究中的"who's who"就是。具有讽刺意味的是,今天其大多数研究者却不是制度经济学家,而是十分正统的经济学家。

2. 对经济周期的研究

米契尔对经济学的最大贡献就是对经济周期波动问题的研究。对我们后来的人来说,重要的一点是要认识到,米契尔关于这方面的主要著作是在经济大萧条和凯恩斯的《就业、利息和货币通论》之前二十多年出版的。米契尔把他的经济周期理论叫做"可以操作的假说",因为它是试验性的和可按照新增加的证据进行修改的。经济周期理论在他那里更多是一种借助于经验的尝试性解释,而不是单纯的逻辑联系。米契尔找到的解释经济周期波动的事实越多,他的更加广泛的解释就越是成为一种说明我们的经济体系如何运转的理论。他并不像早期经济学家那样去寻找解释经济周期的单一决定性原因,而是探究共同造成经济系统周期性运动的诸多条件。如果说他的思想在现在非常普通,就是因为它们已经非常普遍地为人们所接受。

米契尔关于经济周期波动的经验性著作引出了他的四个主要结论。每一个结论都值得详细说明。

其一,经济周期波动产生于货币经济当中。米契尔并不把经济危机和萧条看做资本主义的弊病,而是看做主要借助于挣钱和花钱来运转经济活动的社会中所出现的问题。当然,这是资本主义的一个特征,不过资本主义也有其他特征,比如,生产手段的归属问题。总之,他认为当货币的使用在一个国家达到发达阶段之后,其兴衰盛弱才出现经济周期的特征。

---

① 米契尔:《商业循环问题及其调整》,陈福生等译,商务印书馆 1962 年版,第 206 页。

② Wesley C. Mitchell, "Types of Economic Theory from Mercantilism to Institutionalism", ed. Joseph Dorfman, vol. 2 (New York: Augustus M. Kelly, 1967), pp.749, 761.

其二,经济周期是广泛扩散在整个经济中的。这是由于企业的普遍相互依赖所造成的情况。工商企业通过产业的、商业的和金融的纽带相互连接在一起,所以,任何一家企业的繁荣或衰落都不可能对别人不产生影响。信用的发展增强了金融的相互依赖性。合作的工商业组织的扩展完全是以一种相互连锁的关系进行的,它们把许多名义上独立的企业变成了利益的共同体。这些共同体或迟或早都会通过那些曾经把它们变成整个经济一部分的活动,再扩展到经济中的其他部分。

其三,经济波动取决于利润前景。米契尔说,对利润的预期是理解经济波动的线索。工商企业只是在长期内它能够赚到利润的条件下,才会通过生产产品来为社会服务。服务对于赚钱而言的次要性并不是以工商企业的商业动机为基础的,它是一种货币经济的必然结果。鄙视利润而具有公众意识的企业家将会被排挤出企业界。只有政府和慈善组织才会提供非营利的服务。

预期的利润比过去的利润更加重要,因为企业希望未来的利润比它过去见到的利润更多。对未来利润的预期在决定企业扩展的方向方面,具有决定性的作用。投资会在预期利润最有吸引力的那个周期阶段上达到其最高点。因此,解释工商业经济中的经济波动时必须把经济活动的金钱方面置于最重要的地位。

其四,波动是由经济本身系统地产生的。经济周期对于均衡既不是很小的破坏,也不是偶然性的破坏,它是经济运转本身所固有的一个部分。米契尔的全部著作都体现出一种逐渐变动的和动态的方法。因此,周期的每一个阶段都包含了它的后续阶段,经济本身逐渐地积累着变化。所以,这使米契尔确信,每一个时代的经济学家可能都要重建其年轻时所了解的经济周期理论。按照米契尔的观点,周期产生于经济内部的力量,同时,周期的每一个阶段也都产生出下一个阶段:"例如,经济活动的最早复苏,发展为充分繁荣,繁荣逐渐孕育了一种危机,危机中产生衰退,衰退在一个时期后会进一步加深,最终又会产生一个新的复苏,这就开始了另一个周期。所以,经济周期理论必定是对于一种累积性变化的描述性分析,它分析一系列经济条件自身向另一系列经济条件的转变。"[1]

米契尔选择了衰退时期之后经济活动开始加快的周期阶段作为他的研究起点。这个阶段一旦开始,经济活动的复苏就通过相互联系的企业迅速扩展到经济的所有方面或者大部分。增加了的工资和较高的利润刺激了消费和投资需求。萧条时期一直在消耗着的存货,由零售和批发进行了补充。乐观情绪开始流行和扩展,因而生产条件也恢复正常并得到加强。在复苏的后一阶段,价格开始上升。预期未来价格的上升刺激了商品订货。作为工商业发展条件的信用扩张也进一步扩大了。利润增加更多的是由于工资和成本费用滞后于价格的上升。新的资本品投资也上涨了。

这就是复苏的向上累积性运动。但是,为什么它的顶点就是危机呢?为什么繁荣孕育了萧条呢?米契尔认为,在所强调的繁荣期间经济系统的内部累积过程中,工商业活动的成本的变动是缓慢的,但的确是增加的。当商品的成本上升时,新资本投资的费用成本也开始上涨。新公司在试图建造新工厂时就产生了较高的成本,而一些成本是刚性的,就像上升的租金和利息。工厂和机器的效率越低,可能的管理就越少,在繁荣期间所

---

① Wesley C. Mitchell, "Business Cycles and Their Causes" (Berkeley, CA: University of California Press, 1941), ix. [Originally pubished in 1913.]

雇用的工人的效率也越低,因此,原材料、劳动等的价格也就越高。这样的商品被提供到市场上以后,处于边际状态的企业就更难以提高的价格去抵补上升的成本。劳动成本上升不仅引起了能力较低的工人被雇用,而且引起了工资开始追赶上升的物价。繁荣期间增加了的对商品的需求也增加了对加班劳动的需求,这些加班劳动比起正常劳动来,更加昂贵,生产率也更低。由于与经济困难的时候相比,工人不太害怕失去工作,因此,劳动纪律和生产率都下降了。由于企业家更加粗心,过分乐观,过于忙碌,生产的浪费也增加了。

上升的生产成本侵占了利润,特别是由于制成品的价格在繁荣的最后阶段不容易提高,在早期促进了繁荣成长的生产能力的扩张,增加了商品和服务的供给,从而增加了提高销售价格的困难。买者会最终抗拒上升了的价格,因为他们不能或者将不会继续为商品支付更多的钱。由于公共管制、合同和习惯的原因,某些与成本相联系的价格却不能上涨。一个实际上的、即便是一个预期到的不太重要的行业中的利润下降,也会在所有的行业中造成金融困难。

繁荣持续的时间越长,这种紧张情况就越严重,它们不可避免地会导致危机和萧条。当债权人越来越担心时,信用的金字塔就会崩溃。在危机点上,由债务人造成的需求就会减少,否则就无法全部清偿他们的债务。为了避免破产,在信心低落中伴随商品在市场上的抛售,价格会下跌,大规模的清理也会发生。价格下降的预期进一步减少了对商品的需求,因而又使得降价预期变为了现实。由于某些成本在其价格上升过程中具有向下的刚性,因而降低的价格会更多地挤压利润边际。忧郁情绪在扩散,投资支出在下降,存货在减少,经济跌入萧条之中。

只要有足够的时间,萧条就会在产生繁荣的力量内部形成。商人面对成本进行浪费性的削减,直至最低的极限。最终,工资、利息、租金和其他刚性成本都降到与商品价格相一致的水平上。由于加班的取消、低效率工人被解雇,而被雇用的工人因害怕失业而被迫加倍努力等原因,劳动成本也会降低。随着萧条的延续,资本品被逐渐耗尽了,增长也就结束了。新资本品的价格也降低了,竞争导致了新的、更有效率的投资,较低成本的机器可以在萧条时期通过以更低的利率筹措来的资金进行购买。如果上述这些都是可能的话,消费者必定会最终更换那些磨损了的耐用品和半耐用品。人口继续增加,因而就会增加对各种消费品的需求。在萧条期被减少到最低限度的存货,必定也会在商业扩张时再度重新建立起来。乐观情绪又会抬头和扩展,而经济又会重新处于一种累积性上升之中。

3. 对社会计划问题的看法

米契尔在 1935 年说,经济危机和萧条的频繁发生,证明经济体系的自动调节功能是有缺陷的。由于市场的扩大,联合体的增加,人们在经济不景气时停止购买的半耐用消费品的重要性的增加,农民向城市的流动,农民对市场依赖性增加而自给自足的程度下降,这些都日益增加了经济调节的困难。工商业的计划不能抵消那些使经济周期恶化的因素的增长。

于是,促进制订仔细的社会计划或者国家计划来保护经济自由并增加对它们的保证,就成了一项重要的任务。米契尔依靠国家计划来改善人们的状况的主张,部分建立在他讲求实际的心理基础上。他捍卫社会计划,否认那是无视美国人的。他说,美国的历史就是一部计划的历史,只不过有时候是成功的,有时候是不成功的。美国宪法就体现了一部管理国家的计划。汉密尔顿有过一部复兴经济的计划;从1917年到1918年,美国也计划了经济自动化来赢得战争。社会计划的最大困难是达成一致同意的目标。实际上,目标的不统一造成了在一个民主社会中制订计划的许多基本障碍,因为社会目标的完全一致只是在极少的场合才会达到。

计划的第二个困难产生于社会过程的相互依赖。就像所制定的一些禁令会鼓励酒类走私和成立违法的辛迪加那样,仔细地一步一步地做计划,也常常会引起非计划内的和并不需要的结果。明智的社会计划必须考虑对社会行为的直接和间接的影响。于是,米契尔说,国家计划是必需的、不可避免的。问题在于,这种计划是零散的和不健全的?还是系统的和有技巧的?

第三节　美国制度学派的发展及其影响

米契尔之后,美国经济学家贝利(A. A. Berle)和米恩斯(G. C. Means)合著的《现代公司和私有财产》(1932),以及艾尔斯(C. E. Ayres)的《经济进步理论》(1944)两本书,对现代资本主义经济的研究依然保持着制度分析的传统。这被看做从凡勃伦学派到新制度学派之间的思想"桥梁"和"纽带"。

20世纪30年代后期到50年代,凯恩斯主义的迅速崛起和应运而生,使制度学派相形见绌。尽管在30年代的经济大危机中,一些制度学派经济学家曾经参政发挥了较大的作用,但随后便为凯恩斯主义理论和思潮所迅速淹没。

20世纪50年代后期,尤其到60年代,随着凯恩斯主义陷入无法解决经济停滞和通货膨胀的两难困境,新制度学派又开始活跃起来。它一方面继承早期制度学派的传统,侧重于社会、政治、文化、心理等"制度"因素的分析;另一方面,又针对新情况对当代资本主义的"缺陷"进行批判,并提出具体的改良建议和方案。由于新制度学派缺乏严谨的理论体系,也没有为人们普遍接受的纲领,因此它始终没有一支统一的队伍,仍处于资产阶级经济学的"异端"地位。影响较大的新制度经济学家有美国的加尔布雷思(J. K. Galbraith)和博尔丁(K. E. Bulding),瑞典的缪尔达尔(K. G. Myrdal)。后来又有科姆(G. Colm)、海尔布罗纳(R. L. Heilbroner)、沃德(B. Ward)、格鲁奇(G. Gruchy)、约翰·莫里斯·克拉克(John Morris Clark)等人。从长远来说,鉴于新制度学派的研究对象、理论主张和务实精神,它的影响还可能继续扩大。现在又有罗纳德·科斯(R. H. Coase)、道格拉斯·诺思(D. C. North)、阿尔钦(A. Alchian)、德姆塞茨(H. Demsetz)、威廉姆森(O. E. Williamson)等另一种"新制度主义"者出现在当代经济学界,其影响也日益深入。

思考题 》》

1. 美国制度学派是在什么历史条件下产生的?
2. 美国历史学派的主要特征是什么?
3. 凡勃伦是怎样分析美国经济中的矛盾的?
4. 凡勃伦制度分析的基本框架是怎样的?
5. 米契尔对经济周期的看法是怎样的?

西方经济学说史教程　The History of Economics

主要研究文献

400BC   Plato, *The Republic*

310BC   Aristotle, *Politics*

1273   Thomas Aquinas, *Summa Theologiae*

1664   Thomas Mun, *England's Treasure by Forraign Trade*

1690   William Petty, *Political Arithmetica*

1714   Bernard Mandeville, *Fable of the Bees*

1752   David Hume, *Political Discourses*

1755   Richard Cantillon, *On the Nature of Commerce*

1758   Francois Quesnay, *Tableau Eonoomique*

1759   Adam Smith, *The Theory of Moral Sentiments*

1776   Adam Smith, *Wealth of Nations*

1798   Thomas Robert Malthus, *Essay on Population*

1817   David Ricardo, *Principles of Political Economy*

1819   J. C. L. Sismondi, *New Principles of Political Economy*

1819   Henri de Saint-Simon, *The Industrial System*

1836   Nassau Senior, *Outline of Political Economy*

1836   Antoine Cournot, *Researches into Mathematical Principles of Wealth*

1841   Friedrich List, *National System of Political Economy*

1841   Robert Owen, *What is Socialism*

1841   Wilhelm Roscher, *Lectures on Political Economy*

1853   Karl Knies, *Political Economy*

1850   F. Bastiat, *Economic Harmonies*

1854   H. H. Gossen, *Laws of Human Nature*

1826—1863   J. H. von Thunen, *Isolated State*

1867   Karl Marx, *Capital*

1871   W. S. Jevons, *Theory of Political Economy*

1871   Carl Menger, *Principles of Economy*

1874   Leon Walras, *Eletements of Pure Economics*

1881   F. Y. Edgeworth, *Mathematical Psychics*

1884   Friedrich von Wieser, *Principles Laws of Value*, *Nature Value*

1889   Eugen von Böhm-Bawerk, *Positive Theory of Capital*

1890   Alfred Marshall, *Principles of Economics*

1892   Irving Fisher, *Mathematical Investigations*

1894   P. H. Wicksteed, *An Assay on the Co-Ordination of the Laws of Distribution*

1897	Gustav von Schmoller, *The Mercantile System*
1898	Knut Wicksell, *Interest and Prices*, *Lecture of National Economy*
1899	J. B. Clark, *The Distribution of Wealth*
1899	Thorstein Veblen, *The Theory of the Leisure Class*
1902	Werner Sombart, *Modern Capitalism*
1904	Thorstein Veblen, *Theory of Business Enterprise*
1911	Irving Fisher, *Purchase Power of Money*
1913	Wesley Clair Mitchell, *Business Cycle*
1920	Ludwig von Mises, *"Economic Calculation"*
1921	Frank Knight Risk, *Uncertainty and Profit*
1922	Irving Fisher, *The Making of Index Numbers*
1925	A. Pigou, *Welfare Economics*
1926	Piero Sraffa, *"Laws of Returns Under Competitive Conditions"*
1932	Gustav Cassel, *Theory of Social Economy*
1933	E. H. Chamberlin, *Theory of Monopolistic Competition*
1933	Joan Robinson, *Economics of Imperfect Competition*
1934	John R. Commons, *Institutional Economics*
1936	A. von Hayek, *Collectivist Economic Planning*
1936	John Maynard Keynes, *The General Theory of Employment*, *Interest and Money*

色诺芬:《经济论·雅典的收入》,张伯健等译,商务印书馆 1961 年版。

巫宝山:《古代希腊、罗马经济思想资料选辑》,商务印书馆 1990 年版。

托马斯·阿奎那:《阿奎那政治著作选》,马清槐译,商务印书馆 1982 年版。

A. E. 门罗:《早期经济思想——亚当·斯密以前的经济文献选集》,蔡受百等译,商务印书馆 1985 年版。

基本参考书目

Jacob Oscar and Stanley L. Brue, *The Evolution of Economic Thought*, 4th edition, Harcourt Brace Jovanovich, Publishers, 1988.

Harry Landreth and David C. Colander, *History of Economic Thought*, 3rd edition, Houghton Mifflin Company, 1994.

Robert B. Ekelund, Jr. and Robert F. Hebert, *A History of Economic Theory and Method*, 4th edition, McGraw-Hill Companies, Inc. , 1997.

Mark Blaug, *Economic Theory in Retrospect*, 5th edition, Cambridge University Press, 1997.

Charles E. Stanley, *A History of Economic Thought: From Aristotle to Arrow*, Basil Blackwell, 1989.

Douglas Mair and Anne G. Miller, *School of Thought in Economics*, Edward Elgar, 1991.

Ernesto Screpanti and Stefano Zamagni(Translated by David Field), *A Outline of the History of Economic Thought*, Clarendon Press, 1993.

《经济思想史》(上、下),鲁友章、李宗正主编,人民出版社 1979 年版。

《政治经济学史》(上、下),陈岱孙主编,吉林人民出版社 1981 年版。

《经济思想史》,罗尔著,陆元诚译,商务印书馆 1981 年版。

《经济学中的边际主义》,晏智杰著,北京大学出版社 1987 年版。

《科学的青春》,阿尼金著,晏智杰译,陕西人民出版社 1988 年版。

《政治经济学前史》,胡寄窗著,辽宁人民出版社 1988 年版。

《现代经济分析史》,罗杰·巴克豪斯著,晏智杰译,四川人民出版社 1990 年版。

《亚当·斯密以前的经济学》,晏智杰著,北京大学出版社 1996 年版。

《诺贝尔经济学奖获得者希克斯的经济思想》,王志伟著,北京大学出版社 1996 年版。

《古典经济学》,晏智杰著,北京大学出版社 1998 年版。

《西方市场经济理论史》,晏智杰主编,商务印书馆 1999 年版。

《经济思想的成长》,斯皮格尔著,晏智杰、刘宇飞、王长青、蒋怀栋译,中国社会科学出版社 1999 年版。

《劳动价值学说新探》,晏智杰著,北京大学出版社 2001 年版。

《西方经济学史》,罗杰·E.巴克豪斯著,莫竹芩、袁野译,海南出版社 2004 年版。

《边际革命与新古典经济学》,晏智杰著,北京大学出版社 2004 年版。

《经济思想史———一种批判性的视角》,E.K.亨特著,颜鹏飞译,上海财经大学出版社 2007 年版。

《经济学是如何忘记历史的:社会科学中的历史特性问题》,杰弗里·M.霍奇逊著,高伟等译,中国人民大学出版社 2008 年版。

《经济剩余论》,晏智杰著,北京大学出版社 2009 年版。

《晏智杰讲亚当·斯密》,晏智杰著,北京大学出版社 2011 年版。

《亚当·斯密以前的经济思想》,默瑞·N.罗斯巴德著,张凤林等译,商务印书馆 2012 年版。

《古典经济学》,默瑞·N.罗斯巴德著,张凤林等译,商务印书馆 2012 年版。

教辅申请说明

  北京大学出版社本着"教材优先、学术为本"的出版宗旨,竭诚为广大高等院校师生服务。为更有针对性地提供服务,请您按照以下步骤通过**微信**提交教辅申请,我们会在 1~2 个工作日内将配套教辅资料发送到您的邮箱。

◎扫描下方二维码,或直接微信搜索公众号"北京大学经管书苑",进行关注;

◎点击菜单栏"在线申请"—"教辅申请",出现如右下界面:

◎将表格上的信息填写准确、完整后,点击提交;

◎信息核对无误后,教辅资源会及时发送给您;
如果填写有问题,工作人员会同您联系。

温馨提示:如果您不使用微信,则可以通过以下
联系方式(任选其一),将您的姓名、院校、邮
箱及教材使用信息反馈给我们,工作人员会同您
进一步联系。

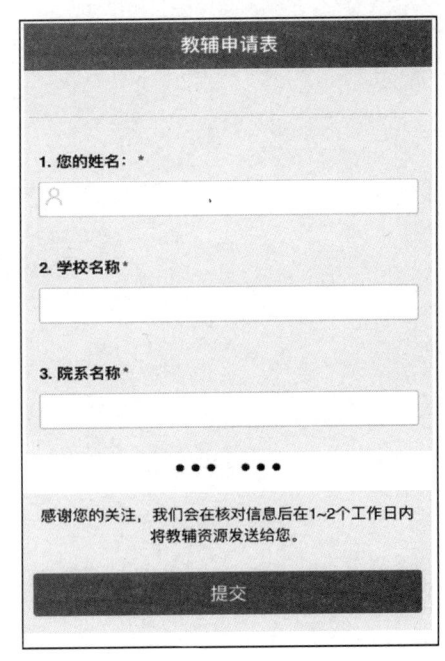

联系方式:

北京大学出版社经济与管理图书事业部

通信地址:北京市海淀区成府路 205 号,100871

电子邮箱:em@pup.cn

电 话:010-62767312 /62757146

微 信:北京大学经管书苑(pupembook)

网 址:**www.pup.cn**